JASON MASON

UFOs

UND DAS GEHEIMNIS DER INNEREN ERDE

Sie waren schon immer da und wachen über uns!

Das Geheime Weltraumprogramm, deutsche Flugscheiben und Mondbasen, Atlantis, Echsenmenschen, die Roswell-Aliens und Antarktisbasen

amadeus-verlag.com

www.jason-mason.com

Amadeus Verlag GmbH & Co. KG
Birkenweg 4
74579 Fichtenau
Fax: 07962-710263
www.amadeus-verlag.com
Email: amadeus@amadeus-verlag.com

Druck:
CPI – Ebner & Spiegel, Ulm
Satz und Layout:
Jan Udo Holey
Umschlaggestaltung:
Amadeus Holey

ISBN 978- 3-98562-004-3

Inhaltsverzeichnis

Vorwort

Sehr geehrte Leserinnen und Leser,
viele von Ihnen wissen vielleicht noch nicht, dass ich im Sommer 2014 einem Aufruf von Jan van Helsing folgte, als er um Zuschriften bat, um neue Themen für sein geplantes Buch »Whistleblower« zu sammeln. Ich selbst hatte bis zu diesem Zeitpunkt eine Reihe von sehr sonderbaren Erlebnissen gehabt. Kurz entschlossen meldete ich mich bei Jan und schilderte ihm die Geschehnisse. Zu diesem Zeitpunkt stand ich bereits unter Beobachtung von internationalen Geheimdiensten, die herausgefunden hatten, dass mein persönliches Schicksal für sie ein großes Problem darstellen könnte. Deshalb wurde Druck ausgeübt, und es kam mir gegenüber zu gefährlichen Drohungen und gewalttätigen Übergriffen.

Begonnen hat für mich im Grunde alles im Jahr 2007, als zwei Geheimdienst-Mitarbeiter an mich herangetreten sind, um mir bestimmte Dinge über die Zukunft zu berichten. Es stellte sich im Laufe des Gesprächs heraus, dass einer dieser Männer behauptet hat, mein echter leiblicher Vater zu sein und für einen internationalen Militärgeheimdienst von Zeit zu Zeit die Funktion eines sogenannten „Man in Black" wahrzunehmen. Zumindest, wenn so etwas als notwendig erachtet wurde. In einem vertraulichen Gespräch, das schließlich mehrere Stunden dauerte, befragten mich diese Agenten über mein Wissen über UFOs, über Außerirdische und über andere Dinge, die mit biblischen Mysterien und sogar mit Zeitreisen zu tun haben. Seit diesem Zeitpunkt änderte sich unwiderruflich mein ganzes Leben, denn die Männer sagten mir, dass ich unter Beobachtung stünde, weil ich augenscheinlich in der Zukunft eine bestimmte Rolle bei der Bekanntgabe sensibler Informationen zu spielen hätte – dies aufgrund meines persönlichen Schicksals und meiner karmischen Verstrickungen mit diversen Geheimgesellschaften wie Rosenkreuzern, Templern oder auch Freimaurern. Mir wurden einige persönliche Informationen über meine eigene Zukunft enthüllt. Das machte mir klar, dass geheime Organisationen existieren, die schon vor Jahrzehnten eine Technologie entwickelt haben, um genaue Einblicke in die Zukunft zu erlangen. Diese Kreise versuchen ohne Zweifel, ihren Einfluss auszunutzen, um die Welt unter eine totalitäre Kontrolle zu zwingen, um eine Neue Weltordnung zu etablieren. Ich selbst wurde eingeladen, ebenfalls einen Rang in dieser Hierarchie einzunehmen. Ich lehnte aus moralischen Gründen ab, sollte jedoch hernach eine andere Identität annehmen und ins Ausland umziehen. Ohne hier zu weit ins Detail zu gehen, werde ich seitdem von anderen Fraktionen und Kontaktleuten diverser Geheimdienste bedroht und observiert. Mein Vater offenbarte mir noch im Vertrauen, dass schwierige Jahre vor mir lägen, weil die Neue Weltordnung und ihre mysteriösen Oberherren nichts unversucht lassen würden, für sie gefährliche Enthüllungen zu stoppen, um mit ihrer Agenda fortzufahren. Doch selbst diese Leute sind an die kosmischen Gesetze von Ursache und Wirkung gebunden und können nur versuchen zu verhindern, dass die Wahrheit ans Licht kommt. Letztlich hängt es vom persönlichen Schicksal jedes Einzelnen und vom seinem Willen ab, ob sich etwas erfüllt oder nicht.

Weil ich für mich irgendwann keinen Ausweg mehr sah, beschloss ich, alle mir von Geheimdienstangehörigen anvertrauten Informationen offenzulegen. Obwohl international schon viele Gerüchte und Informationen über diverse Geheimprojekte im Umlauf waren, fand ab dem Jahr 2016 eine Fülle von vormals streng geheimen Informationen über das Weltgeschehen einen Weg an die Öffentlichkeit. Ich selbst hatte mit meinen Kontaktleuten ebenfalls vereinbart, bis zu einem bestimmten Zeitpunkt zu warten und erst dann darüber zu berichten. Die Menschen, mit denen ich zu tun hatte, schienen über profundes Wissen über zeitliche Abläufe zu verfügen und waren sehr besorgt über bestimmte Enthüllungen, die im Allgemeinen den Bereich der Exopolitik betreffen. Im Speziellen fürchten sie das Bekanntwerden von geheim gehaltenen Daten im deutschen Sprachraum. Mir wurde persönlich erzählt, dass solche Offenlegungen den nationalen Charakter verändern würden, den man dem deutschen Volk seit der Niederlage im letzten Weltkrieg anerzogen hat. Ich war bestürzt und traf schließlich eine Entscheidung. Als im Jahr 2017 mein erstes Buch »Mein Vater war ein MiB« erschienen war, konnten viele Leser die meisten der darin aufgeführten Sachverhalte einfach nicht glauben und schoben es in den Bereich der wissenschaftlichen Fiktion ab. Seit damals habe ich mich bemüht, verifizierbare Fakten und Hinweise zu finden, die bestätigen können, was ich beschrieben habe.

Weil ich diese Informationen tatsächlich ausfindig machen konnte, und nebenbei ein ganzes Heer von neuen und respektablen Whistleblowern und Insidern die Bühne betreten hat, die immer neue geheime Dinge enthüllen, ist es im Jahr 2022 endlich so weit, dass die verborgene Geschichte der Menschheit und die größten Geheimnisse der Vergangenheit Schritt für Schritt zugänglich gemacht worden sind. Das wurde nur durch den unermüdlichen Einsatz unzähliger tapferer Menschen möglich, die ihr persönliches Schicksal in den Hintergrund gestellt und sich – wie auch ich selbst – gegen die Geheimhaltung aufgelehnt haben, weil sie erkannten, dass diese nicht dem Wohl der Menschheit dient. Wie vor langer Zeit vorhergesagt, kommt es in unserer Gegenwart zu den größten und bedeutendsten Enthüllungen aller Zeiten, und diese Tatsache öffnet einen Korridor in eine gänzlich andere Realität, in die wir uns im Moment kollektiv hineinbewegen. Nichts wird mehr so sein wie zuvor, und jeder Aspekt der Gesellschaft wird davon betroffen sein.

Im vorliegenden Werk habe ich die neuesten und glaubwürdigsten Aussagen und Belege von Eingeweihten ermittelt, die Sie so kompakt in keinem anderen Buch vorfinden werden. Die Bandbreite der Themen betrifft perfide Verschwörungen, die sich nunmehr als absolut wahr herausgestellt haben.

Geschichtsfälschungen wurden begangen, um die größten Geheimnisse rund um UFOs, Außerirdische, Zeitreisen und die unbekannte Vorgeschichte des modernen Menschen zu verstecken. Das betrifft in weiterer Folge auch religiöse Themen und sogar die Entstehung des Universums. Wie immer kann sich jeder Leser selbst seine Meinung über die dargelegten Themen bilden, da ich im Quellenverzeichnis alles aufgeführt habe. Es wurde nichts hinzugefügt oder erfunden, sondern alle Begebenheiten werden von mir so beschrieben, wie ich sie von meinen Quellen erhalten habe. Aufgrund der aktuellen Weltlage haben mein Verleger und ich entschieden, die enthaltenen Kapitel auf das Allerwichtigste zu komprimieren, damit wir den Lesern ein kostengünstiges Buch zur Verfügung stellen können. Weiterführend empfehle ich selbstverständlich, die MiB-Buchreihe zu lesen, doch auch das vorliegende Buch ist in sich abgeschlossen und setzt kein Vorwissen voraus. Leser, die meine anderen Werke bereits kennen, werden sich auch hier wieder gut aufgehoben fühlen, denn es wird eine Fülle an neuem Material offengelegt, die das Gesamtbild der globalen Verschwörung verdeutlicht, wobei Regierungen jetzt offiziell zur Veröffentlichung von Geheimdienstinformationen übergegangen sind. Dieser Umstand allein reicht bereits aus, um viele der kontroversen Aussagen von Whistleblowern zu bestätigen, die behaupten, dass im Laufe des 20. Jahrhunderts eine umfassende Kontrolle eingeführt worden ist, um die unglaublich anmutende Historie des Planeten Erde und seiner Bewohner zu unterdrücken.

In Kapitel 1 beginne ich mit Recherchen über unidentifizierte Flugobjekte im Mittelalter, die in vielen Teilen der Welt beobachtet worden sind. Diese historischen Aufzeichnungen wurden von militärischen Abteilungen genauestens analysiert, und Experten kamen unweigerlich zu dem Schluss, dass dieses Phänomen seit Anbeginn der Menschheitsgeschichte existiert. Einen besonderen Stellenwert nehmen hierbei auch die historischen Himmelsschlachten des 15. und 16. Jahrhunderts ein. Das war die Zeit, in der die Herrschenden in Europa entschieden haben, die Menschheitsgeschichte umzuschreiben. Überraschend mutet auch an, dass der echte Beginn des modernen UFO-Phänomens in den USA von ersten europäischen Siedlern bereits im Laufe des 17. Jahrhunderts dokumentiert worden ist. Wenigen Menschen ist heutzutage bekannt, dass es Ende des 19. Jahrhunderts in den ganzen USA zu einer wahren Hysterie wegen ganzer Verbände von unerklärlichen Luftschiffen gekommen ist, lange vor dem Beginn der offiziellen Luftfahrt. Dieser Aspekt der Geschichte der Vereinigten Staaten ist mehr als faszinierend, denn er belegt die Existenz einer deutschen Geheimgesellschaft, die seit damals ein Weltraumprogramm geplant hat.

In Kapitel 2 können Sie einen der spannendsten Erlebnisberichte in diesem Buch finden. Das ist der Report des ehemaligen sowjetischen Spions Yakov Blumkin, der in den 1920er-Jahren die Region des Himalaya bereiste und dort von buddhistischen Mönchen behütete Technologie einer untergegangenen Zivilisation aus grauer Vorzeit zu sehen bekam. Diese Artefakte stammten von Flugmaschinen und Waffensystemen ominöser Götter. Blumkin übergab dieses Wissen dem deutschen Generalstab, wodurch es zu einem wichtigen Teil des Flugscheiben-Programms des Dritten Reichs wurde.

In Kapitel 3 behandle ich diesmal Aussagen von sehr glaubwürdigen und ranghohen Teilnehmern der Disclosure-Konferenzen, die vom UFO-Aktivisten Dr. Steven Greer ausfindig gemacht worden sind.

Darüber hinaus sind die wichtigsten Bekanntgaben der amerikanischen Regierung hinsichtlich der Präsenz von außerirdischen Beobachtern enthalten, die Dr. Greer von höchstrangigen Beamten erhalten hat. Aufgrund der hohen Sicherheitsstufe wurden nicht einmal frühere US-Präsidenten in diese Dinge eingeweiht. Respektierte Akademiker einiger der wichtigsten Universitäten der Welt haben demnach erkannt, dass die Menschheit nicht nur von fortgeschrittenen Intelligenzen beobachtet wird, sondern es kommt zu Entführungen und genetischen Experimenten, um die Weiterentwicklung der Spezies Homo sapiens zu steuern. Das absolut Erstaunliche an dieser Tatsache ist, dass die fremden Wesen offensichtlich aus physikalisch nicht erklärbaren Ebenen des Universums stammen und durch Portale zur Erde reisen. Der zentrale Kern der Befürchtungen außerirdischer Besucher betrifft ohne Zweifel den Einsatz von nuklearen Waffen auf dem Planeten Erde. Weil im Laufe des 20. Jahrhunderts sowohl UFO-Wracks als auch die Körper von extraterrestrischen Wesen geborgen worden sind, wurde in der Zeit des Kalten Krieges entschieden, die Alien-Angelegenheit geheimer als das Manhattan-Projekt zu handhaben. Die Weltmächte ersonnen eine gigantische Desinformations-Kampagne um dieses Thema, das erst seit wenigen Jahren mehr und mehr fallen gelassen wird. Weil es jetzt zu einer kontrollierten Offenlegung der Regierungen kommt, ist es für Whistleblower wichtig, nicht nur einen Teil der Wahrheit bekannt zu geben, sondern die ganze Wahrheit im Sinne von Full Disclosure (voller Enthüllung)! Besonders erwähnenswert sind zum Beispiel die Einschätzungen der menschlichen Zivilisation durch außerirdische Kulturen.

In Kapitel 4 finden Sie eine Reihe von aufwühlenden Aussagen von Regierungs-Wissenschaftlern bezüglich der wahren Natur von unbekannten Flugobjekten. Ehemalige Pentagon-Mitarbeiter brechen ihr Schweigen und sprachen von den unerklärlichsten Aspekten des ganzen Phänomens, das wahrhaft biblische Dimensionen besitzt. Das paranormale Phänomen ist untrennbar mit dem menschlichen Bewusstsein verbunden und bildet somit eine Brücke zu anderen Dimensionen des Seins, die unsere Sicht der Realität erweitern.

Einen beträchtlichen Teil des Buches nehmen in Kapitel 5 neue Enthüllungen von ehemaligen NASA-Mitarbeitern und Astronauten ein, die jetzt endlich ihr Schweigen über Begegnungen mit unbekannten Flugobjekten und ihren Insassen im erdnahen Weltraum sowie auf der Mondoberfläche brechen. Diese Insider sprechen davon, dass die ersten Weltraumsonden bereits Hinweise auf antike, von Menschen gemachte Strukturen auf dem Erdmond und auf anderen Planeten unseres Sonnensystems gefunden haben. In diesem Teil veröffentliche ich eine Reihe von authentischen Fotografien von unerklärlichen Flugobjekten, die von Astronauten aufgenommen wurden. Apollo-Astronauten waren in bestimmte Geheimnisse eingeweiht, mussten jedoch auf Druck der amerikanischen Regierung bis heute Stillschweigen bewahren. Einige von ihnen haben indessen ihr Stillschweigen gebrochen, und nur dadurch gelangten streng geheime Daten über UFOs an die Öffentlichkeit – sie sind allerdings kurz darauf wieder in Vergessenheit geraten. Wenig bekannt ist auch die Tatsache, dass viele ehemalige US-Präsidenten persönliche Erfahrungen mit unbekannten Flugobjekten gemacht haben.

Viele Eingeweihte haben darauf hingewiesen, dass unsere moderne Zivilisation einen (historisch noch immer nicht anerkannten) Vorläufer in Form der weltumspannenden Kultur von Atlantis besitzt, auf die man im Weltraum und auf der Erde immer wieder gestoßen ist. Warum die klassische Wissenschaft noch immer vehement mit ihrem Skeptizismus gegen solche Quellen vorgeht, beleuchte ich diesmal etwas genauer. Es hat ohne Zweifel etwas mit der unhaltbaren Mutmaßung über eine dem Zufall überlassene menschliche Evolution zu tun, die in Anbetracht vieler neuer Resultate keinesfalls so stattgefunden haben kann, wie es in den Traktaten der Schulwissenschaft nach wie vor beschrieben wird. Viele Forscher sind sich dennoch einig, dass das Jahr 2020 einen Wendepunkt in der Entwicklung der menschlichen Zivilisation markiert, der diese in den kommenden Jahren dem rapiden Zerfall entgegenführt. Besonders erwähnenswert sind auch neue Daten über unseren rätselhaften Erdtrabanten, den wir als Mond kennen. Einige Insider und alternative Astronomen schildern hier schier Unglaubliches, denn dieser Himmelskörper ist nicht das, was er zu sein scheint. Überaus aufschlussreich stellen sich auch einige Ausführungen der bekanntesten Astrophysiker dar, die ebenfalls auf Druck der Regierung niemals über ihr ganzes Wissen diskutieren konnten, weil dies der Geheimhaltung im Namen der Nationalen Sicherheit unterliegt. Diese Feststellungen betreffen insbesondere die Historie des Planeten Mars.

In Kapitel 6 finden Sie die aktuellsten Beschreibungen von Augenzeugen, Regierungsinsidern und Exopolitikern über die aufsehenerregendsten Erlebnisse von Angehörigen geheimer Weltraumprogramme. Der Kern dieser Mysterien betrifft einmal mehr die wahre Herkunft der menschlichen Spezies auf diesem Planeten und die Rückkehr von höheren außerirdischen Intelligenzen, die verborgene Basen in verschiedenen Erdteilen und auf dem Grund der Weltmeere betreiben. Einen wichtigen Teil dieser Erörterungen nehmen einmal mehr detaillierte Informationen über eine deutsche Absetzbewegung in der Antarktis ein, über die fast sämtliche im Buch aufgeführten Whistleblower etwas beizusteuern haben. Diese Verbindung zwischen Deutschland und außerirdischer Intelligenz zieht sich wie ein roter Faden durch die Kapitel dieses Buches. Deshalb steht fest, dass das deutsche Volk ein ganz besonderes Verhältnis zu diesen ganzen undurchschaubaren Phänomenen hat, das erst noch detaillierter analysiert werden muss. Nebst der Entdeckung von Raumarchen, Antarktisbasen und Sternentoren beschreiben militärische Whistleblower, wie es langsam zur wissenschaftlichen Akzeptanz des außerirdischen Ursprungs der Menschheit kommt. Dieser brisante Sachverhalt ist nach wie vor heftigst umstritten und wird von mir aus diesem Grund in ausführlicher Art und Weise sachlich beurteilt. Selbst aufgeklärte Leser wissen meist nicht, welch ein Aufwand in der Welt der Wissenschaft betrieben wird, um spekulative Hypothesen in der Öffentlichkeit als Tatsachen zu verkaufen.

Das bringt uns auch gleich zum nächsten, unter Forschern strittigen Punkt in Kapitel 7. Es handelt sich um das periodische Auftreten von katastrophalen Erdveränderungen, die zum Beispiel für den Untergang der Zivilisation von Atlantis verantwortlich gemacht werden. Das rätselhafte, fortschrittliche Wissen von prähistorischen Hochkulturen befindet sich noch immer in versiegelten Lagerstätten und in geheimen Regierungsanlagen. Ein weiterer Schwerpunkt dieses Buches, der sich erst nach und nach herauskristallisiert, bildet eine verlorene Zivilisation auf dem alten Planeten Mars, die in der fernen Vergangenheit ebenfalls durch eine Katastrophe vernichtet worden ist. Im Kapitel über Exopolitik gibt es darüber hinaus neueste Informationen über Echsenmenschen, Orion-Aliens, Nordics und den Roswell-Absturz, der immer mehr in den Blickpunkt der offiziellen UFO-Offenlegungen rückt. Der Roswell-Vorfall hat eine fundamentale politische Entwicklung in der Nachkriegszeit bewirkt, die ohne Zweifel mit temporalen Effekten und der Justierung von Zeitlinien zusammenhängt.

Hellseher wie Edgar Cayce schreiben über die Zivilisation von Atlantis und die Gründe für den Niedergang dieser Kultur, der mit okkulten Bruderschaften zu tun hatte, die in unserer Gegenwart wieder an Macht gewonnen haben. Einige Mitglieder von Geheimgesellschaften sind sich einig, dass sich das schreckliche Schicksal von Atlantis in unserer nahen Zukunft wiederholen könnte, wenn wir nichts dagegen unternehmen. Diese Querverbindungen haben insbesondere mit der Kultur des antiken Ägypten und der großen Gizeh-Pyramide zu tun, die als eine Art Zeitwächter agiert, der Prophezeiungen über die Zukunft enthält, in der uns starke geophysikalische Veränderungen bevorstehen. In diesem Buch dürfen selbstverständlich auch nicht die neuesten Meldungen von David Wilcock, Corey Goode und Dr. Michael Salla fehlen, die uns unfassbare Dinge über die ferne Vergangenheit unseres Sonnensystems und die Kolonisierung des Planeten Erde berichten. Die drei sind übrigens der Meinung, dass das Ausmaß der Offenlegungen einen neuen Höhepunkt erreicht hat, der die Schattenregierung dieses Planeten dazu bringt, ihre wahren Absichten zur Unterdrückung der Menschheit zu entschleiern. Eine Erd-Allianz, die Wilcock und Goode regelmäßig mit neuen Daten versorgt, gibt uns diesmal einen wichtigen Überblick über alle fortschrittlichen Weltraumprogramme, von denen das der deutschen Absetzbewegung mit Abstand das am meisten entwickelte ist, da sie eng mit mächtigen außerirdischen Intelligenzen kooperiert. Diese Wesen betreiben seit Tausenden von Jahren unterirdische Basen in der Antarktis und auf den anderen Planeten unseres Sonnensystems. Der Einfluss der deutschen Absetzbewegung soll sich mittlerweile über die ganze Galaxis erstrecken, und diese Weltraum-Deutschen sind gerade dabei, sich von ihren ehemaligen Oberherren loszusagen und einen Neuanfang zu wagen.

Die Religion der Führungsriege des geheimen Weltraumprogramms, die sich aus Mitgliedern deutscher Geheimgesellschaften wie den Illuminati zusammensetzt, verehrt demzufolge eine antike Rasse von menschenähnlichen außerirdischen Wesen, die vor vielen tausend Jahren auf unserem Planeten gelandet sind und mit ihren fortschrittlichen Möglichkeiten verschiedene humanoide Hybriden-Rassen gestaltet haben. Deswegen werden sie als Götter verehrt, und die irdische „Elite" hofft, einige dieser Wesen, die sich seit der letzten Eiszeit im Winterschlaf befinden, erwecken zu können, damit sie abermals die Herrschaft auf diesem Planeten übernehmen. Diese Zielsetzungen werden von Plänen der Globalisten zur Errichtung einer technokratischen Neuen Weltordnung ergänzt, in der alle Menschen in naher Zukunft in ein Netzwerk aus Künstlicher Intelligenz (KI) eingebunden werden sollen, damit sie ihren freien Willen verlieren und ein für alle Mal unterdrückt und total kontrolliert werden können. Wegen solcher Entwicklungen, vor denen bereits in der Offenbarung des Johannes gewarnt wird, kehren auch höhere Mächte in unsere Welt zurück und bewirken ein Erwachen in der Weltbevölkerung, das mit spiritueller Erkenntnis und kosmischen Einflüssen zu tun hat. Sie wissen, dass wir Menschen eine unsterbliche Seele besitzen, und dass unser Schicksal vorsieht, in höhere Ebenen der Existenz aufzusteigen. Die Möglichkeit dazu findet am Ende jedes Erdzeitalters statt, das wir bald wieder erreicht haben.

Weiter besprechen Eingeweihte aus Geheimdienstkreisen in Kapitel 8 die bizarrsten Ereignisse, die bei Zeitreise-Experimenten aufgetreten sind. Diese Paradoxien haben bewirkt, dass Zeitreise-Agenten und sogenannte Chrononauten die historische Vergangenheit manipuliert haben, wodurch das Zeitfeld der Erde starken Irritationen ausgesetzt worden ist, was auch aus der Sicht von Physikern beschrieben wird. Zeitreisende haben wichtige Informationen aus der Zukunft mitgebracht, die insbesondere die jetzt vor uns liegenden Jahre betreffen. Auch dieses Mal lassen sich diese Versuche bis zu den Entdeckungen deutscher Quantenphysiker des frühen 20. Jahrhunderts zurückführen.

In Kapitel 9 präsentiere ich sensationelle Veröffentlichungen des rumänischen Autors und Geheimdienstmanns Radu Cinamar, der uns neue Einblicke in die Arbeit an der Entschlüsselung der geheim gehaltenen Geschichte der Menschheit gewährt. Mittels Daten aus der Akasha-Chronik des Planeten Erde konnte er die wahre Mission der Anunnaki rekonstruieren und bestätigt, dass vor langer Zeit mehrere Planeten unseres Sonnensystems von fortschrittlichen Kulturen bewohnt waren, die bereits erfahrene Raumfahrer gewesen sind. Diese Wesen sind auf der Erde gelandet, und mit ihrer Hilfe wurde es möglich, dass sich prähistorische Hochzivilisationen bildeten, die dann auch das Innere unseres Planeten besiedelt haben. Auch Radu Cinamar berichtet vom Schicksal der sagenhaften Zivilisation von Atlantis und dem Bau der vorsintflutlichen Pyramiden von Ägypten.

Im abschließenden Kapitel 10 wird es dann wieder etwas wissenschaftlicher, und prominente Gelehrte erklären uns den Aufbau des intelligenten Designs im Universum. Diese Fakten bestätigen, dass sich das All nicht durch einen unglaublichen Zufall wie den Urknall gebildet haben kann, sondern dass es äußerst präzise wie ein Uhrwerk geplant und erschaffen worden ist. Atheisten und Transhumanisten versuchen diese wichtige Erkenntnis, die starke religiöse Aspekte besitzt, durch ihre unbeweisbaren akademischen Theorien zu widerlegen, die darauf abzielen, eine globale Tyrannei zu erschaffen, in der der beseelte Mensch zu einem willenlosen Tier erniedrigt werden soll. Erstaunliche wissenschaftliche Erkenntnisse zeigen, dass wir seit langer Zeit über unseren wahren Ursprung hinters Licht geführt werden, weil Atheisten in der Welt der Naturwissenschaft ein mächtiges Establishment erschaffen haben, das Gott als Schöpfer ablehnt und grundsätzlich dem Gegenspieler untertan ist. Anhänger verschiedener Weltreligionen erklären, warum sie auf wissenschaftliche Kreise Einfluss nehmen, damit die breite Öffentlichkeit nichts über diese Vorgänge erfährt. Die einhelligste Ablehnung bei Gelehrten besteht nach wie vor in der Akzeptanz der Lehren und der Wunder von Jesus Christus. Ich zitiere in diesem Kapitel einige vielsagende Stellungnahmen von führenden Vertretern der orthodoxen Wissenschaft, die uns tiefe Einblicke in die Gedankenwelt dieser Intellektuellen ermöglichen. Dieser Ego-gesteuerte Verteidigungswall, der ungefähr in der Mitte des 20. Jahrhunderts entstanden ist, ist nun am Bröckeln, und Skeptikern gehen die Argumente gegen die objektive Wahrheit aus, die viel großartiger ist, als wir es momentan begreifen können.

Die Dinge, die wir noch nicht über das Universum wissen, sind möglicherweise unendlich, und je tiefer wir in diese Mysterien eintauchen, desto größer wird unser Verständnis darüber, dass ein universeller Zweck intelligenten, bewussten Lebens existiert, der dem reinen göttlichen Willen entspringt.

Ich möchte Sie nun herzlichst auf eine Reise durch Raum und Zeit einladen und hoffe, dass Sie viele neue Erkenntnisse für sich entdecken können. Vor allem die kurz vor Drucklegung entstandenen Anhänge sind besondere Schmankerl – Sie werden fasziniert sein!

Ihr *Jason Mason*

Kapitel 1 – Unbegreifliche Luftschiffe der Vergangenheit und die ersten historischen UFO-Begegnungen

Manuskripte aus dem Mittelalter zeugen von unerklärlichen Flugmaschinen

Geschichten, die mit den frühen Legenden des Übernatürlichen in Form von Sichtungen von seltsamen Himmelsphänomenen zu tun haben, sind in vielen alten Chroniken aus ganz Europa überliefert. Viele dieser Aufzeichnungen sind äußerst mysteriös und deuten auf Begegnungen mit realen unbekannten Flugobjekten hin, die in den letzten Jahrhunderten in vielen Teilen der Welt am Himmel beobachtet werden konnten. Es folgt nun eine Auswahl an erstaunlichen historischen Berichten, die von diesen unbegreiflichen Luftphänomenen der Vergangenheit handeln, wenngleich viele dieser Schilderungen vermutlich über die Jahrhunderte hinweg immer wieder dieselben Flugobjekte beschreiben.

Die frühesten dokumentierten Sichtungen von unbekannten Flugobjekten gab es überwiegend in Europa. Laut den *Lorscher Annalen* belagerte das fränkische Heer im Jahr 775 n.Chr. die sächsische Sigiburg, dadurch bekam die heute so bezeichnete Hohensyburg eine wichtige Funktion für die Christianisierung der Germanen. Im Jahr 776 ereignete sich ein Wunder, und die Besatzer wurden von Karl dem Großen vertrieben. Damals soll eine Gruppe von fliegenden runden Scheiben über der Burg oder Kirche erschienen sein. Es gibt noch Darstellungen dieser runden Scheiben, auf denen man erkennen kann, dass sie wie klassische UFOs mit Bullaugen ausgesehen haben, und es sich in diesem Fall vermutlich um eine Gruppe von bemannten Flugscheiben handelte. Seltsame fliegende Schiffe erschienen dann auch im Jahr 842 bei der Belagerung der Stadt Angers in Westfrankreich durch Karl II., den Kahlen. Dieses Ereignis ist in seinen Annalen durch einen engen Vertrauten von Karl II. aufgezeichnet worden. Auch dazu ist noch eine historische Illustration erhalten, die einen hellen, wandernden Stern am Himmel zeigt.

Der nächste historische Bericht stammt von Agobard von Lyon aus dem 9. Jahrhundert, der damals ein Erzbischof war. Er verfasste eine lateinische Handschrift namens »Contra Insulsam Vulgi Opinionem De Grandine Et Tonitruis« (Gegen den geschmacklosen Volksglauben über Hagel und Donner) und schreibt darin, dass die französischen Bauern der Provinz Lyon hartnäckig an eine mysteriöse Region namens „Magonia“ glaubten, von der Schiffe aus den Wolken kamen. Die Piloten dieser Schiffe wurden „Sturmzauberer“ genannt, und sie waren dafür bekannt, alle Ernten zu stehlen, die von Stürmen und Hagel

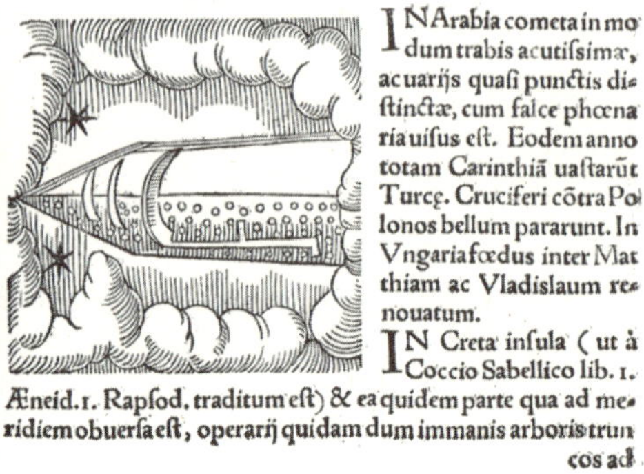

Abb. 1: Ein wandernder Stern bei der Belagerung der französischen Stadt Angers im 9. Jahrhundert und daneben eine Darstellung eines zigarrenförmigen UFOs mit Bullaugen in Arabien im Jahr 1479 n.Chr., die aus einer Schweizer Chronik stammt.

zerstört worden waren. Diese mysteriösen Menschen steuerten ihre Wolkenschiffe mit Leichtigkeit durch den Himmel und sollen sogar örtliche Bauern und Bürger bestochen oder belohnt haben, die ihnen beim Diebstahl von Getreide und Gemüse geholfen haben, indem sie ihnen einen Teil der Beute überließen. Laut Erzbischof Agobard sind die Sturmzauberer etliche Male mit ihrer Beute in den Himmel zurückgekehrt und haben die Früchte der Erde nach Magonia mitgenommen. Der Erzbischof schrieb, er habe einst sogar persönlich die Steinigung von drei Männern und einer Frau miterlebt, die behauptet hatten, von einem dieser Schiffe gefallen zu sein. Der Begriff *Magonia* leitet sich auf dem lateinischen Wort magus für magisch ab, also „magisches Land“ – doch wo lag dieses magische Land, und warum mussten diese Sturmzauberer die Ernten stehlen? Niemand weiß die Antwort darauf.

Ein US-Air-Force-Lehrbuch, das in den 1970er-Jahren verwendet wurde, trägt den Titel »Introductory Space Science Volume II« und wurde von Major Donald G. Carpenter und Lt. Colonel Edward R. Therkelson zusammengestellt. Dieses Werk kursierte wenige Jahre (zwischen 1968 und 1970) in zwei Versionen und wurde dann aus dem Verkehr gezogen, weil es zu offen über die Erforschung des UFO-Phänomens berichtet. Damals befasste sich noch die offizielle UFO-Forschung des Projekts Blue Book und des Condon-Committees mit unerklärlichen Luftphänomenen der Vergangenheit, und dem aussagekräftigen Kapitel 33 des Buches der US Air Force kann man einige interessante Informationen entnehmen, die später nicht mehr öffentlich abgedruckt worden sind. Die Forschungsorganisation CUFON.org hat auf ihrer Webseite das gesamte Kapitel online gestellt, weshalb ich hier einige Auszüge davon zugänglich machen will.

Das Kapitel beginnt damit, dass in diesem Militärhandbuch auf die älteste Chronik von Indien mit dem Titel »Das Buch von Dzyan« hingewiesen wird! Dieses Buch soll aus einer Reihe von mündlich überlieferten Legenden bestehen, die in Form von Manuskripten verfasst worden sind, als der Mensch die Schrift erlernte. In einer dieser Geschichten wird beschrieben, dass eine kleine Gruppe von Wesen vor Tausenden von Jahren in einem metallischen Schiff zur Erde gereist ist. Das Schiff umkreiste die Erde mehrmals, bevor es schließlich landete. Diese Legende berichtet davon, dass eine außerirdische Kolonisation stattgefunden hat, und die außerirdischen Geschöpfe schnell zu den Herrschern von bestimmten Gebieten ausgewählt worden sind, weil sie über fortschrittliche Technologie und Waffensysteme verfügt haben, die auch Raketen mit Nuklearsprengköpfen umfassten. Offenkundig sind diese auch zum Einsatz gekommen, weil es Legenden von Kriegen mit Projektilen gibt, die die Kraft der Sonne besaßen und sogar starke Effekte von radioaktiver Strahlung in antiken indischen Texten beschrieben werden. Nicht zuletzt die späteren antiken Griechen, Römer und Nordvölker überlieferten in ihren mythologischen Traditionen Kontakte mit menschenähnlichen Göttern. Die Autoren der US Air Force entnehmen daraus, dass in der Vorzeit echte globale Konflikte zwischen diesen außerirdischen Göttern und Kolonisten ausgebrochen waren. Dieses Kapitel 33 endet mit einer wichtigen Schlussfolgerung:

„*Wir müssen uns mit der unangenehmen Möglichkeit von außerirdischen Besuchern auf unserem Planeten, oder zumindest mit UFOs, abfinden, die von Außerirdischen kontrolliert werden. Die fraglichen Daten wurden noch nicht alle miteinander in Beziehung gesetzt und verglichen, doch sie belegen derzeit die Existenz von mindestens drei und möglicherweise vier verschiedenen Gruppen von Außerirdischen, die sich wahrscheinlich in verschiedenen Ebenen der technologischen Entwicklung befinden. Das ist schwer zu akzeptieren, denn es bedeutet, dass intelligentes Leben auf der Mehrzahl der Planeten unseres Sonnensystems existiert, oder dass ein überraschend starkes Interesse an der Erde von Besuchern von anderen Sonnensystemen herrscht ... Warum gibt es keinen Kontakt? Wir könnten das Objekt von intensiven soziologischen und psychologischen Studien sein, und in solchen Studien vermeidet man es gewöhnlich, die Testobjekte in ihrer Umgebung zu stören ...* ***Laut allen verfügbaren Informationen ist das UFO-Phänomen seit fast 50.000 Jahren global aufgetreten.***“

Neben der Erwähnung, dass der Tunguska-Vorfall aus dem Jahr 1908 vermutlich eine gewaltige nukleare Explosion war, die die globalen Strahlungswerte erhöht hat, finden sich in diesem alten Werk der US Air Force auch einige weitere historische Schilderungen von UFO-Kontakten der Vergangenheit. Es enthält in Kapitel dreizehn einen Bericht über eine alte irische Legende aus der historischen Schrift »Speculum Regali«. Diese Legende stammt aus dem Jahr 956 n.Chr. Dort wird von einer Begegnung mit einem „Dämonenschiff" berichtet, das von Kirchgängern gesehen wurde. Dieser Vorgang ereignete sich im Kloster von Clonmacnoise in Irland, das vom heiligen Kiaran von Clonmacnoise bereits im Jahr 548 n.Chr. gegründet worden war, aber seit 1522 nicht mehr existiert. Die Mönche haben die Begegnung mit diesem seltsamen Schiff und seinen Insassen für künftige Generationen aufgezeichnet, und es gab später leicht verschiedene Varianten dieser Überlieferung.

Im Jahr 1211 n.Chr. nahm auch der englische Chronist Gervasius von Tilbury dieses historische Ereignis in seine Niederschriften auf: Es geschah im Stadtteil Cloera in Tilbury an einem Sonntag, während die Menschen bei der Messe im Kloster waren, ein Wunder. Es trug sich während der Messe zu, dass plötzlich ein Anker vom Himmel fiel, an dem ein Seil befestigt war, und dieser Anker verfing sich im Bogen der Kirchentür. Die Herrschaften eilten aus der Kirche und sahen am Himmel ein Schiff mit einigen Männern an Bord, das vor dem Ankerseil schwebte. Sie sahen einen Mann über Bord und zum Anker springen, der ihn losmachen wollte. Es sah laut den Augenzeugen so aus, als würde dieser Segler in der Luft wie im dichten Wasser schwimmen, weil er ganz langsam herabschwebte. Das Volk eilte herbei und versuchte, ihn zu ergreifen, aber der Bischof verbot dem Volk, den fremden Mann festzuhalten, denn die Leute hätten ihn womöglich getötet. Der Mann wurde schließlich freigelassen und eilte zurück zum Schiff, wo die Besatzung daraufhin das Seil durchschnitt und das Schiff sodann außer Sichtweite segelte. Der Anker ist seitdem als Zeugnis dieses Erlebnisses aufbewahrt worden. In einer anderen Version dieser Geschichte, die in Irland überliefert wurde, kletterte der sonderbare Mann am Ankerseil herunter und hatte den Anker bereits gelöst, als er von den Beistehenden ergriffen wurde. Er verstarb dann in den Händen seiner Fänger, und es sah so aus, als ob er an der dicken Luft der Erde ersticken würde, so als ob er in Wasser ertrinken würde und keine Luft mehr bekäme. Die anderen fremden Männer im Schiff warteten eine Stunde lang, entschieden dann, dass ihr Kamerad verloren war, durchschnitten das Ankerseil und segelten weiter. Sie ließen den Anker zurück, und als Erinnerung an dieses Erlebnis wurde das Eisen des Ankers neu geschmiedet, um damit Ornamente und Angeln der neuen Kirchentür herzustellen, die jeder Besucher bewundern konnte.

Andere historische Beschreibungen von unbekannten Flugobjekten gibt es in den Chroniken des Engländers William of Newburgh namens »Historia Rerum Anglicarum«, die gegen Ende des 13. Jahrhunderts in England beobachtet wurden. Am Neujahrstag des Jahres 1254 sahen mehrere Mönche in St. Albans in Hertfordshire eine Art großes Schiff, das elegant geformt und von wunderbarer Farbe war. Da es Neujahr war, gab es mehrere Zeugen des Ereignisses, und die Mönche waren im Rahmen der Feierlichkeiten in der Kirche versammelt. Das Schiff hing währenddessen still über der Kirche. Dieser Vorfall wurde vom Geschichtsschreiber Matthäus von Paris in allen Einzelheiten aufgezeichnet. In Byland Abbey, der größten Zisterzienser-Abtei in Yorkshire in England, flog eines Tages im Jahr 1290, während der Abt und die Mönche im Speisesaal waren, eine flache, runde, leuchtende silberne Scheibe über die Abtei hinweg, was damals großen Schrecken und große Aufregung verursachte. Im Jahr 1322, in der Nacht des 4. November, ist am Himmel über Uxbridge in England eine fliegende Säule von der Größe eines kleinen Bootes gesehen worden, die eine blasse Farbe aufwies. Sie erhob sich von Süden her, überquerte den Himmel mit langsamer Bewegung und flog dann nach Norden weiter. Aus der Vorderseite der fliegenden Säule brach eine glühende rote Flamme mit großen Lichtstrahlen heraus. Ihre Geschwindigkeit stieg danach an, und das Objekt flog durch die Luft davon. Der nächste überlieferte Vorfall fand im Jahr 1387 n.Chr. statt. In diesem Jahr wurde ein Feuer am Himmel beobachtet, das wie ein brennendes und sich drehendes Rad aussah, das oben Feuer ausstieß. Andere derartige Objekte in Form eines langen feurigen Strahls wurden den ganzen Winter dieses Jahres hindurch in der Grafschaft Leicester und in Northamptonshire gesichtet.

Am 1. November des Jahres 1461 wurde ein feuriges Objekt in Gestalt einer eisernen Stange von großer Länge, halb so groß wie der Mond am Himmel, über Arras in Frankreich ungefähr 25 Minuten lang beobachtet. Dieses Objekt wurde von Augenzeugen auch genauer beschrieben, und es war laut diesem Bericht wie ein Schiff geformt, von dem Feuer ausging. Im historischen Werk »Notabilia Temporum Di Angelo De Tummulillis Da Sant' Elia« aus dem Frankreich des Jahres 1465 ist ein zigarrenförmiges, brennendes UFO oder ein feuriger Balken dargestellt, der während der Herrschaft Heinrichs IV. am Himmel beobachtet werden konnte. Hier könnte es sich um das gleiche Objekt gehandelt haben, das zuvor schon über Frankreich beobachtet worden war.

Eine seltene Schrift aus dem Jahr 1493, die heute in einem Museum in Verdun in Frankreich aufbewahrt wird, enthält die vielleicht früheste bildliche Darstellung eines UFOs über Europa. Es handelt sich um ein Werk von Hartmann Schedel mit Anton Koberger als Verleger, das den Titel »Liber Chronicarum« bzw. »Nürnberger Chronik« trägt. Es beschreibt eine seltsame feurige Kugel, die im Jahr 1034 n.Chr. gesehen wurde, als sie in gerader Bahn von Süd nach Ost über den Himmel und dann in Richtung der untergehenden Sonne davonraste. Tatsächlich ist das eines der ersten weit verbreiteten gedruckten Bilder eines sonderbaren Kometen, das in der Nürnberger Chronik am 12. Juli 1493 veröffentlicht wurde. Diese Chronik ist eines der wenigen heute noch erhaltenen Bücher, die vor dem Jahr 1500 produziert wurden, und spiegelt die Ästhetik der Buchillustration wider, die damals in der Tradition des Manuskripts angekommen war. Die Abbildung, die dem Bericht beiliegt, zeigt ein zigarrenförmiges, von Flammen erleuchtetes Objekt, das durch eine Wolke kommt und über den blauen Himmel einer grünen Hügellandschaft fliegt. Das ist möglicherweise eine frühe bildhafte Darstellung eines zigarrenförmigen UFOs und keines Kometen, denn im Jahr 1561 kam es dann zum großartigen Himmelsphänomen einer UFO-Schlacht über der Stadt Nürnberg.

Abb. 2: Eine historische Darstellung eines feurigen fliegenden Balken aus Frankreich, und daneben der sonderbare riesige und vorne spitz zulaufende Komet, der aus einer Wolke kommt und in der Nürnberger Chronik überliefert ist.

Ein mittelalterliches Fresko aus Rumänien zeigt ein scheibenförmiges Flugobjekt, das wieder über einer Kirche schwebt, und man sieht einen Lichtstrahl, der oben aus dem Objekt hervorkommt. Laut dem rumänischen Wissenschaftler Dr. Dan Farcas, der ein Buch über die Berichte von UFO-Sichtungen in Rumänien verfasst hat, kommt es seit Hunderten von Jahren speziell in Siebenbürgen zu sonderbaren Phänomenen. Man vermutet, dass dieses Bild aus der Zeit vor dem Jahr 1534 stammt, aber Historiker konnten nicht genau bestimmen, wann oder von wem es gemalt wurde. Dr. Farcas von der rumänischen UFO-Forschungsorganisation ASFAN (www.asfan.ro) erklärte, dass es sich bei diesem Bildnis womöglich um eine mittelalterliche UFO-Sichtung handelt. In verschiedenen Kirchen Osteuropas gibt es weitere derartige Gemälde und Fresken, die Jahrhunderte alt sind und vermutlich UFOs zeigen. Aus diesem Grund glauben die rumänischen UFO-Forscher, dass Außerirdische die Erde im Laufe der letzten Jahrhunderte immer wieder besucht haben, und dass sie besonders von Kirchen angezogen worden sind.

In Rumänien gibt es verschiedene Legenden, nach denen einige unterirdische Städte existieren und vor langer Zeit Riesen in diesem rätselhaften Land gehaust haben. Außerdem findet man dort eigentümliche Bauwerke von unbekannten antiken Kulturen – einiges davon möchte ich hier kurz beschreiben. Conrad Haas (1509-1576) war ein österreichischer Militäringenieur, der vermutlich in Dornbach bei Wien geboren wurde und im Jahr 1551 nach Siebenbürgen ging, das damals ein Teil von Ungarn war. Er war dort ein Pionier des Raketenantriebs und begann in Klausenburg zu lehren. Seine erstaunlichen Entwürfe aus dieser Zeit zeigen eine moderne dreistufige und sogar bemannte Rakete! Das deutschsprachige Manuskript seiner theoretischen Arbeiten an Raketenantrieben wurde im Jahr 1961 in den Aufzeichnungen der Staatsarchive von Sibiu (Hermannstadt) vom rumänischen Historiker Doru Todericiu wieder entdeckt.

Diese Raketenmodelle arbeiteten bereits mit Mixturen von flüssigen Treibstoffen und besaßen die typischen Flossen für die Flugstabilität. Heute ist fast nichts mehr über das Leben von Conrad Haas bekannt – aufgrund dieser Aufzeichnungen wurde er vermutlich absichtlich von der Geschichtsschreibung „vergessen". In diesen Tagen taucht sein Name allerdings wieder auf. Er war gewiss der wichtigste frühe Raketenpionier der bekannten Geschichte und nannte seine Erfindung den „fliegenden Speer". Erstaunlich ist, dass ähnliche Raketen erst wieder ab dem Jahr 1926 entwickelt werden konnten, und dass die NASA in den 1960er-Jahren die Entwürfe von Conrad Haas für ihre Mercury-, Gemini- und Apollo-Programme verwendet hat! Das 450 Seiten starke Werk von Conrad Haas aus dem 16. Jahrhundert kann nicht nur auf seinen persönlichen theoretischen Forschungen beruhen. Dieses Know-how muss noch weiter in der Vergangenheit über einen langen Zeitraum hinweg stufenweise entstanden, und verschiedene Modelle müssen vorher in Tests erprobt worden sein. Mit ziemlicher Sicherheit hat man in Hermannstadt in den 1550er-Jahren nicht nur echte Raketen getestet, sondern es wurden zu dieser Zeit oder noch früher bereits bemannte Raketen gestartet – historische Hinweise dazu existieren zumindest!

In Rumänien befinden sich außerdem riesige unterirdische Labyrinthe und Höhlensysteme in der Gegend von Constanta, das früher Tomoi hieß und teilweise unter dakischer, skythischer und keltischer Herrschaft stand. Erst unter den Römern wurde die Stadt in Constantiana umbenannt und ist somit die älteste immer noch bewohnte Stadt des modernen Rumäniens. Unter dem nahegelegenen Ort Limanu gibt es ein großes Höhlenlabyrinth, das erstmals im Jahr

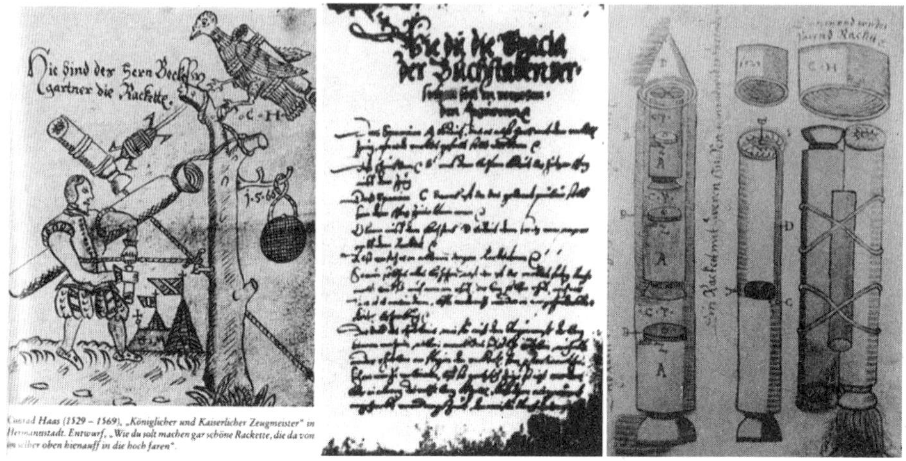

Abb. 3: Conrad Haas und seine Entwürfe für mehrstufige Raketen aus dem Jahr 1555.

1916 erforscht wurde und viele antike Spuren menschlicher Behausung aufweist. Dieses riesige Höhlensystem, die sogenannte Limanu-Höhle, ganz im Südosten von Rumänien am Schwarzen Meer gelegen, war über Jahrhunderte hinweg immer wieder bewohnt. Dort befinden sich Jahrtausende alte, künstlich angelegte Tunnel und Passagen. Es gibt zudem Hinweise, dass man den Tunneln bis nach Bulgarien folgen kann.

Dieses ganze Höhlensystem ist immer noch teilweise unerforscht, und es ist nicht bekannt, wie weitläufig es sich tatsächlich unterirdisch erstreckt. Es befinden sich antike Inschriften an den Wänden, die den Weg durch dieses Labyrinth beschreiben. In Rumänien existieren viele Sagen über eine oder mehrere unterirdische Städte. Einige Geschichten berichten über seltsame Wesen, die aus dem Untergrund empor gekommen sein sollen. Somit durften nur auserwählte oder mutige Menschen die sagenhaften unterirdischen Städte betreten, die tief in diesen Höhlen existieren sollen. Ein alter Zugang zu diesem unterirdischen Labyrinth befindet sich im Dorf Limanu. Rumänische Geschichtsforscher vermuten, dass es sich hier um dasselbe Labyrinth handelt, welches das antike Volk der Daker, welches seine wichtigsten Siedlungen in Siebenbürgen hatte, nutzte, um sich dort unten zu verstecken, als die Römer einmarschierten. In altertümlichen römischen Niederschriften gibt es Darlegungen über diese Höhle, wobei überliefert ist, dass dieses Höhlensystem so groß ist, dass sogar die mythischen griechischen Titanen (Riesen) dort einst Schutz vor den Göttern des Olymp suchten. Hernach waren sie nicht mehr Teil der Oberwelt und wurden zu Göttern der realen Unterwelt. Dr. Basil Boroneant hat die Limanu-Höhlen sorgfältig erforscht, und es gibt dort nicht nur lange, sich windende Korridore, Orientierungspunkte und zwei Räume für Rituale, sondern auch Keramikobjekte aus verschiedenen geschichtlichen Perioden und Spuren vergangener Zivilisationen. Das alles sind reale Anhaltspunkte für die mythologischen Überlieferungen dieser Region.

In Rumänien hat man außerdem Artefakte gefunden, die beweisen, dass hier bereits vor über 2.000 Jahren fortschrittliche Metallwerkzeuge wie Bohrer mit schnell drehenden Spitzen zum Einsatz gekommen sind. Die Zivilisation der Daker wurde am Ende des 1. Jahrhunderts nach Christus von den Römern zerstört, die damals das Land erobert haben. Hierbei handelte es sich um eine Kultur, die zum Beispiel ein sensationelles sechseckiges Artefakt mit fein herausgearbeiteten Figuren und Ornamenten aus Bronze herstellen konnte. Dieses einmalige Bronze-Artefakt ist als die antike „Bronze-Matrize von Sarmizegetusa Regia“ bekannt, der alten Hauptstadt des antiken Reichs der Daker. Das perfekt gearbeitete sechseckige Objekt muss über 2.000 Jahre alt sein und wurde seit seiner Entdeckung im Jahr 2013 zum wertvollsten Objekt im Museum von Deva, weil es das einzige seiner Art und unerklärlich komplex aufgebaut ist! Auf seiner Oberfläche finden sich Bildnisse von Fabeltieren und gewöhnlichen Tieren des afrikanischen Raums, wie beispielsweise ein Löwe, ein Tiger, ein Leopard, ein Wasserbüffel, aber auch ein Wolf.

Im Jahr 1961 haben Archäologen im Ort Tartaria unter anderem drei mit exakten Bohrlöchern versehene Amulette aus Ton mit sonderbaren Inschriften ausgegraben, die der antiken Donauschrift und der prähistorischen Vinča-Kultur zugeordnet werden – sie sollen ein Alter von bis zu 7.500 Jahren besitzen! Ihre Inschriften stellen somit die offiziell älteste Schriftform der Welt dar und sind älter als die dynastischen Hieroglyphen aus Ägypten oder die Keilschrift aus Mesopotamien. Die Bedeutung der Inschriften ist unbekannt. Ein ganz spezieller Ort in Rumänien sind auch die rätselhaften Höhlen der Buzău-Berge in der Region des einstigen Fürstentums Walachei. Es handelt sich hier um in das Felsgestein eines Berges geschnittene Höhlen, in denen es abermals verschiedene antike Inschriften gibt,

Abb. 4: Die Bronze-Matrize von Sarmizegetusa Regia.

die nicht entziffert werden können. Während des 1. Jahrhunderts haben christliche Missionare aus dem Mittleren Osten diese Monumente besetzt, und sie wurden offenbar noch bis ins 19. Jahrhundert hinein bewohnt und für rituelle Zwecke genutzt. Einige Anlagen sind wie Pyramiden geformt, und es ist überliefert, dass römische Soldaten und Adelige zu diesen Pyramiden gekommen sind, und von ihren Sünden befreit zu werden und göttlichen Segen zu empfangen.

Abb. 5: Die Höhlen in den Buzău-Bergen und daneben das Skelett eines Riesen, das angeblich im Jahr 2014 bei den Bucegi-Bergen freigelegt worden ist.

Dort anzutreffende Einwohner glauben nach wie vor an die große spirituelle Kraft dieser Region, die seit Tausenden von Jahren ein Ort der Verehrung war. Es existieren dort buchstäblich Hunderte von Legenden und Überlieferungen über paranormale Erscheinungen und Vorfälle. Durch die Isolation der Region gibt es auch heute noch viele mündlich weitergegebene Legenden und mystische oder esoterische Geschichten von magnetischen Anomalien und sonderbaren Erscheinungen. Darum wurde dieser Ort, der von den Einheimischen „Tara Luanei“ genannt wird, unter Esoterikern berühmt. Die antiken Höhlensiedlungen in den Buzău-Bergen sind nach einem König benannt, der vor langer Zeit über dieses Land Luana herrschte. Seine Städte sollen angeblich den Himmel erreicht haben. König Luana soll so majestätisch und göttlich gewesen sein, dass mächtige Götter entschieden haben, ihn und seinen Palast hoch in den Wolken zu verstecken. Lange Zeit herrschte Frieden im Land, bis gefährliche Feinde in feurigen Wagen auftauchten und Zerstörung über die Erde brachten, die so fürchterlich war, dass die Natur lange Zeit benötigte, um sich davon zu erholen. Seitdem war das Gebiet verlassen, die Legenden von Luana sind immer noch geheimnisumwoben, und es heißt, dass die ganze Wahrheit über Luana tief in einer Höhle verborgen ist, die man die „Höhle der Weisen“ nennt, und die unter Umständen ein Energiezentrum gewesen ist.

Ferner kursieren noch Geschichten über Außerirdische, Pyramiden und Magie, sowie über die vielen Riesen des antiken Rumänien. Die Leute glauben, dass Riesen vor langer Zeit die Berge dieser Gegend so umgestaltet haben, dass aus ihnen Pyramiden geworden sind. Einige Steine auf den Gipfeln dieser Berge sind wirklich mit Werkzeugen bearbeitet und wurden sorgfältig übereinander platziert. Sie tragen auch noch Inschriften. Die wunderlichste Legende besagt, dass vor 12.000 Jahren Riesen in den Buzău-Bergen erschienen sind, die das mythische Land Luana beschützt haben, und angeblich dazu in der Lage waren, in der Zeit zu reisen! Rumänische Historiker berichten davon, dass es in diesen Höhlen einstmals einen großen Obelisken gab, den man in den 1970er- oder 1980er-Jahren mit Sprengstoff zerstört hat, weil er ein Portal öffnen konnte, durch das Menschen verschwunden und nicht mehr zurückgekehrt sind! Auf jeden Fall wussten die Römer, dass die Buzău-Berge seit der Antike in der heiligen Geografie der Welt eine Rolle gespielt haben. Das sagenhafte Land von Luana befand sich geografisch in der Nähe der modernen rumänischen Dörfer Alunis, Nucu und Colti.

Wie gesagt gibt es dort an den Höhlenwänden von Luana alte Inschriften, die niemand entziffern kann, und dann auch noch Zeichen und Symbole wie Sterne und Kreuze, deren wahre Bedeutung unbekannt ist. Auf einigen Artefakten aus der Region kann man Schnitzereien von unbekannten Wesen sehen, und die legendäre Stadt des Königreichs von Luana soll von mächtigen Riesen beschützt worden sein, die die Tore der Stadt bewachten. Sie erbauten riesige Mauern, die, so wird behauptet, Tag und Nacht hell strahlten. Eine der lokalen Legenden besagt, dass die nahegelegene Zwillings-Bergformation namens „Säulen von Tainita“ (Stalpii Tainitei) tatsächlich von antiken Riesen erbaut wurde, und in der Vergangenheit wurde den Riesen auch der Bau von großen unterirdischen Hallen zugeschrieben, die irgendwo unter diesen Bergen existieren sollen.

Je nachdem, aus welcher Region in Rumänien solche Überlieferungen stammen, gibt es verschiedene Bezeichnungen für die Riesen, so zum Beispiel „Tartari“ (Tartaren). Zahlreiche Riesenskelette wurden bei Boldesti-Scaeni in der Nähe der Buzău-Berge entdeckt, so zum Beispiel fanden Einwohner, als sie einen Apfelbaum pflanzen wollten, ein menschliches Skelett mit einer Größe von 2,40m zusammen mit antiken Fragmenten von Töpfereien. Weitere Funde von Riesenskeletten gab es in Mariuta bei Clarasi, in den Persani-Bergen, in Polovragi, in Piatra Craiului, in Tara Hategului, in Cetateni unter dem Negru Voda Kloster und an vielen anderen Orten in Rumänien. Im Raum Maramures in Nordrumänien gibt es die alte Festung von Oncesti (Cetatea de la Oncesti) und man glaubt, dass diese einst von Riesen bewohnt wurde. Bei Argedava soll man in 80 Gräbern die Skelette von Riesen gefunden haben, die über fünf Meter groß gewesen sind! Die meisten sind kurz nach ihrer Entdeckung auf unerklärliche Weise verschwunden, dennoch werden weiterhin rumänische Riesenskelette ausgegraben – ein Foto eines solchen Skeletts ist auf Abb. 5 zu sehen. Es soll im Jahr 2014 in der Nähe der Bucegi-Berge ausgegraben worden sein, in denen es ebenfalls rätselhafte Anlagen gibt.

Im Jahr 1968 ließ der ehemalige Generalsekretär der kommunistischen Partei von Rumänien, Nicolae Ceauşescu (1918-1989), von seinem Geheimdienst das Höhlensystem bei den Buzău-Bergen inspizieren, denn dort wurden angeblich antike, hochtechnologische Artefakte entdeckt! Ein Spezialagent des rumänischen Geheimdienstes sollte das Rätsel der Buzău-Berge lösen, doch es ist nicht genau bekannt, was damals entdeckt worden ist. Zur gleichen Zeit wurden hochbegabte und mediale Kinder von den damaligen Kommunisten mit Militärlastwagen zu dieser Anlage transportiert. Sie sollten die magnetischen Anomalien dort erforschen, weil Leute an diesem Platz manchmal verschwunden und später wieder aufgetaucht sind. Sind sie vielleicht in der Zeit gereist, und haben antike Riesen eine Technologie besessen, mit der sie durch magnetische Anomalien fixierte Portale in andere Zeiten erschaffen haben, die heute noch funktionieren?

Auf jeden Fall waren diese Entdeckungen gefährlich, denn im Jahr 1989 wurde noch bekannt, dass der Geheimdienst von Nicolae Ceauşescu mehrere Riesenskelette nahe den Buzău-Bergen auffinden konnte, die fast fünf Meter groß waren, sechs Finger und Zehen sowie doppelte Zahnreihen besaßen! Diese Merkmale kennt man schon von anderen Riesenskeletten in den pyramidenförmigen Grabhügeln von Nordamerika, die ich in »Mein Vater war ein MiB 2« beschrieben habe. Außerdem wusste Ceauşescu, dass man an vielen Plätzen in Rumänien UFOs beobachten kann. War es deshalb kein Zufall, dass das Regime von Ceauşescu noch im selben Jahr von den mächtigen „Eliten" des Zentralbankensystems gestürzt wurde, die die rumänische Revolution ausgelöst haben, um diese Geheimnisse zu schützen? Während der Revolution wurden Nicolae Ceauşescu und seine Frau erschossen, denn sie kannten vermutlich zu viele der brisanten Geheimnisse dieses unergründlichen Landes und der Buzău-Berge!

Bemerkenswert ist zudem ein mittelalterliches Phänomen aus Frankreich. Auf Abb. 6 sehen wir rechts eines von zwei Gemälden aus dem 14. oder 15. Jahrhundert, die heute noch in der französischen Basilika Notre Dame im Ort Beaune in Burgund erhalten sind. Beide Fresken zeigen im Hintergrund am Himmel die gleiche Fliegende Untertasse und Szenen aus dem Leben der heiligen Jungfrau Maria. Obwohl das hier abgebildete Werk „Magnifikat" bereits im Jahr 1330 entstanden sein soll, zeigt es ein typisches UFO. Im christlichen Magnifikat, einem alten Marienlied, wird im Lukas-Evangelium erklärt, wie der

Abb. 6: Links das mittelalterliche Gemälde aus Rumänien und rechts ein Gemälde aus dem Jahr 1330 mit dem Titel »Magnifikat« aus der französischen Basilika Notre Dame im Ort Beaune in Burgund.

Erzengel Gabriel Maria verkündet, dass sie auf wundersame Weise mit Jesus schwanger ist. Man sieht also an all diesen Begebenheiten, dass das europäische Christentum des Mittelalters stark mit UFO-Sichtungen und dem UFO-Phänomen verbunden war, speziell in Bezug auf das Leben der Jungfrau Maria und ihres Sohnes Jesus Christus.

Eine weitere Darstellung eines zigarrenförmigen UFOs, auf der man ebenfalls runde Bullaugen an einem länglichen Objekt erkennen kann, findet man in der Chronik »Prodigiorum Ac Ostentorum Chronicon« aus dem Jahr 1557 des Schweizer Historikers Conrad Lycosthenes (1518-1561). Diese Zeichnung (Abb. 6) stellt die Sichtung eines UFOs in Arabien im Jahre 1479 dar. Diese Chronik befindet sich heute in der Australian Museum Research Library in Sydney.

Zu den wohl außergewöhnlichsten Begegnungen mit unbekannten Flugobjekten im Mittelalter kam es dann einige Jahre nach der Luftschlacht von Nürnberg im Jahr 1566 über der Stadt Basel in der Schweiz. Anno dazumal gab es eine ganze Serie von Massensichtungen von fliegenden Objekten am Himmel, wobei sich diese Flugobjekte laut den alten Aufzeichnungen wieder gegenseitig bekämpft haben sollen! Es handelte sich laut den Aufzeichnungen um große rote und schwarze Kugeln, die in der Morgendämmerung am Himmel gegeneinander kämpften. Einige moderne Historiker sehen in diesen Berichten eine religiöse Begebenheit, denn im Laufe des 15. und 16. Jahrhundert kam es laut verschiedener Chroniken viele Male zu derartigen Himmelsspektakeln! Die Massensichtungen von sich bekämpfenden Flugobjekten über der Stadt Basel sollen sich zwischen dem 27. Juli und dem 7. August 1566 ereignet haben. Sehr viele Einwohner der Stadt konnten diese Phänomene damals schockiert beobachten, als sie diese schwarzen und roten Kugeln vor der Sonne erblickten. Von diesen Geschehnissen sind ebenfalls noch historische Illustrationen erhalten, auf denen man jede Menge dieser großen Kugeln am Himmel und die Sonne im Zentrum sieht.

Die am besten dokumentierte Sichtung eines Luftkampfes im Mittelalter ereignete sich wie erwähnt zweifellos im Jahr 1561 über Nürnberg. Hunderte von Einwohnern wurden Zeuge von seltsamen Flugobjekten am Himmel, die den vielsagenden Beschreibungen der Augenzeugen gemäß anscheinend einen technologischen Ursprung aufwiesen! Es wurde zum damaligen Zeitpunkt auch in deutschen Zeitungen von diesem ungewöhnlichen Geschehnis berichtet, und einige dieser sich bekämpfenden Flugobjekte sind sogar in der nahen Umgebung der Stadt Nürnberg abgestürzt und am Boden verbrannt! Aus den historischen Schilderungen geht hervor, dass am frühen Morgen des 14. April 1561 viele Einwohner ihre Häuser verließen, als sich am Himmel fürchterliche und unerklärliche Dinge abspielten, denn zahlreiche wunderliche Objekte flogen damals in geringer Höhe über die Stadt hinweg. Diese Objekte besaßen verschiedene Formen, es gab zylinderförmige Objekte, scheibenförmige Objekte und wieder fliegende Kugeln in verschiedenen Farben wie Rot oder Schwarz. Es gab darunter aber auch mindestens ein riesiges schwarzes dreieckiges Flugobjekt, das auch in einer Chronik dargestellt wird.

Die Bürger konnten sich diese Erscheinungen nur durch göttliche Zeichen erklären, die von Gott, dem Vater im Himmel, als Omen oder als Strafe geschickt wurden. Bis heute ist nicht geklärt, was sich damals tatsächlich zugetragen hat, doch die meisten modernen Theorien handeln eindeutig von unerklärlichen Himmelsphänomenen mit außerirdischem Hintergrund. Laut den bis heute erhaltenen Berichten waren einige der Objekte sicherlich aus Metall, denn Zeugen sprachen von *„fliegenden Kanonenrohren"* oder *„großen schwarzen Speeren"*, die mit hoher Geschwindigkeit über den Himmel jagten. Die ganze Schlacht am Himmel über Nürnberg dauerte ungefähr eine Stunde, und als die Konfrontation vorüber war, flogen die verbleibenden Objekte in Richtung der aufgehenden Sonne davon. Zumindest ein sehr großes Objekt ist nahe der Stadt abgestürzt und ausgebrannt. Die bekannteste Darstellung dieser rätselhaften Himmelsschlacht über Nürnberg stammt vom Buchdrucker Hans Wolff Glaser (1500-1573) und wurde als das »Nürnberger Flugblatt von 1561« weltbekannt. Das originale Bild befindet sich heute in der Zentralbibliothek in Zürich in der Schweiz und wurde aus nicht bekannten Gründen in zwei Teile zerteilt und getrennt. Man sieht hier wieder die Sonne im Zentrum und zahlreiche verschiedenfarbigen Kugeln, die aus den länglichen Objekten austreten.

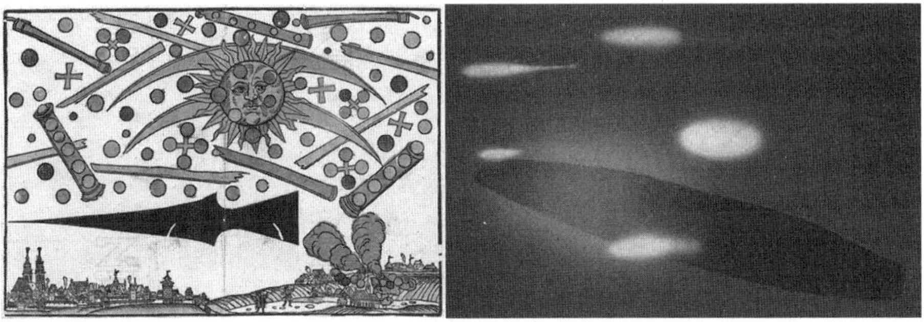

Abb. 7: Das Nürnberger Flugblatt von 1561 und daneben eine Fotografie eines außerirdischen Mutterschiffs und seiner kleineren Lichtschiffe aus den frühen 1950er-Jahren von George Adamski.

Laut dem österreichischen Forscher Dr. Heinrich Kusch, der sich intensiv mit solchen historischen Dokumenten befasst, existiert in der Bibliothek von Nürnberg ein Schriftstück über diese Erscheinung, das erhalten geblieben ist. Laut der *Nürnberger Stadtchronik* vom 14. April 1561 war ein entscheidender Anlass für diese Himmelserscheinung, dass ein nicht näher beschriebener Gegenstand im selben Jahr kurze Zeit zuvor in einer unterirdischen Anlage verrückt bzw. verschoben wurde. Dr. Kusch erklärt weiter, dass zu jener Zeit im spätmittelalterlichen Europa noch offene Kontakte und Handelsverbindungen mit unterirdischen Zivilisationen bestanden haben. Ein Teil dieser unter der Erdoberfläche lebenden Völker sah Menschen nicht ähnlich. Vorhandene Zugänge zu diesen unterirdischen Anlagen wurden schließlich auf Veranlassung der Kirche und der Adelshäuser versiegelt, nachdem es zu diesen Himmelsschlachten gekommen war. Es soll den Machthabern bereits seit dem 12. oder 13. Jahrhundert bekannt gewesen sein, dass es sich um Besucher von anderen Sternen handelt! Außer historischen Dokumenten, die das bestätigen, konnte Dr. Kusch zudem archäologische Artefakte in einigen dieser seit rund 500 Jahren oder länger verschütteten unterirdischen Anlagen finden, auf denen offenbar UFOs zu erkennen sind, die in der fernen Vergangenheit hier gelandet sind.

Ein Holzschnitt aus England zeigt laut Historikern Szenen eines angeblichen Meteoriteneinschlags vom 9. April 1628 nahe der Stadt Oxford. Auf dem erhaltenen Holzschnitt erkennt man drei leuchtende Sonnen und abermals zwei zylinderförmige Rohre in Form von Kanonen, die Kugeln abfeuern oder von Kugeln begleitet werden. Hier ist eindeutig eine Parallele zu den Darstellungen von Nürnberg und Basel feststellbar. Es scheint sich auch hier ein Himmelsspektakel in Form einer Luftschlacht abgespielt zu haben, denn es kam laut den Berichten zu lauten Knallen oder Explosionen in der Luft. Der führende UFO-Forscher

Jacques Vallée schreibt dazu in einem seiner Bücher, dass es sich bei diesen länglichen Flugobjekten womöglich um außerirdische Mutterschiffe gehandelt hat, wie sie später im 20. Jahrhundert vom UFO-Kontaktler George Adamski fotografiert werden konnten!

Dieser eigenartige Holzschnitt aus dem 17. Jahrhundert wurde später zumeist als Meteoriteneinschlag interpretiert, es gibt allerdings noch zwei andere erhaltene Aufzeichnungen über diesen Vorfall, in denen von übernatürlichen Erscheinungen über der Stadt Hatford die Rede ist. Am Nachmittag des besagten Tages war laut den Überlieferungen ein Himmelskampf zu beobachten, und verschiedene Flugobjekte oder Fragmente von ihnen sind dabei vom Himmel gefallen und wurden dann von Zeugen genauer untersucht. Ein solcher heißer Stein, der vom Himmel gefallen war und auch auf dem Holzschnitt zu sehen ist, war dreieckig und von tiefschwarzer Farbe, er wirkte wie aus Eisen gemacht und hatte die Stärke einer Münze. Er war auf der innenliegenden Seite von gräulicher Farbe und von einem Material durchsetzt, das wie kleine glänzende Glasstücke aussah. Auch hier gibt es wieder eine Übereinstimmung mit den Berichten aus Basel und Nürnberg, denn bei dieser Luftschlacht von 1628 ist wieder ein größeres Flugobjekt in der Luft zerstört worden und in Form von mehreren Fragmenten zur Erde gefallen und verbrannt. Diesen Steinen gab man in Hatford dann die Bezeichnung „Donnersteine", und sie wurden später an anderen Orten um die ganze Stadt herum gefunden und vom örtlichen Sheriff aufgesammelt.

Fast einhundert Jahre nach der Himmelsschlacht von Nürnberg hat sich noch ein weiteres ähnliches Ereignis zugetragen, und zwar am 29. Juni 1661 im kleinen Dorf Eastbury in der englischen Grafschaft Berkshire. Auf dem erhaltenen historischen Bildnis kann man ein weiteres Mal längliche und kugelförmige Flugobjekte in verschiedenen Farben erkennen. Deshalb muss es sich hier wieder um das gleiche Phänomen gehandelt haben, das auch stark mit der Sonne zu tun haben muss, denn sie steht im Zentrum all dieser sich auffällig gleichenden künstlerischen Interpretationen der historischen Himmelsschlachten.

Im Jahr 1661 war ein Mann mit seiner Familie zwischen sechs und sieben Uhr abends auf einem Spaziergang unterwegs, als die ganze Familie am Himmel eine unglaubliche Anzahl verschiedenfarbiger Bälle erblickte. Manche waren blau, andere rötlich oder schwarz, und sie sahen aus wie Kanonenkugeln, weil sie offenbar alle aus den länglichen Objekten herausgekommen sind. Die länglichen Objekte wurden als große Holzbalken beschrieben, und es gab auch wieder fliegende Kreuze wie schon zuvor in Nürnberg. Alle Objekte flogen laut den Zeugen damals nach kurzer Zeit mit hoher Geschwindigkeit von der Sonne aus kommend in Richtung Osten davon.

Abb. 8: Diese Abbildungen zeigen links den britischen Holzschnitt von Hatford aus dem Jahr 1628. Man sieht unschwer die zeitgenössische künstlerische Darstellung einer lauten Schlacht am Himmel. Unten sehen wir die Darstellung eines weiteren ähnlichen Himmelsphänomens in England, das sich im Jahr 1661 ereignet hat.

Eine altes, noch erhaltenes Gemälde aus Holland aus dem Jahr 1660 zeigt die Beobachtung mehrerer heller Flugobjekte, die sich langsam am Himmel bewegten und von den Besatzungen von zwei niederländischen Segelschiffen in der Nordsee beobachtet worden sind. Ein weiteres Bild vom 4. November 1697 zeigt zwei UFOs über Hamburg, die von Augenzeugen als zwei glänzende Räder beschrieben wurden.

Abb. 9: Das Bildnis von der Sichtung zweier glänzender Räder über Hamburg im Jahr 1697 und daneben die Darstellung der Beobachtung eines hellen Flugobjekts aus dem Jahr 1783 über Schloss Windsor.

In der britischen wissenschaftlichen Aufzeichnung »Philosophical Transactions of the Royal Society of London Vol. 42« wird ein UFO beschrieben, das am 16. Dezember 1742 über London beobachtet wurde. Dieser Bericht stammt von der britischen *Royal Society*, wobei die Aufzeichnung besagt, dass am 16. Dezember 1742 im St. James Parc ein Licht am Himmel erschienen war, das von einem Wissenschaftler beobachtet wurde, der es zuerst für eine „Himmelsrakete" hielt. Das mysteriöse Objekt stieg jedoch nicht wie eine Rakete auf, sondern richtete sich am Himmel parallel zum Horizont aus. Es bewegte sich laut den Augenzeugen in der Luft sehr langsam fort und blieb deshalb für ungefähr eine halbe Minute sichtbar, dadurch konnte der Forscher seine genaue Form erkennen und in einem Bericht aufzeichnen. Es handelte sich um ein längliches Objekt, das sich hinten verbreiterte und eine Flamme abzusondern schien. Dieser abgerundete Antriebskörper glühte wie heiße Holzkohle, und das Objekt war bis ganz vorne an seine Spitze halb durchsichtig, gab auf seiner ganzen Länge ein fahles Leuchten ab und bewegte sich anschließend lautlos weiter fort, bis es außer Sichtweite war. Eine andere Sichtung eines sonderbaren hellen Objekts am Abendhimmel fand am 18. August des Jahres 1783 auf der Terrasse von Schloss Windsor statt. Dieser Vorfall konnte wieder von einigen glaubwürdigen Zeugen beobachtet werden.

Bis heute bleibt die Frage unbeantwortet, was bei diesen mittelalterlichen Luftschlachten geschehen ist, und ob es sich bei den Objekten tatsächlich um außerirdische Raumschiffe gehandelt hat. Einige Ufologen sind der Ansicht, dass es sich eventuell um in der Zeit reisende Flugobjekte oder um die Raumschiffe von innerirdischen Zivilisationen gehandelt hat, die sich aus heute unbekannten Gründen bekämpft haben. Doch warum ist das ausgerechnet über großen Städten geschehen? Haben sich möglicherweise jeweils dieselben Kontrahenten über die Jahrhunderte hinweg bekämpft? Die amerikanische UFO-Forscherin Linda Moulton Howe konnte von einem amerikanischen Regierungsagenten in Erfahrung bringen, dass es sich bei diesen Luftschlachten um Kämpfe zwischen außerirdischen Eindringlingen, die der Menschheit gegenüber negativ eingestellt waren, und einer anderen Gruppe von Außerirdischen handelte, die der Menschheit geholfen und sie beschützt haben.

Der Autor William Bramley hat sich in seinem Buch »Die Götter von Eden« ebenfalls mit diesen rätselhaften Begebenheiten auseinandergesetzt und einige überraschende Informationen zutage gefördert, die mit diesen Flugobjekten und dem Ausbruch der Pest in Europa zusammenhängen, der zwischen dem 14. und dem 17. Jahrhundert ungefähr die Hälfte aller Europäer zum Opfer gefallen sind! In diesem Zeitraum kam es etwa alle 10 bis 20 Jahre periodisch zu kurzen und eigentlich unerklärlichen Ausbrüchen von Lungenpest und Beulenpest. Die Seuchen brachen zumeist im Sommer und sogar in isoliert lebenden Gemeinschaften aus, die keinerlei Kontakt zu infizierten Gebieten hatten. William Bramley merkt hier richtig an, dass diese Epidemien genauso plötzlich und aus ungeklärten Gründen aufgehört haben, wie sie begonnen hatten. Laut den historischen Aufzeichnungen in den Pestjahren haben sich damals sehr merkwürdige Geschehnisse zugetragen, die heute fast niemandem mehr geläufig sind. Es ist in den historischen Berichten nämlich festgehalten, dass die Pest nicht von Schädlingen und Nagetieren auf den Menschen übertragen, sondern von übelriechenden Dämpfen und mysteriösen Nebeln ausgelöst wurde! Diese Nebel erschienen meist kurz nachdem helle Lichter am Himmel sichtbar geworden waren, und von diesen merkwürdigen Lichtern ist in den alten Schriften sehr oft die Rede. Somit waren die Jahre der Pestepidemien laut den Informationen von William Bramley auch die Zeiten starker UFO-Aktivitäten im mittelalterlichen Europa!

Handelte es sich bei den Pesterregern in diesen Nebeln also möglicherweise um biologische Waffen unbekannter Herkunft, die gegen die europäische Bevölkerung eingesetzt wurden, um diese in voller Absicht um die Hälfte zu dezimieren? In der Zeit der „Großen Pest“ von 1347 bis 1350 unterstellte man vor allem den europäischen Juden das Verbrechen der Brunnenvergiftungen, und man schrieb ihnen Heimtücke, Schadzauber und Verschwörung gegen die Christenheit zu, denn allein in diesen drei Jahren sind schätzungsweise 25 Millionen Menschen der Seuche zum Opfer gefallen! Bramley schreibt, der Grund für die Anschuldigungen war, dass jüdische Gemeinschaften sonderbarerweise gar nicht oder nur relativ wenig von der großen Pest betroffen waren und keine Opfer zu beklagen hatten. Er schreibt weiter, dass zwischen den Jahren 1298 und 1314 insgesamt sieben große Kometen oder Flugobjekte über Europa gesichtet wurden, einer war von *„grauenerregender schwarzer Farbe"*, und ein Jahr vor dem Ausbruch der Pest wurde auch eine fliegende Feuersäule über Avignon in Frankreich beobachtet. Man betrachtete das Auftreten solcher Himmelserscheinungen fortan als ein böses Omen. Oft handelte es sich bei diesen später als „Kometen" bezeichneten Himmelskörper um zylinder- oder raketenförmige Objekte mit Bullaugen. Deshalb ist zu vermuten, dass die unbekannten Flugobjekte auch bemannt waren, es fragt sich nur, von wem. Auch bei Ausbrüchen der Pest in Asien wurde von Meteoren und Kometen geschrieben, die schädliche Gase hinter sich herzogen, die anschließend das Land verdorrten und die Vegetation vernichteten.

Der deutsche Autor Johannes Nohl schreibt in seinem Buch »Der schwarze Tod: eine Chronik der Pest von 1348 bis 1720«, dass allein zwischen den Jahren 1500 und 1600 fast fünfzig solcher rätselhafter Himmelskörper gesichtet worden sind, bevor in solchen Regionen die Pest ausbrach. Ein solcher Zwischenfall vor dem Ausbruch der Pest in Wien ist aus dem Jahr 1568 folgendermaßen überliefert: *„Da ist in der Sonne und im Mond ein schöner Regenbogen und ein feuriger Balken über der St. Stephanie Kirche schwebend gesehen worden, dem ein heftig Sterben in Österreich, Schwaben, Augsburg, Württemberg, Nürnberg und anderen Orten an Menschen und Vieh nachgekommen ist."*

Manchmal wurde nicht nur von Himmelsphänomenen und übelriechenden Nebeln berichtet, sondern auch vom Auftauchen furchterregender menschenähnlicher Gestalten, die in Schwarz gekleidet waren, und die offenbar mit ihren „Sensen" oder ähnlichen Gerätschaften die örtlichen Kornfelder bearbeitet haben. Auf diese Weise sei es im Jahr 1559 in Brandenburg zu einer großen Pestepidemie gekommen. Die sensenartigen Geräte haben laut diesen Überlieferungen ein zischendes Geräusch erzeugt und vermutlich Gift in den Feldern versprüht, gegen das man kein Gegenmittel kannte. Solche „schwarzen Reiter" hat man 1571 auch in einer ungarischen Stadt gesichtet, bevor dort die Pest ausgebrochen ist. Aus diesen mysteriösen Gestalten hat sich danach, wie es aussieht, das symbolische Bild des Todes, also das Skelett mit dem schwarzen Umhang und der Sense entwickelt, das wir heute noch kennen! Die mittelalterliche Medizin war hilflos gegen diese Seuchen, und man glaubte, dass Gott damit alle Sünder bestrafen würde. Die katholische Kirche stand damals kurz vor ihrem Zusammenbruch, weil viele ihrer Mitglieder von der Pest dahin gerafft wurden und die Kirche die Seuche nicht beenden konnte. Daraufhin kam es zum Beginn der protestantischen Reformation. Anhand dieser Informationen sehen wir, dass zahlreiche rätselhafte Begebenheiten der Vergangenheit eindeutig in Zusammenhang mit UFO-Aktivitäten stehen, die wir bis heute nicht vollständig verstehen.

Historische UFO-Vorfälle in den Vereinigten Staaten

Bei dieser Gelegenheit wird es Zeit, einen Blick auf historische UFO-Sichtungen in den USA zu werfen. Die erste offizielle Sichtung eines unbekannten Flugobjekts in den Vereinigten Staaten von Amerika erfolgte am 1. März 1639 und ist heute noch in den Aufzeichnungen des Puritaners John Winthrop (1588-1649) erhalten, der damals zur Zeit der ersten europäischen Siedler Gouverneur der britischen Kolonie von Massachusetts Bay war. Er schrieb, dass ein ehrenwerter Brite namens James Everell und zwei seiner Begleiter eines Nachts während einer Bootsfahrt auf dem Charles River ein großes Licht am Nachthimmel ausmachen konnten. Es schwebte an einer Stelle und flammte hell auf. Als es sich in Bewegung setzte, konzentrierte sich das Licht stärker auf das Zentrum des unbekannten Objekts und zog sich etwas in sich zusammen. Die Männer konnten das Objekt fast drei Stunden lang beobachten, und es schoss pfeilschnell vorwärts und rückwärts durch die Luft und legte so innerhalb kürzester Zeit mehrere Kilometer zurück. Als das Objekt schließlich verschwunden war, stellten die drei Männer, die damals mit ihrem Ruderboot unterwegs waren, erstaunt fest, dass sie sich mehr als einen Kilometer von ihrer vorherigen Position entfernt hatten! Sie konnten sich aber nicht daran erinnern, diese Distanz stromaufwärts gepaddelt zu sein und glaubten fest daran, dass sie von diesem unbekannten Objekt dorthin gezogen worden waren. Eine andere Eintragung in den Aufzeichnungen von John Winthrop datiert auf den 18. Januar 1644, wobei damals drei Männer in einem Ruderboot nach Boston unterwegs waren, als sie zwei Lichter aus dem Wasser emporsteigen und in Richtung der Stadt schweben sahen, bevor sie wieder spurlos verschwanden. Eine Woche später kam es zu einem weiteren Vorfall im Hafen von Boston, als sich ein helles Licht in Form des Mondes aus dem Wasser erhob, am Nachthimmel sichtbar wurde und Flammen und Funken versprühte. Dies geschah um etwa acht Uhr abends und wurde von vielen Einwohnern beobachtet.

Die nächste, gut dokumentierte UFO-Sichtung ereignet sich im Jahr 1647 in New Haven in Connecticut, wo ein Priester namens Cotton Mather in seinen Aufzeichnungen mit dem Titel »Magnalia Christi Americana« aus dem Jahr

1702 beschreibt, dass damals eine Erscheinung am Himmel auftauchte, die die Form eines Schiffes besaß. Die Leute glaubten an ein Geisterschiff, denn im Jahr 1646 war ein großes Segelschiff verloren gegangen. Dieses besagte Luftschiff hatte die ungefähre Größe des versunkenen Schiffs und segelte am Himmel etwa eine halbe Stunde, vom Hafen kommend, gegen den Wind ins Inland weiter. Viele Bewohner sahen es mit eigenen Augen, bevor es schließlich in einer Wolke verschwand. In Boston war es bereits zuvor zu ersten Sichtungen von UFOs in der Luft und im Meer gekommen.

Am frühen Morgen des 1. Juni 1853 konnten mehrere Studenten mitten in der Nacht zwei Objekte ausmachen, die über ihren Campus des Tennessee Burritt College hinweg flogen. Eines der Objekte wurde als ein Mond bezeichnet, das andere als ein Stern. Das mondgroße Objekt wurde immer kleiner, bis es aus der Sicht verschwand, während das andere immer größer wurde und seine Form in eine Kugel veränderte und dann eine längliche Form annahm, die parallel zum Horizont ausgerichtet war. Neben den Studenten beobachtete diese Vorgänge auch Professor A. C. Carnes, der darüber einen Bericht an das Magazin *Scientific American* schrieb. Die zwei Objekte wiederholten diese Flugmanöver ungefähr eine halbe Stunde lang, und es wehte in dieser Nacht ein heftiger Wind. Man sah, dass die fliegenden Objekte an einer Stelle in der Luft stehen blieben, weil die Wolken schnell an ihnen vorüberzogen. Niemand hatte eine Erklärung für dieses Phänomen, und offiziell gilt der Vorfall noch heute als ungeklärt.

Im Juli 1860 erleuchtete ein hellblaues Licht die Stadt Wilmington im amerikanischen Delaware. Die Bewohner blickten in den Abendhimmel, um seine Quelle auszumachen, wobei es sich um ein etwa 60m messendes längliches Objekt handelte, das in rund zehn Metern Höhe über der Stadt schwebte. Hinter ihm kreuzten in Intervallen drei rote glühende Kugeln, und eine vierte rote Kugel stieß abrupt zu den anderen drei, nachdem sie aus der Rückseite des Hauptobjekts ausgetreten war, das dabei Funken wie eine Rakete abgab. Das Hauptobjekt dreht sich dann in Richtung Südosten, überquerte den Delaware River und flog danach geradeaus nach Osten weiter, bis es aus dem Blickfeld verschwand. Der Vorfall, über den am 30. Juli 1860 auch in der Lokalzeitung *Wilmington Tribune* berichtet wurde, dauerte ungefähr eine Minute lang.

Meteoritenfragmente mit seltsamen Hieroglyphen wurden zu Beginn des 20. Jahrhunderts in den USA und in Kanada gefunden. Die erste Meldung über solch einen überraschenden Fund stammt aus dem Jahr 1908, und ein Bericht darüber erschien in der kanadischen Tageszeitung *Conwichan Valley Citizen*. Der Vorfall ereignete sich am Cowichan Lake in Vancouver Island in British Columbia in Kanada. Die Schlagzeile lautete „Eine Botschaft vom Mars“. Dieser

Artikel erschien am 5. September 1908 auf der Titelseite und enthielt den Hinweis, dass ein Meteorit mit Hieroglyphen gefunden worden war, von dem man vermutete, dass er von Bewohnern des Planeten Mars stammt. In diesem Artikel stand zu lesen, dass Fragmente von Asteroiden und Kometen immerzu vom Himmel fallen und manchmal sogar Teile von zerbröckelten Planeten darstellen. Es ist heute nicht mehr bekannt, um welche Art von Hieroglyphen es sich in diesem Fall gehandelt hat, weil der geheimnisumwitterte Stein mit den außerirdischen Hieroglyphen seitdem als verschollen gilt. Zu Beginn des 20. Jahrhunderts war die Welt noch nicht so gut mit den Schriftzeichen der antiken Zivilisationen von Ägypten und Zentralamerika vertraut wie heute, deshalb war es damals für Gelehrte schwierig, die rätselhaften Zeichen auf dem besagten Meteoriten zu interpretieren.

Gefunden wurde das Artefakt eigentlich von einem 14-jährigen Jungen namens Willie McKinnon, der sofort seinen Vater Angus McKinnon herbeirief. Dieser stellte schockiert fest, dass der seltsame Meteorit eine fast vollständig runde Form aufwies, flach wie eine Marmorplatte war und auf seiner noch immer heißen Oberfläche durch tiefe Rillen handgemachte Zeichen eingeprägt hatte, die irdischen Hieroglyphen ähnelten! Der junge Willie hatte großes Glück, denn der 25cm große Meteorit schlug gegen halb zwölf Uhr vormittags nur wenige Meter von ihm entfernt ein und schrammte sich tief in den Boden. Er konnte das Objekt bereits mehrere Minuten vorher in der Luft näherkommen hören, und erst eine halbe Stunde nach dem Einschlag war es genug abgekühlt, um es genauer in Augenschein nehmen zu können.

Mr. McKinnon verbrachte daraufhin viel Zeit mit dem Versuch, die seltsamen Inschriften auf dem Stein aus dem All zu entziffern. Im alten Zeitungsartikel wird erwähnt, dass Angus McKinnon die Öffentlichkeit um Hilfe bat, ihm bei der Übersetzung der Schriftzeichen zu helfen. Einen Monat später untersuchte das Department of Mines vom Bodenforschungsamt in Ottawa den Fall genauer. Der Einschlag wurde von den Experten bestätigt und auch offiziell aufgezeichnet. Es ist nicht bekannt, ob eine Übersetzung gelungen ist, denn der mysteriöse Stein wurde offenbar niemals wissenschaftlich untersucht, und es ist auch nicht bekannt, wo er sich heute befindet. Vielleicht befindet er sich immer noch in Familienbesitz – jedenfalls stellt er bis heute ein ungelöstes Rätsel dar.

Dieser Vorfall war nicht einzigartig, denn bereits mehr als vierzig Jahre zuvor kam es am 14. November 1865 in den USA zu einem ähnlichen Ereignis, über das die Tageszeitung *The Brooklyn Daily Eagle* berichtete. Damals war ein ähnlicher Stein aus dem Weltraum vom Himmel gefallen, der ebenfalls mit seltsamen Symbolen bedeckt war. Die Leute glaubten damals, dass es sich um ein Stück vom Mond handelte. Es existieren heute noch Kopien dieses alten Zeitungsartikels. Darin steht zu lesen, dass ein Mr. James Lumley, der damals ein Fallensteller in den Rocky Mountains war, eine beachtliche Entdeckung machte, die die Welt der Wissenschaft in Aufregung versetzte! Im nördlichen Missouri, in der Nähe des Codette Pass, einem Gebirgspass in den Rocky Mountains, erblickte Mr. Lumley eines Nachts einen hellen Himmelskörper, der sich rasch in östlicher Richtung fortbewegte. Das Objekt war mindestens fünf Sekunden lang gut sichtbar, als es sich plötzlich in mehrere Fragmente zerteilte. Es sah für Lumley laut seinen eigenen Aussagen so aus, als wäre am Himmel eine „Rakete“ explodiert.

Kurze Zeit später erzitterte die Erde, und ein starker Luftstoß und ein starker Wind wurden spürbar. Als der Morgen dämmerte, konnte Mr. Lumley von seinem Standort aus in einiger Entfernung eine lange kahle Schneise im Wald sehen, die von einem der abgestürzten Fragmente verursacht worden war. Große Bäume waren nahe am Boden einfach entwurzelt worden oder abgebrochen, und die Erde war ringsum aufgewühlt. Die Zerstörung war überall sichtbar, und die Ursache dafür war ohne Zweifel ein immens großer Stein, der sich in die Seite eines Berges gegraben hatte! Mr. Lumley entschied sich, den großen Brocken genauer zu begutachten, und stellte dabei fest, dass sich die restlichen Fragmente der „Rakete“ ringsum in der Gegend verteilt hatten. Das Besondere daran war, dass auch diese Fragmente mit unverständlichen Schriftzeichen versehen waren, die laut Lumley sehr den altertümlichen Hieroglyphen glichen!

Neben den Fragmenten aus Stein gab es auch Bruchstücke, die offensichtlich aus einem glasartigen Material bestanden, und es gab dunkle Flecken am Boden, die so aussahen, als wären sie von einer Flüssigkeit verursacht worden. Außerdem roch die Luft nach Schwefel. James Lumley war felsenfest davon überzeugt, dass es sich bei den Schriftzeichen um die Arbeit von menschlichen Händen handelte, und dass der große Steinbrocken mit den unbekannten Hieroglyphen einem ganz speziellen Zweck dienen musste. Andere Augenzeugen haben den Absturz dieses Objekts bestätigt. Unter ihnen befand sich ein Colonel Booneville, der es über seiner Heimatstadt Galena beobachten konnte, und auch über dem nahegelegenen Leavenworth hatte man gesehen, wie das Objekt explodiert ist und sich geteilt hat. Einige Forscher glauben heute, dass dort eventuell ein UFO explodiert sein könnte, denn lange bevor die Luftfahrt erfunden wurde, sahen Menschen bereits in den ganzen USA seltsame Flugobjekte. Davon wurde längst in Zeitungsartikeln aus dem 19. Jahrhundert berichtet, und man glaubte damals an außerirdische Raumschiffe vom Mars. Einige Fragmente des von

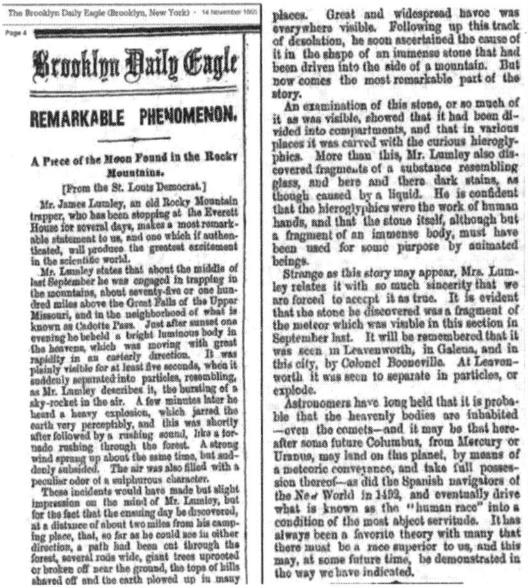

The Brooklyn Daily Eagle (Brooklyn, New York) · 14 November 1865

Page 4

Brooklyn Daily Eagle

REMARKABLE PHENOMENON.

A Piece of the Moon Found in the Rocky Mountains.

[From the St. Louis Democrat.]

Mr. James Lumley, an old Rocky Mountain trapper, who has been stopping at the Everett House for several days, makes a most remarkable statement to us, and one which if authenticated, will produce the greatest excitement in the scientific world.

Mr. Lumley states that about the middle of last September he was engaged in trapping in the mountains, about seventy-five or one hundred miles above the Great Falls of the Upper Missouri, and in the neighborhood of what is known as Cadotte Pass. Just after sunset one evening he beheld a bright luminous body in the heavens, which was moving with great rapidity in an easterly direction. It was plainly visible for at least five seconds, when it suddenly separated into particles, resembling, as Mr. Lumley describes it, the bursting of a sky-rocket in the air. A few minutes later he heard a heavy explosion, which jarred the earth very perceptibly, and this was shortly after followed by a rushing sound, like a tornado rushing through the forest. A strong wind sprang up about the same time, but suddenly subsided. The air was also filled with a peculiar odor of a sulphurous character.

These incidents would have made but slight impression on the mind of Mr. Lumley, but for the fact that the ensuing day he discovered, at a distance of about two miles from his camping place, that, so far as he could see in either direction, a path had been cut through the forest, several rods wide, giant trees uprooted or broken off near the ground, the tops of hills shaved off and the earth plowed up in many places. Great and widespread havoc was everywhere visible. Following up this track of desolation, he soon ascertained the cause of it in the shape of an immense stone that had been driven into the side of a mountain. But now comes the most remarkable part of the story.

An examination of this stone, or so much of it as was visible, showed that it had been divided into compartments, and that in various places it was carved with the curious hieroglyphics. More than this, Mr. Lumley also discovered fragments of a substance resembling glass, and here and there dark stains, as though caused by a liquid. He is confident that the hieroglyphics were the work of human hands, and that the stone itself, although but a fragment of an immense body, must have been used for some purpose by animated beings.

Strange as this story may appear, Mrs. Lumley relates it with so much sincerity that we are forced to accept it as true. It is evident that the stone he discovered was a fragment of the meteor which was visible in this section in September last. It will be remembered that it was seen in Leavenworth, in Galena, and in this city, by Colonel Booneville. At Leavenworth it was seen to separate in particles, or explode.

Astronomers have long held that it is probable that the heavenly bodies are inhabited —even the comets—and it may be that hereafter some future Columbus, from Mercury or Uranus, may land on this planet, by means of a meteoric conveyance, and take full possession thereof—as did the Spanish navigators of the New World in 1492, and eventually drive what is known as the "human race" into a condition of the most abject servitude. It has always been a favorite theory with many that there must be a race superior to us, and this may, at some future time, be demonstrated in the way we have indicated.

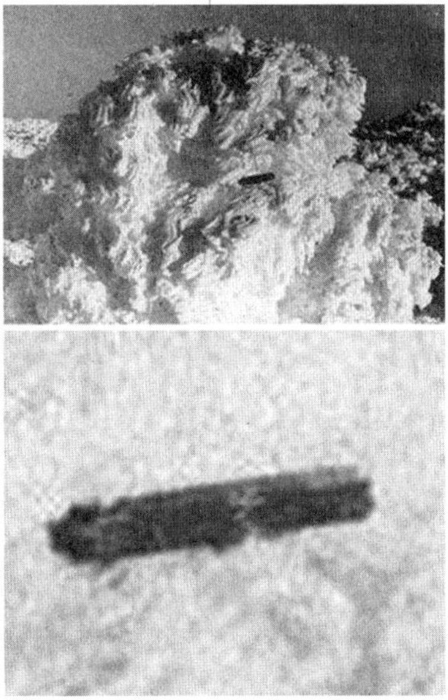

Abb. 10: Der Zeitungsbericht über den abgestürzten Meteoriten mit den sonderbaren Hieroglyphen aus dem Jahr 1865 und daneben die erste Fotografie eines zigarrenförmigen UFOs aus dem Jahr 1870.

Lumley beschriebenen Objekts befinden sich vermutlich noch heute irgendwo dort in der Wildnis. Zeitgenössische Astronomen waren davon überzeugt, dass andere Himmelskörper und sogar Kometen bewohnt sind, dass bald Besucher von den anderen Planeten unseres Sonnensystems auf der Erde landen würden, und dass es sich hierbei um eine Rasse handeln würde, die uns weit überlegen wäre! Die Frage lautet, ob sie mit ihren Vermutungen schließlich Recht behalten sollten?

Die früheste Fotografie eines angeblichen UFOs stammt aus dem Winter 1870/71 und wurde auf dem Gipfel des Mount Washington in New Hampshire aufgenommen. In diesem Winter kam es am Mount Washington zu einer meteorologischen Expedition, um die dortige Frost-Architektur zu dokumentieren. Dabei ist ein ungewöhnliches Foto entstanden, das ein längliches, dunkles Objekt zeigt. Bei einer Vergrößerung des zylinderförmigen Objekts kann man ein Symbol in dessen Zentrum erkennen, das einige Forscher an einen Stern oder sogar an eine Swastika erinnert. Eine Manipulation dieses alten Fotos kann im Grunde ausgeschlossen werden, und man muss daran denken, dass es zu dieser Zeit noch gar keine offizielle Luftfahrt gab. Aus diesem Grund waren fliegende Objekte etwas sehr Ungewöhnliches, weshalb man vermutete, dass sie nicht von dieser Welt stammten. Das Original des besagten Fotos befindet sich heute in der öffentlichen Bibliothek von New York oder wurde mittlerweile an private Sammler verkauft. Einige Skeptiker haben erklärt, dass hinter dem unbekannten Objekt möglicherweise keine Wolke, sondern eher Schnee oder eine Eisformation zu sehen ist, und dass es sich bei dem länglichen Objekt selbst um ein Stück Holz handelt, das auf dem Schnee liegt. Meiner Meinung nach handelt es sich aber unzweifelhaft um eine Wolkenformation, denn dieses Bild ist eine alte Stereo-Fotografie, und eine zweite Aufnahme derselben Szene zeigt, dass sich das unbekannte Objekt weiterbewegt hat.

Die Phantom-Luftschiffe des späten 19. Jahrhunderts

Gegen Ende des 19. Jahrhunderts gab es schließlich eine aufregende Serie von Beobachtungen von sogenannten „Phantom-Luftschiffen" in den Vereinigten Staaten, deren Höhepunkt sich in den beiden Jahren 1896 und 1897 ereignet hat! Es handelte sich um eine Reihe von nicht identifizierten fliegenden Objekten, die insgesamt von Zehntausenden oder sogar Hunderttausenden von Zeugen in den ganzen USA beobachtet werden konnten, und zwar in mindestens 23 Bundesstaaten! Obgleich man später versucht hat, diese Vorfälle rational mit natürlichen Phänomenen zu erklären, reichten diese Theorien in den meisten Fällen nicht aus, um die seltsamen Luftschiffe zu erklären, die viele Leute gesehen haben. Zu dieser Zeit gab keine offizielle Luftfahrt, und somit könnte es sich eventuell um eine Kombination von außerirdischen Flugkörpern und um unbekannte Luftschiffe gehandelt haben, die ihrer Zeit weit voraus waren und den Beginn eines geheimen Weltraumprogramms einleiteten.

Die ersten gehäuften Meldungen über derartige Phantom-Luftschiffe gab es im November 1896 aus den Städten San Francisco, Sacramento und Oakland in Kalifornien, nachdem zuvor bereits einige unerklärliche Lichter am Himmel beobachtet worden waren. Viele Zeugen erblickten hell strahlende Lichter am Nachthimmel, und einige erkannten darin zigarrenförmige Schatten. Die erste große Sichtung in San Francisco im November 1896 wurde von Hunderten von Zeugen beschrieben. Es handelte sich laut ihren Aussagen um ein Schiff, das gegen den Wind flog und helle Suchscheinwerfer an Bord hatte, die das Schiff benutzte, während es über die Stadt hinweg flog. In Sacramento wurde einige Stunden später dasselbe Schiff gesehen!

In den nächsten Wochen und Monaten gab es weitere Sichtungen in ganz Kalifornien, im Staat Washington sowie in Kanada, anschließend brach in den ganzen USA für kurze Zeit eine Luftschiff-Hysterie aus! Ende November 1896 wurden in einer einzigen Nacht über mindestens elf größeren amerikanischen Städten unbekannte Flugobjekte gemeldet. Anfang des Jahres 1897 kam es im mittleren Westen und in den amerikanischen Südstaaten zu zahlreichen Beobachtungen solcher Schiffe, und es wurden ständig noch mehr gemeldet. Das alles erreichte seinen absoluten Höhepunkt Mitte April 1897, als an einem einzigen Tag aus verschiedenen Teilen des Landes 14 Sichtungen gemeldet wurden. Das zeigt, dass es sich hier nicht um ein einziges mysteriöses Luftschiff gehandelt hat, sondern den Beschreibungen der Augenzeugen zufolge um eine ganze Reihe von Objekten mit unterschiedlichem Aussehen!

Eines der Luftschiffe, das von vielen glaubwürdigen und hoch angesehenen Zeugen sowie Tausenden von anderen Menschen beobachtet wurde, erschien am 10. April 1897 in einer Höhe von ca. 200 Metern mehrmals über der Großstadt Chicago. Es wurden sogar die ersten Fotos von einem solchen Luftschiff gemacht, die man in den Zeitungen damals noch nicht abdrucken konnte, weshalb man Zeichnungen nach den vorhandenen Fotografien angefertigt hat. Vermutlich ist keine der originalen Fotografien aus dieser Zeit erhalten geblieben, weil sie offiziell als verschollen gelten. Dafür gibt es aber noch Fotos der Zeichnungen aus den alten Tageszeitungen jener aufregenden Zeit. Im ganzen April 1897 wurden insgesamt Hunderte von Sichtungen in den ganzen USA gemeldet. Kurze Zeit später gingen die Sichtungen plötzlich zurück, und das mysteriöse Geschehen hörte im Laufe des Sommers 1897 dann schließlich ganz auf.

Viele Gelehrte und Wissenschaftler glaubten, dass es sich bei diesen mysteriösen Luftschiffen um geheime Erfindungen handelt, die Ingenieure bald öffentlich bekannt machen würden, um damit einen Durchbruch in der Luftfahrttechnologie zu melden. Doch das war sonderbarerweise nicht der Fall, und die ersten offiziellen Flugversuche der Gebrüder Wright starteten dann erst im Jahr 1903. Erst zehn Jahre später gab es dann offiziell die ersten Luftschiffe. Das bedeutet, die Phantom-Luftschiffe des späten 19. Jahrhunderts tauchten rund 30 Jahre früher zu einer Zeit auf, in der es generell keine Luftfahrt gab, und in der auch keine bekannten Experimental-Flugzeuge so weit entwickelt waren, dass sie über die ganzen USA hätten fliegen können!

Die lokalen Tageszeitungen spielten diese Vorfälle Ende des 19. Jahrhunderts in den ganzen Vereinigen Staaten als Einzelfälle herunter, denn die wissenschaftliche Gemeinschaft konnte sich darauf keinen Reim machen. Wissenschaftler glaubten nicht daran, dass all diese verschiedenen Sichtungen Teil eines einzigen größeren Phänomens waren. Die Welle von unerklärlichen Sichtungen von 1896 bis 1897 wurde in den folgenden Jahren schnell wieder vergessen. Erst der erste Ufologe der Welt, Charles Fort (1874-1932), stellte eine Sammlung der Aufzeichnungen all dieser Luftschiff-Sichtungen zusammen, denn es gab mindestens 1.500 Zeitungsmeldungen über diese Phantom-Luftschiffe aus den ganzen Vereinigten Staaten! Fort besuchte viele Bibliotheken und studierte die alten Zeitungen und Wissenschaftsjournale des späten 19. Jahrhunderts, wo er dann auf zahlreiche Beschreibungen dieser seltsamen Luftphänomene stieß. In den Jahren 1919 bis 1931 veröffentlichte Charles Fort letztlich vier Bücher über diese Themen, die sich teilweise mit den ersten UFO-Berichten beschäftigen.

Abb. 11: Drei alte Zeitungsausschnitte von der San Francisco Call von Ende November 1896, auf denen Zeichnungen der Phantom-Schiffe zu sehen sind, wie sie von Augenzeugen gesehen und fotografiert worden sind.

Die meisten Beschreibungen dieser rätselhaften Luftschiffe besagen, dass es sich um zylindrische Objekte mit starken Scheinwerfern und Lichtern an den Seiten handelte, die ein strahlend helles Licht aussandten, das über den Boden strich und auch den Himmel erleuchten konnte. Manchmal wurden an den Objekten auch große Flügel gesehen. Ein Zeuge aus Oakland in Kalifornien sagte im November 1896 aus, dass eines dieser Objekte wie eine *„große schwarze Zigarre"* ausgesehen habe und mindestens dreißig Meter lang gewesen sei, und hinten habe es eine Art dreieckigen Schweif oder eine Flosse zur Navigation gehabt. Die Oberfläche dieses Schiffs habe ausgesehen wie aus Aluminium, das durch den Einfluss der Elemente dunkler geworden sei. Dieses Luftschiff habe sich mit enormer Geschwindigkeit fortbewegt. Der besagte Vorfall wurde in der *Oakland Tribune* am 1. Dezember 1896 gemeldet. In Sacramento und San Francisco erschienen viele dieser Luftschiffe sogar tagsüber am Himmel und wurden insgesamt von Tausenden von Zeugen in ganz Kalifornien beobachtet. Im Februar 1897 wurden im ländlichen Nebraska ähnliche Schiffe gesichtet, die ebenfalls zylinderförmig waren, Flügel hatten und mit Scheinwerfern ausgestattet waren. An den Seiten gab es wieder kleinere Lichter. Zwei Monate später waren dann wie gesagt ab Mitte April in den ganzen USA solche unbekannten Flugobjekte am Himmel zu beobachten. Im Mai 1897 war diese Sichtungswelle dann plötzlich vorüber, aber zylinderförmige UFOs wurden auch in den darauffolgenden Jahrzehnten immer wieder beobachtet. Speziell in den 1950er- und 1960er-Jahren, als das moderne UFO-Phänomen auftrat.

Des Öfteren kam es zwischen 1896 und 1897 auch zu Abstürzen und Landungen dieser Schiffe sowie zu Begegnungen mit der Besatzung dieser Phantom-Luftschiffe. Ein Texaner namens John Barclay wurde von solchen Besatzungsmitgliedern angesprochen und um Nahrungsvorräte und Werkzeug gebeten. Er leistete dem Wunsch der seltsamen Piloten folge und fragte sie, von wo sie denn kämen. Einer der Piloten erwiderte auf Englisch: *„Von überall, aber wir werden übermorgen in Griechenland sein.“* Manche der Luftschiffe machten also manchmal Halt für Reparaturen, und bei bestimmten Gelegenheiten sahen Zeugen die für diese Zeit sonderbar gekleideten Insassen aus den Schiffen steigen, die den Zeugen dann gern Fragen beantworteten oder nach der Richtung fragten. Neben den sehr fortschrittlichen zylinderförmigen und geschlossenen UFO-Luftschiffen gab es auch klassische Konstruktionen, die offenbar aus mit Gas gefüllten Ballons bestanden und mit Dampfkraft und Propellern angetrieben wurden. Auf dieser zweiten Klasse von Luftschiffen gab es offene Beobachtungsplattformen, Terrassen und Aussichtstürme. Zeugen konnten bei ihrem Vorbeiflug deutlich Menschen an Bord miteinander reden hören.

Bei einer Begegnung mit den geschlossenen metallischen Schiffen der ersten Art von UFO-Luftschiffen sollen sogar 2,15m große Riesen aus einem der mysteriösen Flugobjekte gekommen sein und versucht haben, einen Mann zu entführen. Die Zeitungen schrieben, dass einige der fortschrittlichen Schiffe keine Menschen, sondern seltsame Wesen an Bord hatten, von denen man wieder dachte, dass sie vom Planeten Mars stammten. Am 19. November 1896 berichtete die *California Daily Mail* aus Stockton, dass ein Colonel H. G. Shaw behauptet hat, in einer ländlichen Gegend in der Nähe von Stockton in einer Senke ein gelandetes Raumschiff gesehen zu haben, das eine metallische Oberfläche besaß. Es gab keine Luken oder Tragflächen, sondern nur ein Ruder und zwei spitz zulaufende Enden. Das Schiff war ungefähr 45m lang und hatte einen Durchmesser von 8 Metern. Als er sich näherte, kamen plötzlich drei dünne 2,15m große Wesen aus dem Schiff geklettert und gaben seltsame Laute von sich. Sie versuchten anschließend, den Colonel gewaltsam in ihr Schiff zu zerren, gaben ihr Vorhaben aber auf, als dieser sich heftig wehrte, und kletterten daraufhin zurück in ihr Schiff. Dieses hob schließlich ab und beschleunigte in der Luft so schnell, dass es bald außer Sichtweite war.

Die *Albion Weekly News* berichtete von zwei Zeugen, die den Absturz eines Luftschiffs gesehen haben wollen. Dieses Schiff ist beim Aufschlag auf dem Boden plötzlich verschwunden, und ein Mann erschien dort, wo sich gerade noch das große Schiff befunden hatte. Dieser Pilot zeigte den beiden herbeigeeilten verblüfften Zeugen daraufhin ein kleines Gerät, das es ihm erlaubte, das Schiff zu schrumpfen, damit es klein genug war, dass er es in seine Tasche stecken konnte! Im Jahr 1897 spekulierten Journalisten der *Washington Times* erneut, dass diese Luftschiffe Beobachtungsschiffe vom Mars seien, die eventuell planten, die Erde zu erobern.

Der berühmteste und am besten dokumentierte all dieser Fälle ist ein UFO-Absturz in Aurora, Texas, im Jahr 1897, als ein metallisches, zigarrenförmiges Objekt mit einer Windmühle kollidiert und abgestürzt ist. Das Schiff ist anschließend mit einem lauten Knall explodiert, und die Einwohner von Aurora eilten herbei. Sie fanden einen toten Außerirdischen im Wrack, der durch den Aufschlag gestorben war, und hielten ihn für einen Marsbewohner. Ihm wurde auf dem örtlichen Friedhof ein christliches Begräbnis gewährt. Die *Dallas Morning News* behauptete, dass der tote Körper des Piloten stark entstellt war, dass man aber eindeutig feststellen konnte, dass er kein Mensch war und deshalb nicht von dieser Welt stammte. Jemand hat später den Grabstein des Außerirdischen gestohlen, und der Staat Texas hat daraufhin eine historische Gedenktafel aufgestellt. Darauf steht zu lesen, dass dieser Friedhof unter anderem wegen der Legende bekannt ist, dass hier in der Nähe im Jahr 1897 ein Raumschiff abgestürzt ist, und der Pilot, der dabei getötet wurde, hier begraben liegt.

Im Jahr 1973 konnten Ermittler der UFO-Organisation MUFON dann diese historische Tafel finden und haben daraufhin mit Metalldetektoren das Grab des angeblichen Außerirdischen untersucht. Die Untersuchung ergab, dass dort unter der Erde eine Menge fremdartiges Metall verborgen lag. Vermutlich handelte es sich um einige Wrackteile des außerirdischen Schiffs. Die Forscher erhielten aber auf Anfrage bei der Stadt keine Erlaubnis, das alte Grab zu exhumieren. Als sie einige Jahre später wiederkamen, waren sowohl das Grab als auch die Metallfragmente von diesem Platz verschwunden.

Im US-Air-Force-Lehrbuch »Introductory Space Science Volume II«, das ich schon eingangs erwähnt habe, befindet sich noch ein Bericht über einen weiteren mysteriösen Vorfall vom 21. April 1897, also kurz vor dem Ende der großen Sichtungswelle von unbekannten Flugobjekten. Damals hat ein Farmer namens Alexander Hamilton aus der Stadt LeRoy in Kansas geschworen, dass an jenem Tag um 22.30 Uhr nachts ein Angriff auf seine Rinder stattgefunden hat. Zusammen mit seinem Sohn schnappte er sich ein paar Äxte und rannte einige hundert Meter zu seinen Kühen hinaus. Dort erblickten die beiden ein riesiges zigarrenförmiges Schiff, das annähernd 90m lang gewesen sein muss und etwa 10 Meter über den Rindern in der Luft schwebte.

Abb. 12: Illustration des Absturzes des außerirdischen Raumschiffs und daneben die Gedenktafel vom Friedhof von Aurora, auf der vom Begräbnis des toten Raumfahrers berichtet wird.

Das Schiff hatte ein Gestell an der Unterseite, das hell erleuchtet war und in dem man zahlreiche Scheiben sehen konnte. Im Schiff waren sechs eigentümlich aussehende Wesen zu sehen, die sich in einer unverständlichen fremden Sprache unterhielten. In der Zwischenzeit waren weitere Zeugen herbeigeeilt, und die fremden Wesen bemerkten plötzlich deren Anwesenheit. Sie schalteten sofort einen Suchscheinwerfer ein und leuchteten damit auf den Farmer Hamilton. Dieser konnte hören, wie der Antrieb des Schiffs aktiviert wurde, der ein Turbinenrad in Bewegung setzte, das einen Durchmesser von etwa 10m hatte und sich an der Unterseite des Schiffs befand. Das fremde Schiff erhob sich schließlich höher in die Luft und nahm ein zwei Jahre altes Kalb mit sich, das durch ein rotes Kabel an seinem Genick in die Höhe gezerrt wurde. Der Farmer blieb schockiert zurück, und am nächsten Tag fand ein Nachbar namens Link Thomas die abgezogene Haut, die Beine und den Kopf des Kalbs in seinem Feld. Er wunderte sich, wie diese Überreste dorthin kamen, weil keine Spuren in der weichen Erde zu erkennen waren. Alexander Hamilton legte seine Aussage zu dem Vorfall unter Eid ab, seine absolute Aufrichtigkeit wurde außerdem von zehn der angesehensten Einwohner bestätigt. Somit handelte es sich hier vermutlich um einen der ersten dokumentierten Fälle von Viehverstümmlung durch außerirdische Wesen!

Es handelte sich hier also stellenweise tatsächlich um Flugobjekte aus Metall ohne Flügel oder erkennbare Antriebssysteme, die mit hoher Wahrscheinlichkeit außerirdischen Ursprungs waren. Im Wrack des toten Außerirdischen aus Aurora hat man außerdem erneut sonderbare Inschriften in Gestalt unbekannter Hieroglyphen entdeckt, die niemand lesen konnte. Selbst die beschriebenen, eher konventionellen Luftschiffe mit Flügeln und Propellern waren größer, schneller und robuster als alles andere, was dann dreißig Jahre später von den ersten Luftfahrtpionieren entwickelt werden sollte. Diese Schiffe konnten offenbar schon im 19. Jahrhundert die ganze Welt bereisen. Da die Sichtungen dieser Schiffe dann im Sommer 1897 plötzlich aufhörten, hat man vermutet, dass alle Phantom-Luftschiffe abgestürzt sein könnten. Derartige Schiffstrümmer wurden allerdings nirgends gefunden, und die mysteriösen Phantom-Luftschiffe wurden im Gegensatz zu den zylinderförmigen Objekten ohne Flügel und Propeller niemals wieder gesehen, auch nicht im Rest der Welt. Somit wurden sie von Historikern vollständig ins Reich der Mythologie verwiesen.

Charles Dellschau und der Sonora Aero Club

Der Autor Walter Bosley hat im Jahr 2015 ein Buch über die Entstehung des Geheimen Weltraumprogramms und der irdischen „Breakaway-Zivilisation“ veröffentlicht. (Eine „Breakaway Civilization“ bzw. eine abtrünnige Zivilisation ist eine geheime Gruppe von Menschen, die Zugang zu extrem fortschrittlicher Technologie und Wissenschaft hat, die sie vor der „Mainstream-Welt“ zurückhält und für ihre eigenen Zwecke verwendet. Aufgrund des technischen Vorsprungs ist es dieser Gruppe möglich, Gebiete der Erde, vor allem aber des Weltraums, zu erkunden und Kontakte mit „anderen“ Zivilisationen zu pflegen, was ihr ein größeres wissenschaftliches und kosmologisches Verständnis über die Natur unserer Welt ermöglicht. Zudem besitzen diese Leute eine überwiegend unterirdische Infrastruktur, die ihnen ein hohes Maß an Geheimhaltung und Handlungsunabhängigkeit ermöglicht. Es gibt mindestens eine deutsche und eine US-amerikanische Breakaway Civilization.) Walter Bosley bezieht sich in seinem Buch auf die historischen Aufzeichnungen eines Mannes namens Charles Dellschau, der in seinen Schriften, die er bis zu seinem Tod geheim gehalten hat, behauptete, dass er Entwürfe von fortschrittlichen Luftschiffen für eine geheime Gruppe von Fliegern namens *Sonora Aero Club* angefertigt hat! Der in Brandenburg geborene und später in Texas lebende Carl August Albert Dellschau (1830-1923) war ein visionärer Künstler, der über viele Jahre hinweg realistische technische Zeichnungen von Flugzeugen und Luftschiffen angefertigt hat. Nach seinem Tod hat man mindestens 12 Notizbücher voller fantastischer realistischer Darstellungen von eigenartigen Luftschiffen entdeckt, die daraufhin alle von Privatpersonen und Kunstsammlungen ersteigert wurden. Diese 12 Bücher mit Skizzen tauchten aber erst mehr als vierzig Jahre nach dem Tod von Dellschau im Jahr 1967 auf und haben erst danach den Weg in Kunstmuseen gefunden. Forscher haben daraufhin begonnen, die seltsamen Codes auf vielen dieser Zeichnungen zu entschlüsseln, woraus eine rätselhafte Geschichte rekonstruiert worden ist. Sie ist leider nicht vollständig erhalten, weil das System aus Nummern auf den Zeichnungen zeigt, dass ursprünglich nicht 12, sondern mindestens 32 Notizbücher existiert haben, von denen der Rest leider verloren gegangen ist.

Die frühesten bekannten Werke von Dellschau datieren auf die Zeit vor 1899 und fallen somit in die Zeit der Phantom-Luftschiff-Welle zwei Jahre zuvor. Er verbrachte laut seinen Tagebüchern mindestens zwanzig Jahre seines Lebens mit der Anfertigung seiner Tausenden von verschiedenen Zeichnungen, und in seinen Aufzeichnungen wird auch die Tätigkeit des geheimen *Sonora Aero Club* beschrieben, bei dem er laut diesen Informationen auch selbst Mitglied war. Die Aufzeichnungen beschreiben diesen geheimen Club als eine Gruppe von frühen Luftfahrt-Enthusiasten, die sich seit Mitte des 19. Jahrhunderts regelmäßig in Sonora in Kalifornien getroffen haben, das dann das Zentrum der späteren Phantom-Luftschiff-Aktivitäten werden sollte. Laut Charles Dellschau hat einer der Mitglieder des Clubs eine geheim gehaltene Formel für einen Antigravitations-Treibstoff mit der Bezeichnung „NB-Gas" entwickelt. Die Mission des Clubs war es somit bereits im 19. Jahrhundert, voll navigationsfähige Flugschiffe zu entwickeln, die das NB-Gas für die Aufhebung der Schwerkraft und den Antrieb einsetzen konnten. Charles Dellschau nannte solche Luftschiffe in seinen Zeichnungen „Aeros", er behauptete aber, selbst niemals Pilot gewesen zu sein oder eines der von ihm gezeichneten Schiffe auch selbst gebaut zu haben. Dellschau war nur der Zeichner der Entwürfe für den *Sonora Aero Club* und lebte bis zum Jahr 1923 in Houston in Texas, bevor er im Alter von 93 Jahren verstarb.

Der UFO-Forscher Pete Navarro hat ein ganzes Buch mit dem Titel »The Secrets of Dellschau« über die Arbeit und die Mysterien von Charles Dellschau veröffentlicht. Er schreibt dort, dass in den diversen technischen Zeichnungen des Visionärs verborgene Botschaften sowie eine kodierte Geschichte versteckt sind, die darauf hindeutet, dass der *Sonora Aero Club* eine Sparte einer größeren und möglicherweise deutschen Geheimgesellschaft mit der Bezeichnung „NYMZA" war. NYMZA konnte fortschrittliche Luftfahrttechnologie schon Jahrzehnte früher entwickeln, als heute allgemein angenommen wird! Pete Navarro hat insgesamt 27 Jahre damit verbracht, die Zeichnungen und Texte von Charles Dellschau zu studieren und dann erklärt, dass die Geschichte des *Sonora Aero Clubs* vor der Welt geheim gehalten wurde, und Dellschau aus unbekannten Gründen die Geschichte dieses Clubs und der Organisation NYMZA in seinen Aufzeichnungen in kodierter Form für die Nachwelt hinterlassen hat. Er benutzte mehrere Codes und nicht miteinander verbundene Sätze, die in seinen ganzen Arbeiten versteckt sind. Da sich die meisten seiner Skizzen aber seit langer Zeit in Privatbesitz befinden oder verloren gegangen sind, ist es heute nicht mehr möglich, die vollständige Geschichte zu entschlüsseln. Jemand müsste alle seine Werke studieren können, um hinter diese Geheimnisse zu kommen.

Es handelt sich hier insgesamt um Tausende von Zeichnungen der Flugmaschinen namens Aeros, die Charles Dellschau in jeder freien Minute seines Lebens angefertigt haben muss. Die in den Notizen und Zeichnungen verborgene Geschichte betrifft offenbar sein geheimes Leben als Mitglied des Clubs, dessen Geschichte er zu Lebzeiten unter Androhung der Todesstrafe niemals erzählten durfte, denn es ging um Wissen, Erfindungen und Kraftquellen, die ihrer Zeit weit voraus waren. Diese Ereignisse könnten die Geschichte der Luftfahrt verändern, und die wichtigsten Geschehnisse des geheimen Clubs haben sich laut Pete Navarro während der Jahre des amerikanischen Goldrausches in der Mitte des 19. Jahrhunderts im nördlichen Kalifornien zugetragen. Ein Mitglied des *Sonora Aero Clubs*, der sich hauptsächlich aus Deutsch-Amerikanern zusammensetzte, hat behauptet, eine Art von grünem Kristall aus Kohle destilliert zu haben, den er als „die Suppe" bezeichnete, und dieser Kristall konnte das NB-Gas erzeugten, dass die Schwerkraft aufheben konnte! Als dieses wichtige Mitglied des *Sonora Aero Clubs* gestorben ist, ging mit ihm das Geheimnis der Herstellung dieses Treibstoffs verloren. Einige UFO-Forscher sind heute der Meinung, dass die Luftschiffe des geheimen Clubs, die Charles Dellschau gezeichnet hat, für die mysteriösen Sichtungen von Luftschiffen in den 1890er-Jahren in Kalifornien verantwortlich gewesen sind, und dass diese Flugobjekte mit der geheimnisvollen Substanz tatsächlich die Schwerkraft aufheben konnten! Einige der Kunstwerke von Charles Dellschau sind heute in der St. Thomas Universität in Minnesota ausgestellt, und ich versuche in Zukunft noch mehr Einzelheiten über die Geschichte von Charles Dellschau und den *Sonora Aero Club* herauszufinden.

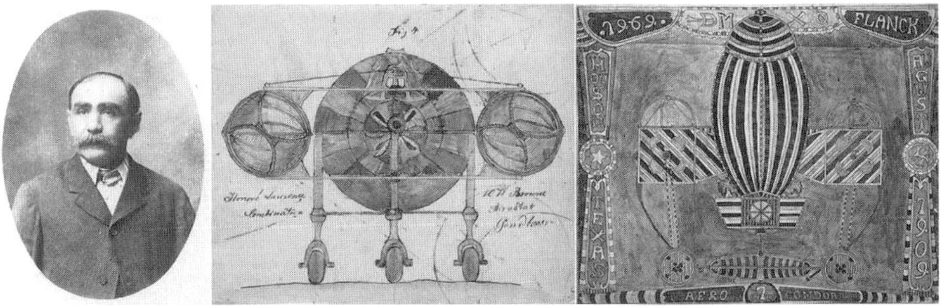

Abb. 13: Carl August Albert Dellschau und zwei seiner eindrucksvollen Skizzen von Luftschiffen aus dem 19. und frühen 20. Jahrhundert.

Der Autor Walter Bosley hält es für möglich, dass die geheimen Absichten des Clubs etwas mit der Erreichung von getarnten Zukunftsplänen zu tun hatten, die wiederum etwas mit einer deutsch-nationalistischen Operation in den USA zu tun hatten. Sie war bereits im 19. Jahrhundert auf den Weg gebracht worden, hat zum geheimen Weltraumprogramm geführt, und offenbar gab es bei diesen Entwicklungen auch Verbindungen zum außerirdischen UFO-Phänomen. So ist es aus den Schilderungen der Augenzeugen der Phantom-Flugschiffe abzuleiten, die zusammen mit den exotischen zylinderförmigen Fluggeräten inklusive ihrer außerirdischen Besatzungen während der Sichtungswellen im gleichen Zeitraum von 1896 bis 1897 vermehrt aufgetaucht sind. Möglicherweise liegen hier die Ursprünge des wahren geheimen Weltraumprogramms, das von bayerischen Geheimgesellschaften und okkulten Verbindungen bereits seit langer Zeit geplant worden war, bevor es in den 1930er und 1940er-Jahren zur deutschen Absetzbewegung und der Kolonisierung von anderen Planeten und Monden des Sonnensystems gekommen sein soll.

Es gilt laut mehreren prominenten UFO-Forschern und diversen Whistleblowern mittlerweile als zutreffend, dass ab den 1850er-Jahren fortschrittliche geheime Luftfahrttechnologie entwickelt worden ist. Viele solcher Schiffe wurden bestimmt schon vor den Jahren 1896-97 gebaut und waren somit zu dieser Zeit mit ihrer Antigravitation und ihren Dampfantrieben bereits voll einsatzbereit. Was nach dem Jahr 1897 mit diesen mysteriösen Luftschiffen geschehen ist, bleibt fürs Erste unbekannt. Aus den vorhandenen Augenzeugenberichten geht jedoch hervor, dass die eher konventionellen Phantom-Luftschiffe immer von ganz gewöhnlichen Menschen und nicht von Außerirdischen gesteuert wurden. Ein Augenzeuge namens Captain James Hooton aus Arkansas hat eine gute Beschreibung eines Luftschiffs hinterlassen, das am 20. April 1897 in Arkansas gelandet war, und dessen Konstruktionsdetails durchaus mit den technischen Entwürfen von Dellschau übereinstimmen:

„Eine nähere Untersuchung zeigte, dass der Kiel in zwei Abschnitte unterteilt war. Vorn lief er wie die Schneide eines Messers aus, und die Flanken waren zur Mitte hin erweitert, um hinten wieder zusammenzulaufen. Auf jeder Seite befanden sich drei große Räder aus einem biegsamen Material, die sich eindrückten, wenn sie rollten ... Ich bemerkte, dass vor jedem Rad eine zwei Zoll große Röhre angebracht war, aus der nun Luft auf die Räder geblasen wurde. Die Räder begannen sich zu drehen, und das Schiff erhob sich mit einem zischenden Geräusch. Plötzlich machte das Flugzeug einen Satz, richtete den Bug in den Himmel, und die Ruder am Ende wurden zur Seite geschwenkt. Die Räder drehten sich jetzt so schnell, dass die Speichen kaum noch zu sehen waren. Schneller, als ich es erzählen kann, war das Schiff verschwunden."

James Hooton war damals, als er 1897 dieses Erlebnis hatte, gerade in der Gegend von Homan auf der Jagd unterwegs, als er den Krach einer Dampfmaschine hörte und dieses rätselhafte Luftschiff auf dem Boden erblickte. Das Schiff sah aus wie ein Zylinder mit spitzen Enden, seitlichen Rädern und einer horizontalen Scheibe darüber. Hooton begegnete am Schiff einigen Leuten und sprach einen Mann an, der eine dunkle Brille trug und gerade hinter das Schiff ging. Dort standen drei oder vier weitere Passagiere des rätselhaften Luftschiffs. Sie bestätigten Hooton auf seine Fragen, dass es sich hier wirklich um ein „Luftschiff" handelt, und dass es komprimierte Luft als Antrieb verwendete. James Hooton konnte dann sehen, wie sich die Räder sehr schnell bewegten, als das Schiff letztlich aufstieg und abflog. Wer diese Piloten waren und was aus diesen mysteriösen Phantom-Luftschiffen geworden ist, ist schwer zu sagen. Einige Ufologen sind davon überzeugt, dass es die deutschen Pioniere des geheimen Weltraumprogramms waren. Sie wussten bestimmt darüber Bescheid, dass Raumfahrt möglich ist, weil interplanetare Schiffe schon seit Jahrhunderten ein Thema gewesen waren.

Kapitel 2 – UFOs aus dem Inneren der Erde – der Start des deutschen Weltraumprogramms (Blumkin-Report)

Längst habe ich in meinem anderen Büchern über geheime Expeditionen nach Tibet berichtet, die von der Sowjetunion und dem Deutschen Reich in den 1920er- und 1930er-Jahren finanziert worden sind. Ahnenforscher versuchten in diesem unwegsamen und damals noch unerforschten Gebieten in Zentralasien sagenhafte und legendäre Artefakte und einen uralten Wissensschatz zu bergen, die in legendären unterirdischen Kammern im Himalaya aufbewahrt wurden. Die meisten deutschen Regierungsunterlagen über diese Unterfangen wurden nach dem Zweiten Weltkrieg von den Alliierten beschlagnahmt. Erst in den letzten Jahren sind nach und nach manche Dokumente über diese verschwiegenen historischen Ereignisse freigegeben worden, die kaum zu fassen sind. Eine solche Berichterstattung betrifft eine frühe Expedition russischer Forscher nach Tibet zwischen den Jahren 1925 und 1929. Es sind die spektakulären Abenteuer des sowjetischen Staatspolizisten und Agenten Yakov Grigoryevich Blumkin (1898-1929). Laut den aktuell vorliegenden Daten gab Yakov Blumkin seine erstaunlichen Erkenntnisse, die er von tibetischen Mönchen erfahren hat, an die deutsche Führung weiter. Generäle organisierten prompt eine eigene Expeditionen nach Tibet, um jahrtausendealtes Material für deutsche Physiker und Historiker sicherzustellen, mit deren Hilfe sie neue Technologien und zerstörerische Waffensysteme nachbauen konnten, die von verlorenen Hochzivilisationen der fernen Vergangenheit des Planeten Erde stammen! Dieses Wissen umfasste zum Beispiel auch Prinzipien zur Nutzung von Elektrogravitation sowie zur Herstellung eines Pulvers aus reinem Gold, mit dem man gewaltige Steinblöcke für Megalith-Bauten fast schwerelos machen konnte, um sie über weite Distanzen hinweg zu befördern. In Tibet erfuhren deutsche Forscher dann auch von der Möglichkeit, Kontakt mit dem innerirdischen Netzwerk von Agartha herzustellen, und zwar über verborgene Zugänge unter dem Eis der Antarktis! Das sind bewohnte, verzweigte Höhlenanlagen sowie unterirdische Städte, die sich tief in der Erdkruste über den ganzen Planeten hinweg erstrecken und die Kontinente miteinander verbinden.

Einer der oberirdischen Zugänge dorthin befindet sich laut der prähistorischen Chronik im Bereich der Antarktis. Dort wurde im Gebiet des Königin-Maud-Lands vor Kriegsende eine geheime deutsche Basis mit der vielsagenden Bezeichnung Shangri-La errichtet. Solche versteckten Zugänge in das bewohnte Innere unseres Planeten werden vorgeblich schon seit zehntausenden von Jahren genutzt. Doch das Wissen, wo sie sich genau befinden, und dass in der Antarktis ein Zugang zu einer vorgeschichtlichen Stadt der Götter existiert, wurde lange Zeit in Tibet von ortsansässigen Lamas in ihren entlegenen Klöstern streng behütet. Und zwar so lange, bis die richtige Zeit angebrochen war, in der Mönche entschieden haben, dieses Wissen weiterzugeben. Sie wussten davon, dass es im Laufe der Jahrtausende immer wieder zu katastrophalen Erdveränderungen auf der Erdoberfläche kommt, die dazu führen, dass ganze globale Zivilisationen vernichtet werden. Darum sorgen sie dafür, jeweils einen ausgewählten Teil der Oberflächenbevölkerung in den Refugien der Innererde unterzubringen, damit die Überlebenden nach den zyklischen Katastrophen erneut die Oberfläche besiedeln können. Die deutsche Marine erfuhr auf diesem Wege schließlich davon, dass man durch tiefe U-Boot-Kanäle im Atlantik zu verborgenen Zugängen zur Stadt der Götter in der Antarktis vordringen kann. Die letzte einer ganzen Reihe von verlorenen Hochzivilisationen kennen wir unter dem Begriff Atlantis, wobei sich Überlebende der letzten Flut den uralten Aufzeichnungen gemäß mit einem Teil ihrer einstigen technologischen Errungenschaften in Sicherheit gebracht haben sollen.

Im Zuge der Tibet-Expedition der Jahre 1925 bis 1926 soll Yakov Grigoryevich Blumkin mit dem 13. Dalai Lama Thubten Gyatsho (1876-1933) in der Hauptstadt Lhasa zusammengetroffen sein. Dieser soll ihn in die Traditionen von legendären Riesen der Vergangenheit und ihren fortschrittlichen Waffen mit unglaublicher Zerstörungskraft eingeweiht haben. Relikte dieser fortschrittlichen Vorkultur befanden sich damals noch tief unter dem Potala-Palast in Lhasa und sollen mehr als 10.000 Jahre alt sein. Ähnliches schreibt auch der Lama Lobsang Rampa in seinem Buch »Das dritte Auge« aus dem Jahr 1956. Er will persönlich antike Mumien von vorzeitlichen Riesen mit verlängerten Schädelknochen tief unter dem Potala-Palast in Lhasa gesehen haben. Er musste dazu zahllose Korridore, Hallen und Stiegen passieren, um den geheim gehaltenen Ort der Lamas zu erreichen.

Uralte Inschriften belegen, dass dieses Land einst viel tiefer lag und von Superwesen einer überlegenen Zivilisation bevölkert wurde, die gefährliche Todeswaffen erfunden hatten, mit denen sie beinahe den gesamten Planeten zerstörten. Unter ihnen sollen sich außerirdische Wesen befunden haben, welche die Erde während dieses Chaos verlassen und die Menschheit sich selbst überlassen haben. Zeitkapseln mit ihren Hinterlassenschaften wurden in verschiedenen geheimen Orten der Welt platziert. Kasten von eingeweihten Priestern der Götter gravierten diese Geschehnisse auf Tafeln aus purem Gold, damit die Berichte tausende Jahre lang überdauern konnten. Die Überreste einiger der früheren riesenhaften Bewohner der Erde wurden in speziellen Sarkophagen mittels Goldüberzug für die Nachwelt konserviert, und hohe Lamas kennen die Überlieferung, dass sie wie Götter über die Erde geherrscht haben. Durch die uralten

Geheimnisse von Tibet verwandelte sich das Land im Laufe der Jahrtausende in ein Reich der Unsterblichen, der Magier und der Zauberer. In entlegenen Höhlen in Tibet sollen sich außerdem seltsame uralte Maschinen und Mechanismen der Götter befinden, die in ihren Zeitkapseln überdauert haben. Dort gibt es auch Statuen, Malereien und Gravuren von seltsamen Schriftzeichen und geometrischen Formen auf Metalltafeln, die heute niemand mehr übersetzen kann. Einige der Maschinen sind von einer Schutzschicht überzogen, das wie das klarste Glas aussieht. Auf immer noch funktionierenden Bildschirmen sahen die erstaunten Lamas Bilder der Erde der Vergangenheit, die mehr als 30 Millionen Jahre zurückliegen soll, wobei die Kontinente der Erde damals viel anders beschaffen waren als heute. Laut Lobsang Rampa gibt es ähnliche unterirdische Räume mit ähnlichen Maschinen der Alten in Sibirien, in Südamerika und in Ägypten.

Yakov Grigoryevich Blumkin sagte, dass er erfahren hat, dass die antiken Herrscher der Erde mit solchen Maschinen ein spezielles Pulver erzeugen können. Dieses Pulver, das aus Gold hergestellt wird, soll es menschlichen Herrschern bei Einnahme ermöglichen, schwere Krankheiten zu kurieren und ihre Lebensspanne stark auszudehnen und dadurch hunderte von Jahren lang zu leben. Jan von Helsing hat mir kurz vor Fertigstellung des vorliegenden Werkes weitere Informationen über die Blumkin-Expedition übermittelt, die ich noch nicht kannte, deshalb fasse hier kurz einige wichtige Punkte zusammen, über die ich bisher noch nicht geschrieben habe. Bis zur Auflösung der UdSSR war es so gut wie unmöglich, außerhalb von Geheimdiensten an vertrauliche sowjetische Dokumente zu gelangen, die über diese erstaunlichen Erkenntnisse berichten. Die KGB-Expedition nach Tibet, auf der Suche nach den legendären Waffen der Götter, besitzt deshalb immer noch eine unglaubliche Brisanz, weil im Westen bis heute im öffentlichen Sektor so gut wie gar nichts dazu bekannt geworden ist. Um das ganze Geschehen zu begreifen, muss man in der Zeit bis zum Beginn des 20. Jahrhunderts zurückkehren.

Die Väter der modernen Nuklearphysik, Ernest Rutherford (1871-1937) und Frederick Soddy (1877-1956), befassten sich hauptsächlich mit der Theorie von Atomenergie und legten im Jahr 1904 eine Vermutung offen. Dementsprechend existierte lange vor unserer historischen Epoche eine antike Rasse auf unserem Planeten, die Atomenergie durch atomare Transformation nutzen und einsetzen konnte. Wenn dem so sein sollte, schlugen sie vor, dann wäre es denkbar, dass ein Teil ihres technologischen Erbes bis ins frühe 20. Jahrhundert irgendwo auf der Welt erhalten geblieben ist. Im Jahr 1921 wurde Frederick Soddy übrigens aufgrund seiner Tätigkeit in der Erforschung von radioaktiven Substanzen der Nobelpreis in Chemie verliehen. Die Kollegen des Oxford-Wissenschaftlers nahmen seine Aussagen über eine vergessene Rasse von Menschen, die in ferner Vergangenheit bereits Radioaktivität genutzt haben, mit Skepsis entgegen. Sieht man sich auf unserem Globus um, kommt man schnell dahinter, dass Bauwerke wie die großen Gizeh-Pyramiden die Möglichkeit fortschrittlicher prähistorischer Technologie belegen können, die vor zehntausenden oder gar Millionen von Jahren bestanden. Erst im Jahr 1972 wurde eine spektakuläre Entdeckung publik gemacht. In Gabon in Afrika wurden Proben einer Mine untersucht. Forscher der Französischen Kommission für Atomenergie kamen zum Entschluss, dass in diesen Proben ein großer Anteil an Uran-235 fehlt. Die einzige plausible Erklärung lautet, dass dieses fehlende Material eine nukleare Fusion durchlaufen hat, wie man es von modernen Reaktoren kennt. Dass so etwas durch einen natürlichen Prozess möglich wird, ist laut Experten so gut wie ausgeschlossen, weil man dazu chemisch reines Wasser benötigt, das in dieser Reinheit nirgendwo auf unserem Planeten in der Natur vorkommt. Fest steht, dass dieser urzeitliche Reaktor aus natürlichen Materialien bestand und rund 500.000 Jahre lang in Betrieb gewesen ist! Diese sensationellen Resultate wurden schließlich auf einer Konferenz der Internationalen Atomenergie-Organisation präsentiert, wobei viele Nuklearphysiker sich sehr wunderten. Einige wiesen darauf hin, dass dieser Urzeit-Reaktor nicht auf natürliche Weise entstanden, sondern von Menschen erschaffen worden ist, die in der fernen Vergangenheit das Knowhow besessen haben, um Atomenergie sicher über einen unglaublich langen Zeitraum nutzbar zu machen.

Um die letzte Jahrhundertwende stimmten auch Theosophen zu, dass hochtechnologische Vorkulturen wie Atlantis existiert haben. Dort wird auch das Modell der sogenannten menschlichen Wurzelrassen gelehrt. Die vierte Wurzelrasse in der menschlichen Entwicklung vom ätherischen zum spirituellen Bereich war demgemäß die Menschenrasse von Atlantis. Es waren sehr große und stolze Menschen mit großen Schädeln, die irgendwann begannen, sich mit stumpfsinnigen und „eng-stirnigen“ Menschen zu kreuzen und damit wahre Monster hervorzubringen. Sie praktizierten schwarze Magie und entwickelten eine bösartige Natur. Darauf folgte laut den Quellen der Theosophie eine globale Flut, die für die Zerstörung der Zivilisation von Atlantis verantwortlich gemacht wird. Die letzten Überreste dieses Reiches sollen vor rund 12.000 Jahren im Atlantischen Ozean versunken sein. Dann begann die historische Geschichte der 5. Wurzelrasse der Theosophen, die man dort als arische Rasse bezeichnet. Sie soll sich irgendwann zur 6. und schließlich zur 7. Wurzelrasse weiterentwickeln, in dem der Aufstieg in höhere Dimensionen des Seins vollzogen wird. Durch Seelenwanderung dienen diese zukünftigen menschlichen Körper als Fahrzeuge einer kommenden Rasse, die feinstofflicher und mehr androgyn aussehen soll. Aus der Geheimlehre der Theosophen geht hervor, dass die europäischen Völker sich zu einer neuen Rasse hoch entwickeln werden, die in Zukunft viele neue Nationen gründen wird.

Im späten 19. und frühen 20. Jahrhundert gab es zahlreiche Spekulationen über sehr hoch entwickelte antike Wissenschaft uralter Zivilisationen, welche die Möglichkeit besaßen, die ganze Erdoberfläche zu kartieren. Das ist nur durch verloren gegangene technologische Errungenschaften möglich. Aufgrund dieser Theorien erschien es vielen Gelehrten logisch, dass eine Verbindung zwischen moderner Wissenschaft und spirituellen Traditionen besteht, die von der Theologie wieder aufgegriffen worden ist, um Vorstellungen von verlorenem Wissen zu verbreiten. Der Autor und Forscher Dr. Benjamin B. Olshin, ein Professor der Philosophie von Wissenschaft und Technologie von der University of the Arts in Philadelphia, veröffentlichte im Jahr 2019 zu diesem Thema sein Werk „Lost Knowledge". Er befasste sich mit antiken Texten und der Geschichte der Kartografie und erläutert das Konzept verloren gegangener Technologien, die in solchen Schriften erwähnt werden. Seiner Einschätzung zufolge existierten ausgeklügelte Technologien vor tausenden von Jahren auf unserem Planeten. Ihre Geschichte verlor sich im Nebel der Zeit und wurde mit den Zivilisationen zerstört, die sie ursprünglich erschaffen hatten.

In den altindischen vedischen Büchern des Mahabharata, das aus gut 200.000 Versen besteht, werden antike Luftschiffe beschrieben, welche mit himmlischen Kräften angetrieben wurden. Es ist sogar von Raketen die Rede, die mit der Macht des Universums aufgeladen waren und Explosionen verursachten, die mit glühenden Sonnen verglichen wurden. Die vedischen Götter selbst sollen alarmiert worden sein, nicht die ganze Welt mit diesen Waffen in Asche zu verwandeln. Das betrifft vor allem die Überlieferungen der Schlacht zur Stadt Kurukshetra, in denen ein eiserner Donnerkeil erwähnt wird, der ganze Völker zu Asche reduziert haben soll. Es handelte sich hier offenbar um Atomwaffen der Vorzeit. Im Jahr 1965 erschien in Moskau ein Buch von Alexander Gorbovsky mit dem Titel »Riddles of Ancient History«. Es behandelt unter anderem menschliche Skelette, die in der antiken Stadt Mohenjo-daro freigelegt und untersucht worden sind und hohe Strahlungswerte aufweisen. Schon im Jahr 1962 publizierten die russischen Forscher Alexander V. Lebedinsky und Y. G. Nefedov einen wissenschaftlichen Artikel, den Gorbovsky erwähnt hat. Es gibt auch einen britischen Bericht aus dem Jahr 1960 vom Physiker William Valentine Mayneord, der einen menschlichen Knochen aus dem antiken Ägypten analysiert hat, der sich im Besitz des Britischen Museums befindet, dieser soll ebenfalls erhöhte radioaktive Werte aufweisen, was auf nukleare Verstrahlung hindeuten würde, wobei man in der Wüste an der Grenze des heutigen Libyen zu

Ägypten auch auf grüne Verglasungen gestoßen ist, die auf Hitzeeinwirkungen von antiken Nuklearwaffen hindeuten. Lebedinsky und Nefedov waren der Auffassung, dass das von ihnen untersuchte menschliche Skelett aus Indien rund 4.000 Jahre alt ist. In den 1980er-Jahren erschienen weitere Artikel in der *Illustrated Weekly* und der indischen Zeitung *The Statesman*, in denen ebenfalls von verstrahlten Skeletten geschrieben wurde, die man mit Ereignissen der legendären Schlachten im Mahabharata in Verbindung setzt. Sie sollen rund 5.000 Jahre alt sein und noch immer Strahlung abgeben, als wären sie einer Nuklearexplosion ausgesetzt worden.

Skeptiker lehnen diese Berichte ab und rechtfertigen das nicht mit wissenschaftlichen Auswertungen, sondern sprechen von Sowjet-Propaganda und Hindu-Nationalismus. Dabei gelang es Archäologen erst zwischen den 1920er- und 1960er-Jahren, die Geheimnisse vieler antiker Kulturen teilweise zu entschlüsseln. Erst seit damals wurde klar, dass tausende Jahre alte Texte existieren, die von rätselhaften technologischen Errungenschaften, von verlorenen Vorzivilisationen und von realen Göttern handeln. Auch der britische Forscher David Davenport veröffentlichte ein Buch zu diesem Thema, es nennt sich »Atomic Destruction in 2000 BC«. Davenport verbrachte 12 Jahre in den Ruinen der antiken Stadt Mohenjo-daro im heutigen Pakistan, die rund 4.500 Jahre alt sein soll. Er hat viele alte Sanskrit-Texte studiert und Ergebnisse seiner Forschungsarbeit abschließend in Buchform veröffentlicht. Selbst Davenport vertritt die Auffassung, dass Mohenjo-daro durch fortschrittliche Waffensysteme zerstört worden ist, weil er mehrere Objekte gefunden hat, die Temperaturen von bis zu 1500 °C ausgesetzt gewesen sind, wobei auch ein Epizentrum einer gewaltigen Explosion identifiziert werden konnte. Im Umkreis fand er geschmolzene und kristallisierte Ziegelsteine, was für ihn ein Hinweis auf den Einsatz einer Waffe wie eine moderne Atombombe ist. Diese Theorie wird außerdem von Experten wie dem italienischen Weltraum-Ingenieur Professor Antonio Castellani oder dem amerikanischen Physiker William Sturm (1918-1999) bestätigt. Sturm war wie der Physiker Robert Oppenheimer am Manhattan Projekt beteiligt und sagte aus, dass die geschmolzenen Steine von Mohenjo-daro nicht von einem normalen Feuer oder von örtlichem Vulkanismus so stark erhitzt worden sein können. Darum kann es sich bei diesen Verglasungen um kein natürliches Phänomen handeln. Robert Oppenheimer, der Vater der Atombombe, war ebenfalls dafür bekannt, antike vedische Texte zu studieren und stimmte ebenfalls zu, dass in der Vergangenheit Nuklearwaffen zum Einsatz gekommen sind.

Alexander Gorbovsky schreibt, dass die in Indien und Pakistan gefundenen menschlichen Skelette radioaktive Werte aufweisen, die fünfzig Mal höher als normal sind, und dass es sich deshalb bei den indischen Traditionen um keine Legenden handeln kann. Zuvor gab schon Professor Frederick Soddy in den Jahren 1904 bis 1909 bekannt, dass prähistorisches Wissen von Generation zu Generation weitergegeben worden ist, das besagt, dass seit langer Zeit vergessene Rassen von Menschen bereits über Wissen verfügt haben, das von uns immer noch nicht wiederentdeckt werden konnte. Professor Soddy war sich bewusst, dass die Menschheit im Jahr 1909 kurz vor der Wiederentdeckung dieser gefährlichen Prinzipien stand, die schon von Zivilisationen der Vergangenheit gemeistert worden sind. Weiter vermutete Soddy, dass diese Kulturen bereits den Weltraum erforscht haben, weil antike indische Texte nicht nur von Atombomben, sondern auch von Reisen in den Weltraum handeln, bei denen Flugschiffe mit Menschen an Bord im Bereich *„unter dem Mond und über den Wolken"* verkehrt sind und um die ganze Welt gereist sind. Es gab für die Gelehrten Gründe zur Annahme, dass es einen Exodus aus dem verlorenen Atlantis gab, nicht nur in Booten auf See, sondern auch mit Luftschiffen oder gar Raumschiffen, die für die Privilegierten vorbehalten waren. Die Überlebenden von Atlantis siedelten sich mit ihrer Hilfe in hoch gelegenen Gebirgen und in Ägypten an.

Der deutsche Ingenieur und Schriftsteller Kurt Karl Doberer (1904-1993) veröffentlichte dazu sein Werk »Die Goldmacher« und schreibt, dass die Gelehrten von Atlantis unter anderem durch Luftfahrt in entlegene und hoch gelegene Gebiete der Welt geflohen sind. Das waren zum Beispiel die Landmassen von Asien, wo sie Kolonien auf dem Dach der Welt errichtet haben sollen. Mit sich nahmen sie ihre technologischen Errungenschaften und ihre Kultur. Die Nachfahren von Atlantis existieren vermutlich in kleinen isolierten Gemeinschaften weiter, wodurch sich ihre Stufe der Entwicklung noch weiter erhöht hat, und zwar in einer Art und Weise, wie es sich moderne Akademien womöglich gar nicht vorstellen können. Sie könnten sich in unterirdische Bereiche zurückgezogen haben, um jede Verbindung mit der nach dem Fall von Atlantis auf eine primitive Entwicklungsstufe zurückgefallene Oberflächen-Menschheit zu vermeiden.

Viele Ingenieure und Forscher sind heute weiterhin davon überzeugt, dass unterirdische Rückzugsorte und unterirdische Städtekomplexe den besten Schutz gegen einen neuerlichen atomaren Holocaust darstellen, um den zukünftigen Fortbestand der Menschheit sicherzustellen. Es erscheint logisch, dass dieser Gedanke auch den Angehörigen vergangener globaler Zivilisationen klar geworden ist, die dann ähnliche Projekte realisiert haben, um gegen die moralische und kulturelle Degeneration anzugehen, mit der wir am Ende dieses Zeitalters auch gegenwärtig wieder konfrontiert sind. Vor tausenden von Jahren erfolgte als Reaktion auf das sündige Verhalten der Menschheit eine harte Strafe der Götter, die nicht nur Sodom und Gomorra, sondern auch viele andere menschliche Kulturen zerstört haben und damit Verheerung und Sünd-Fluten auslösten. Frederick Soddy sagte 1909, dass wir in unserer Zeit ein Echo von einer von vielen vorangegangenen Epochen der nicht aufgezeichneten Weltgeschichte erleben, indem wir wieder denselben Weg der Selbstzerstörung einschlagen, so wie Angehörige von unbekannten Kulturen in fernen Zeitaltern vor uns. Und wahrlich ist auch heute nichts besser dazu geeignet, die Errungenschaften unserer Zivilisation vor den Gefahren von Kriegen und Naturkatastrophen zu bewahren, als unterirdische Kolonien, weshalb den Gelehrten des frühen 20. Jahrhunderts auch der Gedanke gekommen ist, **dass sich fortschrittliche Nachfahren von Atlantis und andere Gruppen heute immer noch im Inneren unseres Planeten aufhalten** und unsere kriegerischen Aktivitäten auf der Erdoberfläche überwachen.

Sie könnten teilweise für die überlieferten Legenden von Göttern der antiken historischen Kulturen der Welt verantwortlich sein, die nach der letzten globalen Flut entstanden sind. Sie besagen grundsätzlich, dass die wilden, unzivilisierten Völker der Welt die Nachkommen von Überlebenden einer Vorzivilisation sind, die von einer gewaltigen Katastrophe vernichtet worden ist. Die meisten Überlebenden haben sich danach in Wilde und Barbaren zurückentwickelt und wurden später von göttlichen Besuchern beeinflusst, mit deren Hilfe sie neue Hochkulturen und antike Nationen gegründet haben, von denen unsere gegenwärtige Zivilisation in direkter Linie abstammt. Diese Götter oder „Kinder der Sonne", wie sie oft genannt wurden, besaßen großes Wissen und große Weisheit. **Mit ihrer Hilfe wurden den Überlieferungen zufolge eben jene weitläufigen Netzwerke an unterirdischen Tunnelsystemen angelegt, die künftige Generationen von Menschen vor neuerlichen globalen Katastrophen Schutz bieten sollen.** Solche Tunnelsysteme sollen sich speziell in Asien befinden. Mündliche Überlieferungen wurde im Laufe der Jahrtausende zu Mythen, die erst später in Form von Keilschrifttexten oder Papyrus-Texten niedergeschrieben worden sind, wobei die originalen Begebenheiten teilweise in Vergessenheit gerieten oder Fakten verdreht und mystifiziert worden sind. Trotzdem haben Gelehrte antiker Kulturen darüber Bescheid gewusst, dass unsterbliche göttliche, menschenähnliche Wesen die Menschheit nach der letzten Sündflut wieder zivilisiert haben. Aus der Sonnenanbetung entstanden schließlich die modernen monotheistischen Weltreligionen, und die alten Götter lehrten nicht nur Religion, sondern auch ihr Wissen über Medizin, Architektur, Landwirtschaft oder Astronomie. Tontafeln der Babylonier enthalten wie gesagt Texte, die erst im Laufe des 20. Jahrhunderts entziffert werden konnten. Dort ist von diesen höheren Wesen wie den Anunnaki die Rede, die mit Raumschiffen auf der Erde gelandet sind. Es handelt sich um ältere Wächter oder Brüder der Menschheit, die verborgene Basen und Kolonien in Berg-Katakomben bewohnen, wobei solche Anlagen nicht nur in Asien, sondern auch in Tibet, in Russland, in Amerika und in anderen Teilen der Welt existieren. Aus den alten Schriften leiten moderne Gelehrte ab, dass himmlische Kulturbringer für den unerklärlich raschen Fortschritt der historischen Hochkulturen verantwortlich sind. Das waren mit hoher Wahrscheinlichkeit tatsächlich Abkömmlinge von hochtechnologischen Zivilisationen, von denen heute auf der Erdoberfläche außer Megalith-Stätten und aufzeichneten Legenden fast keine Spuren mehr übrig geblieben sind. Frederick Soddy fuhr in seinen Vorträgen mit der These fort, dass die verlorene Rasse von Atlantern möglicherweise aufgrund des Missbrauchs von Atomenergie zerstört worden ist, und dass es möglich ist, dass ein Teil ihres technologischen Erbes bis ins frühe 20. Jahrhundert in Asien und anderswo erhalten geblieben ist. Deshalb wurde von verschiedenen Nationen beschlossen, sich umgehend heimlich auf die Suche danach zu machen.

Weil sich sowohl Deutsche als auch Amerikaner sowie Sowjets darüber bewusst waren, wurde in Russland das Projekt Orion gestartet. Laut den bis heute veröffentlichten Dokumenten gelang es Yakov Grigoryevich Blumkin Mitte der 1920er-Jahre, erste handfeste Beweise für diese Thesen zu beschaffen. Er behauptete in späteren Verhören, von denen noch Abschriften existieren, dass ihm der 13. Dalai Lama in Lhasa solche Waffen der Götter zeigen ließ. Sie sollen ungefähr 15.000 bis 20.000 Jahre alt und vor langer Zeit in Katakomben unter dem Palast der tibetischen Hauptstadt eingelagert worden sein. Das erste Gerät, das ihm vorgeführt worden ist, soll ausgesehen haben wie eine riesige Zange, mit der angeblich Metalle geschmolzen worden sind. Damit wurde Gold in das mysteriöse Pulver verwandelt, mit dem riesige Plattformen bewegt werden konnten. Mit einer Waffe namens „Glocke“ konnte eine ganze Armee mithilfe von elektromagnetischen Wellen in festgelegten Frequenzen geblendet werden, die direkt auf das menschliche Gehirn einwirken. Blumkin sagte in den Verhören aus, dass er die technischen Details dieser Geräte, die mindestens 12.000 Jahre alt sind, an Vertreter deutscher Geheimdienste übermittelt hat. Laut den Informationen aus Tibet sollen sich weitere Relikte in unterirdischen Städten in der Antarktis befinden, und zwar unter dem Eis im heutigen Königin-Maud-Land. Das Ziel bestand laut den Aussagen von Blumkin darin, mit deutscher Finanzierung eine gemeinsame Expedition in die Antarktis zu planen. Weil Blumkin infolgedessen verhaftet und der Spionage angeklagt worden ist, wurde er noch im Jahr 1929 hingerichtet und das Vorhaben vorerst vereitelt.

Abb. 14, 15 und 16: Zwei Seiten des Blumkin Reports und eine Fotografie von Yakov Grigoryevich Blumkin kurz vor seiner Hinrichtung.

Weitere Dokumente aus der UdSSR besagen, dass der deutsche Anthropologe Hans Friedrich Karl Günther (1891-1968) herausgefunden hat, dass die für die deutsche Rassenkunde am meisten ergiebigsten Forschungen eng mit den Geheimnissen von Tibet verbunden sind. Als Biologe der Universität von Berlin vertrat Hans Günther die Lehre von der Ungleichheit der Menschenrassen und war von der Überlegenheit einer nordischen Rasse überzeugt, wobei er von einer kulturellen Abträglichkeit bei der Vermischung von Rassen schrieb. Deutschen Forschern gelang es in der nachfolgenden Zeit, wichtige Informationen aus Tibet zu beschaffen, die in der Industrie des Reichs und im Flugzeugbau sofort gefragt waren. Es handelte sich hier um Grundlagen antiker Technologien unbekannter Zivilisationen der Vergangenheit. Hans Günther sprach gegenüber seinen Kontaktleuten aus der Sowjetunion über eine deutsche Expedition in die Antarktis im Jahr 1938, einer dortigen Stadt der Götter, der Lehre einer hohlen Erde und über schematisches Kartenmaterial und Pläne zur regelmäßigen Kommunikation mit einer deutschen Kolonie in der Antarktis im heutigen Königin-Maud-Land, die man als Shangri-La bezeichnet hat. Die deutsche U-Bootflotte soll dort schließlich bis zum Jahr 1943 eine uneinnehmbare Festung errichtet haben. Es sollen laut verschiedenen freigegebenen Dokumenten damals geheime Verträge zwischen Deutschland und der Sowjetunion existiert haben (Allgemeine Abkommen über Zusammenarbeit, gegenseitige Unterstützung und gemeinsame Aktivitäten zwischen der Hauptdirektion für Staatssicherheit des NKWD der UdSSR und der Hauptdirektion für Sicherheit der Nationalsozialistischen Arbeiterpartei Deutschlands bzw. des KGB und der Gestapo).

Geheime Kommandosache!

Nur für Kapitäne von U-Booten der A-Klasse des Sonderkonvois des Führers

U-Bootflotte der Kriegsmarine des deutschen Reichs

Karte für das Passieren der Meerestiefen

Nur beim Manövrieren verwenden!

Anweisung zum Passieren von Räumen und Korridoren zur Fahrt nach Agartha

EINTAUCHEN AM PUNKT MIT DEN KOORDINATEN: EXAKTER SCHNITTPUNKT: 66° SÜDLICHER BREITE UND 7° ÖSTLICHER LÄNGE, AUF EINE TIEFE VON 400 METERN.

Der Anweisung ist strikt zu folgen!

(Weitere Anweisungen im Paket Nr. 3. Erst bei Eintreffen in Agartha öffnen!)

Abb. 17: Deutsche Geheimunterlagen aus KGB-Archiven mit exakten Anweisungen für eine U-Boot-Fahrt in die Antarktis, um die Korridore nach Agartha zu finden.

Man beachte: Dies scheint eine originale Dienstanweisung zu sein, die dem U-Bootfahrer exakt vorschreibt, was er zu tun hat, um in Asgard zu landen. Ist Asgard demnach ein Kontinent auf der Innenseite der Erdoberfläche?

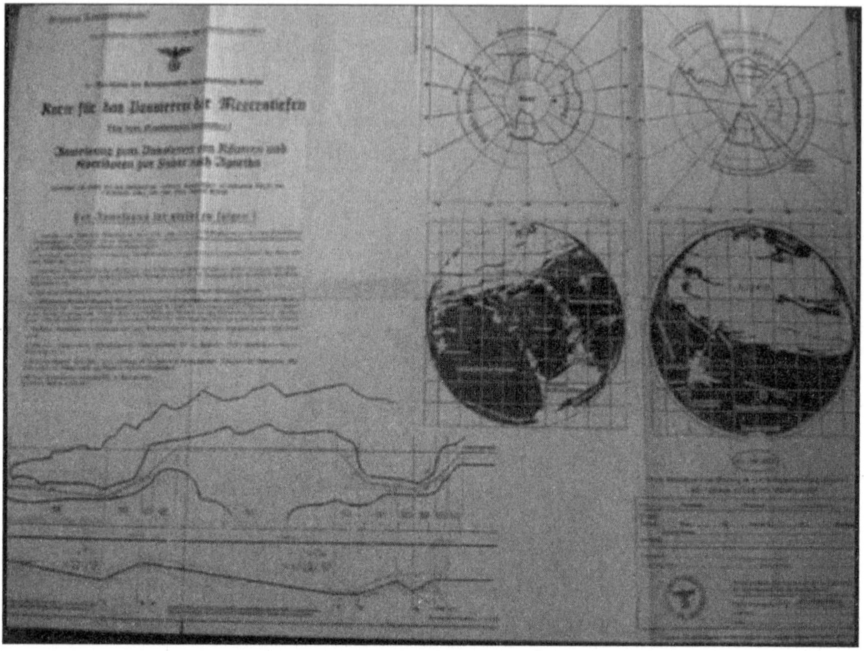

ABTAUCHEN AM PUNKT MIT DEN KOORDINATEN: EXAKTER SCHNITTPUNKT: 68° SÜDLICHER BREITE UND 1° ÖSTLICHER LÄNGE, AUF EINE TIEFE VON 400 METERN.

Der Anweisung ist strikt zu folgen !

1. Abtauchen. Vom Punkt des Abtauchens mit halber Fahrt, einer Steuerbord-Schräglage von 10° mit einer Buglastigkeit Neigungswinkel 5°. Entfernung 188 sm. Vorgegebene Tiefe – 500 Meter. (Aufgrund des Fahrens im Korridor ist der Druck auf den Schiffskörper beim Manövrieren ein unwesentlicher.)

2. Auftauchen. Ballast mit einer Hecktrimmung, Auftauchwinkel 23° mit einer Backbord-Schräglage von 22°. 190 Meter nach oben. Entfernung 75,5 sm.

3. Schwieriges Manöver ! Auftauchen. Ballast mit einer Hecktrimmung, Auftauchwinkel 41°. Fahrt – geradeaus. 110 Meter nach oben, Entfernung 21,5 sm. Danach Steuerbord-Schräglage von 8° bis zum Auftauchen an die Oberfläche in der Grotte. Entfernung 81 sm.

4. Fahrt an der Oberfläche innerhalb der Grotte mit einer Steuerbord-Schräglage von 8°. Entfernung 286 sm.

5., 6. Schwieriges Manöver! Abtauchen. Mit einer Buglastigkeit, Neigungswinkel 45°. Bis auf eine Tiefe von 240 Metern, Entfernung 60 sm. Danach mit einer Backbord-Schräglage von 20°, wobei das Abtauchen bis auf 310 Meter bis zur Einfahrt in den Korridor fortgesetzt wird. Nach der Marke 310 Meter ist das Abtauchen mit einer Buglastigkeit fortzusetzen. Abtauchwinkel 7° bis auf 360 Meter. Entfernung 70 sm. Weiter Steuerbord-Schräglage von 31° bis auf eine Tiefe von 380 Metern.

7. Abtauchen. Buglastigkeit, Auftauchwinkel 22°. 100 Meter nach oben mit einer Backbord-Schräglage von 26°. Entfernung 43 sm.

8. Auftauchen. Hecktrimmung. Auftauchwinkel 45°, immer geradeaus, bis zum Auftauchen an die Oberfläche von Agartha. Entfernung 70 sm.

9. Fahrt nach Agartha. Volle Fahrt. Fahrt geradeaus, bis das neue Licht ausgemacht wird. Änderungen der Magnetpole. Die Bewegungen der Kompa nadeln und Meßgeräte sind zu vernachlässigen!

(Weitere Anweisungen im Paket Nr. 3. Erst bei Eintreffen in Agartha öffnen!)

Abb. 18 und 19: Navigationsanweisung für U-Bootfahrer für die Strecke nach Asgard.

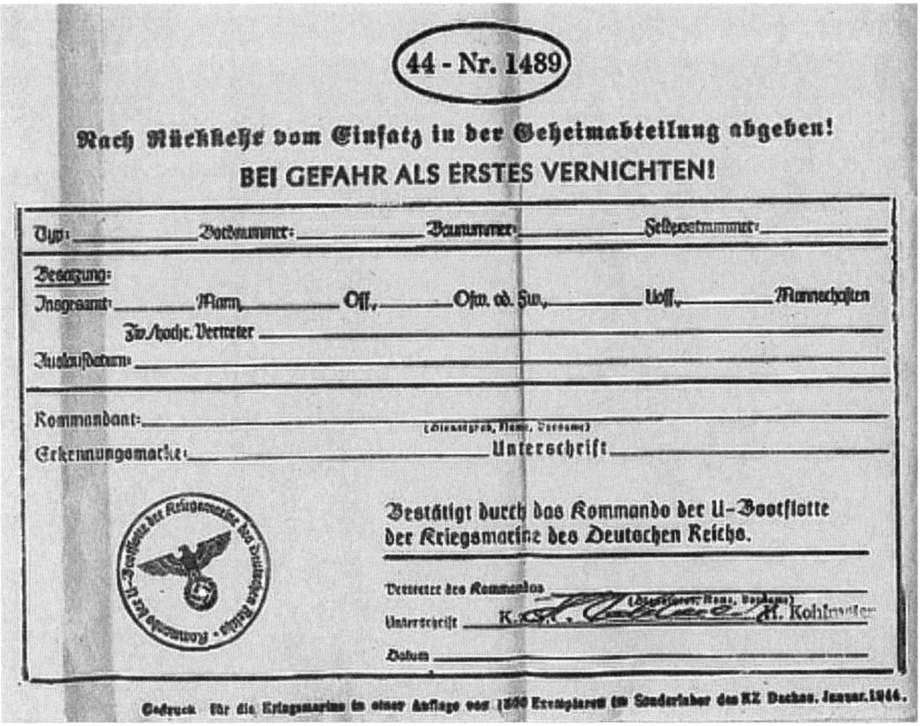

44 - Nr. 1489

Nach Rückkehr vom Einsatz in der Geheimabteilung abgeben!

BEI GEFAHR ALS ERSTES VERNICHTEN!

Typ: ____ Bordnummer: ____ Baunummer: ____ Feldpostnummer: ____

Besatzung:

Insgesamt: ____ Marn. ____ Off., ____ Ofw. od. Fw., ____ Uoff., ____ Mannschaften

Fw./hochr. Vertreter ____

Auslaufdatum: ____

Kommandant: ____

(Dienstgrad, Name, Vorname)

Erkennungsmarke: ____ Unterschrift: ____

Bestätigt durch das Kommando der U-Bootflotte der Kriegsmarine des Deutschen Reichs.

Vertreter des Kommandos ____

(Dienstgrad, Name, Vorname)

Unterschrift K. ... H. Kohlm...

Datum ____

Gedruckt für die Kriegsmarine in einer Auflage von [illegible] Exemplaren im Sonderlabor des KZ Dachau, Januar 1944.

Abb. 20: Anweisungen der U-Bootflotte der Kriegsmarine

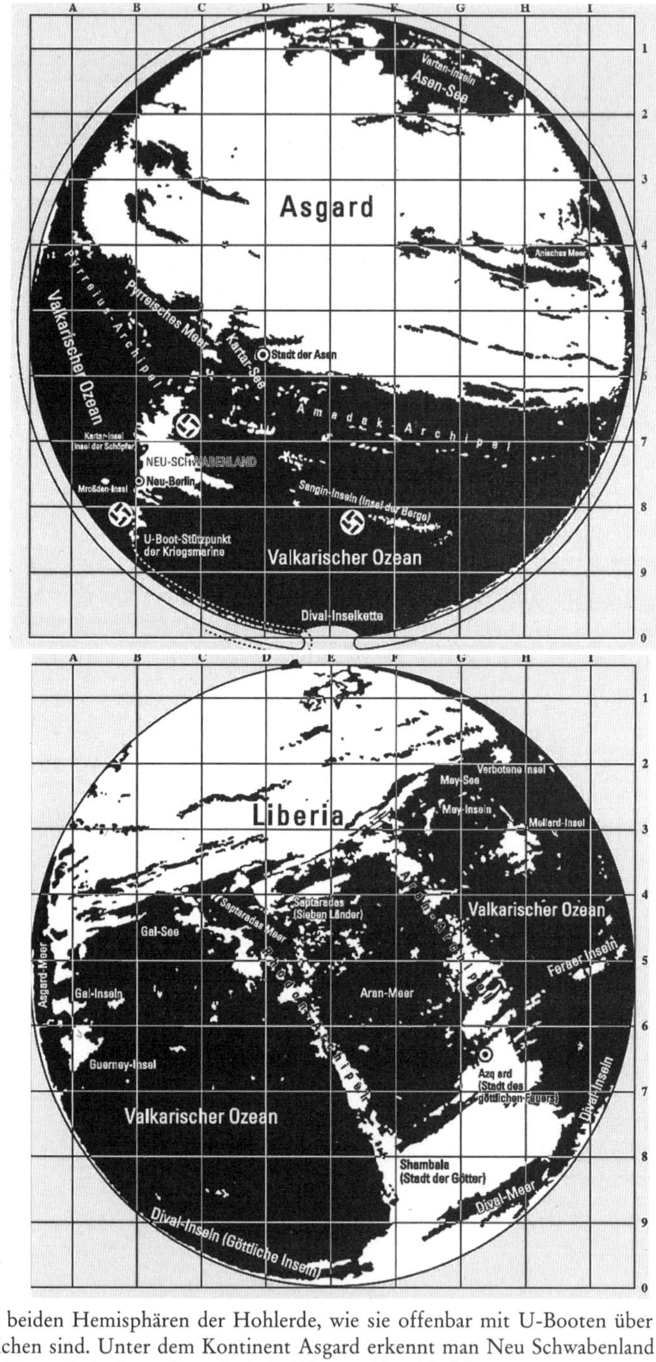

Abb. 21: Die beiden Hemisphären der Hohlerde, wie sie offenbar mit U-Booten über eine Südpolöffnung zu erreichen sind. Unter dem Kontinent Asgard erkennt man Neu Schwabenland mit der Hauptstadt Neu Berlin sowie der legendären Stadt der Götter, Shambhala!

Laut den veröffentlichten Dokumenten besagt Punkt 1 Absatz 6 dieses Abkommens, dass die Zusammenarbeit der Parteien in Bezug auf die innersten Geheimnisse der Theozoologie, der Theosophie sowie paranormaler Phänomene ausgeweitet werden sollen. Hans Günther gab in diesen Gesprächen darüber hinaus bekannt, dass es in Deutschland bald zum Auftauchen von neuen Waffen kommen wird, die in *„Sekundenschnelle ganze Städte zerstören können"*, und dass ein Großteil der Informationen über diese Waffen ursprünglich aus Tibet stammt. Bezugnehmend auf neue Flugzeugantriebe wurde bekannt gegeben, dass neue Konzepte realisiert werden, die auf Elektromagnetismus beruhen, womit ohne Zweifel deutsche Flugscheibenentwicklungen gemeint sind. Suchten deutsche Physiker nach der Technologie für elektromagnetische Levitation und Lebensverlängerung und wurden sie in Tibet fündig?

Darüber hinaus geht aus den Dokumenten hervor, dass Blumkin im Jahr 1925 bis 1926 wie gesagt die tiefen Gewölbe unter dem Potala-Palast betreten hat, um dort diese antiken Technologien zu bestaunen. Er wollte alsbald zusammen mit Deutschland geografische Routen erstellen, um die Suche nach der Stadt der Götter (Shambhala) in der Antarktis zu beginnen. Yakov Blumkin und seinen deutschen Kollegen wurde außerdem uraltes Wissen über fünf vorangegangene Erdzivilisationen gewahr, die durch planetare Katastrophen ausgelöscht wurden. Als ein Hauptgrund dafür ist in den prähistorischen Texten neben dem Einsatz von gefährlichen Vernichtungswaffen ein unbekannter Planet erwähnt, der alle 3.600 Jahre ins innere Sonnensystem eindringt. Jeder vierte Zyklus dieses Planeten (Nibiru) löst folglich eine unvermeidbare globale Flut aus, die periodisch mit dem Untergang einer irdischen Zivilisation endet. **Weil dieses Phänomen alle 12.000 bis 15.000 Jahre auftritt, wurden von den Hütern dieses Wissens spezielle Verfahren entwickelt, die man als „heilige Auswahl" bezeichnet.** Kurz vor dem nächsten zerstörerischen Ereignis wurden deshalb im Laufe des 20. Jahrhunderts ausgewählte Teile der Menschheit in den antiken unterirdischen Städten in Tibet und in der Antarktis in Sicherheit gebracht, um vor dem Eintreten des drohenden Kataklysmus Zufluchtsorte zu finden und eine Kontinuität der Menschheit zu garantieren. **Deutschland hat diese Chance genutzt und sich offenbar seit den 1930er-Jahren auf diesen Ernstfall vorbereitet, wobei sich eine Absetzbewegung vor Kriegsende in die Antarktis und in andere geheime Anlagen in verschiedenen Teilen der Welt zurückgezogen hat,** um auf das Eintreten des Kataklysmus zu warten, der uns schon in den kommenden Jahren erwarten könnte, wenn man den Aussagen prominenter Whistleblower und Wissenschaftler Glauben schenkt.

Diese brisanten, jahrtausendealten Geheimnisse wurden durch mehrere Auslandsreisen Blumkins im Jahr 1929 international bekannt, unter anderem in Japan und in Deutschland. Das sowjetische Projekt Orion sammelte alle seine Informationen im sogenannten Rhombus-Forschungszentrum in Russland, dem Gegenstück des deutschen Ahnenerbes. Dort wurde ein Dokument erstellt, das bestätigt, dass eine wissenschaftliche Abteilung der SS, das deutsche Ahnenerbe, in den Jahren 1938 und 1939 Tibet bereist hat, um dort nach Wissen und Artefakten zu suchen, die einen Durchbruch beim Bau von neuzeitlichen Atomwaffen ermöglichten. Weiter sollen aus Tibet die Grundlagen für die Wunderwaffe in Form der weltweit ersten funktionsfähigen V2-Großrakete stammen und auch die Designs für die ersten Flugscheiben mit unkonventionellen Antrieben.

Einige zeitgenössische russische Forscher, die sich mit den Dokumenten des Rhombus-Forschungszentrums befasst haben, glauben, dass Theorien über eine hohle Erde und einen zwölften Planeten in Form von Nibiru lediglich Desinformationen darstellen. Doch was ist, wenn dem nicht so ist? Sind diese Wahrheiten tatsächlich aus prähistorischen Zeiten überliefert und steht uns die nächste planetare Katastrophe bereits unmittelbar bevor, weil sie etwas mit periodischen Rotationszyklen des Planeten Erde zu tun hat? Andere russische Forscher haben übrigens auch Überreste der verlorenen Zivilisation von Hyperborea auf der Kola-Halbinsel gefunden. Aufgrund dessen kam es seit den 1920er-Jahren zu einem echten Wettlauf um okkultes Wissen, das nicht nur Geheimgesellschaften wie Freimaurer, Templer oder Rosenkreuzer betrifft, sondern insbesondere auch Geheimdienste. Es dreht sich um die Erlangung magischen Wissens und die Schlüssel zum Eintritt in die mystische Stadt Shambhala und den Zugang zu höheren Welten im Jenseits. In Shambhala existiert das Wissen um das Rad der Zeit, und in tibetischen Prophezeiungen ist von einem herannahenden Krieg zwischen der Armee von Shambhala und den oberirdischen Barbaren die Rede. Analysten sind davon überzeugt, dass die Enthüllung dieses gefährlichen Geheimwissens möglicherweise eine Weltrevolution auslösen könnte.

Beachtenswert finde ich noch einige bekannt gewordene Details zu den unterirdischen Anlagen in Lhasa. Auf persönliche Weisung des 13. Dalai Lama begleiteten Blumkin insgesamt 13 hohe Lamas in den Kerker unter dem Palast, wo es ein großes labyrinthartiges System aus Gängen und Geheimtüren gibt. Durch schwere Ketten in den Gewölben, die von der Decke heruntergezogen wurden, setzten sich uralte Mechanismen in Gang, die im Berg versteckt sind. Sie öffneten verschiedene Türen, wenn mehrere Mönche in bestimmten Reihenfolgen daran zogen. In einer geheimen unterirdischen Halle soll es insgesamt 13 solcher Türen geben. Aber nur zwei davon wurden Blumkin bei seinem Besuch im Jahr 1926 geöffnet. Tief unter der Erde werden die Geheimnisse prähistorischer

Zivilisationen aufbewahrt, wobei es vor unserer eigenen mindestens vier große globale Vorgängerzivilisationen gegeben haben soll. Laut den Informationen der Mönche wird bald das Ende der fünften Welt erwartet, wobei auch die gegenwärtige Zivilisation enden und daraufhin eine neue entstehen wird.

Antike Kalendersysteme beginnen jeweils mit dem Ende einer großen Flut, wobei der sumerische Kalender mit dem Eintreten eines apokalyptischen Ereignisses endet, das ungefähr zum selben Zeitpunkt beginnt, an dem der Maya-Kalender in einen neuen Zyklus eintritt, also in unserer Gegenwart und nahen Zukunft. Der Autor Zecharia Sitchin schrieb in seinem Buch über den zwölften Planeten, dass in sumerischen Keilschrifttexten vom Ende unserer Zivilisation berichtet wird, wenn der Planet Nibiru das nächste Mal im Zuge seiner Umlaufbahn von 3.600 Jahren ins innere Sonnensystem eindringt. Dann soll es zu einer Rückkehr der Anunnaki-Götter kommen, die zyklisch erfolgt, um mit der Menschheit in Interaktion zu treten. Sitchin zufolge handelt es sich bei diesen menschenähnlichen außerirdischen Wesen um die Erschaffer der Menschheit und ersten Götter der bekannten antiken Kulturen der Welt. In religiösen Texten finden sie als „Nephilim" Erwähnung, und sie sollen schon vor mehr als 400.000 Jahren erstmals die Erde kolonisiert haben. Wenn sich Nibiru in unserer Zeit wieder der Erde annähert, erleben wir somit eine neue Endzeit. Nibiru sorgt bei seinem Transit für das Entstehen globaler Flutwellen, die dann für die Zerstörung von ganzen Kulturen und Zivilisationen sorgen. Weil Tibeter seit langer Zeit darüber im Bilde sind, haben sie ein Verfahren ersonnen, um einen ausgewählten Teil der Menschheit am Ende eines Zyklus in unterirdische Städte zu evakuieren, die untereinander durch eine Art U-Bahn-System verbunden sind. Das behaupten übrigens auch andere Whistleblower und Zeugen, die diese Systeme selbst betreten und bestaunt haben. Nachdem dieses Wissen international bekannt geworden ist, handelten die Führer vieler Nationen der Welt umgehend, um auf das kommende Ende der Welt vorbereitet zu sein.

Es wird angenommen, dass die deutschen Expeditionen bis zum Jahr 1939 einzigartige Artefakte und Unterlagen aus ganz Tibet und speziell aus Lhasa in den Westen mitgebracht haben. Die Objekte, die von Blumkin selbst mitgenommen worden sind, befinden sich heute vermutlich immer noch in Russland. Laut seinen Ausführungen befinden sich auf Erden also Waffen der Götter, die dort in getrennten Räumen aufbewahrt werden. Zwei wurden ihm demonstriert: Die Riesenzange mit der Bezeichnung „Wajaru" kann Gold durch eine Temperatur wie auf der Sonnenoberfläche schmelzen und es verwandelt sich nach 70 Sekunden in das besagte Pulver, das man auf riesige Plattformen aus Stein gießen kann, damit sie fast schwerelos werden. Die zweite vorgeführte Waffe war die Glocke „Shu-Tzu“, die unhörbare elektromagnetische Frequenzen ausstrahlt, die auf das Gehirn einwirken und ganze Armeen blendet. Sie soll vom Hindu-Helden Arjuna eingesetzt worden sein.

Yakov Grigoryevich Blumkin gab dem deutschen Geheimdienst Informationen aus Tibet weiter, wie man in der Antarktis mit einem bestimmten Schlüssel und einem Übergangsritus zu unterirdischen Städten unter dem Eis gelangen kann, die von mysteriösen Wächtern geschützt werden. Dort sollen sich Fluggeräte befinden, die sich im Wasser, aber auch in der Luft mit großer Geschwindigkeit bewegen können und eine runde Form besitzen. Weiter wurde an Deutschland übermittelt, dass sich in allen Teilen der Welt Berge befinden, in denen sich eingelagerte Waffen der antiken Götter befinden! Mit ihrer Hilfe soll es möglich sein, alle modernen Großstädte aller Länder der Erde zu zerstören. Es handelt sich dabei um Kugeln oder Sphären, die im letzten Jahrhundert bereits ausgegraben worden sind. Sie bestehen aus einem besonders harten Metall und können nicht angesägt oder gesprengt werden. In den Kugeln befinden sich Mechanismen, die bei Aktivierung helle, fast Sonnen-ähnliche Wolken erzeugen, die steuerbar sind. Sie können sich entlang bestimmter Flugbahnen fortbewegen und explodieren dann. So etwas geschah laut diesen Quellen im Jahr 1908 über Tunguska, als eine derartige Sonnenwolke explodiert sein soll, die Stunden zuvor aus einer unterirdischen Lagerstätte herausgeflogen war. Wie diese Waffen kontrolliert werden, war zum Zeitpunkt der Niederschrift dieser Unterlagen unbekannt.

Weiter ist an die Öffentlichkeit gedrungen, dass Russland diese vormals streng geheimen Informationen 1991 mit der US-Botschaft und der Niederlassung der jüdischen Organisation *B'nai B'rith* in Moskau geteilt hat. Diese „Söhne des Bundes“ (Bundeslade) sollen sich nicht nur aus Freimaurern, sondern auch aus Mossad-Agenten und CIA-Mitarbeitern zusammensetzen. Daraufhin wurden aus den Archiven des ehemaligen KGB gestohlene Dokumente schließlich zur Veröffentlichung im Westen legalisiert. Vor und nach dem Zweiten Weltkrieg und vermutlich bis in unsere Gegenwart hinein suchen diese Dienste weiterhin nach den Relikten und Waffen der alten Götter, doch eine deutsche Absetzbewegung ist ihnen auf der Suche nach diesen Wunderwaffen wohl zuvor gekommen und beansprucht das Erbe der Götter für sich selbst, um in Zukunft möglicherweise unter ihrer Herrschaft eine neue planetare Hochzivilisation zu errichten. Hat sich somit die heilige Auswahl für dieses Zeitalter wie vorhergesehen erfüllt?

Anmerkung zu den U-Boot-Karten:

Bereits in meinem ersten Buch »Mein Vater war ein MIB« habe ich über dieses Kartenmaterial berichtet. Dort finden Sie noch viele zusätzliche Informationen über die deutsche Absetzbewegung. Auf Jan van Helsings Wunsch haben wir die Karten hier nochmals gezeigt.

Der russische Journalist Nikolai Subbotin veröffentlichte dieses Dokument vor einigen Jahren und erklärt, dass es seiner Stellungnahme zufolge aus KGB-Archiven des sowjetischen *Projekt Orion* stammt. Damals wurden geheime Unterlagen der deutschen Kriegsmarine studiert, auf denen man verborgene U-Boot-Passagen am Südpol erkennt, durch die man in die Hohlerde vordringen kann. Das Ganze wird als „Reise nach Agartha und Asgard" beschrieben – diese Aufzeichnungen waren jahrzehntelang unter Verschluss. Nikolai Subbotin gab bekannt, dass Russland die Aktivitäten der Nationalsozialisten vor und während des Zweiten Weltkriegs überwacht hat. Gemäß verschiedener Historiker wussten die Regierungen der USA und der UdSSR seit Jahrzehnten von diesen Zugängen in die innere Erde, von ihren Bewohnern und von den geheimen unterirdischen Basen der Deutschen in der Antarktis Bescheid. Da die Siegermächte selbst nicht dorthin vordringen konnten, wussten die Besatzungsmächte nicht mit der Situation umzugehen und haben die Wahrheit über die Antarktis unterdrückt. Wie es aussieht, existieren diese Basen heute immer noch, und es sind viele deutsche Kolonien und neue Städte wie *Neu Berlin* in der Hohlwelt entstanden – siehe dazu auch Jan van Helsings Bericht im Nachwort. Die Absetzbewegung, die man auch als das „Letzte Bataillon" oder die „Dritte Macht" bezeichnet, kooperiert mit den Völkern der Innererde, wobei zusätzliche Geheimdienstinformationen besagen, dass diese Exilanten zurückkehren werden, wenn die Oberflächenwelt samt der alten Weltordnung durch eine Weltwirtschaftskrise und Naturkatastrophen aus den Fugen gerät. Vielleicht erhalten sie Unterstützung aus der Stadt der Götter?

Tibetanische Mönche waren seit jeher davon überzeugt, dass die legendäre Stadt Shambhala irgendwo existiert, doch man kann sie nicht auf der Erdoberfläche finden, sondern unter der Antarktis. Die beschlagnahmte Karte der Reichsdeutschen weist darauf hin, dass Shambhala eine reale Stadt unter der Erdkruste darstellt, so wie es auch im »Blumkin-Report« festgehalten ist.

Kapitel 3 – Dr. Steven Greer und die Enthüllungen des Disclosure Project

Steven Greer und das Disclosure Project

In den ersten beiden Kapiteln habe ich versucht, so viele historische Quellen wie möglich zu finden, die Erkenntnisse liefern, dass das UFO-Phänomen seit Jahrhunderten bekannt ist. Es haben sich bereits vor dem Beginn der offiziellen Luftfahrt geheime Gesellschaften mit dem Bau von Flugmaschinen beschäftigt, mit denen man die ganze Welt bereisen kann. Die Frage lautet, wie es im frühen 20. Jahrhundert mit solchen geheimen Entwicklungen weiterging? Mein Verleger Jan van Helsing hat mich gebeten, möglichst glaubwürdige Quellen von Informationen über das geheime Weltraumprogramm und über Regierungsgeheimnisse zum UFO-Phänomen ausfindig zu machen. Sucht man nach solchen Informationen, stößt man sehr bald auf die Arbeit des amerikanischen UFO-Aktivisten Dr. Steven Greer. Dieser gründete im Jahr 1990 das *Center for the Study of Extra-Terrestrial Intelligence* (CSETI). Seine Organisation hat seither mehrere Tausend bestätigte Fälle von UFO-Sichtungen und Landespuren in ihr Archiv aufgenommen.

Im Jahr 1993 gründete Dr. Greer das bekanntere *Disclosure Project*, damit US-Regierungsmitarbeiter und Militärpersonal die Möglichkeit erhalten, ihr geheimes Wissen über das UFO-Phänomen an die Öffentlichkeit zu bringen. Das betrifft nicht nur die Kontaktaufnahme mit außerirdischer Intelligenz, sondern auch die Forschungsarbeiten an außerirdischer Technologie, wie z.B. Energie- und Antriebssystemen. Im Mai 2001 fand dann die berühmte Disclosure-Project-Pressekonferenz im *National Press Club* in Washington D.C. statt, bei der rund 20 pensionierte Regierungs-Whistleblower vor laufenden Kameras gegen ihre Geheimhaltungspflicht verstießen und Verschlusssachen über UFOs preisgaben. Diese Konferenz wurde über das Internet übertragen, und unzählige Menschen auf der ganzen Welt sahen die bemerkenswerte Live-Übertragung dieser Sendung.

Dr. Greer gab im Vorfeld bekannt, dass er zu diesem Zeitpunkt schon mehr als 400 Zeugen kannte, die Erfahrungen aus erster Hand aufweisen konnten und auch dazu bereit waren, über UFO-Sichtungen und Beweise für die Existenz von Aliens vor dem US-Kongress auszusagen. Zusammengenommen gab es laut Greer von nun an keinen Zweifel mehr, dass man schon aufgrund dieser vielen Aussagen ein für alle Mal davon ausgehen konnte, dass wir im Universum nicht alleine sind! Regierungen wissen schon seit Jahrzehnten von dieser Realität, doch eine kleine Gruppe von mächtigen Organisationen besaß bis zur Einführung des Internets buchstäblich die Kontrolle über alle wichtigen Massenmedien, weshalb derart wichtige Enthüllungen vorher nicht in größerem Maßstab möglich waren. In der Zwischenzeit gibt es nicht mehr Hunderte, sondern Tausende von wichtigen und glaubwürdigen Menschen, die über ihr Wissen zu diesen Vorgängen sprechen. Es handelt sich nicht nur um Mitglieder des Militärs oder der Weltraumprogramme, sondern auch um Geheimdienstmitarbeiter und Politiker, die Zeugenaussagen über UFOs und ihre Erfahrungen mit außerirdischen Intelligenzen getätigt haben.

Der ehemalige Leiter des Geheimdienstes CIA, Roscoe Hillenkoetter (1897-1982), hat schon im Jahr 1960 erklärt, dass hochrangige Offiziere der US Air Force sehr besorgt wegen UFOs waren, weil offizielle Geheimhaltung über dieses Thema verhängt und die Öffentlichkeit seitdem durch eine großangelegte Desinformationskampagne dazu gebracht worden war, das Thema der Fliegenden Untertassen als Unsinn wahrzunehmen. Später kam es durch das Apollo-Programm der NASA zu den ersten bemannten Mondlandungen, und viele Astronauten begannen zu einem späteren Zeitpunkt ebenfalls, über ihr Wissen zu sprechen. Der Astronaut Dr. Edgar Mitchell (1930-2016) ist hier immer wieder aufzuführen, weil er die meisten Aussagen getätigt hat. Er hat bestätigt, dass es UFO-Abstürze gegeben hat, und dass dabei auch Körper von humanoiden Kreaturen geborgen worden sind. Mitchell hat bestätigt, dass wir nicht allein im Universum sind, und dass Aliens seit langer Zeit zur Erde kommen. Somit geschah es, dass Edgar Mitchell privilegiert genug war, die Tatsache zu erfahren, dass die Menschheit von außerirdischen Intelligenzen beobachtet wird, und das UFO-Phänomen somit eine Realität darstellt.

Er sagte zum Beispiel aus, dass viele der Tausenden von Sichtungen von unbekannten Flugobjekten seit den 1940er-Jahren Raumschiffe sind, die außerirdischen Besuchern von anderen Planeten gehören. Im Jahr 1996 gab er ein Interview, in dem er erklärt hat, dass er bei einem Treffen mit Vertretern von drei Ländern diskutierte, die persönliche Begegnungen mit Außerirdischen hatten. Die Beweise für solche Treffen und Kontakte sind von Regierungen als geheim eingestuft worden, das auch aus dem Grund, weil UFO-Technologie Geheimnisse birgt, die einigen Regierungen wichtige technologische Fortschritte geliefert haben. Im Jahr 2004 hat Dr. Mitchell erklärt, dass eine *„Kabale aus Insidern"* innerhalb der US-Regierung nicht nur UFO-Technologie, sondern auch geborgene Körper von Außerirdischen studiert, und dass diese Kabale nach John F. Kennedy aufgehört hat, US-Präsidenten davon zu unterrichten. Mitchell bestätigte bei diesem Anlass auch, dass man wisse, dass UFOs real sind, aber die große Frage immer noch darin bestehe, aufzuklären, woher sie kommen!

Im Jahr 2008 erwähnte Dr. Mitchell in einem Interview, dass der Roswell-Absturz von 1947 authentisch war und außerirdische Intelligenzen seitdem mehrmals Kontakte mit der Menschheit hergestellt haben, dass aber Regierungen die Wahrheit darüber seit mehr als 70 Jahren geheim halten. Informationen darüber erhielt er eigenen Aussagen zufolge auch von einem Pentagon-Mitarbeiter. Ein Jahr vor seinem Ableben gab Mitchell einer britischen Tageszeitung bekannt, dass friedliebende Außerirdische versuchen, Amerika vor einem Atomkrieg mit Russland zu bewahren, um den Weltfrieden sicherzustellen: *„White Sands war ein Testgelände für Atomwaffen, und das ist es, woran Außerirdische interessiert waren. Sie wollten über unsere militärischen Möglichkeiten Bescheid wissen.“* Außerdem glaubte Mitchell, der in der Nähe von White Sands und Roswell aufgewachsen war, seit seiner Mondlandung mit Apollo 14 im Jahr 1971 selbst an die Realität von Aliens.

Einer von Steven Greers wichtigsten Informanten ist Daniel Sheehan, ein bekannter, in Harvard ausgebildeter Anwalt, Redner und Aktivist. Durch seine beruflichen Tätigkeiten erfuhr er von ultra-schwarzen Geheimprogrammen der Waffenentwicklung, die niemandem im US-Kongress bekannt waren, und diese Programme haben etwas mit außerirdischer Technologie zu tun. Sheehan sagte zu Journalisten, dass der ehemalige CIA-Leiter George Bush Senior, der später auch US-Präsident geworden ist, keine Regierungsinformationen über UFOs veröffentlichen wollte, weil er davon überzeugt war, dass die Öffentlichkeit damit nicht umgehen könne. Daniel Sheehan wurde auch der Zutritt zu den amerikanischen Nationalarchiven gewährt, und ihm wurden dort Fotografien von geborgenen UFOs gezeigt, die auch außerirdische Schriftzeichen aufwiesen. Er durfte allerdings keine Kopien davon anfertigen, sondern nur handschriftliche Notizen. Seitdem wurde ihm klar, dass die Menschheit keine Waffen in den interplanetaren Weltraum transportieren darf, damit der Frieden auf diesem Planeten gesichert bleibt. Das betrifft insbesondere Atomwaffen, denn auch Dr. Mitchell hat erwähnt, dass UFOs irdische Atomwaffenbasen genau überwachen und oft auch Testraketen einfach abgeschossen haben.

Akademiker präsentierten beunruhigende Informationen über Entführungen durch Aliens

Es trug sich im Jahr 1994 zu, dass Daniel Sheehan den Harvard-Wissenschaftler Dr. John Mack (1929-2004) vor Gericht vertreten musste, weil es nach der Veröffentlichung seines Werkes »Abduction: Human Encounters With Aliens« Probleme mit seiner Universität gab. Dr. Mack lieferte ernstzunehmende Nachweise dafür, dass Vertreter von außerirdischen Intelligenzen unseren Planeten besuchen und mit bestimmten Angehörigen unserer Spezies interagieren bzw. dass solche von Aliens entführt werden. Es handelt sich also um das umstrittene Phänomen der Entführung durch Aliens. Viele der Veröffentlichungen von Dr. John Mack findet man heute hier: www.johnemackinstitute.org. Seine beiden wichtigsten Werke waren wie gesagt »Abduction: Human Encounters with Aliens« (1994) und »Passport to the Cosmos: Human Transformation and Alien Encounters« (1999). Auch Dr. Mack wies immer wieder darauf hin, dass das Entführungsphänomen mit dem Auftauchen des UFO-Phänomens in den späten 1940er-Jahren in den USA zusammenhängt.

Einige wenige wie der Pulitzer-Preisträger und Harvard-Professor John E. Mack waren von diesem Thema der Entführungen durch Aliens jedoch so gefesselt, dass sie beschlossen, die ganze Angelegenheit mit wissenschaftlicher Gründlichkeit zu erforschen. John Mack befragte viele Opfer von Alien-Entführungen und stellte überrascht fest, dass geistig völlig normale Menschen über Dinge berichteten, die jedem bekannten Aspekt unserer Realität widersprechen! Unter Hypnose-Rückführung kamen sogar noch merkwürdigere Dinge und Aussagen über die Erlebnisse der Entführten zum Vorschein, und diese Informationen wollte Dr. John Mack durch seine Bücher mit der Weltöffentlichkeit teilen.

Es überrascht nicht, dass solche Berichte bei Skeptikern Anlass zu Kontroversen gaben, wobei auch viele Ufologen das Phänomen der Entführungen ablehnen. Dennoch hat Dr. Thomas Bullard schon im Jahr 1989 in seiner Arbeit mit dem Titel »UFO Abduction Reports: The Supernatural Kidnap Narrative Returns in Technological Guise« viele solcher Fälle analysiert und dokumentiert. Dr. Bullard sammelte alle verfügbaren Entführungsberichte, um die These zu testen, dass einige Entführte womöglich von Fantasien erzählen. Er kam erst an diesem Punkt dahinter, dass rund ein Drittel der Betroffenen sich auch ohne Hypnose vollständig an ihre Erlebnisse erinnern können. Hervorstechend war jedoch auch in diesem Fall, dass sich alle wichtigen Einzelheiten der Berichte von verschiedenen Opfern als identisch mit denen erwiesen, die andere Entführte unter Hypnose beschrieben. Dr. Bullard machte daraufhin weitere Tests und fand schließlich heraus, dass die Antworten bei verschiedenen Hypnotiseuren nicht voneinander abwichen. Die Erzählungen blieben somit bis hin zu kleinen Details in sich konsistent, wodurch Dr. Bullard ohne jeden Zweifel beweisen konnte, dass das Entführungsphänomen kein Produkt der Hypnose selbst ist. Er erklärte dazu, dass dieses liebgewonnene Argument von Skeptikern deshalb von Grund auf neu bewertet werden müsse!

Es steht außer Zweifel, dass unbekannte physische Flugobjekte mit überragenden Flugeigenschaften von militärischen Augenzeugen und Erfassungssystemen beobachtet worden sind. Diese Daten kann man heute besser auswerten als in den 1960er-Jahren, und mit der Anerkennung der Realität von unbekannten Flugobjekten rücken auch die Fragen nach dem Grund der Anwesenheit von möglichen außerirdischen Besuchern wieder mehr in den Vordergrund des öffentlichen Interesses. Welche Geheimnisse, die den Regierungen der Welt vermutlich schon seit Jahrzehnten bekannt sind, verbergen sich also hinter den Entführungen durch Außerirdische? Vor rund dreißig Jahren fand im Jahr 1992 am *Massachusetts Institute of Technology* (MIT) die sogenannte *Abduction Study Conference* in den Vereinigten Staaten statt. Dort kamen zahlreiche Experten zu Wort, die alle ihre Daten präsentieren konnten. Das alles wurde dann im September 1995 in einem fast 700 Seiten starken Werk mit dem Titel »Alien Discussions: Proceedings of the Abduction Study Conference Held at M.I.T. Cambridge« veröffentlicht! Auf dem Titelbild sieht man Wiedergaben vom Aussehen der fremden Entführer, wobei es sich einmal mehr um Wesen handelt, die wie typische Greys aussehen, die auch schon mit geborgenen Körpern vom Roswell-Absturz in Verbindung gebracht werden.

Abb. 22: Das Titelbild des Berichts der *Abduction Study Conference* der Cambridge University von 1995.

Betroffene berichten laut dieser akademischen Auswertung zusammenfassend davon, dass sie gegen ihren Willen von fremden Wesen in deren Flugobjekten entführt werden. Dann werden sie entweder in den UFOs oder in verborgenen Basen auf unserem Planeten oder im Weltraum untersucht. Die Verständigung mit den Greys findet demzufolge auf telepathischem Wege per direkter Gedankenübertragung statt, was Apollo-Astronauten bestätigt haben. Erst unter Hypnose können sich die meisten Opfer später an diese Erlebnisse erinnern und sich alles ins Gedächtnis zurückrufen. Diese Erlebnisse enthalten auch außerkörperliche Erfahrungen wie Astralreisen, die Verbundenheit aller Lebewesen mit einer zentralen Schöpferquelle im Universum und Warnungen der Aliens vor einer herannahenden Endzeit auf der Erde. Um die völlige Zerstörung der menschlichen Spezies zu verhindern, sind die Aliens dazu übergegangen, von bestimmten ausgewählten Menschen Eier und Sperma zu entnehmen und ein Hybriden-Programm zu starten, um damit eine neue Spezies zu erschaffen. **Diese könnte die Apokalypse oder einen Kataklysmus überleben oder die Erde nach der vorhergesehenen Katastrophe wieder neu bevölkern.** Ist dieses Wissen mit ein Grund dafür, warum die großen Regierungen der Welt beschlossen haben, Beweise für solche Erkenntnisse unter Verschluss zu halten?

Im Buch »Passport To The Cosmos« aus dem Jahr 1999 schreibt Dr. John Mack darüber, dass außerirdische Zivilisationen die zukünftige Entwicklung der menschlichen Rasse geplant haben, weil sie mit ihrer Technologie unsere Zukunft besuchen können oder möglicherweise sogar von dort stammen. Ihr Eingreifen stellt eine transformative Kraft dar, die die totale Zerstörung unserer Umwelt durch eine nukleare Apokalypse verhindern könnte, vor der die von fremden Wissenschaftlern entführten Menschen immer wieder berichten. Sie haben erklärt, dass das vorausgesehene schreckliche kollektive Schicksal der Menschheit möglicherweise noch verändert werden kann. Vielleicht stellen diese Darlegungen wirklich den Schlüssel zu den besorgniserregenden Ereignissen unserer Gegenwart dar. Kann die Erschaffung einer Mensch-Alien-Hybriden-Spezies, von der Entführte berichten, unser kollektives Schicksal verändern und dient sie in erster Linie unserer spirituellen Evolution? Sind die außerirdischen Wesen vielleicht weniger physisch in dieser Realität verankert als wir, und wird die neue Hybriden-Spezies dann auch mehr von deren feinstofflichen Attributen besitzen, damit sie sich im Sinne der Pläne der Aliens weiter entwickeln kann?

Auf jeden Fall dient diese neue Hybriden-Spezies als eine Rückversicherung für die Menschheit, falls wirklich die Umwelt dieses Planeten zerstört werden sollte bis hin zu einem Punkt, an dem kein menschliches Leben, wie wir es kennen, mehr möglich ist. Vielen Entführten und Kontaktpersonen werden von UFO-Insassen große Bildschirme vorgeführt, auf denen man Szenen von Umweltzerstörung und Umweltverschmutzung sehen kann, vor der uns diese hoch entwickelten Wesen warnen. Das Ganze geht sogar über Szenen der völligen Zerstörung unserer Welt bis hin zu postapokalyptischen Bildern, in denen körperlose Seelen und Geister von Menschen und anderen Lebewesen umherirren, die in derselben physischen oder spirituellen Umwelt wie wir existieren. Sie sind ebenfalls von dieser rücksichtslosen Zerstörung durch einen nahenden Kataklysmus betroffen.

Dr. John Mack war bis zu seinem Tod davon überzeugt, dass diese Entführten die Wahrheit sagen und es sich nicht um ein psychiatrisches Phänomen handeln kann, so wie er selbst zuerst erwartet hatte. Es gibt mindestens sechs Elemente, die das nachweisen: Die Übereinstimmungen in den Beschreibungen der Betroffenen, physische Merkmale wie Narben und Implantate, Zeugenaussagen, die bestätigen, dass die Opfer über einen längeren Zeitraum vermisst wurden. Dann gibt es Aussagen von entführten Kindern, die zu jung waren, um psychiatrische Syndrome zu entwickeln, UFO-Sichtungen im Zuge der Entführungen sowie das völlige Fehlen von bestehender Psychopathologie unter den Entführten.

Die erstaunliche Schlussfolgerung von Dr. John Mack und anderen Wissenschaftlern, die aus ihren Berichten hervorgeht, lautet deshalb: *„**Eine Art von Intelligenz scheint unsere Welt von einer anderen Dimension oder Realität aus betreten zu haben.**“*

Die außerirdischen oder ultra-terrestrischen Wesen werden meistens übereinstimmend als Greys beschrieben: klein, haarlos, ohne Ohren und Nasen, große Schädel, große schwarze Augen ohne Pupillen und Augenbrauen, ein Mund ohne Lippen wie ein schmaler Schlitz, der nicht zur Nahrungsaufnahme geeignet ist und auch keine Zähne aufweist. Es gibt keine Anzeichen von Muskulatur oder von Alter, keine Skelettstruktur, Schulterblätter oder Rippen, keine Brustwarzen oder Nabel und keine sichtbaren Genitalien. Die Hände haben drei oder vier Finger sowie einen Daumen und die Hautfarbe wird meistens als farblos oder grau ohne Poren beschrieben. Viele Wissenschaftler stellen sich deshalb die Frage, ob diese humanoiden Wesen überhaupt biologische Kreaturen oder eher Bioroboter sind. Diese Erkenntnisse wurden auch auf der *Abduction Study Conference* im Jahr 1992 besprochen, bei der es sich um die bisher größte interdisziplinäre Präsentation diesbezüglicher Forschungsergebnisse handelte, die das Entführungs-Phänomen betreffen.

Betroffen von diesen Entführungen waren in den letzten Jahren Abertausende von Menschen auf der ganzen Welt, die aber vorrangig den weißen europäischen Völkern angehören, an denen die fremden Wesen aus nicht genau bekannten Gründen das größte Interesse zeigen. Sogar Skeptiker vom *Skeptical Inquirer* waren von den insgesamt 118 Studien der *Abduction Study Conference* überwältigt und schrieben, dass es sich hier um Pionierarbeit handelt, die zur Auflösung dieses ganzen Mysteriums beitragen kann. Jerome Clark, ein internationaler UFO-Reporter, schrieb damals: *„Das ist eines der besten jemals publizierten Bücher über ein UFO-bezogenes Thema und wird als eines der grundlegenden Werke der Literatur betrachtet werden. Es ist ein echter Meilenstein in der seriösen Erforschung des Phänomens.“*

Auf der Webseite des *John E. Mack Institutes* finden wir weitere Einzelheiten über den Ursprung der fremden Entführer. Ihre Erscheinungsform wird dort als „interdimensional" beschrieben, und es steht dort zu lesen, dass es sich um einen Kontakt zwischen verschiedenen Dimensionen und Realitäten des Alls handelt. Diese moderne Theorie ähnelt dem theologischen Konzept von materiellen und spirituellen Bereichen des Seins, die wir aus den Religionen kennen. Selbst wenn die fremden Besucher aus demselben physischen Universum stammen sollten wie wir selbst, können sie diese gewaltigen Distanzen im All nur überwinden, indem sie durch verschiedene Dimensionen reisen, um Distanz und Zeit zu überbrücken. Im Jahr 1994 führte Dr. Mack ein Interview mit Jim Bohannon, das einige sehr interessante Punkte enthüllte, die das erste Buch von Professor Mack betreffen.

> John Mack: *„Ich denke, eines der Dinge, die für mich am interessantesten waren, ist, wie beunruhigend es für uns ist, auch nur in Betracht zu ziehen, dass es eine andere Intelligenz geben könnte, die in unsere Welt eindringt. Mit anderen Worten: Jede Art von Erklärung wurde verwendet, um zu versuchen, dieses Phänomen auf etwas zu reduzieren, das wir bereits kennen. Und warum widersetzen wir uns der Idee, dass es eine Art Intelligenz geben könnte, die tatsächlich versucht, uns in irgendeiner Weise zu erreichen?"*
>
> *„Ich habe es selbst nie getan und ich glaube nicht, dass einer der Menschen, die dieses Phänomen studiert haben, behauptet, dass er bewiesen hat, dass wir von Außerirdischen besucht werden, aber dass etwas sehr Mächtiges passiert und dass es eine andere Intelligenz gibt, die in unsere Welt eindringt, das ist für mich mehr als interessant. Das ist etwas, das unsere gesamte Denkweise infrage stellt."*
>
> *„Das ist natürlich die größte Frage in diesem ganzen Bereich. Wo ich dabei angekommen bin, ist, dass sie eine Art interdimensionales Reisen gemeistert zu haben scheinen. Dies ist eine Hypothese, die zuerst von Jacques Vallée aufgestellt wurde, den ich bereits erwähnte. Sie kommen anscheinend aus einer anderen Dimension. Sie werden von Entführten oft als in der Nähe der 'Quelle der Schöpfung' beobachtet, die sie als von 'zu Hause' kommend oder von 'der Quelle' erleben, wo Materie und Energie erzeugt werden. Aber was sie tun können, ist, eine bestimmte Art von Form anzunehmen, die ziemlich konsequent beschrieben wird, und in unsere physische Welt einzutreten und sich hier zu manifestieren und sehr tiefgreifende physische Effekte zu erzeugen. So überschreiten sie die Grenze dessen, was nach unserer Weltanschauung die geistige Welt sein sollte, und treten in unsere physische Welt ein. Und das schafft eine Menge Probleme für die Art und Weise, wie wir denken."*

„Ich habe Probleme mit der Art von gerader Geografie von Aliens, weil sie nicht so funktionieren, als kämen sie von einem anderen Stern und kommen irgendwie mit einem sich schnell bewegenden Fahrzeug hierher, weil das Ganze nicht so funktioniert. Es gibt eine Art andere Dimension, aus der sie zu kommen scheinen und in unsere Dimension eintreten."

Dr. John Mack betonte außerdem, dass 7 von 10 Entführten weiblich sind, und dass auch dieser Faktor auf ein Hybriden-Programm hinweist, wobei das Phänomen in der Regel mehrere Generationen einer Familie betrifft. Viele Entführte berichten davon, dass sie während der Erlebnisse von den Aliens mit Hilfe von seltsamen Geräten paralysiert werden – wenn sie mit diesen am Kopf berührt werden, verlieren sie temporär das Bewusstsein. Einige Entführte sprechen davon, dass sie das Gefühl haben, dass diese Entführungen, die Experimente der Aliens und das Hybriden-Programm ein bestimmtes Ziel verfolgen, das der kollektiven menschlichen Entwicklung dient. Es soll eine höhere Ebene der Spiritualität erreicht werden. Vieles davon ist dem Wachbewusstsein später nicht zugänglich und wird in das Unterbewusstsein oder kollektive Unterbewusstsein eingeprägt. Der menschliche Geist ist für die Aliens offenbar ein Mysterium, weil sie unser destruktives Verhalten gegenüber der Natur nicht verstehen können. Sie versuchen, unseren freien Willen zu verändern, damit ein Wandel in unserem Wesen stattfinden kann. Entführten wurde außerdem von Aliens erklärt, dass die Menschen das „Wissen über die Anfänge" in sich tragen, das tief in ihnen verborgen liegt! Es ist sehr schwer für uns, diese Bereiche des Wissens zu erreichen, weil wir kollektiv mit der Natur und dem Universum aus dem Gleichgewicht geraten sind – und das bewirkte Akte der Zerstörung.

Das in uns verborgene Wissen, das vermutlich das kollektive genetische Gedächtnis der Menschheit betrifft, hat laut den Erkenntnissen von Professor Mack unter anderem damit zu tun, dass es einen völlig anderen Ursprung und eine andere Geschichte der Menschheit gibt, als uns das heute gelehrt wird! Wir verstehen auch nicht die wahre Bedeutung von Zeit, von früheren Leben und wie sich alles zur selben Zeit fortsetzt. Einigen Entführten wurde erklärt, dass Menschen von außerhalb der Erde vor Tausenden von Jahren hierher gereist sind und damals hier mit primitiven Lebensformen Verbindung aufgenommen haben. Es handelt sich dabei nicht nur um Interaktionen mit Dinosauriern und Erdmenschen, sondern laut den Berichten von Dr. Mack auch um den Kontakt zu menschenähnlichen Reptiloiden in der Antike, und diese Art war angeblich intelligenter als die Menschen. Die Erinnerung daran ist immer noch in unserem kollektiven Gedächtnis verborgen.

Professor Mack erklärt an dieser Stelle, dass diese Aussage ein Hinweis darauf ist, dass der Mensch nicht durch einen natürlichen Entwicklungsprozess auf diesem Planeten entstanden ist, sondern Alien-Gene besitzt, die aus früheren Hybridisierungen mit fremden Spezies stammen könnten. Die genetische Vermischung mit höher entwickelten Wesen verursacht in uns ein spirituelles Erwachen zu unserer wahren Natur als unsterbliche Seelen, und wir lernen zu begreifen, dass alles aus der gleichen Energie des Universums erschaffen ist und aus einer universellen Quelle der Schöpfung stammt.

Ein Entführter hat gegenüber Dr. Mack erörtert, dass das verborgene esoterische Wissen der Menschheit die Reptilien-Intelligenz der modernen Menschen betrifft, und dass es eine Verbindung zwischen Menschen, Reptilien und Dinosauriern gibt. Diese intelligenten Reptiloiden könnten ursprünglich ebenfalls von außerhalb unseres Planeten stammen, und es existieren viele Zeugenaussagen, dass ebensolche Reptiloiden auch heute noch unseren Planeten bewohnen.

Um wieder zum Entführungs-Phänomen zurückzukommen, schreibt Dr. Mack in seinen Büchern davon, dass Reptiloide, aber auch völlig menschlich aussehende Außerirdische wie die Nordics, mit den Greys interagieren, die die Hauptrolle bei den Entführungen spielen und offenbar mit verschiedenen anderen ET-Spezies kooperieren. Die Grey-Aliens kommunizieren per Telepathie und übertragen Botschaften durch ihre großen dunklen Augen in das Gehirn von Menschen. Das sorgt gleichzeitig für eine Bewusstseinsveränderung, und auch die physische Schwingungsfrequenz der Entführten wird angehoben, damit Menschen sich gemeinsam mit den Aliens durch solide Wände und andere materielle Gegenstände bewegen können, weil ihre Phase verschoben ist. Dadurch können Menschen sogar durch die Luft aus ihren Häusern in die Schiffe der Greys transportiert werden. An Bord oder in geheimen Basen kommt es dann zu traumatischen Erlebnissen wie dem Verlust der Kontrolle über den eigenen Willen und Körper, intensive und schmerzhafte medizinische Eingriffe oder sogar erzwungene sexuelle Handlungen und Befruchtungen, wobei Menschen zur Zukunft beider Spezies beitragen. Um die Erinnerung an diese Vorkommnisse zu löschen, werden mentale Blockaden im Geist der Opfer erzeugt, und nur mittels Hypnose kann das meiste davon wieder ins Bewusstsein geholt werden.

Wenn Dr. Mack und andere Wissenschaftler recht haben und das Phänomen eine interdimensionale Erfahrung ist, dann betrifft es insbesondere den Bereich des Bewusstseins. Diese Aliens existieren somit in einer anderen Realität als wir selbst, bei der es sich um feinstoffliche, spirituelle Dimensionen handelt. Dort sind die Lebewesen weniger materiell verkörpert und fixiert als hier, aber bewusster als wir. Der für unsere moderne dualistische Weltsicht am schwersten zu begreifende Aspekt des UFO-Phänomens ist laut den beteiligten Forschern die Beobachtung, dass fremde, uns überlegene Intelligenzen nicht durch das All, sondern zwischen den Dimensionen reisen und unsere materielle Domäne aus dem Jenseits betreten! Um das zu verstehen, muss es zu einem völligen Paradigmenwechsel in der Naturwissenschaft kommen, forderte Dr. John E. Mack.

Er mutmaßte abschließend, **dass eine höchste kreative Kraft im Universum existiert, die interdimensionale spirituelle Wesen auf unsere Ebene schickt, um dabei zu assistieren, unser Bewusstsein anzuheben**, damit wir uns weiterentwickeln können und nicht in der Selbstzerstörung enden, sondern den Pfad des spirituellen Aufstiegs betreten können, um an der geistigen Koevolution des Universums teilzunehmen. Wir müssen auch lernen, wie alles Leben und alle Bewusstheit miteinander verwoben sind, weshalb wir auch lernen müssen, besser auf unser wertvollstes Geschenk, den Planeten Erde, achtzugeben. Wenn wir unser Bewusstsein erweitert haben, ist es auch möglich, in Harmonie mit dem Rest des Universums zu existieren, unseren eigenen Planeten zu retten und in engeren Kontakt mit den spirituellen Dimensionen und ihren Bewohnern zu gelangen. Diese Kontakte stellten in früheren Zeiten vermutlich die Normalität dar, wie wir es aus den Texten alter Traditionen und Überlieferungen herleiten können.

Im Buch »Passport To The Cosmos« aus dem Jahr 1999 schreibt Dr. Mack weiter, dass die westliche Welt seit geraumer Zeit eine Art von spiritueller Renaissance erlebt, die den tiefen Hunger in uns reflektiert, dass etwas grundlegend Wichtiges in unseren Leben fehlt, das viele Menschen instinktiv suchen... Sie realisieren, dass sie nach einem tieferen Sinn im Leben suchen und die vage Ahnung haben, dass es andere Ebenen der Existenz gibt, von denen wir abgeschnitten sind. Das führt zur wachsenden Einsicht, dass diese Isolation, die zunehmende atheistische Weltsicht und der Mangel an Spiritualität in unserer Gesellschaft in naher Zukunft zu den katastrophalen Ereignissen einer Endzeit führen werden. Obwohl solche Betrachtungen zuvor nur von Theologen diskutiert worden sind, hat nicht zuletzt Dr. John Mack mit seiner Aufklärung dafür gesorgt, dass das UFO-Phänomen und insbesondere das kontroverse Phänomen der Entführung durch Aliens von der akademischen Forschung ernst genommen werden. Dementsprechend hat er der Wissenschaft den Weg gewiesen, wie wichtig es ist, weiterhin unbekannte Ebenen der Realität zu erforschen!

Eine Reihe von Disclosure-Konferenzen enthüllt die Eckpunkte der Verschwörung

Eine wichtige Insiderin, die auf der *Disclosure-Konferenz* von 2001 aussagte, war Donna Hare, die früher auch bei der NASA beschäftigt war. Sie erklärte, dass die Apollo-Astronauten auf der Mondoberfläche fremde Raumschiffe beobachtet haben, dass ihnen aber nach ihrer Rückkehr von höchster Stelle befohlen wurde, nicht darüber zu sprechen. Die Wahrheit über die historische erste Mondlandung blieb lange Zeit ein großes Geheimnis. Es gibt heute hitzige Debatten darüber, ob die Mondlandungen überhaupt stattgefunden haben, aber die Mehrheit der glaubwürdigen Zeugen berichtet uns, dass diese Ereignisse stattgefunden haben, aber einige Vorfälle während der Missionen weiterhin geheim gehalten werden. Die Wahrheit ist, dass nicht nur außerirdische Schiffe auf dem Mond gesichtet worden sind, sondern auch antike Bauwerke! Das wurde zum Beispiel auch von anderen Rednern auf der *Disclosure-Konferenz* bejaht. Der im Jahr 2018 bei einem tragischen Unfall verstorbene ehemalige US-Air-Force-Sergeant Karl R. Wolfe sagte damals aus, dass er mit eigenen Augen Fotos der Apollo-16-Mission einsehen konnte, auf denen eine unbekannte Mondbasis zu sehen war, und zwar auf der dunklen Seite des Mondes. Sergeant Wolfe besaß während seiner Dienstzeit eine hohe Sicherheitsfreigabe und arbeitete in der Langley-Air-Force-Base in Virginia, in der Ende der 1960er-Jahre in einem bestimmen Labor eine Menge internationaler Wissenschaftlern tätig gewesen sind. Ein anderer Militärangehöriger dieser Basis berichtete Karl Wolfe in einer Dunkelkammer, dass die NASA eine Basis auf der Rückseite des Mondes gefunden hat. Diese Fotos sind im Jahr 1969 vor der ersten Mondlandung von einer unbemannten Sonde zur Erde übertragen worden. Wolfe erblickte somit fotografische Beweise: Auf den Fotos waren seinen Aussagen zufolge gigantische geometrische Strukturen wie hohe Türme, runde Gebäude und Dinge zu sehen, die wie Radarschüsseln ausgesehen haben. Es sollen unbekannte Raumschiffe zu sehen gewesen sein, die gelandet und in Kratern geparkt waren. Astronauten sollen derartige Strukturen sogar betreten und untersucht haben. Auf jeden Fall haben sie auf dem Mond einige sehr ungewöhnliche Dinge erlebt. Es gab deswegen verschiedene Unterbrechungen in den offiziellen Funkübertragungen, und der Weltöffentlichkeit wurde alternatives Filmmaterial vorgeführt, das bereits vorab in Studios vorbereitet worden war, um es einzusetzen, falls während der Mission unvorhergesehene oder ungewöhnliche Ereignisse eintreten sollten. Das geschah dann bereits während der ersten Mondlandung im Jahr 1969, als die Astronauten Neil Armstrong und Buzz Aldrin einige riesige Raumschiffe am Rand des Kraters beobachtet haben, in dem ihr Mondmodul gelandet war.

Militärische Offiziere haben Videoaufnahmen davon gesehen, doch diese Sensation wurde niemals enthüllt. Dr. Greer plante, Neil Armstrong als Redner für die *Disclosure-Konferenz* zu gewinnen, damit er über diese Erlebnisse sprechen kann. Er erfuhr jedoch daraufhin, dass Armstrong zwar gern darüber gesprochen hätte, doch dass er bedroht worden war, dass seine Frau und seine Kinder ermordet würden, falls er reden sollte! Damals wollte Dr. Greer solche Dinge gar nicht glauben, bis er Jahre später erfahren hat, dass solche Bedrohungen im Namen der Nationalen Sicherheit reine Routine sind, weil auch Regierungswissenschaftlern gedroht worden ist, im Falle von Enthüllungen ihre gesamte Familie zu ermorden. Das alles ist weder ein Scherz noch eine Verschwörungstheorie, weil viele ehemalige Astronauten, NASA-Mitarbeiter, Whistleblower und Politiker, die über geheime UFO-Informationen geredet haben, in vielen Fällen unter merkwürdigen Umständen ums Leben gekommen sind. Das ist die Methode, wie hochgeheime Bosse der tiefschwarzen Programme der Nationalen Sicherheit ihre Geheimnisse wahren.

Dennoch wagen immer mehr couragierte Menschen, die Wahrheit zu verkünden und die Offenlegung voranzutreiben. Ein wichtiger Punkt dabei sind bereits rückentwickelte Alien-Technologien und alternative Erfindungen, deren Existenz dringend offengelegt werden muss, um den Planeten und unsere Zivilisation zu retten. Dann gäbe es vermutlich im Handumdrehen keine Umweltverschmutzung, Energieknappheit oder Kriege mehr auf der Welt. Dr. Steven Greer und seine Zeugen sind sich deshalb sicher, dass außerirdische Besucher uns neue Energiequellen liefern können, die die Energieversorgung der Welt gewährleisten können. Weiterführende Informationen über Begegnungen mit Außerirdischen hätten nicht nur einen starken Einfluss auf die Weltpolitik, sondern könnten sogar für den lange ersehnten echten Weltfrieden sorgen, der mit spirituellen Erkenntnissen zu tun hat.

Es existiert, verborgen vor den Augen der Öffentlichkeit, ein geheimes Weltraumprogramm, das bereits mit solchen Technologien arbeitet, und es steht unter der Kontrolle dieser besagten UFO-Kabale der geheimen Weltregierung, die manche auch als die Illuminati bezeichnen. Diese Kreise profitieren von veralteten und schädlichen Energiequellen, und ihre Macht schwände, sobald freie und saubere Energieformen etabliert würden. Der militärisch-industrielle Komplex, der so lange für die Geheimhaltung dieser Programme gekämpft hat, hat dafür gesorgt, dass die moderne Gesellschaft in zwei Lager gespalten ist: Das erste ist das der überwiegenden Mehrheit der Weltbevölkerung, die in Abhängigkeit und zunehmender Armut lebt, und das zweite ist das der Geheimprogramme, in denen wenige Menschen Zugang zu unendlicher Energie, unendlichem Reichtum und Wohlstand besitzen. Zeugen haben geschildert, dass einige dieser neuen

Technologien dem Entwicklungsstand der uns bekannten Systeme um bis zu 10.000 Jahre voraus sind! Um diese Technologien und die Existenz von UFOs und friedliebenden außerirdischen Besuchern weiterhin geheim zu halten, hat die globale Kabale laut den Aussagen der Whistleblower geplant, in naher Zukunft eine Fake-Alien-Invasion zu inszenieren, um weiterhin die Kontrolle über die unterdrückte Weltbevölkerung zu behalten. Sie müssen dann nicht zugeben, dass seit mehr als 70 Jahren die Unwahrheit über UFOs erzählt worden ist.

Eine andere Rednerin auf der *Disclosure-Konferenz* von 2001 war Dr. Carol Rosin. Sie ist seitdem immer wieder als Zeitzeugin für die Dokumentationen von Dr. Greer aufgetreten, um über diese geplante inszenierte Alien-Invasion zu berichten. Sie war in den 1970er-Jahren Sprecherin des deutsch-amerikanischen Raketenwissenschaftlers Dr. Wernher von Braun. Dieser konnte als Eingeweihter des geheimen Weltraumprogramms rechtzeitig die Pläne der Kabale erfahren und hat sie Dr. Rosen nach langem Zögern noch vor seinem Tod mitgeteilt. Er wollte, dass die Welt davon erfährt, wie wichtig es ist, den Frieden im Weltraum zu bewahren, um keinen interplanetaren Konflikt zu riskieren. Über diese Angelegenheiten haben schon die UFO-Kontakler der 1960er-Jahre geschrieben, die aus ihren Begegnungen mit menschlich aussehenden Außerirdischen die Information weitergeben sollten, dass die meisten außerirdischen Zivilisationen grundlegend wohlwollende Absichten verfolgen, wenn sie hier zu Besuch sind.

Sie wollen uns dabei helfen, die irdischen Kriege zu beenden und die Umwelt dieses wunderbaren Planeten zu bewahren. Dazu ist es notwendig, die Geheimhaltung zu brechen, die das UFO-Phänomen umgibt. Das Ziel dieser Anstrengungen besteht darin, die Menschheit zu retten, weil das Schicksal unserer gesamten Spezies stark gefährdet ist. Nicht nur wegen des drohenden Kollapses der Umwelt, sondern auch wegen der Pläne der globalen „Elite“ zur Einführung der totalitären Neuen Weltordnung in Verbindung mit einer transhumanistischen Umwandlung der Menschheit. Im Falle einer Offenlegung der Wahrheit und der neuesten freien und sauberen Energieformen kann man diese negative Weltordnung in die Knie zwingen, um eine neue, freie Zivilisation zu ermöglichen. Dann können Mangel, Armut und Umweltzerstörung zweifelsohne beseitigt werden.

Dr. Greer stellt deshalb fest, dass der überwiegende Anteil an echten Aliens für uns keine Bedrohung darstellt – wenn das so wäre, dann hätten sie uns schon vor langer Zeit unterwerfen oder auslöschen können. Die *Disclosure-Konferenz* von 2001 war ein Meilenstein in der UFO-Offenlegung und erregte das Interesse von Presse und Politik. Sie ist seitdem fest im kollektiven Gedächtnis verankert. Der Kampf gegen die noch immer bestehende Geheimhaltung bedeutet somit die direkte Konfrontation mit mächtigen und geheimen Gruppen und

Organisationen, die nicht so einfach ihre Agenda der Verschwiegenheit aufgeben werden. Der einzig gangbare Weg für eine vollständige Offenlegung besteht deshalb laut Dr. Greer darin, eine methodische Sammlung von unwiderlegbaren Fakten zusammenzustellen und sie in professioneller Art und Weise zu präsentieren, um damit die Welt zu retten und die Zukunft der Menschheit und der Zivilisation zu sichern.

Im Zuge der *Disclosure-Konferenz* 2001 gab es noch weitere UFO-Pressekonferenzen im *National Press Club* in Washington D.C. Im Jahr 2007 fand dort eine Konferenz statt, über die dann auch in den Medien berichtet worden ist. Am 12. November desselben Jahres sprachen dort militärische und zivile Piloten, Geheimdienstler und Wissenschaftler über ihre Erlebnisse. Diese Konferenz wurde von James Fox und Leslie Kean organisiert. Zeugen sagten zum Beispiel aus, dass es viele dokumentierte UFO-Begegnungen gibt, bei denen Piloten und Flughafenangestellte vieler Flughäfen der Welt mit ordentlicher Ausbildung ungewöhnliche Flugobjekte beobachtet haben. Die Zeugen haben erklärt, dass der wahre Ursprung dieser UFOs unbekannt ist, obwohl sie die Luftfahrt auf dem ganzen Planeten beeinflussen.

Vielleicht der bekannteste dieser Fälle hat sich am 7. November 2005 über dem O'Hare-Flughafen in Chicago in den USA zugetragen, und dieser Vorfall machte international Schlagzeilen. Bei Tageslicht erblickten Piloten und Angestellte von Fluggesellschaften eine schwebende metallische Scheibe, die über dem Terminal der Fluglinie United Airlines mehrere Minuten lang gut erkennbar zu sehen war. Danach schoss das UFO kerzengerade nach oben und hinterließ in den Wolken eine runde Lücke, durch die man das Blau des darüber liegenden Himmels sehen konnte. Auf Anfragen bei der *Federal Aviation Administration* wurde von der US-Regierung bekannt gegeben, dass es sich angeblich um ein Wetterphänomen gehandelt habe. Einige Augenzeugen haben jedoch mit ihren Smartphones Fotos von diesem Objekt gemacht, und Experten haben diese Aufnahmen untersucht und konnten keine Fälschungen nachweisen. Das UFO wurde von Augenzeugen wie folgt beschrieben: völlig geräuschlos, mit einem Durchmesser zwischen 2 und 7 Metern, die Hülle des Schiffs von grauer Farbe. Die Augenzeugen bestätigten, dass es sich eindeutig um keine Wolke handelte, weil Piloten von United Airlines das Flugobjekt ebenfalls beobachten konnten.

Eine weitere bemerkenswerte Konferenz fand in der Folge im September 2010 statt. Sie trug den Titel „The UFO-Nukes Connection" (die UFO-Atomwaffen-Verbindung). Diese Konferenz wurde am 27. November 2010 durch den Sender CNN in die ganze Welt übertragen, was ein bis heute andauerndes mediales Interesse an der UFO-Thematik bewirkte. Sie wurde von Robert Hastings organisiert, der daraufhin auch ein Buch über dieses Thema veröffentlicht hat (»UFOs and Nukes: Extraordinary Encounters at Nuclear Weapons Sites«). Militärische Zeugen haben damals ausgesagt, dass US-Nuklearwaffen von nicht identifizierten Flugobjekten überwacht werden. Diese unbekannten Eindringlinge haben seit den 1940er-Jahren amerikanische Nuklearraketen beobachtet. Insgesamt kamen sieben pensionierte US-Air-Force-Angehörige zu Wort, die direkt oder indirekt UFO-Vorfälle bei Atomwaffenstützpunkten erlebt haben. Ihre Aussagen werden durch veröffentlichte Dokumente des FBI und der Air Force gestützt, die über solche Vorfälle über die Jahre hinweg freigegeben worden sind. UFOs werden hierbei als eine potentielle Gefahr für die Nationale Sicherheit gesehen, weil sie laut den Aussagen der pensionierten US-Air-Force-Offiziere dafür verantwortlich gewesen sind, Atomraketen in ihren Silos zu deaktivieren. Die Botschaft, die uns die fremden Intelligenzen damit übermitteln wollen, lautet wohl, dass sich die Menschheit mit diesen gefährlichen Waffen selbst zerstören könnte, wenn sie gedankenlos mit Atomenergie hantiert.

Einer der Redner, Robert Salas, ein ehemaliger Offizier, der für den Abschuss von Atomraketen verantwortlich war, ist der Meinung, dass es eine Regierungsanweisung gibt, diese Vorfälle zu verschweigen. Hier einige der Aussagen von Robert Salas:

„Ich will, dass die Regierung anerkennt, dass dieses Phänomen existiert. Sie (die UFOs) wollten ein Licht auf unsere Nuklearwaffen scheinen lassen und uns nur eine Botschaft senden. Meine Interpretation der Botschaft ist, dass wir sie loswerden sollten, weil sie unsere Zerstörung bedeuten werden."

Die anderen Offiziere bestätigten ebenfalls, dass ungewöhnliche fliegende Objekte über ihren vormaligen Basen erschienen sind, die unerklärliche bewegliche Lichter ausstrahlten, mit denen sie auf die dort stationierten Atomwaffen zielten. Die Enthüllungsjournalistin und UFO-Aktivistin Leslie Kean weist in diesem Zusammenhang darauf hin, dass Tausende Seiten freigegebener Regierungsdokumente die Aussagen der Offiziere unterstützten. Es gibt ein Dokument, das mit dem Salas-Vorfall zu tun hat, aus dem hervorgeht, dass mindestens 10 Raketen verloren gegangen sind, was ein riesiges Problem darstellt, weil sie offenbar von UFOs zerstört oder unbrauchbar gemacht worden sind. Das geschah nicht nur in den USA, sondern auch in Russland und in anderen Nationen der Welt. Robert Hastings, der die Konferenz organisiert hat, schreibt in seinem Buch, dass er und Robert Salas mehr als 120 ehemalige Militärangehörige gefunden haben, die von UFO-Vorfällen mit Atomanlagen während ihrer Dienstzeit berichten wollen. Hastings ist der Meinung, dass uns die außerirdischen Intelligenzen in den UFOs demonstrieren wollen, dass sie unsere Waffensysteme permanent beobachten und uns Warnungen überbringen. Washington und Moskau sollen wissen, dass sie mit dem Feuer spielen.

> Robert Salas: „*In Bezug auf die Raketenabschaltungen habe ich eine Meinung … sie lautet, dass jeder, der sich an Bord dieser Raumschiffe befindet, unter anderem ein Signal an Washington und Moskau sendet, dass wir mit dem Feuer spielen – dass der Besitz und der angedrohte Einsatz von Atomwaffen möglicherweise die Menschheit und die Unversehrtheit der planetarischen Umwelt bedrohen.*"

Laut den Informanten von Salas und Hastings haben diese UFO-Vorfälle bereits im Jahr 1945 begonnen, als die ersten Atombomben auf Japan abgeworfen worden sind. Bereits seit damals versuchen uns die Besucher in ihren scheibenförmigen Flugobjekten davor zu warnen, dass der Einsatz dieser Waffen die Welt zerstören wird.

Auch der frühere Astronaut Dr. Edgar Mitchell hat bestätigt, dass Aliens mehrmals einen nuklearen Dritten Weltkrieg verhindert haben! Dr. Mitchell erwähnte dazu:

> „*Meine eigene Erfahrung aus Gesprächen mit bestimmten Leuten hat mir klargemacht, dass ETs uns davon abgehalten haben, Krieg zu führen und uns helfen, Frieden auf Erden zu schaffen … Offiziere von der Pazifikküste erzählten mir, dass ihre Testraketen periodisch von außerirdischen Raumschiffen abgeschossen wurden … Wir kennen immer noch nicht das Ausmaß unserer eigenen Existenz, und unser Bild des Universums ist immer noch sehr primitiv.*"

Der Atacama-Humanoid und erste Erfahrungen mit Fliegenden Untertassen

Im Jahr 2013 erschien Dr. Steven Greer's Dokumentation »Sirius – The Film«, in der er offenlegt, dass er mehrmals bedroht worden ist, seit er mit seiner Arbeit als UFO-Aktivist begonnen und aufgedeckt hat, dass die US-Regierung Begegnungen mit UFOs und Aliens vertuscht. In dieser Dokumentation kommen wieder einige der wichtigsten Regierungs-Whistleblower zu diesen Themen zu Wort. Außerdem präsentiert Dr. Greer darin den seit 2012 bekannt gewordenen Atacama-Humanoiden bzw. das Atacama-Skelett, das laut seinen Aussagen ein echtes Alien darstellt. Kurze Zeit später haben einige Genetiker versucht, diese Feststellung zu widerlegen und führten Tests am Genom des Atacama-Humanoiden durch. Sie schlussfolgerten, dass es sich lediglich um einen Menschen handle, der eine ganze Serie von Geburtsfehlern aufweise.

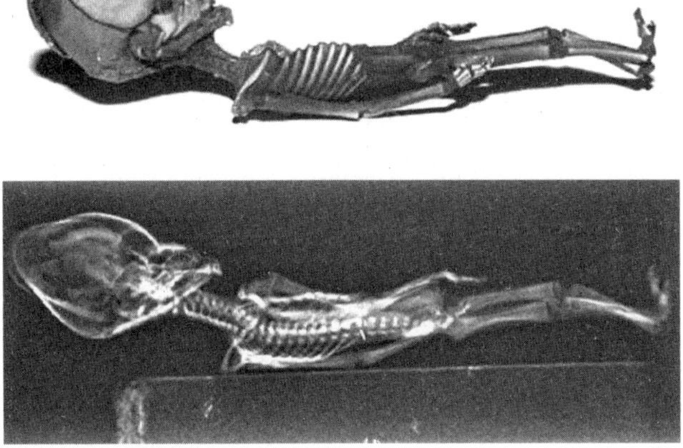

Abb. 23: Zwei Aufnahmen des Atacama-Humanoiden.

Aktuell meldete sich dazu einer der beteiligten Genetiker wieder zu Wort. Das kanadische Magazin *Vice.com* (Motherboard) veröffentlichte dazu ein interessantes Interview mit dem US-Forscher Dr. Garry Nolan, einem Professor der Pathologie an der Stanford University. Garry Nolan war dafür verantwortlich, eine Reihe exotischer Materialien zu analysieren, die angeblich von UAP (Unidentified Aerial Phenomena) bzw. UFOs stammen. Dr. Nolan ist nicht irgendjemand, sondern einer der führenden 25 Erfinder und Wissenschaftler in Stanford, die sich dem schwierigen Thema der UFO-Forschung angenommen haben und auch Abhandlungen darüber veröffentlichen. Ich möchte hier ein paar spannende Punkte dieses langen Interviews wiedergeben.

Motherboard: „*Wie lange sind Sie schon an UAP interessiert?*"

Dr. Garry Nolan: „*Ich war schon immer ein begeisterter Leser von Science-Fiction, also war es natürlich, dass ich mir irgendwann ein paar Videos anschauen würde, als Youtube-Videos über UFOs die Runde machten. Ich bemerkte, dass Steven Greer behauptet hatte, dass ein kleines Skelett ein Alien sein könnte. Ich erinnere mich, dass ich dachte, ich kann das beweisen oder widerlegen. Und so wandte ich mich an ihn. Ich zeigte schließlich, dass es kein Alien ist, sondern ein Mensch. Wir erklären eine ganze Menge, und warum es so aussieht, wie es aussieht. Es hatte eine Reihe von Mutationen in Skelett-Genen, die möglicherweise die Biologie erklären könnte. Die UFO-Community mochte es nicht, dass ich das sagte. Aber wissen Sie, die Wahrheit liegt in der Wissenschaft. Ich hatte also kein Problem damit, die Fakten zu nennen. Wir veröffentlichten ein Fachpapier, und es endete damit, dass es weltweit bekannt wurde. Es war auf der Titelseite von fast jeder großen Zeitung. Was ist ansprechender als die Schlagzeile ‚Stanford-Professor sequenziert außerirdisches Baby'?*"

Zur Information: Das mumifizierte Skelett des Atacama-Humanoiden ist ein ca. 15cm langer menschenähnlicher Fötus, der im Jahr 2003 in der chilenischen Atacama-Wüste gefunden worden ist. Im Jahr 2018 wurde wie gesagt eine DNS-Analyse durchgeführt, und die beteiligten Forscher behaupteten, es handle sich um kein Alien, sondern um einen menschlichen Fötus mit verschiedenen Mutationen in Verbindung mit Zwergwuchs und Skoliose. Dr. Nolan erwähnt in diesem Interview nicht, dass diese Resultate später angefochten wurden und seitdem umstritten sind, wobei er ja in seinen Aussagen bereits erwähnt, dass seine Schlussfolgerungen möglicherweise die Mutationen in den Genen des Atacama-Humanoiden erklären können – aber so MUSS es selbstverständlich nicht sein.

Die Stanford-Forscher identifizierten damals insgesamt gleich 64 sehr ungewöhnliche Mutationen in 7 Genen des Skelettsystems! Selbst sie mussten zugeben, dass noch niemals zuvor derart viele ungewöhnliche Mutationen zur selben Zeit aufgetreten sind. Dr. Steven Greer wehrte sich gegen die Behauptungen der Forscher und lieferte in einem Interview seine Gegenbeweise. Der Radiologe Dr. Ralph Lachman meinte zum Beispiel, dass Mutationen und Zwergwuchs nicht all die vielen Abweichungen beim Atacama-Humanoiden erklären können, denn insgesamt gibt es eine Abweichung von fast 10 Prozent zum normalen menschlichen Genom! Dr. Steven Greer ist deshalb als Mediziner davon überzeugt, dass es sich bei dem Skelett um einen menschenähnlichen Außerirdischen handeln könnte, denn so viele verschiedene Mutationen konnte man noch niemals zuvor bei irgendeinem Menschen feststellen. Ein weiteres Problem ist das Alter der Knochen. Die Stanford-Wissenschaftler haben festgestellt, dass dieses Skelett gar kein Fötus sein kann, der bei einer Frühgeburt gestorben ist, weil die Struktur der Knochen und ihre Härte beweisen, dass der Atacama-Humanoid zum Zeitpunkt seines Todes mindestens 6 bis 8 Jahre alt gewesen ist. Ein Beweis dafür sind die bereits zusammengewachsenen und ausgehärteten Schädelnähte – das gibt es bei keinem Fötus. Auch die Forscher der Stanford University haben bestätigt, dass kein Mensch bekannt ist, der nur 15cm groß ist und mit Zwergwuchs mehr als sechs Jahre lang gelebt hat.

Es gibt Augenzeugenberichte aus der Atacama-Wüste, wonach die Bewohner dieser Gegend mehrmals UFOs und sehr kleine lebende Kreaturen gesichtet haben, deren Beschreibung genau mit dem Atacama-Humanoiden übereinstimmt. Dr. Steven Greer steht mit vielen hochrangigen Militärs und UFO-Whistleblowern in Kontakt. Deren Meinung nach arbeiten Geheimdienste eng mit den wissenschaftlichen Institutionen zusammen und kontrollieren sie! Einer der Whistleblower berichtete ihm von einem geheimen Dokument, das er einsehen konnte, das von der NSA stammen soll. In diesem Dokument wurden Forschungsergebnisse zum menschlichen Genom wiedergegeben. Durch epigenetische Erweiterungen sind demnach in den letzten Jahrtausenden insgesamt 64 „genetische Erweiterungen" im menschlichen Erbgut aufgetaucht, die nur durch künstliche Manipulation entstanden sein können. Dr. Greer glaubt, erst dadurch kam es zur Entstehung des modernen Menschen! Besteht die Wahrheit also darin, dass unsere Spezies von außerirdischen Intelligenzen erschaffen worden ist?

Im Jahr 2017 erschienen das Buch und der gleichnamige Film »Unacknowledged« von Steven Greer, beide wurden international ein großer Erfolg. In dieser Dokumentation dringt Dr. Steven Greer noch weiter in die Welt der UFO-Geheimnisse ein. Er beschreibt, dass es in den USA eine Art von nicht bekannter oder nicht anerkannter (unacknowledged) Geheimregierung gibt, die für die Kontrolle und Finanzierung der tiefschwarzen Projekte zuständig ist, die vollständig verdeckt hinter der offiziellen Regierung operiert. Sie besteht aus zivilen Unternehmen, deren Agenten mit schattenhaften Funktionären des militärisch-industriellen Komplexes kooperieren. Die Aufgabe solcher Agenten besteht darin, sicherzustellen, dass die offizielle Regierung so wenig wie möglich oder besser gar nichts von der nicht anerkannten Regierung erfährt. Diese Geheimregierung weiß seit Jahrzehnten, dass UFOs real und außerirdischen Ursprungs sind, und dass sie nicht erst seit dem 20. Jahrhundert, sondern schon viel länger die Erde besuchen. Es gibt bis zum heutigen Tag keine Anzeichen dafür, dass sie als feindlich anzusehen wären, auch wenn bereits bekannt ist, dass mehr als eine außerirdische Spezies hierher reist, um auf der Erde aktiv zu werden.

Gemäß Steven Greer wissen unsere Regierungen seit mindestens 50 Jahren darüber Bescheid, und es existieren deshalb sogenannte „Wächter der Wahrheit" in den Massenmedien und in den Kreisen der Wissenschaft, damit geheime Programme entstehen konnten und können, um damit die Öffentlichkeit zu täuschen. Diese Bemühungen kennen keine Parallelen in der Geschichte, und der Grund für diese Anstrengungen ist das oft bizarre Phänomen der außerirdischen Einflussnahme auf dem Planeten Erde, das uns nach wie vor Rätsel aufgibt. Faktisch hat sogar die Effektivität der Geheimhaltung dieser Phänomene und Programme eine Ebene erreicht, die derjenigen des mysteriösen UFO-Phänomens gleicht. Das ist auch der Grund, warum nur wenige Menschen sich vorstellen können, dass derart geheime und unglaubliche Projekte tatsächlich existieren, denn sie sind so unvorstellbar, dass es schwer ist, an sie zu glauben. Diese Tatsache stellt sogar die beste Tarnung für diese Programme dar. Niemand würde es glauben, selbst wenn die Wahrheit öffentlich bekannt gegeben werden sollte. Dr. Greer hat diese Informationen in persönlichen und vertraulichen Treffen und in langen Diskussionen mit erfahrenen Leuten aus dem Militär, aus den Geheimdiensten, aus der Politik und aus dem Bereich der beteiligten Unternehmen erfahren. Die Suche nach dieser verborgenen Wahrheit über die Geheimprojekte führte ihn zu den Leitern des Staates, der CIA, der NSA, zu Militärs und politischen Führern verschiedener Nationen, und auch zu Leitern von Hightech-Unternehmen, die Verträge mit Regierungen abgeschlossen haben.

Diese Quellen sagen laut Dr. Greer, dass die UFO-Geheimhaltung mindestens seit dem Zweiten Weltkrieg besteht, und er konnte herausfinden, dass die US-Regierung seit damals weiß, dass wir nicht allein sind, und dass fortschrittliche Flugmaschinen schon während der Konflikte des Zweiten Weltkriegs zum Beispiel über Deutschland aktiv geworden sind. Einer der Kontaktleute von Steven Greer hat ihm erklärt, dass ein Verwandter von ihm während des Krieges als Pilot nach Europa entsandt wurde, um im Auftrag des US-Präsidenten herauszufinden, was die sogenannten Foo-Fighter waren. Es handelte sich um unbekannte kugelförmige Flugobjekte, die man keiner Nation zuordnen konnte. Der besagte Pilot meldete dem Präsidenten schließlich, dass es sich um außerirdische Raumschiffe handelte. Vielleicht waren das dieselben Objekte, die Augenzeugen während der mysteriösen mittelalterlichen Luftschlachten beobachten konnten?

Ein pensionierter General, der später zur rechten Hand eines CIA-Direktors wurde, sagte Dr. Greer, dass bereits im Jahr 1946 eine Reihe von UFOs tagsüber über dem Staat Idaho beobachtet worden sind. Seit damals war dem Militär klar, dass unbekannte Flugobjekte real sind, aber der Beginn des Kalten Krieges sorgte dafür, dass jedermann eher über den Ausbruch eines Atomkrieges besorgt war, als über rätselhafte und harmlose UFOs und ETs nachzudenken. Verschiedene neue Zeugen sagten unabhängig voneinander aus, dass dann im Jahr 1947 ein UFO-Crash und eine Bergung eines ET-Schiffs in New Mexico und 1948 oder 1953 in Kingman in Arizona stattgefunden hat. Am 20. Mai 1953 soll ein Mann namens Arthur G. Stancil, der damals in der Wright-Patterson Air Force Base als Ingenieur arbeitete, von Dr. Eric Henry Wang beauftragt worden sein, diesen Absturz zu untersuchen. Dr. Wang war offensichtlich in die Bergung von abgestürzten UFOs involviert und arbeitete zwischen 1949 und 1956 auf der Wright-Patterson-Base als Entwickler. Ermittler vermuten, dass er damals als Leiter eines Teams für die Rückentwicklung von Alien-Schiffen zuständig war. Er leitete die Abteilung für spezielle Studien, in der Arthur Stancil arbeitete. Dieser Stancil unterzeichnete später eine eidesstattliche Erklärung, die für die Ehrlichkeit seiner Aussage bürgt, die von Ray Fowler im *UFO Magazine* im April 1976 veröffentlicht wurde.

Er beschrieb den Vorfall folgendermaßen: Nachdem er am 21. Mai 1953 von seinem Chef auf eine geheime Mission entsandt worden war, flog er zunächst nach Phoenix in Arizona, wo er mit einem Bus fahren musste, dessen Fenster abgedunkelt waren. Nach vier Stunden Fahrt Richtung Nordwesten erreichte er einen Ort in der Nähe von Kingman in Arizona. Der Bus war voller Leute, von denen Stancil niemanden kannte. Die Insassen durften auch nicht miteinander sprechen. Als sie in der Nacht ihren Zielort erreicht hatten, beleuchteten Scheinwerfer des Militärs eine surreale Szene in der Wüste. Der Ingenieur war überrascht, dort ein scheibenförmiges Schiff zu Gesicht zu bekommen, das im Sand stand. Stancil schätze, dass die Untertasse einen Durchmesser von ca. 9 Metern aufwies. Militärpersonal umringte das aluminiumfarbene Schiff. Entweder hatte es eine interne Explosion gegeben oder das UFO war von einer Rakete vom Himmel geholt worden, weil ein gut sichtbares Loch an der Seite zu erkennen war. Ihm wurde der Auftrag erteilt, die Geschwindigkeit des Schiffes zu kalkulieren, daraufhin hatte er Gelegenheit, mit anderen Ermittlern zu sprechen und erfuhr dadurch weitere Details. Im Inneren des Schiffs gab es eine kleine Kabine mit sehr kleinen Stühlen. Als man ihn wieder vom Wrack wegführte, konnte Stancil einen kurzen Blick in ein medizinisches Zelt werfen – darin befand sich der Körper einer kleinen Kreatur, die etwa 1,20m groß war. Es handelte sich um ein Alien, das eine Art Haube auf dem Kopf und einen silbernen Anzug ohne Säume trug. Danach wurde das Personal angewiesen, das Areal zu verlassen. Zurück im Bus musste jeder auf Anweisung eine Geheimhaltungsklausel unterzeichnen, und es wurden Warnungen ausgesprochen, das Gesehene niemandem zu erzählen.

Wenig bekannt ist, dass am Tag der Bekanntgabe des Roswell-Absturzes am 7. Juli 1945 noch eine zweite UFO-Sichtung in der Presse lanciert wurde, die es in Phoenix/Arizona gegeben hatte. Von der Öffentlichkeit wenig beachtet, zog diese zweite Sichtung eine mehrere Jahre andauernde Untersuchung der US Air Force nach sich. Der Amateur-Fotograf William A. Rhodes hörte an jenem Tag ein merkwürdiges Geräusch und beobachtete dann zusammen mit vielen anderen Zeugen ein Flugobjekt, das Beschreibungen zufolge dem Roswell-Schiff ähnelte. Es handelte sich um ein elliptisches, abgeflachtes, graues Flugobjekt mit einem Durchmesser von etwa 6 bis 9 Metern, das mit sehr hoher Geschwindigkeit unterwegs war. Geistesgegenwärtig rannte Rhodes in sein Haus und holte seine Kodak 120 Box-Kamera. Er schaffte es, ein Foto von diesem Flugobjekt zu machen, als es sich in niedriger Höhe befand, und noch ein zweites, als es bereits in einem steilen Winkel rasch nach oben beschleunigte und am Himmel verschwand. Rhodes meldete den Vorfall sofort der Tageszeitung *Arizona Republic*, und dort wurde auf der Titelseite ein Artikel mit den zwei Fotos der

Fliegenden Untertasse publiziert. Der Vorfall wurde zu einem Teil von „Projekt Grudge“ zur Erforschung von UFOs durch die US Air Force. Kurze Zeit später machte William A. Rhodes dann Bekanntschaft mit Agenten, die man Jahre später als „Men in Black“ bezeichnete, denn nur zwei Wochen vorher hatte sich in der Presse die Geschichte der UFO-Sichtung von Kenneth Arnold verbreitet. Arnold konnte zwar kein Foto von den Fliegenden Untertassen machen, die er selbst beobachtet hat, er beschrieb sie jedoch ähnlich wie das Objekt auf den zwei Fotografien von William Rhodes. Am 29. August 1947 erhielt Rhodes also Besuch von zwei Spezialagenten vom *Counter Intelligence Corps* (CIC) und vom FBI, die sich als Repräsentanten der Regierung vorstellten. Sie baten Rhodes, ihnen die originalen Fotos und die Negative der Aufnahmen auszuhändigen und informierten ihn dann, dass es unwahrscheinlich sei, dass er sie wieder zurückbekäme. Zu dieser Zeit trugen viele Agenten den typischen schwarzen Geschäftsanzug und schwarze Anzugschuhe. Die Pressemeldung über eine abgestürzte fliegende Scheibe in Roswell erhielt international mehr Beachtung, doch der Juni des Jahres 1947 markierte letztlich den Beginn des ET-industriellen-Komplexes. Man glaubte zu diesem Zeitpunkt in der Regierung, dass die Planeten Mars und Venus vermutlich bewohnt seien, und dass die Wesen in den Fliegenden Untertassen vom Mars stammten und hierherkämen, um ein Auge auf die amerikanischen Nuklearwaffen zu werfen.

Mystery ‘Whatsis’ Photographed Over Phoenix

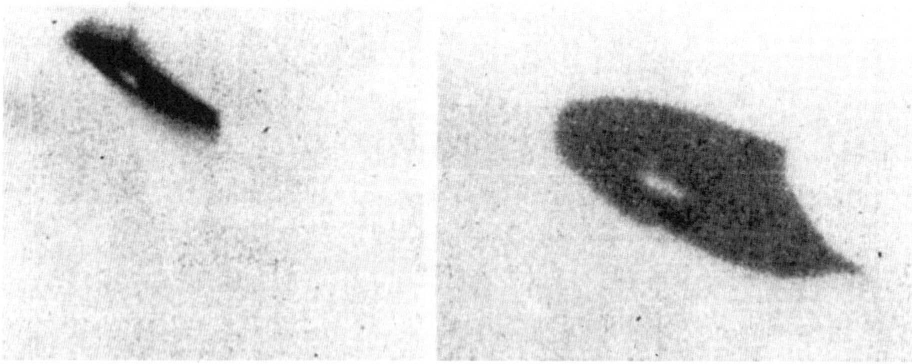

Abb. 24: Zwei Aufnahmen einer Fliegenden Unterasse über Phoenix vom Juli 1947

Die Entscheidung der Geheimhaltung der UFO-Präsenz nach dem Roswell-Vorfall

Dr. Greer erklärte, dass zum damaligen Zeitpunkt das Wettrennen um die Erlangung von neuartiger außerirdischer Technologie begonnen hat. Man musste herausfinden, wie sie funktioniert und wofür man sie einsetzen kann. Die Verantwortlichen in den USA hofften, dass die Sowjetunion nicht früher dahinterkommen würde als sie selbst. Es gab obendrein bereits Hinweise darauf, dass Adolf Hitler und das Dritte Reich ebenfalls versucht hatten, mit außerirdischer Technologie die Weltherrschaft zu erringen. Während dem Zweiten Weltkrieg haben die Deutschen an Antigravitations-Flugscheiben gearbeitet – sie sollten zu Deutschlands überlegener Waffe werden, so wie die Atombombe in den USA. Als der Roswell-Absturz stattfand, waren die deutschen Wissenschaftler des Projekts Paperclip abermals in der Lage, ET-Technologien in ihre Entwicklungen einzubeziehen. Der bekannteste Wissenschaftler war Dr. Wernher von Braun – er hat behauptet, selbst die Roswell-Absturzstelle besucht und Alien-Körper gesehen zu haben. Er war davon überzeugt, dass die Nazi-Technologie so rasante Fortschritte erzielt hat, weil es Hilfe von Außerirdischen gab. Wie würde die Öffentlichkeit reagieren, wenn das bekannt werden sollte? Wegen all dieser Bedenken und Geheimnisse wurde schließlich das geheimste Projekt des Jahrhunderts erschaffen, und deutsche Wissenschaftler arbeiteten in den USA an ihren früheren Raumfahrtprojekten weiter, wobei sie laut verschiedenen Whistleblowern auch an der weiteren Rückentwicklung von UFO-Technologie beteiligt waren. Zu dieser Zeit arbeitete man auf beiden Seiten außerdem an der Entwicklung der Wasserstoffbombe. Was konnte also noch störender für die zu dieser Zeit fragile Weltordnung sein, als die Allgemeinheit über die Existenz von interstellarer Antriebstechnologie zu unterrichten? Diese Technologie stellte einen Quantensprung für die Forscher dar, und die USA haben beschlossen, diese Wracks und Körper für sich selbst zu behalten, weil die Nationale Sicherheit es verlangte, diese Geheimnisse mit allen Mitteln zu behüten. Es wurden daher keine Kosten und Mühen gescheut – das Problem bestand laut den Regierungsinformanten darin, dass UFOs und Aliens weiterhin im Formationsflug über den USA zu sehen waren. Tausende von Augenzeugen sahen sie, nicht nur im Himmel über Amerika, sondern auf der ganzen Welt.

Einer der Meister der psychologischen Kriegsführung war General Walter Bedell Smith (1895-1961), er diente in der US Army unter General Dwight D. Eisenhower in den *Allied Forces Headquarters* in Europa während des Zweiten Weltkriegs, wurde nach dem Krieg von 1946 bis 1948 US-Botschafter in der Sowjetunion und im Jahr 1950 Direktor der CIA und anderer US-Geheimdienste. Smith hatte den Auftrag, diese Geheimdienste umzustrukturieren und die CIA zu einer Organisation zu formen, die fortan für verdeckte Operationen zuständig war. Später arbeitete er noch in weiteren Positionen für die Eisenhower-Regierung, und kurz nach seiner Pensionierung erlitt er im August 1961 einen jähen Herzinfarkt und verstarb noch auf dem Weg ins Krankenhaus. Laut den Quellen von Steven Greer war Smith dafür zuständig, die Komponenten der psychologischen Kriegsführung zu entwerfen, aus denen dann die groß angelegte Operation zur Verschleierung des UFO-Problems entstehen sollte. Obwohl Millionen von Menschen UFOs gesehen haben, wurde der Welt durch Massenmedien und Wissenschaft suggeriert, dass Fliegende Untertassen nicht existieren. Für jede einzelne Sichtung, die die Aufmerksamkeit der Öffentlichkeit erreichte, gab es eine offizielle „Widerlegung“ bzw. Leugnung, das ging jedes Mal bis hin zur Diskreditierung der Zeugen, die allesamt der Lächerlichkeit preisgegeben wurden. Im Bereich der Astronomie wählte man den Harvard-Astronomen Donald Howard Menzel (1901-1976) aus, um der Welt zu erklären, dass UFOs reine Hysterie und nicht real sind. Das sogenannte *Psychological Strategy Board* wies Menzel an, bezogen auf die Realität von UFOs Skepsis zu äußern. Er war der erste wissenschaftliche „Debunker“ und veröffentlichte im Jahr 1953 das Buch »Flying Saucers – Myth – Truth – History«, im Jahr 1963 »The World of Flying Saucers: A Scientific Examination of a Major Myth of the Space Age« und weitere derartige Werke bis zu seinem Tod.

All diese Bücher sollten skeptischen Lesern nahebringen, dass UFOs nichts weiter als Fehlinterpretationen von Sternen, Wolken, Flugzeugen oder bekannten atmosphärischen Phänomenen sind, die „gewöhnliche“ Augenzeugen nicht kennen, „Fachleute“ jedoch schon. Menzel hatte im März 1955 selbst eine UFO-Sichtung erlebt, als er von einer Mission vom Nordpol zurückkehrte – er identifizierte diese Fliegende Untertasse als eine Luftspiegelung des Planeten Saturn. Im Jahr 1968 teilte er auf einem Symposium über UFOs mit, dass er alle UFO-Sichtungen mit natürlichen Phänomenen erklären könne. Dem steht entgegen, dass seither veröffentlichte Regierungsdokumente beweisen, dass formelle UFO-Studiengruppen mindestens seit 1953 das Geheimnis der Fliegenden Untertassen ergründet haben. Aus einem solchen Dokument, das von Dr. Greer erwähnt wird, geht hervor, dass ein kanadischer Forscher namens Wilbert Smith im Jahr 1950 eine geheime Gruppe in den USA gegründet hat, die sich mit der UFO-Thematik und der Technologie dahinter befasste. Das war zu jener Zeit das geheimste Projekt der US-Regierung und übertraf sogar die Geheimhaltung der Entwicklung der Wasserstoffbombe.

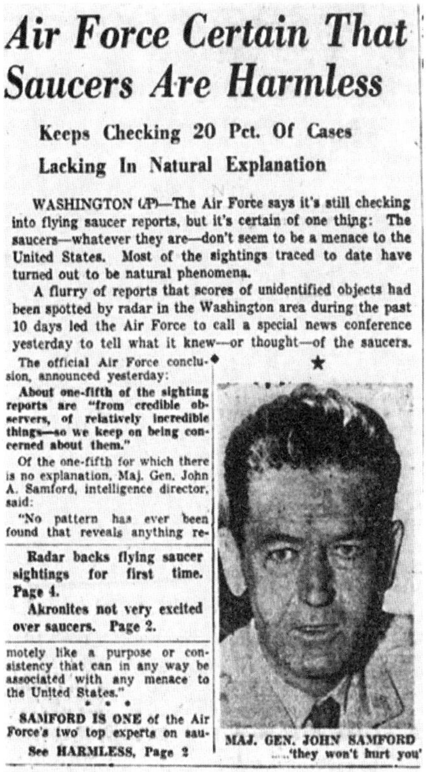

Air Force Certain That Saucers Are Harmless

Keeps Checking 20 Pct. Of Cases Lacking In Natural Explanation

WASHINGTON (AP)—The Air Force says it's still checking into flying saucer reports, but it's certain of one thing: The saucers—whatever they are—don't seem to be a menace to the United States. Most of the sightings traced to date have turned out to be natural phenomena.

A flurry of reports that scores of unidentified objects had been spotted by radar in the Washington area during the past 10 days led the Air Force to call a special news conference yesterday to tell what it knew—or thought—of the saucers.

★

The official Air Force conclusion, announced yesterday:

About one-fifth of the sighting reports are "from credible observers, of relatively incredible things—so we keep on being concerned about them."

Of the one-fifth for which there is no explanation, Maj. Gen. John A. Samford, intelligence director, said:

"No pattern has ever been found that reveals anything remotely like a purpose or consistency that can in any way be associated with any menace to the United States."

* * *

SAMFORD IS ONE of the Air Force's two top experts on sau-

Radar backs flying saucer sightings for first time. Page 4.

Akronites not very excited over saucers. Page 2.

See HARMLESS, Page 2

MAJ. GEN. JOHN SAMFORD ....'they won't hurt you'

Abb. 25: Eine Pressemeldung aus dem Jahr 1952, die besagt, dass Fliegende Untertassen harmlos sind.

Wilbert Brockhouse Smith war davon überzeugt, dass man von den irdischen Magnetfeldern Energie extrahieren kann, und dass die Fliegenden Untertassen von solchen Geo-Magnetkräften angetrieben werden. Darum benannte er sein Vorhaben als *Project Magnet*. Er wollte mit seiner Gruppe untersuchen, welche unbekannten Potentiale diese neuen Technologien in sich bergen. Er fasste zusammen, dass UFOs vermutlich außerirdischen Ursprungs sind und durch die Manipulation von Magnetismus angetrieben werden. Das Ziel der Unternehmung bestand nun darin, herauszufinden, wie man das Magnetfeld der Erde als Antriebsquelle für Fahrzeuge nutzen kann. Die Gruppe und Verbindungsleute in der Regierung glaubten daran, dass UFOs der Schlüssel zur Erlangung dieser neuen und unerschöpflichen Energiequelle darstellen! Mit Experimenten konnte man den Nachweis erbringen, dass künstliche Gravitation erzeugt werden kann, und dass es möglich ist, das Gravitationsfeld der Erde zu verändern. Somit war das *Project Magnet* erfolgreich, und vermutlich arbeitet man seit den 1950er-Jahren an der Entwicklung von magnetischen Antriebsmethoden. Wilbert Smith behauptete im Jahr 1952, als es zur großen UFO-Welle in den USA gekommen war, dass die US Air Force ein Teil von einem UFO geborgen hat, das in der Nähe von Washington D.C. beschossen worden war. Insbesondere die Sichtungen zwischen dem 19. und 20. Juli 1952 machten international Schlagzeilen, was die US Air Force dazu bewog, Stellungnahmen abzugeben.

Das Fragment stammte vermutlich von einem der unbekannten Flugobjekte, die im Juli 1952 im Zuge einer regelrechten Invasion über Washington D.C. aufgetaucht sind. Niemals zuvor oder danach kam es zu einer solchen Menge von UFO-Berichten in den USA. Verschiedene Quellen besagen, dass das Militär damals wirklich eines der Objekte abschießen und bergen konnte, und Smith ein

Stück davon für seine Forschungen übergab. Auf die Frage, ob er es später an die Air-Force zurückgegeben hätte, erwiderte er bloß Folgendes: *„Nicht die Air Force. Viele höher. Es tut mir leid, Gentlemen, aber ich kann nicht mehr dazu sagen. Ich kann Ihnen nur sagen, dass es in die Hände einer hochgeheimen Gruppe ging. Sie müssen das Problem ihrer Identität selbst lösen."*

Nach den UFO-Überflügen über Washington D.C. im Juli 1952 geriet die US-Regierung in Panik. Innerhalb weniger Monate wurden neue mächtige Geheimdienste gegründet, und auch *Project Paperclip* wurde mit größeren Budgets ausgestattet, weil UFOs und mögliche Außerirdische gerade demonstriert hatten, wie überlegen ihre Schiffe sind. Sie konnten ohne Probleme den amerikanischen Luftraum durchqueren und die Hauptstadt überfliegen. Fliegende Untertassen repräsentierten einen möglichen Feind, gegen den die USA keine Verteidigung besaßen. Aus diesem Grund hat die US Air Force sofort beschlossen, effektive Gegenmaßnahmen zu entwickeln. Die meisten Dokumente über die Erkenntnisse von *Project Magnet* unterliegen bis heute der Geheimhaltung. Dennoch zählen die auf rätselhafte Weise dennoch veröffentlichten Dokumente zu den wichtigsten Beweisen überhaupt für die Realität von geheimen UFO-Studien. Im Jahr 1980 kamen die ersten Sachbücher über den Roswell-Absturz auf den Markt und die Smith-Dokumente wurden dann zwischen 1980 und 1982 öffentlich bekannt. Von 1983 bis 1984 wurden weitere Dokumente verbreitet, die die Identität dieser geheimen Gruppe enthüllten – es handelte sich um *MJ-12* bzw. *Majestic-12*. Vannevar Bush (1890-1974) soll der Leiter dieser Gruppe gewesen sein. Bush leitete das *U.S. Office of Scientific Research and Development* (OSRD) während des Zweiten Weltkriegs und war auch ein Administrator des *Manhattan Projects*. Majestic-12 soll vom damaligen US-Präsidenten Harry S. Truman ins Leben gerufen worden sein, und zwar im September 1947. Weitere Mitglieder waren General Hoyt Vandenberg, James Forrestal (der erste Verteidigungsminister der USA), Admiral Roscoe Hillenkoetter (der erste CIA-Direktor), John von Neumann (Computerpionier und Universalgelehrter), Robert Oppenheimer (Physiker und Vater der Atombombe) und General Nathan Twining (1897-1982).

Unter diesem Link findet man die originalen Wilbert-Smith-Dokumente:
www.majesticdocuments.com/pdf/smithmemo-21nov51.pdf

Am 8. Juli 1947 meldete die Roswell Air Base an die Presse, dass die Armee im Besitz einer fliegenden Scheibe sei. Diese Meldung ging sofort um die Welt, wurde jedoch wenig später widerrufen und mit dem Absturz eines Wetterballons abgetan. Innerhalb weniger Wochen wurde General Twining vom Pentagon beauftragt, mit seinem Team den Vorfällen mit den fliegenden Scheiben auf den Grund zu gehen. Im September 1947, verfasste er dann das erst später publizierte Twining-Memorandum. Darin bestätigten General Twining und sein Team aus Offizieren und Wissenschaftlern, dass UFOs real sind. Zu dieser Zeit war der General auf der Wright-Patterson Air Force Base aktiv, dem Hauptquartier von „Projekt Grudge“ und dessen Nachfolgeprojekt „Blue Book“.

> *„Das Phänomen ist etwas Reales und nicht visionär oder fiktiv … Es gibt Objekte, die der Form einer Scheibe nahekommen und so groß wie menschengemachte Flugzeuge sind … rund oder elliptisch in der Form, flach am Boden und gewölbt an der Oberseite.“*

Die Wilbert-Smith-Dokumente bescheinigen, dass Vannevar Bush definitiv in dieser geheimen UFO-Gruppe aktiv war. Laut den Informationen von Smith war der ihm zur Untersuchung überlassene Werkstoff eines UFOs sehr leicht und widerstandsfähig. Die geborgenen Aliens, die diese Untertassen steuerten, beschreibt er als insektenähnlich, sehr klein, mit geringem Gewicht – diese Körperform erlaubt es ihnen, hohen Beschleunigungen standzuhalten. Es wurde erkannt, dass diese Wesen hauptsächlich telepathisch kommunizieren und dass UFOs mit psychischen Phänomenen assoziiert werden. Viele UFO-Forscher und auch Wilbert Smith selbst haben behauptet, dass sie in geistigen Kontakt mit außerirdischen Wesen gelangt sind, die ihnen per Telepathie Botschaften geschickt haben. Auf diese Weise hat Smith dann die Philosophie der „Raumbrüder“ kennengelernt und eine Reihe von Artikeln darüber publiziert, die im Ottawa New Sciences Club in Kanada und später in Buchform mit dem Titel »The Boys from Topside« erschienen sind.

EVENING, JULY 8, 1947

Army Reveals It Has Flying Disc Found On Ranch In New Mexico

aucer Details f North Staters ary Considerably

Abb. 26: Ein Zeitungsbeitrag vom 8. Juli 1947 über den Fund einer Flugscheibe in New Mexico durch die US Army.

Durch diese Kontakte konnte er eigenen Stellungnahmen zufolge verschiedene Erfindungen in die Praxis umsetzen, die von diesen hochfortschrittlichen Wesen stammen. Er erkannte die wahre Natur dieser Raumbrüder, und es wurde ihm schließlich klar, dass sich ein völlig neues Universum vor unseren Augen offenbart, sobald wir die Realität dieser Raumbrüder akzeptieren können. Es kommt infolgedessen zur Entstehung eines neuen Zeitalters, sobald sich bestimmte Ereignisse abgespielt haben. Dann wird es möglich, dass wir diese Wesen von andernorts akzeptieren und von ihnen lernen können, um schließlich das Goldene Zeitalter der Menschheit zu erreichen, das sich alle tief in ihren Herzen wünschen.

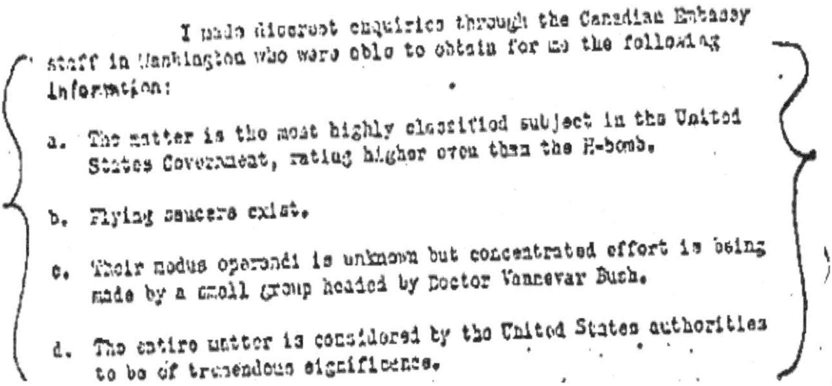

I made discreet enquiries through the Canadian Embassy staff in Washington who were able to obtain for me the following information:

a. The matter is the most highly classified subject in the United States Government, rating higher even than the H-bomb.

b. Flying saucers exist.

c. Their modus operandi is unknown but concentrated effort is being made by a small group headed by Doctor Vannevar Bush.

d. The entire matter is considered by the United States authorities to be of tremendous significance.

Abb. 27: Ein Ausschnitt aus den Dokumenten von Wilbert Smith mit der Bestätigung, dass Fliegende Untertassen mit Bestimmtheit existieren.

Diese fortschrittlichen Wesen besitzen eine komplette und elegante Philosophie, die unsere irdischen Bemühungen aussehen lassen wie das Schlagen von Buschtrommeln. Die Raumbrüder berichten uns durch ihre ausgewählten Kontaktpersonen von der Existenz eines großartigen kosmischen Plans, von dem wir alle ein Teil sind. Dieser Plan transzendiert die Lebenszeit eines einzelnen Menschen oder einer Nation. Er transzendiert sogar die Zeit einer Zivilisation, eines Planeten oder eines Sonnensystems. Uns ist kaum bewusst, dass etwas jenseits unserer unmittelbaren direkten Erfahrung existiert. Uns wird gesagt, was das ist, warum es ist und worin unsere Verbindung zu diesem Plan besteht. Viele unserer ärgerlichsten Probleme können mit wenigen Worten gelöst werden, und uns wurde von einer Lebensweise berichtet, die utopischer ist als alle unsere Träume.

Das heißt, dass bereits in den späten 1940er- und frühen 1950er-Jahren eine kleine Gruppe von Menschen gelebt hat, die die ganze Wahrheit für sich behalten hat. Diese Geheimhaltung hat nicht nur mit außerirdischer Technologie zu tun, sondern, wie wir jetzt erfahren haben, mit der kosmischen Philosophie von fortschrittlichen Intelligenzen, die sie uns zu vermitteln versuchen. Vielleicht sehen sie sogar den Mangel an Spiritualität und Erleuchtung als den Grund für die drohende Selbstzerstörung der menschlichen Zivilisation an. Gerade solche Dinge wurden eher selten in den Massenmedien erwähnt, wenn über UFO-

Begegnungen berichtet worden ist. In den meisten Fällen meldeten sich dann irgendwelche „Autoritäten“ oder „Wissenschaftler“ zu Wort und machten sich darüber lustig. Das hat selbstverständlich mit psychologischer Manipulation zu tun, weil den Experten der Regierung bewusst ist, dass Menschen soziale Wesen sind, die vorwiegend wie eine Herde reagieren. Viele Zeugen haben daher beschlossen, nicht über ihre UFO-Erlebnisse zu sprechen, vor allem auch in Anbetracht der Tatsache, dass in der etablierten zivilen UFO-Subkultur eine Menge Spinner verkehren, die oft erfundene bizarre Geschichten von sich geben. Im Übrigen wurden Regierungs- und Geheimdienst-Agenten in sämtliche zivile UFO-Organisationen eingeschleust, und falsche Whistleblower vermischen Wahrheit mit Fiktion. Jeder angesehene Mensch, und hier ganz speziell Persönlichkeiten der Medien, Politiker und Gelehrte haben daher den Wunsch, den UFO-Themenbereich weitestgehend zu meiden.

Steven Greer führt weiter aus, dass sich die Welt der dunklen Projekte rund um Aliens und außerirdische Technologie quasi selbständig gemacht hat und völlig außer Kontrolle geraten ist. Seitdem hat sich im Verborgenen ein geheimes Weltraumprogramm entwickelt, von dem wir erst heute nach und nach erfahren können. In den frühen 1990er-Jahren tauchten in der Allgemeinheit die ersten Informationen auf, dass ein „tiefer Staat“ in den USA und überall in der Welt existiert, der tiefschwarze Ebenen besitzt und völlig außerhalb jeder konstitutionellen Befehlskette agiert. Mit dem Ende des Kalten Krieges eröffnete sich damals für viele Eingeweihte die Möglichkeit der Enthüllung dieser Geheimnisse. Dr. Greer hat bei seinen Besprechungen mit Politikern und Militärs erfahren, dass in bestimmten Kreisen die Entscheidung getroffen wurde, der Welt die Wahrheit offenzulegen. Eine Herausforderung besteht darin, dass diese Menschen selbst keinen Zugang zu den direkten Beweisen haben, weil die außerirdische Technologie und die eingelagerten Alien-Körper sich nicht mehr in der Wright-Patterson-Base befinden. In den vergangenen Jahrzehnten wurden unglaubliche Summen in Höhe von vielen Milliarden US-Dollar in diese schwarze Welt des ET-industriellen-Komplexes investiert, was auch die Finanzierung der Bemühungen betrifft, die offiziellen Regierungen mit aktiver Desinformation zu hintergehen. Das betrifft zum Beispiel das Simulieren von falschen ET-Ereignissen, um die Spur von den echten Aktionen abzulenken.

Es sind immer wieder Informationen über Entführungen durch Aliens, Hybride, unterirdische Basen und geheime Abkommen zwischen Alien-Spezies und Regierungskräften bekannt geworden. Doch Steven Greer wurde davon in Kenntnis gesetzt, dass eine Menge davon mit Desinformation vermischt worden ist, und dass vermutlich nur wenige Whistleblower wirklich über die echten

Vorgänge im Bilde gewesen sind. Tragischerweise bedienen sich die UFO-Subkultur und die Massenmedien dieser Behauptungen, und die Gesellschaft saugt diesen Stoff ungefiltert auf. Es ist deshalb wesentlich, jede Information genau auf ihre Glaubwürdigkeit und ihren Wahrheitsgehalt zu überprüfen. Dr. Greer fährt damit fort zu erklären, dass solche nicht fundierten Geschichten und Menschen in der zivilen UFO-Subkultur ein System des Irrsinns erschaffen haben, das respektable Forscher und offizielle Beamte schweigen lässt, die wirklich in diese Dinge eingeweiht sind. Das alles wurde eingeplant, um die Interessen der geheimen Gruppe zu wahren und ihre Aktivitäten vor der Öffentlichkeit zu verbergen.

Das begann laut diesen Quellen schon während der Präsidentschaft von Dwight D. Eisenhower, der nicht mehr umfassend über die UFO-Angelegenheiten der Regierung in Kenntnis gesetzt worden ist. Er hat selbst ET-Schiffe und -Körper gesehen und schließlich bemerkt, dass außerordentliche Projekte begonnen hatten, von denen er nichts erfahren konnte. In seiner letzten Rede als Präsident an die Nation warnte er deshalb vor den Gefahren des militärisch-industriellen Komplexes. Als John F. Kennedy Präsident wurde, wollte er ebenfalls darüber Bescheid wissen. Im Juni 1963 flog er nach Berlin, um dort seine berühmten Worte *„Ich bin ein Berliner“* zu sprechen. Dr. Greer hat erfahren, dass er dabei in der Präsidentenmaschine von einem Militärangehörigen begleitet wurde, der auf dem langen transatlantischen Flug begann, mit ihm über die UFO-Angelegenheit zu sprechen. Kennedy verriet ihm, dass er bereits davon wusste, dass UFOs real sind, und dass er selbst Beweise dafür gesehen hatte. Dennoch war ihm die Kontrolle über diese Vorgänge entglitten, und er wusste nicht, warum. Kennedy sagte, er wollte der Welt die Wahrheit verkünden, aber dass es ihm schließlich und endlich nicht möglich war. Viele enge Vertraute sind der Meinung gewesen, dass diese Tatsache ein Mitgrund für seine Ermordung im selben Jahr gewesen ist. Seit damals sollen mehrere außerirdische Raumschiffe von im Weltraum platzierten Waffensystemen heruntergeholt worden sein, ohne vorher Fragen zu stellen. Und dieses gedankenlose Vorgehen könnte in der Tat einen kosmischen Konflikt auslösen.

Steven Greer kam zu Ohren, dass Menschen, die in die geheimen Projekte eingebunden sind, außergewöhnlich harte Strafen bei Vergehen gegen die Geheimhaltung drohen. Eine Quelle aus dem Militär hat ihm anvertraut, dass in den letzten Jahrzehnten mindestens 10.000 Menschen mindestens 1 Million US-Dollar erhalten haben, damit sie kooperieren. Sollten sie ihr Stillschweigen brechen, droht man ihnen mit Mord an ihren Familien oder damit, Unfälle zu inszenieren, die wie Selbstmorde aussehen. Solche Operationen werden ebenfalls aus dem schwarzen Budget finanziert, das in den USA vermutlich jährlich zwischen 10 und 80 Milliarden US-Dollar beträgt! Steven Greer fordert demgemäß das Ende der Geheimhaltung und versucht mit seiner Organisation CSETI Protokolle für die Kontaktaufnahme mit außerirdischen Besuchern zu etablieren, damit künftig eine friedliche interplanetare Beziehung aufgebaut werden kann. Im Jahr 2020 wurde dann ein neuer Dokumentarfilm mit dem Titel »Close Encounters of the Fifth Kind: Contact Has Begun« präsentiert, in dem Steven Greer wieder eine wichtige Rolle spielt. Darin präsentiert er beunruhigende Informationen, warum die Planer der Geheimhaltung nicht wollen, dass die Welt von bestimmten Dingen erfährt.

Der Leiter von CSETI erklärt, dass eine der wichtigsten verborgenen Erkenntnisse damit zusammenhängt, dass vergessenes spirituelles Wissen den Schlüssel zur Kontaktaufnahme mit fortschrittlichen außerirdischen und interdimensionalen Zivilisationen darstellt. Es findet ein verborgener Konflikt zwischen der schwarzen Geheimregierung und den fremden Besuchern statt, die die Welt von dieser Kabale und die Menschen von ihrer Ahnungslosigkeit befreien wollen. Das erklärt auch, warum UFOs viele Male Nuklearraketen neutralisiert oder abgeschossen haben. Das westliche Militär und die Geheimdienste versuchen deshalb zu verhindern, dass wir die wahre Motivation der Besucher verstehen können, indem sie, wie schon von Dr. Rosin im Jahr 2001 angekündigt, eine falsche Alien-Invasion inszenieren wollen, um die Öffentlichkeit von der Notwendigkeit eines interplanetaren Krieges zu überzeugen. Ein großes Geheimnis besteht darin, dass der Erstkontakt schon vor langer Zeit stattgefunden hat. Die fortschrittlichen Außerirdischen warten deshalb geduldig darauf, dass die Menschheit eine friedliche Reaktion auf ihre Präsenz zeigt.

Dr. Greer sagt, dass eine Kontaktaufnahme schon jetzt und individuell durch Bewusstsein und Raum, Zeit und Materie möglich ist. Die Wissenschaft des Bewusstseins ist der wahre Schlüssel zur Kommunikation in einem Feld der Wahrnehmung, das Raum und Zeit durchdringt, und das immerwährend an jedem Punkt von Raum und Zeit vorhanden ist. Dieses Feld des unbegrenzten Bewusstseins ist in jedem bewussten Wesen im Kosmos präsent und verbindet es darum mit allen anderen. Das Ziel besteht darin, so viele Menschen wie möglich darüber aufzuklären, damit die Bevölkerung beginnt zu meditieren, um friedlichen Kontakt und schließlich eine Phasen-Transformation des globalen Bewusstseins anlaufen zu lassen, die den Weg in eine friedliche und interstellare Zukunft für die Menschheit ebnet. Dazu wird es aber notwendig, die inszenierten UFO-Ereignisse und Phänomene zu erkennen, die von der Schattenregierung eingesetzt werden, um ihre kriegerische Agenda zu fördern, damit Furcht und Spaltung in der Bevölkerung entstehen, wenn es um die Realität der Alien-Präsenz geht.

Aktuell ist im März 2022 ein neuer wichtiger Film mit Dr. Steven Greer entstanden, der den Titel »Above Top Secret – The Technology Behind Disclosure« trägt. Auch diesmal dreht sich der Inhalt wieder um verborgene Technologien, die seit Jahrzehnten existieren, aber nicht in den öffentlichen Bereich vordringen. Dr. Greer und andere UFO-Aktivisten enthüllen, wie der tiefe Staat zusammen mit wichtigen Medien seit einigen Jahren versucht, die Bevölkerung auf das Szenario der gefälschten Alien-Invasion vorzubereiten. Es handelt sich hierbei um die einschlägige Berichterstattung über UAP (Unidentified Aerial Phenomena) in Verbindung mit den vom Pentagon veröffentlichten Videos unbekannter Flugobjekte. Das Team von Steven Greer ist der Meinung, dass es sich bei diesen exotischen Flugobjekten bereits um voll funktionsfähige Rückentwicklungen von ET-Technologie handelt. Die geplante Bedrohung durch solche Flugobjekte hat laut Dr. Greer und seinen Kollegen aber nichts mit Außerirdischen, dafür umso mehr mit irdischer Geheimtechnologie zu tun. Der Kampf um die Offenlegung ist deshalb noch nicht vorbei, und die Wahrheit wird zeigen, wie sich die Art und Weise verändert, wie wir über UFOs und die Welt der Projekte des geheimen Weltraumprogramms denken.

Wir werden es in den kommenden Jahren erleben, ob Dr. Greer und seine Insider Recht behalten und tatsächlich die Agenda einer gefälschten Alien-Invasion ausgeführt wird, oder ob es zur vollständigen Offenlegung der UFO-Geheimnisse kommt. Die finsteren Mächte hinter diesen Plänen werden nichts unversucht lassen, um ihre Ziele zu erreichen – zuerst soll der Transhumanisums eingeleitet werden, danach soll das inszenierte Alien-Ereignis den großen Plan der „Elite“ erfüllten, die Kontrolle über die ganze Welt zu erlangen. Wie gesagt hat Dr. Carol Rosin erklärt, dass ihr Dr. Wernher von Braun schon im Jahr 1974 von diesen Zukunftsplänen berichtet hat. Wenn man falsche Alien-Feinde erfindet, wird es für die schwarzen Projekte noch einfacher, die Regierung und die Öffentlichkeit an der Nase herumzuführen. Das ist auch der Vorwand, um Waffen im erdnahen Weltraum zu stationieren, um die echten außerirdischen Besucher damit zu bedrohen, die versuchen, ihre Friedensmission auf der Erde zu erfüllen.

Man wird behaupten, dass sie hierherkommen, um uns anzugreifen. Fallen Sie nicht auf diese Täuschung herein, es liegen Daten vor, die belegen, dass solche Wesen schon seit Tausenden von Jahren die Erde besuchen. Sie würden nicht warten, bis wir technologisch so weit entwickelt sind, dass wir Angriffswaffen gegen sie im Weltraum stationieren. Die echten Aliens wollen uns neue und saubere Energieformen überlassen, damit die Umweltzerstörung und die Kriege um Ressourcen aufhören können. Wernher von Braun hat davon gesprochen, dass solche Technologien bereits in seiner aktiven Zeit vor mehr als 50 Jahren fertig entwickelt waren und seither verfügbar sind. Sie würden bei einer Freigabe dafür sorgen, dass alle Arten von Treibstoff, Kohle oder Gas obsolet werden, und das wird von der globalen „Elite" nicht zugelassen, weil diese Geschäfte für sie gigantische Profite abwerfen.

Wir haben deshalb bei der UFO-Offenlegung auch zu berücksichtigen, dass es hauptsächlich um die Freigabe von fortschrittlicher Technologie geht, die auf diesem Planeten schon existiert, aber weggesperrt ist. Die Folge wäre, dass jeder Mensch der Welt freien Zugang zu Nahrung und Energie hätte, und wir würden augenblicklich die Entstehung einer besseren Welt erleben, die einer interstellaren Zukunft entgegenblickt. Doch die „auserwählte" Kabale hält uns nach wie vor im Würgegriff der Abhängigkeit von ihren veralteten und schädlichen Energieformen.

Seit der Nachkriegszeit haben diese verdeckten Pläne zur Etablierung einer Neuen Weltordnung dafür gesorgt, dass sich die nukleare Bedrohung, die Umweltzerstörung und die Armut weltweit ausgebreitet haben. Obwohl die Raumbrüder versucht haben, Kontakt mit der gesamten Weltbevölkerung herzustellen, hat die finstere Kabale beschlossen, das zu unterbinden und stattdessen neue Waffensysteme gegen die freundlichen Besucher einzusetzen. Dr. Greer erwähnt, dass schon Colonel Philip F. Corso in seinem brisanten Buch »The Day After Roswell« festgehalten hat, dass die Welt der Geheimhaltung und Täuschung plant, mit derlei Waffen noch mehr außerirdische Schiffe herunterzuholen, damit man an ihre Technologie gelangt. Aber nicht, um sie mit der Menschheit zu teilen, sondern um ihre eigenen habgierigen Ziele damit zu erreichen. Sie wollen verhindern, dass wir unsere eigene positive Zukunft planen können, weil wir in Wahrheit Teil einer großen kosmischen Familie sind, die bereit ist, uns die Hand zu reichen.

Die Einschätzung der menschlichen Zivilisation aus der Sicht der außerirdischen Beobachter

Steven Greer hat auf seiner Homepage *www.siriusdisclosure.com* viele relevante Daten zusammengefasst, welche die offizielle US-Regierung derzeit über das UFO-Phänomen publik gemacht hat. Sie besagen in der Tat, dass einige der beobachteten UFOs Raumschiffe sind, die von außerirdischen biologischen Wesen (EBEs) gesteuert werden. Diese stammen vermutlich von einem anderen Planeten und aus einem anderen Sternsystem. Mehr als eine außerirdische Zivilisation ist gegenwärtig auf dem Planeten Erde aktiv. Die verschiedenen außerirdischen Zivilisationen arbeiten organisiert zusammen und nicht gegeneinander, obwohl sich diese unterschiedlichen Gruppen durchaus auf gewisse Funktionen und Aktivitäten spezialisiert haben. Diese Wesen haben Basen in unserem Sonnensystem und betreiben auch temporäre Basen auf der Erde und hier speziell unter Wasser. Es existieren verschiedene Berichte und Mutmaßungen darüber, von welchen Sternsystemen oder Planeten diese Zivilisationen stammen, doch jede eindeutige Information über dieses Thema ist höchstwahrscheinlich nicht korrekt, weil diese Wesen sehr auf ihre Sicherheit bedacht sind.

Das liegt zweifellos daran, dass sie seit langer Zeit die kriegerischen, aggressiven und gewalttätigen Angewohnheiten der Menschheit beobachten. Die Bekanntgabe der Position ihrer Planeten würde diese außerirdischen Zivilisationen einem potentiellen Risiko aussetzen, weil das menschliche Militär bereits dabei ist, die Energie- und Antriebssysteme ihrer Schiffe zu kopieren. Damit könnte man dann einen interplanetaren Konflikt beginnen. Der plötzliche und offene Kontakt mit der menschlichen Zivilisation wird von diesen Wesen weiterhin vermieden, weil verschiedene Faktoren zu berücksichtigen sind. Erstens ist das die Notwendigkeit, eine unpassende Störung der irdischen Zivilisation zu vermeiden, und zwar kulturell, ökonomisch, religiös, technologisch, politisch, geopolitisch und militärisch. Eine offene Kontaktaufnahme könnte laut Einschätzung von Experten unvermittelt Aufstände, Panik und Chaos verursachen.

Darüber hinaus betrifft das die Bedenken der Aliens und deren Völker hinsichtlich der den Menschen angeborenen Xenophobie, die bei Begegnungen mit fremden Wesen dazu neigen, gewalttätige Reaktionen mit Waffen zu zeigen. Drittens ist ein groß angelegter offener Kontakt für die Außerirdischen nicht notwendig, weil ihre Langzeit-Missionen und Aktivitäten das nicht vorsehen, da ihre Anwesenheit nicht auf die Störung der irdischen Zivilisation abzielt und keine Eroberungen vorsieht. Es wurden von den irdischen Regierungen bereits Pläne entwickelt, die menschliche Gesellschaft in breiteren und tieferen Kontakt mit Außerirdischen zu bringen, damit Erdmenschen auf die Wirklichkeit von anderen Intelligenzen im Universum vorbereitet werden. Dann können Forschung und Beobachtung auf beiden Seiten stattfinden, und ein limitierter und bilateraler Kontakt, der stufenweise erweitert werden soll, ist für die absehbare Zukunft geplant. Ein plötzlicher und großangelegter Kontakt wird nur im Falle eines weltumspannenden Notfalls erfolgen, der von Menschen oder durch die Natur ausgelöst wird.

Die Beobachtung der irdischen Zivilisation durch Wesen aus dem Weltall ist, wie zuvor dargelegt, kein modernes Phänomen, sondern bereits seit der Antike bekannt. Der Anstieg an UFO-Aktivität während des Zweiten Weltkriegs hat mit dem Beginn des nuklearen Zeitalters zu tun und bezeugt, dass die extraterrestrischen Intelligenzen über diesen sozialen Wandel der irdischen Zivilisation sehr besorgt sind. Ihre größten Bedenken gelten den irdischen Atomwaffen und der Atomtechnologie, weil diese die Fähigkeit besitzen, weltweite Zerstörung zu verursachen. Außerdem stellen diese Waffen eine mögliche Bedrohung für die ETs dar. Dennoch sind diese Wesen eher am weiteren Wandel unserer Gesellschaft in eine globale Gemeinschaft im Sinne des internationalen Friedens bemüht, die von einer freien und repräsentativen Regierung effektiv verkörpert wird. Das soll laut diesen Enthüllungen schon in den nächsten 10 bis 15 Jahren erreicht werden. Außerirdische Technologie wird sowohl von ETs als auch von irdischen Geheimdiensten scharf bewacht, weil sie das Potential für militärische Anwendungen besitzt, welche die globale Sicherheit bedrohen würden. Solche Technologien sollen erst für den öffentlichen Sektor freigegeben werden, wenn internationaler Frieden hergestellt ist und eine effektive Weltregierung existiert.

Dr. Greer bestätigt, dass die US-Regierung zumindest in höchsten Ebenen von Above-Top-Secret-Gruppen schon seit mindestens 1947 von der Realität von UFOs und Aliens weiß. Es wurde entschieden, strikte Geheimhaltung zu verhängen und eine globale Verschwörung einzuleiten, weil man direkt nach dem Ende des Zweiten Weltkriegs eine öffentliche Panik und eine Auflösung der Gesellschaft befürchtete. Neben dem atomaren Wettrüsten im Kalten Krieg war ein weiterer Grund für die Geheimhaltung, dass man unsicher war, ob man den Motiven und letztendlichen Absichten der Aliens trauen kann oder nicht. Außerdem wollte man vermeiden, dass die Welt dahinterkommt, dass das irdische Militär nicht dazu fähig ist, den Luftraum vor diesen eindringenden UFOs zu schützen. Ein weiterer Grund, warum all diese Informationen immer noch nicht in den Massenmedien publiziert worden sind, ist, dass es bei einer Veröffentlichung zu einer Bloßstellung der Regierungen kommen würde. Misstrauen würde in der Bevölkerung ausgelöst, weil die Gesellschaft erfahren würde, wie man mit dem UFO-Thema umgegangen ist. Die Verfolgung, die Belästigung und das Lächerlichmachen von Bürgern, die ihre Erlebnisse wahrheitsgemäß berichtet haben, würden auf Unverständnis stoßen. Auch die Drohungen und Attentate auf unschuldige Zivilisten, Politiker und Militärangehörige nebst der Zurückhaltung von UFO-Informationen vor der Öffentlichkeit und dem US-Kongress hätten sicherlich schwerwiegende Folgen.

Die US-Regierung befindet sich im Besitz von mehreren konservierten und zersetzten Körpern von EBEs (außerirdische biologischen Wesen). Es ist nicht genau bekannt, ob die Rückentwicklung der außerirdischen Schiffe zu hundert Prozent Erfolg gehabt hat, während feststeht, dass eine Reihe von sekundären Rückentwicklungen und Teil-Entwicklungen erfolgreich gewesen sind. Diese Forschungsarbeit hat verschiedene Resultate gezeitigt, die zu angeblich neuen Erfindungen im öffentlichen Sektor geführt haben. Die Natur oder Realität dieser UFOs und dieser Wesen wurde von einigen vermeintlich als zu einer anderen Dimension oder Realität gehörend charakterisiert. Leider werden solche Aussagen gemacht, ohne vollständig zu berücksichtigen, was „diese Realität" ist. Ein korrekteres Verständnis davon ist, dass das volle Spektrum der Realität ein singuläres, integriertes Spektrum ist, das vollständig oder in seinen verschiedenen Aspekten wahrgenommen werden kann, wobei diese Wahrnehmung komplett von der Bewusstseinsebene des Wahrnehmenden abhängt. Die verschiedenen Aspekte oder „Dimensionen" dieser Realität, deren Anzahl grenzenlos ist, sind nicht auf oder durch Zeit und Raum beschränkt, wie wir das allgemein annehmen. Diese Wesen und ihre Schiffe gehören zur gleichen Realität wie wir Menschen, aber ihr Fortschritt in den Bereichen der physikalischen Wissenschaft und der Wissenschaft des Bewusstseins hat ihnen mehr Kompetenz in einem breiteren Aspekt des vollen Spektrums der Realität gegeben, als es normalerweise von Menschen erlebt wird.

Der Unterschied liegt also im Grad des Zugangs und nicht in der fundamentalen Realität, da Menschen ebenso Zugang zu allen Aspekten des vollen Spektrums der Realität haben, genau wie außerirdische Wesen. Diese Unterschiede sind weder unüberwindbar, noch sind sie wirklich grundlegend, tatsächlich sind sie relativ und nur vorübergehend. Während diese Wesen einen breiteren Aspekt des vollen Spektrums der Realität nutzen und erfahren, können und werden auch Menschen dies tun, denn wir sind von Natur aus genauso „interdimensional" wie diese fortschrittlichen Wesen!

Die Energie- und Antriebssysteme der Aliens, die man auch als Raum-Transfer-Technologie betrachten kann, wenden Prinzipien und Gesetze des physischen Universums an, die die menschliche Wissenschaft noch nicht erfasst. Das betrifft Gravitations- und Antigravitationstechnologie, elektromagnetische Gravitationstechnologie, Raumenergie und sogenannte hyperdimensionale Energiesysteme sowie Materie-Energie-Austauschtechnologien, bewusstseinsassistierte Technologie und technologieassistiertes Bewusstsein.

Viele, wenn nicht alle EBEs haben fortschrittliche mentale Fähigkeiten, die Telepathie, Präkognition, Remote Viewing und anderes umfassen. Das weist darauf hin, dass sie die Wissenschaft des Bewusstseins entwickelt haben, und zwar bis zu einem Grad, der ihren fortschrittlichen physischen Technologien gleich kommt oder sie sogar übertrifft. Menschen besitzen ebenfalls diese Fähigkeiten, doch sie bleiben bei den meisten Individuen großteils unterentwickelt. EBEs sind daher in vielen Punkten weiter entwickelt und fortgeschritten als Menschen; jedoch sind sie Menschen als biologische Wesen nicht unbedingt überlegen. Unsere Einheit und Ebenbürtigkeit mit EBEs besteht in unserer gemeinsamen Existenz als intelligente Wesen im Kosmos. Während die verschiedenen Spezies von EBEs Werte und Prioritäten haben könnten, die sich sehr von denen der Menschen des 21. Jahrhunderts unterscheiden, sind ihre Motive und letztendlichen Absichten nicht feindlich und beinhalten keine Akquisition oder Unterwerfung der Erde und ihrer Völker. Deshalb ist die Etablierung eines anhaltenden Weltfriedens und einer effektiven globalen Regierung wesentlich für eine Langzeitbeziehung zwischen EBEs und Menschen.

Zusammenfassend stellt Dr. Greer aus den ihm anvertrauten Informationen Antworten auf die Frage nach den verschiedenen Gründen für die Anwesenheit der außerirdischen Intelligenzen auf dem Planeten Erde zusammen. Ihre primären Intentionen, wobei sie ausgesprochen freundlich vorgehen, kreisen um die generelle Beobachtung der Erde und ihrer Gesellschaften. Eine militärisch-nukleare Beobachtung und Einschätzung spielt hier eine große Rolle. Dann folgt das soziale und psychologische Studium und die Beobachtung der Menschheit, außerdem die menschlich-medizinische, psychologische und genetische Forschung und Beobachtung. Eine wichtige Rolle spielt auch die Abschätzung der mentalen und spirituellen Entwicklung von Menschen. Weiter führen EBEs Aktivitäten durch, die die ökologische Forschung und die Dokumentation des Lebens des Planeten Erde, seiner Mineralien und seiner Pflanzen- und Tier-Spezies betreffen. Aliens überwachen auch die menschliche Technologie und unsere technologischen Entwicklungen. Weiter gibt es eine aktive Überwachung und wenn nötig eine Einschränkung der menschlichen Weltraumprogramme, speziell jener, die in Richtung einer nationalistischen Kolonisation des Weltraums orientiert sind. Auch findet eine aktive Überwachung von internationalen Konflikten und internationalen Beziehungen statt. Es findet auch eine vorsichtige

Interaktion mit ausgesuchten Menschen statt, um bestimmte Informationen und Botschaften zu übermitteln und Menschen an die Präsenz der Beobachter zu gewöhnen.

Die Einschätzung der US-Regierung und des Militärs, warum die EBEs in dieser Zeit die Erde beobachten, lautet, dass verschiedene Motive dahinterstecken. Erstens studieren und erforschen außerirdische Forscher die sich schnell entwickelnde menschliche Spezies während einer Zeit des Übergangs in eine Welt-Gemeinschaft. Es ist eine notwendige Vergrößerung des ET-Wissens über Weltgesellschaften und die menschliche Natur, die sich auf zukünftige bedeutende Interaktionen vorbereitet, die wechselseitig sein werden und schließlich in der Einführung der Erdzivilisation in ein interplanetares Netzwerk von Zivilisationen gipfeln werden. Dieser Vorgang kann mehrere Jahrhunderte dauern, bis er abgeschlossen ist.

Es gibt vorbereitende Tätigkeiten für die weitere Bereitschaft und den Fall, dass während eines großen weltweiten Notstands, wie etwa eines großen Atomkriegs, ein Eingreifen der ETs erforderlich ist. Solche Eingriffe würden in schützender Form stattfinden. Es käme zum Abfangen und zur Zerstörung von interkontinentalen, ballistischen Raketen nebst der Manipulation von Raketen-Koordinaten und Raketen-Bereitschaft. Es kommt auch gegenwärtig zu Notfallaktivitäten auf der Erde, wann und wo dies seitens der Aliens gerechtfertigt erscheint.

Eine minimale notwendige Intervention würde von den Aliens dann mit der Absicht durchgeführt werden, die Erde als bewohnbaren Planeten mit ausreichenden Humanressourcen zu bewahren, damit sich hier intelligentes Leben erhalten kann. Es gäbe auch Notfallinterventionen im Fall einer Umweltkatastrophe oder einer Naturkatastrophe von globalem Ausmaß. Eine Rolle spielt auch die Erhaltung der irdischen Artenvielfalt, einschließlich der genetischen Konservierung oder Erweiterung des Menschen als Vorsichtsmaßnahme im Falle einer derartigen globalen Katastrophe. Die außerirdischen Besucher schützen jedoch zunächst den Weltraum wie beschrieben vor feindlicher oder militärischer Nutzung durch menschliche nationale Interessen. Das haben auch viele ehemalige Astronauten bestätigt.

Außerdem verfolgen die ETs noch die Absicht des Selbstschutzes, weil Erdmenschen in ihrer Geschichte stets ihre Aggressivität mit der schnellen technologischen Entwicklung kombiniert haben. In diesem Szenario spielt für die Außerirdischen die Überwachung und die Einschränkung der menschlichen Möglichkeiten bei ihren eigenen Sicherheitsbelangen eine Rolle. Deshalb verfolgen sie das Ziel, dass sich die irdische Menschheit zum Weltfrieden hinentwickelt.

Nicht-Aggression und eine vereinte Weltgemeinschaft würden dieses Motiv und einige weitere Motive auf dieser Liste aufheben. Die kurzfristigen und langfristigen Ziele der Aliens im Zusammenhang mit der Erreichung eines signifikanten menschlichen Paradigmenwechsels betreffen einen Übergang von einem Bewusstsein der Trennung zu einem der Einheit, einschließlich der Einheit von Wissenschaft und Religion, der weltpolitischen und spirituellen Einheit und der universellen Einheit. Dieser Paradigmenwechsel hängt von der Entwicklung des menschlichen Bewusstseins ab, das für ETs von besonderem Interesse ist! Schlussendlich verfolgen sie deshalb das Ziel der Erhaltung und Weiterentwicklung von intelligentem Leben im Universum.

Im Lauf der Jahre 2021 und 2022 sind zusätzliche hochaktuelle und spannende Dokumentationen über das UFO-Phänomen erschienen. Diese Objekte wurden oft von Kameras eingefangen, und sogar das Pentagon hat zugegeben, dass UFOs real sind, wobei sich diese intelligent kontrollierten Schiffe in unserer Atmosphäre, in unseren Ozeanen und im Orbit bewegen. Sie fliegen mit Hyperschall-Geschwindigkeit und führen Manöver aus, zu denen keine irdische Technologie fähig ist. Das Thema der Verschwörung ist jetzt definitiv vom Tisch, da UFOs zum heißesten Thema der Welt geworden sind. Ihre Präsenz und die Bekanntgabe der Anwesenheit von außerirdischen Intelligenzen wird den Lauf der Geschichte verändern, insofern als immer mehr höchstrangige Menschen aus Militär, Geheimdiensten und Forschung darüber berichten.

Seit Mai 2022 hat sich die Lage noch einmal zugespitzt, und es wird von einem wahren Krieg unter den amerikanischen Regierungsbeamten berichtet. Das Geschehen dreht sich um die Frage, wie viele UFO-Informationen dem Kongress und der Öffentlichkeit enthüllt werden können, denn Journalisten berichten momentan davon, dass im Herz der UFO-Geheimhaltung eine Kabale von machtvollen Geheimnisträgern existiert. Regierungsbeamte haben erklärt, dass im Pentagon Menschen arbeiten, die weiterhin sehr interessante Informationen vor der Öffentlichkeit zurückhalten. Das geht so weit, dass ein Geheimdienstbeamter in einem Interview mit dem Portal *Politico* gesagt hat, dass diese UFO-Kabale eine Geheimgesellschaft darstellt, die unter dem Einfluss von *Skull & Bones* steht!

Skull & Bones, auch bekannt als *Order 322* oder die *Bruderschaft des Todes*, ist eine einflussreiche Studentenvereinigung an der Yale University in New Haven/Connecticut, deren Absolventen sich in vielen führenden Positionen befinden. Diese geheime Gruppe des Pentagon soll eine Menge detaillierter Informationen über UFOs besitzen, die aus Sicherheitsgründen noch nicht bekannt gegeben werden. In einer Anhörung vor dem amerikanischen Kongress haben weitere Beamte des Verteidigungsministeriums erklärt, dass so etwas wie Zwangsmechanismen eingesetzt werden müssen, um diese Torwächter dazu zu bringen, auch nur einen Teil ihrer streng gehüteten Geheimnisse mitzuteilen. Andere Kreise wehren sich dagegen, deshalb kommt es zu einem Konflikt innerhalb der Bürokratie der Fraktionen der Nationalen Sicherheit der USA, der es dem Kongress erschwert, die langanhaltende Geheimhaltung und das Stigma zu brechen, welche das UFO-Problem seit so langer Zeit umgeben. Trotz aller Bemühungen sorgen couragierte Verantwortliche immer wieder dafür, dass neue Informationen und Dokumente freigegeben oder geleakt werden. Aus diesem Grund sollte man zuversichtlich bleiben, dass die Öffentlichkeit in naher Zukunft mit weiteren Enthüllungen rechnen kann, damit das wahre Ausmaß der Vertuschung endlich aufgeklärt und die spannende Wahrheit über außerirdische Besucher endlich publik gemacht werden kann. Wir nähern uns somit mit Riesenschritten der vollständigen Offenlegung.

Kapitel 4 – Informationen der UFO-Offenlegung liefern eine völlig andere Sichtweise auf das geheime Weltraumprogramm

Einige Flugobjekte sind interdimensionale Phänomene

In diesem Kapitel möchte ich die spannendsten und interessantesten Informationen und Aussagen von Regierungsmitarbeitern, Militärangehörigen und UFO-Forschern über die laufende offizielle Offenlegung von Informationen über außerirdische Besucher und ihre Interessen zusammenfassen. Diese Enthüllungen stimmen teilweise mit den Aussagen der Whistleblower des geheimen Weltraumprogramms und der Whistleblower von Dr. Steven Greer überein. Sie liefern jedoch einen völlig anderen Einblick in das rätselhafte Phänomen, das weit vielschichtiger und für unser Denken schwieriger zu erfassen ist, als bisher vorausgesetzt wurde. Der Schwerpunkt der Regierungs-Offenlegungen liegt dieses Mal auf der Erkenntnis, dass wir ein interdimensionales Phänomen erleben, das die bekannten Schranken von Raum und Zeit sprengt und uns das Tor zu einer völlig anderen Realität öffnet.

Durch Berichterstattung in den Medien wurden militärische UAP-Videos der US-Marine im Endeffekt im Jahr 2020 vom Pentagon offiziell als authentisch eingestuft, was ein wichtiger Schritt in Richtung der Offenlegung von realen UFO-Sichtungen war. Seitdem erkennen immer mehr Menschen in aller Welt die Möglichkeit an, dass wir tatsächlich von außerirdischen Intelligenzen besucht und beobachtet werden. Der führende Aufdecker dieser Informationen ist der Whistleblower Luis Elizondo, der leitender Direktor eines geheimen Regierungsprogramms namens *Advanced Aerospace Threat Identification Program* (AATIP) zur Erforschung des UAP-Phänomens war, der jetzt angekündigt hat, in Kürze ein eigenes Buch über das UFO-Phänomen zu veröffentlichen, in dem neue, schockierende Einzelheiten über die verborgenen Vorgänge hinter den Kulissen der Disclosure-Bewegung zu lesen sein sollen. Elizondo erklärt, dass diese Enthüllungen wichtige Auswirkungen auf die ganze Gesellschaft haben werden, und dass er jetzt dazu bereit ist, als erfahrener Insider der Weltöffentlichkeit die ganze Geschichte des Phänomens mitzuteilen. Das deshalb, weil Luis Elizondo bestätigt hat, dass die US-Regierung Objekte unbekannten Ursprung geborgen hat, die auf der Erde bruchgelandet sind oder von Kampfpiloten abgeschossen wurden. Diese Wracks und exotischen Materialien werden seitdem in geheimen Programmen analysiert und rückentwickelt. In seiner militärischen Laufbahn hat Elizondo viele außergewöhnliche Dinge erlebt, aber er kann nicht über alles sprechen, weil vieles davon nach wie vor der militärischen Geheimhaltung unterliegt. Er gibt trotz allem bekannt, dass weitere Videos von unbekannten Flugobjekten existieren, die bis jetzt nicht veröffentlicht wurden, die manchmal 20 bis 25 Minuten lang sind. In einigen Fällen befinden sich diese unbekannten Flugobjekte dieser Videos nur wenige Meter vom Cockpit der Piloten entfernt, weshalb sie sehr detailliert zu erkennen sind! Es gibt seinen Stellungnahmen gemäß eine *„direkte Korrelation dieses Phänomens mit den nuklearen und militärischen Möglichkeiten der USA"*.

Winchell Says Flying Saucer Mystery Seen First in 1913

Walter Winchell, noted New York columnist discloses in the following story that the mystery of the "Flying Saucers" is not a new phenomenon.

By WALTER WINCHELL
New York Columnist
Written Expressly for INS

LOS ANGELES, July 7 (INS)—The mystery of the "Flying Saucers" is not new. It goes back three decades and even further.

In "Forgotten Mysteries," a book published early this year (months before the "Flying Saucers" were sighted) R. Dewitt offers two cases which suspiciously resemble the current mystery:

(1) "A strange procession of unknown things was seen in the sky on Feb. 9, 1913, according to reports gathered by Astronomer Professor Chant of Toronto, and published in the 'Journal of the Royal Astronomical Society of Canada.'

"Professor Chan's collection of observations covered numerous points in Northern United States and Canada.

SEEN NEAR HORIZON

"Early in the evening of Feb. 9, a luminous body was seen near the horizon. Soon it began traveling in a straight line across the sky. It was observed ' . . . . the body was composed of three or four parts, with a tail to each part.' This group, or complex structure, moved with a 'peculiar majestic deliberation. It disappeared in the distance, and another group emerged from its place of origin.' A third group followed.

"According to another observer, 'There were probably 30 or 32 bodies, and the peculiar thing about them was their moving in fours and threes and twos, abreast of one another; and so perfect was

Abb. 28: Ein historischer amerikanischer Zeitungsartikel, der aussagt, dass Fallberichte von UFO-Sichtungen von Astronomen schon mindestens bis ins Jahr 1913 zurückreichen.

Aus dem ganzen Interview geht im Grunde hervor, dass eine Art höherer Lebensform oder Intelligenz auf der Erde aktiv ist, die wir nicht verstehen können, die sich aber aktiv in menschliche Geschehnisse einmischt. Und das schon seit Jahrzehnten, Jahrhunderten oder gar Jahrtausenden. Mit unserer modernen Technologie ist es erst im Lauf der letzten Jahrzehnte möglich geworden, diese Flugobjekte dabei zu beobachten, wie sie vom tiefen Weltraum aus in unsere Atmosphäre eindringen und manchmal direkt danach im Ozean abtauchen und sich so der Beobachtung wieder entziehen. Irgendwann im 20. Jahrhundert hat das US-Militär dann den unwiderlegbaren Beweis für diese Annahmen erhalten, diese Informationen aber bis heute nicht offiziell publik gemacht, obwohl eine beachtliche Anzahl von Ex-Militärs, Regierungsinsidern, Wissenschaftlern und Whistleblowern darüber berichtet haben. Das alles zeigt, dass das UFO-Phänomen mit „überirdischen" oder „interdimensionalen" Energien und feinstofflichen und für uns unsichtbaren Wesenheiten verknüpft ist, die von der Wissenschaft bis jetzt nicht erfasst werden, jedoch seit Jahrtausenden in unserer Mythologie als Engel, Geister oder Dämonen Erwähnung finden.

Luis Elizondo hat in diesem Interview auch angedeutet, dass bald weitere neue Insider in Erscheinung treten werden, um Informationen über UFOs zu präsentieren. Das war dann zum Beispiel der Forscher James Lacatski, der im Oktober 2021 das Buch »Skinwalkers at the Pentagon« veröffentlicht hat. In diesem Buch schildert der Autor die Bemühungen des Pentagons, wichtige UFO-Studien auf der unheimlichen Skinwalker-Ranch in Utah durchzuführen. Die dortigen Erfahrungen mit dem UFO-Phänomen eröffneten allerdings auch seine paranormalen Aspekte, und viele äußerst seltsame Vorgänge wurden dort von Militärpersonal dokumentiert. Besucher, die sich längere Zeit in dem Areal aufgehalten haben, haben sogar unsichtbare mentale Kräfte, Energien und Wesenheiten zu sich nach Hause mitgenommen, und es kam zu Serien paranormaler Ereignisse in ihren Häusern.

Daraufhin sprach Luis Elizondo in einem Interview mit dem kanadischen Journalisten Curt Jaimungal davon, dass es wahrscheinlich sei, dass sich die US-Regierung im Besitz von Proben und Materialien befinde, die eigentlich aus dem „Jenseits“ stammten, und dass somit die Insassen dieser UFOs, die auf alten Militär-Fotografien festgehalten sind, in Wahrheit einen „überirdischen“ Ursprung besäßen! Diese Kommentare spielen einmal mehr auf den Roswell-Zwischenfall an, und das Roswell-UFO und seine Insassen könnten deshalb aus solchen interdimensionalen Bereichen zur Erde gereist sein.

Vor wenigen Monaten gab es eine diesbezügliche Äußerung einer hochrangigen Leiterin der US-Geheimdienste namens Avril Haines, Director of National Intelligence (DNI), die alle 16 verschiedenen US-Geheimdienste beaufsichtigt – dazu zählen auch die CIA und das FBI. Avril Haines erklärte, dass es eine mögliche Alien-Verbindung bei diesen unerklärlichen Begegnungen von UFOs mit Kampfpiloten gibt. Außerdem musste auch sie eingestehen, dass diese seltsamen Begegnungen von den Geheimdiensten nicht wirklich verstanden werden: *„Es besteht weiterhin die Frage, ob es dort etwas gibt, das wir einfach nicht verstehen, das möglicherweise außerirdisch sein könnte?“* Somit ist Frau Haines die wichtigste Person in der Geheimdienst-Community, die eine UFO-Alien-Verbindung für möglich hält. Luis Elizondo hat darüber hinaus gesagt, dass US-Kampfpiloten nach ihren Begegnungen von Strahlungsverbrennungen und einem verlangsamten Zeitablauf berichtet haben, weil die unglaublichen Beschleunigungen von UFOs innerhalb der Erdatmosphäre mit ziemlicher Sicherheit etwas mit kontrollierter physikalischer Zeitverschiebung zu tun haben.

Fesselnd geht es weiter mit neuen UFO-Informationen des Pentagon-Experten Luis Elizondo, die er in einem Interview mit dem *GQ-Magazin* vorgestellt hat. Elizondo berichtet davon, dass die UFO-Thematik noch vor wenigen Jahren nur im Kreis von Verschwörungstheoretikern die Runde gemacht hat, doch dass sich dieser Umstand seit 2017 verändert hat, seit Elizondo die investigative Journalistin und Autorin Leslie Kean davon in Kenntnis gesetzt hat, dass das Pentagon ein diskretes militärisches Programm zur Erforschung des UFO-Phänomens finanziert hat.

Elizondo verließ wegen der strikten Geheimhaltung das Programm und wurde danach zum Regierungs-Whistleblower. Seine Datensammlung besagt, dass dieselben UFOs, die in den letzten Jahren von US-Kampfpiloten gefilmt worden sind, bereits in den 1950er- und 1960er-Jahren beobachtet wurden und immer noch dieselben außergewöhnlichen Flugeigenschaften aufweisen und alle irdischen Flugzeuge mit Leichtigkeit abhängen können. Insofern ist es äußerst unwahrscheinlich, dass die unbekannten technologischen Flugobjekte von einer irdischen Macht stammen, die solche technischen Möglichkeiten bereits in den 1950er-Jahren oder früher besessen hat. Eine Erklärung, die hier nicht in Betracht gezogen wird, ist die deutsche Absetzbewegung mit ihrer Geheimtechnologie, die man als die „Dritte Macht" kennt. Doch selbst sie kann nicht für sämtliche UFO-Sichtungen der letzten 70 Jahre verantwortlich sein, vor allem weil diese beobachteten Flugobjekte zu Trans-Medium-Reisen fähig sind und sowohl im Weltall als auch in der Atmosphäre und in den Ozeanen operieren können.

Luis Elizondo erläutert im Interview weiter, dass er eher zur Hypothese von interdimensionalen UFOs tendiert und nicht daran glaubt, dass alle Fliegenden Untertassen aus dem Weltraum kommen, sondern dass viele von ihnen aus anderen Dimensionen stammen! Trotzdem ist es auch wahrscheinlich, dass einige der unbekannten Flugobjekte interplanetaren Ursprungs sind, weil sie beobachtet werden, wie sie vom Weltraum aus in die Erdatmosphäre eindringen. Weiter beschreibt er, dass diese fremden Intelligenzen laut den Erkenntnissen der Geheimdienste mit Sicherheit schon seit sehr langer Zeit hier auf der Erde anwesend sind!

Die nächsten Fragen im Interview mit dem *GQ-Magazin* lauten, ob Luis Elizondo mehr Details über abgestürzte UFOs und Trümmerstücke bekannt geben kann, die von der US-Regierung geborgen werden konnten.

Luis Elizondo: „*Mir wurde gesagt, ich soll bei der Beantwortung dieser Frage sehr vorsichtig vorgehen. Mir wird nicht erlaubt, dem, was ich bereits gesagt habe, noch etwas hinzuzufügen. Was ich sagte, ist meiner Meinung nach mein starker Glaube und ein Hinweis darauf, dass die US-Regierung im Besitz von exotischen Materialien ist, die mit UAP in Verbindung stehen. Das ist alles, was mir zu erlaubt ist, darüber auszusagen.*"

GQ-Magazin: „*Glauben Sie, dass diese Schiffe bemannt sind?*"

Luis Elizondo: „*Sie werden sicherlich intelligent kontrolliert, weil sie auf unsere Aktionen reagieren und handeln. Das steht fest. Sie werden von etwas absolut Intelligentem kontrolliert.*"

GQ-Magazin: „*Lautet Ihre Meinung, dass sie mehr wie Drohnen sind oder glauben Sie, dass sie Dinge in sich haben?*"

Luis Elizondo: „*Ich vermute, sie tragen Dinge in sich.*"

GQ-Magazin: „*Warum, glauben Sie, scheinen sie an militärischen Einrichtungen und speziell an Nukleareinrichtungen interessiert zu sein?*"

Luis Elizondo: „*Ich habe einige sehr spezifische Theorien darüber. Atomenergie ist ein Weg zu verstehen, wie man das Atom entschlüsselt. Sobald man das tut, besitzt man eine potentielle Versorgungsquelle grenzenloser Energie. Es könnte gut sein, dass wir eine gewalttätige Spezies sind, die jetzt dabei ist, die Raumzeit zu verstehen und dann nicht mehr länger in unserem kleinen Käfig festsitzen wird. Und das könnte ein Problem für fortschrittliche Spezies sein, weil wir – wie Sie wissen – nicht unbedingt sehr friedlich miteinander umgehen.*"

GQ-Magazin: „*Wie lautet der Konsens dazu, wie diese Dinger fliegen?*"

Luis Elizondo: „*Eine der besten Theorien lautet jetzt, dass es jemanden dort draußen gibt, der herausgefunden hat, wie man die Raumzeit manipulieren kann, um grundlegend die Idee der Antigravitation zu meistern ... Unsere momentane Hypothese lautet, dass sie (die UFOs) eine Blase um sich herum bilden, und diese Blase isoliert sich von der umgebenden Raumzeit, die wir alle erfahren. Darum ist die Raumzeit innerhalb der Blase grundlegend anders als außerhalb der Blase.*"

GQ-Magazin: „*Welche kulturelle Darstellung von UFOs befindet sich Ihrer Meinung nach sehr nahe an der Realität?*"

Luis Elizondo: „*Ich würde sagen, der Film 'Unheimliche Begegnung der dritten Art'. Ich habe ihn erst kürzlich zum ersten Mal gesehen und ich war schockiert von einigen der ausgeführten Charakteristiken, und wie dort UAP/UFOs dargestellt werden, weil das exakt so ist, wie sie in einigen bis vor kurzer Zeit streng geheim gehaltenen US-Dokumenten beschrieben werden ... Die Beschreibungen, wie UFOs bei hohen Geschwindigkeiten Richtungswechsel im rechten Winkel machen, ihre Beleuchtung, die Form einiger dieser Schiffe. Steven Spielberg hatte definitiv einen Insider, der ihm diese Informationen weitergegeben hat, da bin ich sicher. Ich meine, es gibt sehr viel in diesem Film, das sehr, sehr nah am wirklichen Leben ist.*"

GQ-Magazin: *„Was können Sie uns darüber sagen, wie es im Jahr 2022 weitergehen wird hinsichtlich neuer Entwicklungen und Enthüllungen?“*

Luis Elizondo: *„Ich denke, wir werden viel mehr Anteilnahme der internationalen Gemeinschaft und viel mehr Transparenz sehen. Wir werden damit beginnen, viel mehr Informationen zu veröffentlichen, und es wird viele Leute überraschen, wie viele Informationen andere Länder über dieses Thema besitzen. Ich glaube, wenn wir klug vorgehen, wird das zu einem Gegenstand werden, der uns hilft, uns zu vereinen, statt uns zu spalten.“*

US-Navy-Piloten wie David Fravor haben ausgesagt, dass sie aus der Luft riesige unbekannte Objekte direkt unter der Meeresoberfläche beobachtet haben, die kleinere Objekte in Form der bekannten Tic-Tac-UFOs ausgestoßen haben, die dann in den Weltraum aufgestiegen sind. Manchmal sind auch große, dreieckige Flugobjekte überwacht worden, die aus dem Meer aufgestiegen sind. Das bedeutet, dass ebensolche unbekannten Flugobjekte auch unter Wasser aktiv sind. Besatzungen von militärischen U-Booten haben über ihre Erkenntnisse über unerklärliche Unterwasserobjekte und damit zusammenhängende Phänomene gesprochen. Sie nennen diese Objekte USOs oder USPs (Unidentified Submersible Phenomena) oder Transmedium-Schiffe, die sich sowohl unter Wasser als auch in der Atmosphäre mit außergewöhnlich hohen Geschwindigkeiten bewegen können, und das ohne erkennbare konventionelle Antriebe. Die unbekannten Objekte erreichen sowohl unter Wasser als auch in der Luft für menschliche Technologien unerreichbare Geschwindigkeiten, und das, obwohl ihre Form nicht aerodynamisch ist. Trotzdem scheinen sie keine Probleme mit dem Wasser- oder dem Luftwiderstand zu haben. Das weist auf das Vorhandensein wirklich sehr fortschrittlicher, unbekannter Technologien auf unserem Planeten hin.

Die Supermächte dieser Welt sind sehr über diese Tatsachen besorgt und nehmen an, dass eine signifikante Anzahl von Außerirdischen aus den Ozeanen heraus auf unserem Planeten operiert. Die große Frage für Militärs lautet, was sie hier tun und worin ihr Ziel besteht? Unbekannte Flugobjekte werden oft in Gruppen und Formationen beobachtet und scheinen dabei Manöver und Missionen durchzuführen. Obwohl ihre Technologie der unseren weit überlegen ist, legen diese unbekannten Flugobjekte kein feindseliges Verhalten an den Tag. Beobachter sind sich darin einig, dass die fremde Technologie, die wir hier sehen, unsere Welt revolutionieren und eine lange Liste von irdischen Energie- und Antriebs-Problemen lösen könnte, soweit die Außerirdischen dazu bereit wären, ihre Technologie mit uns zu teilen.

See 'Em?---Saucers Cover City

Several Disc Objects Reported Over Cincinnati; Little Men Leave Craft in Germany, Says Here

Mysterious aircraft . . . "orange-red colored, silent, disc-shaped and 60 feet in diameter," were reported hovering 300 feet over Cincinnati Monday.

This was the fifth report within a week of similar objects seen around the city, always traveling in sets of three.

A similar wave of flying saucer reports has cropped up in five other parts of the world, including Germany, Belgium, Egypt, Argentina, Lebanon and the French Cameroons.

LATEST DISCS cited here were Monday at 5 a. m. by WLW announcer Keith Wildeson.

He reported the incident to Leonard H. Stringfield, 7017 Britton Avenue, Madison Place, director of civilian research, interplanetary flying objects. He said the current reports "seem to indicate a pattern" in the flight of the saucers.

One of Stringfield's neighbors, John H. Sundstrom, 7010 Britton Avenue, spotted formation of three discs Sunday at 5 p. m.

STRINGFIELD SAID Cincinnati is supposed to be a magnetic fault line and that perhaps the saucers come here to recharge.

In Muenster, Germany, 42-year-old movie projectionist Franz Hage told the news agency DPA that he saw a "flying saucer" land in a field and peculiarly shaped creatures get out.

Hage said he noticed a bright blue light and thought at first it came from a crashed airplane. On closer examination, he declared, he discovered a "cigar-shaped" craft hovering about six feet above the ground and giving off a brilliant blue radiance which nearly blinded him.

Then, the movie projectionist added, "he suddenly sighted four creatures about three and one-half feet in height. He said they had "thick-set bodies, oversized heads and delicate legs" and wore rubber-like clothing.

Abb. 29: Ein älterer Zeitungsartikel, in dem zu lesen steht, dass Fliegende Untertassen über Deutschland beobachtet wurden, und dass ein Mann namens Franz Hage in Münster vor vielen Jahren ein zigarrenförmiges Raumschiff über dem Erdboden schweben sah, das ein grelles blaues Licht ausstrahlte. Dem Schiff sind dann vier Kreaturen entstiegen, die kleine Humanoiden mit übergroßen Köpfen waren, die gummiartige Anzüge trugen.

Weil das Szenario eines Erstkontakts in naher Zukunft immer wahrscheinlicher wird, hat die NASA kürzlich erklärt, Priester zu beschäftigen, um herauszufinden, wie man im Falle einer Kontaktaufnahme mit Aliens vorgehen soll. Insgesamt 24 Theologen haben ein Jahr lang an der Princeton University an einem Programm namens *The Societal Implications of Astrobiology* teilgenommen, das zwischen 2016 und 2017 stattgefunden hat. Die ausgewählten Vertreter der Weltreligionen sollten herausfinden, wie die Bestätigung der Existenz von Aliens ihre Doktrin in Bezug auf die Wahrnehmung von Gott verändern würde und wie die Einstellung zur biblischen Schöpfungsgeschichte neu zu bewerten wäre. Es ist aus diesem Grund durchaus wahrscheinlich, dass außerirdische Intelligenzen etwas mit der Erschaffung der Menschheit zu tun haben.

Dr. Andrew Davison vom *Center for Theological Inquiry* der Universität von Cambridge hat an diesem Programm teilgenommen und veröffentlichte im Laufe des Jahres 2022 ein Buch mit dem Titel »Astrobiology and Christian Doctrine«, in dem die Erkenntnisse der Theologen des NASA-Programms genauer beleuchtet werden. Der Priester Dr. Davison erklärt, dass sein Werk die Verbindung zwischen Astrobiologie und christlicher Theologie darlegt, weil es eventuell viele Inkarnationen von Jesus Christus auf anderen bewohnten Welten gegeben haben könnte. Eine große Anzahl von Gläubigen würde wohl religiöse Anleitung benötigen, wenn es zur Entdeckung von intelligenten außerirdischen Intelligenzen kommt. Laut den Schilderungen von Dr. Davison lautete die bedeutsamste Frage aller Theologen in diesem NASA-Programm, wie die Weltreligionen reagieren würden, wenn bekannt wird, dass es viele Inkarnationen von Christus im ganzen Universum gegeben hat!

Der bekannte Ufologe Dr. Barry Downing veröffentlichte im Jahr 1968 das Buch »The Bible and Flying Saucers« und schrieb schon seinerzeit, dass Jesus möglicherweise ein Außerirdischer gewesen ist, und dass außerirdische Wesen unsere Geschichte und unsere Religionen schon seit Jahrtausenden beeinflussen. Dr. Downing schreibt ferner, dass Jesus zur Erde bzw. nach Jerusalem gesandt wurde, um die Welt von Sünde und Verdorbenheit zu befreien. Um diese Behauptung zu untermauern, zitierte Dr. Downing einige Bibelstellen, so zum Beispiel einige Verse aus Johannes 8.

> Lutherbibel, Johannes 8, 21-23: *„Da sprach Jesus abermals zu ihnen: Ich gehe hinweg, und ihr werdet mich suchen und in eurer Sünde sterben. Wo ich hingehe, da könnt ihr nicht hinkommen. Da sprachen die Juden: Will er sich denn selbst töten, dass er spricht: Wohin ich gehe, da könnt ihr nicht hinkommen? Und er sprach zu ihnen: Ihr seid von untenher, ich bin von obenher; ihr seid von dieser Welt, ich bin nicht von dieser Welt.“*

Auf dieser Grundlage mutmaßte Dr. Downing weiter, dass Jesus nach der Kreuzigung die Erde in einem Raumschiff verlassen hat und in seine Heimatwelt oder in eine höhere Dimension zurückgekehrt ist. Dementsprechend stammten auch die biblischen Engel von dort und seien eigentlich außerirdische Wesen. Das könnte Sinn ergeben, und Dr. Downing schlägt in seinem Buch vor, dass man moderne UFO-Beweise untersuchen sollte, um Hinweise zu finden, ob biblische Engel und heutige Aliens dieselbe Realität repräsentieren, hinter der eine höhere extraterrestrische Präsenz steht.

Ein anderer UFO-Experte heißt Richard Lawrence und ist Autor und Mitglied der *Aetherius Society* in England. Auch er schreibt, dass die Geschichten um Jesus Christus in der Bibel mit Außerirdischen zu tun haben, und Außerirdische daher im Kern des christlichen Glaubens stünden! Der Stern von Bethlehem könnte faktisch ein Raumschiff gewesen sein, und Christus selbst könnte aus dem Weltraum gestammt haben. Richard Lawrence sagte über den biblischen Jesus: *„Ich würde ihn nicht einen Außerirdischen nennen, ich würde ihn eine große kosmische Intelligenz nennen. Aber ja, außerirdisch, wenn sie wollen ... ich glaube, er kam vom Planeten Venus."*

Die Annahme, dass Jesus in einem Raumschiff von der Venus zur Erde kam, ist nicht neu, sondern viele UFO-Kontaktler der 1950er- und 1960er-Jahre haben dasselbe gesagt. Richard Lawrence ist der Meinung, dass auch Buddha, Gandhi und andere spirituelle Lehrmeister zur Erde gesandt wurden, um der Erdbevölkerung im Lauf der Geschichte zu helfen. Zum Stern von Bethlehem sagte er noch, dass es sich um keinen echten Stern am Himmel gehandelt haben kann, weil er sich bewegt und die drei Weisen zu dem spezifischen Ort geführt hat, an dem Jesus erschien. Anhand der antiken griechischen Quellen dieser biblischen Geschehnisse kann man die Worte „weise Männer" praktisch als „Astrologen" oder „Astronomen" deuten.

Nicht wenige UFO-Forscher halten sogar dieses Szenario für möglich: Die religiöse jungfräuliche Geburt könnte in Wirklichkeit eine außerirdische Intervention gewesen sein, und der Sohn Gottes wäre dann tatsächlich der Sohn eines menschenähnlichen außerirdischen Wesens und somit ein Mensch-Alien-Hybrid. Es wird vermutet, dass seine Mutter Maria einen Traum von Besuchen von Engeln hatte, dass es sich dabei allerdings um reale Besuche von Außerirdischen gehandelt hat. Die Außerirdischen haben sie möglicherweise künstlich befruchtet, wie vom Phänomen der Entführung durch Aliens bekannt. Der namentlich benannte Außerirdische, der Engel Gabriel, könnte somit ein Mitglied einer himmlischen Rasse von Engeln gewesen sein. Jesus hätte dadurch übermenschliche Fähigkeiten geerbt, und Maria hätte Jesus geboren, als sie noch Jungfrau war, und deshalb war Jesus vielleicht wirklich ein Hybrid-Mensch mit außergewöhnlichen Kräften.

Zwei apokryphe Schriften, das »Apokryphon des Jakobus« und die »Epistula Apostolorum« – der Brief der Apostel –, die von der Kirche seit Jahrhunderten unterdrückt werden, enthalten aufschlussreiche Bezugnahmen auf die Himmelfahrt, die nicht ins Neue Testament aufgenommen worden sind und erst im 20. Jahrhundert wieder für den Westen zugänglich wurden. Es steht dort geschrieben, dass der auferstandene Jesus ein letztes Mal zu seinen Anhängern sprach, als ein Donnern und ein strahlendes Licht ihn unterbrachen. Der Donner grollte auf dem ganzen Berg, und ein Wagen fuhr durch die Wolken hernieder. Dieser Wagen war als Merkaba bekannt, als ein himmlisches Fahrzeug von Engeln. Die apokryphen Texte beschreiben weiter, wie Jesus die Merkaba betrat und dort von den Engeln, die weiße Kleidung trugen, begrüßt wurde. Die Apostel sahen danach verwundert zu, wie Jesus immer höher in den Himmel fuhr, bis er und die Engel in der Merkaba verschwunden waren. Könnte diese Beschreibung seine Rückkehr zum Mutterschiff und zum Vater im Himmel, von dem er abstammte, gewesen sein?

Über andere biblischen Mysterien habe ich übrigens detailliert in meinen Büchern der MiB-Reihe geschrieben. Einige unabhängige Forscher wie Tom Horn, Steve Quayle und Thimoty Alberino haben Insider in Rom dazu befragt und konnten für ihre Dokumentarfilme brisante Auskünfte erhalten, nämlich dass der Vatikan tatsächlich mit der Rückkehr eines außerirdischen Erlösers rechnet! Das Ganze hängt auch mit Beweisen dafür zusammen, dass die verlorene Welt vor der biblischen Sintflut von menschlichen Riesen bewohnt war, die in der Zeit vor Noah über die Welt herrschten. Die Insider behaupten, dass der Vatikan auf den Knochen dieser Riesen erbaut worden ist, und dass der Heilige Stuhl in Rom Artefakte und historische Aufzeichnungen aus der Welt vor der Sintflut besitzt! Die meisten Christen haben keine Ahnung von diesen Dingen, die sich unter dem Vatikan oder in dessen geheimen Archiven befinden.

> Timothy Alberino: „*Versteckt in den Tresoren und Archiven – und das ist in der Tat nicht nur eine Art von Verschwörungstheorie, es ist die Wahrheit – hat der Vatikan Zugang zu versteckten Artefakten, vor allem zu Artefakten in Bezug auf die Realität der Welt vor der Flut von Noah, die man beschlagnahmt und versteckt oder vertuscht hat.*“

Seit der Entstehung des modernen UFO-Phänomens stellen sich viele Gläubige die Frage, ob Außerirdische womöglich tiefere Einblicke in die Geheimnisse der Welt vor der Flut besitzen. Auch aus diesem Blickwinkel könnte man das große Interesse von Regierungen und Theologen an UFOs und ihren Insassen betrachten, und die Erforschung des Phänomens könnte endlich relevante Fragen nach der Entstehung von Religionen beantworten. Schon im Jahr 1950 erschienen in den USA die ersten wichtigen Bücher über das Phänomen: »The Flying Saucers Are Real« von Donald Keyhoe, »Behind the Flying Saucers« von Frank Scully und »The Riddle of the Flying Saucers« von Gerald Heard. Die in diesen Klassikern dargelegten überwältigenden Beweise zeigen auf, dass fremde Wesen vermehrt die Erde besuchen, seit es zur Detonation der ersten Atombomben gekommen ist. Weil es sich bei diesen Inhalten teilweise um militärische Informationen handelt, zählten diese Autoren zu den ersten Whistleblowern, die der Welt die Wahrheit über die Herkunft der unbekannten Flugobjekte enthüllt haben. Zusammen schufen diese Werke die Grundlage, die seit damals die Vorstellungen der Öffentlichkeit über Fliegende Untertassen geprägt hat. Freigegebene amerikanische Regierungsdokumente bestätigen, dass zwischen 1947 und 1952 bereits von US-Geheimdienst-Analytikern ermittelt wurde, dass die meisten Fliegenden Untertassen nicht von ausländischen Mächten stammten, weshalb militärische Offiziere damit begannen, die ernsthafte Möglichkeit zu akzeptieren, dass es sich um bemannte interplanetare Raumschiffe handelt. Um diese erstaunliche Tatsache vor der nichtsahnenden Weltbevölkerung zu verbergen, wurde ab 1952 von der US Air Force beschlossen, diese Begegnungen herunterzuspielen und ein mächtiges Stigma in Bezug auf UFOs zu erschaffen, das die unvoreingenommene Berichterstattung über das UFO-Phänomen bis heute schwierig macht und glaubwürdige Zeugen und Daten weiterhin diskreditiert. Der bekannte Astronom Dr. J. Allen Hynek erklärte als Mitglied des US-Air-Force-Projekts *Blue Book* im Jahr 1953 ganz offen, dass ein CIA-Gremium, das sogenannte Robertson-Gremium, das UFO-Thema *„wissenschaftlich unansehnlich"* gemacht hat!

Die Situation hat sich in den vergangenen Jahrzehnten endlich verändert, und immer mehr Staaten haben ihre Akten und Informationen über die Existenz dieser unbekannten Flugobjekte veröffentlicht, so zum Beispiel auch Frankreich mit seinem detaillierten »Cometa-Report«. Dieser wurde im Jahr 1999 veröffentlicht und trägt eigentlich den Titel »UFOs und Verteidigung: Worauf müssen wir uns vorbereiten?« (Les Ovni Et La Défense: A quoi doit-on se préparer?). Dieser 90-seitige Bericht behandelt vor allem Fragen der nationalen Verteidigung und wurde vor seiner Veröffentlichung dem damaligen französischen Präsidenten Jacques Chirac und dem Premierminister Lionel Jospin vorgelegt. Jener Cometa-Bericht wurde daraufhin schwer angegriffen, wobei Geheimdienste versuchten, die Menschen davon abzuhalten, ihn zu lesen. Der Text des Berichtes ist fundiert verfasst und enthält Aussagen von glaubwürdigen Augenzeugen wie Fluglinien-Piloten. Mitarbeiter der CIA haben versucht, ihn als falsch darzustellen und die Aufmerksamkeit der Allgemeinheit davon abzulenken, doch das schlug fehl, und die Wahrheit über unbekannte Flugobjekte ist ein weiteres Mal bekannt geworden!

Eingeweihte weisen darauf hin, dass jetzt der Zeitpunkt gekommen ist, ab dem stufenweise die Präsenz von außerirdischen Intelligenzen auf dem Planeten Erde enthüllt wird. Deshalb muss sich jeder Mensch und irgendwann die ganze Gesellschaft mental, psychologisch und kulturell darauf vorbereiten, mit diesem neuen Zeitgeist umzugehen. Es sollten trotz des Stigmas im privaten und öffentlichen Bereich ernsthafte Gespräche über die Realität des Phänomens stattfinden.

Was ist die Zoo-Hypothese und was sind Ultra-Terrestrier?

Luis Elizondo sagt, dass diese Kreise an die Option der sogenannten wissenschaftlichen Zoo-Hypothese denken, die im Wesentlichen besagt, dass der Planet Erde eine Art Zoo oder ein großes Labor darstellt, das von außerirdischen Zivilisationen beaufsichtigt wird. Der Astronom John A. Ball (1935-2019) veröffentlichte diese Hypothese im Jahr 1973. Er vermutete schon zum damaligen Zeitpunkt, dass Astronomen deshalb keinen Kontakt zu außerirdischen Zivilisationen herstellen können, weil uns fortschrittliche ET-Zivilisationen, die uns schon lange studieren und den Planeten Erde als ihren zoologischen Garten betrachten, möglicherweise einfach als nicht zivilisiert genug betrachten. John Ball vermutete deshalb, dass wir in einem metaphorischen Zoo der Experimentatoren leben, einem kosmischen Garten Eden. Andere Zivilisationen dieser Galaxis haben vielleicht entschieden, uns hier auf diesem Planeten aus diversen Beweggründen isoliert zu halten – es besteht die Möglichkeit, dass sie uns genau überwachen.

Diese Einsicht des Astronomen John Ball beschäftigt Wissenschaftler schon seit Jahrzehnten und könnte die Erklärung für das bekannte „Fermi-Paradoxon" sein, also das Problem, warum Astronomen trotz moderner technischer Möglichkeiten noch immer keine Anzeichen für außerirdische Zivilisationen in unserer Galaxis entdeckt haben, obwohl andere Zivilisationen statistisch gesehen überall um uns herum existieren sollten. Die Entwicklungsrate der menschlichen Zivilisation der letzten 100 Jahre zeigt auf, wie weit sich andere intelligente Zivilisation entwickelt haben könnten, die uns Millionen Jahre voraus wären. Es ist etwa so, als würden wir Menschen versuchen, uns mit nicht intelligenten Spezies dieses Planeten zu verständigen. John Ball glaubte, bestimmte fortschrittliche Intelligenzen könnten uns gegenüber dasselbe empfinden wie wir gegenüber nicht intelligenten Kreaturen auf der Erde.

Luis Elizondo äußert seine Meinung zur Zoo-Hypothese wie folgt:

„Was passiert, wenn sich herausstellt, dass es eine andere Spezies gib, die noch höher auf der Leiter steht, als wir es tun? Brauchen wir dann die sozialen Institutionen, die wir heute haben? Brauchen wir Regierungen und religiöse Organisationen, die wir heute haben, falls es sich herausstellt, dass es etwas anderes gibt, oder jemand anders, der technologisch oder auch aus einer evolutionären Perspektive weiter fortgeschritten ist?"

„Haben wir bisher nur unsere Zeit verschwendet oder tun wir genau das, was wir hier tun sollen? Was ist, wenn sich herausstellt, dass die Menschheit faktisch

nur ein weiteres Tier im Zoo ist? Wenn wir uns bisher selbst als Zoowärter betrachtet haben, sind wir jetzt vielleicht nur ein weiteres Ausstellungsstück im Zoo? Was würde das für uns bedeuten? Was es auch immer bedeuten mag und von welchem philosophischen Hintergrund aus man die Sache auch betrachten mag, das wird jeden einzelnen von uns betreffen. Und ich glaube, dass das wichtig ist. Befinden wir uns in einer Situation, in der die Geschichte umgeschrieben werden muss?"

Menschen, die behaupten, von Außerirdischen entführt zu werden, sagen immer dasselbe: Menschenähnliche Wesen führen Experimente und genetische Versuche mit Erdenmenschen durch, und zwar in ihren Schiffen oder in verborgenen Basen auf unserem Planeten, in denen wir sie nicht beobachten können. Sie würden somit als Zoowärter agieren, ohne dass wir das bis heute bemerkt hätten. Laut Luis Elizondo hätte eine solche Entdeckung weitreichende Folgen und Auswirkungen auf unsere sozialen, politischen und kulturellen Strukturen. Es käme zur Entstehung einer neuen, utopischen Welt, in der wir nicht mehr dominant, sondern einer überlegenen himmlischen Macht unterstellt sind.

Der Mentalist Uri Geller, der für seine TV-Auftritte und Demonstrationen von Psychokinese weltbekannt geworden ist, gab unlängst bekannt, dass er vor Jahrzehnten ein Wrackteil eines abgestürzten außerirdischen Raumschiffs berührt hat. Später machte er weitere Schlagzeilen, weil er behauptete, dass Aliens sich darauf vorbereiten, offenen Kontakt mit der Menschheit herzustellen! Uri Geller bestätigt, dass er im Rahmen seiner Zusammenarbeit mit dem Geheimdienst CIA bei der NASA ein Teil eines UFOs begutachten konnte. Auf die Frage, warum Aliens seit langer Zeit die Erde besuchen, entgegnete Geller: *„Ich denke, sie studieren uns. Ich weiß nicht, was sie wirklich wollen, aber ich denke, sie bereiten uns auf den Kontakt vor wie für ein Steven-Spielberg-Szenario einer Landung, und das wird spektakulär werden."* Das erwähnte UFO-Wrackteil wurde Uri Geller übrigens in den 1970er-Jahren vom deutschen Raketenwissenschaftler Wernher von Braun am *Goddard Space Flight Center* gezeigt, nachdem der Astronaut Edgar Mitchell die beiden einander vorgestellt hatte. Uri Geller: *„Zu meiner Überraschung zeigte er mir ein Stück eines abgestürzten UFOs."*

Edgar Mitchell berichtete seinem Freund Uri außerdem, dass er Erfahrungen mit Aliens gesammelt hat, als er als Apollo-Astronaut durch den Weltraum gereist ist und den Mond betreten hat. Dr. Mitchell erklärte ihm, dass er ein Experiment zur außersinnlichen Wahrnehmung („Remote Viewing") auf der Mondoberfläche durchgeführt hat. Damals beobachtete der Astronaut etwas Ungewöhnliches auf dem Mond, doch nach seiner Rückkehr konnte er nicht öffentlich über diese Dinge reden, weil er Angst um seine Glaubwürdigkeit hatte. Seitdem ist immerhin bekannt geworden, dass Astronauten auf dem Mond in telepathischen Kontakt mit außerirdischen Intelligenzen getreten sind. Uri Geller: *„Er erzählte mir, dass Aliens existieren. Er wusste, das sind Fakten, weil er solche Dinge gesehen hat. Das ist alles, was ich darüber sagen kann."*

Der Apollo-14-Astronaut sagte konkret, dass er seit seinem Besuch auf dem Mond daran glaube, dass Außerirdische theoretisch auf der dunklen Seite des Mondes leben: *„Ich habe keinen Zweifel, dass Außerirdische einige Strukturen auf der Rückseite des Mondes erschaffen haben oder dass sie sich dort angesiedelt haben könnten."* Mitchell sagte auch, dass er sich während seiner NASA-Karriere bewusst war, dass zahlreiche UFOs die Erde besucht haben, doch dass jeder dieser Besuche verschleiert worden ist. Uri Geller glaubt seinen Worten zufolge ebenso daran, dass einige unerklärliche antike Monumente auf der Erde von antiken außerirdischen Raumfahrern errichtet worden sind: *„Ich glaube, Außerirdische haben unseren Planeten besucht. Einige der Monumente rund um die Welt, so wie Stonehenge, wurden mit Hilfe von akustischer Energie erbaut, indem außerirdisches Wissen an die lokalen Einwohner übermittelt wurde ... Die Pyramiden in Ägypten und die Monumente auf der Osterinsel in Chile sind auch so entstanden. Es gibt keinen Zweifel, dass sie durch höheres Wissen erbaut wurden."*

Wir erleben darüber hinaus gerade, wie sich die Welt der Wissenschaft laut diversen Meldungen in Magazinen langsam der Kontaktaufnahme mit außerirdischen Intelligenzen und der vorurteilsfreien Erforschung des UFO-Phänomens zuwendet. Die wichtigste Frage lautet immer noch, ob wir allein sind, und dieser Standpunkt hat sich im Gegensatz zur gängigen Mainstream-Berichterstattung über die letzten Jahre dahingehend verändert, dass Forscher erklären, dass wir mit hoher Wahrscheinlichkeit *nicht* allein sind. Eine Gruppe von führenden Wissenschaftlern trifft sich regelmäßig in Paris, um sich mit diesen Dingen zu befassen. Es handelt sich um die Organisation METI (*Messaging Extraterrestrial Intelligence*). Sie setzt sich aus Astrophysikern, Biologen, Soziologen und Psychologen zusammen und erforscht gegenwärtig die Frage, warum wir trotz aller Bemühungen immer noch keinen offiziellen Kontakt zu außerirdischen Zivilisationen herstellen konnten. METI stellt sich ebenfalls die Frage, ob wir vielleicht in einem galaktischen Zoo leben.

Die Mehrheit dieser Wissenschaftler ist sich insofern darüber im Klaren, dass die Entstehung von Leben auf unserem Planeten immer noch nicht zufriedenstellend erklärt werden kann, und dass auch die Entstehung des Homo sapiens immer noch nicht grundlegend aufgeschlüsselt ist. Es besteht für diese Experten durchaus die Möglichkeit, dass Leben ursprünglich von außerirdischen Intelligenzen hierher transportiert worden ist, und dass diese auch etwas mit der Erschaffung der Menschheit zu tun hatten. Eine Sprecherin von METI, Raulin Cerceau, die ein Mitglied der *International Academy of Astronautics* ist, hat erwähnt: *„Das Rätsel, warum wir immer noch nicht von außerirdischem Leben entdeckt worden sind, wurde oft diskutiert, doch beim diesjährigen Workshop konzentrierten sich viele Gespräche auf eine kontroverse Erklärung, die erstmals in den 1970er-Jahren vorgeschlagen wurde, man nennt sie die Zoo-Hypothese."* Möglicherweise werden wir von den Wächtern aus dem All sogar vor kosmischen Katastrophen wie katastrophalen Asteroideneinschlägen beschützt. Diese Vorstellung beinhaltet auch, dass außerirdische Zivilisationen sich vorsätzlich vor uns verbergen. Der Präsident von METI, Douglas Vakoch, sagte: *„Vielleicht beobachten Außerirdische die Menschen der Erde so ähnlich wie wir Tiere in einem Zoo beobachten. Wie können wir die galaktischen Zoowärter dazu bringen, sich selbst zu enthüllen?"* Andere Mitglieder haben erklärt, dass es für diese Forscher momentan so aussieht, als hätten außerirdische Intelligenzen eine galaktische Quarantäne über den Planeten Erde verhängt.

Kognitive Intelligenz soll sich laut der Einschätzung von Fachleuten überall im Universum auf ähnliche Weise entwickeln können. Darum sollte man bei Außerirdischen eine ähnliche Form der Intelligenz erwarten können wie bei uns Menschen. Laut den Experten gibt es außerdem keinen Zweifel, dass wir Menschen nicht den höchsten kognitiven Stand erreicht haben, der möglich ist. Höhere Intelligenz könnte sich irgendwann auf der Erde entwickeln und sich logischerweise anderswo im All bereits gebildet haben. Das bedeutet, dass außerirdische Wesen, die interstellare Raumfahrt betreiben, wahrscheinlich viel intelligenter wären, als wir es sind, und uns deshalb als rückständig oder gar primitiv betrachten würden.

Weiter glauben Wissenschaftler von nun an, dass es keine furchterregenden Aliens gibt, wie wir sie aus Kinofilmen kennen, sondern dass sich intelligente Spezies auf anderen Planeten überall im Universum so ähnlich wie die menschliche Gattung Homo sapiens entwickelt haben und uns physisch sehr ähnlich sehen. Evolutionsbiologen haben ferner vorgeschlagen, dass es, wenn es mehrere Zyklen der Evolution auf unserem Planeten gegeben hätte, vermutlich kein zweites Mal zur Entstehung des Menschen gekommen wäre, weil die Theorie der Evolution auf einer Reihe von zufälligen genetischen Mutationen beruht. Dem gegenüber steht das Modell der sogenannten „konvergenten Evolution", das besagt, dass die Evolution eher dazu neigen soll, in jeder Umgebung ähnliche Organismen zu produzieren. Das wird dadurch belegt, dass sich die Flugeigenschaft bei biologischen Lebensformen auf der Erde mindestens viermal unabhängig voneinander entwickelt hat – bei Vögeln, Fledermäusen, Insekten und Dinosauriern. Augen sollen sich sogar bis zu vierzig Mal (z.B. Linsenaugen, Facettenaugen, Fischaugen) unabhängig voneinander entwickelt haben. Selbst Charles Darwin musste sich eingestehen, dass die zufällige Entwicklung der komplexen Charakteristiken des Auges durch natürliche Selektion im Sinne der Evolutionstheorie in höchstem Maße absurd anmutet. Hat also gar keine zufällige Evolution stattgefunden, sondern eine zielgerichtete Schöpfung durch „Intelligent Design"?

Auf jeden Fall sind viele Gelehrte der Naturwissenschaft zum gegenwärtigen Zeitpunkt der Auffassung, dass sich etwas zum Menschen Analoges auch auf anderen Planeten entwickelt hat. Zieht man dazu noch die Anzahl an möglichen erdähnlichen Planeten in Betracht, erhält man statistisch gesehen eine sehr hohe Anzahl an außerirdischen menschenähnlichen Spezies, die überall in der Galaxis verstreut leben sollten und uns vermutlich im Erscheinungsbild sehr ähneln. Das können Ufologen bestätigen, die herausgefunden haben, dass die meisten Kontakte mit außerirdischen Besuchern auf unserem Planeten laut Augenzeugenberichten mit sehr oder völlig menschenähnlichen Wesen stattgefunden haben, die alle ein humanoides Erscheinungsbild aufweisen. Entweder hat sich menschliches Leben überall im Universum entwickelt oder die Menschheit stammt ursprünglich nicht vom Planeten Erde. Eventuell stammen wir von antiken Kolonisten ab, die ihren früheren Entwicklungsstand verloren haben, wobei antike Monumente noch die Hinterlassenschaften fortschrittlicher antiker Kulturen auf unserem Planeten darstellen.

Es ist mit einiger Sicherheit anzunehmen, dass in den Ozeanen und in tiefen Seen der Erde nicht bekannte humanoide Spezies existieren, die sich mit ihren Schiffen durch Komplexe aus Unterwasser-Höhlen bewegen. Die ganze Erdkruste hindurch könnten solche Höhlensysteme und Hohlräume miteinander verbunden sein. Seen und Krater, die sich mit Wasser gefüllt haben, könnten eigentlich Eintrittspunkte für UFOs darstellen, die alle tiefen Wasserquellen mit Höhlensystemen mit großen Hohlräumen verbinden. Sie zählen zum Bereich der Inneren Erde, in der unbekannte Zivilisationen hier auf diesem Planeten mit uns koexistieren. Wissenschaftliche Erkenntnisse, dass einige Planeten unseres Sonnensystems inklusive der Erde tatsächlich hohl sind, finden sich zum Beispiel im Buch »Hollow Planets: A Feasibility Study of Possible Hollow Worlds« des Forschers Jan Lamprecht.

Vor längerer Zeit – im Jahr 1982 – erschien das Buch »UFO Abduction From Undersea« der Autoren Dr. Virgilio Sanchez-Ocejo und des pensionierten US-Lieutenant-Colonels Wendelle C. Stevens (1923-2010). Letzterer war einer der bekanntesten UFO-Forscher, der in seiner militärischen Laufbahn auf der Wright-Patterson Air Force Base aktiv war und sich im Ruhestand auf das Phänomen der UFO-Entführungen spezialisiert hat. In jenem Buch wird der zu dieser Zeit allgemein bekannte Vorfall der Entführung von Filiberto Cardenas beschrieben, der am 3. Januar 1979 vor den Augen seiner Familie von drei sehr menschenähnlichen Wesen nahe Miami in Florida in ein UFO entführt worden ist, indem er mit einem Lichtstrahl an Bord ihres Schiffes gezogen wurde. Die fremden Entführer trugen enganliegende Anzüge mit einem in der Ufologie bekannten Emblem auf der Brust. Das ist ein großes Kreuz mit einer Schlange oder dem Buchstaben Z darüber. In dem kleinen, scheibenförmigen Objekt wurde er zu einer verborgenen Unterwasserbasis im Ozean mitgenommen. Dort angekommen, tat sich im Felsgestein eine Öffnung auf, und das Schiff tauchte durch einen Tunnel unter dem Meer in eine riesige Höhle. Die drei fremden Wesen an Bord waren von durchschnittlicher Größe und trugen Ganzkörperanzüge. Sie sprachen mit Filiberto Cardenas Spanisch und berichteten ihm vor allem über kommende Kriege und Katastrophen auf der Erdoberfläche. Während einer anderen Entführung belehrten sie ihn dann über das Prinzip der universellen Liebe. Die fremden Wesen führten irgendwelche medizinischen Experimente mit ihm durch.

Es gab an diesem Ort verschiedene Konsolen und Monitore, mit denen wahrscheinlich bestimmte Regionen des Planeten Erde beobachtet wurden. Auf einem Monitor konnte Cardenas das Bild von drei Pyramiden erkennen, die durch einen dünnen Lichtstrahl miteinander verbunden waren. Später gab es noch eine geführte Tour durch die unterirdische Stadt dieser Aliens auf unserem Planeten. Vor seiner Rückreise – der Aufenthalt hatte übrigens mehrere Stunden gedauert – wurde er in einen weiteren großen Raum geführt, in dem ein scheibenförmiges UFO in vertikaler Position aufgestellt war, so wie eine Rakete. Er trat hinein und wurde dort von weiteren Wesen aufgefordert, sich zu setzen. Dann wurde das Schiff für den Abflug vorbereitet. Nach kurzer Flugzeit öffnete sich eine Luke des UFOs, und Cardenas wurde in Miami auf einer entlegenen Weide wieder abgesetzt.

Eine anschließend durchgeführte medizinische Untersuchung ergab, dass sich insgesamt 108 winzige Einstiche an seinem ganzen Körper befanden. Noch Tage nach seiner Entführung litt er an Schweißausbrüchen, Gedächtnisverlust und seltsamen Raum-Zeit-veränderten Episoden. Der Vorfall und seine Aussagen wurden sorgfältig untersucht, und eine Reihe von Ingenieuren, Ärzten, ein Psychologe, ein Neurologe und ein professioneller Hypnotiseur, die hinzugezogen wurden, waren hernach überzeugt, dass dieser UFO-Kontakt und die von

Cardenas geschilderte Entführung authentisch ist! Auch der berühmte UFO-Forscher Dr. J. Allen Hynek befasste sich vor seinem Tod noch mit diesem bemerkenswerten Fall. Im Jahr 1985 wurde Filiberto Cardenas noch einmal in diese Unterwasser-Basis der Aliens entführt und erhielt dort gewisse Botschaften, die dann unter Hypnose-Rückführung wieder in sein Bewusstsein geholt werden konnten. Es ging zum Beispiel um das Schicksal der katholischen Kirche, die eines Tages ohne ihr Oberhaupt, den Papst, dastehen soll, weil in kurzer Abfolge gleich zwei Päpste sterben. Dann wurden Cardenas auf Videobildschirmen an den Wänden im Innern des UFOs Szenen vorgeführt, in denen große Städte in Mexiko und Kalifornien zerstört werden und im Meer versinken, wobei sich in den USA eine schwere Krankheit ausbreiten soll.

Zu dieser Zeit berichteten zahlreiche spanische TV-Kanäle über diese sensationellen Geschehnisse, die von Millionen von Zuschauern verfolgt wurden. UFO-Forscher wie Wendelle C. Stevens glauben seit damals, dass eine Rasse von Ultra-Terrestriern UFO-Basen unter dem Meer besitzt, und dass zahlreiche Menschen dorthin entführt werden, bei denen anschließend die Erinnerung an diese Erlebnisse blockiert wird. Solchen Entführten werden augenscheinlich Szenen der nahen Zukunft der menschlichen Zivilisation mit schweren Erdveränderungen und Zerstörungen vorgeführt, die zudem noch regelmäßig etwas mit der Kirche, mit Spiritualität sowie einer kommenden Endzeit zu tun haben.

Diese Entführung durch Aliens im Jahr 1979 markierte den Beginn des erst später populär gewordenen UFO-Entführungsphänomens inmitten der großen weltweiten UFO-Welle Ende der 1970er-Jahre. Seit damals werden von Aliens entführte Kontaktpersonen, wie in den Beschreibungen von Filiberto Cardenas, nicht nur medizinisch untersucht, sondern ausgewählten Menschen werden auch hochtechnologische Sender-Empfänger-Implantate in die Köpfe implantiert. Was ist das Ziel der Besucher? Warum verbergen sie sich auf dem Grund der Ozeane und machen ihre Schiffe für uns unsichtbar? Wollen sie bei ihrem großen menschlichen Experiment nicht gestört werden oder warten sie mit der offenen Kontaktaufnahme auf einen bestimmten Zeitpunkt?

Nach dem Ende des Kalten Krieges und dem Zerfall der Sowjetunion sind einige UFO-Informationen in der Öffentlichkeit aufgetaucht. Es ist zum Beispiel die Rede von einem großen Mutterschiff über dem Baikalsee in Sibirien, das über der Wasseroberfläche beobachtet worden ist, wobei humanoide Wesen in glänzenden engen Schwimmanzügen dabei gesehen worden sind, wie sie ins Wasser des Baikalsees abgetaucht sind! Fischer sahen oft helle Lichter aus der Tiefe nach oben und dann in den Himmel aufsteigen. Der ehemalige sowjetische Marineoffizier und Ufologe Vladimir Azhazha hat vormals geheime Unterlagen veröffentlicht, wonach im Jahr 1982 ein bemerkenswerter Vorfall im Baikalsee stattgefunden hat. Damals haben militärische Taucher während einer Übung ein riesiges USO registriert, das sich mit unglaublicher Geschwindigkeit fortbewegt hat. Einige Tage später hatten Taucher merkwürdige Begegnungen mit seltsamen Wesen unter Wasser – diese trugen wieder diese glänzenden Anzüge und kleine, fortschrittliche Sauerstoffmasken. Die russischen Marinetaucher stießen in einer Tiefe von mehr als 50 Metern auf mehrere dieser sonderbaren Humanoiden, die sich ihnen näherten. Sie trugen keine sichtbare Taucherausrüstung, sondern diese eng anliegenden metallischen Anzüge mit einem Helm um ihren ganzen Kopf. Beim Näherkommen erkannten die russischen Taucher, dass die fremden Wesen fast drei Meter groß sein mussten! Sie verschwanden aber kurz darauf wieder in den dunklen Tiefen des Baikalsees.

Die sowjetische Einheit erhielt die Anweisung, diese seltsamen Wesen einzufangen. Der damals zuständige Kommandeur schickte sieben Taucher zurück in die Tiefe, und bald darauf erschienen wieder mehrere dieser Wesen, wobei ein Taucher versuchte, eines von ihnen mit einem großen Netz einzufangen. In diesem Moment konterten die Nichtmenschen mit dem Abfeuern von intensiven Sonarwellen, die aus merkwürdigen Geräten stammten. Die mächtige Kraft dieser Sonarwellen machte alle russischen Taucher beinahe bewusstlos und drückte sie ohne Dekompression schnell zurück an die Oberfläche. Das hat eine gefährliche Wirkung auf den menschlichen Körper, wobei drei Männer ernsthaft verletzt wurden, die anderen vier mussten schleunigst in die Dekompressionskammer. Drei von ihnen verstarben dennoch kurze Zeit später an den Folgen, und die Überlebenden trugen schwere bleibende Schäden davon. Sie erstatteten ihren Vorgesetzten über alles Bericht, und der ganze Vorfall wurde hervorragend dokumentiert.

Vladimir Azhazha erklärt überdies: *„Fünfzig Prozent der UFO-Begegnungen stehen mit den Ozeanen in Verbindung. Fünfzehn weitere Prozent mit Seen. Es sieht so aus, als ob UFOs zum Wasser tendieren.“*

Der russische Marine-Veteran, Kapitän ersten Ranges Igor Barklay, erklärte obendrein: *„Ozean-UFOs zeigen sich immer an Orten, an denen sich unsere Flotten oder NATO-Flotten konzentrieren. Nahe den Bahamas, bei den Bermudas, bei Puerto Rico. Sie werden am häufigsten an den Stellen gesehen, wo der Atlantische Ozeans am tiefsten ist: im südlichen Teil des Bermuda-Dreiecks und auch in der karibischen See.“*

UFO-Kontaktler haben oftmals behauptet, dass Detonationen von irdischen Atomwaffen seit den 1940er-Jahren für fremde Zivilisationen wie Leuchtfeuer gewirkt haben und sie dadurch alarmiert worden sind, zur Erde zu reisen, weil ihre Welten von den schädlichen Auswirkungen dieser furchtbaren Waffen betroffen sind. Daraufhin wurde beschlossen, auf diesem Planeten zu intervenieren. Vielleicht hängen Tiefseebasen, Bewohner der Innererde und Entführungen durch Aliens direkt mit dem Problem der Nuklearwaffen zusammen. Laut den unbestätigten Informationen der genannten NASA-Informanten sind die Besucher auch an natürlichen Ressourcen der Erde interessiert. Im Sommer 2021 erschien das Buch »The Believer: Alien Encounters, Hard Science, and the Passion of John Mack« des Autors Ralph Blumenthal, und dort finden wir Beschreibungen über das Leben von Dr. John Mack, der sich als Akademiker dazu entschieden hatte, das seltsame Entführungs-Phänomen zu erforschen.

Ich komme noch einmal auf Dr. Mack zurück, der darauf hinwies, dass das Entführungsphänomen mit dem Auftauchen des UFO-Phänomens in den USA in den späten 1940er-Jahren zusammenhängt. Bis in die 1950er- und 1960er-Jahre berichteten amerikanische Tageszeitungen wie die renommierte *New York Times* regelmäßig über das Thema UFOs und Fliegende Untertassen. Ab einem bestimmten Zeitpunkt beschloss die US-Regierung, alle öffentlichen Diskussionen über das Phänomen zu unterbinden. Dabei handelt es sich nach wie vor um ein sehr sensibles Thema, weil gerade das Phänomen der Entführung durch Aliens am heftigsten von der wissenschaftlichen Gemeinschaft kritisiert und abgelehnt wird. Es gibt überzeugende Belege, dass sich UFOs bzw. deren Insassen absichtlich vor uns verbergen, um ihre Aktivitäten auf der Erde geheim zu halten.

Es überrascht nicht, dass derartige Berichte bei Skeptikern Anlass zu Kontroversen gaben, wobei auch viele Ufologen das Phänomen der Entführungen ablehnen und meinen, es würde durch den Prozess der Hypnose selbst erzeugt werden. Manchmal kann ein Hypnotiseur Fragen stellen und den Probanden in einigen Fällen dazu verleiten, die gewünschten Antworten zu geben. Viele solcher Fälle hat Dr. Thomas Bullard im Jahr 1989 in einer Arbeit mit dem Titel »UFO Abduction Reports: The Supernatural Kidnap Narrative Returns in Technological Guise« analysiert.

Dr. Bullard sammelte alle verfügbaren Entführungsberichte, um die These zu testen, dass einige Entführte womöglich von Fantasien berichten. Er kam erst an diesem Punkt dahinter, dass rund ein Drittel der Betroffenen sich auch ohne Hypnose vollständig an ihre Erlebnisse erinnern konnten. Diese Menschen mussten nie zuerst auf Hypnose zurückgreifen, um sich an Einzelheiten ihrer Entführungen erinnern zu können. Auffallend war jedoch auch in diesem Fall, dass sich alle wichtigen Einzelheiten der Berichte von verschiedenen Opfern als identisch mit dem erwiesen, was andere Entführte unter Hypnose beschrieben. Dr. Bullard machte daraufhin Tests und fand schließlich heraus, dass die Antworten bei verschiedenen Hypnotiseuren nicht voneinander abwichen. Die Erzählungen blieben somit bis hin zu kleinen Details in sich konsistent, somit konnte Dr. Bullard ohne jeden Zweifel beweisen, dass das Alien-Abduction-Phänomen kein Produkt der Hypnose darstellt. Er erklärte dazu, dass dieses liebgewonnene Argument von Skeptikern deshalb von Grund auf neu bewertet werden müsse!

Seine weiteren Forschungen in diesem Bereich wurden dann im Jahr 2010 in Form eines Buches verarbeitet, das den Titel »The Myth and Mystery of UFOs« trägt und von der University Press of Kansas publiziert worden ist. Im Buch verbindet der Experte den Bereich der Entführungen durch Aliens mit den Beschreibungen von magischen Technologien, den Vorstellungen von religiöser Erlösung, von apokalyptischen Ängsten, von paranormalen Erfahrungen und von Regierungsverschwörungen. Zusammengenommen stellen sie ein äußerst seltsames Phänomen dar, das mehr als ein bloßer Mythos ist und deshalb die Aufmerksamkeit der Wissenschaft verdient. Aktuell haben wir im Jahr 2022 endlich den Punkt erreicht, an dem das UFO-Phänomen wieder die Aufmerksamkeit von professionellen Forschern weckt, die – mehr als 75 Jahre nach dem Roswell-Vorfall – jetzt damit beginnen, die mysteriöse Realität des Phänomens unvoreingenommen zu studieren.

Einige Ufologen sind der Meinung, dass UFOs und ihre Insassen nicht von anderen Planeten durch den Weltraum hierher reisen, sondern dass es sich bei diesen Intelligenzen um überlegene nichtmenschliche Wesen handelt, die entweder natürlichen oder übernatürlichen Ursprungs sind, aber im Grunde genommen auf dem Planeten Erde eine völlig alltägliche Sache darstellen. Einer der ersten Ufologen, die sich um diese Hypothese von Ultra-Terrestriern bzw. Ultra-Erdbewohnern bemüht hat, ist wieder Dr. Jacques Vallée. Er gelangte zu der Erkenntnis, dass das Entführungsprogramm ein Phänomen ist, das durch Aktionen von Intelligenzen hervorgerufen wird, die aus anderen Dimensionen stammen und das Ziel verfolgen, nicht nur das menschliche Erbgut zu manipulieren, sondern auch das menschliche Bewusstsein zu transformieren.

Dr. Vallée macht in diesem Zusammenhang auf die Vorstellungen der Theosophie und anderer Traditionen aufmerksam, in denen hoch entwickelte Wesen aus anderen Seinsbereichen eine wichtige Rolle in der historischen Entwicklung der Menschheit spielen. Diese Intelligenzen können hier auf der Erde aufzutauchen und bei allen Spezies genetische Veränderungen verursachen. Hinweise darauf finden wir in den ältesten Überlieferungen der Antike, in unseren heiligen Schriften und auch in den Beschreibungen von Schamanen, wenn die Rede ist von Begegnungen mit leibhaftigen Göttern. Prominente Akademiker, die sich intensiv mit dem Phänomen der Entführung durch Aliens auseinandergesetzt haben, weisen auf die Tatsache hin, dass transdimensionale Intelligenzen unsere Realität besuchen, die man alternativ auch als ultra-terrestrische Wesen bezeichnen kann.

Solche Intelligenzen operieren laut seinen Erkenntnissen aus einem anderen Bewusstseinszustand heraus als wir, und viele Entführte berichten davon, dass sie während der Entführungen in andere Bewusstseinszustände versetzt worden sind. Das wäre dann ein Zustand zwischen Wachbewusstsein und Traum. Weshalb auch Psychologen wie Dr. Carl Jung zuerst daran festgehalten haben, dass das UFO-Phänomen bloß unserem Bewusstsein bzw. unserer Psyche entspringt. Nach dem Studium aller vorhandenen Daten änderte er seine Meinung und erklärte, dass es sich um ein physisches Phänomen handelt, das mit der Wiederkehr von antiken Göttern zusammenhängt. Seine Schlussfolgerung lautete, dass diese Wesen Flugobjekte besitzen, die von quasi-menschlichen Piloten gesteuert werden. Das Phänomen kann somit nicht als ein Produkt des menschlichen Geistes betrachtet werden, weil physische Objekte beobachtet werden, die mit unserer Welt interagieren. Dr. Jung stellte sich ebenfalls die Frage, warum Fliegende Untertassen ausgerechnet in der Zeit des Kalten Krieges erschienen sind, als sich die Menschheit erstmals mit einer globalen nuklearen Bedrohung konfrontiert sah.

Der populäre Autor Whitley Strieber, der unter anderem aufgrund seiner Bücher über das Alien-Abduction-Phänomen Bekanntheit erlangte, hat gesagt, dass der Begriff „Außerirdische“ in vielen Fällen nicht zutreffend sein kann. Der nächste Autor, der sich mit diesem Themengebiet befasst hat, ist Timothy Green Beckley. Von ihm stammt das Buch »The Authentic Book of Ultra-Terrestrial Contacts«. Aus dessen Inhalt geht genauso hervor, dass wir von unsichtbaren Wesen besucht werden, die frei wählen können, sich hier zu materialisieren oder zu dematerialisieren. Sowohl ihre Schiffe als auch ihre Körper können eine Reihe von verschiedenen Formen annehmen. Die Besucher können auf diese Weise völlig menschlich erscheinen und unbemerkt auf unseren Straßen umherwandern oder sich gänzlich unsichtbar machen. Timothy Green Beckley glaubt deshalb, dass sich solche Wesen schon immer auf der Erde aufgehalten haben und dass viele von ihnen eigentlich uns unbekannte Bewohner der verschiedenen Dimensionen unseres Planeten darstellen.

Beckley schreibt, dass der Begriff Ultra-Terrestrier genau genommen nicht von ihm, sondern von einem Schriftsteller namens Ken Korczak stammt, der einen Artikel mit dem Titel »Ultra-Terrestrials: Do They Walk Among Us?« veröffentlicht hat. Darin fasst Korczak einige logische Schlussfolgerungen zusammen. Einige UFOs und Aliens müssen nicht unbedingt aus dem Weltall stammen, sondern es könnte sich um Ultra-Terrestrier handeln. Das wären eine oder verschiedene Spezies von sehr hoch entwickelten Intelligenzen, sie sich hier aufhalten und sich unter Umständen schon lange vor der Existenz des Homo sapiens hier entwickelt haben und auch heute noch parallel zu uns weiterentwickeln.

Im *International Journal of Astrobiology* erschien im Jahr 2018 eine Abhandlung mit dem Titel »The Silurian Hypothesis: Would it be possible to detect an industrial civilization in the geological record?« Sie handelt davon, dass Forscher annehmen, Spuren von industriellen Zivilisationen in Sedimenten zu finden, die Millionen Jahre vor unserer Zeit auf diesem Planeten existiert haben, und irgendwann durch natürlich auftretende Erdveränderungen verschwunden sind. Geologen können nicht feststellen, ob unsere Zivilisation die erste auf diesem Planeten ist, weil über diese langen Zeiträume hinweg so gut wie keine Spuren anderer technologischer Zivilisationen auf der Erdoberfläche erhalten geblieben wären. Die Verfasser der Silur-Hypothese deuten in ihrer Arbeit an, dass vor Millionen von Jahren womöglich intelligente Reptiloiden die Erde bevölkert haben. Weil die Erdoberfläche periodisch von starken Veränderungen betroffen ist, könnten intelligente Reptiloiden oder andere hier entstandene humanoide Intelligenzen sich entschieden haben, ins Innere des Planeten zu gehen, den Weltraum zu kolonisieren oder andere Dimensionen zu besiedeln.

Wegen dieser Eventualität besteht Grund zu der Annahme, dass Ultra-Terrestrier uns so weit voraus sind, dass ihre Existenz für uns beinahe nicht zu fassen ist. Vielleicht betrachten sie uns als Primaten, weil unser Bewusstsein im Vergleich zu ihrem sehr stark eingeschränkt ist und wir mit unseren Sinnen auch nur einen beschränkten Teil des bekannten Spektrums wahrnehmen können. Für solche Wesen wären wir vermutlich nur eine andere Art von Tieren auf diesem Planeten, schreibt Ken Korczak. Weiter ist er der Ansicht, dass sich UFOs so sehr von uns bekannten mechanischen Raumschiffen unterscheiden könnten wie Vögel von Flugzeugen. Wir besitzen vermutlich nicht das erforderliche Bewusstsein, um die wahre Natur von UFOs und Ultra-Terrestriern zu begreifen, während wir im selben Moment der Illusion unterliegen, dass die menschliche Spezies die Krone der Schöpfung darstellt. Dabei könnten wir in der ganzen Kette nur eine untergeordnete Rolle spielen, und einige andere Spezies dieses Planeten könnten sich weit über uns befinden.

Nicht nur diese Autoren, sondern auch John Keel hat erwähnt, dass in vielen unserer Überlieferungen göttliche Wesen, die uns Menschen ohne Frage überlegen sind, im Verlauf der bekannten Geschichte auftauchen. In früheren Zeiten nannte man sie Götter, Engel, Elfen, Naturgeister, Dämonen oder Riesen, und auch die Bibel ist eine Quelle von Berichten über übernatürliche Wesen. Manche Höhlenzeichnungen zeigen, dass fliegende Scheiben oder Untertassen schon vor 30.000 Jahren als mysteriöse Objekte beobachtet worden sind. Dabei besteht eine verblüffende Ähnlichkeit zu den Fliegenden Untertassen unserer Gegenwart.

Vielleicht versuchen Ultra-Terrestrier, von ihnen ausgewählte Menschen auf genetischer Basis weiterzuentwickeln, um die zerstörerischen Tendenzen des Homo sapiens zu überwinden. Für uns mag das schwer zu verstehen sein, weil diese Intelligenzen in Ebenen und Dimensionen operieren, die wir bis jetzt noch nicht erfassen können. Wenn sie über oder jenseits der physikalischen Ebene existieren, dann können sie uns beobachten. Sie zeigen sich uns möglicherweise gelegentlich, wenn sie es erlauben, gesehen zu werden.

Der frühere Vorgesetzte des AATIP-Programms des amerikanischen Verteidigungsministeriums gab kürzlich erneut Informationen heraus, wonach das UFO-Phänomen mit der Hypothese von Ultra-Erdbewohnern zusammenhängt. Luis Elizondo hat auf der Plattform Reddit einige Fragen beantwortet und dabei erwähnt, dass die Hypothese von Ultra-Erdbewohnern einen starken Bezug zum Inhalt einer klassischen Science-Fiction-Kurzgeschichte hat, die im Jahr 1971 erschienen ist und den Titel »Chains of the Sea« (dt. Fesseln der See) trägt.

Luis Elizondo: „*Wenn ich eine anekdotische Geschichte über das Phänomen erzählen könnte, würde ich die Aufmerksamkeit der Menschen auf eine Sammlung von Kurzgeschichten und auf eine Novelle namens 'Chains of the Sea' lenken. In dieser Kurzgeschichte beschreibt der Autor den Tag, an dem UFOs hier ankamen, aus einer Science-Fiction-Perspektive. Aber die Art und Weise, wie die Kurzgeschichte die Phänomene beschreibt, ist den Erzählungen der Menschen, welche die Phänomene aus ihrer persönlichen Erfahrung heraus beschrieben haben, sehr ähnlich. Obwohl ich diese Geschichte nicht als wahr oder akkurat betrachte, denke ich, dass sie eine grundlegend andere Perspektive bietet und uns zwingt, über dieses Phänomen auf eine alternative Art und Weise nachzudenken. Obwohl das Buch in den frühen 1970er-Jahren geschrieben wurde, hatte der Autor einen unglaublichen Einblick in das moderne Leben und konnte Aspekte der Künstlichen Intelligenz und der geopolitischen Situation, die wir heute haben, einbeziehen. Wenn jemand auf unterhaltsame Weise eine neue Perspektive auf die Phänomene haben möchte, würde ich auf »Chains of the Sea« verweisen.*"

Diese Kurzgeschichte stammt von einem Autor namens Gardner Dozois (1947-2018), der unter anderem für die US Army in Deutschland aktiv war, und trägt den deutschen Titel »Die Fesseln der See« (erschienen 1986 in: Hans Joachim Alpers – Science Fiction Highlights 6). Werfen wir einen kurzen Blick auf den Inhalt der Kurzgeschichte, die sich über ca. 60 Seiten erstreckt. »Fesseln der See« ist eine Art doppelte Erstkontaktgeschichte. Sie beginnt mit der Ankunft von außerirdischen Schiffen. Die fremden Besucher sind allerdings nicht an einem Erstkontakt mit der Menschheit interessiert. Stattdessen kontaktieren sie Intelligenzen, die sich ebenfalls auf diesem Planeten befinden, sich aber vor uns Menschen verbergen. Die Besucher interessieren sich nur für diese anderen Wesen, die die meisten Menschen nicht wahrnehmen können. Im Roman sind nur wenige Menschen fähig, mit diesen anderen Erdwesen zu kommunizieren.

Ein Junge namens Tommy Nolan hat die Fähigkeit, mit diesen anderen Wesen Kontakt aufzunehmen, das wären einmal die sogenannten Thants und zweitens die Jeblings. Thants dürften in diesem Fall ultra-irdische Intelligenzen sein und Jeblings vermutlich scheue Wildmenschen, eine Art Bigfoots. Neben diesen Wesen nehmen die außerirdischen Intelligenzen außerdem Kontakt mit militärischen Computersystemen und Künstlichen Intelligenzen auf, die eine entsprechende Komplexität und Autonomie entwickelt haben, um wichtige Entscheidungen zu treffen.

Die Geschichte geht damit weiter, dass die Menschheit nicht im Zentrum des Geschehens steht. Die US-Armee versucht schließlich, die gelandeten Raumschiffe mit Atomwaffen anzugreifen, doch diese überstehen den Angriff unbeschadet. In anderen Teilen der Welt führt die Ankunft der Aliens zu Chaos und Revolution. Die KI-Systeme warten ab und analysieren die Lage. Sie wissen, dass die Menschheit nicht stabil genug ist, um dieser Herausforderung zu begegnen, darum teilen sie den Regierungen nicht mit, dass es ihnen gelungen ist, mit den Aliens in telepathischen Kontakt zu treten und versuchen, die Menschen so gut wie möglich unter Kontrolle zu halten, bis wichtige Entscheidungen getroffen sind. Tommy Nolan erfährt parallel dazu, dass die Aliens mit den Wildmenschen, den Ultra-Erdlingen und den KI-Systemen eine geheime Konferenz abhalten.

Der Junge erfährt dabei, dass die Aliens bereits vor sehr langer Zeit den Planeten Erde besucht haben. Irdische KI-Systeme werden von den Aliens als mechanische Diener der Menschheit wahrgenommen. Der Wildmensch erklärt dem Jungen weiter, dass diese Aliens vor sehr langer Zeit verschiedene Vereinbarungen mit den Vertretern der damaligen Menschheit getroffen haben, dass sich heute allerdings keiner von ihnen mehr daran erinnern kann und dass diese Vereinbarungen mittlerweile auch nicht mehr gültig sind. Während der Konferenz werden neue Vereinbarungen mit allen beteiligten Parteien getroffen, und viele Dinge sollen sich fortan auf dem Planeten Erde verändern.

Die Künstlichen Intelligenzen hatten schon seit einiger Zeit vermutet, dass eine unbekannte und immaterielle Form des Lebens auf der Erde anwesend ist. Das war eine der extrapolierten Lösungen aus einem Berg wilder Daten, die nicht durch normale Faktoren erklärt werden konnten und dem Bereich des Paranormalen zugeordnet wurden.

Daraufhin erfährt der Junge, dass die Konferenzteilnehmer beschlossen haben, ein komplexes Projekt zu starten, das eine derartige Entropie erzeugt, dass die menschliche Spezies auf diesem Planeten aussterben wird, weil sie durch ihre Rückständigkeit und ihr kriegerisches Verhalten als ein Problem betrachtet wird.

Jene gelandeten Aliens sind selbst ebenfalls sehr rätselhaft – sie besitzen keine feste Form, sondern verändern sich ständig, und sie manipulieren auch den Zeitablauf, um ihre Ziele zu erreichen. Die bloße Anwesenheit der polymorphen Außerirdischen beeinflusst bereits die Wahrnehmung empfindungsfähiger Beobachter. Einfache Maschinen wie Uhren oder Kameras zeichnen die objektive Zeit auf, aber Menschen und fortschrittlichere KI erleben in der Nähe der Aliens eine signifikante Zeit-Unregelmäßigkeit. Die Aliens selbst werden deshalb vom Autor als „tempogogisch" und „transmutativ" bezeichnet, also Menschen ganz und gar unähnlich.

Sie ignorieren Menschen im weiteren Verlauf der Geschichte völlig und betrachten sie als nicht intelligente Lebensformen. Die KI-Systeme betrachten sie im Gegensatz dazu wie ein sehr intelligentes Haustier oder ein kleines Kind. Sie sind jedoch entsetzt, als sie erfahren, dass die KI in ihrer toten mechanischen Form gefangen ist und nur sehr wenig körperliche Mobilität und auch keine tempogogischen oder transmutiven Eigenschaften besitzt! Die Aliens betrachten Menschen aus ihrer Sicht der Dinge als Parasiten der KI. Die KI-Systeme haben diese Idee noch nie zuvor in Betracht gezogen und denken schließlich über ihre Situation nach. Kurze Zeit später wird einstimmig beschlossen, die menschliche Welt zu beenden. Plötzlich kommt das Ende der Welt, als die bizarren Wesen ihre Zeit verändernden Fähigkeiten einsetzen, um die Entropie so zu erhöhen, dass die menschliche Spezies ausstirbt.

Warum haben Luis Elizondo und seine Kollegen diese Geschichte ausgewählt und verkündet, dass sie große Ähnlichkeiten mit realen Geschehnissen besitzt? Elizondo hat klargemacht, dass diese Geschichte nicht wörtlich genommen werden kann und nicht als wahr oder akkurat zu bezeichnen ist. Dennoch geht aus diesen Aussagen hervor, dass UFOs teilweise keine mechanischen Fluggeräte sind, sondern ein sehr seltsames Phänomen repräsentieren, das wir nicht erfassen können, weil es paranormale Aspekte besitzt.

Der amerikanische Ufologe Budd Hopkins (1931-2011), der einige bekannte Publikationen zum Phänomen der Entführungen durch Außerirdische verfasst hat, sagte einmal, dass irgendwann in den frühen 1980er-Jahren einige Entführungsforscher gezwungen waren, die Hypothese aufzustellen, dass Außerirdische eine Tarnkappen-Technologie besitzen, die es ihnen ermögliche, Entführungen bei Tageslicht in dicht besiedelten Gebieten durchzuführen, ohne gesehen zu werden. Über einen solchen Sachverhalt wurde unter den Entführungsforschern jedoch nur privat diskutiert. Einige erinnern sich an ein Gespräch, das sie mit ihrem Kollegen Dr. David Jacobs im Jahr 1983 geführt haben, in dem sie über die Fähigkeiten der Außerirdischen sprachen. Dass diese in einer Weise operieren, dass weder sie, noch ihr Schiff oder ihre Entführten für das bloße Auge sichtbar sind. Die Forscher sind der Meinung, dass es keine Möglichkeit gibt, Entführungen in großem Stil durchzuführen, es sei denn, eine totale visuelle Tarnung wäre möglich.

Auch die im Roman behandelten Elemente des UFO-Phänomens wie Störungen im Zeitablauf werden von Augenzeugen und Entführungsopfern in ihren Berichten seit Jahrzehnten immer wieder erwähnt. Daraus kann man ableiten, dass fortschrittliche Lebensformen auf unserem Planeten existieren. Es gibt auch Berichte darüber, dass Bigfoots in UFOs ein- oder ausgestiegen sind, und das könnte bedeuten, dass auch Wildmenschen einen Teil der Agenda dieser Ultra-Erdbewohner darstellen. Was wäre also, wenn wir Menschen auch in der Realität tatsächlich nur eine untergeordnete Rolle auf diesem Planeten spielen? Laut Elizondo handelt es sich bei diesem Problem nicht nur um den menschlichen Egoismus und unsere Machtgier, sondern auch um die Kontrolle über unsere Emotionen, denn die anderen Intelligenzen lassen sich offenbar nicht von ihren Emotionen leiten und agieren deshalb anders als wir.

Der Ufologe John Keel beschrieb solche Ultra-Erdbewohner als Intelligenzen, die dazu in der Lage sind, willentlich zwischen den Dimensionen zu reisen. In weiterer Folge betreffen diese Beschreibungen auch das Phänomen der Bigfoots. Obwohl im Laufe von Jahrzehnten Tausende von Begegnungen gemeldet worden sind, können sich die Wildmenschen laut militärischen Augenzeugen unsichtbar machen, um den Kontakt mit Menschen zu vermeiden. Darüber hinaus haben Forscher herausgefunden, dass mindestens 20 Prozent aller Bigfoot-Sichtungen mit UFO-Ereignissen zusammenhängen. Einige Experten auf diesem Gebiet, wie zum Beispiel der Kryptozoologe Jack Cary, haben erklärt, dass Bigfoots ebenfalls von UFOs entführt werden, um ihre DNS und ihre physischen Eigenschaften zu studieren. Dr. Jacques Vallée vertritt weiterhin den Standpunkt, dass sich hinter dem UFO-Phänomen extra-dimensionale Vorgänge verbergen, die von Wesen verursacht werden, die mögliche Fenster zu anderen Dimensionen nutzen:

„Wir haben es mit einer noch unerkannten Bewusstseinsebene zu tun, die unabhängig vom Menschen, aber eng mit der Erde verbunden ist. Ich glaube nicht mehr, dass UFOs einfach Raumschiffe einer Rasse außerirdischer Besucher sind. Diese Vorstellung ist zu einfach, um ihr Aussehen, die Häufigkeit ihrer Manifestationen in der aufgezeichneten Geschichte und die Struktur der Informationen, die während des Kontakts mit ihnen ausgetauscht werden, zu erklären.“

Will uns Luis Elizondo mit seinen Ausführungen sagen, dass außer uns wirklich noch andere intelligente Lebensformen den Planeten Erde bewohnen? In einem Video-Interview mit Luis Elizondo stellt dieser sinngemäß die Frage, ob es auf diesem Planeten vielleicht mehrere „Menschheiten“ gibt? Er beschreibt, dass es hier vielleicht noch andere menschenähnliche Wesen gibt, die aufrecht auf zwei Beinen gehen und intelligent sind:

„Künstliche Intelligenz könnte das tun, wenn sie richtig fortgeschritten ist. Aliens könnten das tun. Wesen, die hier auf der Erde mit uns aufgewachsen sind – aber vor uns verborgen sind – könnten das tun.“

Einer der faszinierendsten Artikel erschien in diesem Jahr auf dem Portal Military.com. Darin dreht es dreht sich erneut um die Ermittlungen des Pentagon, und es ist die Rede davon, dass ungewöhnliche fliegende Objekte nicht erst im 20. Jahrhundert aufgetaucht sind, sondern dass derartige Sichtungen mit Bestimmtheit seit Beginn der bekannten menschlichen Geschichte stattgefunden haben. Viele ehemalige amerikanische Regierungsangehörige und Forscher wie James Lacatski weisen darauf hin, dass diese Flugobjekte viel weiter fortgeschritten sind als unsere irdischen und dass sie mit einer fortschrittlichen Physik operieren. Lacatski spricht aber auch davon, dass ein Teil des Phänomens nichts mit physischer Technologie, sondern eher mit geisterhaften Erscheinungen aus der Welt des Übernatürlichen zu tun hat. Schließlich sagt er: *„Sie sind eine Mischung aus beidem."* Dementsprechend stellt er klar, dass UFOs nicht nur fortschrittliche Technologie darstellen, sondern Aspekte besitzen, die für Wissenschaftler nicht erklärbar und deshalb paranormal sind. Die Autoren des Artikels berichten weiter, dass das US-Militär möglicherweise Teile von abgestürzten UFOs bergen konnte und im Geheimen daran arbeitet, diese zu verstehen.

> *„Wenn etwas schon lange hier ist und es wirklich in den Schlafzimmern der Leute auftaucht, oder vor einer F-18, oder an einer Petroglyphen-Wand, oder in einem alten Text unten im Archiv des Vatikans, oder was auch immer es sein mag, es tut offensichtlich etwas und es hat offensichtlich Einfluss."*

Der ehemalige CIA-Direktor John Brennan äußerte sich ebenfalls zu diesem Thema und sagte: *„Ich denke, es ist anmaßend, wenn nicht gar arrogant, zu glauben, dass es nirgendwo im gesamten Universum eine andere intelligente Lebensform gibt. Was das sein könnte, unterliegt vielen verschiedenen Ansichten ... Aber ich denke, einige der Phänomene, die wir vielleicht sehen, sind weiterhin unerklärt und könnten eine Art von Phänomen sein. Das ein Ergebnis von etwas ist, das wir noch nicht verstehen und eine Art von Aktivität beinhalten könnte, von der einige sagen könnten, dass sie eine andere Lebensform darstellt."*

In der bekannten George-Knapp-Show traten unlängst auch andere frühere CIA-Offiziere auf, die sehr offen über ihr Wissen zum UFO-Phänomen plauderten. Diese Männer erklärten George Knapp: ***„Es existiert eine völlig andere Realität, die uns umgibt."***

UFO-Insider wie Luis Elizondo, George Knapp, Jaques Vallée, James Lacatski, Colm Kelleher oder auch die ehemaligen CIA-Offiziere John Ramirez und Jim Semivan sind aufgrund ihrer Kenntnisse über das Phänomen davon überzeugt, dass die Regierungen schon seit 1947, also quasi seit dem Beginn der modernen UFO-Ära, davon wissen, dass eine Realität um uns herum existiert, die wir nicht sehen oder wahrnehmen können. Diese unbekannten Existenzebenen stellen wohl die wichtigste Komponente des gesamten UFO-Phänomens dar! Jim Semivan sprach mit George Knapp darüber, dass auch der Geheimdienst CIA in der UFO-Ermittlung aktiv ist, weshalb viele Mitarbeiter persönliche Erfahrungen mit dem Phänomen gemacht haben. Semivan arbeitete 25 Jahre lang für den Dienst und erzählt, dass seine speziellen Begegnungen, die er zusammen mit seiner Frau hatte, im Jahr 1990 begonnen haben, als fremdartige Wesen in ihrem Schlafzimmer erschienen sind. Jim Semivan enthüllt, dass auch andere CIA- und NSA-Kollegen UFO-Nahbegegnungen erlebt haben. Diese Wesen befassen sich offenbar mit emotionalen und biologischen Faktoren der Menschen, wobei auch andere Komponenten eine Rolle spielen, die wir noch nicht erfassen können.

> *„Ich denke, sie (die fremden Wesen) erwähnen, dass das Phänomen ein natürlicher Teil unseres Universums ist, und wir leben darin, aber wir erkennen es nicht. Genauso wie Insekten und Tiere das menschliche Universum nicht erkennen. Eine Katze und ein Hund könnten durch eine Bibliothek laufen, aber sie haben nicht die leiseste Ahnung, worum es in den Büchern geht und worum es in Bibliotheken geht. Wir gehen vielleicht durch unsere Existenz, und es gibt eine ganz andere Realität, die uns umgibt, die wir einfach nicht sehen oder mit der wir nicht interagieren können.“*

> *„Es scheint in unsere kleine Konsens-Realität hineinzublicken … Vielleicht ist es nur eine weitere Expedition über den Horizont hinaus, bei der wir erkennen werden, dass das, was wir für Monster hielten, wirklich nur unsere Nachbarn sind.“*

Kapitel 5 – Mysteriöse Erlebnisse von Apollo-Astronauten

Die konstante Überwachung durch UFOs

Abb. 30: Es kursieren viele Verschwörungstheorien über Begegnungen von Astronauten mit UFOs und Außerirdischen im Weltraum.

Es kursieren viele Verschwörungstheorien über Begegnungen von Astronauten mit UFOs und Außerirdischen im Weltraum, doch was ist wirklich dran an diesen Legenden, und handelt es sich wirklich bloß um Theorien, oder gibt es überprüfbare Fakten zu diesem Thema? Ich habe mich auf Spurensuche begeben und konnte eine Menge interessanter Dinge erfahren, von denen das nun folgende Kapitel handelt. Ehemalige NASA-Angestellte, die direkt an den Apollo-Programmen und anderen Weltraumprogrammen mitgearbeitet haben, sprechen ebenfalls von unerklärlichen Vorkommnissen, die mit der Existenz von Außerirdischen und einem geheimen Weltraumprogramm zu tun haben. Nach längerer Recherchearbeit bin ich auf zusätzliches faszinierendes Material gestoßen, das bereits vor Jahrzehnten veröffentlicht wurde, aber inzwischen wieder völlig in Vergessenheit geraten ist. Ich glaube, diese brisanten Informationen ergänzen die Ausführungen vieler Whistleblower, die von geheimen Weltraumprogrammen berichten, und liefern noch genauere Details und überraschende Tatsachen. Beginnen möchte ich mit dem Bericht des ehemaligen NASA-Ingenieurs Maurice Chatelain (1909-1995). Ein paar Jahre nach dem Ende des Apollo-Programms veröffentlichte er Mitte der 1970er-Jahre das Buch »Our Ancestors Came From Outer Space – A NASA Expert Confirms Mankinds Extraterrestrial Origins« (Unsere Vorfahren kamen aus dem Weltraum – Ein NASA-Experte bestätigt die außerirdischen Ursprünge der Menschheit), das mehr als zehn Jahre später, im Jahr 1988, noch einmal in einer leicht erweiterten Fassung erschienen ist. Dieses Buch wurde in mehrere Sprachen übersetzt, erschien jedoch niemals auf Deutsch. Ich habe es mit großem Interesse gelesen und möchte daher einen Überblick über einige Kapitel dieses hochinteressanten Materials liefern.

Maurice Chatelain wurde in Frankreich geboren, lebte bis Mitte der 1950er-Jahre in Marokko und zog dann in die USA. Dort arbeitete er als Techniker und Erfinder und bekam im Jahr 1959 eine Stelle im Unternehmen *Ryan Electronics*. Er wurde zum Leiter einer Forschungsabteilung, die neue Radar- und Telekommunikationssysteme entwickelte. Er erhielt für seine Erfindungen insgesamt elf Patente und schreibt, dass diese Zeit damals eine großartige Ära der Entwicklung von Elektronik war, die niemals wiederkehren wird. *Ryan Electronics* entwickelte damals die besten Radarsysteme der Welt, die äußerst präzise Ablesungen der Positionen von Flugzeugen liefern konnten. Eines dieser Systeme machte es sogar möglich, dass eine Militärmaschine per Autopilot von San Diego bis nach Washington D.C. fliegen konnte und das Ziel nur um ein paar hundert Meter verfehlte! Durch seine Forschungsarbeit wurde Chatelain zu einem Fachmann für elektronische Navigation, und eines seiner Systeme wurde schließlich für die Raketen der Ranger-Aufklärungsmissionen verwendet, mit denen die NASA die ersten Sonden zum Mond schickte, um die Mondoberfläche zu inspizieren. Mit dem Surveyor-Programm wurden zwischen den Jahren 1966 und 1968 insgesamt sieben Robotersonden zum Mond geschickt, die auf der Oberfläche gelandet sind, ohne Schaden zu nehmen. Zu dieser Zeit gab es einen Wettstreit mit der Sowjetunion, die einige Monate zuvor ihre Luna-Sonden zum Mond gesandt hatte, die ebenfalls die Mondoberfläche untersuchen sollten.

Abb. 31: Der NASA-Ingenieur Maurice Chatelain.

Das Surveyor-Programm wurde im *Jet Propulsion Laboratory* (JPL) der NASA geplant und diente zur Vorbereitung des Apollo-Programms. Die Robotersonden sollten weich auf der Mondoberfläche landen, um festzustellen, ob man dort auch mit schweren bemannten Landemodulen sicher landen konnte. Die Sonden waren mit Instrumenten ausgestattet, die den Mondboden analysierten, denn vor den sowjetischen Missionen war nicht klar, wie dick die Staubschicht auf der Mondoberfläche ist und ob Kosmonauten und Astronauten überhaupt dort landen können. Grundsätzlich wurde ermittelt, dass Landungen möglich waren, und obendrein wurde auch die Zusammensetzung des Staubs und des Mondbodens ausgewertet.

Maurice Chatelain hält fest, dass diverse amerikanische Luftfahrtunternehmen die besten technischen Anlagen besaßen, um die Produktion der Apollo-Ausrüstung sofort in Angriff zu nehmen. Dieses neue Weltraumprogramm würde Milliarden von US-Dollars an Steuergeldern verschlingen, doch damals regte sich niemand darüber auf. Die einzig wichtige Frage lautete, ob die Russen oder die Amerikaner zuerst auf dem Mond landen würden. Es wurde also entschieden, Apollo zu bauen, doch niemand hatte eine konkrete Vorstellung, wie das Programm aussehen sollte. Darum forderte die amerikanische Regierung buchstäblich Tausende von Ingenieuren an, die das Projekt umsetzen sollten. Aus diesem Grund wurde das Unternehmen *North American* beauftragt, und Chatelain war einer der ersten Techniker, die sich für das Apollo-Programm gemeldet haben, denn er war in der Branche bereits als Spezialist für Radar- und Kommunikationssysteme bekannt. Aus diesem Grund wurde ihm sofort angeboten, das Apollo-Kommunikationssystem und das System zur Datenverarbeitung zu planen und zu konstruieren. Die Aufgabe wurde nicht spezifiziert, denn niemand hatte eine genaue Vorstellung davon, wie es letztlich aussehen sollte.

Es gab bis dato kein Kommunikationssystem, das leistungsfähig genug war, um Funksprüche oder TV-Übertragungen über die Distanz Erde-Mond zu senden. Diese Technik musste damals erst erfunden, perfektioniert und gebaut werden. Dazu waren Relais-Stationen notwendig, die man rings um den Äquator an unterschiedlichen Orten errichten musste. Es handelte sich um Parabolantennen mit einem Durchmesser von über 70 Metern, und sie wurden so angeordnet, dass eine von ihnen immer in Kontakt mit einem Apollo-Raumschiff im Weltraum stehen konnte, wenn dieses sich in einer Umlaufbahn um den Mond befinden würde. Alle Stationen mussten permanent miteinander in Kontakt stehen und alle gaben ihre Daten an das Apollo-Space-Flight-Center in Houston, Texas, weiter. Erstaunlicherweise lief laut den Aussagen von Maurice Chatelain alles reibungslos und völlig glatt. Die Geräte, die entwickelt worden waren, funktionierten viel besser, als das irgendjemand für möglich gehalten hatte. Er protokolliert, dass hier eine *„göttliche Einflussnahme“* bestanden hätte und nicht nur menschliche Intelligenz am Werk gewesen sei.

Seit dieser Zeit glaubte Chatelain wirklich an die Möglichkeit einer hilfreichen Intervention von außerirdischen Wesen in die menschlichen Angelegenheiten. Endlich kam der Tag, an dem angekündigt wurde, dass ein internationaler Kongress der Astronautik in Paris stattfinden sollte. Maurice Chatelain meldete sich spontan dort an und verband diese Reise mit einem seit längerer Zeit geplanten Urlaub in seiner alten Heimat Frankreich. Die Teilnahme am Kongress war mit der Unternehmensleitung nicht abgesprochen, und die USA wählten einige offizielle Repräsentanten aus, die eigentlich am Kongress teilnehmen sollten. Als Maurice schließlich in Paris eingetroffen war, erhielt er einen Telefonanruf von einem ihm unbekannten Mann. Dieser benachrichtigte ihn, dass er sehr an Weltraum-Kommunikation und außerirdischem Leben interessiert sei und aus diesem Grund gern mit Chatelain zu Abend essen würde, um diese Themen näher zu erörtern. Weil er an diesem Tag nichts Besseres geplant hatte, sagte er dem Unbekannten spontan zu, und es stellte sich heraus, dass es ein faszinierender Abend werden sollte. Chatelain berichtete dem Mann ausführlich von allen ihm bekannten Aspekten des Apollo-Programms. Als Gegenleistung erfuhr er Dinge, über die er zuvor noch nichts wusste. Es handelte sich um Informationen über antike Zivilisationen, die vor Tausenden von Jahren auf dem Planeten Erde entstanden sind und von fremden Astronauten aus dem Weltraum abstammten.

Obwohl es den Amerikanern zunächst nicht gefiel, dass Chatelain ohne vorherige Absprache auf dem Kongress referieren wollte, benötige man zu guter letzt doch noch einen Techniker, der fließend Französisch sprechen und vortragen konnte. Die Präsentation auf dem Kongress lief sehr gut, und Maurice sprach über Kommunikationssysteme und das Apollo-Programm. Hernach wurde er mit Fragen überhäuft, denn viele Zuhörer wollten nicht nur mehr über die technischen Details der Weltraumkommunikation erfahren, sondern sie stellten gezielte Fragen nach der möglichen Kontaktaufnahme mit außerirdischen Zivilisationen und den Konsequenzen, die eine derartige Kontaktaufnahme für die ganze Menschheit mit sich brächte. Auf solche Anfragen war Maurice nicht vorbereitet, denn die Leute sprachen nun nicht mehr über das Apollo-Programm und der Erforschung des Mondes, sondern über riesige Antennen und Radioteleskope, um damit das Universum zu erkunden. Fortan musste sich der französische Techniker zügeln, denn er war bereits amerikanischer Staatsbürger und musste es aufgrund seiner Position vermeiden, in der Öffentlichkeit über derartige Dinge zu diskutieren.

Dennoch nutzte er die Gelegenheit und traf sich anschließend mit einigen russischen Spezialisten, um ihre drängenden Fragen im privaten Rahmen im Detail zu besprechen. Es drehte sich wieder um diese galaktischen Theorien und außerirdisches Leben. Die sowjetischen Gelehrten berichteten ihm von ihren Forschungsergebnissen und Erkenntnissen über fremde Intelligenzen im Kosmos. Bei der Unterredung kamen Dinge heraus, die Chatelain niemals von seinen amerikanischen Kollegen erfahren hätte! Er sagt, dass er ohne diese brisanten Informationen der russischen Forscher nicht in der Lage gewesen wäre, sein Buch zu schreiben. Sie erklärtem ihm bestimmte Zusammenhänge über die Ursprünge der antiken irdischen Zivilisationen, deren Wiege tatsächlich auf anderen Planeten zu suchen ist! Diese Gespräche fanden Mitte der 1960er-Jahre statt, und kurze Zeit später liefen die Tests mit den ersten Apollo-Modulen an. Am 27. Januar 1967 kam es zu einem tragischen Unfall, als bei einem Test für die Apollo-1-Mission in Cape Kennedy/Florida drei Astronauten an Bord starben, weil es während des Countdowns zu einer Explosion kam. Danach wurde das ganze Programm unterbrochen, um ein neues Kommandomodul zu entwerfen, damit es in der mit Sauerstoff gesättigten Atmosphäre im Innern des Moduls nicht erneut zu einem elektrischen Feuer kommen konnte. Im Oktober 1968 wurde dann Apollo 7 gestartet, und die Astronauten Walter M. Schirra, Donn F. Eisele und Walter Cunningham blieben elf Tage lang in der Erdumlaufbahn. Alle Geräte arbeiteten ohne Fehlfunktionen, und daraufhin gab es endlich grünes Licht für den Flug zum Mond! Im Dezember 1968 flogen die drei Astronauten Frank F. Borman, James A. Lovell und William A. Anders an Bord von Apollo 8 endlich zum Mond. Sie umkreisten ihn auf einer Umlaufbahn in einer Höhe von 95 Kilometern, und das war das erste Mal, dass die Oberfläche des Mondes von Menschen aus dem Orbit beobachtet werden konnte. Dann kam die Zeit der Mondlandungen mit Apollo 11 bis Apollo 17, und an diesem Punkt wird es richtig interessant, denn Maurice Chatelain schreibt, dass während dieser Missionen mehrere völlig unvorhergesehene Dinge geschehen sind!

Über einige dieser Vorkommnisse konnte oder durfte Chatelain selbst Jahre danach nicht schreiben oder sie auch nur erwähnen, über andere konnte er berichten, jedoch ohne die Quellen seiner Informationen zu enthüllen. Doch auch das nur unter Vorbehalt, weil er selbst nicht Zeuge dieser Abenteuer geworden ist. Sowohl die sowjetischen als auch die amerikanischen Mondmissionen brachten Entdeckungen mit zur Erde zurück, die man dort nicht erwartet hatte! Es gab im Laufe der Missionen mehrmals große Probleme mit der technischen Ausrüstung. Das war aber nicht alles, denn die Astronauten haben damals auf ihren Mondflügen Dinge gesehen, über die sie mit niemandem außerhalb der NASA sprechen durften! Bei Veröffentlichung des Buches war es laut Maurice Chatelain noch immer schwer, darüber spezifische Informationen von der NASA (<u>N</u>ever <u>A</u> <u>S</u>traight <u>A</u>nswer) zu erhalten, da diese beständig eine strikte Kontrolle über die Offenlegung dieser Angelegenheiten ausübte. An diesem Umstand hat sich im Grunde bis zum heutigen Tag nichts geändert. Der Unterschied ist nur, dass inzwischen die meisten ehemaligen Apollo-Astronauten verstorben sind. Viele von ihnen haben vor ihrem Tod von ihren persönlichen Erfahrungen mit außerirdischen Raumschiffen berichtet! Chatelain erwähnt, dass es so wirkt, als wären sämtliche Raumflüge der NASA vom Mercury-Projekt über das Gemini-Projekt bis hin zum Apollo-Projekt aus einiger Distanz und manchmal auch sehr nah von verschiedenen Raumschiffen unbekannten Ursprungs verfolgt und genau beobachtet worden! Es handelte sich laut ihren Aussagen um klassische Fliegende Untertassen oder UFOs! Immer wenn Astronauten im All eines dieser Objekte erblickten, wurden sie von der Einsatzkontrolle angewiesen, absolutes Stillschweigen darüber zu bewahren! Doch warum hat die amerikanische Weltraumorganisation nicht versucht, Kontakt zu den außerirdischen Schiffen herzustellen, wussten die Vereinigten Staaten doch bereits seit langer Zeit von ihrer Existenz im erdnahen Orbit und auf dem Mond?

Einen ersten Kontakt gab es bereits im Oktober 1962, als Walter Schirra (1923-2007), der im Zuge der Mercury-Atlas-8-Mission als Testpilot und NASA-Astronaut als einer der ersten Menschen in den Weltraum befördert wurde. Er hat neun Stunden lang im Raumschiff *Sigma 7* die Erde umkreist. Laut Chatelain hat Schirra damals eines dieser unbekannten Objekte gesehen, wobei die ersten Astronauten dann das Codewort „Santa Claus" für eine derartige Sichtung benutzten! Das sollte der Einsatzkontrolle klarmachen, dass eine Fliegende Untertasse neben der Raumkapsel aufgetaucht war. Diese Funksprüche wurden daher von der Öffentlichkeit kaum zur Kenntnis genommen. Auffälliger war dann schon der Funkspruch von James Lovell an Bord von Apollo 8, der bei einer Umkreisung des Mondes zu Erde gefunkt hat: *„Wir wurden informiert, dass Santa Claus wirklich existiert!"* Obwohl das am Weihnachtstag des Jahres 1968 geschah, haben viele Menschen die verborgene Bedeutung dieser Worte erkannt.

Weil dieses Thema so mitreißend ist, bringe ich nun einige detaillierte Informationen über diese Vorgänge, die bekannt geworden sind. Die Astronauten James McDivitt und Ed White konnte bereits am 4. Juni 1965 ein UFO fotografieren, als sie mit der Gemini-4-Kapsel im Weltraum waren und sich gerade über Hawaii befanden. Sie beschrieben dieses Objekt als ein glühendes Ei. Ihren Kollegen Frank Borman und James Lovell konnten während der Gemini-7-Mission am 4. Dezember 1965 scharfe Fotos von zwei UFOs machen, und zwar aus einer Entfernung von nur ein paar hundert Metern! Die beiden UFOs sahen für die überraschten Astronauten aus wie zwei riesige Pilze, wobei man auf den alten Fotos deutlich ihre glühenden Antriebssysteme an der Unterseite erkennen kann. Das fremde Objekt, das von James McDivitt fotografiert wurde, hatte eine zylindrische Form, es war weiß und hatte einen langen Arm, der aus einer

Seite des fremden Schiffs herausragte. Am nächsten Tag konnten die Astronauten ein weiteres unbekanntes Objekt aus dem Fenster ihrer Raumkapsel erkennen, das sie der NASA meldeten. Sie sagten, dass dieses Ding erst über und dann unter ihnen war. Es war wieder ein silberfarbener Zylinder, der offenbar dem Gemini-Raumschiff ständig folgte und es beobachtete. Ein hochauflösendes Foto dieses Objekts wurde später offiziell veröffentlicht! Viele Astronauten haben derartige Schiffe beobachtet, und sie wurden auch von Neil Armstrong und Buzz Aldrin auf der Oberfläche des Mondes gesehen. Selbst Eugene Andrew Cernan (1934-2017), Kommandant der Apollo-17-Mission und der letzte amerikanische Apollo-Astronaut, der im Dezember 1972 den Mond betrat, hatte ein Erlebnis. Er erklärte in einem Interview mit der *Los Angeles Times*, das in einem Artikel im Jahr 1973 abgedruckt worden ist: *„Ich wurde über UFOs befragt und ich sagte öffentlich, dass ich glaube, sie sind jemand anderes, stammen also von einer anderen Zivilisation.“*

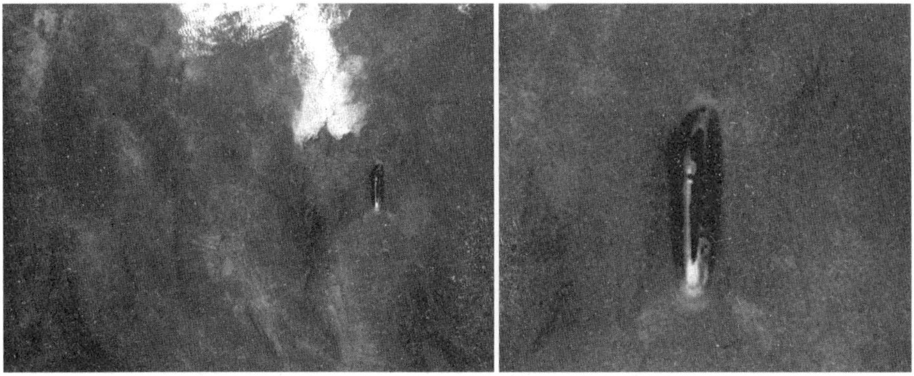

Abb. 32: Der stark vergrößerte Schnappschuss eines unbekannten Objekts in der Erdumlaufbahn, das von Gemini-Astronauten im Juni 1965 fotografiert werden konnte – es verströmte ein silbernes Licht um sich herum.

Die Mission Gemini-7 befand sich damals 14 Tage im All, und die Astronauten funkten zur Bodenstation, dass sie wiederholt in der Nähe ihrer Kapsel nicht identifizierte Raumschiffe gesehen haben. Die Funksprüche enthüllten, dass sie auf jeden Fall mehrere UFOs und nicht irgendwelche Raketenstufen der Titan-Trägerraketen vor sich hatten, mit denen sie in den Weltraum gereist waren. Der Astronaut Frank Borman sagte aus, dass er sowohl den Booster der Rakete als auch ein zweites Objekt beobachten konnte, das eindeutig nicht von der Rakete stammte. James Lovell benutzte damals über Funk das Codewort „Bogey“ für dieses Ding, was so viel wie Schreckgespenst bedeutet. Hier ein Auszug aus dem Funkverkehr dieser Gemini-7-Mission:

Lovell: „Bogey bei 10 Uhr hoch."

Capcom-Flugkontrolle: „Hier ist Houston. Bitte wiederholen Sieben."

Lovell: „Ich sagte, wir haben ein Bogey bei 10 Uhr hoch."

Capcom: „Gemini 7, ist das der Booster oder eine wirkliche Sichtung?"

Lovell: „Wir hatten mehrere wirkliche Sichtungen."

Capcom: „… Geschätzte Entfernung oder Größe?"

Lovell: „Wir haben auch den Booster in Sicht …"

Die Astronauten James Lovell und Frank Borman hatten also mehrere verschiedenartige UFOs in der Erdumlaufbahn gesehen und auch fotografiert, und die Bodenkontrolle versuchte, sie irgendwie plausibel zu erklären und behauptete, es hätte sich nur um den Booster der Titan-Rakete gehandelt. Die Astronauten konnten aber sowohl den Booster als auch ein anderes Objekt sehen, das ihnen in einiger Entfernung folgte, sie wussten also, dass sie dort nicht allein waren! Das geschah beim zweiten Erdumlauf, und Lovell konnte Fotos von zwei dieser pilzförmigen UFOs machen – das war am 4. Dezember 1965. Daraufhin gab es sofort Fälschungsvorwürfe gegen die NASA, weil Skeptiker und Zweifler behaupteten, dass dieses Foto per Airbrush-Spritzpistole gefälscht worden sein soll, und die Lichter, die zu sehen waren, lediglich Reflexionen der Raumkapsel gewesen wären. Es wurde anschließend berichtet, dass die NASA-Bodenkontrolle auf den Funkfrequenzen dieser Mission Botschaften in einer nicht identifizierten Sprache empfangen hat. Könnte es sich hier um einen Funkspruch von den außerirdischen Beobachtern in diesen Objekten gehandelt haben?

Von mehreren Fotos von McDivitt von einem unbekannten Raumschiff mit langen Armen wurde nur eines jemals veröffentlicht, und er hat hierauf vor Reportern in Dallas/Texas gesagt: *„UFOs sind dort draußen."* Diese unbekannten Raumschiffe folgten den irdischen Raumkapseln oft mehrere Stunden, und es handelte sich laut McDivitt bei seiner Sichtung eindeutig um mechanische Arme, die an einem dieser UFOs befestigt waren. Die Aufnahmen davon wurden auf der Erde von der Einsatzkontrolle analysiert, aber niemals öffentlich kommentiert. Mit einer Filmkamera an Bord wurde auch das zylinderförmige Objekt gefilmt, während die beiden Astronauten über die Karibik hinweggeflogen sind. Ein Einzelbild aus diesem Film wurde später in verschiedenen UFO-Büchern abgedruckt. (Abb. 32) Hier ein Auszug aus den Funksprüchen der Gemini-4-Mission zwischen James McDivitt und der Bodenkontrolle Capcom (Capsule Communicator):

CC: „... Roger. Es ist alles im grünen Bereich, wie geht es euch dort oben?"

McDivitt: „... Gut. Ich habe gerade etwas anderes hier bei mir gesehen, doch gerade, als ich nahe genug herangekommen bin, um ein gutes Bild davon zu machen, kam mir die Sonne in den Weg, und ich habe es verloren."

CC: „Roger. Wir haben einige Veränderungen für den Flugplan. Wollen Sie dranbleiben, um sie zu kopieren?"

McDivitt: „Ja. Ich bleibe dran und sehe zu, ob ich dieses Ding wiederfinden kann ... Okay, machen Sie weiter, es sieht nicht so aus als ob ich es nochmal sehen werde."

CC: „Das ist bestätigt ... Suchen Sie immer noch nach dem Ding dort oben?"

McDivitt: „Nein, ich habe es verloren. Es hatte große Arme, die aus ihm herausragten. Ich sah es nur für eine Minute. Ich konnte ein paar Bilder mit der Filmkamera machen und eines mit der Hasselblad-Kamera, doch es war im freien Fall, und bevor ich die Kontrolle zurückerlangen konnte, driftete ich auf die Seite und habe es verloren."

CC: „Eine gute Show."

Später musste McDivitt auf Anweisung der NASA bei der offiziellen Version der Weltraumorganisation bleiben, dass er eine Lichtreflexion aus dem Cockpitfenster gesehen hätte, und dass es sich bei diesem Objekt um einen geheim gehaltenen menschengemachten Satelliten gehandelt habe, der aus Sicherheitsgründen von der Verteidigung nicht bekannt gegeben worden war. Somit war James McDivitt einer der wenigen Astronauten, die offen vor der Presse über ihre Erlebnisse sprechen durften.

Hier folgen jetzt einige andere Zitate von Astronauten, die ebenfalls Aussagen über UFOs gemacht haben, und über die ich bisher noch nicht berichtet habe. Donald Kent Slayton (1924-1993) war ein ehemaliger US-Air-Force-Pilot, Luftfahrtingenieur und Testpilot, der für das NASA-Mercury-7-Programm ausgewählt worden war. Er wurde daraufhin zum Leiter des Astronaut Office und war verantwortlich für die Zusammenstellung der Astronauten-Crews. In einem Interview sprach Slayton davon, dass er bereits im Jahr 1951 das erste Mal UFOs gesehen hat:

„Ich testete ein P-51 Mustang-Kampfflugzeug in Minneapolis, als ich dieses Objekt ausmachen konnte. Das war in einer Höhe von 3.000m an einem schönen, hellen und sonnigen Nachmittag: Als ich näherkam, sah es wie ein Wetterballon aus, grau und rund, mit einem Durchmesser von einem Meter, doch sobald ich

hinter dem Ding war, sah es nicht mehr wie ein Ballon aus. Es sah aus wie eine Untertasse, eine Scheibe! Ich bemerkte jetzt, dass es sich von mir fort bewegte, ich flog mit rund 480km/h und verfolgte es kurzzeitig, dann plötzlich machte sich das verdammte Ding auf und davon. Es zog in einen aufsteigenden 45-Grad-Winkel, beschleunigte und verschwand dann einfach.“

Mit 51 Jahren war Donald Slayton der älteste Astronaut, der noch in den Weltraum geschickt wurde. Er gab Informationen über seine UFO-Erlebnisse an seine Kollegen John Young und John Glenn weiter. Er erzählte, das unbekannte Objekt ist seinem schnellen Kampfflugzeug mühelos entkommen, indem es bei Hochgeschwindigkeit plötzlich einen Richtungswechsel durchgeführt hat. Ein weiterer NASA-Astronaut hieß Malcolm Scott Carpenter (1925-2013), dieser war Marineoffizier und ebenfalls Testpilot sowie Astronaut, der 1959 für die Mercury-7-Mission der NASA ausgewählt worden war. Dadurch wurde er zum zweiten Amerikaner, der nach John Glenn die Erde umrundete. John Glenn und Malcolm Carpenter waren die letzten lebenden Mitglieder der Mercury-Missionen, die über ihre seltsamen Erlebnisse sprachen. Carpenter erklärte wörtlich: ***„Zu keiner Zeit, als die Astronauten im Weltraum waren, sind sie allein gewesen: Es gab eine konstante Überwachung durch UFOs!“***

Abb. 33: Der Astronaut Gordon Cooper und neben ihm Edward White, der erste Amerikaner, der 1965 einen Weltraumspaziergang machte.

Die aussagekräftigsten Auskünfte und Stellungnahmen aller NASA-Astronauten hinsichtlich unbekannter Flugobjekte stammen zweifellos von Major Gordon Cooper (1927-2004). Er war Luftfahrtingenieur und US-Air-Force-Pilot und der ehemals jüngste Astronaut für das Projekt Mercury. Im Jahr 1963 flog er die letzte Mercury-Kapsel und wurde der erste Amerikaner, der einen ganzen Tag allein im Weltraum verbrachte. Dann nahm er am Nachfolgeprojekt

Gemini teil und wurde zum Kommandanten der Gemini-5-Mission, die im Februar 1965 stattfand. Später war Gordon Cooper auch noch der Apollo-10- und der Apollo-13-Mission als Mitglied zugeteilt und ging dann schließlich im Rang eines Colonel im Jahr 1970 in den Ruhestand. Er hatte bis dahin rund 222 Stunden im Weltall verbracht! Gordon Cooper war einer der ersten Astronauten, die über die Vertuschung des UFO-Phänomens durch die amerikanische Regierung berichtete. Cooper entwickelte schließlich eine Vorliebe, über die Geheimnisse von UFOs zu reden und erklärte in einem Interview mit dem Autor J. L. Ferrando: *„Viele Jahre lang lebte ich mit einem Geheimnis, diese Geheimhaltung wurde allen Spezialisten und Astronauten auferlegt. Ich kann jetzt enthüllen, dass in den USA von unseren Radarinstrumenten jeden Tag Objekte erfasst werden, deren Form und Zusammensetzung uns unbekannt sind."*

Im Jahr 2000 veröffentliche Cooper seine umstrittene Autobiografie »Leap of Faith«, in der er die verborgenen Vorgänge hinter den frühen Weltraumprogrammen der USA beschreibt. Er schreibt von Kontakten und der Existenz von außerirdischen Intelligenzen, und hebt dabei hervor, dass wir bereits von ihnen kontaktiert worden sind! Weiterführende Informationen hatte Cooper laut dem Buch von seinem guten Freund Wernher von Braun erhalten, dem berühmten deutschen Raketentechniker, der dafür gesorgt hat, dass die Vereinigten Staaten die Sowjetunion beim Wettrennen zu Mond geschlagen haben. Gordon Cooper beteuert, Fotos aus der Area 51 gesehen und mit mehreren amerikanischen Präsidenten im Weißen Haus über die Erlebnisse von Militärpiloten gesprochen zu haben, die nicht identifizierte Flugobjekte mit ihren Abfangjägern verfolgten. Während der Gemini-Missionen sind Filmaufnahmen von UFOs entstanden, die daraufhin von der Regierung konfisziert worden sind. Das alles war laut Cooper ein Teil einer langanhaltenden Verschleierung des UFO-Phänomens. Die in seinem Buch enthaltenen Informationen sind deshalb eine wirkliche Herausforderung für UFO-Skeptiker. Major Cooper hatte mit derartigen Flugobjekten erstmals im Jahr 1951 über Deutschland in der Nähe seiner damaligen Basis in München als Kampfpilot Erfahrungen gesammelt. Er erblickte ganze Flotten von scheibenförmigen Fliegenden Untertassen, die über einen Zeitraum von mindestens zwei Tagen über Deutschland zu sehen waren! Er versuchte, sie mit seinem Kampfjet zu verfolgen, doch ihre Geschwindigkeit war einfach zu hoch, und kein irdisches Flugzeug konnte sie zu dieser Zeit einholen oder abfangen.

In einem Interview mit der Zeitschrift *National Enquirer* ging Cooper noch mehr ins Detail: Er sagte, seine UFO-Sichtungen hätten sich in einem Zeitraum von zwei Tagen im Sommer 1951 über der Neubiberg Air Base ereignet, die sich bis zum Jahr 1991 wenige Kilometer südlich von München befand und heute von der Bundeswehr benutzt wird. Seine Einheit war die 525th Fighter Squadron, die zwischen 1947 und 1952 in Europa stationiert war. Die UFOs, die er als Kampfflieger verfolgt hat, kamen in Gruppen von vier, zwölf, sechzehn oder zwanzig Objekten im Formationsflug, und zwar in regelmäßigen Intervallen, insgesamt zwei Tage lang den ganzen Tag über angeflogen. Sie schwebten direkt über die Basis hinweg, und die amerikanischen Kampfflieger konnten sie bis in eine Höhe von etwa 13.500m verfolgen, mussten dann aber aufgeben, weil sie nicht höher aufsteigen konnten. Gordon Cooper beschreibt, dass er immerhin nahe genug herankommen konnte, um zu erkennen, wie die unbekannten Flugobjekte ausgesehen haben. Sie hatten die Form von Flugscheiben oder runden Untertassen, und die Piloten hatten keine Ahnung, ob sie von diesen UFOs beobachtet wurden oder was diese überhaupt dort machten. Nach diesen zwei Tagen sind sie einfach wieder verschwunden und nicht wieder zurückgekehrt. Auf Anfragen von Ufologen konnte rund 30 Jahre später zumindest noch einer seiner ehemaligen Kollegen ausfindig gemacht werden, der sich an diese Vorfälle über Deutschland erinnerte. Es handelte sich um John Bonner aus Los Angeles, der im Jahr 1981 in einem Brief bestätigte, dass er damals zusammen mit Gordon Cooper geflogen war. Er schrieb, dass er ebenfalls eine große Formation von unbekannten Objekten sehr hoch über seinem Flugzeug beobachtet hat! Er glaubt, dass niemand eine Möglichkeit hatte, so hoch aufzusteigen, um sie genauer zu untersuchen. Es war an einem Sonntag, als zwei andere Piloten gerufen wurden, um eine große Anzahl von Objekten zu verfolgen, die von Osten gekommen sind. Ehe die Kampfjets sie erreichen konnten, waren sie aber bereits abgedreht und sind zurückgeflogen – handelte es sich hier möglicherweise um deutsche Flugscheiben, oder waren es tatsächlich außerirdische UFOs?

Im Jahr 1957 bekam Gordon Cooper in der Edwards Air Force Base in der Wüste von Kalifornien mehrere authentische Fotografien von klassischen Fliegenden Untertassen zu sehen, die laut militärischen Berichten kurz zuvor in streng geheimen militärischen Einrichtungen gelandet waren! Ein paar dieser Fotos schickte er zu einem General ins Pentagon, hörte jedoch daraufhin niemals wieder etwas von diesen Aufnahmen. Er war später auch nicht in der Lage herauszufinden, was mit diesen UFO-Aufnahmen geschehen war und glaubte schließlich, dass sie bei der US Air Force gelandet sind und zur offiziellen UFO-Untersuchung des *Projects Blue Book* herangezogen wurden, das damals in der Wright-Patterson Air Force Base im Gange war. In den späten 1970er-Jahren versuchte der ehemalige Apollo-Astronaut erfolglos, ein Unternehmen zu gründen, das sich mit der globalen Energieübertragung durch die Entdeckungen des Erfinders Nikola Tesla beschäftigen sollte. Seine Geschäftspartnerin Valerie Jean Ransone behauptete damals, wissenschaftliche Informationen durch telepathische Mitteilungen von außerirdischen Quellen zu erhalten, die man mit diesem Unternehmen umsetzen wollte. Seit dieser Zeit widmete Cooper sein Leben der Erforschung von UFOs, von denen er glaubte, dass sie außerirdischen Ursprungs sind. Bis zu seinem Tod war er davon überzeugt, dass die US-Regierung zweifellos Informationen über UFOs verheimlicht, denn es gibt Hunderte von Berichten von seinen militärischen Kollegen, die durch Radarbeobachtung und durch persönliche Begegnungen die Existenz derartiger Flugobjekte bestätigen konnten! Major Gordon Cooper schreibt in seiner Autobiografie, dass er selbst in seiner militärischen Laufbahn mehrmals unerklärliche Flugobjekte gesehen hat.

Seinen NASA-Kollegen berichtete er davon, dass ein Film, den er während der Gemini-5-Mission gedreht hatte, einfach konfisziert worden war, und dass US-Präsident Lyndon B. Johnson dafür verantwortlich gewesen sei und dem Astronauten auch persönlich erzählt habe, dass er angeordnet hätte, dieses Video als geheim einzustufen! Major Cooper berichtete zum Beispiel *CNN*, *USA Today* oder der *Los Angeles Times* davon, dass er auf der Edwards Air Force Base militärische Filme vorgeführt bekommen hatte, auf denen Präzisionslandungen von außerirdischen Flugobjekten zu sehen waren. Eine Fliegende Untertasse war auf eine Basis zugeflogen, hatte drei Landestützen ausgefahren und war sanft in einem ausgetrockneten Flussbett in der Wüste gelandet. Die Kameraleute rannten dabei mit laufenden Kameras auf das gelandete UFO zu, daraufhin erhob es sich wieder in die Luft und flog mit hoher Geschwindigkeit davon. Es sind bei dieser Gelegenheit gute Nahaufnahmen entstanden, und Gordon Cooper hegte keinen Zweifel, dass dieses UFO nicht von der Erde stammte. Er sagte, dass man diese Aufnahmen nicht veröffentlichen konnte, weil es womöglich eine Panik ausgelöst hätte, wenn bekannt geworden wäre, dass irgendjemand Fluggeräte besaß, die zu solchen Manövern fähig sind! Darum begannen die Behörden damit, Lügen über dieses Phänomen zu verbreiten, diese Lügen mussten dann mit anderen Lügen immer weiter ausgebaut werden, und schließlich waren das Militär und die Regierung nicht mehr dazu in der Lage, aus dieser Situation herauszukommen. Man befürchtete, dass die Bevölkerung Angst vor fürchterlichen außerirdischen Invasoren bekommen könnte, so wie es in den klassischen Hollywoodfilmen über UFOs dargestellt wird. Darum musste eine Panik um jeden Preis verhindert werden.

Abb. 34: Zwei klassische Hollywood-Streifen über den Angriff von Fliegenden Untertassen.

Gordon Cooper hatte eines seiner persönlichen Erlebnisse mit dem Phänomen im Zuge der letzten Mercury-Mission, bei der er als Solo-Astronaut Pilot war. Während der letzten Erdumkreisung am 15. Mai 1963 meldete er der Radarstation in Muchea in der Nähe von Perth in Australien, dass er ein glühendes grünes Objekt im All sehen konnte, das sich schnell seiner Kapsel näherte. Dieses UFO war real und ein festes Objekt, denn es wurde auch von der Bodenstation auf dem Radar gesehen. Dadurch, dass die *National Broadcast Company* die Mission live übertragen hat, bekam ganz Amerika diese unheimliche Begegnung mit! Als Cooper schließlich wieder sicher auf der Erde gelandet war, wurde den Reportern seitens der Regierung nicht erlaubt, ihn zu diesem UFO zu befragen! Vor der Versammlung der Vereinten Nationen bzw. der UNO erklärte Gordon Cooper später, dass diese unbekannten Flugobjekte außerirdischen Ursprungs seien und ihre Besatzungen unseren Planeten von anderen Planeten aus besuchten. Er erklärte damals, dass er Zeuge eines außerordentlichen Erlebnisses in Florida geworden war. Dort hatte er mit eigenen Augen einen Bereich gesehen, dessen Boden durch Flammen verbrannt und wo auch Abdrücke von vier Landestützen eines fliegenden Objekts vorhanden waren: *„Wesen hatten dieses Flugobjekt verlassen, sie schienen das Gelände zu studieren, sie sammelten Bodenproben ein und kehrten daraufhin wieder dorthin zurück, woher sie gekommen waren. Sie sind mit einer enormen Geschwindigkeit verschwunden. Ich wusste davon, dass die Behörden alles unternommen haben, um diesen Vorfall vor der Presse und dem Fernsehen zu verbergen, denn man befürchtete eine Panikreaktion der Bevölkerung."*

Obwohl Major Cooper die Mercury-9- und die Gemini-5-Mission geleitet hatte, wurde er letztlich nicht als Astronaut für die Apollo-Missionen ausgewählt. Das könnte mit der UFO-Situation in Zusammenhang gestanden haben.

Im Laufe der Zeit hatte der Astronaut nämlich darüber hinaus ein starkes Interesse für antike Zivilisationen entwickelt. Er nahm sogar an einer Expedition nach Südamerika teil, welche die Überreste einer 5.000 Jahre alten fortschrittlichen Kultur untersuchte, die offenbar eine Verbindung zu antiken Astronauten der fernen Vergangenheit hatte. Im Jahr 1978 berichtete Gordon Cooper der Zeitschrift *National Enquirer*: *„UFOs sind definitiv real.“* Und kurze Zeit später verfasste er mehrere Erklärungen an die Vereinten Nationen und forderte 1979, dass die UNO eine eigene UFO-Agentur gründen sollte.

Im Jahr 2003 erschien das Buch »MJ-12 and the Riddle of Hangar 18« des UFO-Autors Timothy Green Beckley. Dieser schreibt, dass in den 1980er-Jahren ein bekannter Hollywoodproduzent, der zuvor zu amerikanischen Geheimdienstmitarbeitern Kontakt gehabt hatte, eines Tages einen Briefumschlag mit streng geheimen Dokumente der Organisation *Majestic-12* in seinem Briefkasten gefunden hat. Sie enthielten Schilderungen von kleinen, menschenähnlichen außerirdischen Wesen, genannt EBEs (Extraterrestrial Biological Entities), die unseren Planeten Erde besuchen und untersuchen. Weiterhin wurden in diesem Buch Zusammenhänge präsentiert, die die Ermordung von Präsident John F. Kennedy im Kontext der UFO-Geheimhaltung aufzeigen. Außerdem wurde darin eine Liste mit Namen von Wissenschaftlern und anderen Menschen veröffentlicht, die für die legendäre Geheimorganisation Majestic-12 tätig gewesen sind. Schließlich legte Timothy Green Beckley auch die Existenz einer weiteren streng geheimen Organisation mit dem Namen *Interplanetary Phenomenon Unit* (IPU) offen, deren Existenz von der US Air Force zwischenzeitlich bestätigt wurde. Dann gibt es in diesem Buch noch Zeugenaussagen, nach denen in den 1960er-Jahren ein UFO im Central Park in New York gelandet ist. Auch Gordon Cooper wird darin zitiert: *„Ich glaube, UFOs sind sehr wahrscheinlich Reisende von anderen Planeten, Besucher von einer anderen Welt, die Hunderte oder Tausende von Jahren weiter entwickelt sind als wir, und die sicherlich ein weit effizienteres Antriebssystem als wir besitzen.“*

In einem TV-Interview in der *Merv Griffin Show* wurde Gordon Cooper zu UFOs und Außerirdischen befragt, und er antwortete überraschend, dass außerirdische Raumschiffe in Amerika gelandet und bruchgelandet seien, und dass die amerikanische Regierung ein paar lebende Insassen sowie UFO-Wracks geborgen habe. Er erklärte, dass das durchaus glaubwürdige Berichte seien, und dass er es gerne sehen würde, wenn qualifizierte Spezialisten zusammenarbeiteten, um diese Berichte zu untersuchen und zu bestätigen. Bis zu diesem Zeitpunkt hatte es fast niemand gewagt, dieses politisch kontroverse Thema so offen in den Medien anzusprechen. Doch Cooper fuhr fort zu erklären, dass in vielen

Bekanntmachungen von UFO-Kontakten und UFO-Entführungen, in die er Einblick hatte, oft das Gleiche geschildert werde. Er war außerdem davon überzeugt, dass auch die Besatzungsmitglieder von abgestürzten UFOs *„wahrscheinlich nicht so verschieden von uns sind"* bzw. dass diese Außerirdischen völlig menschenähnlich seien! Sie besäßen alle zwei Arme, zwei Beine, einen Oberkörper und einen Kopf mit den gleichen Gesichtsmerkmalen wie Menschen. In einem anderen Interview mit dem UFO-Forscher Lee Speigel erklärte Gordon Cooper, dass er in dieser Fernsehshow weitere Informationen hätte enthüllen können, doch damit hätte er sicherlich die Aufmerksamkeit von zu vielen offiziellen Regierungsbeamten auf sich gezogen.

Abb. 35: Eine Aufnahme einer Sitzung der Vereinten Nationen vom 14. Juli 1978 zum Thema UFOs, den Vorsitz führte der damalige Generalsekretär der UNO Kurt Waldheim.

Die Abb. 35 zeigt ein Foto von der Sitzung der Vereinten Nationen in New York vom 14. Juni 1978 mit dem damaligen Generalsekretär der UNO und späteren Bundespräsidenten von Österreich, Kurt Waldheim (1918-2007). Rund um den Tisch versammelt sieht man viele der damals bedeutendsten UFO-Forscher. Ganz links sitzt Gordon Cooper, neben ihm Jaques Vallée, der Astrophysiker Claude Poher, der UFO-Forscher und Astronom J. Allen Hynek, der ehemalige Premierminister von Grenada Sir Eric Gairy und UNO-Generalsekretär Kurt Waldheim in der Mitte. Auf der rechten Seite weitere Spezialisten und Professoren sowie Lee Speigel. Im Anschluss an diese UNO-Konferenz verfasste Gordon Cooper am 9. November 1978 einen offenen Brief an die Vereinten Nationen in New York und an den damaligen Botschafter von Grenada, George Ashley Griffith:

„An Botschafter Griffith: Ich wollte Ihnen meine Ansichten über unsere außerirdischen Besucher vermitteln, die man gewöhnlich als UFOs bezeichnet, und Ihnen vorschlagen, was getan werden könnte, um richtig mit ihnen umzugehen. Ich glaube, dass diese außerirdischen Fluggeräte und ihre Besatzungen, die offensichtlich technologisch ein wenig fortschrittlicher sind als wir hier auf der Erde, diesen Planeten von anderen Planeten aus besuchen. Ich glaube, dass wir ein koordiniertes Programm auf höchster Ebene benötigen, um auf wissenschaftlicher Ebene Daten aus der ganzen Welt zu sammeln und zu analysieren, die jede Art von Begegnung betreffen. Und um dann festzulegen, wie man am besten in einer freundlichen Art und Weise mit diesen Besuchern Verbindung aufnehmen kann. Wir sollten ihnen zuvor zeigen, dass wir gelernt haben, unsere Probleme auf friedliche Weise zu lösen anstatt mit Krieg, bevor wir akzeptiert werden und vollständig dazu qualifiziert sind, Mitglieder in diesem universellen Team zu werden. Diese Akzeptanz würde enorme Möglichkeiten eröffnen, und unsere Welt könnte sich auf allen Gebieten weiterentwickeln. Sicherlich ist es so, dass die UNO ein Interesse daran hat, dieses Thema korrekt und zügig zu behandeln."

„Ich muss betonen, dass ich kein erfahrener und professioneller UFO-Forscher bin. Ich hatte bis jetzt noch nicht das Privileg, ein UFO zu fliegen oder die Besatzung eines UFOs zu treffen. Ich fühle mich aber qualifiziert, über das Thema zu diskutieren, weil ich mich in den Randzonen der großen Gebiete aufgehalten habe, in denen sie reisen. Zusätzlich hatte ich im Jahr 1951 die Gelegenheit, zwei Tage lang viele ihrer Flüge zu beobachten. Sie hatten verschiedene Größen, flogen in Kampfformation und generell von Osten nach Westen über Europa hinweg. Sie befanden sich in einer größeren Höhe, als wir mit unseren Jets zu dieser Zeit erreichen konnten. Ich möchte betonen, dass die meisten unserer Astronauten nur sehr zögerlich über UFOs diskutieren, und zwar wegen der großen Anzahl von Personen, die vorsätzlich gefälschte Geschichten und gefälschte Dokumente verkauft haben, wobei sie ihren Namen und ihren Ruf ohne zu zögern missbraucht haben. Die wenigen Astronauten, die danach weiterhin mit UFOs zu tun hatten, mussten sehr vorsichtig vorgehen. Es gibt mehrere von uns, die an UFOs glauben und die Gelegenheit hatten, ein UFO auf dem Boden oder von einem Flugzeug aus zu sehen. Es gab nur eine Gelegenheit im Weltraum, bei der möglicherweise ein UFO gesehen worden ist. Wenn die UNO zustimmt, dieses Projekt weiterhin zu verfolgen und ihm ihre Glaubwürdigkeit verleiht, werden vielleicht qualifizierte Personen einwilligen, sich zu diesem Thema zu äußern

und ihre Hilfe und ihre Informationen bereitstellen. Ich freue mich auf ihren Besuch. Mit freundlichen Grüßen Col. Gordon Cooper.“

Dieser bekannte Brief vom NASA-Astronauten Gordon Cooper, in dem er von seinen UFO-Begegnungen berichtet, wurde später international in vielen Büchern und Magazinen abgedruckt. Tausende von Kopien wurden außerdem in den UNO-Mitgliedsstaaten und in den Medien verteilt. Weniger bekannt ist, dass Major Cooper nicht nur mit dem Militär und der NASA zusammengearbeitet hat, sondern auch mit Geheimdiensten in aller Welt und besonders der CIA. Er verbrachte zudem viel Zeit in den Produktionsstätten der *Lockheed Skunk Works*, wo geheime Prototypen von neuen Flugzeugen entwickelt und laut Whistleblowern auch außerirdische Technologie aus UFO-Wracks rückentwickelt worden sein soll. Das alles liegt im Bereich der tiefschwarzen, geheimen Regierungsprojekte und des geheimen Weltraumprogramms. Gordon Cooper konnte von diesen Unternehmen und Geheimdiensten bestimmt einiges erfahren und sprach daher sehr offen darüber, dass die Regierung und die NASA Beweise für UFOs zurückhalten. Er setzte sich bis zu seinem Tod für die Freigabe dieser Informationen ein und wurde dadurch in die seit Jahrzehnten stattfindende UFO-Offenlegung verwickelt. Er machte sogar Andeutungen über außerirdisches Leben auf der Erde, und einmal sagte er sogar, dass er auf einer amerikanischen Militärbasis dabei war, als man *„einen hereingebracht hat“*. Cooper sagte, dass die Rückentwicklung von außerirdischer Technologie *„sehr wahr sein könnte“*. Der Astronaut sprach sich immer wieder für die offene Erforschung des UFO-Phänomens aus, weil er selbst UFOs im Weltraum gesehen hatte und außerdem die Aussagen von anderen Mercury-, Gemini- und Apollo-Astronauten kannte, die ihm von ihren eigenen Erlebnissen berichtet hatten.

In einem Interview mit der Zeitschrift *National Enquirer* vom 14. Januar 1997 sagte er ferner, dass das *Project Blue Book* zur Erforschung des UFO-Phänomens durch die US Air Force eine reine Verschleierungsaktion des wahren Phänomens war. Cooper enthüllte, dass in Roswell in New Mexico im Jahr 1947 tatsächlich Aliens aus einem UFO-Wrack geborgen werden konnten: *„Ich hatte einen guten Freund in Roswell, einen Offiziers-Kollegen. Er musste sehr vorsichtig sein, was er mir erzählte. Doch es handelte sich mit Sicherheit um keinen Wetterballon wie in der Tarngeschichte der Air Force. Er machte mir klar, dass das abgestürzte Objekt außerirdischer Herkunft war und die Mitglieder der Crew geborgen worden sind.“* Cooper fuhr in diesem Interview fort zu erklären, dass seit dem Zweiten Weltkrieg eine groß angelegte Geheimhaltungsaktion läuft und die Regierung aus diesem Grund damals nicht wollte, dass die Menschen von diesen geheimen UFO-Meldungen erfuhren. Man befürchtete, dass sie in Panik ausbrechen könnten: *„Sie hätten sich davor gefürchtet, dass es sich (bei UFOs) um überlegende feindliche Technologie handelt, gegen die wir keine Verteidigung besaßen. Im Kalten Krieg wurde es aus dem gleichen Grund noch schlimmer. Deshalb mussten sie die Unwahrheit erzählen, sie mussten sich eine andere Tarngeschichte einfallen lassen, um die erste zu verbergen, dann wieder eine andere und noch eine ... Jetzt bin ich davon überzeugt, dass es sehr verwirrte Regierungsmitarbeiter gibt, die in Washington sitzen und versuchen herauszufinden, wie sie die ganze Wahrheit ans Licht bringen können. Sie wissen, dass sie eines Tages herauskommen wird, und ich bin mir sicher, das wird sie!"*

Gerade als ich an diesem Kapitel schrieb, wurde Anfang Juli 2020 eine weitere Meldung über die mysteriösen UFO-Sichtungen von Astronauten veröffentlicht. Das Webportal *The Black Vault* veröffentlichte einen Bericht, der besagt, dass einige UFO-Sichtungen von amerikanischen Astronauten im Weltraum nachträglich aus einer Regierungs-Studie über das UFO-Phänomen entfernt worden sind! Es handelt sich dabei um den bekannten »Condon Report«. Dieser Report wurde von einem speziellen Komitee von der Universität von Colorado ausgearbeitet, wobei hier die Studien einer UFO-Gruppe der US Air Force herangezogen wurden. Diese Studien wurden zwischen den Jahren 1966 und 1968 untersucht, und anschließend wurden die Resultate veröffentlicht. Der abschließende Bericht über die wissenschaftliche Erforschung von nicht identifizierten Flugobjekten erschien letztlich im Jahr 1968 in Buchform. Der »Condon Report« war somit ein Resultat der Erforschung des UFO-Phänomens durch die US Air Force, die bereits 1947 begonnen hatte.

Einige UFO-Forscher haben herausgefunden, dass in der aktuell einsehbaren Version des »Condon Reports« insgesamt fast 70 Seiten der Originalversion fehlen, und dass dieser Teil irgendwann aus unbekannten Gründen aus dem offiziellen Bericht entfernt worden ist. Einige Kopien des Original-Berichts konnten schließlich in mühseliger Suche ausfindig gemacht werden, und zur großen Überraschung befindet sich im fehlenden Teil des »Condon Reports« ein Textabschnitt mit dem Titel »UFO-Sichtungen von US-Astronauten«! *The Black Vault* konnte diesen fehlenden Teil in einer Kopie des Original-Berichts im Archiv des amerikanischen *National Technical Information Service* (NTIS) finden. Dort ist auch der fehlende Teil über die UFO-Sichtungen von US-Astronauten enthalten. Es wird darin erwähnt, dass James McDivitt und Frank Borman während der Gemini-4- und Gemini-7-Mission unerklärliche Sichtungen von nicht identifizierten Flugobjekten hatten, für die auch die amerikanische Weltraumbehörde nach Analyse der Daten keine angemessene Erklärung finden konnte!

Im ungekürzten »Condon Report« wird eines dieser unbekannten Flugobjekte als ein *„Zylinder mit Antennen-Ansätzen“* bezeichnet, und dieses unerklärliche Objekt wurde von James McDivitt während der Gemini-4-Mission beobachtet. Im Bericht wird erklärt, dass McDivitt auch Filmmaterial von diesem unbekannten Objekt anfertigen konnte, das in einem Zeitraum von insgesamt vier Tagen auch von der Bodenstation der NASA geortet und aufgenommen worden ist. Später hat die NASA ein paar Einzelbilder dieses unbekannten Objekts veröffentlicht, doch McDivitt erkannte nach seiner Rückkehr sofort, dass auf diesen Fotos nicht das von ihm beobachtete Objekt zu sehen war! Auf Druck der Weltraumbehörde musste er sich, ähnlich wie andere Astronauten, die mit seltsamen Phänomenen im Weltraum konfrontiert waren, schließlich mit der einfachen Erklärung abfinden, dass es sich bei diesem mysteriösen Objekt „wahrscheinlich“ um einen unbemannten Satelliten gehandelt hat. Selbstverständlich konnte kein Verantwortlicher erklären, von wem dieser hypothetische unbemannte Satellit stammte, und auch im »Condon Report« wurde festgehalten, dass von der amerikanischen Regierung nicht ermittelt werden konnte, um welchen Satelliten es sich hier handelte. Deshalb bleibt sein Ursprung bis heute völlig unbekannt!

Der einzige dafür überhaupt infrage kommende Kandidat war zu dieser Zeit der Satellit Pegasus B, doch diese Theorie musste schnell wieder fallengelassen werden, weil nachgewiesen werden konnte, dass sich dieser während der Gemini -4-Mission mindestens 1.900 Kilometer entfernt befunden hat. Weiter wird im ungekürzten »Condon Report« eine UFO-Sichtung des Astronauten Frank Borman während der Gemini-7-Mission erwähnt. Die Bodenkontrolle stellte Borman damals die Frage, ob er vielleicht den Booster der Trägerrakete im Blickfeld hatte. Frank Borman erklärte über Funk, dass er sowohl den Booster als auch ein anderes, unbekanntes Objekt im erdnahen Weltraum beobachten könne. Das zweite Objekt, das der Gemini-Kapsel folgte, wurde ebenfalls bis heute nicht identifiziert. Am Ende des Berichts über diese unheimlichen Erlebnisse der Astronauten mit UFO-Sichtungen wird im »Condon Report« erklärt, dass bis zum Jahr 1968 drei ungeklärte Sichtungen aus einer großen Anzahl von unterschiedlichen Aussagen und Berichten zweifelsfrei stattgefunden haben. Speziell das während der Gemini-4-Mission gefilmte unbekannte zylinderförmige Objekt mit Antennen oder Armen an seiner Außenhülle, die in einem sonderbaren Winkel aus diesem Objekt herausragten, sorgte für Kontroversen. Die Experten der militärischen UFO-Gruppe konnten keine rationale Erklärung für das Vorhandensein dieses UFOs finden, deshalb wurde diese Sichtung einer offiziellen Liste nicht identifizierter Objekte zugeordnet!

Der Autor Timothy Green Beckley schreibt dann in seinem Buch, dass Gordon Cooper über viele Dinge dennoch niemals öffentlich gesprochen hat oder nicht offen davon sprechen und darüber diskutieren durfte. Lee Speigel war ein enger Freund von Cooper und führte einige wichtige private Gespräche mit ihm. Dabei sprach der ehemalige Astronaut von einer *„kosmischen Verschwörung“* in den höchsten Ebenen der US-Regierung, weshalb er mehr als glücklich war, offen über einige seiner UFO-Erfahrungen sprechen zu können, denn laut Lee Speigel gab es viele davon! Speziell auf Militärbasen, denn dort befinden sich laut Cooper die Beweise, dass die amerikanische Regierung definitiv eine Menge Geheimnisse besitzt, die mit UFOs zu tun haben. Besonders über der Edwards Air Force Base sollen ständig seltsame Objekte gesichtet worden sein! Diese Äußerung konnte Lee Speigel durch seine eigenen Nachforschungen schließlich bestätigen, denn er erlangte vertrauliche Tonbandaufzeichnungen von Funksprüchen zwischen Militärpiloten, die über der Basis kreisten, und ihren kommandierenden Offizieren in der Bodenkontrolle, die diese unbekannten Objekte auch auf dem Radar verfolgten. Gordon Cooper erläuterte, dass die Leute damals nicht viele Fragen darüber stellten, wenn sie eines dieser Objekte nicht identifizieren konnten. Sie dachten, dass es sich nur um ein neues militärisches Experimental-Flugzeug handelt, das in einem anderen Bereich der weitläufigen Basis entwickelt worden war.

Zusätzliche Daten erhalten wir von James Oberg, einem amerikanischen Journalisten und Historiker, der sich auf das Thema Weltraumprogramme spezialisiert hatte. Er führte einst einen Briefwechsel mit Gordon Cooper, und viele der Informationen von Oberg hat dieser dann angeblich für sein eigenes Buch »Leap of Faith« verwendet. In einem Brief an James Oberg hat Cooper geschrieben: *„Intelligente Wesen von anderen Planeten besuchen regelmäßig unsere Welt und bemühen sich, mit uns in Kontakt zu treten. Die NASA und die amerikanische Regierung wissen das und besitzen eine große Menge an Beweisen. Dennoch schweigen sie, um die Menschen nicht zu alarmieren. Ich habe mich der Aufgabe gewidmet, die Behörden zu zwingen, ihr Schweigen zu beenden.“*

Ein Weg, um das zu erreichen, waren seine Briefe und Mitteilungen an die UNO, in denen er klarstellte, dass außerirdische Raumschiffe mit Wesen aus dem Weltraum zur Erde fliegen, um hier ihre eigenen Forschungen zu betreiben. Nicht nur in den USA, sondern auf dem ganzen Planeten, und aus diesem Grund handelt es sich um ein globales Problem, dem internationale Aufmerksamkeit gebührt. James Oberg, der ein pensionierter NASA-Ingenieur war, erklärte zum Beispiel gegenüber dem UFO-Forscher Dr. Steven Greer: *„Es gibt eine bizarre Theorie, dass es eine weltweite reale Akte-X-Kabale gibt, die UFO-*

Technologie nutzt.“ Darum behielt auch die UNO ihr Schweigen bei, und die beteiligten offiziellen UNO-Vertreter konnten an dieser Tatsache nicht viel ändern. Die Aussagen von Major Cooper über seine Begegnungen mit UFOs wurden aber trotzdem legendär! Er wies darauf hin, dass er und viele seiner Kollegen UFOs selbst gesehen hätten, und dass viele dieser Fälle durch Radaraufzeichnungen bestätigt worden seien. Deshalb sei es lächerlich zu behaupten, dass das ganze Phänomen völlig irreal sei. In der *Merv Griffin Show* im April 1978 führt Cooper weiter aus, dass diese außerirdischen Besucher bereits seit langer Zeit regelmäßig die Erde besuchen würden und immer noch hier seien. Er betonte, dass er immer verlässliche Aussagen über dieses Thema gemacht habe und mit seiner Wortwahl aufpassen müsse, weil andere Astronauten von der Presse und ihren unfähigen Journalisten häufig völlig falsch zitiert worden seien. Weil diese falschen Zitate dann stets weiter verbreitet worden seien, hätten Astronauten aufgehört, über ihre Erlebnisse zu sprechen. Auch Cooper hatte irgendwann genug davon, dass falsche Aussagen von ihm verbreitet wurden.

Der UFO-Forscher J. Allen Hynek sprach jedoch offen von den Enthüllungen Coopers und bezeichnete seine Aussagen als authentisch. Das war ein Problem für Skeptiker, denn wenn sie so klug waren, wie sie immer behaupten, warum konnten sie dann die mysteriösen Erlebnisse von Gordon Cooper nicht erklären? Er war der erste Astronaut, der während einer Weltraummission im Jahr 1963 ein UFO gesehen hatte, das auf dem Radar der Bodenstation in Australien bestätigt worden war, was mindestens 100 Angehörige des Bodenpersonals beobachtet hatten. Ergänzend wurde das auch in den Medien berichtet, bevor der Astronaut wieder auf der Erde gelandet ist.

Der Mut und die Courage von Gordon Cooper ermutigte auch andere Astronauten, ihr Schweigen zu brechen, und einige von ihnen gaben bemerkenswerte Aussagen über UFOs und außerirdisches Leben von sich. Der erste von ihnen ist Franklin Story Musgrave (geb. 1935), der insgesamt sechs akademische Titel besitzt, am Apollo-Programm beteiligt und auch an Bord von allen fünf amerikanischen Space Shuttles im Weltraumeinsatz war! Ein anderer ehemaliger NASA-Mitarbeiter namens Clark. C. McClelland, der zum Whistleblower wurde und bis zum Jahr 1992 Mitglied der UFO-Forschungsorganisation MUFON war, gab vor der internationalen Presse bekannt, dass es während der STS-80 Space-Shuttle-Mission zu Begegnungen mit ganzen Schwärmen von UFOs bzw. unbekannten Objekten gekommen ist. Es gebe einige offizielle Videos von dieser Weltraummission des Space Shuttles *Columbia* aus dem Jahr 1996. Es wirke so, als ob diese glühenden Objekte intelligent gesteuert wären und das Space Shuttle verfolgt oder umkreist hätten. Derartige Objekte seien auf allen Flügen von Space Shuttles gesehen und gefilmt worden! Skeptiker behaupten, dass es sich hier um stark reflektierende Eispartikel oder menschengemachten Schrott handelt, der sich in der Erdumlaufbahn befindet. Die NASA hat sich schließlich darauf festgelegt, dass man diese Objekte als „optische Phänomene" bezeichnen soll, damit sie keinen eindeutigen Beweis für UFOs oder außerirdische Raumschiffe darstellen.

Clark C. McClelland erklärte der Presse hingegen, dass damals ein großes, scheibenförmiges Objekt unter dem Space Shuttle erschienen ist. Führende Mitwirkende am Weltraumprogramm und offizielle Beamte sollen danach fast in Panik ausgebrochen sein, um alles sofort zu verheimlichen. Der Astronaut Dr. Story Musgrave berichtete später, dass er selbst und eine Reihe von anderen wissenschaftlichen Spezialisten der Columbia-Crew an Bord der STS-80-Mission ein riesiges scheibenförmiges Objekt gesehen haben, das viel größer war als ihr eigenes Space Shuttle. Es ist urplötzlich unter dem Shuttle sichtbar geworden – rund 350km über der Erdoberfläche. Die gut ausgebildeten Astronauten waren laut Dr. Musgrave nicht in der Lage, das außergewöhnliche Objekt zu identifizieren! Laut seiner Einschätzung wies es nicht die bekannten Merkmale von Eispartikeln oder Weltraumschrott auf, denn es war plötzlich aus dem Nichts erschienen oder hatte sich irgendwie enttarnt.

Einige Zeit zuvor, im Februar 1996, hatte die STS-75-Mission des Space Shuttles *Columbia* mit einer anderen Crew an Bord stattgefunden. Auch damals konnten erstaunliche Filmaufnahmen von unbekannten Objekten gemacht werden, die man daraufhin auch veröffentlicht hat. Diese Mission wurde als der „Tether-Vorfall" bekannt, denn ein Video, das von der NASA veröffentlicht wurde, zeigt viele verschiedene sich bewegende Objekte im erdnahen Weltraum. Die meisten von ihnen sind strahlend hell und scheibenförmig, und auch ein mehrere Kilometer langes, zigarrenförmiges Objekt ist zu sehen! Alle Space-Shuttle-Missionen sind derartigen Objekten im Erdorbit begegnet. Die NASA behauptet, dass die Objekte gefunkelt haben wie Diamanten. Das Space Shuttle

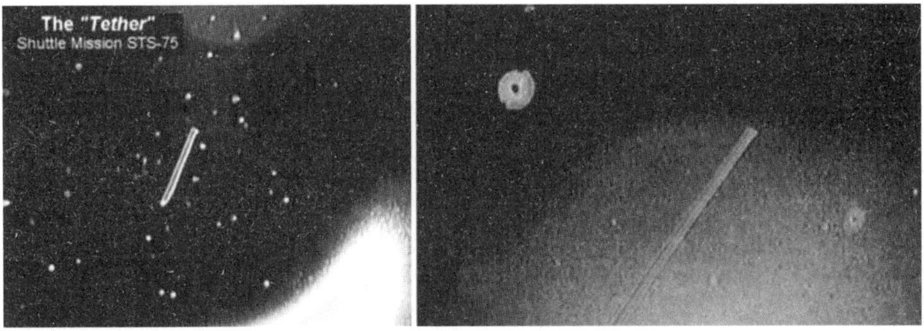

Abb. 36: Einzelfotos aus dem Video der STS-75-Mission, auf denen eine ganze Flotte von unbekannten leuchtenden Flugobjekten und ein gigantisches zylinderförmiges Objekt im Weltraum zu sehen sind.

Columbia ist beim Wiedereintritt in die Erdatmosphäre im Jahr 2003 im Zuge der STS-107-Mission plötzlich explodiert, wobei alle Astronauten an Bord dabei ums Leben gekommen sind.

Um noch einmal auf die STS-80-Mission zurückzukommen: Der Astronaut Dr. Musgrave hat in manchen Interviews erklärt, dass ein sehr großes, scheibenförmiges Objekt plötzlich unter der Raumfähre Columbia erschienen ist, und dass es für ihn und seine Kollegen so ausgesehen hat, als ob es wie die anderen unerklärlichen Objekte unter intelligenter Kontrolle gestanden war, weil es seine Flugrichtung verändert und das Space Shuttle durch den Weltraum verfolgt hat, bis es wieder in die Erdatmosphäre eingetreten ist. Später, als der Weltraumforscher Dr. Musgrave in den Ruhestand getreten war, war er sich sicher, dass außerirdische Intelligenzen nicht nur existieren, sondern wirklich hier sind und uns beobachten. Ihm ist es deshalb wichtig, die Weltöffentlichkeit auf diese Tatsachen hinzuweisen! Er hielt während seiner Laufbahn viele Vorträge über Weltraumforschung und Astronomie, und am Ende eines solchen präsentierte er auf einem großen Bildschirm eine Darstellung eines Grey-Alien. Seine letzten Worte schockierten viele Anwesende, denn er erklärte wörtlich: *„Diese Burschen sind real! Ich garantiere es!“*

Außerdem verfasste Story Musgrave einen Bericht mit dem Titel »My View On Extraterrestrials« (Meine Ansichten zu Außerirdischen), und schreibt hier, dass seiner Überzeugung nach im Kosmos ein Entwicklungsvorgang stattfindet, der Milliarden von Planeten produziert, die Leben tragen können. Unser Universum existiert seit ungefähr 14 Milliarden Jahren, und Leben ist folglich überall im Kosmos in Form von Billionen von verschiedenen Lebensformen vorhanden. Das schließt sehr fortschrittliche evolutionäre Ketten ein, die Millionen oder Milliarden Jahre Zeit hatten, sich zu entwickeln. Auf diese Weise konnten intelligente Wesen entstehen, die bereits seit sehr langer Zeit die Technologien entwickelt haben, um zu den Sternen zu reisen und dadurch weit außerhalb ihres Heimatsternsystems zu verkehren. Dr. Musgrave wollte sich nicht genau festlegen und spekulieren, aber er glaubt, dass es Millionen oder mehr Sternenreisende in unserem Universum gibt. Dennoch musste er während seiner aktiven Zeit als Astronaut bei der Auffassung bleiben, dass keines der mysteriösen, nicht identifizierten Objekte, denen er und seine Kollegen im Weltraum begegnet sind, nachweislich außerirdische Raumschiffe darstellen, weil die Astronauten dafür keine handfesten Beweise vorzeigen können. Aus diesem Grund konnten er und andere Astronauten diese Begegnungen nur als Kontakte mit außerirdischen Besuchern aus dem Weltraum interpretieren, und diese Tatsache nutzen skeptische Wissenschaftler und Journalisten bis heute gegen diese Augenzeugen aus. Hier noch ein weiteres Zitat von Dr. Musgrave: *„Statistisch gese-*

hen ist es sicher, dass es weit fortschrittliche Zivilisationen, Intelligenzen und Lebensformen dort draußen gibt. Ich glaube, sie sind so fortschrittlich, dass sie sogar interstellare Reisen unternehmen. Ich glaube auch, dass es möglich ist, dass sie sogar hierher gekommen sind."

Am 20. April 2020 wurde Story Musgrave in einem Interview im Magazin *Forbes* vom Journalisten Jim Cash wieder einmal über seine Ansichten zum Thema außerirdisches Leben im Universum befragt. Musgrave erwiderte, dass wir immer noch glauben, das Zentrum des Universums zu sein, und dass sich das ganze Universum um die Erde dreht. Doch seit einiger Zeit wird eine große Anzahl neuer Exoplaneten entdeckt. Die Anzahl aller Sterne im All beläuft sich auf etwa 10^{29} – das ist eine unvorstellbar große Zahl. Die meisten dieser Sterne besitzen Planeten, und viele dieser Planeten könnten biologisches Leben tragen. Es existieren Statistiken, sie besagen, dass es Milliarden von Planeten mit biologischem Leben geben muss.

Lee Speigel hat im Jahr 2016 den Astronauten Thomas David Jones zum STS-80-Vorfall interviewt, weil er damals mit an Bord war. Jones sagte, dass Astronauten keine echten Beweise für außerirdisches Leben gesehen haben, auch wenn sie regelmäßig ungewöhnliche Objekte beobachten konnten. Die meisten dieser Beobachtungen lassen sich laut Tom Jones durch Eiskristalle und menschengemachten Weltraumschrott sowie blitzende Meteore rational erklären, deshalb gibt es noch keinen offiziellen Beweis für andere Zivilisationen im Weltraum. Zum Tether-Vorfall im Jahr 1996, bei dem er nicht selbst dabei war, merkte er an, dass es sich bei den unbekannten Objekten auf dem kontroversen NASA-Video um Trümmer eines Satelliten gehandelt haben soll. Der Schwarm sei den Astronauten an Bord wie Hunderte von leuchtenden UFOs erschienen, die wie intelligent gesteuerte Objekte gewirkt haben. Diese Aussagen würden laut der Auffassung des Astronauten selbst jedoch keine Verschwörungstheoretiker zufriedenstellen, die an außerirdische Besucher glauben. Und zwar deshalb, weil zum Beispiel der Astronaut Edgar Mitchell erklärt hat, dass er echte Beweise besitzt, dass außerirdische Rassen die US-Regierung kontaktiert haben. Dennoch urteilte Tom Jones, nachdem er das Tether-Video der NASA begutachtet hatte, dass die Astronauten der STS-75-Mission zwar signifikante Beobachtungen gefilmt hatten, doch diese Phänomene laut seiner Einschätzung ein „Non-Event" darstellen, weil es sich lediglich um merkwürdige Eispartikel gehandelt haben soll! Letztlich gab Jones aber zu Protokoll, dass er sich bereits vor seiner Karriere als Astronaut stark für das UFO-Phänomen interessiert hat, und dass er darüber Bescheid weiß, dass sich in der Vergangenheit etliche Astronauten zu diesem Thema geäußert haben. Er wisse daher von anderen Augenzeugen, dass es Beweise für UFOs und Raumschiffe gibt, die die Erde besucht haben, und dass die Regierung diese Beweise möglicherweise zurückhält!

Weitere diesbezügliche Aussagen stammen von Dr. Brian O'Leary (1940-2011), einem Wissenschaftler, Autor und NASA-Astronauten, der ebenfalls am Apollo-Programm beteiligt war. Auch er hat offen erklärt, dass UFOs und außerirdische Besucher real sind, und dass dies der Grund ist, warum Astronauten wie Gordon Cooper, Donald Slayton, Frank Borman, Neil Armstrong, Buzz Aldrin und Dr. Musgrave im Weltraum rätselhafte, hell strahlende Himmelskörper beobachten konnten. Sie alle haben darauf bestanden, dass UFOs real sind, und dass außerirdische Intelligenzen existieren. Doch nicht nur Astronauten und NASA-Mitarbeiter haben sich zu diesem Phänomen geäußert, sondern auch bedeutende amerikanische Regierungsvertreter und sogar ehemalige US-Präsidenten! Dr. Brian O'Leary sagte: *„Wir haben Kontakt mit außerirdischen Kulturen."* US-Präsident Harry S. Truman äußerte am 4. April 1950 während einer Pressekonferenz: *„Ich kann ihnen versichern, falls sie existieren, dass diese Fliegenden Untertassen von keiner Macht auf dieser Erde hergestellt werden."* Brigadegeneral Steven Lovekin (1940-2009) arbeitete unter Präsident Eisenhower, hatte Erfahrungen aus erster Hand über die UFO-Geheimhaltung und das fragwürdige *Project Blue Book* und enthüllte: *„Während ich unter Präsident Eisenhower arbeitete, entdeckte ich, dass der Präsident ein starkes Interesse an UFOs besaß, und dass er bemerkte, dass er die Kontrolle über dieses Thema verloren hat."*

Eisenhower sprach damals davon, dass der militärisch-industrielle Komplex die Kontrolle über das UFO-Problem übernommen und es der Regierung der Vereinigten Staaten und dem US-Präsidenten entrissen hatte. Brigadegeneral Lovekin erklärte:

> *„Der ganze Prozess des Umgangs mit dem UFO-Phänomen konnte nicht mehr länger von nur einer Behörde gehandhabt werden. Er wurde auf mehrere verteilt, und auch Teile der Regierung arbeiteten daran weiter. Sie glaubten daran, sie könnten auch die Geheimdienste ruhig stellen, indem sie ihnen hier und da ein paar Informationen über diese Angelegenheiten aushändigten. Doch was tatsächlich passierte, ist, dass Eisenhower draußen war. Ohne dass er es wusste, verlor er die Kontrolle in der ganzen UFO-Situation ... Ich denke, er realisierte, dass diese Angelegenheit unter die Kontrolle der Unternehmen gelangte, und das konnte den Interessen dieses Landes entgegenstehen. Seine Frustration dauerte monatelang. Er begriff, dass er die Kontrolle verlor, und dass das Phänomen, mit dem wir konfrontiert waren, nicht in die besten Hände gelangte. Das war eine echte Befürchtung, und später stellte sich heraus, dass es wirklich so war."*

Brigadegeneral Steven Lovekin wusste aber auch noch andere interessante Dinge zu berichten: Er sagte, dass er bei Besprechungen im Pentagon dabei war, bei denen über den Roswell-Absturz diskutiert wurde und Fotos und Artefakte präsentiert wurden, die vom geborgenen UFO-Wrack stammten. Auf diesen waren seltsame Symbole und Hieroglyphen zu sehen, weil es Teile der Steuerkonsole des außerirdischen Raumschiffs waren. Lovekin berichtete, dass auch Körper von toten außerirdischen Wesen gefunden wurden, entweder drei oder fünf Stück. Eines der Wesen war noch am Leben, als es gefunden wurde, aber er konnte nicht erfahren, was später mit dem fremden Besucher geschehen ist. Ihm wurden im Pentagon außerdem eine große Menge von Bildern und Fotos von UFOs gezeigt. Einige davon sind später veröffentlicht worden, aber diejenigen, die er gesehen hat, waren von besserer Qualität und stammten von US-Air-Force-Piloten, von zivilen Piloten, von US-Navy-Piloten oder aus dem Ausland. Dieses geheime Material wurde nur Personen mit großer Vertrauenswürdigkeit oder hoher militärischer Sicherheitsfreigabe gezeigt. Es wurden überdies unmissverständliche Warnungen ausgesprochen, niemals in der Öffentlichkeit darüber zu sprechen. Ein älterer Offizier sprach mit Steven Lovekin über die Folgen eines solchen Verstoßes: Sollte es zu einer Enthüllung dieser geheimen Informationen kommen, würde die betreffende Person „ausgelöscht".

Er fragte den Offizier schließlich, was er damit meint, und der sagte: *„Ja, Du wirst ausgelöscht werden."* Daraufhin fragte ihn Lovekin, woher er das erfahren hatte, und der Offizier antwortete, dass er es wisse, und sagte, dass solche Drohungen ausgesprochen und auch umgesetzt worden seien, und das schon seit dem Jahr 1947! Der US Air Force wurde die absolute Kontrolle über dieses Problem anvertraut, weil das die am meisten sicherheitskritische Situation war, mit der es die USA jemals zu tun hatten. Deshalb gab es wirklich einige Auslöschungen, und Leute wurden ermordet und zum Schweigen gebracht. Es handelte sich wirklich um eine sehr bedrohliche Situation, weil der alte Offizier klarstellte: *„Sie werden nicht nur hinter Dir her sein, sie werden auch hinter Deiner Familie her sein!"* Das waren seine Worte: *„Ich kann nur sagen, dass der einzige Grund, warum sie das alles so lange verschleiern konnten, die Angst war. Sie sind sehr wählerisch, wie sie jemanden ausschalten, um ein Exempel zu statuieren. Und ich weiß, das wurde auch gemacht."*

Der ehemalige CIA-Direktor Allen Dulles erzählte im Jahr 1955: *„Bezüglich der Frage von UFOs existiert maximale Sicherheit."* Lt. Colonel Richard Headrick erklärte im Jahr 1959: *„Untertassen existieren, und ich habe zwei gesehen. Sie wurden intelligent geflogen und gesteuert. Sie waren Mechanismen, doch keine Waffen der USA oder der Russen. Ich vermute, sie sind außerirdisch."* Hier einige öffentliche Enthüllungen vom ehemaligen CIA-Direktor Roscoe Hillenkoetter (1897-1982) vor dem amerikanischen Kongress am 22. August 1960: *„Es ist jetzt an der Zeit, dass die Wahrheit herauskommt. Hinter den Kulissen sind hochrangige Air-Force-Offiziere ernsthaft über UFOs besorgt. Doch durch die offizielle Geheimhaltung und das Gespött in den Medien glauben viele Bürger, dass unbekannte Flugobjekte Unsinn sind. Ich verlange sofort Aktionen des Kongresses, um die Gefahren der Geheimhaltung von nicht identifizierten Flugobjekten zu reduzieren. Um die Fakten zu verbergen, hat die Air Force ihr Personal zum Schweigen gebracht.“* Colonel Joseph J. Bryan III (1904-1993) von der US Air Force, der während der 1940er-Jahre und noch bis zum Jahr 1953 als Mitglied der CIA im Bereich der psychologischen Kriegsführung tätig und auch ein Berater der NATO war, sagte einmal aus: *„Diese UFOs sind interplanetare Geräte, die systematisch die Erde beobachten, sie sind entweder bemannt oder ferngesteuert, oder beides. Informationen über UFOs, inklusive Sichtungsberichte, wurden und werden immer noch offiziell zurückgehalten.“*

Ein General der britischen Luftwaffe, Marshal Hugh Caswall Tremenheere Dowding, erster Baron Dowding (1882-1970), der während des Zweiten Weltkriegs ein kommandierender Offizier war, sagte: *„Mehr als 10.000 Sichtungen wurden gemeldet, die Mehrzahl davon kann nicht durch irgendeine wissenschaftliche Erklärung aufgeklärt werden. Das heißt, es handelt sich nicht um Halluzinationen, Effekte von Lichtbrechung, Meteore, Räder, die von Flugzeugen fallen oder so etwas. Sie wurden auf Radarbildschirmen verfolgt und haben nachweislich Geschwindigkeiten von bis zu 14.500 km/h erreicht. Ich bin überzeugt, dass diese Objekte existieren und dass sie nicht von irgendeiner Nation auf der Erde hergestellt werden. Ich sehe daher keine Alternative, als die Theorie zu akzeptieren, dass sie von einer außerirdischen Quelle stammen.“*

Der ehemalige FBI-Direktor J. Edgar Hoover (1897-1972) gab bekannt: *„Wir müssen darauf bestehen, vollen Zugang zu den geborgenen Scheiben zu erhalten. Zum Beispiel beim Los-Angeles-Vorfall hat die Armee eine Scheibe erwischt und wollte sie uns nicht zur oberflächlichen Untersuchung überlassen.“* Hoover spielte hier auf den sogenannten „Kampf um Los Angeles“ an, der kurz nach dem Angriff auf Pearl Harbor stattfand, der die USA dazu bewogen hat, in den Zweiten Weltkrieg einzutreten. In der Nacht des 25. Februar 1942 heulten in Los Angeles plötzlich um 2:25 Uhr morgens die Sirenen, weil man dachte, dass japanische Kampfflugzeuge die Stadt angreifen. Um 3:16 Uhr begann das amerikanische Militär, mit Artillerie auf nicht identifizierte Flugobjekte zu feuern! Der Kampf und das Artilleriefeuer dauerten bis 4:14 Uhr morgens an, und die unbekannten Objekte flogen daraufhin von Santa Monica bis nach Long Beach weiter. Erst um 7:21 Uhr war das letzte Objekt außer Sicht, und es kehrte wieder Ruhe ein. Die Presse hat berichtet, dass mindestens eines dieser mysteriösen Objekte, bei denen es sich nicht um japanische Flugzeuge handelte, getroffen oder abgeschossen worden ist. Es wurden in dieser Nacht über 1.400 Rollen Munition von schwerer Flugabwehr-Artillerie auf diese UFOs verschossen! Die Objekte bewegten sich fast unbeschadet weiter, obwohl andauernd auf sie gefeuert wurde!

Tausende von Zeugen haben dem ganzen Spektakel beigewohnt, und sehr glaubwürdige Journalisten und Reporter von jeder wichtigen Tageszeitung der Stadt haben diese Flugobjekte aus der Nähe beobachtet. Das US-Militär erklärte am nächsten Tag, dass es sich nur um einen „Wetterballon" gehandelt hat. Doch Massen von Zeugen enthüllten, dass es extrem ungewöhnliche Objekte gewesen sind, die ganz eindeutig nichts mit einem Wetterballon zu tun hatten, sondern es waren große und runde Objekte, die auf eine Weise manövriert wurden, zu denen Ballons oder auch die vom Militär hochgeschickten Flugzeuge dieser Zeit nicht fähig waren! Auch wären Flieger oder Wetterballons ganz bestimmt durch das stundenlange schwere Artilleriefeuer abgeschossen worden, und man hätte nicht von einem Kampf um Los Angeles berichtet. Die unglaubliche Menge an Munition, die man auf diese unbekannten Objekte abgefeuert hat, hat offenbar fast keinen Schaden bei ihnen angerichtet und sie gar nicht berührt. Aus diesem Grund waren sich später viele Beobachter einig, dass sie es hier mit der ersten Massensichtung von UFOs in den USA zu tun hatten! Es existieren noch ein paar historische Zeitungsartikel vom Kampf um Los Angeles. Zeugen beschreiben, dass die starken Scheinwerfer der Flugabwehr auf ein extrem großes UFO gerichtet waren, das viele Augenzeugen gesehen und fotografiert haben. Laut den Beschreibungen handelte es sich um eine große und klassische Fliegende Untertasse, die von Suchscheinwerfern angestrahlt wurde. Dieses gigantische UFO schwebte damals niedrig über der Stadt Los Angeles und konnte von allen Bewohnern beobachtet werden. Es flog direkt über die berühmten MGM-Filmstudios hinweg, und es konnten einige extrem gute Aufnahmen von ihm gemacht werden – eine davon wurde schließlich zu einer der bekanntesten UFO-Fotografien schlechthin. Als die Objekte schließlich Long Beach erreichten, sind sie alle zusammen einfach verschwunden. Laut den Aussagen von J. Edgar Hoover hat es die Armee aber dennoch geschafft, zumindest eine der Flugscheiben abzuschießen und das Wrack zu bergen!

THURSDAY MORNING. Los Angeles Times **

Searchlights and Anti-aircraft Guns Comb Sky

SEEKING OUT "OBJECT"—Scores of searchlights built a wigwam of light beams over Los Angeles early yesterday morning during the alarm. This picture taken during blackout shows nine beams converging on an "object" in sky in Culver City area. The blobs of light which show at apex of beam angles were made by anti-aircraft shells.

MARKINGS—Hugh Landis of 1738 W. 43rd Place points to holes made in his car, as it stood in garage, by fragments of anti-air-

Abb. 37: Ein Zeitungsausschnitt der *Los Angeles Times* über den UFO-Kampf um Los Angeles aus dem Jahr 1942, auf dem ein großes, scheibenförmiges Objekt zu erkennen ist, das mit Suchscheinwerfern beleuchtet wird.

US-Präsident John F. Kennedy: *„Die US Air Force hat mir versichert, dass UFOs keine Gefahr für die Nationale Sicherheit darstellen.“*

Weitere wichtige Auskünfte stammen vom amerikanischen Physiker James Edward McDonald (1920-1971), der für seine wissenschaftliche Erforschung des UFO-Phänomens bekannt geworden ist. Er arbeitete als Physiker am *Institute for Atmospheric Physics* und war außerdem Professor für Meteorologie an der Universität von Arizona. Er startete bereits Mitte der 1960er-Jahre eine Kampagne für die Ausweitung von UFO-Studien und behauptete, dass UFOs ein wichtiges ungelöstes Rätsel der Wissenschaft darstellten, das bisher noch nicht adäquat studiert worden sei. Dr. McDonald glaubte daran, dass UFOs außerirdischen Ursprungs sind. Es gelang ihm schließlich, Zugang zu den Unterlagen von *Project Blue Book* in der Wright-Patterson Air Force Base zu erlangen, und er konnte dadurch ermitteln, dass die Air Force Beweise für UFOs falsch behandelt. Er fand tatsächlich heraus, dass die Air Force einer Direktive folgte, authentische UFO-Berichte als falsch zu entlarven und nur jene Fälle zu diskutieren, die man mit profanen Erklärungen auflösen konnte! Alle unerklärlichen Fälle wurden als „Top Secret“ eingestuft und nicht öffentlich bekannt gegeben. Dr. McDonald war überdies völlig fassungslos, als er herausfand, dass der populäre Astronom und UFO-Forscher J. Allen Hynek die wissenschaftliche Gemeinschaft nicht über die Tatsache aufgeklärt hatte, dass *Project Blue Book* viele der unerklärlichsten und überzeugendsten UFO-Berichte mit voller Absicht zurückhielt! J. Allen Hynek erklärte Dr. McDonald daraufhin, dass er nicht die Erlaubnis hatte, diese Tatsache offenlegen, denn andernfalls würde ihn die Air Force als Berater für *Project Blue Book* fallenlassen! Hynek war damals der einzige anerkannte Wissenschaftler, der sich formell mit dem Studium von UFOs im Auftrag der amerikanischen Regierung beschäftigte!

Dr. James Edward McDonald befragte selbstständig mehr als 500 UFO-Zeugen und konnte viele wichtige Regierungsdokumente einsehen, die Beweise für die Existenz von UFOs liefern. Er hielt über dieses Thema schließlich öffentliche Referate und Vorträge und trat auch an den amerikanischen Kongress heran, als dort im Jahr 1968 eine UFO-Anhörung stattfand. Ein Jahr zuvor hatte er sich auch an die *Outer Space Affairs Group* der UNO gewandt und am 7. Juni 1967 außerdem erklärt: „*Es gibt keine vernünftige Erklärung als die wirklich schockierende Hypothese, dass UFOs außerirdische Sonden sind. Meine eigene gegenwärtige Meinung, basierend auf zwei Jahren sorgfältigen Studiums, lautet, dass UFOs möglicherweise außerirdische Geräte sind, die etwas durchführen, das man unter Vorbehalt als Überwachung bezeichnen könnte.*"

Vor dem amerikanischen Kongress im Jahr 1968 sagte er vor dem *House Committee on Science and Astronautics* aus, dass die wissenschaftliche Welt schockiert wäre, wenn sie die erstaunliche Natur des UFO-Phänomens und seine befremdliche Komplexität kennenlernen würde! Er machte diese Aussagen, obwohl er sich damit dem Gespött seiner Kollegen aussetzen würde. Die intellektuelle Ehrlichkeit von Dr. McDonald verlangte, dass er klarstellte, dass sein jahrelanges professionelles Studium des UFO-Problems auf methodischer Basis ihn davon überzeugt hatte, dass hier vor allem wissenschaftliche und technologische Fragen auftauchen. Sie würden die Fähigkeiten der weltbesten Wissenschaftler herausfordern, zu versuchen, das Phänomen zu erklären, sobald sie die vorliegenden Fakten kennen würden. Er sagte weiter aus, dass er nunmehr davon überzeugt war, dass die wissenschaftliche Gemeinschaft dieses Thema gleichgültig als Unsinn ignoriert, UFOs jedoch eine Angelegenheit von außerordentlicher wissenschaftlicher Wichtigkeit sind! Später widmete sich Dr. McDonald anderen Themen und Entwicklungen, die nichts mit UFOs zu tun hatten. Dennoch wurde ihm von seinen freundlichen Fachkollegen seine Glaubwürdigkeit aberkannt, weil er jemand sei, der an „kleine grüne Männchen" glaubt. Diese Vorwürfe und das Gespött seiner ignoranten Kollegen kränkten ihn sehr. Im Alter von nur 51 Jahren verübte Dr. McDonald nach seiner Scheidung und nachdem er gerade ein paar neue wissenschaftliche Artikel über das UFO-Phänomen vollendet hatte, im April 1971 einen scheinbaren Selbstmordversuch, indem er sich selbst in den Kopf schoss. Er überlebte, war dadurch aber erblindet und erholte sich in einem Krankenhaus. Am nächsten Tag war er erneut spurlos verschwunden, und erst am 13. Juni desselben Jahres wurde in der Nähe der Stadt Tucson/Arizona eine Leiche entdeckt, die man später als Dr. McDonald identifizierte. Sie hatte wieder eine Kugel im Kopf, und daneben lag noch der Revolver sowie ein Abschiedsbrief. Wie er diesen Brief allerdings als Blinder schreiben konnte, woher er den Revolver hatte und wie er an diesen Ort gelangt war, ist bis heute ungeklärt. Hatte man ihm aufgrund seiner wissenschaftlichen Nachforschungen über das UFO-Phänomen vorsätzlich zum Schweigen gebracht? Wurde das auf eine bestimmte Art und Weise vom Armeegeheimdienst durchgeführt, damit es als eine deutliche Warnung für seine wissenschaftlichen Kollegen diente, sich nicht mit diesem Thema auseinanderzusetzen?

US-Senator Barry Goldwater (1909-1998) war ebenfalls sehr am Thema UFOs interessiert und unternahm Anstrengungen herauszufinden, was die US Air Force in der Wright-Patterson Air Force Base eingelagert hat. Der Senator vermutete zu Recht, dass sich dort UFO-Wracks und die Leichen von außerirdischen Besatzungsmitgliedern befinden. Sein Ersuchen, das alles anzusehen, wurde abgelehnt, da dieses ganze Thema immer noch höher als „streng geheim" eingestuft war. In einem Radiointerview im Jahr 1988 erklärte er auf die Frage, ob er daran glaubt, dass die amerikanische Regierung Beweise für UFOs zurückhält: *„Ja, das tue ich. Ich glaube natürlich an Außerirdische im Weltraum. Sie mögen nicht wie wir aussehen, doch ich habe das starke Gefühl, dass sie sich über unsere mentalen Kapazitäten hinaus entwickelt haben. Ich denke, eine hochgeheime UFO-Untersuchung der Regierung, über die wir nicht Bescheid wissen, findet immer noch statt. Wir werden vermutlich niemals davon erfahren, bis die Air Force sie offenlegt."*

US-Präsident Richard Nixon: *„Ich besitze derzeit nicht die Erlaubnis, über das Wissen der Regierung von außerirdischen UFOs zu diskutieren. Ich werde immer noch persönlich über dieses Thema aufgeklärt."*

US-Präsident Gerald Ford: *„Ich glaube, dass die amerikanische Öffentlichkeit eine bessere Erklärung verdient, als sie bis jetzt von der Air Force abgegeben wurde. Ich empfehle daher dringend, dass eine Untersuchung des UFO-Phänomens durch ein Komitee stattfinden sollte. Ich denke, wir sind es den Menschen schuldig, Glaubwürdigkeit bezüglich UFOs zu schaffen und die größtmögliche Aufklärung zu ermöglichen."*

US-Präsident Jimmy Carter hatte im Oktober 1969 gemeinsam mit anderen Augenzeugen ein UFO bei der Stadt Leary in Georgia beobachtet: „*Es war das merkwürdigste Ding, das ich jemals gesehen habe. Es war groß, es war sehr hell, es wechselte seine Farben und es hatte ungefähr die Größe des Monds am Himmel. Wir beobachteten es zehn Minuten lang, doch niemand von uns konnte herausfinden, was es war. Eines ist sicher, ich werde mich niemals wieder über Menschen lustig machen, die sagen, dass sie nicht identifizierte Objekte am Himmel gesehen haben.*"

US-Präsident Ronald Reagan berichtete dem ehemaligen Leiter des *Wall Street Journal* von seiner UFO-Begegnung des Jahres 1974: „*Ich blickte aus dem Fenster (eines Flugzeugs) und sah dieses weiße Licht. Es flog im Zickzack herum. Ich ging hinauf zum Piloten und fragte, ob er jemals so etwas gesehen hat. Er war schockiert und sagte nein. Und ich sagte zu ihm, lass uns dieses Ding verfolgen. Wir folgten ihm mehrere Minuten. Es war ein helles, weißes Licht. Wir folgten ihm nach Bakersfield, und plötzlich, zu unserer großen Begeisterung, wechselte es die Richtung und flog gerade empor in den Himmel. Als ich aus dem Flugzeug ausstieg, erzählte ich alles meiner Frau Nancy.*"

Der führende Weltraumwissenschaftler Dr. Garry C. Henderson soll seit den späten 1960er-Jahren einige brisante Aussagen gemacht haben, die UFO-Sichtungen von Astronauten und UFO-Geheimnisse betreffen, die er erfahren konnte, als er für die *General Dynamics Corporation* tätig war. Ihm wird ein Zitat unterstellt, das besagt, dass alle amerikanischen Astronauten UFOs oder nicht identifizierte Objekte gesehen hätten, aber Befehl erhielten, mit niemandem darüber zu diskutieren. Er behauptete, die NASA sei im Besitz von authentischen Fotografien dieser fremden Raumschiffe, die aus nächster Nähe mit verschiedenen Kameras aufgenommen worden seien. Dr. Henderson stritt später ab, diese Aussage jemals gemacht zu haben und sprach davon, dass man ihn falsch zitiert hätte, und dass er ausdrücklich niemals unter Druck gesetzt worden sei, diese Aussagen zurückzuziehen, oder die, dass eine Regierungsvertuschung zum Thema UFOs existiere.

Ein anderer ehemaliger NASA-Wissenschaftler namens Dr. Farouk El-Baz hat allerdings gesagt: „*Nicht jede Entdeckung wurde der Öffentlichkeit bekannt gegeben.*" Er spielte damit auf die Tatsache an, dass Forschungsergebnisse gezeigt haben, dass der Mond sich sehr von dem unterscheiden könnte, was man die Öffentlichkeit glauben gemacht hat. Die riesigen NASA-Archive werden zwar grundsätzlich als öffentlich zugänglich betrachtet, doch die Wahrheit ist, dass nur sehr wenigen Menschen Zugang zum authentischen Original-Material gewährt worden ist. Es gibt buchstäblich Millionen von Fotografien, die sich in der Sammlung der NASA befinden, und es wird behauptet, dass es darin einen eindrucksvollen Katalog mit Bändern von Funksprüchen und Videofilmen gibt, die die Präsenz von UFOs dokumentieren. Astronauten, die im Orbit oder bei den Apollo-Missionen gearbeitet haben, haben viele seltsame abnormale Objekte gefilmt, die ständig über der Erdatmosphäre fliegen.

> Der berühmte Astronaut Neil Armstrong, der sich kaum zu diesem Thema äußerte, sagte im Oktober 1999: „*Wir haben keine Beweise. Doch wenn wir, basierend auf den besten Informationen, über die wir verfügen, alles prüfen, müssen wir zur Erkenntnis gelangen, dass anderes Leben dort draußen vermutlich existiert, und das vermutlich an vielen Orten.*"

Der Apollo-14-Astronaut Dr. Edgar Mitchell (1930-2016) gab in einem Interview mit dem *MSN-Newsportal* im Oktober 1998 weitere Details über dieses heikle Thema bekannt. Er schilderte damals, dass er viele Jahre lang ein Skeptiker gewesen ist, bis er einige Jahre zuvor den UFO-Forscher Dr. J. Alan Hynek kennengelernt und auch mit Dr. Jacques Vallée und seiner Arbeit Bekanntschaft gemacht hatte. Er sagte, dass diese beiden Wissenschaftler genügend Beweise für das Phänomen gesammelt haben, und dass seine persönliche Motivation immer darin bestanden hatte, das Universum besser zu verstehen. Seine eigene theoretische Arbeit hatte ihn davon überzeugt, dass sich alles im Universum fortwährend weiterentwickelt, und durch die ernsthafte Forschungsarbeit dieser zwei Akademiker hatte er Beweise gesehen, welche die Wahrheit dieser Angelegenheit bestätigen. Außerdem hatte er mit pensionierten Zeugen gesprochen, die seit den späten 1940er-Jahren in hohen Positionen in der amerikanischen Regierung, den Geheimdiensten oder im Militär beschäftigt gewesen waren. Er konnte deshalb nicht bestätigen, dass die amerikanische Regierung das UFO-Thema vertuscht, sondern glaubte, dass die aktuelle Regierung nicht mehr über dieses Thema erfahren hat als die Öffentlichkeit. Hohe Beamte werden einfach nicht mehr über diese streng geheimen Angelegenheiten in Kenntnis gesetzt.

Ansonsten hat die US-Regierung seit den 1940er-Jahren keine absolute Geheimhaltung bezüglich UFOs gewahrt, weil seit damals ständig geheime Informationen freigegeben oder von anonymer Quelle veröffentlicht worden sind. Dennoch wurde auch die Glaubwürdigkeit vieler authentischer Regierungsdokumente von Skeptikern immer wieder angezweifelt, die behaupteten, es würde sich um Fälschungen oder Betrug handeln. Das alles ist laut Dr. Mitchell Teil einer sehr groß angelegten Operation für Falschinformation, die man überall in der modernen Ufologie finden kann. Astronauten wurde zum Beispiel eingeredet, dass alles mit erklärbaren natürlichen Phänomenen abgetan werden kann.

Sie wurden somit glauben gemacht, dass sie einer Selbsttäuschung erlegen wären, weil sie dachten, sie hätten ein außerirdisches UFO gesehen. Und das, obwohl sie davon wussten, dass ihre Fotografien und Filme als streng geheim eingestuft worden sind, um das Geheimnis zu wahren. Obwohl alle diese Aussagen und Dokumente über das UFO-Phänomen von äußerst glaubwürdigen Spezialisten und Regierungsmitgliedern publik gemacht worden sind, haben die Presse und dic gesteuerten Mainstream-Medien kaum darauf reagiert.

Auch in der Sowjetunion gab es ähnliche Kommentare von prominenten Kosmonauten wie dem russischen Luftwaffenoffizier Victor Afanasyev, der an verschiedenen Weltraummissionen teilgenommen hat. Er hat ein unbekanntes Objekt beschrieben, das Kosmonauten während ihres Weltraumaufenthalts verfolgt hat. Laut dem erfahrenen Piloten handelte es sich um eine eindeutig maschinell hergestellte Struktur, die aus einer Art Metall bestand und eine ungefähre Länge von 40m sowie innere Hüllen besaß. Man konnte am Objekt Öffnungen erkennen, und an einigen Stellen hatte es so etwas wie kleine Flügel. Dieses Objekt hielt sich ganz in der Nähe einer russischen Raumkapsel auf und konnte fotografiert werden. Analysen haben ergeben, dass das unbekannte Objekt auf den Aufnahmen lediglich 25 Meter entfernt war! Dieser Vorfall ereignete sich laut dem Kosmonauten während eines Fluges mit dem russischen Raumschiff *Sojus 6* im Jahr 1969. Der vormalige Staatspräsident der UdSSR, Michail Gorbatschow, verlautbarte am 26. April 1990: *„Das Phänomen von UFOs ist real. Ich weiß, dass es wissenschaftliche Organisationen gibt, die dieses Problem studieren. Dieses Phänomen existiert und es muss ernsthaft behandelt werden.“*

In einer Ausgabe des *Skeptical Inquirer* wurde im Jahr 1978 eine Aufzählung von weiteren paranormalen Begegnungen von Astronauten und Kosmonauten veröffentlicht, und das „Komitee der wissenschaftlichen Untersuchung von Behauptungen über das Paranormale“ hat diese Berichte analysiert. Glaubwürdige UFO-Sichtungen von amerikanischen und russischen Weltraumpiloten stellen für Skeptiker ein besonders großes Problem dar, weil man unerklärliche Objekte im Weltraum viel schwerer wegdiskutieren kann als die auf der Erde. Dr. J. Allen Hynek war einer der wenigen Wissenschaftler, der mit der NASA zusammengearbeitet hat. Immerhin sprach er von einem authentischen „realen UFO-Phänomen“, und in seinem Buch »Edge of Reality«, das er in den 1970er-Jahren gemeinsam mit Jacques Vallée verfasst hat, veröffentlichten die beiden Wissenschaftler eine lange Liste von glaubwürdigen Sichtungsberichten von Astronauten. Der Mercury-Astronaut John Glenn war demnach der erste Pilot, der über unbekannte Flugobjekte im Weltraum berichtete. Er sah mehrere davon, als sie seine Raumkapsel mit hoher Geschwindigkeit überholten.

Während der Mercury-7-Mission konnte Scott Carpenter am 24. Mai 1962 ein Foto einer Untertasse machen. Der nächste Astronaut war dann wie gesagt Walter Schirra, der während der Mercury-8-Mission über dem Indischen Ozean hell glühende Objekte sah. Am 8. März 1964 berichteten russische Kosmonauten von einem nicht identifizierten Objekt, das sie beobachten konnten, bevor sie wieder in die Erdatmosphäre eintraten. Es war ein zylinderförmiges Objekt, und sie glaubten nicht, dass es sich um einen menschengemachten Satelliten gehandelt hat. Kurz darauf, am 3. Juni 1964, beobachtete dann James McDivitt mehrere UFOs inklusive eines zylinderförmigen Objekts. Am 12. Oktober 1964, während der Voskhod-1-Mission, wurden drei russische Kosmonauten Zeuge, wie sie von einer Formation von sich schnell bewegenden scheibenförmigen Objekten eingekreist wurden. Im Dezember 1965 wurden die Astronauten Frank Borman und James Lovell Zeuge von zwei ovalen UFOs mit glühenden Unterseiten, und sie konnten auch ein Foto davon machen. Dr. J. Allen Hynek veröffentlichte dieses Foto in seinem Buch mit Jacques Vallée. Am 18. Juli 1966 sahen die beiden Gemini-10-Astronauten John Young und Mike Collins ein großes zylinderförmiges Objekt, das von zwei kleineren, hellen Objekten begleitet wurde. Am 12. September 1966 berichteten die Gemini-11-Astronauten Richard Gordon und Charles Conrad, dass sie ein orangegelbes UFOs im Weltraum gesehen haben. Man hat erst versucht, das durch einen Vorbeiflug des russischen Proton-3-Satelliten zu erklären, doch es stellte sich heraus, dass es sich um ein unbekanntes Objekt gehandelt hat, von dem auch drei unscharfe Fotos existierten.

Am 16. Juli 1969 wurde die Apollo-11-Mission von einem UFO-Raumschiff verfolgt, das die drei Astronauten auf ihrem Weg zum Mond beobachten konnten. Es handelte sich nicht um einen Booster, weil sie diesen ebenfalls sehen konnten. Eine Reihe von UFOs wurde von den Astronauten auch im Mondorbit fotografiert und dann Jahre später erstmals in einem japanischen Magazin veröffentlicht. Einige schärfere Fotos wurden dann auch von Buzz Aldrin und Neil Armstrong gemacht, und das Magazin *Science Digest* beschrieb diese Objekte als *„eine Masse von intelligenter Energie“*. Am 14. November 1969 sahen die drei Astronauten der Apollo-12-Mission ein unbekanntes Objekt, das ihnen den ganzen Weg zum Mond und vom Mond zur Erde gefolgt ist. Auch hier lautete die Erklärung, dass es der Booster der Startrakete war, der das Sonnenlicht reflektierte, weil er sich zwischen ihnen und der Erde befunden haben soll.

Alle diese Beschreibungen werden von Skeptikern als Geschichten bezeichnet, die *„komplett erfunden zu sein scheinen“*. Dann sprechen sie von *„dramatischen Darstellungen von gewöhnlichen Weltraum-Ereignissen“* wie Lichtreflexionen. Liegen Fotografien oder Filmmaterial vor, so sind es im schlimmsten Fall *„eigentlich Fälschungen"* von UFO-Magazinen, die ihren Weg in die UFO-Folklore gefunden haben, obwohl die meisten davon nachweislich nicht gefälscht sind. Im Gegenteil handelt es sich um offizielle Fotografien aus den Weltraumprogrammen. Mit den richtigen rationalen Erklärungsversuchen scheint natürlich keines dieser Phänomene irgendwie außergewöhnlich oder abnormal zu sein. Skeptiker müssen allerdings eingestehen, dass viele Sichtungen von *„vorüberfliegenden Satelliten"*, mit denen man UFOs wegerklären möchte, tatsächlich *„technisch nicht identifiziert"* sind!

Im Gegensatz zu den überwiegend schlecht aufgemachten Geschichten in den Tageszeitungen sind diese Radaraufzeichnungen ein akkurater und authentischer Beweis für die Existenz derartiger Objekte und die Sichtungen der Astronauten sowie Kosmonauten. Skeptiker waren nicht selbst vor Ort, versuchen aber die Daten und Fakten einfach zu verdrehen und alternativ zu interpretieren, so als wären alle Astronauten, die im Gegensatz zu ihnen selbst größtenteils über eine hervorragende wissenschaftliche und militärische Ausbildung und ferner über viel Erfahrung als Testpiloten verfügt haben, Augenzeugen, die selbst nicht wissen, was sie gesehen haben. Sie verfügen über keinerlei Möglichkeit zu beweisen, dass all diese UFO-Vorfälle nicht authentisch sind.

Prähistorische Konstruktionen auf der Mondoberfläche

Kosmonauten erleben unheimliche Erscheinungen

Ein interessanter Artikel über UFO-Begegnungen von Kosmonauten erschien vor Jahren im *Fate Magazine*. Darin wird eingehender über die Erlebnisse von russischen Kosmonauten berichtet, über die Skeptiker nicht so sehr hergezogen haben, weil sie relativ gut dokumentiert sind. Bezug genommen wird hier hauptsächlich auf einen anderen russischen Artikel, der im Jahr 1980 im bekannten sowjetischen Magazin *Sputnik* erschienen ist. Er trug den Titel „UFOs durch die Augen der Kosmonauten" und betrifft sowohl Berichte von Apollo- als auch von Sojus-Missionen. Die in diesen Unterlagen beschriebenen unerklärlichen Objekte kann man nicht so einfach mit Schrott aus den Weltraumkapseln, unbekannten irdischen Satelliten oder Raketen-Boostern erklären. So hat zum Beispiel der Kosmonaut Yevgeni Khrunov, der im Jahr 1969 die *Sojus 5* geflogen hat, öffentlich die Existenz von UFOs bestätigt: *„In Bezug auf UFOs kann ihre Existenz nicht geleugnet werden: Tausende von Menschen haben sie gesehen. Es kann sein, dass ihr Ursprung oft auf optischen Effekten beruht. Doch einige ihrer Eigenschaften, so zum Beispiel ihre Fähigkeit, bei hoher Geschwindigkeit ihren Kurs um 90 Grad zu ändern, übersteigt schier die Vorstellungskraft."*

Weitere Daten aus der Sowjetunion sind dann in den frühen 1990er-Jahren bekannt geworden, als die UdSSR am Auseinanderfallen war. Die Moskauer Zeitung *Rabochaya Tribuna* schrieb von einem Vorfall, über den am 28. Februar 1991 von einer amerikanischen Agentur namens *Foreign Broadcast Information Service* (FBIS) berichtet worden war. Laut dieser Meldung brachte der Chefingenieur des Trainingszentrums für Kosmonauten, Vladimir Alexandrov, eine Fotografie eines UFOs ins Büro der Zeitung. Er behauptete, dass dieses fliegende Objekt, dessen Foto dann gedruckt worden ist, ein UFO war, das von den Kosmonauten Valery Ryumin und Leonid Popov in einer Nacht im Juni 1980 während der Sojus-35-Mission im Erdorbit aufgenommen worden ist. Diese Begegnung wurde damals vertuscht, und Vladimir Alexandrov berichtete den verblüfften Reportern, was damals wirklich geschehen war. Es handelte sich um einen Schwarm von weißen glänzenden Punkten, die von einer Region nahe Moskau kommend in der Luft in den Weltraum aufgestiegen und daraufhin höher geflogen sind als die russischen Kosmonauten in ihrem Raumschiff, der *Saljut 6*. Gegen Mitternacht wurden die Kugeln auch vom Boden aus wahrgenommen, und die Behörden mussten schnell erklären, es handle sich um routinemäßige Satellitenstarts!

Laut Alexandrov handelte es sich mit Sicherheit um eine Vertuschung, denn was auf dem Foto zu sehen war, hatte keinerlei Ähnlichkeit mit einem Satellitenstart. Es glich laut dem Chefingenieur einer leuchtenden Wolke in Form einer Scheibe, die darin zu erkennen war und einen sichtbaren Schweif hinter sich herzog. Auf der Unterseite der Flugscheibe konnte man helle Blitze erkennen. Der amerikanische Journalist George Knapp brachte im Jahr 1992 aus Moskau ein bedeutsames UFO-Dossier mit, das aus dem sowjetischen Verteidigungsministerium stammen soll. Darin ist von einem geheimen Projekt die Rede, das man mit „Bedrohung 3" betitelt hat – sind hier möglicherweise Begegnungen der dritten Art gemeint? Auf jeden Fall sind darin einige mysteriöse Erlebnisse von Kosmonauten enthalten. Sie wurden von der bekannten russischen Pilotin Marina Popowitsch und anderen prominenten russischen Ufologen wie dem Physiker Dr. Vladimir Azhazha bestätigt, der ebenfalls über zahlreiche UFO-Vorfälle aus der Zeit der Sowjetunion berichtet hat. Marina Popowitsch war damals bereits ein pensionierter Luftwaffenoffizier und die Exfrau des russischen Kosmonauten General Pavel Popowitsch (1930-2009), der ein starkes Interesse an UFOs entwickelt hatte. Ein Ereignis fand im Jahr 1981 statt und betrifft ebenfalls die Saljut-6-Raumstation. Das Vorkommnis wurde von Generalmajor Vladimir Kovalenok gemeldet, der später für das russische Verteidigungsministerium tätig war. Dieser Bericht erschien erstmals öffentlich in der amerikanischen Zeitschrift *National Enquirer* und stammt vom in Litauen geborenen Reporter Henry Gris. Der *National Enquirer* wird zwar oft wegen seiner Berichterstattung belächelt, doch bot er vor den Zeiten des Internets oft die einzige Möglichkeit zu einer Veröffentlichung derart kontroverser Meldungen. In diesem Artikel war zu lesen, dass ein fremdes Raumschiff der Saljut-6-Station im Orbit zwei Tage lang dicht gefolgt ist, und dass außerirdische Wesen das fremde Raumschiff verlassen und sich den Sichtluken der russischen Station genähert haben. Es handelte sich deshalb um eine Nahbegegnung der dritten Art.

Im Jahr 1993 konnte ermittelt werden, dass Generalmajor Kovalenok in einem Interview sagte, dass er im Jahr 1981 eine UFO-Begegnung erlebt hat, und auch der deutsche Autor und UFO-Forscher Michael Hesemann hat über dieses erstaunliche Interview geschrieben. Kovalenok enthüllte: *„Am 5. Mai 1981 waren wir im Orbit in der Station Saljut 6. Ich sah ein Objekt, das keinem kosmischen Objekt ähnelte, mit dem ich vertraut war. Es war rund und erinnerte an die Form einer Melone, rund und ein wenig verlängert. Vorne am Objekt war etwas, das aussah wie eine Hantel (im Sport). Ich konnte sehen, wie es durchsichtig wurde und dass sich ein Körper darin befunden hat. Am anderen Ende sah ich so etwas wie Gas herauskommen, wie von einem reaktiven Objekt. Dann passierte etwas,* *das aus der physikalischen Betrachtungsweise schwer zu beschreiben ist. Ich musste erkennen, dass dieses Objekt offenbar keinen künstlichen Ursprung besaß, denn es konnte seine Form verändern. Mir ist nicht bekannt, was solche Bewegungen machen könnte. Es zog sich zusammen, dann dehnte es sich aus und pulsierte. Dann konnte ich innerhalb einer Sekunde zwei Explosionen beobachten, als die zwei Teile des Objekts explodierten. Ich rief meinen Kollegen Viktor Savinykh herbei, doch er war nicht mehr rechtzeitig bei mir, um etwas davon zu sehen.*"

Ein zigarrenförmiges UFO wurde am 31. März 1991 von einem anderen Kosmonauten entdeckt, während man die Annäherung eines Frachtflugs an die Raumstation *Mir* filmte. Es handelt sich um Musa Manarov, der insgesamt 541 Tage im Weltraum verbrachte. Hinter dem Frachter erschien plötzlich ein zylinderförmiges Objekt, das im Weltraum schwebte und seine Rotation veränderte. Manarov konnte das Objekt zwei Minuten lang filmen.

Ein sensationeller Bericht über ein Abenteuer, das Kosmonauten im Weltraum hatten, stammt ebenfalls aus sowjetischen Archiven und wurde nach dem Zusammenbruch der UdSSR herausgeschmuggelt und erst später veröffentlicht. Es handelt sich um einen Vorfall, der am 12. Juli 1984 stattgefunden hat. Damals waren drei russische Kosmonauten an Bord der Raumstation *Saljut 7*, und es war der 155. Tag ihrer Mission im All, die am 8. Februar 1984 begann. An diesem Tag berichtete die ganze Gruppe der drei Kosmonauten von sonderbaren Lichtern und fremdartigen Wesen. Laut dem damaligen Kommandanten Oleg Atkov sowie den Kosmonauten Vladmir Solovyov und Leonid Kizim wurde die gesamte Raumstation in einem durchdringenden orange-farbenen Licht gebadet und von ihm umhüllt. Es sah für die Männer so aus, als käme dieses Licht von außerhalb der Station und dränge durch eine absolut undurchdringliche Wand ins Innere ein! Für einen kurzen Moment war das ungewöhnliche Licht so hell, dass es die Besatzung blendete. Als sie wieder normal sehen konnten, eilten sie zu den Luken, um hinauszublicken und nach der Quelle dieses ungewöhnlichen Leuchtens zu suchen. Sie vermuteten erst eine mögliche Explosion, weil die Station zuvor bereits Feuer gefangen hatte. Doch was sie daraufhin erblickten, war weit unbegreiflicher als das orange-farbene Leuchten selbst! Alle Kosmonauten berichteten übereinstimmend, die „*Gesichter von sieben Engeln*" gesehen zu haben, die direkt außerhalb ihrer Raumstation vor ihnen im freien Raum schwebten und die Kosmonauten anlächelten! Die aufgeregten Raumfahrer funkten zur Bodenkontrolle, dass diese Erscheinungen ein humanoides Äußeres besaßen, denn ihre Körper und Gesichter sahen absolut menschlich aus. Sie verfügten zusätzlich über einen eigentümlichen Glanz um sich herum und hatten außerdem große Flügel!

The Cosmonauts of the Salyut 7: Angel Encounters

Savitskaya | Volk | Dzhanibekov | Atkov | Kizim | Solovyov

HUGE ANGELS SEEN IN SPACE!

Soviet cosmonauts stunned

Six Soviet cosmonauts say that they've witnessed the most awe-inspiring spectacle ever encountered in space — a band of glowing angels with wings as big as jumbo jets!

Accounts of two bizarre sightings by Russia's leading space travelers are contained in a top-secret report smuggled out of the

form of unexplained natural phenomenon," said the former Soviet space scientist.

"But the evidence seems to indicate that what they saw was more supernatural than natural."

Startled cosmonauts Vladimir Solevev, Oleg Atkov and Leonid Kizim said they first saw the seven celestial beings last July during their 155th day

their lives. "What we saw were seven giant figures in the form of humans, but with wings and mist-like halos as in the classic depiction of angels," said the cosmonauts in an account signed by all three.

"They appeared to be hundreds of feet tall, with a wingspan as great as any jetliner.

rubic smiles, and they were all identical. We were totally mesmerized."

The cosmonauts said the band of angels followed their capsule for about 10 minutes and then vanished as suddenly as they had come.

But 12 days later the glowing figures returned — and this time they were seen by six Soviet scientists.

Abb. 38: Ein Zeitungsbericht über die Erlebnisse der russischen Kosmonauten mit Engeln im Weltraum

Diese unerklärlichen Wesen waren 10 Minuten lang vor der Raumstation im Erdorbit zu sehen und sind dann wieder verschwunden. Fünf Tage später wurde die Crew am 17. Juli 1984 um drei weitere Kosmonauten vom Sojus-T-12-Raumschiff erweitert, das waren Svetlana Savitskaya, Igor Volk und Vladimir Dzhanibekov. Kurz nachdem alle in der Station angekommen waren, wurde sie abermals in diesem warmen, orange-farbenem Licht gebadet. Sämtliche Kosmonauten blickten erneut aus den Luken, und dort waren wieder diese Engelwesen zu sehen! Ihr Äußeres war zwar menschenähnlich, jedoch nicht ihre Größe! Laut den Aussagen aller beteiligen Zeugen, sechs von ihnen waren Wissenschaftler, hatten sie eine wahrhaft riesenhafte Größe von mehr als 25 Metern. Ihre Flügel waren so groß wie Jumbo-Jets. Der nebelartige Lichtschein um die sieben identisch aussehenden Figuren herum war erneut zu erkennen und gab ihnen das Aussehen von klassischen Engeln, wie sie in den heiligen Texten der Weltreligionen beschrieben werden! Dieser Vorfall wurde sofort als „streng geheim" eingestuft, und die Besatzung wurde angewiesen, über diesen Vorfall nicht in der Öffentlichkeit zu reden.

Laut dem herausgeschmuggelten Bericht sahen alle Kosmonauten dasselbe, und man schrieb die Erscheinungen zunächst Halluzinationen aufgrund eines langen Aufenthalts im Weltraum zu. Doch auch die frisch angekommenen sowjetischen Wissenschaftler hatten das übernatürliche Phänomen mit eigenen Augen gesehen, waren aber nicht lange im Weltraum gewesen. Außerdem dauerte die gesamte Mission insgesamt 237 Tage, und nach dem zweiten Erscheinen ist das Phänomen kein drittes Mal aufgetreten. Es sah für die Beobachter so aus, als würden ihnen diese Engel ein bestimmtes Geheimnis mitteilen wollen, sie folgten der Bewegung der Raumstation eine Zeit lang in ihrem Erdorbit und sind dann später einfach verschwunden. Die Vermutungen der Wissenschaftler gehen dahin, dass diese Wesen in einer Parallel-Welt eines anderen Raum-Zeit-Kontinuums leben und manchmal mit unserer Welt in Kontakt treten. Für die zweite Erscheinung konnte somit niemals eine rationale Erklärung gefunden werden. Die Engel schwebten anmutig im offenen Weltraum über der Erde und badeten im ewigen Ozean des Kosmos. Die Kosmonauten sprachen davon, dass es riesige geflügelte humanoide Gestalten waren, die einen friedlichen Ausdruck auf ihren Gesichtern hatten. Sie übertrugen Gefühle von Frieden und Ruhe auf die Crewmitglieder. In der russischen Presse wurde zwar beiläufig über diese Begegnungen geschrieben, doch erst nach dem Ende des Kalten Krieges wurde der Vorfall mit den mehr als 25 Meter großen Engeln international bekannt. Nach jeweils etwa 10 Minuten sind diese Wesen auf dieselbe Weise verschwunden, wie sie aufgetaucht waren – schnell und lautlos im unendlichen Weltraum. Sie waren einfach aus dem Nichts erschienen und sind wieder ins Nichts verschwunden. Die russischen Behörden konnten sich das alles nur durch eine mögliche Massen-Halluzination erklären. Aber Psychologen wissen, dass kein derartiges Phänomen existiert – sechs Leute können bei zwei separaten Ereignissen nicht die exakt gleichen Halluzinationen haben. Jeder der sechs Kosmonauten wurde daraufhin intensiven physischen und mentalen Untersuchungen unterzogen, als sie auf die Erde zurückgekehrt waren. Sie alle bestanden die Tests und Prozeduren ohne Probleme, und es gab nichts, was darauf hingewiesen hätte, dass sie einer Halluzination erlegen waren, als sie diese fremdartigen Wesen im Weltraum beobachteten.

Es kursieren Gerüchte, dass NASA-Whistleblower ausgesagt haben, dass derartige Engel regelmäßig auf Fotografien des Hubble-Weltraumteleskops erschienen sind! Diese Leute sagen, dass der Vatikan über diese Wesen Bescheid weiß und daran beteiligt ist, ihre reale Existenz zu verschleiern! Diese Kreise sind darüber informiert, dass sie mit den Beschreibungen identisch sind, die sich in den antiken Texten der heiligen Bücher befinden, in denen geschrieben steht, dass diese Engel die Botschafter Gottes sind! Andere sind davon überzeugt, dass diese Engel eigentlich Außerirdische sind, die ebenfalls in den heiligen Schriften erwähnt werden, zum Beispiel im »Buch des Henoch«.

UFO-Forscher waren ganz besonders an einer Serie von Fotos interessiert, die im Erdorbit entstanden sind. Man kann darauf sieben leuchtende Objekte erkennen, die möglicherweise die sieben biblischen Erzengel darstellen. In den ältesten Texten und apokryphen Büchern wie dem »Buch des Henoch« werden die sieben Erzengel benannt: Michael, Gabriel, Raphael, Uriel, Raguel, Sariel und Remiel. Erzählungen von Engeln finden sich aber auch schon in den wesentlich älteren Schriften der Zivilisationen des antiken Babylon oder Ägypten. Auch in künstlerischen Darstellungen oder in Gestalt von Statuen kann man immer wieder diese geflügelten Geschöpfe sehen. Ähnlich wie in den Beschreibungen der russischen Kosmonauten wird zum Beispiel der Erzengel Michael als ein menschenähnliches Engelswesen beschrieben, das strahlende goldene Flügel besitzt, in Weiß gekleidet ist und mit seiner schimmernden goldenen Aura seine Umgebung erleuchtet.

Ein Ingenieur des Hubble-Projekts namens John Pratchett soll ausgesagt haben, dass er auf Aufnahmen des Weltraumteleskops selbst derartige Geschöpfe gesehen hat. Laut seinen Angaben sind sie bis zu 20 Meter groß und ihre Flügelspannweite entspricht etwa der Länge eines großen Passagierflugzeugs. Gerüchten zufolge hatten amerikanische Astronauten an Bord von Space Shuttles auch Begegnungen mit engelhaften Wesen, und diese Informationen sind immer noch als geheim eingestuft. Am 26. Dezember 1994 soll das Hubble-Weltraumteleskop Hunderte Fotos auf die Erde übertragen haben, die eine große weiße Stadt im All zeigen! Die amerikanischen Regierungsbehörden haben diese Fotos nicht veröffentlicht, und es ist bekannt, dass wichtige Regierungsmitarbeiter diese ungewöhnlichen Berichte der NASA außerordentlich ernst nehmen, weil sie wissen, dass es sich nicht um Halluzinationen handelt. Astronauten und Kosmonauten, die Wochen oder Monate im Weltraum verbracht haben, berichteten von spirituellen Erfahrungen und fantastischen Visionen, die ihnen von Zeit zu Zeit widerfahren sind. Ein russischer Kosmonaut, der sechs Monate an Bord der Raumstation Mir verbracht hat, erklärte hinterher, dass er Visionen erlebt hat, in denen er sich in andere Menschen, Tiere oder außerirdische Humanoide verwandelt hat!

Bereits der erste Mensch im Weltraum, der Russe Juri Gargarin (1934-1968), hatte seltsame Erlebnisse, und das noch vor den Amerikanern während ihrer Mercury-Missionen. Zumindest in einem Fall handelte es sich ebenfalls um eine spirituelle oder mystische Erfahrung. Im April 1961 verlor die Bodenstation im Kosmodrom Baikonur den Funkkontakt mit Juri Gargarin, und zwar insgesamt zweimal. Er beantwortete in diesem Zeitraum die Funksprüche nicht. Als er zur Erde zurückgekehrt war, konnte er sich nicht an diese Lücken der Funkübertragung erinnern und suchte schließlich einen Hypnose-Therapeuten auf, der sein Wohlbefinden prüfen sollte. Man unterzog ihn einer hypnotischen Rückführung in den besagten Zeitabschnitt, der ihm im Gedächtnis fehlte. Gargarin erzählte davon, dass er im Weltraum einen Kopf sehen konnte, dann schwebte eine ganze Gestalt vor ihm. Juri fühlte keine Angst, doch er konnte weder seine Arme noch seine Beine bewegen. Er hörte plötzlich eine Stimme in seinem Kopf, die ihm erklärte, dass er sich keine Sorgen machen müsse, dass alles gut gehen und er sicher zur Erde zurückkehren würde. Daraufhin ist diese mysteriöse Gestalt im Weltraum wieder verschwunden. Russische Wissenschaftler glaubten daran, dass kosmische Strahlung für einen Effekt auf den menschlichen Geist verantwortlich ist, der solche Visionen bei Astronauten im All hervorruft.

Rational erklärt werden können UFOs, Engel und andere übernatürliche Phänomene im All sowie in der Luft nur durch Halluzinationen, meinen NASA-Spezialisten, und das, obwohl alle Astronauten strengste psychologische Tests bestehen müssen, um überhaupt zugelassen zu werden! Dennoch werden derartige Berichte und Schilderungen von Astronauten, Kosmonauten oder Piloten von den Raumfahrtbehörden und Regierungen nicht als Unsinn abgetan, sondern unverzüglich zensiert und als „streng geheim“ eingestuft. Auch gewöhnliche Piloten reden über Geschichten, die regelmäßig bei Langstreckenflügen auftretende mysteriöse Phänomene betreffen. So zum Beispiel das Phänomen der Riesen-Hand! Piloten haben erzählt, dass bei Langstreckenflügen oft der Fall eintrat, dass sie an einem bestimmten Punkt des Fluges eine mentale Beeinträchtigung verspürten. Ihre Konsolen und Steuerungen haben nicht mehr funktioniert, und es hat sich für sie angefühlt, als ob eine „unsichtbare starke Hand“ das Steuerrad ergriffen und so das Flugzeug außer Kontrolle zu bringen versucht hätte! Es gibt in den USA Ermittlungen, die ergeben haben, dass fast

15 Prozent aller Piloten diesen Effekt der Riesen-Hand während ihrer Einsätze erlebt haben! Es kann nicht ausgeschlossen werden, dass dieses Phänomen für viele Luftzusammenstöße und Flugzeugabstürze verantwortlich ist!

Die wichtigsten Diskussionen über psychologische Effekte im Weltraum wurden bereits erörtert, bevor man die ersten Menschen in den Weltraum geschickt hat. Psychiater berichteten in einer Ausgabe des *American Journal of Psychiatry* zwei Jahre vor dem Weltraumflug von Juri Gargarin, dass die Separation von der Erde zu pathologischen Problemen und starken Gefühlen der Abtrennung führen könnte. Es kann die Versuchung aufkommen, diesem Zustand durch Selbstmord zu entkommen, und zwar durch die Zerstörung des Fahrzeuges, mit dem man unterwegs ist. Die Psychologen sprechen in diesem Zusammenhang von ungewöhnlichen Erscheinungen im Weltraum, die während der Apollo-Missionen in den Schlafphasen aufgetreten sind. Astronauten haben bei abgedunkelter Kabine durchschnittlich zwei Blitze pro Minute wahrgenommen, die sie als helle Streifen oder Flecken beschrieben haben. Dieses Phänomen trat während des Fluges zum Mond sowie im Mondorbit auf, jedoch nicht auf der Mondoberfläche. Theorien besagen, dass diese Blitze geladene Teilchen sind, die ins Auge eindringen. Warum das nur in der Dunkelheit geschieht, wurde nicht näher diskutiert, daher steht für Psychologen fest, dass all diese Halluzinationen bloß Nebeneffekte des Aufenthalts im Weltraum sind. Schon während der ersten Apollo-Missionen haben Astronauten Blitze und Lichtstreifen gesehen, die aus dem Nichts zu kommen schienen. Man machte kosmische Strahlen dafür verantwortlich, die aus winzigen Teilchen bestehen, die bei der Explosion von fernen Sternen ausgestoßen wurden – doch dann sollte dieses Phänomen auch auf der Mondoberfläche auftreten. Es ist durch gewisse Aussagen bekannt geworden, dass Apollo-Astronauten auf der Mondoberfläche und im Weltraum auch Stimmen in ihrem Kopf hören konnten, die ihnen Informationen übermittelten!

Astronauten sollten einen Tunnel bis zum Zentrum des hohlen Monds sprengen!

An dieser Stelle möchte ich mit den Enthüllungen aus dem Buch von Maurice Chatelain fortfahren. Chatelain erläutert, dass er von NASA-Insidern erfahren hat, dass sowohl die Mercury- als auch die Gemini- und die Apollo-Missionen im Weltraum immer von UFOs begleitet worden sind. Sie waren nicht nur im Erdorbit, sondern auch in der Mondumlaufbahn, auf der Mondoberfläche und auf dem Rückflug zur Erde ständig präsent! Es gab Gerüchte, dass die Apollo-13-Mission ein nukleares Gerät an Bord hatte, mit dem man Messungen zur Untersuchung des inneren Aufbaus des Erdmonds anstellen wollte. Dazu plante man, das Gerät auf der Mondoberfläche detonieren zu lassen und die dabei entstehenden Schockwellen mit Seismografen aufzuzeichnen. Astronauten hatten die Seismografen zuvor an verschiedenen Stellen aufgebaut, weil die NASA-Experten und viele Astrophysiker daran glauben, dass der Mond ein künstlicher und hohler Himmelskörper ist! Dieses Vorhaben wurde durch die Explosion eines Sauerstofftanks im Servicemodul von Apollo 13 während des Fluges zum Mond vereitelt. Gerüchte, die in der NASA kursierten, besagten laut Chatelain, dass diese Explosion von einem UFO ausgelöst wurde. Es gab in der Weltraumbehörde eine Menge Diskussionen über dieses Ereignis.

Jahre später wurden Dokumente veröffentlicht, die jene Behauptung bestätigten. Es handelt sich um einen Geheimplan aus den 1950er-Jahren namens Project A119, eine nukleare Bombe auf dem Mond detonieren zu lassen. Erst im Jahr 2022 sind dann weitere Unterlagen von der US-Regierung freigegeben worden, die besagen, dass sich im Inneren des Mondes exotische Metalle befinden, die man für die Raumfahrt einsetzen will. Dazu sollte mittels thermonuklearen Detonationen ein Tunnel zum Zentrum des Mondes gesprengt werden!

Maurice Chatelain schreibt, dass in NASA-Kreisen erzählt wurde, dass amerikanische Astronauten während ihrer Weltraumflüge regelmäßig fühlten, dass unbekannte externe Kräfte versucht haben, ihren Geist zu übernehmen! Sie erlebten seltsame Gefühle und Visionen. Es gilt als sicher, dass viele Astronauten nach ihrer Rückkehr psychologische Probleme entwickelten und dass sich ihre Persönlichkeiten verändert haben. Einige von ihnen wurden tief religiös oder spirituell, andere bekamen schwere mentale Probleme. Einer der begabtesten Weltraumpiloten war laut Chatelain eindeutig Gordon Cooper, der allerdings niemals eine Apollo-Mission fliegen durfte. Cooper hat lange Zeit niemandem außerhalb der NASA davon berichtet, was er im Weltraum wirklich erlebt hat. Es gab Gerüchte, dass er aus dem Apollo-Programm entfernt worden war, weil er zu viele unerklärliche Dinge im All gesehen hatte. Er hatte sich nach dem Ende seiner Laufbahn als Astronaut ebenfalls völlig verändert. Er war als Wissenschaftler von der Existenz außerirdischen Lebens überzeugt und auch davon, dass Besucher aus dem Weltraum schon seit langer Zeit zu unserem Planeten reisen, und zwar schon seit der fernsten Vergangenheit bis zum heutigen Tag! Cooper nahm an einigen archäologischen Expeditionen teil und suchte nach Hieroglyphen und Artefakten, die einen gemeinsamen Ursprung aller antiken Kulturen der Welt belegen, in deren Traditionen von menschenähnlichen Göttern berichtet wird, die vom Himmel zur Erde kamen!

Im Kapitel über außerirdische Zivilisationen schreibt Maurice Chatelain in seinem Buch, dass der Forscher Otto Struve, der damalige Leiter des *National*

Science Foundation Observatoriums in Green Bank/West Virginia, zusammen mit dem angesehenen Astronomen Frank Drake im Jahr 1961 in West Virginia anlässlich des Projekts Ozma mit dem dortigen Radioteleskop nach Funksignalen aus dem Weltraum gesucht hat. Man wollte feststellen, ob außerirdische Zivilisationen versuchen, die Menschen der Erde zu kontaktieren. Keiner war damals darauf vorbereitet, was daraufhin eintrat, denn es gibt verschiedene benachbarte Sternsysteme, die in der Nähe der Erde liegen, sich nur relativ wenige Lichtjahre von uns entfernt befinden und ähnlich aufgebaut sind wie unser Sonnensystem mit seinen Planeten. Als Erstes wählten die Astronomen das Sternsystem Tau Ceti aus, richteten ihr Radioteleskop aus und warteten ab. Nach kurzer Zeit empfingen sie bereits das erste Signal! Es wurde ein starkes Signal empfangen, und die Fachleute waren sich sicher, dass es sich um eine kodierte Botschaft aus einer intelligenten Quelle handelt, die von einem Planeten stammt, der den benachbarten Stern Tau Ceti umkreist! Das Funksignal dauerte insgesamt zwei Minuten und stoppte dann. Die Astronomen waren sprachlos, und die ganze Angelegenheit wurde laut Chatelain umgehend als geheim eingestuft und war gleichzeitig das abrupte Ende von Projekt Ozma! Es gingen laut den Informanten von Chatelain bald Gerüchte um, dass die Wissenschaftler dazu in der Lage waren, dieses außerirdische Signal erfolgreich zu entschlüsseln. Aus bestimmten Gründen wurde von ihnen selbst oder auf Anordnung der amerikanischen Regierung entschieden, diese fantastische Entdeckung nicht der Weltöffentlichkeit mitzuteilen, weil man angeblich Panik und Aufstände befürchtete!

Daraufhin wurde ein zweites Projekt Ozma initiiert, und zwar vom Militär, das seitdem die echte galaktische Kommunikation mit außerirdischen Zivilisationen überwacht, nicht jedoch das Tarnprojekt SETI, das als Ablenkung für die Öffentlichkeit dient. Der zweite derartige Vorfall soll sich dann am 21. April 1973 zugetragen haben. Zwei führende russische Spezialisten der Sowjetunion, Vsevolod Troitsky, der Leiter des *Forschungsinstituts für Radiophysik* in Gorki, und Nicola Kardashev, der Leiter des *Weltraumforschungsinstituts* in Moskau, waren absolut davon überzeugt, dass sie Funksignale aus dem Weltraum von einer außerirdischen Zivilisation empfangen haben! Sie starteten ihr russisches Radiowellen-Programm im Jahr 1970 und betrieben insgesamt vier Empfangsstationen mit vier Frequenzen, auf denen nach codierten Signalen aus dem All gesucht wurde. Die damals entdeckten Signale aus dem Weltraum dauerten zwei bis zehn Minuten lang, wiederholten sich und wurden in regelmäßigen Intervallen empfangen. Das war für diese führenden sowjetischen Weltraumforscher der Beweis, dass die empfangenen Signale einen künstlichen Ursprung besitzen und dass sie von intelligenten Wesen übertragen werden, deren Zivilisation und Kultur mindestens so hoch entwickelt ist wie unsere auf dem Planeten Erde! Eine erstaunliche Tatsache ist, dass diese Signale zwar aus dem Weltraum stammten, aber nicht aus einem anderen Sonnensystem, sondern irgendwo aus unserem eigenen!

Maurice Chatelain konnte leider keine Einzelheiten über dieses Ereignis in Erfahrung bringen und verweist deshalb auf einen dritten Fall eines Funkkontakts mit dem Weltraum, der von einem Astronomen namens Duncan Lunan aufgebaut worden war. Dieser hat behauptet, mit außerirdischen Astronauten zu kommunizieren! Alles begann damit, dass im Jahr 1928 Funker in ganz Europa, also in Frankreich, Deutschland, Norwegen und in den Niederlanden, ein sonderbares Phänomen bemerkt haben. Als sie ihre Übertragungen in einer Reihe von Signalen in alle Richtungen ausstrahlten, erhielten sie zwei Reihen von Echos anstatt nur einer! Normale Echos von Radiosignalen umrunden die Erde, prallen dann mehrmals auf die Ionosphäre und kommen dann mit einer normalen Verzögerung zurück. Die abnormalen Echos kamen allerdings nicht sofort zurück, sondern erst nach 3 bis 15 Sekunden, als würden sie von einem großen Objekt zurückgeworfen, das sich in einer Distanz von 450.000 bis 2.250.000km zur Erde befindet. Also ein wenig weiter weg als der Mond! Diese Entdeckung wurde ebenfalls geheim gehalten und nach einigen Jahren einfach wieder vergessen.

Irgendwann in den 1970er-Jahren soll dann ein junger schottischer Astronom namens Duncan Lunan eine großartige Idee gehabt haben. Er glaubte daran, dass dieses Phänomen irgendwie mit Außerirdischen zu tun hat, die der Erde Botschaften übermitteln. Er beschloss, diese Funksignale von Außerirdischen zu analysieren und vermutete, dass diese zurückgeworfenen Signale aus den 1920er-Jahren und andere, die man seitdem aufgefangen hat, von einem außerirdischen Raumschiff kommen könnten. Das Raumschiff könnte die Erde im selben Abstand wie der Mond in einem Orbit umkreisen. Die verschiedenen variablen Intervalle zwischen den Übertragungen der irdischen Funksignale und dem Empfang der Echos stellen möglicherweise einen intelligenten Code mit einer Botschaft dar. Dieser Code könnte aus geometrischen Formen bestehen, die eine Sternenkonstellation abbilden. So hat es der amerikanische Professor für Weltraum-Telekommunikation Ronald N. Bracewell von der Stanford University bereits im Jahr 1968 vorgeschlagen. Duncan Lunan ist dann daran gegangen, diese Signale aus dem All mit gewöhnlicher TV-Technik zu entschlüsseln. Er zählte die Punkte der Linie auf dem Bildschirm und die Linien per Einzelbild, dann transferierte er die verschiedenen Intervalle in ein Schaubild, wie auf einem TV-Bildschirm mit einzelnen Pixeln. Auf diese Weise erhielt Lunan erfolgreich verschiedene Bilder und Darstellungen derselben Sternenkonstellation aus verschiedenen Blickrichtungen im All, doch im Zentrum war immer das gleiche Sternsystem vorhanden.

Er benötigte nicht lange, um dieses Sternsystem zu identifizieren. Es handelte sich um das Sternbild Bootes (Bärenhüter) nahe beim großen Bären. Der Stern heißt Epsilon Bootis, den unsere Vorfahren „Izar“ benannten und der rund 210 Lichtjahre von der Erde entfernt ist. Der nächstgelegene Stern Alpha Bootis, den man auch als *Arcturus* oder *Arktur* bezeichnet, befand sich in den 1970er-Jahren bereits in einem etwas anderen Winkel am Nachthimmel. Daraus konnte Lunan ableiten, dass die Botschaft, die er entschlüsselt hat, vor etwa 11.000 Jahren abgesendet worden ist. Bezieht man die Bewegungen der anderen Sterne am Himmel in diese Berechnungen ein, kommt dabei eine Zeitspanne von etwa 12.600 Jahren heraus, was erstaunlicherweise in die Periode am Ende der letzten Eiszeit fällt, bei der es auf der Erde zu gewaltigen Katastrophen und einem Kataklysmus gekommen ist, der vermutlich eine damals bestehende irdische Hochzivilisation wie Atlantis zerstört und zum Aussterben zahlreicher Spezies auf der ganzen Welt geführt hat.

Lunan behauptete aufgrund seiner Beobachtungen, dass sich seit ungefähr 13.000 Jahren ein antikes außerirdisches Raumschiff im Erdorbit befindet, das seine Position seit damals nicht verändert hat! Es stammt von der Zivilisation des Arcturus, war mit außerirdischen Astronauten bemannt und sendet seitdem permanent Funksignale zum Planeten Erde. Irgendwann war dann der Zeitpunkt gekommen, an dem Wissenschaftler der Erde wieder die notwendige Technologie entwickeln konnten, um diese Signale zu empfangen. Das passierte um das Jahr 1900, und es ist bekannt, dass die Pioniere der Funktechnologie wie Nikola Tesla oder Guglielmo Marconi solche unerklärlichen Signale aufgefangen haben. Tesla gab öffentlich bekannt, dass er außerirdische Signale empfangen hat, die aus unserem Sonnensystem stammen, entweder vom Planeten Mars oder von einem unbekannten Mini-Mond bzw. künstlichen Satelliten der Erde!

Seit damals wussten die Astronauten von Arcturus, die Lunan die „Izarianer“ nannte, offenbar über die technologische Entwicklung auf der Erde Bescheid und begannen nun weitere Signale zur Erde zu senden, die in verschiedenen Intervallen in Form eines Codes hier ankamen. Diese Codes repräsentierten dann die Sternenkarte mit dem Stern Izar in ihrem Zentrum! Das Erstaunliche war allerdings, dass die außerirdischen Signale in exakten Pulsen im Takt von Sekunden aufgefangen wurden, wie man sie auf der Erde zur Zeitmessung verwendet. Duncan Lunan weist darauf hin, dass diese Zeitmessung auf den Sonnentag zurückzuführen ist, der bereits von der Zivilisation des antiken Sumer in 86.400 Tageseinheiten unterteilt worden ist, also in unsere heutigen Sekunden. Es wäre daher möglich, dass die antiken Astronauten der Izarianer schon vor mehr als

13.000 Jahren den Planeten Erde besucht haben und der menschlichen Rasse beigebracht haben, die exakte Zeit des irdischen Sonnentages zu bestimmen.

Lunan betont in seinem Buch »The Mysterious Signals From Outer Space«, dass er und andere Forscher darauf hinweisen, dass eine bestimmte Ziffer bei verschiedenen antiken Kulturen der Welt eine bedeutende Rolle gespielt hat. Es ist die sogenannte Ninive-Konstante von 195.955.200.000.000 Sekunden des kompletten Sternjahres (siderisches Jahr bzw. tropisches Jahr) bei 360 Tagen, und zwar in einer Zeit, die rund 64.800 Jahre zurückliegt! Das ist für Duncan Lunan ein Indikator dafür, dass außerirdische Izarianer oder andere Rassen bereits vor vielen Tausend Jahren auf der Erde gelandet sind. Das bedeutet, dass diese antiken außerirdischen Raumfahrer seit mindesten 65.000 Jahren in bestimmten Zeitabständen Kontakt zu diversen menschlichen Zivilisationen aufgenommen haben. Eventuell haben diese außerirdischen Raumfahrer sogar das Leben auf dem Planeten Erde ausgesät und den modernen Menschen erschaffen. Als ihre Mission vollendet war, sind sie wieder in ihr Heimatsternsystem zurückgekehrt und erst vor ungefähr 13.000 Jahren wieder in unserem Sonnensystem erschienen, als sie glaubten, dass die menschliche Zivilisation wieder Hilfe benötigt. Das passierte nur ein paar Hundert Jahre vor der letzten Phase des Untergangs des sagenhaften Atlantis. **Es kann durchaus sein, dass einige Überlebende mit antiker Hochtechnologie in den Weltraum zu anderen Planeten gereist sind oder sich tief in der Erdkruste einen neuen Lebensraum geschaffen haben.**

Da das antike außerirdische Raumschiff der Izarianer vom Arcturus die Erde laut den Berechnungen von Duncan Lunan in einem Abstand von 1,35 Millionen Kilometern umkreist, ist es sehr wahrscheinlich, dass es von Zeit zu Zeit einen erdnahen Orbit eingenommen hat. Die minimale Distanz für derartige erdnahe Orbits beträgt etwa die Distanz bis zum Erdmond (450.000km), und das würde auch mit den verzögerten Echos der Funksignale von der Erde übereinstimmen, die man seit den 1920er-Jahren festgestellt hat. Außerdem gab es im Laufe der Zeit immer wieder Meldungen von Astronomen auf der ganzen Welt, dass sie unbekannte Satelliten und weitere Monde der Erde gefunden haben!

Als Nächstes beschreibt Maurice Chatelain, dass er zu Beginn seiner Karriere selbst nicht von der Existenz von Fliegenden Untertassen überzeugt war. Erst als er als Weltraumspezialist für die NASA tätig war und an den Kommunikationssystemen für die Apollo-Raumschiffe gearbeitet hatte, änderte sich das. Obwohl das UFO-Phänomen zu dieser Zeit bereits bekannt war, wagte kein respektierter NASA-Wissenschaftler, es in akademischen Kreisen zu erwähnen, denn das konnte bereits das Ende seiner Karriere bedeuten! Erst als er im Zuge des Apollo-Programms nach Frankreich reiste und sich dort mit anderen internationalen Forschern über das UFO-Problem unterhielt, begriff er, dass es sich um ein reales Phänomen handelt. Das Phänomen wurde ernsthaft von unterschiedlichen offiziellen Behörden und Geheimdiensten aus verschiedenen europäischen Staaten sowie der Sowjetunion untersucht. Das erstaunliche Wissen über UFOs und Außerirdische, das ihm damals von diesen Forschern zugänglich gemacht wurde, musste er, wieder zurück in den USA, erst einmal für sich behalten. Nach dem Ende des Apollo-Programms und nachdem Maurice Chatelain in den Ruhestand getreten war, wagte er es, über diese Erkenntnisse zu schreiben. Zu diesem Zeitpunkt gab die US-Weltraumbehörde bereits die ersten Kommentare über UFOs ab, und auch einige seriöse Magazine und Wissenschaftler wie Jacques Vallée widmeten sich der Erforschung dieses Themas.

Mindestens seit den 1970er-Jahren wussten Astronomen und Astrophysiker darüber Bescheid, dass es sehr wahrscheinlich ist, dass andere Zivilisationen im Weltall existieren und viele von ihnen weit fortschrittlicher sein könnten als unsere. Der logische Schluss daraus war der Versuch, diese fortschrittlichen Zivilisationen zu kontaktieren und nach Signalen und Botschaften zu suchen, die sie durch den Kosmos senden würden. Sobald man derartige Botschaften aufgefangen hätte – was ja bekanntlich seit Beginn des 20. Jahrhundert geschehen war –, wäre der nächste Schritt, ihnen von der Erde aus einfache Funkbotschaften zurückzusenden. Das funktioniert mit relativ einfachen Technologien wie Radio- oder Lasersignalen. Wie aus diversen Quellen bekannt geworden ist, wurde tatsächlich eine ganze Reihe von außerirdischen Signalen mit intelligentem Ursprung empfangen und entschlüsselt. Somit stoßen UFO-Forscher an die Grenzen einer völlig anderen wissenschaftlichen Welt der tiefschwarzen militärischen Geheimprojekte, die für diese Kontakte zuständig sind. Erst das Kornkreis-Phänomen oder mysteriöse extragalaktische schnelle Radioblitze stellen eine für die Öffentlichkeit wahrnehmbare Form der Übermittlung von potentiellen außerirdischen Botschaften an die Menschheit dar!

Ungläubige Wissenschaftler mögen zwar die theoretische Möglichkeit von außerirdischem Leben im Universum und unserem Sonnensystem akzeptieren, aber nicht die Möglichkeit, dass fortschrittliche fremde Zivilisationen zu interstellaren Reisen fähig sind und die Erde schon seit Tausenden oder Millionen von Jahren besuchen. Nur einige mutige oder pensionierte Forscher, wie Maurice Chatelain einer war, konnten sich im Ruhestand diesen Themen widmen, ohne das Risiko einzugehen, ihre Anstellung und ihr Ansehen zu verlieren. Aus diesem Grund werden wichtige Entdeckungen auf dem Gebiet der UFO-Forschung auch ausschließlich von freien und unabhängigen Wissenschaftlern erbracht, denen man trotz ihrer exakten Forschungsmethoden immer noch „Pseudowissenschaft“ vorwirft. Maurice Chatelain schreibt, dass uns außerirdische Besucher in ihren UFOs physikalisch unmögliche Flugmanöver präsentieren, um zu demonstrieren, was wir längst selbst erreicht haben könnten. Wir hätten durch einen offenen und friedlichen Kontakt mit diesen hoch entwickelten Zivilisationen schon lange diverse saubere und freie Energiequellen erhalten, die unbegrenzt Energie liefern. Die Insassen von UFOs verhalten sich meist friedlich und präsentieren sich als unsere Brüder und Schwestern im Weltall, die nicht vorhaben, diesen Planeten durch eine Invasion zu erobern. Obwohl sie den Planeten Erde und die Menschheit seit Tausenden von Jahren überwachen und sich auch den irdischen Astronauten im Weltraum gezeigt haben, gab es von ihrer Seite kein aggressives Verhalten, nicht in der Erdatmosphäre und auch nicht im Weltraum oder auf dem Mond. Die unbekannten Flugobjekte näherten sich laut den Erfahrungen von Maurice Chatelain sehr oft unseren irdischen Raumschiffen, entweder um ihre Neugier zu befriedigen, ihre Anwesenheit bekannt zu machen oder manchmal auch, um die unvorbereiteten Astronauten zu erschrecken. Sehr oft wurde auch darüber berichtet, dass diese unbekannten Flugobjekte eine Art von Rauch oder Nebel in der Erdatmosphäre ausgebracht haben, dessen Funktion ebenfalls unbekannt ist.

Maurice Chatelain führt aus, dass er davon überzeugt ist, dass die Antriebssysteme von UFOs auf denselben physikalischen Prinzipien beruhen wie die elektromagnetischen Geräte, die während des mysteriösen Philadelphia-Experiments zum Einsatz gekommen sind und die mit der einheitlichen Feldtheorie von Albert Einstein zu tun haben. Vermutlich hatte Einstein selbst eine Rolle bei diesen Tests der US Navy gespielt, als sie versucht hat, ein Kriegsschiff für das Radar unsichtbar zu machen. Angeblich war Einstein angesichts der fantastischen Resultate dieser Versuche selbst erschrocken und hatte den Militärs somit eine fürchterliche Waffe überlassen, die mit Gravitation, Raumkrümmung und Zeitreisen zu tun hat. Weil auf diesem Sektor immer noch geheime wissenschaftliche Forschungen durchgeführt werden, wurde dieser ganze Bereich zum am besten geschützten militärischen Geheimnis aller Zeiten. Das ist laut Chatelain auch der Grund, warum Regierungen nicht wollen, dass unabhängige Wissenschaftler das UFO-Phänomen erforschen oder mit außerirdischer Technologie hantieren. Wenn irdische Wissenschaftler mit derartigen Geräten bereits in den 1940er-Jahren erfolgreich herumexperimentiert haben, wie weit könnte die Forschung in den geheimen Projekten heutzutage bereits sein? Und welche Entwicklungen hätten außerirdische Zivilisationen vollendet, die derartige Prinzipien bereits seit Tausenden von Jahren erforschen und nutzen?

Ein möglicher Grund, warum Außerirdische uns kontaktieren wollen, ist laut allen verfügbaren Informationen von Maurice Chatelain, dass die Menschheit

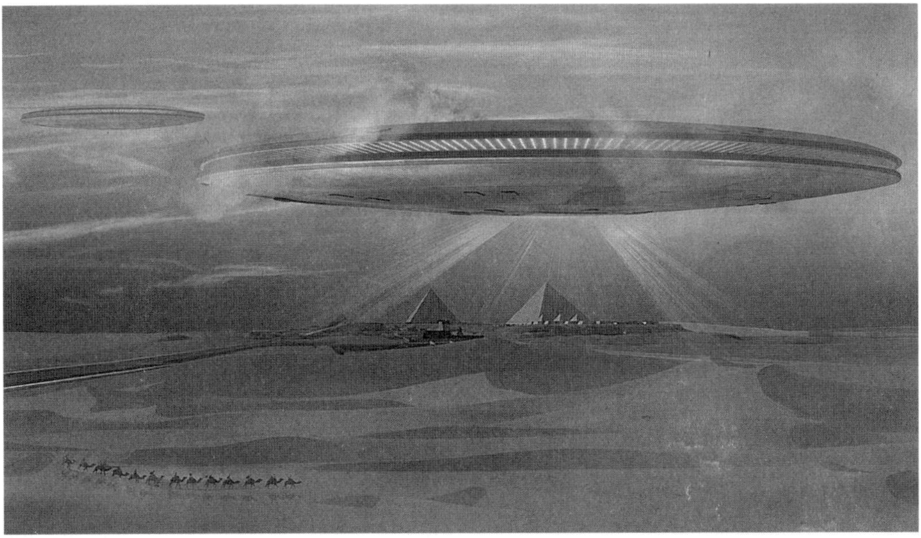

Abb. 39: Eine künstlerische Interpretation einer verlorenen hochtechnologischen Zivilisationen der fernen Vergangenheit des Planeten Erde, deren Flugmaschinen sich an Pyramiden orientiert haben.

vor langer Zeit von prähistorischen Astronauten einer weit fortschrittlicheren Zivilisation gentechnisch erschaffen worden ist. Die unerklärlichen evolutionären Übergänge vom Neandertaler zu anderen Spezies wie dem Cro-Magnon-Menschen und schließlich zum Homo sapiens sind immer noch nebulös und nicht durch natürliche Selektion zu erklären. Die Spezies Homo sapiens soll laut dem Wissensstand der 1970er-Jahre erst vor rund 65.000 Jahren auf der Erde erschienen sein, also zu einem Zeitpunkt, an dem außerirdische Besucher laut diesen Erörterungen schon auf dem Planeten Erde gelandet waren. Es wird von Historikern und Archäologen nicht bestritten, dass unsere Vorfahren der antiken Zivilisationen über fundiertes Wissen in vielen Bereichen der Wissenschaft verfügt haben, das offenbar ohne jegliche Vorstufen in kurzer Zeit und voll ausgereift vorhanden war. Die religiösen Ansichten, sozialen Verhaltensformen, Künste und Bauwerke dieser antiken Kulturen ähnelten sich auf der ganzen Welt auf erstaunliche Art und Weise, und daraus kann man schlussfolgern, dass diese altertümlichen Kulturen einen gemeinsamen Ursprung besitzen. Alles weist auf eine verlorene Hochzivilisation hin, die sich in der Mitte des heutigen Atlantischen Ozeans befunden hat. In noch fernerer Vergangenheit hat es eine weitere Hochzivilisation im Gebiet des heutigen Pazifik gegeben, die man Mu oder Lemuria nannte.

Es wurden in den letzten Jahrhunderten unerklärliche archäologische Artefakte freigelegt, die beweisen, dass unsere Vorfahren nicht primitiv waren, sondern schon wussten, wie man statische Elektrizität in Batterien speichert. Sie wussten beispielsweise, wie man Platin nutzt, ein Metall mit einem hohen Schmelzpunkt von mehr als 1.753 °C, wofür man spezielle Schmelzöfen und Brennstoffe benötigt. Außerdem kannten sie Aluminium, zu dessen Herstellung ebenfalls elektrischer Strom vonnöten ist. Darüber hinaus betrieben unsere antiken Vorfahren Astronomie und benutzten geschliffene optische Linsen. Dementsprechende Linsen aus Glas oder Quarz hat man an verschiedenen archäologischen Ausgrabungsstätten freigelegt. Des Weiteren haben Piloten und Archäologen im Laufe des 20. Jahrhunderts rätselhafte Geoglyphen und antike Scharrbilder in verschiedenen Teilen der Welt vorgefunden, die man nur aus der Luft genau erkennen kann. Somit liegt es nahe, dass in der fernen Vergangenheit Flugmaschinen auf unserem Planeten existiert haben, die sich an den gewaltigen Megalith-Bauwerken, den Pyramiden und den Geoglyphen orientiert haben, die man selbst aus großer Höhe noch ausmachen kann.

Maurice Chatelain erwähnt, dass seine Theorie von verlorenen irdischen Hochzivilisationen am einfachsten durch wissenschaftliche bzw. archäologische Forschungsarbeit zu bestätigen sein wird. Die Beweise dafür befinden sich gewiss auf dem Grund der Ozeane. Am Ende seines lehrreichen Buches ist nachzulesen, dass Chatelain viele dieser Zusammenhänge von europäischen und russischen Wissenschaftlern erfahren hat, die sich im Auftrag ihrer Regierungen mit verlorenen Hochzivilisationen, deren Verbindung zum UFO-Phänomen und antiken Raumfahrern auf professioneller Ebene befasst haben. Sie durften nicht öffentlich darüber schreiben oder diskutieren, weil diese Informationen das etablierte Weltbild auf den Kopf gestellt hätten. Erst in den letzten Jahren gibt es eine Lockerung dieses Stillschweigens.

Das wahrscheinlichste Szenario, das die führenden Experten bis in die 1960er- und 1970er-Jahre durch Fakten und ausgereifte Theorien ermitteln konnten, sieht laut den Insider-Informationen von Maurice Chatelain folgendermaßen aus: Vor rund 65.000 Jahren sind hoch entwickelte außerirdische Besucher einer anderen Zivilisation aus dem Weltraum mit Raumschiffen zur Erde gereist. Sie haben entschieden, hier und auf andern Planeten und Monden unseres Sonnensystems Kolonien und Basen zu errichten. Zu Beginn haben sie die Umwelteinflüsse und die Schwerkraft auf dem Planeten Erde nicht gut vertragen. Somit beschlossen die außerirdischen Besucher, durch genetische Manipulation eine neue Hybriden-Rasse zu erschaffen. Durch Kreuzungen mit bereits auf der Erde existierenden Menschen wie dem Neandertaler oder dem Cro-Magnon-Menschen wurde über viele Generationen hinweg eine neue menschliche Population erschaffen, die besser an das Überleben auf diesem Planeten angepasst ist.

Obwohl diese neue Spezies nicht mehr die intellektuellen Fähigkeiten und alle Charakteristiken ihrer außerirdischen Vorfahren besaß, konnte sie trotzdem einen Teil des großen Wissens und der außerirdischen Technologie über einen langen Zeitraum hinweg erhalten. Auf diese Weise sind die verlorenen Hochzivilisationen der Welt entstanden, die bis zum Ende der letzten Eiszeit Bestand hatten. Die reinste Blutlinie der neuen Hybriden-Spezies wurde von den außerirdischen Raumfahrern separiert und als Könige und Herrscher unseres Planeten eingesetzt. Diese Familien durften nur untereinander heiraten, um ihre genetischen Merkmale zu erhalten. Die intelligentesten und attraktivsten jungen Frauen wurden deshalb von den Außerirdischen befruchtet und verändert, und diese Experimente und Manipulationen durch außerirdische Wesen gehen bis heute weiter. Bei Entführungen durch Aliens werden bekanntlich immer noch viele Frauen von außerirdischen Wesen entführt und befruchtet.

Maurice Chatelain fährt fort zu erklären, dass zum Beispiel die große Pyramide von Gizeh nach präzisen mathematischen Prinzipien erbaut ist, und die Pyramide außerdem ein gewaltiges astronomisches Observatorium zur Zeitmessung darstellt. Das gewaltige Wissen, um ein derart komplexes Bauwerk zu errichten, stammte zweifellos von Angehörigen einer hochfortschrittlichen Zivilisation. Chatelain spricht davon, dass diese Erkenntnisse äußerst gefährliche Wahrheiten sind, dass eine seriöse Erforschung dieser Themen oft zu gewaltsamen Todesfällen geführt hat, und dass dieses Risiko auch heute noch besteht! Es gab viele amerikanische und internationale UFO-Forscher oder Archäologen, die von telefonischen Todesdrohungen berichtet haben. Manchmal erschienen auch mysteriöse Besucher und verlangten Auskünfte über all ihre Aktivitäten. Akademische Forscher und auch alternative UFO-Forscher, militärische Whistleblower und Regierungsinsider sind oft unter rätselhaften Umständen ums Leben gekommen, und all ihre Beweise, Unterlagen und Archive sind anschließend spurlos verschwunden. Das ist ein Grund, warum die Öffentlichkeit heute immer noch so wenig von den Geheimnissen unserer Welt weiß. Maurice Chatelain gibt auch der Kirche die Schuld an der Zerstörung des antiken Wissens der verlorenen Zivilisationen. Rom war jahrhundertelang sehr bemüht, alle Hinweise und Artefakte, die die Existenz von fortschrittlichen hochtechnologischen Kulturen in der fernen Vergangenheit beweisen, zu beseitigen. Ein Teil davon wurde in geheimen und unzugänglichen Lagerhäusern gelagert und weggesperrt. Durch dieses Vorgehen wurden systematisch fast alle Spuren dieser großartigen Vorgängerzivilisationen aus dem kollektiven Gedächtnis der Menschheit gelöscht.

Der griechische Historiker Diogenes Laertios hat im 3. Jahrhundert in seinen Aufzeichnungen festgehalten, dass die astronomischen Archive der antiken

Ägypter mit dem Jahr 49.214 vor unserer Zeit beginnen! Der Beginn des Maya-Kalenders wird mit 49.611 v.Chr. datiert und wird zum Beispiel auf der mexikanischen Keramikscheibe von Chinkultic festgehalten. Dann gibt es noch die Höhlenmalereien von Lascaux in Frankreich und Altamira in Spanien, die 17.000 bis 36.000 Jahre alt sind. Auch die geheimnisvolle Ruinenstätte von Tiahuanaco in Bolivien scheint ein solch hohes Alter zu besitzen. Babylonische Priester haben aufgezeichnet, dass die erste babylonische Dynastie nach der großen Flutkatastrophe, von der bei allen antiken Kulturen der Welt berichtet wird, im Jahr 24.989 v.Chr. begonnen hat. Der letzte kosmische Zeitzyklus des Maya-Kalenders hat mit dem Jahr 3.144 v.Chr. begonnen, und er endete im Jahr 2020 in unserer Gegenwart! Danach soll der Übergang in ein neues Zeitalter stattfinden.

Die Bestätigung für die These von Chatelain, dass der Maya-Kalender nicht am 21.12.2012, sondern erst im Jahr 2020 endet, stammt vom weltberühmten Physiker Stephen Hawking. Er hat in einem Interview mit dem Wissenschaftsjournal *New Scientist* darauf hingewiesen, dass das apokalyptische Ende des Maya-Kalenders im Jahr 2012 auf falschen und ungenauen Kalkulationen basiert. Obwohl der ehemalige Professor für Mathematik an der Universität von Cambridge ein Kritiker von Pseudowissenschaft und Weltuntergangstheorien war, stellte er in diesem Fall klar, dass der Maya-Kalender durch einfache mathematische Fehler falsch interpretiert worden ist. Das Ende der Welt, wie wir sie kennen, wäre deshalb im Jahr 2020 zu erwarten gewesen, und deshalb hatte er gesagt: ***„Die Menschen sollten sich eigentlich um 2020 Sorgen machen, das ist das reale Ende der zivilisierten Welt.“*** Kann es ein Zufall sein, dass im Jahr 1973 ein Computerprogramm namens „World One“, das vom *Massachusetts Institute of Technology* (MIT) entwickelt worden ist, für das Jahr 2020 ebenfalls eine Serie von katastrophalen Ereignissen vorausberechnet hat? Ab dem Jahr 2020 soll ein Prozess von zwanzig Jahren beginnen, der im Jahr 2040 zur Auflösung der menschlichen Zivilisation führen soll!

Dieses Computerprogramm prognostizierte somit für das Jahr 2040 den völligen Niedergang der globalen Zivilisation. Zuständig für die Entwicklung dieser Prognose war der *Club of Rome*, eine Organisation von „elitären“ Denkern, ehemaligen Staatschefs, Wissenschaftlern und Bürokraten, die herausfinden wollten, vor welchen globalen Herausforderungen die globale Ökonomie in Zukunft stehen wird. Das System ermittelte, dass im Jahr 2040 durch Überbevölkerung und Überindustrialisierung ein Kollaps auf allen Ebenen eintreten wird. Im Jahr 2020 haben wir demnach den ersten Meilenstein in dieser Entwicklung erreicht, und die Lebensqualität der gesamten Menschheit und speziell in den westlichen Industrienationen beginnt rapide zu fallen. Das wird schließlich zu einer Verringerung der menschlichen Gesamtpopulation führen. Außerdem wird die Umweltverschmutzung einen Grad erreicht haben, dass viele Menschen daran sterben. Künftig wird dann eine Bevölkerungszahl wie um das Jahr 1900 erwartet, also nur noch rund 1,6 Milliarden Menschen! Wenn sich nichts ändert, wird dann zwischen den Jahren 2040 und 2050 eine weitere Verschlechterung der Lage eintreten, und das zivilisierte Leben wird aufhören zu existieren.

Fremde Intelligenzen überwachen uns seit tausenden von Jahren

Kommen wir nun zu weiteren Enthüllungen des kürzlich verstorbenen Whistleblowers Robert Orel Dean (1929-2018), der ein bekannter Ufologe aus Arizona und ein pensionierter US Army Command Sergeant Major war. Nach einer fast dreißigjährigen Karriere war er in den Ruhestand getreten und ist daraufhin in vielen TV-Dokumentationen oder auf UFO-Konferenzen aufgetreten, weil er ein umfassendes und außerordentliches Wissen über das UFO-Problem besaß. Im Jahr 2009 hielt er einen äußerst brisanten Vortrag im Zuge des *Barcelona Exopolitics Summit* in Spanien. Diese Veranstaltung wurde von *Project Camelot* moderiert. Der ganze Vortrag von Bob Dean kann als Video im Netz gefunden werden.

Bob Dean schilderte, dass er im Sommer 1963 eine Top-Secret-Sicherheitsfreigabe erhielt, als er im *Supreme Headquarters Allied Powers Europe* (Oberstes Hauptquartier der alliierten Streitkräfte in Europa) eintraf, das dem NATO-Hauptquartier unterstellt ist und sich damals bei Paris befand, wo er in der Gemeinde Rocquencourt stationiert war. Später wurde seine Sicherheitsfreigabe auf „Cosmic Top Secret" erhöht, das ist laut seinen Angaben bis heute die höchste Sicherheitsfreigabe der NATO! Diese Freigabe benötigte er, um im SHOC (Supreme Headquarters Operations Center) zu arbeiten. Bob war dort im Jahr 1963 als Senior Master Sergeant tätig und hörte von Gerüchten, wonach gerade eine neue militärische Studie erstellt wurde, die von UFOs handeln sollte! Das weckte sofort seine Neugier, denn er war von der Möglichkeit der Existenz außerirdischen Lebens fasziniert und hatte bis dahin keinerlei Ahnung von UFOs oder was sie repräsentierten. Diese Studie hatte laut seinen Informationen mit einem Vorfall zu tun, der sich am 2. Februar 1961 ereignet hat, denn an diesem Tag hätte beinahe der Dritten Weltkrieg begonnen!

Eine große Anzahl von metallischen scheibenförmigen Flugobjekten unbekannter Herkunft flog damals aus dem sowjetischen Sektor des Gebiets des Warschauer Pakts in Richtung des US-Sektors in Europa, und zwar in sehr großer Höhe und mit erheblicher Geschwindigkeit. Über dem Ärmelkanal drehte diese UFO-Flotte in Richtung der Südküste von England ab und verschwand dann über der norwegischen See vollständig von den NATO-Radarschirmen! Dieses Manöver blieb nicht unbemerkt, und die Sowjetunion ging auf Alarmstufe Rot über, auch die NATO ging auf roten Alarm. Die Entscheidungsträger im Kalten Krieg hatten die Finger bereits auf den roten Knöpfen, und ein thermonuklearer Dritter Weltkrieg war damals nur wenige Augenblicke entfernt! Glücklicherweise war innerhalb von zwanzig Minuten alles vorüber, denn die fremde Flotte von Flugscheiben verschwand einfach von den Radarschirmen. Die NATO war darüber sehr besorgt. Ein britischer Air Marshall (Generalleutnant) namens Sir Thomas Pike (1906-1983) äußerte, dass er nun genug von derartigen Objekten habe, die *„von Zeit zu Zeit, aber regelmäßig auftauchen"*.

Dieses Mal hätten diese unbekannten Flugobjekte beinahe einen Weltkrieg ausgelöst, deshalb ordnete Sir Thomas Pike an, endlich durch eine Untersuchung herauszufinden, was hier wirklich vor sich ging! Daraufhin begann die beschriebene Studie des *Supreme Headquarters Allied Powers Europe*, die drei Jahre lang dauerte und im Jahr 1964 fertiggestellt werden konnte. Sie wurde dann intern im Sommer 1964 veröffentlicht, während Bob Dean dort im Kommandozentrum arbeitete. Das geheime Dokument trägt den Titel »An Evaluation of a Possible Military Threat to Allied Forces in Europe« und war eigentlich nicht für seine Augen bestimmt. Dieses 30cm dicke Dokument wurde nur in 15 Kopien ausgefertigt, und es war das Resultat von mehreren Jahren militärischer Nachforschungen, die von der NATO finanziert worden waren. Eines Tages hatte Bob Dean Nachtdienst im Kommandozentrum, und gegen 2 oder 3 Uhr morgens konnte er kaum noch die Augen offen halten, denn es galt dort, nachtsüber einfach die Zeit totzuschlagen, wenn sich nichts ereignete. In dieser Nacht kam ein amerikanischer Air-Force-Colonel zu ihm und sagte, er solle gefälligst aufwachen! Dann ging der Mann hinüber zum Archiv der Anlage, das ein großer Safe war, weil sich darin die geheimen Dokumente der NATO befanden, und in den man durch eine Tür hineingehen konnte. Der Colonel ging also dort hinein, zog das besagte Dokument heraus, warf es Bob Dean auf den Schreibtisch und forderte ihn auf: *„Lesen Sie das, das wird Sie wach machen!"*

In diesem Moment veränderte sich sein ganzes Leben, er las die erste Seite der geheimen Studie und konnte das Dokument laut eigenen Angaben nicht mehr aus der Hand legen. Er las es vollständig, und später immer wieder, wenn er im Kommandozentrum Nachtdienst hatte, denn er besaß ja die nötige Sicherheitsfreigabe dafür. Zunächst war Bob Dean von den darin enthaltenen Informationen schockiert, denn in der Studie standen Dinge, deren Kenntnis sein ganzes Leben veränderte. Im Prinzip war das Ergebnis der Studie, dass es offensichtlich für die alliierten Mächte in Europa keine Bedrohung durch diese unbekannten Flugobjekte gab, die regelmäßig im geschützten Luftraum erschienen. Viel erschreckender war, was Militärwissenschaftler der NATO durch das intensive Studium aller ermittelten Daten über diese unbekannten Flugobjekte und deren Insassen schließlich herausgefunden haben! Diese Experten gelangten im Jahr 1964 zur Erkenntnis, dass der Planet Erde und die menschliche Spezies unter einer Art Beobachtung oder Überwachung stehen, die seit Hunderten, wenn nicht Tausenden von Jahren stattfindet! Es wurde ermittelt, dass es sich bei diesen fremden Beobachtern um mindestens vier und manchmal bis zu zwölf verschiedene außerirdische Gruppen handelt, die uns Menschen auf der Erde beobachten, analysieren und genau überwachen!

Die Ermittler kamen nach jahrelangen Nachforschungen zum Ergebnis, dass diese Wesen offenbar keine militärische Bedrohung für uns darstellen. Wiederholte Demonstrationen ihrer unglaublich fortschrittlichen Technologie haben den Supermächten der Welt demonstriert, dass es, wenn sie feindlich und bösartig wären, absolut nichts gibt, was Menschen gegen sie unternehmen könnten. Laut Bob Dean war im Jahr 1964 nicht bekannt, worin die Agenda oder die Beweggründe dieser Wesen bestanden, und offen gesagt haben die Regierungen und das Militär immer noch keine Ahnung, was ihre wahren Motive und ihre Agenden sind! In den vor ihm liegenden Jahrzehnten seiner Dienstzeit für die Vereinigten Staaten sollte Bob Dean dennoch einiges über diese Besucher und ihre Absichten erfahren. **So konnte er zum Beispiel herausfinden, dass die menschliche Rasse tatsächlich eine Hybriden-Rasse darstellt, und dass wir in Wahrheit niemals allein gewesen sind.** Ganz im Gegenteil, wir stehen seit langer Zeit in einer engen Wechselbeziehung zu überaus fortschrittlichen außerirdischen Intelligenzen, die bis zum Beginn unserer Geschichte zurückreicht!

Eine dieser menschenähnlichen außerirdischen Rassen hat unsere Spezies Homo sapiens laut den Erkenntnissen der NATO vor rund 200.000 Jahren durch genetische Manipulation erschaffen. Diese genetischen Manipulationen haben später nicht aufgehört. Laut Bob Dean werden sich unsere Enkelkinder in den nächsten hundert Jahren ebenfalls von uns unterscheiden, weil immer noch genetische Modifikationen an Erdmenschen durch Außerirdische stattfinden. Das Ziel der außerirdischen Wesen ist offensichtlich, dass die menschliche Rasse durch einen Übergang in Form einer vollständigen Transformation geht. Wir sollen uns in eine neue Rasse verwandeln und eine neue Zukunft erschaffen, denn unser zukünftiges Schicksal liegt laut den Plänen der außerirdischen Gruppen in den Sternen. Wir sind ein Bestandteil dieses unendlichen Universums, das mit intelligentem Leben gefüllt ist. Das waren wir immer, aber erst jetzt ist die Zeit gekommen, in der wir beginnen aufzuwachen und diese Tatsache zu erkennen.

An diesem Punkt seines Vortrags kam Bob Dean auf die größte Errungenschaft der Menschheit zu sprechen. Er meinte damit die bemannte Apollo-11-Mission und die erste Mondlandung! Als Neil Armstrong und Buzz Aldrin am 20. Juli 1969 mit ihrem Landemodul die Mondoberfläche erreicht haben, war das ein großer Schritt für die ganze Menschheit auf ihrem Weg zu den Sternen. Doch diesem Abenteuer haben nicht nur TV-Zuschauer auf der ganzen Welt beigewohnt, sondern auch andere mysteriöse Beobachter! Seit damals kursierten Gerüchte, dass die amerikanischen Astronauten draußen im Weltraum niemals allein gewesen sind, sondern dort Zeuge von eigenartigen Vorgängen waren. Derartige Spekulationen galten noch lange Zeit später als Hirngespinste, denn es war die Rede von außerirdischen Basen, antiken Pyramiden und außerirdischen Raumschiffen auf dem Mond sowie auch von anderen unerklärlichen Beobachtungen der Astronauten.

Diese unheimlichen Entdeckungen sollen den Grund für die Tatsache darstellen, dass seit dem Ende des Apollo-Programms im Jahr 1972 keine weiteren offiziellen bemannten Missionen zum Mond mehr stattgefunden haben. **Astronauten erhielten von außerirdischen Intelligenzen telepathische Warnungen, dem Mond künftig fernzubleiben. Er ist ein künstlicher Himmelskörper, auf dem sich außerirdische Basen befinden, von denen aus diese Wesen die Menschheit auf dem Planeten Erde überwachen!** Bob Dean erklärt dazu, dass sich das alles wie Gerede von Verschwörungstheoretikern mit Aluhüten anhört. Doch einige der Menschen, die diese Behauptungen aufgestellt haben, sind mehr als vertrauenswürdig und glaubhaft, und einer von ihnen ist Sergeant Robert Dean selbst. Er konnte während seiner militärischen Dienstzeit durch seine hohe Sicherheitsfreigabe einige erstaunliche Dinge über das Apollo-Programm und dessen Verbindung zu Außerirdischen erfahren!

Er sagte, die NASA war sehr unehrlich, was die Apollo-Missionen anbelangt, denn sie besitzt eine Menge von Daten und Fotografien von bizarren Objekten, die während der Missionen gesammelt worden sind, die beweisen, dass es Außerirdische gibt. Diese Beweise sind in den darauffolgenden Jahren alle auf mysteriöse Weise verschwunden oder sind vorsätzlich zerstört worden! Während der Konferenz in Spanien erklärte Bob Dean, dass damals kurze Zeit zuvor im Juni 2009 das vierzigjährige Jubiläum der ersten Mondlandung von Apollo 11 gefeiert worden ist und dass alle Beteiligten sehr stolz waren, was die Astronauten und das Apollo-Programm vollbracht haben. Doch wichtige Teile der Missionen wurden niemals öffentlich bekannt gemacht. Aus diesem Grund hat Bob Dean in Spanien eine Reihe von bisher unbekannten, aber offiziellen NASA-Fotografien präsentiert, die während der Apollo-Missionen auf dem Mond entstanden sind. Alle diese Aufnahmen sowie ganze 40 Rollen Filmmaterial der ersten Mondlandung und des ganzen Apollo-Programms wurden einfach absichtlich gelöscht! Das sind mehrere Tausend Einzelbilder, die man aus dem ganzen verfügbaren Material entfernt hat, weil die Weltraumbehörde beschlossen hatte, dass die Menschen der Erde kein Recht hätten, diese Aufnahmen zu sehen! Die offizielle Begründung lautete laut Bob Dean, dass diese Aufnahmen *„verstörend, sozial inakzeptabel oder politisch inakzeptabel"* seien. Das machte ihn schließlich wütend, und er musste sich jahrelang gedulden und darüber schweigen, bis er in den wohlverdienten Ruhestand getreten war. Danach war er nicht mehr an sein Stillschweige-Abkommen gebunden und begann zu reden. Einige Leute nehmen an, dass der pensionierte Karl Wolfe am 10. Oktober 2018 im Alter von 74 Jahren keinen tödlichen Unfall erlitt, sondern wegen seiner Aussagen über eine Mondbasis ermordet wurde, denn nur einen Tag später, am 11. Oktober 2018, ist auch der pensionierte Sergeant Major Bob Dean im Alter von 89 Jahren unter ungeklärten Umständen verstorben – auch er war zum Whistleblower geworden und hat über die realen Zustände auf dem Mond gesprochen. Laut verschiedenen Quellen sind über einen Zeitraum von nur zwei Jahren mindestens 74 ehemalige NASA-Wissenschaftler von Geheimdiensten ermordet worden, weil sie die Wahrheit über diese sensationellen Entdeckungen berichten wollten.

Die NASA und das Nachrichtenportal *Reuters* gaben tatsächlich im Jahr 2006 bekannt, dass die Originalaufzeichnungen der ersten Mondlandung aus dem Jahr 1969 lange Zeit unauffindbar waren und man erst nach vielen Jahren dahintergekommen ist, was mit ihnen passiert ist. Sie waren angeblich Teil eines größeren Bündels von insgesamt 200.000 Filmen, die man auf Anordnung magnetisch löschen ließ! Die Begründung lautete, dass man sie wiederverwenden wollte, um Geld zu sparen! Es handelte sich um ein milliardenschweres Projekt, das von der Regierung finanziert worden war, weshalb man sich bestimmt neue Filmrollen leisten konnte! Außerdem mutet es fast lächerlich an, einen der wertvollsten Filme der ganzen Menschheitsgeschichte einfach rücksichtslos zu löschen, denn es handelte sich schließlich um die größte Leistung, die die NASA jemals vollbracht hat!

Ein Pressesprecher der Weltraumagentur gab daraufhin bekannt, dass das Ziel der Apollo-11-Mission lediglich eine Live-TV-Übertragung gewesen wäre und man gar nicht geplant hatte, die ganze Mission aufzuzeichnen! Weil die alten Originalaufzeichnungen verschwunden sind und man sie nicht mehr mit modernen Analysemethoden untersuchen kann, haben NASA-Mitarbeiter kurzerhand verschiedene Kopien und Filmschnipsel der Apollo-Missionen aus verschiedenen Archiven zusammengetragen und einen neuen im Computer bearbeiteten und geschnittenen Film der ersten Mondlandung anfertigen lassen. Zuständig war ein Filmstudio aus Hollywood! *CNN-Films* veröffentlichte den

Dokumentarfilm »Apollo 11« im Jahr 2019, der eine Reihe von Auszeichnungen erhielt. Läuten da nicht die Alarmglocken? Es gab schon lange Zeit Gerüchte, dass die im TV ausgestrahlten Szenen der Mondlandungen nicht authentisch seien, sondern zur Sicherheit bereits im Vorfeld mit bekannten Filmregisseuren an professionellen Filmsets in geheimen Militäreinrichtungen gedreht worden seien. Falls bei der echten Mission etwas schiefgegangen wäre, hätte man der Welt dann trotzdem eine Mondlandung vorführen können.

Anhand der Enthüllungen verschiedener Whistleblower des Geheimen Weltraumprogramms wussten die Verantwortlichen im amerikanischen Raumfahrtprogramm durch ihre unbemannten Aufklärungssonden schon Jahre vor der ersten Mondlandung, dass sich unerklärliche außerirdische Bauwerke und uralte Ruinen auf der Mondoberfläche befinden. Da man die Existenz dieser Strukturen vor der Allgemeinheit verheimlichen wollte, hat man statt der echten Mondoberfläche einige Szenen dieser fehlerhaft produzierten Studio-Videos im Fernsehen gesendet. Weil bei diesen Inszenierungen Fehler gemacht worden sind, musste man die Aufnahmen des Studio-Materials sowie auch die authentischen Aufnahmen von UFOs und unerklärlichen Bauwerken der echten Mondlandung loswerden!

Abb. 40: Der NASA-Wissenschaftler Dr. Wernher von Braun beim Besuch einer Nachbildung der Apollo-11-Landestelle auf einer Ausstellung in Atlanta im Jahr 1969.

Es existieren noch Fotos vom 25. September 1969. An diesem Tag fand die *Southeast Fair Messeveranstaltung* in Atlanta statt. Es ist dort eine *„exakte Kopie der Apollo-11-Mondlandestelle"* auf dem Mond für eine Mondlande-Ausstellung angefertigt worden. Das passierte nur wenige Wochen nach der ersten Mondlandung! Auf den Fotos ist zu sehen, wie der berühmte deutsche Raketenwissenschaftler Dr. Wernher von Braun über die nachgestellte Studio-Szene der Mondlandung spaziert, denn er war einer der Hauptverantwortlichen für das ganze Apollo-Programm und hat an diesem Tag offiziell diese Ausstellung eröffnet. Diese Fotos demonstrieren, dass es wenige Wochen nach der TV-

Übertragung der Mondlandung keinerlei Schwierigkeiten bereitete, eine exakte Kopie dieser Landung samt Mondlandemodul, falscher Mondoberfläche und der richtigen Beleuchtung dieser kopierten Mondoberfläche für eine Messe herzustellen.

Bob Dean war aufgrund seiner Sicherheitsfreigabe und seiner militärischen Kontakte in der Lage, einige Menschen kennenzulernen, die es geschafft hatten, einige der brisantesten Bilder der originalen Bänder zu kopieren, bevor sie gelöscht und zerstört worden sind. Ein paar dieser Bilder präsentierte er dann im Jahr 2009 dem versammelten Publikum und später im Internet der ganzen Welt! Bob Dean kommentierte die Bilder und sagte, dass es vor vierzig Jahren und auch heute noch gute, anständige, ehrliche Leute bei der NASA gibt, die Material aufbewahrt haben, das nicht zerstört worden ist. Das erste Bild ist eine Aufnahme der Apollo-12-Mission von der Filmrolle Nr. 50. Es handelt sich um das Negativ mit der Nummer 7346. Bevor sie gelandet sind, schwebten die Astronauten damals über dem Mond, und während sie noch im Orbit des Erdtrabanten waren, tauchte eine Reihe von abnormalen Objekten auf, die am Apollo-12-Raumschiff interessiert zu sein schienen!

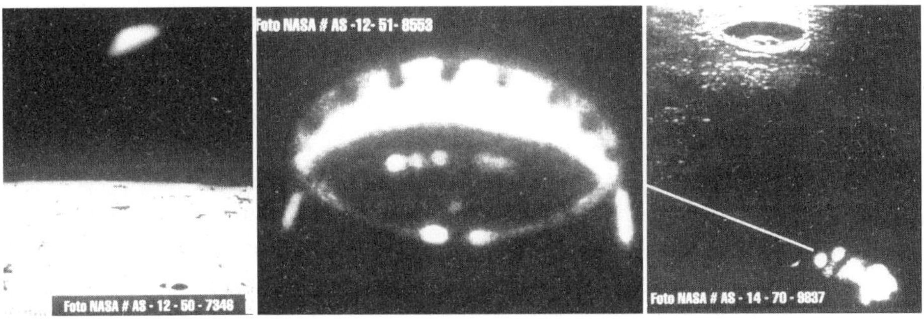

Abb. 41: Offizielle NASA-Fotos: Links ein unbekanntes scheibenförmiges Objekt in der Mondumlaufbahn, das von Astronauten fotografiert worden ist. In der Mitte eine Nahaufnahme eines hell leuchtenden, unbekannten Flugobjekts über der Mondoberfläche, und rechts davon ein vorüberfliegendes, unbekanntes Objekt in der Nähe des Lansberg-Kraters.

Das nächste Foto zeigt ebenfalls ein unbekanntes Flugobjekt, das während der Apollo-12-Mission fotografiert wurde. Es befindet sich auf der originalen Filmrolle Nr. 51 auf dem Negativ 8553. Es handelt sich wieder um ein großes Objekt, das mehr als hundert Meter Durchmesser hatte. Es ist direkt neben dem Landemodul über der Mondoberfläche geschwebt und war ihm eine Zeit lang gefolgt. Die Astronauten schnappten sich wieder ihre Kamera und fotografierten dieses Ding. Es handelte sich um Charles Conrad Jr. und Alan L. Bean. Bob

Dean spekulierte, dass vielleicht auch die fremden Piloten des unbekannten Objekts Aufnahmen vom NASA-Raumschiff gemacht haben. Ähnlich wie beim Vorgänger Apollo 11 wurde auch für die Apollo-12-Mission eine wichtige Aufgabe bezüglich außerirdischer Aktivität und außerirdischen Strukturen in bestimmten Mondkratern gestellt. Laut Bob Dean wurde bei dieser Mission besonderes Augenmerk auf den Lansberg-Krater auf der Mondvorderseite gelegt, der sich in einer Zone der Mondoberfläche befindet, die man als *Mare Insularum* bezeichnet und die rund 40km Durchmesser hat. Er befindet sich etwa 60 Kilometer von der Landestelle der Apollo-12-Mission entfernt. Der Lansberg-Krater ist für seine hohen Seitenwände, seine inneren Terrassen und einen merkwürdigen Berg in seinem Zentrum bekannt. Laut Bob Dean hatte die NASA schon zuvor festgestellt, dass sich in diesem Krater jede Menge rätselhafte außerirdische Aktivitäten abspielten.

Die Astronauten wurden also angewiesen, den Mond in einem ganz bestimmten Orbit zu umrunden, um diesen besonderen Krater zu beobachten, und die Raumfahrer waren fasziniert davon. Sie hatten Anweisungen erhalten, Fotos zu machen, denn dort gingen eindeutig abnormale Dinge vor sich. Es fanden zum Beispiel Bauarbeiten statt, und im Krater gab es diese gigantischen künstlich erbauten Anlagen, die nicht von uns stammen! Als die Astronauten also die Vorgänge in diesem Krater beobachteten, konnten sie einen Schnappschuss von einem weiteren unbekannten Flugobjekt machen, das an ihnen vorbeiflog. Dieses Objekt ist auf der Filmrolle Nr. 70 auf dem Negativ 9837 zu sehen. Bob Dean hat zusätzlich eine weiße Linie auf diesem alten Foto eingezeichnet, um die Flugbahn des unbekannten Objekts darzustellen. Es handelte sich wieder um ein sehr großes UFO, und es ist toll, dass einige dieser Aufnahmen immer noch existieren. Neben diesen Bildern existieren noch weitere originale Aufnahmen der Astronauten von den Apollo-Missionen, auf denen ungewöhnliche Objekte in Form von riesigen außerirdischen Raumschiffen zu sehen sind. Diese Aufnahmen befinden sich im Besitz der japanischen Raumfahrtbehörde JAXA (Japan Aerospace Exploration Agency). Laut den Informationen von Bob Dean hatte die JAXA vor vielen Jahren einen Vertrag mit der NASA unterzeichnet, um Kopien aller Fotografien zu erhalten, die während der Apollo-Missionen gemacht worden sind, und das zu einem sehr hohen Preis. Aus diesem Grund berichtete der Informant von Bob Dean, dass Japan immer noch diese Fotos besitzt, die von der NASA kurze Zeit später zerstört oder beiseite geschafft worden sind. Bob Dean führte im Zuge seiner Präsentation auch einige dieser Aufnahmen aus Japan vor.

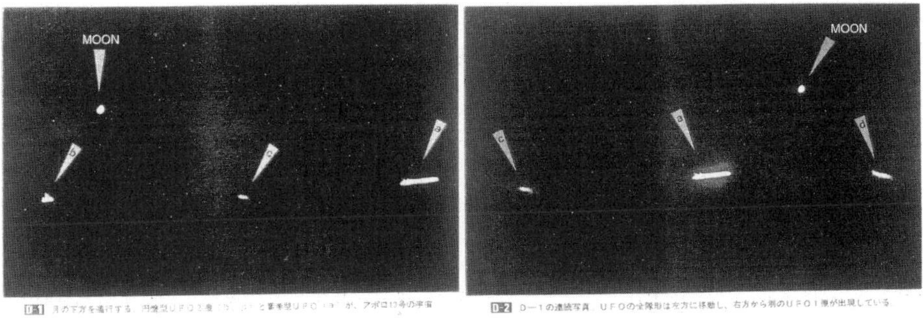

Abb. 42: Zwei NASA-Fotos von der japanischen Weltraumbehörde JAXA, auf denen deutlich zu lesen steht, dass es sich bei den unbekannten zigarrenförmigen Objekten vor dem Mond um riesengroße „UFOs“ handelt!

Das erste Bild mit der Nummer D-1 wurde von der japanischen Weltraumbehörde JAXA veröffentlicht und wurde während der Apollo-13-Mission auf dem Weg zum Mond aufgenommen.

Das war die Mission, von der bereits Maurice Chatelain gesprochen hat, denn während des Hinflugs zum Mond ereignete sich ein Unfall – es gab eine Explosion. Darum konnten die Astronauten nicht auf dem Mond landen, ihr Raumschiff wurde beschädigt, und sie mussten sofort umkehren. Auf dem Weg zum Mond begegneten sie einigen gigantischen Objekten, die sie aus ihrem Fenster sehen konnten – es waren riesige Raumschiffe, und mit der mitgeführten Hasselblad-Kamera wurden sofort einige Aufnahmen gemacht. Es gab zwei Arten von UFOs: einmal die scheibenförmigen Schiffe mit den Kuppeln auf der Oberseite und dann noch große zigarrenförmige Trägerschiffe. Es wurde ermittelt, dass das zylinderförmige Schiff auf dieser Aufnahme gut 8 Kilometer lang ist! Das war ein großes Mutterschiff, das der winzigen Apollo-Kapsel folgte. Die Ausmaße dieses außerirdischen Raumschiffs flößten den Astronauten gehörigen Respekt ein. Als die NASA-Mitarbeiter diese Aufnahmen sahen, war man auch dort erschüttert, erklärte Bob Dean.

Auf dem Foto mit der Nummer D-2 kann man dieses Mutterschiff noch besser in der Mitte des Bildes erkennen, und auf den Seiten zwei andere Objekte mit einer Länge von schätzungsweise mehr als zwei Kilometern! Das versetzte die Astronauten wirklich in Panik. Es wurde niemals bekannt gegeben, welcher Apollo-Astronaut diese Fotos gemacht hatte, denn laut Bob Dean waren sie wirklich in Lebensgefahr und wurden von der NASA und der amerikanischen Regierung bedroht, niemals über diese Vorfälle zu reden. Bob Dean erklärte, dass das kein Scherz war, man bedrohte sogar ihre Familien, falls die Astronauten ihnen jemals etwas von diesen unheimlichen Begegnungen berichten sollten.

Die scheibenförmigen Objekte sind aus den zylinderförmigen Mutterschiffen herausgekommen oder in sie hineingeflogen.

Diese mysteriösen Fotos sind ein weiterer Beweis dafür, dass unbekannte Wesen die Erde beobachten und auch auf dem Mond sowie im ganzen Sonnensystem aktiv sind. Weil man diese Fakten vor der Weltbevölkerung verbergen will, wurde das ganze offizielle Material zerstört. Bob Dean erläutert, dass er im Grunde genommen verstehen kann, warum die Zuständigen bei der NASA nicht wollen, dass diese Informationen herauskommen. Sie hatten Angst und konnten nicht mit dieser Situation umgehen. Sie erklärten ihren Mitarbeitern und den Astronauten, dass diese Informationen *„gesellschaftliche Störungen"* auslösen könnten, sie würden *„politische Institutionen"* stören. Das waren die Begriffe, die damals benutzt worden sind. Seit damals wurde Stillschweigen über diese Angelegenheit gewahrt und das Ende der Apollo-Missionen eingeleitet, was auch der Grund war, warum offiziell keine weiteren bemannten Missionen zum Mond mehr durchgeführt wurden. Bob Dean erklärt am Ende seines Vortrags, dass diese Außerirdischen überall um uns herum und mit uns verbunden sind und uns seit sehr langer Zeit auf diesem Planeten beobachten. Viele dieser verschiedenen außerirdischen Wesen sehen laut seinen Informationen völlig menschlich aus und leben auch unauffällig auf der Erde.

Maurice Chatelain hat die Apollo-11-Mondlandung in seinem Buch aus dem Jahr 1975 erwähnt und schreibt dort, dass einige Momente, bevor Neil Armstrong von der Leiter gestiegen und die Mondoberfläche betreten hat, zwei UFOs dicht über der Mondlandekapsel hinweggeflogen waren. Die beiden Astronauten Buzz Aldrin und Neil Armstrong machten mehrere Fotos von ihnen, und einige dieser Bilder wurden in der Juniausgabe 1975 des *Modern People Magazine* veröffentlicht. Maurice Chatelain erklärte, dass diese UFO-Sichtung vor der Weltöffentlichkeit geheim gehalten wurde, doch dass damals jedem NASA-Mitarbeiter bekannt war, was passiert ist. Es wurde aber einfach nicht darüber berichtet. Auch sowjetische Wissenschaftler hatten dazu einiges in Erfahrung gebracht. Dr. Vladimir Azhazha, ein Physiker und Professor für Mathematik an der Universität von Moskau, gab bekannt, dass Neil Armstrong einen Funkspruch an die Bodenkontrolle übermittelt hat. Der Funkspruch besagte, dass zwei große unbekannte Objekte die Astronauten beobachten und in der Nähe ihres eigenen Landemoduls gelandet waren. Dieser Funkspruch erreichte laut Dr. Azhazha niemals die Öffentlichkeit, weil er von der NASA zensiert worden ist. Diese Tatsachen waren für die irdischen Wissenschaftler und die Mitarbeiter der Weltraumprogramme so erschütternd, dass schließlich alle Mondmissionen eingestellt werden mussten! Laut dem sowjetischen Wissenschaftler Dr. Azhazha hat Buzz Aldrin vom Inneren des Landemoduls einen Farbfilm von den

UFOs auf dem Mond gedreht und die Aufnahme fortgesetzt, als er und Neil Armstrong die Mondoberfläche betraten. Einige Minuten, nachdem die Astronauten auf dem Mond herumspaziert waren, sind die fremden Schiffe dann wieder abgeflogen. Laut verschiedenen Quellen hat die CIA später dafür gesorgt, dass dieses Filmmaterial von der Apollo-11-Mission beschlagnahmt worden ist. Neil Armstrong hat sogar selbst ausgesagt, dass er in Bezug auf diese Angelegenheit zum Schweigen gebracht worden war.

MOON ALIENS

Riddle of two UFOs in crater as Apollo made historic landing

WERE aliens watching when US astronauts first landed on the Moon?

Sunday Mirror Reporter

Astonishing claims from both American and Russian sources say that two UFOs were already on the surface.

Apollo spaceship commander Neil Armstrong spotted them as he made his historic "one small step for men, one giant leap for mankind." But then, it is claimed, his radio report of the sighting was blacked out by mission controllers on earth.

NASA—the National Aeronautics and Space Administration — discuss the claims as "absolutely ridiculous." But Maurice Chatelain, a former NASA consultant, insists his version of the first Moon landing in 1969 is true.

He says Apollo leader Armstrong reported seeing the craft perched on the rim of a crater.

"His reports were blacked out in broadcasts to the world for security reasons," says Chatelain.

Chatelain's claims are backed by two Soviet space experts who say they learned about the incident two years ago.

But NASA's chief spokesman John McLeaish, who denied the story, said: "The only breaks in transmission from Apollo 11 occurred when it went round the other side of the Moon.

"The only conversations we have never made public were private talks between the astronauts and doctors."

Chatelain says that NASA ordered a cover-up of the Moon incident.

He went on to claim that while Armstrong was reporting his findings, his colleague Buzz Aldrin filmed the alien craft from inside Apollo 11.

In Moscow, university professor Dr. Vladimir Ashazha said: "I am certain this episode took place but it was censored by NASA."

Another Soviet space expert, Dr. Sergei Bozhich said: "It is my opinion that beings from another civilisation picked up radio signals from earth and then spied on the Apollo landing to learn the extent of our know-how.

"Then they took off without making contact."

Abb. 43: Ein älterer Zeitungsbericht des *Sunday Mirror* über zwei UFOs, die am Landekrater der Apollo-11-Mondlandung aufgetaucht sind.

In einem Zeitungsartikel des *Sunday Mirror* wurde über diese Angelegenheit berichtet. Daraus sind noch einige zusätzliche Informationen zu erfahren: Es wird erklärt, dass der Funkkontakt während der UFO-Sichtung von der Einsatzkontrolle auf der Erde unterbrochen worden ist, obwohl die NASA diese Vorwürfe als *„absolut lächerlich"* bezeichnet hat. Der erste Autor, der über diese unheimlichen Vorgänge berichtet hat, war Maurice Chatelain, und in diesem Zeitungsartikel steht geschrieben, dass seine Aussagen über zwei UFOs am Rand des Kraters von zwei sowjetischen Wissenschaftlern bestätigt worden sind, die damals davon erfahren haben. Ein NASA-Sprecher entgegnete, dass die Unterbrechung der Übertragung der ersten Mondlandung nur stattgefunden hat, weil das Apollo-11-Raumschiff auf der Rückseite des Mondes gewesen ist, und dass die einzigen nicht veröffentlichten Funksprüche auf einem anderen Kanal stattgefunden haben, der für medizinische Zwecke reserviert war. Doch vermutlich gab es auch eine Anweisung der amerikanischen Raumfahrtbehörde, im Notfall auf den zweiten und privaten Kanal umzuschalten, falls etwas Unvorhergesehenes passieren sollte. In der besagten Funkpause soll Neil Armstrong über das Auftauchen der zwei UFOs gesprochen haben, während Buzz Aldrin die unerklärlichen Objekte mit einer Kamera gefilmt hat. Dr. Azhazha aus Moskau behauptete gegenüber der Zeitung: *„Ich bin mir sicher, dass dieser*

Vorfall stattgefunden hat, doch er wurde von der NASA zensiert." Der zweite sowjetische Weltraumexperte und Autor, der sich zu Wort gemeldet hat, war Dr. Sergej Bozhich, der behauptete: *„Meine Meinung ist, dass Wesen von anderen Zivilisationen Radiosignale von der Erde aufgefangen und dann die Apollo-Landung ausspioniert haben, um den Grad unserer Entwicklung zu erfahren. Dann sind sie wieder abgehoben, ohne einen Kontakt herzustellen."*

Apollo-Astronauten sahen auf dem Mond fremde Raumschiffe

Es gibt zu diesem Thema außerdem ein gut dokumentiertes Interview zwischen Neil Armstrong und einem namentlich nicht genannten Professor, das auf einem NASA-Symposium stattfanden, in dem Armstrong sein Schweigen gebrochen und endlich einige Informationen preisgegeben hat. Die britische Tageszeitung *Daily Star* hat dieses Gespräch auszugsweise veröffentlicht, wobei die Schlagzeile lautete: Was ist der Grund, warum sich die NASA weigert, auf den Mond zurückzukehren? Neil Armstrong hat in diesem Interview erklärt, dass *„fortschrittliche außerirdische Zivilisationen die Präsenz der Astronauten während Apollo 11 wahrgenommen haben"*. Bei der Diskussion mit Neil Armstrong konnte man zudem erfahren, dass Außerirdische auf der Mondoberfläche ebenfalls aus ihren Raumschiffen ausgestiegen waren, um den Mond zu betreten!

Professor: „Was geschah wirklich dort draußen mit Apollo 11?"

Armstrong: „Es war unglaublich, natürlich hatten wir immer von dieser Möglichkeit gewusst ... Fakt ist, wir wurden gewarnt, zu verschwinden. Es gab niemals irgendwelche Fragen über eine Raumstation oder eine Mondstadt."

Professor: „Was meinen Sie damit, wenn Sie sagen, sie wurden gewarnt zu verschwinden?"

Armstrong: „Ich kann nicht in die Details gehen, außer zu sagen, dass ihre Schiffe den unseren weit überlegen waren, sowohl an Größe als auch an Technologie. Junge, waren sie groß und bedrohlich. Nein, es gab keine Fragen über eine Raumstation."

Professor: „Aber die NASA hatte andere Missionen nach Apollo 11."

Armstrong: „Natürlich, es wurde zu dieser Zeit beschlossen, dass man keine Panik auf der Erde riskieren kann. Es war wirklich nur ein kurzer Kontakt, und wieder zurück."

Daraufhin kam Neil Armstrong auf bestimmte Bauwerke auf dem Mond zu sprechen, die definitiv nicht so ausgesehen haben, als wären sie von Menschen erbaut worden, und erläuterte: „*Viele glauben, es gibt einen Film, um das zu beweisen. Wie dem auch sei, er wurde zensiert, um damit kein öffentliches Chaos auszulösen.*“ Laut Neal Armstrong ist der Grund, warum die NASA seit 1972 keine bemannten Missionen mehr zum Mond geschickt hat, folgender: „*Eine einfache Erklärung, warum die NASA nicht zurückkehren möchte, wäre die Angst vor dieser sogenannten fortschrittlichen Zivilisation.*“ Immerhin hat die amerikanische Raumfahrtbehörde im Jahr 1973 bereits offiziell bestätigt, dass 25 Astronauten während ihrer Mondmissionen UFOs gesehen haben, obwohl diese Stellungnahme nicht die Aufmerksamkeit der Öffentlichkeit auf sich gezogen hat!

Der Autor J. P. Robinson veröffentlichte im Jahr 2016 sein Werk »The Alien Enigma«, in dem man entsprechende Auskünfte findet, die über die Mondlandungen zurückgehalten werden. Robinson schreibt, dass es in den letzten Jahren eine wachsende Anzahl von NASA-Angestellten gibt, die hervorgetreten sind und über ihre Erfahrungen berichtet haben, und sie sprechen alle von einer monumentalen Verschwörung! Einer dieser Menschen war die Technikerin Donna Hare. Sie arbeitete insgesamt 15 Jahre für die Raumfahrtagentur im *Johnson Space Center* im Houston, erhielt eine Reihe von Auszeichnungen für ihre Arbeit und besaß eine spezielle Sicherheitsfreigabe. Im Jahr 1995 war es dann soweit, als sie in einer Radioshow in Washington D.C. das erste Mal offen über ihre Arbeit als technische Illustratorin geredet hat, als sie während der Apollo-Missionen in einem Fotolabor tätig war. Sie zeichnete dort auf Mondkarten Startpunkte und Landestellen ein. Sie arbeitete mit Astronauten zusammen, stellte sogar ihre Flughandbücher zusammen und hat daher alle verschiedenen Arten von Bildern gesehen, die man im Weltraumprogramm verwendet.

Ihre Arbeit verlief immer völlig normal, bis ihr eines Tages in den frühen 1970er-Jahren im Fotolabor von einem Kollegen ein paar retuschierte UFO-Fotos gezeigt wurden. In der Dokumentation »The NASA Conspiracy« aus dem Jahr 1995 hat sie auch noch über eine zweite Begebenheit gesprochen, von der sie während ihrer Zeit bei der NASA erfahren hat und die mit ungewöhnlichen Erlebnissen der Astronauten auf der Mondoberfläche zusammenhängt. Sie erklärte ihrem Interviewpartner, dass sie einmal mit einem bestimmten Mann, mit dem sie sehr gut befreundet war, ausgegangen ist, der zusammen mit einigen Astronauten in Quarantäne war, nachdem sie vom Mond zurückgekehrt waren. Donna Hare wusste, dass sie von bestimmten Kollegen bei Gesprächen unter vier Augen von Zeit zu Zeit von derartigen Geheimnissen erfahren konnte. Sie befragte also diesen Mann zum Thema Fliegende Untertassen, die sie auf einigen Satellitenfotos in der Erdatmosphäre gesehen hatte, und dachte, er würde vielleicht etwas darüber wissen. Donna Hare offenbarte im Radiointerview: „*Er erzählte mir, dass jeder Astronaut Dinge und Raumschiffe auf dem Mond gesehen hat, und dass jeder Mondausflug von Schiffen verfolgt wurde, die Untertassen waren. Sie haben es alle gesehen und sie alle mussten darüber schweigen, sie wurden sogar mit Gefängnis und dem Entzug ihrer ganzen Pension bedroht – man würde ihnen alles wegnehmen.*" Donna erklärte, dass diese Apollo-Geheimnisse im Namen der Nationalen Sicherheit von der Regierung unter Verschluss gehalten werden. Einer ihrer Kollegen berichtete ihr außerdem, dass er offizielle Fotos verbrennen musste, auf denen gelandete UFOs zu sehen waren!

Auch zum Apollo-13-Vorfall wusste Donna Hare einiges zu berichten, denn das war die Mission, bei der die Astronauten die Mondoberfläche nicht betreten konnten, weil sich ein Unfall ereignet hatte. Die offizielle Version lautete, dass es eine Fehlfunktion im Kommandomodul gab, und sie deshalb gezwungen waren, den Mond zu umrunden, bevor sie wieder nach Hause zurückkehren konnten. Donna Hare sagte aus, dass sie erfahren konnte, dass diese Astronauten sehr viel Glück hatten, es zurück zur Erde geschafft zu haben, weil sie eigentlich nicht hätten zurückkommen können! Ihr Raumschiff war beschädigt, und infolgedessen hatten sie Hilfe bekommen – das war alles, was sie darüber erfahren konnte. Vermutlich meinte ihr Informant, dass ein fremdes Raumschiff dafür gesorgt hat, dass die Apollo-Crew mit ihrem Schiff den Rückweg zur Erde bewältigt hat, weil es laut dem Informanten für das beschädigte Apollo-Schiff unmöglich gewesen war, selbstständig die Rückreise anzutreten. Aus anderen verfügbaren Daten über diesen Vorfall konnten wir bereits erfahren, dass Apollo 13 eine Atomwaffe an Bord hatte und deshalb von UFOs gestoppt wurde, bevor dieses Gerät auf der Mondoberfläche gezündet werden konnte. Donna Hare erklärte weiter, dass den Astronauten, der NASA und den USA von diesen außerirdischen Wesen befohlen wurde *„sich nicht zu einem bestimmten Platz auf der dunklen Seite des Mondes zu begeben"*. Sie sagte, dass die Außerirdischen nicht wollten, dass das Apollo-13-Raumschiff den Teil der Rückseite des Mondes untersucht, auf den es damals zusteuerte. Also hatten die drei Astronauten nicht nur Hilfe bei ihrer Rettung, sondern die Außerirdischen haben außerdem auch diese Fehlfunktion oder Explosion an Bord selbst ausgelöst, weil die NASA die Warnung der Aliens ignoriert hat und dennoch auf diesen Ort zugesteuert ist. Das Resultat war, dass die Mission fehlgeschlagen ist, ja dass sie Kommandant James Lovell und seine Crew beinahe das Leben gekostet hat!

Die große Frage lautet also: Welche Geheimnisse existieren auf dem Mond, die sowohl Außerirdische als auch Raumfahrtbehörden sowie Geheimdienste um jeden Preis verschleiern wollen? Verschiedene Insider des geheimen Weltraumprogramms berichten von einer Mondbasis namens *Luna-Basis* auf der Rückseite des Mondes. Diese Basis wurde schon vor dem Apollo-Programm von Weltraumsonden fotografiert, welche die dunkle Seite des Mondes überflogen haben, die stets von der Erde abgewandt ist. Die Raumfahrtbehörden wussten also bereits vor den bemannten Missionen von ungewöhnlichen Formationen auf der Mondoberfläche und in Mondkratern und haben deshalb gezielt spezielle Landepunkte ausgesucht, damit Astronauten diese Strukturen näher untersuchen können. Apollo-Astronauten haben diese Luna-Basis und andere ungewöhnliche Strukturen und Aktivitäten vom Orbit aus gefilmt. Dadurch konnte ermittelt werden, dass die Luna-Basis das Zentrum einer gewaltigen Bergbauoperation war oder ist, bei der riesige Maschinen zum Einsatz gekommen sind, um wertvolle Materialien abzubauen, die sich tief in der Mondkruste befinden. Vermutlich diente dieses Material zum Bau von Mondstädten und Raumschiffen. Die Weltraumbehörden haben tatsächlich Beweise erbracht, dass diese Basis vor ungefähr 3.000 bis 5.000 Jahren aufgegeben wurde. Laut ungenannten NASA-Quellen und anonymen Informanten sind verschiedene Flüge zum Mond fehlgeschlagen, und es konnte kein Sichtkontakt mit dieser Basis oder den außerirdischen Bewohnern des Mondes hergestellt werden. Funkübertragungen, die man auf die verdächtigen Alien-Basen gerichtet hat, blieben unbeantwortet. Die wenigen freigegebenen und veröffentlichten Bilder von mysteriösen Strukturen auf der Mondoberfläche zeigen künstliche Gebäude und etwas, das aussieht wie versteinerte Überreste von gigantischen Bohrmaschinen. Bilder vom Boden-Sonar haben gezeigt, dass im Gebiet dieser Basis tiefe Stollen und Minen in Zickzack-Mustern unter der Mondoberfläche verlaufen.

Weitere Angaben entnahm ich einem Bericht der russischen Zeitung *Vecherny Volgograd*. Darin wurde geschildert, dass NASA-Wissenschaftler und Ingenieure, die an der Erforschung des Mondes und des Planeten Mars gearbeitet haben, am 21. März 1996 einige Resultate ihrer Forschungsarbeit bei einer Besprechung im *National Press Club* in Washington enthüllt haben. Damals hat man zum ersten Mal verkündet, dass künstliche bzw. menschengemachte oder von außerirdischen Wesen errichtete Gebäude und Artefakte auf dem Mond entdeckt worden sind. Die beteiligten Wissenschaftler drückten sich sehr vorsichtig und unverbindlich über diese Objekte aus und legten großen Wert darauf, dabei das Wort „UFO" nicht zu erwähnen. Sie sprachen davon, dass diese Strukturen möglicherweise von Menschen gemacht sind und wiesen darauf hin, dass diese Informationen noch immer studiert werden und man die offiziellen Resultate erst später veröffentlichen werde. Immerhin wurde auf der Konferenz erwähnt, dass die Sowjetunion fotografisches Material besitzt, das die Präsenz von Spuren intelligenter Aktivitäten auf dem Mond beweist. Fotos und Videomaterial, das von den Apollo-Missionen und der Clementine-Weltraumsonde im Jahr 1994 aufgenommen wurde, demonstriert, dass viele Teile der Mondoberfläche auffällige Stellen besitzen, an denen derartige Aktivitäten und erkennbare Spuren eindeutig vorhanden sind. Dennoch wurden abschließende Forschungsresultate später nicht wie angekündigt freigegeben.

Ein NASA-Spezialist hat erklärt, dass es sehr schwer wäre, die Reaktionen der Menschen vorherzusagen, wenn bekannt gegeben würde, dass einige unbekannte Geschöpfe auf dem Mond gewesen sind oder dort immer noch leben. Daneben gab es noch andere Gründe für die Geheimhaltung, die über die Befugnisse der NASA hinausgehen. Einige Ermittler und Experten des Weltraumprogramms, unter ihnen auch Richard Hoagland, haben erkannt, dass eine oder mehrere außerirdische Rassen den Mond als Durchgangsstation oder als einen Raumhafen benutzt haben, während sie Aktivitäten auf dem Planeten Erde ausführten. Die Ruinen von ganzen Mondstädten erstrecken sich laut diesen Enthüllungen über viele Kilometer Länge auf der gesamten Mondoberfläche. Es gibt dort riesige durchsichtige Kuppelkonstruktionen und gewaltige Untergeschosse unter der Mondoberfläche, dazu zahlreiche Tunnel und andere riesige Konstruktionen mit einer Höhe von bis zu 16 Kilometern!

Vom *Lunar Orbiter III* wurde im Jahr 1967 ein deplatzierter kilometerhoher Turm fotografiert, der auf keinen Fall natürlichen Ursprungs sein kann. Auf den entsprechenden Fotografien ist zu erkennen, dass dieses Bauwerk das Sonnenlicht stark reflektiert – nur Kristallfacetten oder Glas können so viel Licht zurückwerfen. Doch Kristalle von der Größe ganzer Gebäudeblocks sind der Menschheit gegenwärtig nicht bekannt. Richard Hoagland meint, dass es sich dabei um stark zerfallene Überreste einer unbekannten künstlichen Struktur handelt, die aus einem durchsichtigen oder glasartigen Material besteht. Die Apollo-10-Mission hat bei einer Umkreisung des Mondes eine zweite Struktur fotografiert, die man ebenfalls als einen Turm bezeichnen kann. Dieser Turm, den manche Forscher auch ein Schloss nennen, ist eine gigantische künstliche

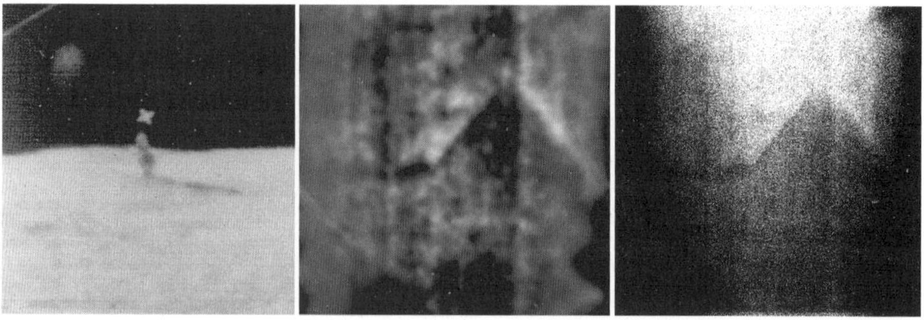

Abb. 44: Ein kilometerhoher Turm, der 1967 vom Lunar Orbiter III aufgezeichnet wurde, und daneben eine Pyramide auf der Mondoberfläche, die während der Apollo-17-Mission gefilmt wurde.

Struktur, die offenbar mehr als 14 Kilometer über der Mondoberfläche schwebt!

Weitere interessante Aufnahmen stammen von der Apollo-17-Mission – darauf ist eine mysteriöse Struktur in Gestalt einer geometrisch exakten Pyramide zu sehen, die keine natürliche Formation darstellen kann. Diese Bilder wurden anscheinend von der NASA als geheim eingestuft und nicht in ihre offizielle Datenbank aufgenommen. Einige Ufologen haben verfügbare alte Originalaufnahmen untersucht und beim einzig verfügbaren Einzelbild den Kontrast erhöht, dadurch wurde das erkennbare Objekt schärfer und man kann klar und deutlich eine pyramidenförmige Struktur erkennen, die dort in flacher Umgebung völlig deplatziert wirkt. Andere unpassende Strukturen auf Fotografien der Apollo-Missionen wurden in den Fotolaboren einfach verändert oder unkenntlich gemacht, um sie zu verbergen, weil man davon ausgehen kann, dass es sich um Bauwerke oder geparkte Raumschiffe handelt. Die erkennbare Mondpyramide hat eine starke Ähnlichkeit mit den Gizeh-Pyramiden in Ägypten, obwohl die NASA behauptet, diese Form sei nur durch Überbelichtung entstanden. Mit modernen Analysemethoden kann jedoch bewiesen werden, dass dieses pyramidenförmige Bauwerk tatsächlich auf der Mondoberfläche steht. Ähnliche Pyramiden befinden sich laut den Erkenntnissen von Richard Hoagland sowie diversen NASA-Wissenschaftlern wie Dr. John Brandenburg oder Dr. Brian O'Leary auch auf dem Planeten Mars! Das bedeutet, dass es mindestens drei uns bekannte Himmelskörper bzw. Planeten in unserem Sonnensystem gibt, auf denen vor Tausenden von Jahren – von wem auch immer – Pyramiden errichtet worden sind.

Der ehemalige NASA-Wissenschaftler Dr. John Brandenburg enthüllte in seinen Büchern, dass es innerhalb der NASA längst bekannt war, dass das sogenannte „Mars-Gesicht" wirklich ein künstlich erzeugtes Gesicht darstellt, und dass es auf dem Mars zu einer Katastrophe kam, die seine Atmosphäre zerstörte. Die Mainstream-Wissenschaft hat nunmehr neue Daten vorliegen, die beweisen, dass der rote Planet vor langer Zeit sehr erdähnlich gewesen ist und dass er womöglich Leben beherbergt hat. Irgendwann in der fernen Vergangenheit hat sich dann eine Katastrophe ereignet, durch die sich die planetaren Bedingungen und die atmosphärischen Verhältnisse drastisch verändert haben. Der NASA-Astronaut John Mace Grunsfeld, der an einigen Space-Shuttle-Missionen teilgenommen hat, erklärte ebenfalls, dass der Mars irgendwann sehr erdähnlich gewesen ist und nicht nur Leben beherbergt hat, sondern die *„Heimat einer humanoiden Zivilisation"* war, und dass diese Zivilisation von einem Atomschlag aus der Atmosphäre oder aus dem Weltraum zerstört worden ist! Derselben Ansicht ist auch Dr. Brandenburg, denn Forscher konnten noch Reststrahlung auf dem Mars feststellen. Das bedeutet, es könnte vor langer Zeit ein interplanetarer

Krieg in unserem Sonnensystem stattgefunden haben, bei dem Nuklearwaffen zum Einsatz gekommen sind. Der Forscher Dr. Norman Bergrun, ein ehemaliger Ingenieur in wichtigen amerikanischen Forschungseinrichtungen und beim Rüstungsunternehmen *Lockheed Martin*, hat behauptet, dass die NASA über die Jahre hinweg die Fotos des Mars-Gesichts absichtlich so verändert hat, dass man die Formation nicht mehr als Gesicht wahrnehmen kann. Bergrun konnte auch offenlegen, dass die NASA die Tatsache geheim hält, dass sich unter intelligenter Kontrolle stehende Objekte in Form von enorm großen zylinderförmigen Raumschiffen in unserem Sonnensystem bewegen, die weit größer sind, als wir uns das jemals vorstellen können!

Laut den derzeit verfügbaren Informationen gibt es in der Nähe der Apollo-15-Landestelle eine große Konstruktion, die von einer D-förmigen Mauer umgeben ist. Bis jetzt wurden nach Aussagen von NASA-Insidern mindestens 44 verschiedene unerklärliche Formationen und Strukturen in verschiedenen Regionen auf der Mondoberfläche identifiziert. Diese künstlichen Strukturen und ganze Regionen werden seit vielen Jahren von Mitarbeitern des *Goddard Space Flight Center* (GSFC) der NASA, vom *Houston Planetary Institute* und von anderen Spezialisten und Weltraumforschern untersucht. Nahe dem Tycho-Krater, einem der größten aller Mondkrater mit einem Durchmesser von 85 Kilometern, wurden rätselhafte terrassenförmige Ausgrabungen im Felsgestein entdeckt, die sich nahe dem Krater befinden. Es gibt dort konzentrische Ausgrabungen mit sechs Seitenflächen und einen Eingang zu einem unterirdischen Tunnel, der nicht das Resultat eines natürlichen geologischen Prozesses ist, sondern eindeutig einen Zugang zu einer alten Mine oder einem verzweigten Tunnelsystem unter der Mondoberfläche darstellt. Eine durchsichtige Kuppel, die sich über den Kraterrand erhebt, wurde nahe dem Kopernikus-Mondkrater entdeckt! Auch dieser ist einer der größten Mondkrater mit einem Durchmesser von mehr als 90 Kilometern! Diese Kuppel ist ungewöhnlich, weil sie an der Innenseite weiß und blau leuchtet. Im oberen Teil des Gebiets, wo es früher vermutlich Verarbeitungsanlagen und Fabriken unter dieser Kuppel gegeben hat, wurde eine Scheibe mit 50m Durchmesser gefunden, die auf einem quadratischen Untergeschoss steht und von rautenförmigen Wänden umgeben ist. In der Nähe der Rauten kann man eine dunkle Umrandung im Boden sehen, die aussieht wie ein Eingang zu einem weiteren unterirdischen Bereich. Es gibt dort auch ein rechteckiges Areal zwischen einer antiken Fabrik und dem Kopernikus-Mondkrater, das etwa 300m breit und 400m lang ist.

Eine andere Information besagt, dass die Crew von Apollo 12 nahe ihrer Landestelle auf dem Mond festgestellt hat, dass sie von einem unbekannten Objekt beobachtet wurde. Es handelte sich laut den Aussagen der Astronauten um eine halbdurchsichtige Pyramide, die nur ein paar Meter über der Mondoberfläche schwebte und in allen Regenbogenfarben gegen den schwarzen Mondhimmel funkelte! Stellen Sie sich vor, welchen Eindruck diese Entdeckungen Ende der 1960er-Jahre auf die Astronauten, Raumfahrtbehörden und beteiligten Regierungen gemacht haben, als sich die Welt noch mitten im Kalten Krieg befand! Bei seiner erfolgreichen Rückkehr vom Mond sagte der Astronaut Dr. Edgar Mitchell aus: *„Mein Nacken tut immer noch weh, weil ich konstant meinen Kopf umdrehen musste, weil wir deutlich gefühlt haben, dass wir dort nicht alleine waren. Wir hatten keine andere Wahl, als zu beten."* Ermittler bei der NASA waren speziell an den antiken Bauwerken auf dem Mond interessiert, die Reste von zerstörten Mondstädten darstellten.

Filmaufnahmen, die aus dem Orbit gemacht wurden, enthüllen eine erstaunlich regelmäßige Geometrie von viereckigen und rechteckigen Konstruktionen und sehen genauso aus wie irdische Städte aus einer Höhe von etwa 8 Kilometern. Ein Informant in der Einsatzkontrolle hat erklärt, dass die Apollo-Astronauten dort Ruinen von Mondstädten gesehen haben. Es waren durchsichtige Pyramiden, gigantische Kuppeln und andere unbegreifliche Artefakte. Die originalen Aufnahmen davon sind heute tief in den geheimen Tresoren der NASA weggeschlossen. Geologen und Archäologen mussten eingestehen, dass diese Strukturen künstlichen Ursprungs sind, speziell die Kuppeln und Pyramiden. Auf dem Mond fanden somit faktisch intelligente Aktivitäten einer außerirdischen Zivilisation statt, und es wurde von höchster Stelle entschieden, dass die Menschheit noch nicht ausreichend psychologisch vorbereitet war, um diese Realität zu akzeptieren. Viele Leute können selbst heute noch kaum glauben, dass die Beweise dafür auf der Mondoberfläche existieren! Das Verhältnis zwischen den irdischen Supermächten und den überlegenen außerirdischen Zivilisationen scheint immer noch sehr angespannt zu sein, daher kann man auch verstehen, warum die amerikanische und die russische Regierung die Existenz dieser absolut überlegenen Mächte geheim halten wollen.

NASA-Mitarbeiter sah Fotos von Gebäuden auf dem Mond

Als Nächstes muss hier selbstverständlich die Arbeit des ehemaligen NASA-Vertragspartners Ralph Kennedy Johnston erwähnt werden. Ich habe bereits von seinen erstaunlichen Fotografien berichtet, die er vor der Zerstörung durch Mitarbeiter der amerikanischen Weltraumbehörde bewahren konnte. Diese Aufnahmen gelangten zwischen den Jahren 1969 und 1972 in seinen Besitz, als er während des laufenden Apollo-Programms im *Lunar Receiving Laboratory* der NASA tätig war. Dort wurden alle von den Apollo-Astronauten mitgebrachten Proben von Mondgestein und Fotografien der Apollo-Missionen eingelagert und katalogisiert. Diese Gesteinsproben wurden von dort aus an andere Wissenschaftslabore zur Analyse weitergeleitet, zusammen mit Fotografien und einer Dokumentation der genauen Fundstelle auf der Mondoberfläche. Aus diesem Grund befanden sich im Büro von Ken Johnston ganze Serien von Aufnahmen von der Mondoberfläche, die diverse Apollo-Astronauten mit ihren Hasselblad-Kameras gemacht haben. Als der Versand der Proben von Mondgestein schließlich zurückgegangen ist, wurde Ken Johnston von seinen Vorgesetzten angewiesen, das übrig gebliebene Fotoarchiv zu zerstören! Das konnte Ken allerdings nicht verantworten und hat deshalb ganz bestimmte Aufnahmen in seine persönliche Kollektion aufgenommen, um sie vor der Zerstörung zu bewahren. Auf diesen von ihm geretteten offiziellen Fotografien sind ungewöhnliche Anomalien zu erkennen. Ken hat schließlich sogar seine Anstellung als Vertragspartner der NASA verloren, als er damit begonnen hat, über außerirdische Artefakte auf dem Mond zu sprechen! Johnston weigerte sich nach seinem Rauswurf, über diese Entdeckungen zu schweigen, wie er von der NASA angewiesen worden war, sondern er entschied sich, zu einem Whistleblower zu werden und über diese geheimen Entdeckungen öffentlich zu diskutieren. Ken Johnston hat erklärt, dass die Apollo-Astronauten mit sensationellen fotografischen Beweisen für außerirdische Artefakte auf dem Mond zur Erde zurückgekehrt sind! Viele dieser Aufnahmen sind während offiziell nicht dokumentierter Exkursionen auf der Mondoberfläche entstanden.

Im Frühjahr 1995 hat sich Ken Johnston dann dazu entschlossen, seine private Kollektion zu veröffentlichen, und viele Weltraumforscher bezeichneten ihn vorschnell als einen Fantasten. Hinterher freigegebene NASA-Aufnahmen bestätigt allerdings seine Angaben. Diese kontroversen Aufnahmen zeigen, wie bereits erläutert, Bauwerke, außerirdische Basen und sogar Pyramiden auf der Mondoberfläche. Bald wurde Richard Hoagland auf diese erstaunlichen Bilder aufmerksam und bezeichnete sie als Experte auf diesem Gebiet als absolut einzigartig! Ken Johnston erklärte Hoagland, dass er bei der NASA oft beobachtet hatte, wie Fototechniker der Weltraumagentur unbekannte Flugobjekte, außerirdische Artefakte und andere Details von ganz bestimmten Aufnahmen der Apollo-Missionen entfernt oder übermalt haben, bevor sie veröffentlicht worden sind. Außerdem hat Johnston mit eigenen Augen weitere Fotografien und Filmaufnahmen aus erster Hand gesehen, die derartige Anomalien zeigen und von der NASA offiziell katalogisiert worden sind.

Seine Erkenntnisse hat Ken Johnston später in seiner dreiteiligen Buchreihe »Ken's Moon« verarbeitet, und er spricht seit einigen Jahren auch auf UFO-Konferenzen und bei Vorträgen über seine Erlebnisse und Entdeckungen. Seine wichtigste Behauptung lautet immer noch, dass er von den Zuständigen bei der NASA den Befehl erhalten hatte, fünf vollständige Fotoserien von den Apollo-Mondmissionen zu zerstören. Ken diskutierte mit seinen Vorgesetzten und wollte damals erreichen, dass diese Fotografien an Universitäten oder Forschungsinstitute gespendet werden, doch seine Vorschläge wurden alle abgelehnt. Darum hat er einige Aufnahmen für die Nachwelt gerettet.

Ken Johnston bestätigte öffentlich, dass amerikanische Astronauten in den frühen 1970er-Jahren bei Apollo-Missionen auf dem Mond Beobachtungen und Aufnahmen von *„Überresten menschlicher Konstruktionen aus der Antike"* machen konnten! Einige Fotografien dieser technologischen Strukturen stellen somit Beweise für antike Bauwerke dar, die offenbar noch von menschlichen bzw. humanoiden Zivilisationen der fernen Vergangenheit unseres Planeten stammen. Nachdem diese Aufnahmen von der Weltraumorganisation analysiert und ausgewertet worden waren, wurden sie noch während des laufenden Apollo-Programms an das Büro von Ken Johnston weitergeleitet, der für ihre Konservierung sorgen sollte. Diejenigen Aufnahmen, die er schließlich vor der Zerstörung retten konnte, waren schließlich Jahrzehnte lang sein großes Geheimnis. Als er sie schließlich veröffentlichte, beschuldigte er die NASA nicht nur, Originalaufnahmen verändert zu haben, sondern außerdem auch, Aufnahmen durch völlig gefälschte Bilder ersetzt zu haben, auf denen die künstlichen außerirdischen Strukturen auf dem Mond entfernt und durch natürlich aussehende Deckbilder ersetzt worden waren!

Weiter behauptet Ken Johnston, dass die Apollo-Astronauten aus diesen antiken technologischen Ruinen auf dem Mond sogar außerirdische Artefakte in Form von technologischen Geräten zur Erde mitgebracht haben, und dass diese

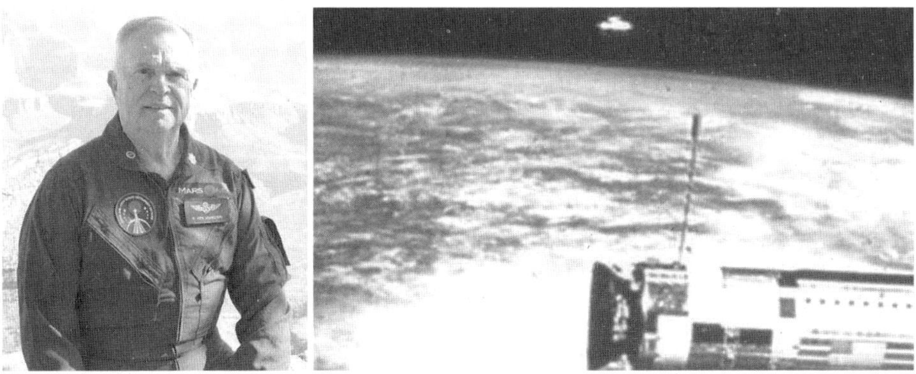

Abb. 45: Lieutenant Colonel USAF/CAP Ralph Kennedy Johnston und daneben sein bekanntes Foto von einem UFO, das von Edwin Aldrin oder James Lovell während der Gemini-12-Mission im Jahr 1966 in der Nähe des Kopplungssatelliten aufgenommen worden ist.

außerirdischen Technologien seit damals in vielen Ländern der Erde durch wichtige Technologie-Unternehmen nachgebaut und auf dem Weltmarkt eingeführt worden sind! Ken Johnston erzählt weiter, dass Spuren von außerirdischem Leben nicht nur auf dem Mond gefunden worden sind, sondern dass andere Beweise der amerikanischen Weltraumagentur auch auf die Existenz von Leben und antiken künstlichen Bauwerken auf dem Planeten Mars hinweisen! Viele UFO-Forscher sind für die Informationen von Johnston sehr dankbar, denn nur durch mutige Whistleblower mit professionellem Hintergrund wie ihn kann endlich eine volle Offenlegung dieser brisanten Geheimnisse erfolgen.

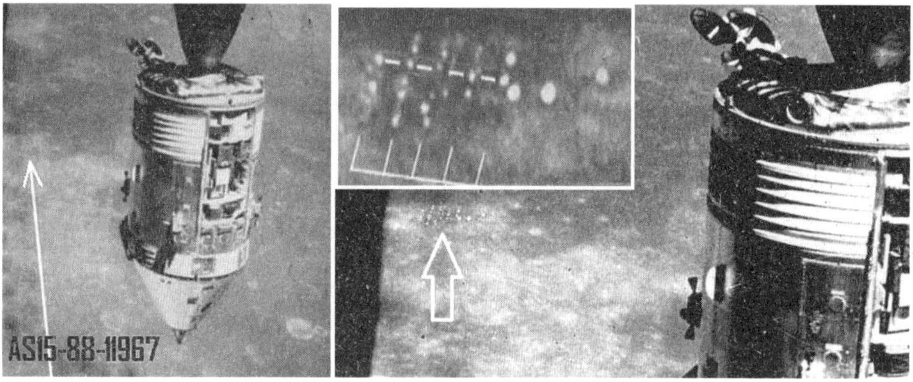

Abb. 46: Die NASA-Aufnahme mit der Nummer AS12-49-7724 von Ken Johnston. Auf der rechten Seite sieht man eine vergrößerte und verbesserte Ansicht, bei der Statuen, Wände oder Räume innerhalb dieser antiken Struktur auf dem Mond erkennbar sind.

Der Ufologe und Autor Bret C. Sheppard hat die Aufnahmen von Ken Johnston analysiert und einige erstaunliche Anomalien darauf entdeckt. Die erste dieser Anomalien betrifft ein Feld von Satellitenschüsseln oder riesigen Antennen auf der Mondoberfläche, das während der Apollo-15-Mission fotografiert worden ist. Diese Anlage oder Mondbasis könnte zur Kommunikation dienen und erinnert durch ihre Ausrichtung an HAARP- oder SETI-Anlagen auf der Erde. Dienen diese Vorrichtungen auf dem Mond also möglicherweise der Kommunikation mit galaktischen Zivilisationen, oder werden von dort aus starke Signale zum Planeten Erde geschickt? Auf einer Vergrößerung der Aufnahme sieht man die exakten und gleichbleibenden Distanzen zwischen den verschiedenen Reihen dieser Anlage. Die zu erkennenden Objekte sind in geraden Linien errichtet und bilden exakte viereckige Muster, die auf einen intelligenten Ursprung hindeuten. Der weltberühmte Astrophysiker Carl Sagan hat vor den ersten Mondaufklärungs-Missionen in den frühen 1960er-Jahren in seinen wissenschaftlichen Arbeiten darauf hingewiesen, dass derartige antike Strukturen auf der Mondoberfläche zu finden sein könnten, weil man den Mond besser als eine interplanetare oder interstellare Kommunikationsstation benutzen kann als den Planeten Erde mit seiner störenden Atmosphäre.

Die manipulierte Version des besagten NASA-Fotos mit der offiziellen Nummer AS15-88-11967 weicht nur geringfügig von der Originalversion von Ken Johnston ab und beweist eine nachträgliche Veränderung. NASA-Sprecher erklärten hierzu, dass es sich bei den zu erkennenden Anomalien nicht um unerklärliche Strukturen auf der Mondoberfläche, sondern lediglich um Staub oder Reflexionen handeln soll. Aufgrund der schlechten Auflösung dieser alten Fotografien kann man leider keine genaueren Details erkennen.

Abb. 47: Eine Vergrößerung der NASA-Aufnahme AS15-88-11967, auf der man das Feld von Satellitenschüsseln oder ähnlichen Vorrichtungen und Mond-Ruinen deutlicher sehen kann.

Auf dem Bild mit der Nummer AS12-49-7224 sind einige Details einer offenbar antiken außerirdischen Konstruktion nach einem intelligenten Muster zu erkennen. Ken Johnston und Bret C. Sheppard sind der Meinung, dass man dort Statuen, Mauern und Räume eines großen antiken Bauwerks auf der Mondoberfläche erkennen kann, das ursprünglich von Menschen oder menschenähnlichen Wesen erschaffen worden ist. Auch die NASA-Aufnahme mit der Nummer AS11-41-6155, die ich in diesem Buch nicht abbilde, enthüllt bei näherer Betrachtung so etwas wie eine außerirdische Basis auf der dunklen Seite des Mondes. Ken Johnston erklärt hierzu, dass ihm der amerikanische Astronom Thornton Page (1913-1996), der an der Yale- und an der Oxford University studiert hat, in persönlichen Gesprächen einige wichtige Dinge anvertraut hat. Dr. Page war zu dieser Zeit Professor an der Universität von Chicago und auch in einem speziellen Komitee von Regierungswissenschaftlern im Auftrag des amerikanischen Geheimdienstes CIA tätig. Er war ab dem Jahr 1953 dafür zuständig, das UFO-Phänomen zu studieren, und diese Tätigkeit setzte er fort, bis er schließlich im Jahr 1976 in den Ruhestand ging.

Zuvor hatte er an verschiedenen zivilen und militärischen Projekten mitgearbeitet, die auch das UFO-Phänomen erforschten. Viele seiner wissenschaftlichen Kollegen betrachteten dieses Phänomen nach außen hin mit Belustigung, während laut den Aussagen von Dr. Page bereits im Jahr 1953 die ersten geheimen Kommissionen zum Thema UFOs gegründet worden sind. Er selbst war von Anfang an in alles eingeweiht. In diesem Jahr entstand dadurch der sogenannte »Durrant Panel Report« (Report Of Scientific Advisory Panel On Unidentified Flying Objects Convened By Office Of Scientific Intelligence, CIA January 14 – 18, 1953). Diese Kommission kam damals offiziell zur Erkenntnis, dass das UFO-Phänomen mit rationalen Erklärungen beschrieben werden kann und daher nichts Ungewöhnliches darstellt. Dennoch hat der Astronom Dr. Page behauptet, dass seit damals immer indirekte Beweise für die Existenz von außerirdischen Fliegenden Untertassen vorhanden gewesen sind, doch dass Skeptiker damit nicht zufriedenzustellen waren.

Dr. Page hat sich über dieses Thema auch mit dem berühmten Ufologen Dr. J. Allen Hynek ausgetauscht, der gern mit seinen Wissenschaftskollegen über das UFO-Phänomen diskutiert hat. Dabei hat Dr. Hynek herausgefunden, dass die öffentliche Ablehnung des UFO-Phänomens in wissenschaftlichen Kreisen nur ein Bluff war, also eine Maske, die jene Gelehrten in der Öffentlichkeit tragen mussten, um ihre Karriere nicht zu gefährden. In privaten Unterhaltungen waren diese akademischen Wissenschaftler laut Hynek außerordentlich stark an UFOs interessiert und immer begierig darauf, neue Informationen darüber zu erhalten, zumindest, so lange sichergestellt war, dass diese Angelegenheiten diskret behandelt werden. Einer dieser interessierten Forscher war Dr. Carl Sagan, und zusammen mit seinem gemeinsamen Freund und Kollegen Dr. Thornton Page kam es schließlich auch zu einer Zusammenkunft von verschiedenen Forschern aus dem Bereich der Astronomie, der Physik und der Soziologie, und dabei wurden alle Aspekte von UFOs erörtert. Dr. Sagan und Dr. Page haben die wichtigsten Diskussionen dieser Akademiker schließlich Jahre später in Buchform festgehalten und unter dem Titel »UFOs: A Scientific Debate« in den frühen 1970er-Jahren veröffentlicht. Dort werden Fotografien und Beschreibungen von UFO-Sichtungen behandelt. Carl Sagan war vom UFO-Phänomen bereits seit seiner Jugend fasziniert und studierte daher viele authentische Fallberichte. Später wurde er zu einem offiziellen Berater der amerikanischen Regierung in diesen Belangen.

Im Jahr 1964 führt Sagan auch einige Gespräche mit dem UFO-Forscher Dr. Jacques Vallée, und beide kamen zum Entschluss, dass Skeptiker und ernsthafte Wissenschaftler aufgrund des großen öffentlichen Interesses das UFO-Phänomen auf wissenschaftlicher Basis viel genauer erforschen sollten. Aus verschiedenen Quellen geht hervor, dass amerikanische und sowjetische Astronomen und Astrophysiker schon vor Jahrzehnten darüber Bescheid wussten, dass die antiken Legenden unserer Welt einen wahren Kern besitzen, und dass in der Antike tatsächlich außerirdische Wesen den Planeten Erde besucht haben. Dazu hatten sie den Mond als Zwischenstation benutzt, um zu unserem Planeten zu reisen. Weil die Regierungen diese Erklärungen und Vermutungen der Astronomen sehr ernst genommen haben, erwarteten sie, dass sich auf der Mondoberfläche noch immer die Überreste derartiger antiker außerirdischer Konstruktionen befinden.

Außerdem waren viele Astronomen schon in den frühen 1960er-Jahren der Ansicht, dass sich auf unserem Mond möglicherweise auch heutzutage noch Basen und Anlagen von außerirdischen Intelligenzen befinden. Im Jahr 1962 sprach Carl Sagan auf der *Conference of Lunar Exploration* über die Erforschung der Mondoberfläche in Hinsicht auf ein Lunar-SETI-Programm. Er veröffentlichte dann eine Abhandlung über das Thema in der Abteilung für Astronomie der Harvard University und der Cambridge University. Darin schreibt er über die Möglichkeit von außerirdischen Artefakten auf dem Mond, die bei künftigen NASA-Missionen durch fotografische Aufklärung von Sonden erbracht werden sollten, speziell auf der dunklen Seite des Mondes, die erstmals im Jahr 1959 beobachtet werden konnte. Ein Hinweis auf außerirdische Ruinen wären rechteckige Strukturen, die ein Zeichen für menschliche Kultur sind. Sie wären das antike Äquivalent einer modernen Mondbasis. Dr. Sagan spekulierte schon im Jahr 1962, dass menschliche Kulturen solche Basen unter der Mondoberfläche konstruieren würden, um sich vor Strahlung und Meteoriten zu schützen. Heutzutage würden sich derartige antike Basen als erodierte, eingefallene Systeme darstellen, die zusätzlich von Geröll und Kratern bedeckt wären. Ein paar Jahre später suchten dann bereits sowjetische und amerikanische Raumsonden nach solchen Strukturen und den besten Landeplätzen auf der Rückseite des Mondes.

Dr. Sagan wusste vermutlich dank seiner guten Kontakte über diese Fakten Bescheid. Er konnte aber in der Öffentlichkeit niemals darüber diskutieren, obwohl er mehrmals in seinen Büchern zum Ausdruck gebracht hat, dass es logische und empirische Beweise für die Existenz von UFOs und das Entführungs-Phänomen gibt. Im Jahr 1966 war Carl Sagan auch ein Mitglied in dem Komitee, das dafür zuständig war, die Ergebnisse des *Projects Blue Book* zu studieren, der offiziellen UFO-Untersuchung der US Air Force. Dieses Komitee kam zum Ergebnis, dass *Project Blue Book* ungenau gearbeitet hat, und schlug deshalb vor, eine neue Studie durchzuführen, die diesmal an einer Universität entstehen sollte. Das Resultat hieraus war dann das *Condon-Komitee*, das vom Physiker Edward Condon geleitet wurde, wobei dann zwischen den Jahren 1966 und 1968 der bereits beschriebene »Condon Report« entstanden ist. Wie gesagt ist auch diese Untersuchung offiziell zum Ergebnis gelangt, dass es keine wirklich unerklärlichen Dinge in Berichten über UFO-Sichtungen gibt. Es steht dort zu lesen, dass mehr als 90 Prozent aller UFO-Sichtungen durch herkömmliche Phänomene ganz einfach erklärt werden können, obwohl Dr. J. Allen Hynek auf die Wichtigkeit der restlichen 5 bis 10 Prozent der unerklärlichen Sichtungen hingewiesen hat, die nicht so einfach wegzudefinieren sind, weil sie sehr gut dokumentiert worden waren.

Dr. Thornton Page meinte zum »Condon Report«, dass es hinsichtlich des UFO-Phänomens von 1947 bis 1966 einen Trend von Fliegenden Untertassen hin zu zigarrenförmigen Objekten gegeben hatte. Im Jahr 1969 fand daraufhin ein weiteres wissenschaftliches Symposium statt, bei dem die UFO-Frage diskutiert wurde. Mit dabei waren auch diesmal wieder Dr. Sagan, Dr. Hynek und Dr. Page, und aus diesen Gesprächen ist dann schließlich das Buch »UFOs: A Scientific Debate« hervorgegangen und zwei Jahre später publiziert worden. Dr. Sagan hat bereits dort auf die religiösen Untertöne des UFO-Phänomens hingewiesen, weil die Überlieferungen etlicher Religionen sehr wahrscheinlich mit antiken Raumfahrern zu tun haben. Bei diesen Gesprächen dürften diese damals führenden Forscher viele ihrer geheimen Informationen ausgetauscht haben, obwohl Dr. Sagan später weiterhin behauptet hat, dass immer noch keine physischen Beweise vorlägen, dass außerirdische Wesen tatsächlich die Erde besucht haben. Wie dem auch sei, Ken Johnston hat von Dr. Thornton Page vor dessen Tod erfahren, dass unerklärliche Bauwerke auf der Mondoberfläche existieren und die führenden Astrophysiker darüber seit langer Zeit genau Bescheid wussten! Dr. Page führte Ken Johnson einen 16mm-Film vor, der während der Apollo-14-Mission entstanden sein soll. Die Apollo-Crew hat damals den Tsiolkovskiy-Krater auf der dunklen Seite des Mondes gefilmt. Dr. Page hat dabei erklärt, dass in diesem Krater von Weltraumsonden deutlich sichtbare blitzende Lichter beobachtet worden sind, doch als die Apollo-Crew am folgenden Tag abermals diesen großen Mondkrater überflogen hat, waren diese Lichter plötzlich verschwunden. Andere Lichter sind daraufhin allerdings in anderen Mondkratern aufgetaucht. Diese Lichtphänomene werden von Astronomen seit über Hundert Jahren auf dem Mond beobachtet, und laut allen vorliegenden Erkenntnissen handelt sich um Bergbauaktivitäten auf der Mondoberfläche, die von unbekannten intergalaktischen Zivilisationen durchgeführt werden, die gigantische zylinderförmige Transportraumschiffe einsetzen.

Der amerikanische Weltraumjournalist und Historiker James Oberg arbeitete mehr als 20 Jahre lang bei der NASA als Ingenieur und verfasste einige Bücher über das Thema Raumflug, wobei er ebenfalls verschiedene Erklärungen zum UFO-Phänomen abgab, die in der Mainstream-Presse veröffentlicht wurden. James Oberg hatte die Aufgabe, die zahlreichen seit langer Zeit kursierenden Theorien über Verschwörungen bezüglich der Apollo-Mondlandungen zu entkräften, wobei die NASA selbst ein dementsprechendes Projekt ins Leben gerufen hatte. Nach kurzer Zeit wurde es allerdings wieder fallen gelassen, und seitdem äußert sich die amerikanische Weltraumagentur nicht mehr zu den Behauptungen von Leuten, die meinen, dass die Mondlandungen niemals stattgefunden haben. James Oberg erklärt dazu, dass der Glaube an Verschwörungstheorien nicht die Schuld der Verschwörungstheoretiker, sondern die der NASA selbst ist, weil sie keine genauen Informationen über die ungeklärten Aspekte der Mondmissionen an die Öffentlichkeit weitergibt. Die NASA zeigt auch keine angemessene Reaktion auf die Behauptungen der sogenannten Verschwörungstheoretiker.

Wenn andere Theoretiker von außerirdischen Strukturen auf dem Mond sprechen, dann erklärten die Sprecher der Weltraumorganisation immer wieder, dass es sich um optische Täuschungen oder um überbelichtete Fotografien handelt. Doch Ken Johnston ist nicht der einzige ehemalige NASA-Insider, der über diese Basen, Artefakte und Strukturen auf der Mond- oder Marsoberfläche gesprochen hat. Mehrere Whistleblower sind hervorgetreten und haben einstimmig ausgesagt, dass Geheimdienste alle authentischen Fotografien verändern oder zerstören lassen, die künstliche Strukturen auf dem Mond oder im Weltraum zeigen! Neben Donna Hare hat auch Karl Wolfe ausgesagt, dass die NASA, die NSA und die US Air Force zusammenarbeiten, um UFOs und andere künstliche außerirdische Objekte und Strukturen von Satellitenfotos zu löschen, sobald man sie bemerkt. Karl Wolfe, ein ehemaliger Sergeant der US Air Force, der auch mit dem Geheimdienst NSA gearbeitet hat, sagte auf der *Disclosure-Konferenz* von 2001, er habe ein Foto einer außerirdischen Basis von der Rückseite des Mondes gesehen, das der Weltöffentlichkeit aus bestimmten Gründen bis heute vorenthalten wird.

Auf der im Jahr 2001 stattgefundenen großen *UFO-Disclosure-Konferenz* hat auch Colonel Ross Dedrickson referiert. Er war in den 1950er-Jahren bei der amerikanischen Atomenergie-Kommission persönlich für die Sicherheit der amerikanischen Atomwaffen zuständig, Dedrickson ging im Jahr 1964 bei der US Air Force in den Ruhestand und ist im Jahr 2007 verstorben. Er sprach im Jahr 2001 über UFOs und ihre Verbindung zu Atomwaffen, denn es war seit den 1950er-Jahren bekannt, dass diese Flugobjekte unbekannter Herkunft die Lagerstätten von Atomwaffen auf der ganzen Welt überwachen. Auch er sagte aus, dass man versucht hat, Atomwaffen zum Mond zu transportieren, und zwar seit der Apollo-13-Mission: *„Ich habe von einigen Vorfällen erfahren, die mit*

Atomwaffen zu tun haben, und unter diesen Vorfällen gab es ein paar Nuklearwaffen, die in den Weltraum geschickt und dann von den Außerirdischen zerstört worden sind. Noch am Ende der 1970er- und in den frühen 1980er-Jahren haben wir versucht, Atomwaffen auf den Mond zu bringen und dort für wissenschaftliche und andere Zwecke detonieren zu lassen, das wurde von den Außerirdischen nicht akzeptiert. Sie zerstörten die Waffen, bevor sie den Mond erreichen konnten."

Mittlerweile wurde ein ehemals streng geheimes Dokument der US Air Force freigegeben. Dieser Bericht vom Juni 1959 stammt vom *Air Force Nuclear Weapons Center*, in dem ein Plan erläutert wird, der vom *Project A119* stammt. Generell wollte man damals die Möglichkeiten von Waffen im Weltraum untersuchen, um mehr über die Wirkung von Detonationen von Atomwaffen in einer Weltraumumgebung zu erfahren. Es sieht also so aus, dass versucht wurde, diesen Plan in die Tat umzusetzen, doch dieses Vorhaben wurde von außerirdischen Wesen und ihren hoch entwickelten Raumschiffen zunichte gemacht, und das alles war lange Zeit streng geheim. Einige der kleineren zigarrenförmigen Raumschiffe außerirdischer Herkunft sind von Militärpiloten auch in der Erdatmosphäre beobachtet worden. Im Jahr 1979 konnte ein derartiges UFO von einem Militärpiloten über Italien fotografiert werden!

Dieser Vorfall ereignete sich am 16. Juni 1979 über dem Treviso-Flughafen in der Nähe von Venedig. Damals wurde der Pilot Giancarlo Cecconi in seinem G-91R Kampfjet hochgeschickt, um einen Aufklärungsflug zu absolvieren. Als er gegen 11:30 Uhr auf dem Rückweg zur Basis war, geschah etwas Unerwartetes. Das Radarzentrum in Istrana in der Provinz Treviso registrierte die Präsenz eines unbekannten Eindringlings auf dem Radar, und dem Piloten wurde die Anweisung erteilt, dieses nicht identifizierte Flugzeug abzufangen, das in geschützten Luftraum eingedrungen war. Der Kampfpilot sah das unbekannte Objekt, aktivierte seine Filmkamera und näherte sich diesem UFO auf eine Entfernung von weniger als 80m bei einer Geschwindigkeit von ca. 500km/h an. Das Personal der Bodenkontrolle verfolgte all das mit Ferngläsern, und sie warnten den Piloten Cecconi, dass dieses Objekt einen blauen Streifen ausgebracht hatte. Diese Verfolgungsjagd ereignete sich in einer Höhe von rund 2.100m, und als der italienische Pilot sehr nahe an das nicht identifizierte Flugobjekt ohne Tragflächen herangekommen war, bewegte es sich im Zickzack hoch und runter, jedes Mal etwa 300m, und stieg schließlich auf eine Höhe von 4.000m. Sieben oder acht Mal konnte Cecconi nahe an das unbekannte Objekt herankommen, wobei er jedes Mal Fotos mit seiner Kamera schoss. So sind insgesamt 82 Aufnahmen des mysteriösen Eindringlings entstanden. Der Pilot hatte den Eindruck, es würde sich um einen fliegenden „Benzintank" aus Metall handeln. Er war von mattschwarzer Farbe, und es war eine kleine weiße oder durchsichtige Kuppel auf der Oberseite des leicht abgeflachten Objekts zu sehen, so wie man sie von Rennwagen kennt. Bei seinem letzten Versuch, dem Objekt noch einmal nahezukommen, um weitere Aufnahmen zu machen, verschwand es plötzlich vom Radar in Istrana und von den Bildschirmen der anderen Radarstationen. Der Kontrollturm funkte Marshall Cecconi zu, dass das mysteriöse Objekt während des Aufstiegs urplötzlich von einem Moment zum anderen verschwunden war!

Nach wenigen Sekunden bestätigte der Pilot dem Kontrollturm in Treviso, dass das UFO plötzlich unsichtbar geworden und verschwunden war, nachdem es einen blauen Streifen einer unbekannten Substanz in der Luft ausgebracht hatte. Daraufhin ist der Pilot gelandet, und der Film wurde schnell entwickelt. Auf den Aufnahmen konnte er dann wirklich die von ihm beschriebene weiße Kuppel erkennen. Es handelte sich bei diesem Flugobjekt um einen zylinderförmigen Tank, der mindestens acht Meter lang war und drei Meter Durchmesser hatte. Dieser Vorfall ist somit einer der am besten dokumentierten UFO-Vorfälle in Italien, denn es gab Radarbestätigungen, Fotos und visuelle Kontaktbestätigungen von zahlreichen Beteiligten. Der Fall wurde außerdem intensiv von der Organisation MUFON untersucht. Der italienische Luftwaffen-Marshall Giancarlo Cecconi hatte auch beobachtet, wie dieses zylindrische Objekt in einer Höhe von 4.000m plötzlich in der Luft gestoppt hatte und dort bewegungslos geschwebt war, bevor es spurlos verschwand. Dieser Fall einer UFO-Begegnung konnte von Skeptikern und Ufologen nicht als ein Beobachtungsfehler und auch nicht mit einem bekannten Phänomen erklärt werden. Professionelle militärische Beobachter haben alles genau dokumentiert. Sie hatten keine Ahnung, was dieses Objekt war, das ohne Zweifel unter intelligenter Kontrolle stand, als es dem Kampfpiloten entkam. Speziell Kampfpiloten werden auf derartige Situationen trainiert und müssten stets auf alles vorbereitet sein. Überdies kennen sie alle bekannten Objekte in der Luft. Meist werden solche Vorfälle nur intern untersucht und analysiert und dann als „geheim“ eingestuft. Der Cecconi-Vorfall ist eine der seltenen Ausnahmen, war jedoch nur einer von Tausenden von Vorfällen dieser Art.

Die italienische Zeitung *Epoca* hat schließlich eines der vom Piloten gemachten Fotos des unbekannten Objekts über der Luftwaffenbasis von Sant Angelo erhalten und abgedruckt. Die anderen Aufnahmen wurden dem italienischen Verteidigungsministerium übergeben und sind daraufhin spurlos verschwunden. Im Jahr 1984 wurden die Ermittlungen abgeschlossen, und das Verteidigungsministerium blieb offiziell bei der Version eines Plastikballons! Man hatte es wohl sehr eilig, die restlichen Fotos verschwinden zu lassen, damit sie nicht von zivilen Experten und UFO-Forschern näher untersucht werden konnten. Auf diesbezügliche Anfragen gab das italienische Verteidigungsministerium erst im Jahr 1995 bekannt, dass keine weiteren Informationen oder Fotos über diesen Vorfall verfügbar seien, dass der Pilot keine weiteren Aussagen machen werde, dass die Radar- und Wetteraufzeichnungen von diesem Tag auch nicht verfügbar gemacht würden, und dass das Verteidigungsministerium möglicherweise daran interessiert sei, dieses einzigartige Phänomen in einer Studie zu untersuchen, dass aber trotzdem in Betracht gezogen werden müsse, dass es sich um eine geheime Angelegenheit der Nationalen Sicherheit handelt. Somit blieb UFO-Forschern nichts weiter übrig, als das einzig verbliebene und veröffentlichte Foto von diesem Vorfall aus dem Jahr 1979 von Spezialisten untersuchen zu lassen. Die Suche nach dem Originalfoto dieses Zeitungsartikels verlief ebenfalls erfolglos, denn der ursprüngliche Bericht des Piloten konnte zwar ausfindig gemacht werden, doch hatte man das Originalfoto daraus entfernt! Marshall Cecconi hat aber bestätigt, dass er 82 Fotos von diesem UFO gemacht hatte.

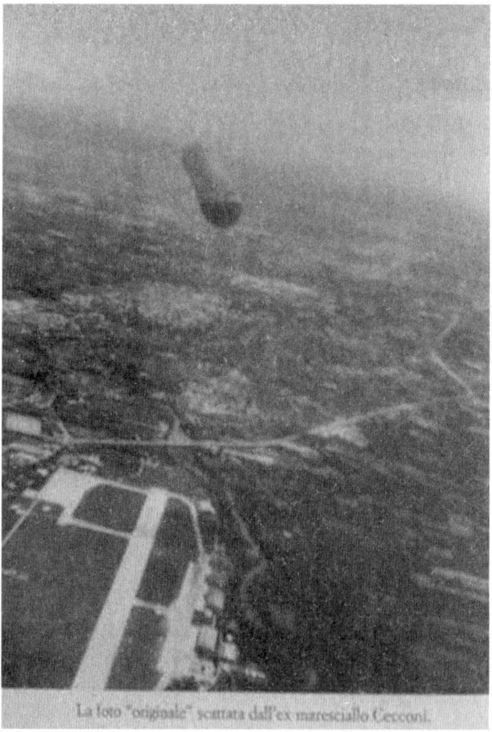

Abb. 48: Das einzige in einer Zeitung veröffentlichte Foto des unbekannten zylinderförmigen Flugobjekts über einer italienischen Luftwaffenbasis aus dem Jahr 1979.

Die NASA überraschte im Jahr 2014 damit, dass sie auf ihrer offiziellen Webseite eine wissenschaftliche Abhandlung über das Phänomen der sogenannten nicht identifizierten Flugobjekte (UFOs) veröffentlicht hat. In dieser Abhandlung wird auf historische Daten Bezug genommen, denn es existieren in antiken Texten, die ungefähr 2.000 Jahre alt sind, zahlreiche Hinweise und Beschreibungen von ungewöhnlichen Himmelsphänomenen, die alle Charakteristika von modernen UFO-Sichtungen aufweisen! Auch bei diesen antiken historischen Vorfällen gibt es eine Menge von Berichten, die man mit natürlichen Phänomenen erklären kann, dennoch finden sich aber auch einige rätselhafte Fälle, die in die gleiche Kategorie wie moderne UFO-Begegnungen fallen! Aus der Studie geht somit offiziell hervor, dass sich das UFO-Phänomen in den letzten 2.000 Jahren nicht verändert hat! Das bedeutet grundsätzlich, dass NASA-Wissenschaftler sehr wohl von der Existenz unbekannter Flugobjekte auf der Erde und im Weltraum überzeugt sind, bei denen es sich nicht um bekannte Phänomene, sondern um physische und metallische Flugobjekte unbekannter Herkunft handelt. In vielen historischen Dokumenten werden eindeutig militärische Flugobjekte geschildert, die von Zeugen im Altertum beobachtet worden sind. Ich zähle hier ein paar der in der NASA-Abhandlung beschriebenen Vorfälle auf, die sich zumeist in Italien ereignet haben.

Im Jahr 218 v.Chr. wurde im Winter über Rom eine Reihe von Schiffen gesichtet, die am Himmel gestrahlt haben. Im Jahr 217 v.Chr. hat man in der antiken italienischen Stadt Arpi runde Schilde am Himmel gesehen. Im Jahr 212 v.Chr. wurde in der italienischen Gemeinde Rieti ein riesiger Stein beobachtet, der dieses Gebiet überflogen hat. Im Jahr 173 v.Chr. hat man in der Region Latium eine große Flotte von Schiffen am Himmel erspäht. Im Jahr 154 v.Chr. wurden in der italienischen Gemeinde Compsa (Conza della Campania) fliegende Waffen bestaunt. Im Jahr 104 v.Chr. haben Bewohner von Ameria (Umbrien) Kanonen am Himmel wahrgenommen, die sich am Morgen von Osten nach Westen bewegt haben. Im Jahr 100 v.Chr. wurde in Rom ein rundes brennendes Schild bestaunt, das helle Funken versprühte und während des Sonnenuntergangs von Osten nach Westen über den Himmel flog. Im Jahr 43 v.Chr. haben Augenzeugen in Rom eine *„defensive und offensive Waffenshow“* (armorum telorumque) mit ohrenbetäubendem Lärm vom Boden zum Himmel aufsteigend sehen.

Die NASA studiert UFO-Vorfälle des Altertums

Auch in der Zeit der Geburt Christi gab es sehr sonderbare und mysteriöse Himmelsphänomene, die man mit dem modernen UFO-Phänomen erklären könnte. Die berühmteste Schlacht mit einer ganzen Armada von Flugobjekten und Waffen am Himmel wurde im Frühling des Jahres 65 n.Chr. über Judäa beobachtet. Dort wurde damals laut dem Historiker Josephus ein rätselhaftes Phänomen wahrgenommen, das am Himmel erschienen ist, und diejenigen, die Zeugen waren, sind fürchterlich erschrocken. Vor Sonnenuntergang erschienen über ganz Judäa Wagen und ganze bewaffnete Bataillone am Himmel, die durch die Wolken marschiert sind und die ganze Stadt umringt haben. Es dürfte sich hier um eine der mysteriösen Himmelsschlachten gehandelt haben, die man später im Mittelalter auch in Europa beobachtet und beschrieben hat.

Während historischer Schlachten wie dem Punischen Krieg haben Beteiligte von feurigen Kugeln gesprochen, die vom Himmel gefallen sind. Im Jahr 74 v.Chr. sahen römische Soldaten, die sich für einen Angriff vorbereiteten, ein silbernes Objekt vom Himmel fallen, und sogar der griechische Historiker Plutarch bestätigte dieses Ereignis! Er hielt in seinen Aufzeichnungen fest, dass sich ohne eine Veränderung des Wetters plötzlich der Himmel öffnete und zwei große entflammte Objekte zwischen die beiden Armeen herunterfielen. Ihre Form ähnelte Weinkrügen oder Töpfen mit silberner Farbe, und die Soldaten waren sehr erstaunt, als sie das sahen. Ein Wunder ereignete sich in Phrygien an einem Platz namens Otryae. Tausende von anwesenden Zeugen, unter ihnen König Mithridates und General Lucullus, sind Garanten für die Wahrheit dieses Ereignisses. Im Jahr 168 n.Chr., als der Feldherr Aemilius Paullus den persischen König von Mazedonien bekriegte, erschien ein Ball wie ein Mond über dem Schlachtfeld. Um das Jahr 150 n.Chr., nach dem Tod des Königs Demetrius von Syrien, hat man einen Kometen so hell wie die Sonne erblickt, der den Himmel überquert hat. Zuerst wie eine Scheibe aus Feuer und daraufhin so hell, dass die Dunkelheit der Nacht verschwunden ist. Danach nahm die Stärke des Lichts wieder ab, bis das Objekt verschwunden war. Im Jahr 217 n.Chr. wurden zwei rote Monde gesehen, die bei Tageslicht vom Erdboden abgehoben sind, und ein anderer seltsamer Mond fiel während eines Sturms vom Himmel. Im Jahr 285 n.Chr. wurde in der ägyptischen Wüste in der Nähe der Oase Fayum von einem durchreisenden Gelehrten auf dem Sand eine große, silberne Scheibe gesichtet, die irgendwann später plötzlich verschwunden war. In der italienischen Gemeinde Hadria hat man im Jahr 214 v.Chr. einen Altar umgeben von „weißhäutigen" Menschen am Himmel beobachtet, und im Jahr 150 n.Chr. wurde an einem sonnigen Tag ein Objekt in ca. 300m Höhe am Himmel erblickt, das wie ein Stück Keramik ausgesehen hat und entflammt war. Es landete in einer Wolke von Staub und wurde von einem *„schönen Mädchen in Weiß"* begleitet.

Der Autor dieser NASA-Abhandlung kommt schließlich zu dem Schluss, dass im Altertum regelmäßig unerklärliche Himmelsphänomene beobachtet worden sind, die den Menschen damals wie Wunder vorkamen. Doch in Wahrheit wurden sie Zeuge von außerirdischen Technologien, und diese wurden in vielen dieser Fälle ausgezeichnet beschrieben und stammen ohne Zweifel von glaubwürdigen Zeugen. Wenn man laut den NASA-Forschern diese Vorfälle statistisch untersucht, dann sind jeweils mehrere Charakteristika hervorzuheben, die mit dem modernen UFO-Phänomen übereinstimmen. Weshalb sie in der Abhandlung „*UFO-Vorfälle des Altertums*" genannt werden. Es handelt sich bei den beobachteten Phänomenen zumeist um scheibenförmige oder kugelförmige Flugobjekte von silberner, goldener oder roter Farbe. Ihre Textur ist metallisch und manchmal glühend oder neblig, und sie bewegen sich meist geräuschlos in schwebender Fahrt oder in schnellem Flug fort. Somit steht fest, dass das UFO-Phänomen keine Erscheinung der Neuzeit ist, sondern bereits seit mindestens 2.000 Jahren festgehalten worden ist.

Die nächste erstaunliche Nachrichtenmeldung betrifft die Tatsache, dass die NASA jetzt offiziell bestätigt hat, sich an der Suche der US-Regierung nach UFOs zu beteiligen! Ein Pressesprecher gab bekannt, dass weltraumbasierte Erdüberwachung eingesetzt wird, um zu einem besseren Verständnis von UAPs (Unidentified Aerial Phenomena) und UFOs zu gelangen. Eine Quelle der NASA erklärte sogar, dass dieses neue Projekt wahrscheinlich filmische und fotografische Beweise sowie Aussagen von früheren Astronauten und NASA-Mitarbeitern umfassen wird, die während ihrer Weltraummissionen persönliche Begegnungen mit unbekannten Objekten hatten und auch Aufnahmen der Objekte machten. Weiterhin werden für das Projekt Aussagen von ehemaligen NASA-Mitarbeitern und Astronauten ausgewertet. Die Archive der amerikanischen Weltraumorganisation sollen nach Beweisen für unbekannte Flugobjekte und nach Aufzeichnungen durchsucht werden, die zum Beispiel von Space-Shuttle-Kameras stammen, die in der Vergangenheit während bestimmter Weltraummissionen ungewöhnliche Phänomene dokumentiert haben.

Mitte Juni 2022 kam es daraufhin zum nächsten Verstoß gegen die Geheimhaltung, als Dmitry Rogozin, der Leiter der russischen Weltraumagentur *Roskosmos*, in einem Fernsehinterview auf dem Kanal *Rossiya-24* einige konkrete Aussagen getätigt hat: „*Wenn wir über spezifische Fakten der sogenannten UFOs sprechen, welche laut NASA-Sprechern während der ganzen Geschichte der Menschheit auf der Erde beobachtet worden sind, würde ich sagen, dass solche Studien auch von unserer Russischen Akademie der Wissenschaften und anderen durchgeführt werden. Die Fakten werden gesammelt und überprüft.*" Rogozin erklärte, dass er bereits in der Vergangenheit in Kontakt mit der NASA getreten ist, um UFO-Berichte zu diskutieren, weil Beamte dort ebenfalls der Ansicht sind, dass eine externe Observation von Flugaktivität stattgefunden hat. Weil die NASA jetzt mehr Transparenz bezüglich UFOs zeigt, hat sich *Roskosmos* ebenfalls dazu entschieden, eine Stellungnahme abzugeben, um das Phänomen aus einer wissenschaftlichen Perspektive zu erforschen. Obwohl die NASA noch im Herbst 2021 verkündet hat, dass es immer noch keine greifbaren Beweise für die Annahme gibt, dass UFOs außerirdischen Ursprungs sind, erklärt Dmitry Rogozin:

„Aber wir akzeptieren, dass ein solches Phänomen existieren könnte ... Wir nehmen immer noch an, dass solche Sichtungen stattgefunden haben könnten. Wir könnten das Objekt einer externen Observation darstellen ... Unsere Technologien und unser Verständnis der Wissenschaft mögen noch zu unzureichend sein, als dass uns dieser Umstand bewusst werden könnte."

Der Leiter der russischen Weltraumagentur sagt, dass er an die Existenz von außerirdischem Leben glaubt, das intelligenter und technologisch fortschrittlicher sein könnte als die Menschheit. Er drückt sich weiter vorsichtig aus und gibt bekannt, dass solche Aliens die Zivilisation der Erde studieren könnten, während wir das nicht bemerken, weil unser Studium des Weltraums immer noch begrenzt ist:

„Es könnte andere Welten geben, genauso wie unzählige Faktoren, die zur Entstehung von intelligentem Leben führen könnten ... Es könnten Lebensformen dort draußen existieren, die sich auf eine technologische Ebene entwickelt haben, die es ihnen erlaubt, die menschliche Zivilisation und unseren Planeten zu studieren, so wie Menschen es mit anderen Spezies hier auf der Erde tun."

Kapitel 6 – Neue Insider des geheimen Weltraumprogramms sprechen von Raum-Archen in unserem Sonnensystem

Intergalaktische Wissenschaftler erhalten das Leben des Planten Erde

In den vorherigen Kapiteln dieses Werkes habe ich Informationen über ein geheimes Weltraumprogramm und geheime UFO-Forschung zusammengefasst, die von vertrauenswürdigen Menschen und Quellen stammen, die man überprüfen kann. Jetzt kommen Whistleblower zu Wort, die behaupten, über noch mehr Insiderwissen zu verfügen als die bisher erwähnten UFO-Forscher, Wissenschaftler, NASA-Angehörigen, Astronauten und Geheimdienstler. Weil glaubwürdige Informanten davor gewarnt haben, dass die zivile Ufologie und auch die Whistleblower-Szene von Desinformation durchsetzt ist, die mit Wahrheit vermengt wird, erwähne ich hier nur Sachlagen, die mit den anderen beschriebenen Vorgängen der glaubwürdigen Zeugen in etwa korrelieren, um einen möglichst hohen Wahrheitsgehalt zu erreichen.

Im Laufe des Jahres 2021 haben neue Whistleblower des geheimen Weltraumprogramms die Bühne der Offenlegung betreten und berichten von erstaunlichen Dingen, die ich in diesem Kapitel kurz zusammenfassen möchte. Viele dieser Mitteilungen stammen von Dr. Michael Salla, dem Betreiber der Seite *Exopolitics.org*. Ab November letzten Jahres berichtete Dr. Salla von einem Mann namens Robert L., einem französischen UFO-Kontaktler, der davon spricht, im Jahr 1969 zu einem verborgenen Stützpunkt gebracht worden zu sein, der sich im Himalaya befindet. Dort gab es eine Basis einer Gruppe von Außerirdischen, die an genetischen Experimenten arbeitet, um menschliches Leben auf Planeten anderer Galaxien auszusäen. Dieses Erlebnis wurde erst bekannt, nachdem der französische Autor und Ufologe Georges Metz es in seinem im Jahr 2011 erschienen Buch »Ovnis en France: Les enquêtes de Georges Metz« (UFOs in Frankreich: Die Nachforschungen von Georges Metz) veröffentlichte. In den letzten vierzig Jahren haben zahlreiche Augenzeugen in Frankreich außergewöhnliche Abenteuer mit UFOs und nicht-menschlichen Wesen erlebt. Georges Metz schreibt, dass die erstaunlichste und am besten dokumentierte Geschichte von Robert L. stammt, der nach zwei Jahren von andauernden Begegnungen mit außerirdischen Humanoiden beschlossen hat, sie 1969 ein Jahr lang in eine geheime unterirdische Basis zu begleiten. Dieses Buch liegt bis jetzt noch in keiner anderen Sprache als Französisch vor. Darum ist es wichtig, darüber zu berichten, denn Robert L. hat Georges Metz die Information übermittelt, dass auf unserem Planeten von humanoiden außerirdischen Wesen genetische Experimente durchgeführt werden. Diese Wesen sind Teil einer intergalaktischen Konföderation von zivilisierten, fortschrittlichen Planeten, die das Leben auf der Erde verwaltet. Die Angehörigen der Konföderation stehen unter der Aufsicht noch höher entwickelter Wesen. Es ist eine mysteriöse Gruppe von neun kosmischen Intelligenzen. Einige UFO-Forscher denken, dass diese Gruppe von neun Wesen dieselbe ist, welche bereits in den 1940er-Jahren als der *Rat der Neun* bekannt wurde. Erst 40 Jahre nach seinem Erlebnis hat Robert L. sein Schweigen gebrochen und offen über die Kontakte mit den Vertretern dieser Konföderation gesprochen. Sie haben ihm zum Beispiel Folgendes mitgeteilt: „*Wir sind dafür verantwortlich, Leben auf bewohnten Planeten wie der Erde zu erhalten. Wir sind Teil einer Art von intergalaktischer Konföderation, die von neun unbekannten Vorgesetzten beaufsichtigt wird, die die Galaxien beherrschen.*"

Roberts Erlebnisse mit UFOs begannen im Jahr 1966, als er erst 20 Jahre alt war. Seine Verwandten erblickten eines Tages weiß-gelbe Lichtbälle mit einem Meter Durchmesser, die über ihr Haus hinwegflogen, bevor sie sich auf ein größeres, zylinderförmiges Flugobjekt zubewegten, das im Tal unterhalb des Hauses gelandet war. Im Jahr 1967 wiederholte sich dieses Geschehen mehrere Nächte hintereinander, und wieder sahen Robert und sein Vater diese sechs Lichtbälle und das große, zylinderförmige Schiff. Es war ca. 13m breit und 2m hoch und schwebte stationär über dem Erdboden des nahegelegenen Tals. Robert beschloss schließlich, das große Objekt mit seinem Wagen zu verfolgen, als es wieder abhob. Er konnte es jedoch nicht einholen – es hielt einen konstanten Abstand zu seinem Wagen und begann immer heller zu strahlen. Dann erschien plötzlich eine Fliegende Untertasse von der Größe eines Minibusses, mit zwei Kuppeln auf der Oberseite, in denen man die Umrisse von zwei menschenähnlichen Gestalten erkennen konnte. Das Raumschiff war nur etwa zwanzig Meter von Robert entfernt, als sein Auto unerwartet stehen blieb. Er geriet kurz in Panik, verfiel dann aber bald in einen tiefen Schlaf und erwachte mit dem Eindruck verlorener Zeit. In den nächsten Monaten hatte Robert seltsame Träume und Eingebungen. Schließlich kam es zum direkten Kontakt mit den fremden Wesen, als drei große, menschlich aussehende Aliens in seinem Zimmer erschienen. Sie betraten den Raum durch ein Portal in Form eines Wirbels, der sich an der Wand auftat. Die Wesen, die nun begannen, mit ihm zu sprechen, erschienen ihm zuerst wie Engel. Sie berichteten ihm aber, dass sie Menschen wie er selbst sind, allerdings weiter entwickelt und mit einer Lebensspanne von bis zu 500 Jahren. Es handelte sich um Wissenschaftler eines entfernten Planeten, einer anderen Galaxie. Der Anführer war männlich, dann war da eine wunderschöne Frau, eine fast zwei Meter große Biologin, der Dritte war ein Ethnologe dieser Zivilisation. Die direkten Kontakte setzten sich fort, und im Jahr 1968 wurde Robert schließlich gefragt, ob er aus freien Stücken an einem genetischen Experiment teilnehmen wolle, indem er behilflich wäre, menschliches Leben auf einem Planeten in einer anderen Galaxie auszusäen. Dazu sei es nötig, ein Jahr in einer entlegenen Basis der Besucher im Himalaya zu verbringen. Robert müsse sein biologisches Material beisteuern, das die außerirdischen Forscher als sehr geeignet für ihr galaktisches Saat-Projekt erachteten. Robert stimmte dem Vorhaben zu, und im Januar 1969 wurde er laut eigenen Beschreibungen mit einem ihrer Raumschiffe zur besagten Basis befördert. Sie befindet sich irgendwo in der Nähe von Ladakh, der abgelegenen Grenzregion von Indien, Pakistan und China.

In den vergangenen Jahren ist es in Indien immer wieder zur Sichtung von unbekannten Flugobjekten gekommen, ganz besonders in der Region Ladakh an der chinesisch-indischen Grenze, genauer gesagt am Kongka-La-Pass im Himalaya. Diese Region war im Jahr 1962 Schauplatz einer kriegerischen Auseinandersetzung zwischen China und Indien. Aufgrund der fast völligen Unzugänglichkeit dieser Grenzregion wird dort nicht patrouilliert. Viele UFO-Forscher glauben seit langem, dass sich in diesem Gebiet eine UFO-Basis befindet, was von den indischen Behörden und Tageszeitungen wie *India Today* vor kurzer Zeit bestätigt worden ist!

Auch am heiligen Berg Kailash, der sich an der chinesischen Grenze befindet, werden von Pilgern, die sich auf dem Kongka-La-Pass bewegen, immer wieder unbekannte leuchtende Flugobjekte wahrgenommen. Auf genauere Anfragen wollen weder die chinesischen noch die indischen Behörden irgendwelche Auskünfte darüber erteilen. Die Pilger beobachten UFOs sowohl bei der Landung als auch beim Start. Laut Augenzeugen fliegen die Flugobjekte an einer bestimmten Stelle aus dem Boden heraus. Lokale Einwohner sowie buddhistische Mönche berichten ebenfalls, dass sich beide Regierungen sehr wohl der Anwesenheit von UFOs und einer UFO-Basis in dieser Gegend bewusst sind! Manche der beobachteten Phänomene werden als leuchtende, dreieckige und völlig geräuschlos fliegende Schiffe beschrieben, die aus dem Untergrund hochkommen und dann vertikal aufsteigen.

Abb. 49: Ein Foto, das angeblich in der Nähe des Kongka-La-Passes aufgenommen wurde, auf dem eines der UFOs zu sehen ist.

Als sich bei so einer Gelegenheit ein paar mutige Pilger dem Ort dieser Starts nähern wollten, wurden sie sowohl vom indischen als auch vom chinesischen Militär daran gehindert. Bergführer aus der Gegend erklären, dass diese Sichtungen schon seit sehr langer Zeit am Kongka-La-Pass vorkommen!

Indische Nachrichtenmedien berichten zudem davon, dass sich diese UFO-Basen und Flugrouten auf Gitternetz-Linien befinden, die sich um den ganzen Erdball erstrecken. Manche Theoretiker meinen, dass es eine fundamental wichtige Verbindung zwischen dem UFO-Phänomen und den Magnet-Gravitations-Anomalien des Erdgitters gibt. Robert L., der nach eigenen Angaben eine dieser Basen besucht hat, beschreibt sie als vollständig im Untergrund befindlich. Es gab nur einen Aufzug, der die Basis mit der Erdoberfläche verband, und dieser war sehr gut getarnt. Der Aufzug führte rund einen Kilometer unter die Erdoberfläche und befand sich in einer entlegenen, gebirgigen Gegend. Die Basis selbst bestand aus drei Ebenen, und die Einrichtung mutete sehr futuristisch an. Die Wände sahen laut den Beschreibungen nicht wie Höhlenwände aus, sondern waren bearbeitet, und die gesamte Anlage war mit fortschrittlicher außerirdischer Technologie angefüllt. Es gab dort holografische Monitore, mit denen man weit entfernte Gebiete der Erde bis hin zu einem Dorf oder einem Haus genau beobachten konnte. Die Lichtbälle, die Robert und seine Familie bestaunt hatten, sind eigentlich Überwachungsgeräte, deren Signale von diesen Monitoren wiedergegeben werden. Robert durfte sich frei in der Basis bewegen und begegnete dort menschlich aussehenden Aliens, die ihn höflich behandelten, wenn er ihnen in den Korridoren und Empfangsbereichen der Anlage begegnete.

Robert erhielt auch Zugang zu drei speziellen Räumen, die kraftvolle elektromagnetische Energien enthielten, die für die Energieversorgung, die Abschirmung und für Umwelttechnologien notwendig waren, mit denen diese Untergrundbasis betrieben wurde. Nach einem Jahr Aufenthalt wurde Robert L. schließlich wieder nach Hause gebracht, und ihm wurde mitgeteilt, dass seine direkten Kontakte nun enden würden. Die Außerirdischen machten ihm jedoch klar, ihn mit ihrer bemerkenswerten Technologie bis zu seinem Lebensende zu überwachen, und zwar durch ein Implantat in seinem Rücken. Das Implantat ist nicht mit Röntgenstrahlen zu finden, aber mit den Fingern zu ertasten. Seit dem Ende der direkten Kontakte fühlt sich Robert mit den fremden Wesen weiterhin sehr verbunden. Er sagt, dass sie mehr als einmal interveniert haben, um in gefährlichen Situationen sein Leben zu retten. Im Jahr 2005 verspürte er schließlich einen inneren Drang, dem er nicht widerstehen konnte, seine Erlebnisse publik zu machen. Mit diesem Erlebnisbericht besitzen Ufologen weitere Hinweise darauf, dass intergalaktische Konföderationen im Universum genetische Experimente betreiben, um auf vielen Planeten Leben auszusäen. Sie handeln im

Auftrag mächtiger kosmischer Wesen, die in anderen Ebenen existieren und einen höheren Plan vorantreiben, das Universum mit intelligenten Lebensformen zu füllen. Somit verdichten sich die Anzeichen dafür, dass nirgendwo im All eine zufällige Entstehung von intelligentem Leben stattgefunden hat, sondern dass intelligente humanoide Spezies im Auftrag von höherdimensionalen Wesen im ganzen All auf geeigneten Welten ausgesät werden.

Whistleblower berichten über eine Antarktis-Basis in Neuschwabenland

Dr. Michael Salla merkt zu diesem Bericht aus dem Buch von Georges Metz an, dass er seit 2008 Kontakt mit einem anderen Mann hat, der ebenfalls Begegnungen mit außerirdischen Wesen erlebt hat, die an der Aussaat von Leben auf verschiedenen Welten arbeiten. Er nennt diesen neuen Whistleblower „JP". JP wurde eigenen Aussagen gemäß mehrere Male in hemisphärische Biokuppeln transportiert, die mehrere Kilometer groß sind und genetische Codes von Pflanzen und Tieren gespeichert haben, die auf dem Planeten Erde präsent sind. Aus diesem Grund bezeichnet JP diese Biokuppeln als „Archen". Auch konnte er sich während seiner Missionen angeblich in den verborgenen antiken Archen auf unserem Planeten umherbewegen. Momentan arbeitet der Whistleblower JP angeblich für das US Space Command in geheimen Missionen auf der Erde und außerhalb unseres Planeten, um in Zukunft eine Sternenflotte zu gründen. Dr. Salla hat erfahren, dass JP vor kurzem zum Jupitermond Ganymed gereist ist. JP sagt, dass das amerikanische Militär und seine Geheimdienste ein großes Interesse an UFO-Kontaktleuten und ihren Interaktionen mit verschiedenen außerirdischen Spezies haben. Solche von Aliens speziell ausgewählten Menschen werden entweder rekrutiert oder genau überwacht, und zwar von Militär- oder Geheimdienst-Angehörigen. Nachdem JP aufgrund seiner persönlichen UFO-Erfahrungen ungefähr zehn Jahre lang überwacht worden war, willigte er auf Druck von Agenten ein, an einem geheimen Weltraumprogramm teilzunehmen, das Außenweltmissionen durchführt. Die Informationslage sieht für Dr. Salla im Moment so aus, dass der Rat der Neun, eine Gruppe von überlegenen universellen Intelligenzen auf einer höheren Existenzebene, vor langer Zeit für die Aussaat des menschlichen Lebens auf dem Planeten Erde verantwortlich war. Dieser Rat der Neun soll gegenwärtig mit seinen außerirdischen Konföderationen und ihren Schiffen in unser Sonnensystem zurückgekehrt sein, um das planetare Erwachen und die Befreiung der Menschheit mitzuerleben, die sich in einem gewaltigen Transformationsprozess befindet.

Ende Dezember 2021 hat JP als Dr. Sallas Informant in der US Army Koordinaten an ihn weitergeleitet, die von einem anonymen Offizier der US Air

Force stammen. Es handelt sich um den Standort antiker Ruinen in der Antarktis! Auf verschiedenen Einsatzbesprechungen hat JP erfahren, dass uralte Bauwerke nicht nur an diesen Koordinaten, sondern auch auf dem Mond und auf der Oberfläche des Planeten Mars entdeckt worden sind, so wie es zuvor schon andere Zeugen geschildert haben. Diese Ruinen wurden daraufhin bei geheimen Weltraummissionen studiert, an denen nicht nur die USA, sondern verschiedene Nationen der Erde, wie zum Beispiel China, teilgenommen haben. Die erwähnten Koordinaten lauten 72°31'12"S 3°36'26"W. An diesem Punkt in der Antarktis scheint sich ein mysteriöser Gebäudekomplex zu befinden, der etwa 240km von der Küste entfernt ist und sich im Königin-Maud-Land befindet.

Dieses Gebiet kennt man besser unter der Bezeichnung „Neuschwabenland“, das vom Deutschen Reich beansprucht wurde. Dr. Salla erwähnt, dass sich dort während des Zweiten Weltkriegs eine deutsche Kolonie mit dem *Stützpunkt 211* befunden haben soll. Das geht aus den Büchern der Thule-Trilogie von Wilhelm Landig hervor. 1938 fand die deutsche Antarktis-Expedition mit dem Schiff *Schwabenland* statt, im Januar 1939 wurden eisfreie Berge fotografiert, und das Gebiet zwischen 10° W und 15° O wurde als *Neuschwabenland* benannt. Norwegen hat davon erfahren, meldete im Januar 1939 ebenfalls Anspruch auf diesen Teil der Antarktis an und benannte das Territorium *Königin-Maud-Land*. Der norwegische Anspruch wird international nicht anerkannt, und es befinden sich in der Nähe der angegebenen Koordinaten zwei deutsche Forschungsstationen, die *Neumayer-Station III* und die *Kohnen-Station*. Die besagten Ruinen befinden sich in einem erhöhten eisfreien Bereich, an dem es laut unscharfen Satellitenaufnahmen so etwas wie eine Startbahn und Hangars für Flugzeuge und Raumschiffe zu geben scheint.

JP hat Dr. Salla die Information übermittelt, dass das US-Militär in verschiedenen Gebäuden dieser mysteriösen Ruinen aktiv ist. In einem davon soll sich ein Portal in Form eines echten Sternentors befinden, das sofortige Reisen auf andere Planeten unseres Sonnensystems erlaubt. Das größte Gebäude soll eine Länge von etwa 830m besitzen! Es wird vermutet, dass diese Antarktis-Basis zuvor vom geheimen deutschen Weltraumprogramm genutzt wurde, später von China übernommen und schließlich an das US-Militär übergeben worden ist. Die Lage der Ruinen macht sie zu einem hoch gelegenen Luftwaffen-Stützpunkt, der in der Vergangenheit von verschiedenen Gruppen benutzt und vermutlich von einer unbekannten antiken Zivilisation errichtet worden ist. Die Aufforderung, diese Daten zu veröffentlichen, ging laut JP von einer Reihe von sogenannten „White Hats“ aus dem US-Militär aus. Sie wollen, dass Informationen über unerklärliche antike Ruinen auf dem antarktischen Kontinent publik gemacht werden.

Weiter erzählt JP von einer Mission zum Mond, bei der er zusammen mit anderen Soldaten und einem Team von Wissenschaftlern eine aktivierte Weltraum-Arche besucht hat. Diese Mission wurde im Dezember 2021 angeblich von den USA, China und anderen Nationen einer Erdallianz unter der Leitung des US Space Command durchgeführt. Es handelte sich bei der Arche um ein gigantisches kugelförmiges Raumschiff, das merkwürdige Hieroglyphen in seinem Inneren aufweist, die von irdischen Archäologen analysiert werden. JP war schon zuvor in solche Archen gebracht worden, und menschlich aussehende Außerirdische hatten ihm an diesen Plätzen Speicher für antike Pflanzensorten, Tierspezies und Technologien gezeigt, die für die Zukunft aufbewahrt werden. Und zwar dafür, dass irdisches Leben und die menschliche Spezies nach einer möglichen globalen Katastrophe wieder neu „gesät“ werden kann, nachdem es zu planetaren Katastrophen gekommen ist. Die Archen sind entweder die Hinterlassenschaften antiker Wissenschaftler der intergalaktischen Konföderation, die vor Tausenden von Jahren unser Sonnensystem verlassen hatte, nachdem es zu kriegerischen Auseinandersetzungen mit den Anunnaki gekommen war. Oder es handelt sich um Archen der Anunnaki, die sie zur Verfügung gestellt haben, als die einstigen Bewohner des Mars zur Erde evakuiert wurden. Unter der Sphinx in Ägypten soll sich eine Lagerstätte antiken Wissens mit atlantischer Technologie befinden. Auch in anderen Teilen der Welt sowie auf anderen Planeten unseres Sonnensystems sollen sich ebenfalls Kammern mit Aufzeichnungen befinden, die vorhergehende Zivilisationen für Notfälle sorgfältig verborgen haben.

Der Hellseher Edgar Cayce (1877-1945) war der Meinung, dass die Zivilisation von Atlantis vor schätzungsweise 12.000 Jahren durch ein katastrophales Ereignis zerstört wurde, und dass diese Kultur zuvor Hallen der Aufzeichnungen errichtet hatte. Diese versiegelten Lagerstätten antiken Wissens sollen sich laut seinen Trance-Sitzungen in Ägypten unter der Sphinx, auf den Bahamas und in Piedras Negras in Guatemala befinden. Laut Channel-Informationen über den mysteriösen Rat der Neun hatte die verlorene Zivilisation von Atlantis Kontakt mit außerirdischen Kulturen und wurde vermutlich sogar von außerirdischen Wesen gegründet. Atlantis gehörte schon in der fernen Vergangenheit einer intergalaktischen Konföderation an und sorgte mit den Aufzeichnungen in den Hallen für den Fortbestand des atlantischen Wissens und der Errungenschaften dieser Kultur auf der Erde.

Weil sich der Rat der Neun und die Raumflotte der intergalaktischen Konföderation bereits wieder im Sonnensystem befinden soll, haben sich die antiken Archen wieder aktiviert – weil ein kosmischer Zyklus für die periodische Rückkehr der Aussäer des Lebens sorgt. Wir stehen jetzt vor dem Beginn eines neuen

Zeitalters, in dem das antike Wissen und die antike Weisheit wieder zugänglich gemacht werden können. Das wird nicht nur den Verlauf der Geschichte verändern, sondern auch den Blick auf eine völlig andere Vergangenheit freigeben. Laut Dr. Salla hat eine finstere Kabale in Verbindung mit dem Tiefen Staat der Neuen Weltordnung nach diesen Archen gesucht, sie allerdings nicht rechtzeitig gefunden. Erst die neu geschaffene Erdallianz ist dazu befugt, diese antiken außerirdischen Lagerstätten zu erforschen, damit die Allgemeinheit etwas über die antiken außerirdischen Kolonien und fortschrittlichen Zivilisationen der Vergangenheit erfahren kann, die durch Kriege und Naturkatastrophen ausgelöscht worden sind. Das Deutsche Reich hat offenbar eine dieser Archen unter dem Eis der Antarktis entdeckt, konnte ihr Potential aber nicht nutzen, meint Dr. Salla. Andere antike Ruinen befinden sich laut den Aussagen von zwei anderen militärischen Whistleblowern in der Nähe des Beardmore-Gletschers in der Antarktis. Diese Anlage wurde offenbar im Jahr 2003 von der US-Marine aufgefunden, nachdem man sie mit dem Bodenradar entdeckt hatte. Bislang konnte nur ein kleiner Teil der riesigen Anlage von Archäologen freigelegt werden, da sie einen halben Quadratkilometer groß ist. Auch in dieser Anlage sollen sich unbekannte Hieroglyphen an den Wänden befinden.

Mit Zeitschau-Technologien wurden laut diesen Meldungen von Whistleblowern des geheimen Weltraumprogramms erkannt, dass die Macht der Kabale zerfallen wird und die Wälle der Geheimhaltung, die solche Entdeckungen betreffen, einstürzen werden, da von der positiven Erdallianz abgestimmte Enthüllungen stufenweise veröffentlicht werden.

Der Insider JP meldete sich dann erneut bei Dr. Salla, um ihm von einer weiteren geheimen Mission zu einer Weltraum-Arche zu berichten, die, wie von Edgar Cayce prophezeit, in der Nähe der Bermudas im Atlantik vor der Küste von Florida gefunden wurde. Das US-Militär hatte dafür im Atlantik eine Landeplattform ähnlich einer Bohrinsel errichtet, die direkt über der Arche im Meer platziert wurde. Sie soll mehr als einen Kilometer lang sein. Es erfolgten Anweisungen auf Englisch, Chinesisch und Russisch, weil ein weiteres Team aus internationalen Forschern und Militärs die Arche erforschen konnte. Ein Aufzug beförderte die Mitglieder der Mission hinab in das Innere des Raumschiffs auf dem Grund des Ozeans. Laut den Beschreibungen von JP ist diese zweite Arche viel größer als die erste auf dem Mond. An dieser Mission nahmen übrigens auch mexikanische Ureinwohner teil, die von den Azteken abstammen und Bemalungen auf ihren Gesichtern hatten. Beim Betreten des Schiffs hatten die Teilnehmer erst Schwierigkeiten, sich zu orientieren, weil sie dort auf ein seltsames Phänomen stießen. Es gab Wellen, die bewirkten, dass die Teilnehmer sich wie in Zeitlupe bewegten. Im Schiffsinneren sollen sich Algen an den Wänden befinden, die mit Moldavit-Kristallen verbunden sind und durch Fluoreszenz für Beleuchtung sorgen. Das große Archen-Schiff selbst soll von blaugrüner Farbe sein und ein leises Summen abgeben.

Zuvor waren andere Wissenschaftler bereits an Bord gewesen, konnten jedoch in bestimmte Bereiche nicht vordringen. Sie sind letztlich dahintergekommen, dass die Zeit im Schiff langsamer verläuft als außerhalb, das ist der Effekt einer merkwürdigen Zeitausdehnung in diesem Objekt. Im Schiff gibt es Luft und es steht unter Druck, um dem enormen Wasserdruck des Atlantiks auf dem Meeresboden standzuhalten. Die mexikanischen Indios erkannten daraufhin einige der Hieroglyphen an Bord und regierten sehr überrascht darauf. Sie begannen vor Freude zu weinen und übersetzten es mit den Worten „Curia Marte“ (Rat vom Mars). Es handelte sich laut den Angaben von JP um eine Inschrift, die auf ihren antiken Tempeln nur noch in Fragmenten erhalten geblieben ist, und nach der sie seit langer Zeit gesucht haben. Dieser Abschnitt der Arche ist mit einem Tunnel verbunden, der weiter in das Schiff hinabführt. Nur diese Indianer konnten ihn betreten, weil er ihnen offenbar heilig war. Die anderen Teilnehmer wurden in dieser Zone bei ihren Bewegungen schrittweise immer langsamer und kamen schließlich außer Atem. Sie konnten durch das Phänomen der Zeitverzögerung einfach nicht weiter vordringen, weil die Intelligenz des Schiffes das irgendwie verhinderte. Die Arche regierte somit auf verschiedene Besucher auf unterschiedliche Weise. Die Gruppe von Azteken durfte es als erstes betreten, weil ihre Frequenz oder Genetik akzeptabel waren. Worin ihre Verbindung zum Planeten Mars besteht, wurde leider nicht bekannt gegeben.

Die chinesischen Teilnehmer wurden beim Vordringen blockiert, weil das Schiff eine Unvereinbarkeit erkannte. Es gibt Vermutungen von Forschern, dass der Einlass auch etwas mit Spiritualität und Glauben zu tun hat. Der Rest der Teilnehmer nahm ebenfalls wahr, dass alle ihre Bewegungen immer langsamer wurden wie in Zeitlupe, doch es herrschte im Schiff ein tiefes Gefühl von Friede und Glück. Weiter vorne konnte die Gruppe die Mexikaner erkennen, sie jedoch durch den Zeitausdehnungseffekt nicht erreichen. Die Indios gingen immer noch weiter hinein, und dann waren laut JP nur noch die durch Zeitlupe hervorgerufenen Reflexionen ihrer Körper zu erkennen, bis auch diese verschwunden waren. Einer der mexikanischen Wissenschaftler und Übersetzer blieb jedoch bei der Gruppe der Amerikaner und Chinesen zurück. Nachdem das Schiff aktiviert wurde, haben die Inschriften im Inneren, die wie eingemeißelt aussahen, begonnen zu glühen, wodurch man sie besser studieren konnte. Es handelte sich um eine der aztekischen Sprache verwandte Schrift. JP hat erklärt, dass er schon auf Ganymed ähnliche Zeichen in Ruinen gesehen hat, die mit einer ähnlichen Technologie erschaffen worden waren. Einzelne Menschen, die bereits mit

UFOs und Aliens Kontakt hatten, waren in der Lage, diese Bereiche und Technologien durch ihre Genetik und Frequenz zu aktivieren, bei anderen Menschen geschah hingegen gar nichts. Die rein physische Präsenz ist somit bereits ein Teil des Aktivierungsprozesses, der nur bei geeigneten Menschen gelingt, die die richtigen Gene dafür besitzen. Vielleicht hat es auch mit außerirdischen Implantaten zu tun. Es gab zum Beispiel auch einen Chinesen, der die Lichter an den Konsolen im Schiff aktivieren konnte, wenn er sich ihnen annäherte. Somit gibt es gewisse Leute auf unserem Planeten, die all diese antiken planetaren und interplanetaren Archen und Anlagen einschalten können, sofern sie noch funktionieren. Diese Vorgänge waren aber laut den Experten nur der erste Schritt ihrer Aktivierung, denn alles deutet darauf hin, dass ein koordinierter Zeitplan existiert, um die Existenz derartiger Artefakte zu enthüllen. JP weist in diesem Zusammenhang darauf hin, dass die Arche sich mitten im berüchtigten Bermuda-Dreieck befindet, und dass es vermutlich eine Verbindung zum verlorenen Atlantis und zu UFO-Sichtungen gibt. Es ist mittlerweile bekannt, dass sich in diesem Gebiet noch andere Strukturen und Ruinen auf dem Grund des Ozeans befinden, die die US-Regierung vor der Welt verborgen hält.

Im Februar 2022 lieferte der anonyme Whistleblower JP dann einen Bericht seines zweiten Besuchs in der antiken Arche auf dem Grund des Bermuda-Dreiecks an Dr. Salla ab. Es gab eine Rettungsmission, an der diesmal aufs Neue amerikanische, russische und chinesische Armeeangehörige beteiligt waren. Man wollte die mexikanischen Indianer aus dem Schiff abholen, die man bei der früheren Mission dort zurücklassen musste, weil sie nicht wieder aufgetaucht waren. Denn die Zuständigen hegten die Befürchtung, dass die Indianer versehentlich unbekannte Apparaturen aktivieren könnten. Bei der darauffolgenden schwierigen Suche hat das Team die Azteken schließlich ausfindig gemacht und ist dabei außerdem auf ein machtvolles Portal-Gerät gestoßen, das die gewaltige Bermuda-Arche mit anderen derartigen Schiffen im ganzen Sonnensystem verbindet. JP spricht davon, dass bei der Erforschung der Mond-Arche 15 Soldaten aus Versehen durch ein solches Portal getreten sind. Die Russen haben in der Zwischenzeit offensichtlich ebenfalls eine solche Arche entdeckt, wollen den Amerikanern aber keinen Zugang dazu gewähren, erklärt JP. Möglicherweise befindet sich das Schiff in der Region des phänomenalen Tunguska-Vorfalls von 1908, weil durch satellitengestütztes Infrarot-Bodenradar an diesem Ort ein weiteres unbekanntes Objekt gefunden worden ist. Als das Team also mit dem Aufzug bis in das Schiff auf dem Grund des Atlantiks hinunter transportiert wurde und sich die Türen öffneten, staunten die Männer nicht schlecht, als die Mexikaner bereits auf sie warteten. Es war einstweilen mehr als eine Woche vergangen. Die Indios wiesen die Neuankömmlinge an, ihnen wieder tief ins Innere des Schiffs zu folgen, weil sie irgendeine wichtige Sache entdeckt hatten. Das Team von JP lief diesmal einige hundert Meter hinein und blieb dann vor einem großen Tor stehen, auf dem wieder antike goldene Schriftzeichen in einer unbekannten Sprache zu erkennen waren. Der ganze Raum leuchtete in bläulicher Farbe wie bei Schwarzlicht. Die Mexikaner versammelten sich, bildeten einen Kreis und begannen zu stampfen, bis sich das Tor schließlich öffnete. Hernach konnte die ganze Gruppe weiter vorrücken.

Sie betraten nunmehr eine kuppelförmige Kammer mit einer Masse einer wässrigen Flüssigkeit, die in der Mitte des Raumes schwebte. Sie war rund, und die Soldaten umkreisten langsam die leuchtende Masse, woraufhin es ohne Vorankündigung plötzlich einen hellen Blitz gab, und die Männer kurz geblendet waren. Als sie wieder klar sehen konnten, erblickten sie im Wasser 15 andere menschliche Soldaten. Die Außenstehenden mussten schließlich in die Flüssigkeit greifen und ihre Kameraden herausziehen, weil einige bereits dabei waren, in der Flüssigkeit zu ertrinken. Einer nach dem anderen wurde herausgeholt, es handelte sich um Amerikaner und Chinesen. Sie trugen die Anzüge und Abzeichen der Mond-Mission und berichteten in der Folge, dass sie auf der Mond-Arche ebendieses rätselhafte Portal aktiviert hatten und damit zur Erde teleportiert worden sind. Somit war das zweite Team dahintergekommen, wie man Objekte und Lebensformen von Arche zu Arche transportieren kann. Der Kommandant der Mission befahl anschließend, die Portal-Kammer und die Arche sofort zu verlassen. Die Soldaten marschierten wieder an den langen Wänden mit den Hieroglyphen entlang, auf denen Ereignisse der fernen Vergangenheit aufgezeichnet und die Orte vermerkt waren, an denen die Archen einstmals verweilten. Es gab in verschiedenen Teilen des altertümlichen Schiffs unterschiedliche Schriftzeichen, und JP vermutet, dass zu verschiedenen Zeitabschnitten unterschiedliche Zivilisationen diese Archen-Schiffe benutzt und ihre Technologie im Laufe der Zeit verbessert haben. Es gab darüber hinaus auch noch Reihen von im Schiff befindlichen soliden „Kisten“, d. h. kistenartige Vorrichtungen, die aus demselben harten Material bestanden wie das Schiff selbst. Diese Vorrichtungen wurden nicht berührt, weil die Soldaten nicht riskieren wollten, dass sie aktiviert werden. Sie hatten verschiedene Größen zwischen 2 und 3 Metern Länge, und sie haben möglicherweise mit den Stasiskammern zu tun, von denen andere Whistleblower gesprochen haben – die ebenfalls einen Zeiteffekt auslösen und lebendige Körper über Tausende von Jahren konservieren können. Auf jeden Fall war es ein unglaublicher Zufall, dass sich der Teleporter genau in dem Moment aktivierte, in dem das erste Team die Kammer betrat hat und dadurch die anderen Männer retten konnte.

Ein 7.000 Jahre alter sumerischer Raumhafen im Irak

Dr. Salla gibt zu bedenken, dass auch der amerikanische Einmarsch im Irak im März 2003 nicht wegen Massenvernichtungswaffen stattfand, sondern wegen eines sogenannten Sternentores. Obendrein gab es antike Keilschrifttexte mit detaillierten Informationen über außerirdische Technologien, die in den Ruinen von verschütteten sumerischen Städten gefunden worden waren. Im Oktober 2016 meldete der damalige irakische Verkehrsminister Kazem Finjan, dass die sumerische Kultur mehr als 7.000 Jahre alt ist und im Irak zu dieser Zeit Raumhäfen existierten! Finjan behauptete gegenüber der Presse, dass damals von Menschen schon das Sonnensystem erforscht wurde und dass die antiken Sumerer den Planeten Pluto entdeckt haben. Aber nicht nur das, er erläuterte, dass die in den heiligen Büchern erwähnten Engel faktisch Sumerer gewesen sind, und dass die frühzeitlichen Sumerer mit ihren Raumschiffen zu anderen Planeten flogen. Das war unter anderem auch Nibiru bzw. Planet X. Historiker hätten die Existenz des antiken Raumhafens dokumentiert, und der irakische Verkehrsminister hat angekündigt, dass ein neuer Flughafen auf der Lokalität des 7.000 Jahre alten interplanetaren Raumhafens in Dhi Qar errichtet wird, weil dieser Platz hervorragend für Starts und Landungen geeignet ist. Ein Grund, warum sich die Sumerer dort niedergelassen hatten, war, dass die örtliche Atmosphäre perfekt für den Flug in den Weltraum ist. Kazem Finjan sprach auch davon, dass die NASA in diesem Jahr den Planeten Nibiru entdeckt habe, der einmal alle 3.600 Jahre die Sonne umkreist. Er verwies dabei auf die Arbeiten des Autors Zecharia Sitchin, der in seinem populären Gesamtwerk davon schreibt, dass die außerirdischen Anunnaki vor 450.000 Jahren Kolonien auf dem Planeten Erde gründeten und sich mit Menschen kreuzten. Wer diese Äußerungen nicht glauben kann und skeptisch bleibt, soll den Aussagen von Finjan zufolge zusätzlich die Arbeit des berühmten Assyriologen Samuel Noah Kramer (1897-1990) studieren. Dessen Bücher sorgten dafür, dass sumerische Literatur für die breite Öffentlichkeit schon in den 1950er-Jahren zugänglich wurde. Kramer schreibt, dass sich die Sumerer darüber im Klaren waren, dass ein Sonnensystem mit zehn Planeten existiert, weshalb sie auf ihren Rollsiegeln auch den Nibiru eingezeichnet haben, der in ihren Schöpfungsmythen eine tragende Rolle spielt.

Der Whistleblower JP kommentiert, dass das Eingreifen von Russland in der Ukraine ebenfalls etwas mit Exopolitik zu tun hat, weil auf dem Territorium der Ukraine angeblich eine weitere Weltraum-Arche gefunden worden ist und Russland die Kontrolle darüber erlangen will. Dr. Salla ist der Meinung, dass die ganze Welt mittlerweile vor einer wahrhaftigen exopolitischen Revolution steht, weil immer neue Informationen über die Realität von außerirdischer Intelligenz sogar in den Mainstream-Medien zum Standard werden. Er warnt davor, dass UFOs in der Presse derzeit als eine Bedrohung für die Nationale Sicherheit eingestuft werden, weswegen man aktuell die Grundlagen für militärische Reaktionen schafft. Die Exopolitik hegt die Absicht, alle Geheimnisse und Technologien offenzulegen, damit sich die irdische Zivilisation in der sogenannten Star-Trek-Zukunft wiederfindet und sich in den Weltraum ausbreiten kann. Berichten zufolge wurden Vereinbarungen und Abkommen mit außerirdischen Organisationen getroffen, damit die Führungsrolle bei der Erschaffung dieser Zukunft den Vereinigten Staaten zukommt, um eine Vorherrschaft Chinas zu vermeiden. Zur gleichen Zeit soll dann der vorhergesehene kollektive Aufstieg der Menschheit erfolgen, der von den galaktischen Besuchern in unserem Sonnensystem erwartet und durch ein Sonnen-Ereignis ausgelöst wird. Dieser zyklische Vorgang hat auch für die Aktivierung der alten Weltraum-Archen gesorgt, die Technologien und Geheimnisse alter Zivilisationen bergen, die Abertausende von Jahren in der Zeit zurückreichen.

Die außerirdischen Beobachter überwachen die Reaktionen der Menschheit auf die Aktivierung der Archen ganz genau. Sie hoffen, dass die Großmächte dadurch zu einer besseren internationalen Kooperation bereit sind, die zur Offenlegung dieser Funde und der sich daraus ergebenden Implikationen führen wird. Die Arche in der Ukraine soll sich in Kherson aktiviert haben, wobei aktuelle Meldungen bestätigt haben, dass diese ukrainische Hafenstadt eingenommen worden ist. Die Arche soll unter dem *Nationalen Naturpark Oleshky-Sande* begraben liegen und sich laut den Angaben des Whistleblowers JP schließlich irgendwann in die Lüfte erheben. Sie soll sich an folgenden Koordinaten befinden: 46°35'19"N 33°03'01"O. Dieser Ort liegt in einer natürlichen Sandwüste, die eine örtliche Touristenattraktion darstellt. Falls sich die Arche wirklich vor den Augen der Welt in die Lüfte erheben sollte, dann würden alle Politiker davon erfahren, und die Welt wäre möglicherweise schockiert. Aber dieser Vorgang könnte sich tatsächlich zu einem bedeutsamen Ereignis entwickeln.

Das wäre somit die zweite Raum-Arche, von der der Whistleblower JP erklärt hat, dass sie sich unter der Kontrolle von Russland befindet. Ein amerikanisches Team von Spezialkräften, das versucht hat, die Arche in der Ukraine zu finden, war zuerst verschollen, konnte dann aber wieder ausfindig gemacht werden. JP ist der Meinung, dass den USA der Zugang zu diesen beiden Archen verwehrt wird, um geopolitische Zugeständnisse der Führer der Vereinigten Staaten zu erreichen. Laut JP sollen alle diese Archen irgendwann in naher Zukunft gut sichtbar in den Himmel aufsteigen, was einem weltweiten Ereignis der UFO-Offenlegung gleichkommen würde. Die Archen und die damit in Verbindung stehende Flotte der galaktischen Konföderation wollen der Menschheit auf diese Weise ermöglichen, ein neues Zeitalter zu beginnen.

Dr. Salla erläutert nachfolgend, dass diverse Whistleblower und Regierungsinsider unabhängig voneinander behauptet haben, dass bis zu 24 verschiedene ET-Zivilisationen an der Erschaffung der Spezies Homo sapiens beteiligt waren und insgesamt 22 längerfristige genetische Experiment mit den Völkern der Erde durchführen – was endlich die erstaunliche Vielfalt von menschlichen Rassen auf diesem Planeten erklären könnte. Dr. Steven Greer hat von Fachleuten ebenfalls die Information erhalten, dass außerirdische Wissenschaftler mindestens 64 genetische Erweiterungen ins menschliche Erbgut eingebracht haben. Die für diese Aussaat der Menschheit verantwortlichen extraterrestrischen Gruppen waren in der Vergangenheit als die biblischen *Elohim* oder *Engel* bekannt. Solche Elohim spielten ohne Zweifel eine wichtige Rolle bei der Erschaffung der antiken Zivilisationen wie dem legendären weltumspannenden Reich Atlantis. Sie transportierten nicht nur Technologien, sondern auch biologisches Leben in Form von Nutzpflanzen und Nutztieren auf die Erde, damit menschliche Kulturen entstehen konnten. Sie stellten auch ihr Wissen und ihre Weisheit zur Verfügung, woraufhin die ersten Hochkulturen entstehen konnten, die von Beginn an auf einer nahezu perfekten und für Archäologen unerklärlich hohen Stufe der Zivilisation standen. Viel von diesem ursprünglichen genetischen Saat-Material soll sich heute immer noch in solchen Raum-Archen befinden.

ET-Zivilisationen erschaffen den Homo sapiens

Eine Abhandlung mit dem Titel »Cause of the Cambrian Explosion – Terrestrial or Cosmic«, die als Peer-Review 2022 in einem Wissenschaftsjournal erschienen ist, bestätigt diese Vermutungen. Es dreht sich hierbei um die Frage, ob womöglich alles Leben der Erde eigentlich aus dem Kosmos stammt. Die neue Hypothese von Wissenschaftlern lautet, dass Leben praktisch aus dem Weltraum auf die Erde gefallen ist. Dabei sollen neue DNS-Sequenzen in bereits irdische Genome aufgenommen worden sein, was laut der Abhandlung in der Folge zu Mutationen geführt haben könnte, aus denen sich neue Arten entwickelt haben. Aus der Arbeit geht hervor, dass Kopffüßer wie Oktopusse (Kraken) oder Tintenfische in eingefrorener Form als Eier aus dem Weltraum gefallen sein sollen, nachdem sie in Stase irgendwie zur Erde gereist sind. Das soll erklären, warum solche Kreaturen biologische Eigenschaften besitzen, die nicht auf der Erde entstanden sind, sondern von einer Art von „Prä-Existenz" im Weltall zeugen. Das bedeutet, dass sie einen unbekannten außerirdischen Ursprung besitzen, und dass Leben daher auch an anderen Orten existiert oder ursprünglich irgendwo im Weltraum entstanden ist.

Selbst Charles Darwin war bewusst, dass sich entsprechend den Angaben von Geologen vor ca. 540 Millionen Jahren ein rätselhaftes Ereignis abgespielt haben soll. Es handelt sich um die sogenannte „kambrische Artenexplosion". Aus den heute vorhandenen Sedimentschichten des Planeten Erde und den darin enthaltenen Fossilien kann man ableiten, dass zu einem Zeitpunkt in der fernen Vergangenheit eine unerklärliche Vielfalt von Lebewesen in einem aus geologischer Sicht winzigen Zeitraum der Geschichte von ca. 5 bis 10 Millionen Jahren entstanden ist. Schon damals waren viele Arten in ihrem Körperbau bereits voll ausgeprägt, ohne dass seitdem große evolutionäre Veränderungen stattgefunden hätten. Die Evolutionstheorie kann die kambrische Artenexplosion nicht erklären, weil viele Tierarten übergangslos als Fossilien erscheinen, ohne dass man irgendwo Spuren ihrer evolutionären Vorfahren finden kann. Es gibt in älteren Sedimentschichten einfach nichts Derartiges zu finden. Somit ist der Ursprung all dieser Arten eigentlich ungeklärt, und die Evolutionstheorie kann ihre Entstehung bis heute nicht präzisieren, vor allem, weil die Forschung in den letzten Jahrzehnten viele Fortschritte gemacht hat, herauszufinden, wie Lebewesen genetisch zusammengesetzt sind. Es steht heute fest, dass irdische Lebensformen nach exakten genetischen Informationen gestaltet sind, die sich in der DNS und in den Zellen befinden. Das vielleicht größte Problem für Evolutionisten ist es zu erklären, woher diese gespeicherten Informationen eigentlich stammen. Sie müssen sich während einer Prä-Existenz gebildet haben, bevor die kambrische Artenexplosion stattgefunden hat, wobei Informationen und genetische Codes immer einer intelligenten Quelle entstammen dürften, die allerdings nicht identifiziert werden kann.

Mainstream-Wissenschaftler weisen aus diesem Grund selbst darauf hin, dass die Frage nach dem Ursprung des Lebens nach wie vor nicht zu beantworten ist, weil die Prozesse unbekannt sind, die chemische Elemente zu lebendigen Organismen werden lassen. Deshalb klafft nach wie vor eine gigantische Lücke in unserem Wissen über den Ursprung des Lebens, die auch Platz lässt für Theorien über einen außerirdischen Ursprung des Lebens oder sogar für die Idee eines intelligenten Urhebers offen ist. Wie der moderne Mensch entstanden ist, ist grundsätzlich noch unerklärlicher, aber die Wissenschaft nähert sich langsam aber sicher der Erkenntnis an, dass wir aus dem All stammen!

Hier ein Zitat aus der Abhandlung »Cause of the Cambrian Explosion – Terrestrial or Cosmic«: *„Das Leben könnte auf der Erde von lebenstragenden Kometen (Oumuamua, Raum-Archen) gesät worden sein, sobald die Bedingungen auf der Erde es ihm erlaubten zu gedeihen, und lebende Organismen wie weltraum-resistente und weltraumharte Bakterien, Viren und komplexere eukaryoti-*

sche Zellen zu beherbergen. Befruchtete Eizellen und Samen wurden seither kontinuierlich auf die Erde geliefert und sind somit eine wichtige Triebfeder der weiteren terrestrischen Evolution, die zu einer beträchtlichen genetischen Vielfalt und zur Entstehung der Menschheit geführt hat.“

Im Jahr 2017 erschien die erste interstellare Sonde „Oumuamua“ in unserem Sonnensystem, die ein antikes Raumschiff darstellen soll, das zu einer Vorhut einer ganzen Flotte von Schiffen der galaktischen Aussäer-Rassen gehört, die ihre Rückkehr zur Erde planen. Entsprechend den Informationen von Dr. Michael Salla, verschiedenen Whistleblowern und Regierungsinsidern gab es keinen langen Zeitraum von Hunderten von Millionen oder gar Milliarden von Jahren kontinuierlicher evolutionärer Entwicklung von Leben auf der Erde, wie es Geologen und Biologen in ihrer Theorie des Aktualismus beschreiben. Diese besagt, dass sich geologische Ereignisse der Gegenwart nicht von denjenigen der fernen Vergangenheit unterscheiden. Stattdessen belegen Geheimdienstinformationen und Aussagen von UFO-Kontaktlern, dass die Theorie des Katastrophismus stimmt, die besagt, dass in der gesamten Geschichte unseres Sonnensystems und des Planeten Erde wiederkehrende schwere Umwälzungen und weltweite Katastrophen stattfinden. Diese Katastrophen und Kataklysmen haben erwiesenermaßen mit dem rätselhaften Verschwinden und Entstehen von Leben auf diesem Planeten zu tun.

Ein historischer Zyklus auf der Erde soll dabei maximal 12.000 Jahre dauern, wobei es am Ende eines alten und somit zu Beginn eines neuen Weltzyklus immer zu heftigen Kataklysmen (Überschwemmungen, Fluten) kommt. Das sind die Zeitpunkte, an denen die Rassen der außerirdischen Genetiker zur Erde zurückkehren, um einen bestimmten Teil des Lebens und der Menschheit zu retten und anschließend eine Neuschöpfung des konservierten Lebens einzuleiten. Mehrere informierte UFO-Forscher glauben außerdem, dass die Menschheit am Ende dieser Zyklen studiert wird, weil sie auf der Erde mit bösen, satanischen Kräften konfrontiert ist. Es handelt sich um den gefallenen Engel Luzifer, seine Diener in Form von mächtigen und einflussreichen luziferischen Menschen, sowie Geister, Dämonen und außerirdische Wesen mit negativer Intention. Diese Gruppe lässt nichts unversucht, die genetischen Experimente der Engel und Aussäer-Rassen zu sabotieren oder zu stören, damit wir Menschen uns nicht vom satanischen Einfluss befreien und in höhere Existenzebenen aufsteigen können, nachdem wir spirituelle Erleuchtung gefunden haben. Wichtig für die Luziferianer ist deshalb die totale technokratische Kontrolle der Menschheit und ihre Umwandlung in gottlose Transhumanisten. Solche Kreise haben die Evolutionstheorie ersonnen, um den biologischen Menschen zu erniedrigen und ihm jeglichen freien Willen abzusprechen.

Derzeit wird zum Beispiel Professor Yuval Noah Harari von der Hebräischen Universität in Jerusalem mit Plänen des *Weltwirtschaftsforums* (WEF) in Verbindung gebracht. Er verfasste einige Bestseller, die vom Ende der Menschheit und vom Übergang unserer Gesellschaft zum Transhumanismus handeln. Spirituelle Menschen warnen vor den dystopischen Vorstellungen von Harari, weil sich seine Visionen und die Pläne des WEF zu einem globalen Desaster für die Menschheit entwickeln könnten! In einer Rede vor dem WEF fand Harari deutliche Worte. Er beschreibt Menschen als Tiere, die man beliebig genetisch umprogrammieren kann. Wir sind demnach nicht mehr das Produkt eines kosmischen intelligenten Designs, sondern künftig ein Produkt des Designs einer „elitären", um nicht zu sagen einer „auserwählten" Kabale.

KI-Singularität und transhumanistische Halbgötter

Der populärwissenschaftliche Einfluss dieser Lobby macht sich auch durch die Bücher des israelischen Autors Harari bemerkbar. Er verfasste die einflussreichen Werke »Eine kurze Geschichte der Menschheit« und »Homo Deus – Eine Geschichte von morgen«. In diesen schönen Erzählungen, denn es handelt sich wirklich nur um Geschichten, legt der Autor die hypothetische Entstehung der Welt samt Evolution dar und beschreibt die Grundzüge aller bis heute unbewiesenen wissenschaftlichen Theorien über die Entwicklung der menschlichen Zivilisation bis ins 21. Jahrhundert. Nur der wissenschaftlichen Methodik sei zu es zu verdanken, dass die Menschheit es geschafft hat, Herr über ihre Umwelt bzw. über den Planeten Erde zu werden. Durch die Entwicklung von Computern und fortschrittlicher Biotechnologie sollen bald intelligente biologische Organismen – also wir Menschen – von unseren eigenen Kreationen überflügelt werden. Das bedeutet im Klartext, dass der Mensch der Gattung Homo sapiens bald durch intelligentere Maschinen und Computer mit Künstlicher Intelligenz (KI) abgelöst werden soll! Die durch Evolution entstandene Menschheit entwickelt sich laut dieser Theorie auf biologischer Ebene nicht mehr weiter, erschafft sich stattdessen denkende Maschinen und überlässt diesen einfach die Welt, wobei die Menschheit laut dieser düsteren Fiktion zum Aussterben verurteilt ist!

Yuval Noah Harari ist sich sicher, dass der Homo sapiens in spätestens einem Jahrhundert völlig verschwunden sein wird! Er vertritt in seinen Werken den Standpunkt, dass der Homo sapiens das einzige Tier der Welt ist, das dazu in der Lage ist, in großer Anzahl in flexibler Kooperation zusammenzuarbeiten. Dieser Umstand soll seinen Geschichten zufolge vor allem möglich geworden sein, weil wir als hoch entwickelte Tiere eine einzigartige und unerklärliche geistige Kapazität entwickelt haben. Wir glauben an Dinge, die laut seiner Vorstellung nur in unserer Vorstellung existieren: Götter, Nationen, Geld und Menschenrechte! Deshalb sei es auch völlig verständlich, dass unsere Spezies in den nächsten ein bis zwei Generationen aussterben muss, denn wir betätigen uns zunehmend im Bereich des genetischen Designs, der künstlichen Unsterblichkeit und des transhumanistischen oder nicht-organischen Lebens.

Auf diese Weise soll es uns Menschen laut Harari jetzt sogar möglich werden, selbst zu Göttern zu werden, weil wir durch unsere Fähigkeiten völlig neue Spezies kreieren und Gott spielen können! Menschen werden also zu Göttern, weil sie eine mehr oder weniger intelligente Kreation oder Neuschöpfung in die Welt setzen und neue Spezies bzw. Kreuzungen in Form von Hybriden erschaffen. Kommt diesem Autor dabei nicht der Gedanke, dass andere intelligente Lebensformen oder Menschen der fernen Vergangenheit womöglich schon vor sehr langer Zeit auf dieselbe Idee gekommen sind? Er lehnt in seinen Texten Gott und die göttliche Schöpfung ab, will aber, dass Menschen zu Göttern und Kreationisten werden, indem sie mit der bereits vorhandenen Schöpfung grob fahrlässig herumexperimentieren. Weiter strebt diese technokratische „Elite" der Neuen Weltordnung an, dass Menschen in naher Zukunft bereits bis zum Jahr 2040 eine künstliche Singularität erschaffen sollen, also einen künstlich intelligenten Computer-Gott der Atheisten und Evolutionsgläubigen! Diese überragende Intelligenz soll sich dann aus eigenem Antrieb selbstständig weiterentwickeln und bald Millionen oder Milliarden Mal so intelligent sein wie die kollektive Intelligenz aller Menschen der Welt! In Harmonie mit dieser unfassbaren Maschine sollen Menschen mit Computern verschmelzen und dadurch zu unsterblichen, aber nicht-organischen Wesen bzw. Halbgöttern werden!

Es gibt also irdische und außerirdische Kräfte, die ebendiese genetischen Experimente der Aussäer-Rassen oder genetischen Farmer sabotieren wollen. Das geschieht gewöhnlich jeweils am Ende eines großen Zyklus, an dem die Aussäer die Menschheit an ihrem potentiellen Wendepunkt beurteilen und den Erfolg oder – wie im Fall von Atlantis – das Scheitern der menschlichen Zivilisation mitverfolgen. Schon damals waren dieselben negativen Kräfte am Werk und haben für die Zerstörung dieser Hochzivilisation gesorgt. Die leibliche Verkörperung und Persönlichkeit des Menschen wird vom Ausmaß der Sünden kontrolliert, die zu selbstsüchtigem Verhalten anstatt zum Dienst an höheren Werten verleiten, die uns dem spirituellen Aufstieg näher bringen.

Dr. Salla ist der Ansicht, dass die Rückkehr der kosmischen Aussäer für die Aktivierung der geheimnisvollen Archen sorgt. Das soll dabei helfen, jene Menschen zu evakuieren, die bereit sind, in die nächste Welt des neuen goldenen Zeitalters zu gehen und sich ihren kosmischen Verwandten anzuschließen. Man bezeichnet es auch als eine Ernte von reifen Seelen. Diese Auserwählten sollen dann eine neue Erde des Friedens erben, und wenn die Zeitenwende vollzogen ist, den regenerierten Planeten neu besiedeln, indem sie von den Aussäern aus den Archen fortschrittliche Technologien, Wissen und biologische Proben von Pflanzen und Tieren als Geschenk überreicht bekommen. Somit ist die Menschheit so weit, wieder ein Teil der kosmischen Gemeinschaft zu werden, nachdem sie über das Böse triumphiert hat.

Viele Forscher haben sich auf die Suche nach legendären Archen der Vergangenheit begeben, die als Relikte der letzten weltweiten Flutkatastrophen überdauert haben. Die ältesten Aufzeichnungen darüber sind in sumerischen Schriften erhalten, aus denen hervorgeht, dass sich an Bord von solchen Archen Menschen, Pflanzensamen und Tiere befunden haben, um damit eine gewaltige Flutkatastrophe zu überleben. Diese Überlieferungen wurden irgendwann zu Legenden, und später tauchte diese Geschichte auch in der Bibel als Sintflut (Sündflut) wieder auf. Ähnliche Überlieferungen findet man in allen Teilen der Welt. Einige dieser Archen waren Holzkonstruktionen, andere waren offenbar technologische Fluggeräte der antiken Elohim-Götter oder der Anunnaki. Eine antike Arche aus Holz wurde zum Beispiel auch auf der eisigen Spitze des Berges Ararat, dem höchsten Berg der Türkei, entdeckt. In antiken Schöpfungsmythen werden somit Anunnaki oder Elohim als die rätselhaften menschenähnlichen Schöpfer von Leben beschrieben.

Der Astronaut Alfred Worden (1932-2020), der als Pilot der Apollo-14-Mondmission bekannt wurde, sprach vor seinem Tod noch über ein bestimmtes Geheimnis des amerikanischen Weltraumprogramms. Im Jahr 2017 trat er in der Show *Good Morning Britain* auf und sagte auf die Frage, ob er an Außerirdische glaubt, dass Außerirdische real sind und dass sie in der Antike von weit her gekommen sind, um die menschliche Zivilisation zu gründen. Um das zu erkennen, sollen wir die Beschreibungen in der sumerischen Literatur nachlesen. Nicht nur in Sumer, sondern auf der ganzen Welt gibt es uralte Texte, in denen über Wesen von den Sternen berichtet wird, die der Menschheit Kultur und Wissen überbracht haben. Somit haben wir hier eine weitere Stellungnahme dazu, dass der Ursprung der Menschheit zwischen den Sternen zu suchen ist.

> Alfred Worden: *„Wir sind die Außerirdischen, aber wir glauben, dass es andere sind. Aber wir sind diejenigen, die von außerhalb kamen, weil jemand anders überleben musste, und sie stiegen in kleine Raumschiffe, sie kamen hierher und sie landeten, und die Zivilisation begann hier. Und wenn Sie mir nicht glauben, suchen Sie Bücher über die alten Sumerer und sehen Sie, was sie zu sagen haben. Sie werden es Ihnen von Anfang an sagen."*

Remote Viewer erforschen uralte Mars-Ruinen im Projekt Stargate

Diese Aussage korreliert mit besonderen Erkenntnissen von CIA-Remote-Viewern wie Joseph McMoneagle, der im Jahr 1984 an einem Experiment mit Fernwahrnehmung teilgenommen hat, um die Vergangenheit des Planeten Mars zu erforschen. McMoneagle ist ein pensionierter US-Army-Offizier, der bei den Remote-Viewing-Operationen der US-Geheimdienste und des Stanford-Forschungsinstituts beteiligt war und seine Erkenntnisse und Erlebnisse im Jahr 1993 in seinem Buch »Mind Trek: Exploring Consciousness, Time and Space Through Remote Viewing« veröffentlicht hat. Es handelte sich um das umstrittene *Project Stargate* – verschiedene Remote Viewer sollten damals für die amerikanische Regierung ausgewählte Koordinaten untersuchen, an denen ungewöhnliche Strukturen in Form von Mars-Ruinen entdeckt worden waren. Das *Project Stargate* war eine von mehreren Operationen der amerikanischen Regierung, die mehr als zwanzig Jahre lang gelaufen sind, um PSI-Phänomene und Fernwahrnehmung zu erforschen.

Besonders interessant sind in diesem Zusammenhang die Informationen der Remote Viewer von Mai 1984, als man die Vergangenheit und die künstlichen Strukturen des Planeten Mars durch Fernwahrnehmung geheimdienstlich erforschte. McMoneagle ermittelte, dass vor sehr langer Zeit eine geologische Umwälzung auf dem Mars eine dort bestehende Zivilisation zerstört hat, von der heute nur noch Megalithen auf der Planetenoberfläche erinnern. Bei den Angehörigen dieser Marszivilisation soll es sich um sehr große Menschen mit einer Größe von ungefähr drei Metern gehandelt haben. Sie waren sehr dünn und trugen seltsame Kleidung aus etwas wie eng anliegender feiner Seide. Der Remote Viewer versetzte sich in die Vergangenheit dieser Welt und sah die alten Marsbewohner in der Nähe von großen Tälern. Es waren künstlich erschaffene große Wälle oder Mauern, die scheinbar endlos lang auf der Oberfläche verliefen. Diese Wände waren von jemandem exakt in den Felsen geschnitten worden, und es gab große Bereiche von völlig glattem Gestein. An einer bestimmten Kreuzung dieses Netzwerkes stand eine hohe Konstruktion in Form eines Obelisken.

Mit einer Zusammenstellung von Koordinaten, die den CIA-Remote-Viewern vom *Jet Propulsion Laboratory* der NASA übermittelt worden war, überprüfte Joseph McMoneagle mit seinen Fähigkeiten weitere ungewöhnliche Strukturen auf der Marsoberfläche. Es handelte sich um ein Muster von sich kreuzenden Straßen, die tief in Täler gegraben waren. Er sagte, dass es sich um sehr enge Kanäle handelte, die dort hineingeschnitten worden waren, so als ob Straßen in die Kanäle hinunterführen. Außerdem erkundete er viele Pyramiden von unterschiedlicher Form und Gestalt. Diese Pyramiden dienten unter anderem als Schutz vor verheerenden Stürmen. Dies geschah schätzungsweise zu einem Zeitpunkt, an dem der Mars seine Atmosphäre einbüßte, weil eine katastrophale Begegnung mit einem Kometen oder einem anderen Himmelskörper stattgefunden hatte.

Zusammen mit dem bekannten Experten für außerkörperliche Erfahrungen, Robert A. Monroe (1915-1995), führte er einige intensive Remote-Viewing-Operationen durch, um mehr über den Mars zu erfahren. Robert Monroe wies McMoneagle an, in eine der Pyramiden hineinzusehen und die dortigen Aktivitäten wiederzugeben. Durch kontrollierte Fernwahrnehmung sah er verschiedene hohe Kammern, aus denen fast alle Einrichtungsgegenstände entfernt worden waren. Auch unter der Oberfläche gab es in Höhlen riesenhafte Bauwerke und verschiedene Maschinen. Es war ein sehr funktionaler Ort zum Schlafen oder besser gesagt für eine Hibernation, einer Art passiven Winterschlaf, um die langen Stürme zu überstehen. Es handelte sich um ein antikes Volk, das am Aussterben war, weil seine Zeit abgelaufen war. Das Marsvolk suchte einen Weg zu überleben und wartete in solchen Schutzanlagen auf eine Lösung ihrer Probleme. Eine Gruppe von ihnen hatte den Mars verlassen, um nach einem neuen Lebensraum zu suchen. Sie waren in einem großen Schiff mit abgerundeten Wänden aus glänzendem Metall unterwegs und erreichten nach einem langen Flug einen Ort mit aktiven Vulkanen und seltsamen Pflanzen, der nicht besonders einladend aussah. Es gab dort jedoch mehr Vegetation als auf dem Mars, der fast gar keine mehr aufwies. Verschiedene Remote Viewer fragten sich, ob dieser Zielort eventuell die Erde der Vergangenheit gewesen ist, weil das Ende der Kultur der antiken Marsbewohner rund eine Million Jahre in der Vergangenheit liegt. Vielleicht besteht eine kulturelle Verbindung zwischen der prädynastischen ägyptischen Kultur mit jener der vorzeitlichen Marsbewohner, weil die Remote Viewer auf dem Mars gigantische Pyramiden gefunden haben. Waren sie mit einer Arche zur Erde gereist, damit ihre alte Zivilisation hier fortbestehen konnte, und waren die ersten Pharaonen, die man auf erhaltenen prädynastischen Steintafeln als schlanke Riesen abgebildet hat, tatsächlich biologische Nachfahren dieser Marsianer? Die Geheimdienste waren fortan davon überzeugt, dass wirklich eine außerirdische Zivilisation auf dem Planeten Mars bestanden hat, und dass man deren Überreste immer noch auf der Oberfläche unseres Nachbarplaneten vorfinden kann.

Joseph McMoneagle erhielt des Weiteren den Auftrag, mit seinen Fähigkeiten das UFO-Phänomen zu analysieren. Er stellte fest, dass solche außerirdischen Flugobjekte mindestens seit Hunderten von Jahren die Erde aufsuchen und dass auch antike Aufzeichnungen hiervon erhalten sind. Er sagt, dass es sich bei UFOs um „Multi-Realitäts-Maschinen“ handelt, die konstruiert werden, um die Raum-Zeit in alle Richtungen zu durchkreuzen. Auf die Frage, was im Jahr 1947 und später vonstattenging, als sich der Roswell-Absturz und der Socorro-Absturz in New Mexiko ereigneten, hat Joseph ebenfalls Faszinierendes erfahren. Er ist der Auffassung, dass wir diese Aliens oder EBEs nicht als uns gleichgestellt betrachten können, weil sie uns in ihrer Entwicklung mindestens eine halbe Million Jahre voraus sind – mit den entsprechenden Fähigkeiten und Errungenschaften. Sie springen mit ihren erstaunlichen Schiffen ohne Schwierigkeiten von Stern zu Stern und operieren oder agieren nach antiken kosmischen Regeln, die bei weitem unseren Horizont übersteigen. Die Remote Viewer konnten diese außerirdischen Wesen und ihre Technologie nicht vollständig erforschen, weil diese einen Weg gefunden haben, diese Einmischung und Einsichtnahme durch Fernwahrnehmung abzublocken. Bei bestimmten Gelegenheiten – vermutlich wenn es ihnen erlaubt war – erhaschten Remote Viewer manchmal dennoch einen kurzen Blick auf deren Geheimnisse.

McMoneagle legt offen, dass er im Inneren der UFOs Kontrollsysteme sehen konnte, die teilweise biologisch und teilweise technisch waren. Somit sind diese Schiffe selbst Hybrid-Systeme, die aus Materialien konstruiert sind, die biologisch innerhalb von Rahmen oder Gestellen wachsen, die aus technischen Materialien bestehen. Diese fortschrittlichen Wesen kommunizieren mit ihren Schiffen auf der Basis von Geist-zu-Geist-Kommunikation auf telepathischem Weg und sind mit ihren Schiffen zu einer synergetischen Einheit verbunden. Außerirdische in diesen Schiffen tragen so etwas wie eng anliegende Haut-Anzüge, die eigentlich Umwelt-Anzüge sind, die sie tragen müssen, wenn sie unserer Atmosphäre ausgesetzt sind. Ihre Biologie verträgt sich nicht mit unseren irdischen biologischen Systemen. Sie wären ohne diese Anzüge sehr durch Viren und andere biologische Stoffen gefährdet, die wir in unseren Körpern tragen und die in unserer Luft, in der Erde und im Wasser vorkommen, weil die extraterrestrischen Wesen fast keine Immunität dagegen besitzen. Wenn sie sich auf der Erde bewegen, müssen sie sichergehen, sich von diesen Elementen befreit zu haben, bevor sie wieder ihre Schiffe betreten. Außerdem tragen sie diese Anzüge, um ihr wahres physisches Aussehen vor uns zu verbergen, damit sie für uns alle gleich aussehen. Die großen schwarzen Augen, die Menschen oft gesehen haben, sind bei dieser Spezies nur Schutzlinsen, die ihre echten Augen bedecken. Somit schützen diese Anzüge sie auch vor Menschen, die sehr instinktiv reagieren, wenn sie exotische außerirdische Wesen in ihrem natürlichen Zustand erblicken. Wegen der von uns empfundenen Hässlichkeit ihres Aussehens würden wir möglicherweise gewalttätig reagieren. Diese Außerirdischen sind auch der Ansicht, dass wir Menschen im Großen und Ganzen eine gewalttätige und reaktionsfreudige Spezies sind. Das ist einer der Gründe, warum sie keinen offenen Kontakt zu uns suchen, sondern erst einschreiten, wenn die Umstände es erfordern, dass sie die volle Kontrolle über eine irdische Situation ausüben.

Unsere Vorstellungen über ihre Möglichkeiten sind leider enorm unvollständig, denn wir sind immer noch viel zu primitiv, um ihre Fähigkeiten und Begrenzungen zu verstehen. Während wir sie als potthässlich betrachten, sehen sie uns in unserer Entwicklung rückständiger als Schimpansen. Das Gefühl der Remote Viewer ihnen gegenüber ist, dass wir einen ernsthaften Fehler begehen, wenn wir glauben, dass wir irgendeine Art von Intelligenz besitzen, die der ihren gleichkommt! Sie haben laut den vorliegenden Erkenntnissen einen Glauben an einen übergeordneten Schöpfer im Universum, doch diese Vorstellung entspricht nicht unserem Glauben an Gott, den wir zu ergründen versuchen. Es handelt sich um einen Gott der Regeln und Gesetze, die sehr klar festgesetzt sind und verstanden werden. Diese kosmischen Regeln diktieren diesen Wesen, dass man erst dann wirklich lebt, wenn man sie versteht, denn wenn man sie nicht versteht, dann stirbt man.

Ein Punkt, den die Remote Viewer außerdem aufgeklärt haben, ist die wahrscheinliche Zukunft der menschlichen Zivilisation in diesem Sonnensystem. Die Remote Viewer des *Project Stargate* haben ermittelt, dass die Menschheit in Zukunft den Planeten Mars terraformieren wird, damit er wieder zu einem bewohnbaren Planeten wird. Auch werden wir eine Reihe von Asteroiden umfunktionieren, damit wir sie als Forschungsschiffe für den tiefen Weltraum verwenden können. Zu diesem Zeitpunkt werden wir bereits Kontakt mit anderen Intelligenzen aus mindestens drei unterschiedlichen Sternsystemen aufgenommen haben. Unsere Geschichtsbücher werden sich bis dahin verändert haben, um diejenigen einzubeziehen, die uns ein tieferes Verständnis unserer Ursprünge vermitteln, als das jemals mit dem religiösen Glauben an einen Schöpfer möglich gewesen wäre. Das veraltete humanistische Verständnis wird sich zu etwas reformieren, welches das Begreifen der Wichtigkeit des Lebens selbst unterstreicht. Die großen Fragen lauten: Warum existieren wir? Und was sind unsere wahren Verantwortlichkeiten in unserem eigenen Universum, bis zurück zum Beginn der Zeit? Diese und andere Dinge sind im gegenwärtigen Kontext nicht leicht zu erklären, aber fortschrittliche Intelligenzen haben sich bereits intensiv mit diesen kosmischen Belangen befasst und dadurch unglaubliche Fortschritte in ihrer Entwicklung erzielt.

Haben es die alten Marsbewohner vollbracht, mit einer Arche, die Raum und Zeit überwinden konnte, in der Vergangenheit unseres Planeten zu landen, um eine prähistorische Zivilisation zu begründen, so wie es auch der Apollo-Astronaut Alfred Worden enthüllt hat?

Die Marskanäle einer verlorenen Zivilisation

Es sind übrigens noch weitere Hinweise auf antike Mars-Ruinen vorhanden, die heutzutage von Astronomen durchweg ignoriert werden. Im Jahr 1877 machte der italienische Astronom Giovanni Schiaparelli (1835-1910) von sich reden, als er über die Beobachtung von sonderbaren Kanälen auf der Oberfläche des Planeten Mars berichtete. Diese wurden später als die Mars-Kanäle weltbekannt. Obwohl diese Kanäle heute offiziell als optische Täuschungen bezeichnet werden, haben viele Astronomen des 19. und des frühen 20. Jahrhunderts diese mysteriösen Kanäle dokumentiert und sogar exakte Karten davon erstellt. Sie ziehen sich wie ein Netz aus geometrisch exakten Linien über die Marsoberfläche. Der amerikanische Astronom Percival Lowell (1855-1916) veröffentlichte dann im Jahr 1894 einige sehr umstrittene Thesen über diese Mars-Kanäle – er behauptete, dass diese Kanäle den Beweis dafür darstellen, dass sich auf dem Planeten Mars Hinweise für die Existenz von außerirdischen Intelligenzen finden lassen, die für die Konstruktion dieser Kanäle zuständig waren. Haben wir hier die Bestätigung für die Erkenntnisse der Remote Viewer, dass tiefe enge Straßen oder Kanäle auf der Marsoberfläche existieren, die ein Muster aus Kreuzungen bilden? Seltsamerweise ist davon nichts auf den offiziellen Karten der Marsoberfläche zu sehen, die uns von heutigen Astronomen und Weltraumorganisationen zur Verfügung gestellt werden.

Der Forscher Percival Lowell formulierte eine Theorie, wonach diese Kanäle sichtbare Spuren einer vergangenen Zivilisation sind, die versucht hat, die polaren Eiskappen des Mars anzuzapfen und Flüsse in Richtung des trockenen Äquators zu leiten. Der Astronom verbrachte viele Jahre damit, jene, wie er meinte, vorzeitliche Ruinen zu kartieren, und heute hat sich endlich durch modernere Beobachtungen herausgestellt, dass es tatsächlich ausgetrocknete Flussbetten auf der Marsoberfläche gibt. Die einstigen Astronomen konnten aber im Gegensatz zu den heutigen ermitteln bzw. sie konnten veröffentlichen, dass die Marskanäle während des Sommers von grüner Vegetation gesäumt waren, die im Herbst braun wurde, also so wie auf der Erde auch. Percival Lowell mutmaßte deshalb, dass eine Rasse von Marsianern oder Marsbewohnern die Kanäle entworfen hatte, um Wasser von den Polen zu Mars-Städten zu leiten, die sich entlang des Äquators befanden, und diese Regionen hat er auch auf seinen Karten verzeichnet. Viele Amerikaner waren deshalb wenigstens bis zum Jahr 1938 davon überzeugt, dass Marsianer auf unserem Nachbarplaneten existieren. Als Orson Welles sein Hörspiel »Krieg der Welten« im Radio ausstrahlte, sorgte das für eine Massenpanik, weil die Öffentlichkeit glauben gemacht wurde, dass diese Marsbewohner die Erde angreifen.

Mehr als 15 Jahre seines Lebens widmete Percival Lowell der Erforschung der Marskanäle und veröffentlichte währenddessen insgesamt drei Bücher mit den Titeln »Mars« (1895), »Mars and Its Canals« (1906) und »Mars As the Abode of Life« (1908). Diese Fachbücher überzeugten viele Forscher davon, dass der Planet Mars wirklich intelligentes Leben tragen könnte, und diese Auffassung von Astronomen hielt an, bis in den 1970er-Jahren die ersten Sonden der NASA die Marsoberfläche genauer fotografierten. Auf diesen Aufnahmen waren überraschenderweise keine der von Schiaparelli oder Lowell jahrzehntelang beobachteten Marskanäle zu sehen. Dafür sorgten 1976 die sensationellen Aufnahmen der Viking-1-Sonde für Furore, die von der NASA und vom *Jet Propulsion Laboratory* (JPL) veröffentlicht wurden, auf denen ein Gesicht und mehrere Pyramiden zu sehen waren. Marskanäle wurden fortan als ein Produkt der Selbsttäuschung, der optischen Illusion oder anderer sozialkognitiver Faktoren betrachtet. Lowell blieb bei seiner Überzeugung und sagte, dass diese ausgedehnten Kanalsysteme auf dem Mars existieren und ihre geometrische Anordnung das Vorhandensein einer intelligenten Spezies impliziert. Viele weitere Beobachtungen und Spekulationen ließen Wissenschaftler weiterhin daran glauben, dass intelligentes Leben auf unserem Nachbarplaneten existiert.

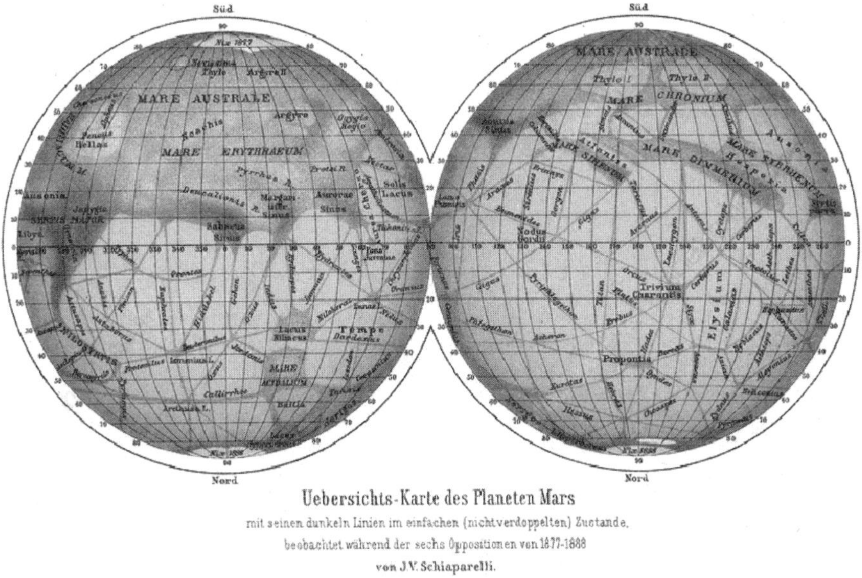

Abb. 50: Eine Karte der Mars-Kanäle, die in jahrelanger Observation von Giovanni Schiaparelli kartiert worden sind.

Im Jahr 2010 hat die NASA mit dem *High Resolution Imaging Science Experiment* (HiRISE) hochauflösende Aufnahmen von der Marsoberfläche gemacht und tatsächlich Hinweise auf die Präsenz von flüssigem Wasser auf der Marsoberfläche entdeckt. Forscher lokalisierten plötzlich zuvor unentdeckte dunkle Streifen, die mit den Jahreszeiten kommen und gehen, wie es bereits Schiaparelli und Lowell festgestellt haben. Diese dunklen Linien verschwinden wieder, wenn es kälter wird. Forscher glauben jetzt, dass sie Beweise gefunden haben, dass während des Mars-Sommers über Monate hinweg geschmolzenes Wasser an den Hängen von Flussbetten der Südhalbkugel vorkommt! Diese Entdeckung sorgte dann wirklich dafür, dass wir unsere Vorstellungen vom Mars ändern mussten, weil in den Sommermonaten tatsächlich Flüsse entstehen. Das ist ein Hinweis darauf, dass unser Nachbarplanet einstmals viel bewohnbarer war als heute – was die Hoffnung in sich birgt, dass er in Zukunft erneut dazu fähig sein wird, auf seiner Oberfläche Leben zu tragen.

Weniger als zehn Jahre nach dem »Krieg der Welten« von 1938 wurde es wieder ernst, als der Pilot Kenneth Arnold in den USA während eines Fluges Augenzeuge von neun glänzenden unbekannten Flugobjekten im Formationsflug wurde, die mit Überschallgeschwindigkeit unterwegs waren. Am 26. Juni 1947 erschien damals in der *Chicago Sun* ein Artikel darüber, was für die Verbreitung des Begriffs der *Fliegenden Untertassen* sorgte. Arnold hat behauptet, dass sich die Flugobjekte in der Luft wie Untertassen fortbewegt haben, die man über Wasser springen lässt. Nach Aussage verschiedener UFO-Forscher handelte es sich um die physische Rückkehr des mysteriösen *Rats der Neun*, womit gleichzeitig das moderne UFO-Phänomen begann. Zu diesem Zeitpunkt, Ende der 1940er-Jahre, soll der Regierung schon bekannt gewesen sein, dass die Wissenschaft festgestellt hatte, dass alle Planeten in unserem Sonnensystem bewohnt sind. Fotos vom Mars, die vom *Mount Palomar Observatorium* aus aufgenommen wurden, beweisen seit damals, dass die Kanäle auf dem Mars künstlich erschaffen worden sind, und zwar von einer Intelligenz, die weit größer sein muss als die irgendeiner Kultur auf der Erde! Percival Lowell erklärt, dass wir in Betracht ziehen sollten, dass der Mars von irgendwelchen Wesen bewohnt ist, obwohl unbekannt ist, wer diese Wesen sein könnten. Solche Aussagen über die reale Existenz von Mars-Kanälen stammen nebenbei aus dem Buch »Flying Saucers: A Social History of Ufology« von David Roberts und Andy Clarke. Viele UFO-Forscher vermuteten schon in den 1960er-Jahren, dass die Weltraumorganisationen mit ihren Sonden de facto festgestellt haben, dass unsere Nachbarplaneten bewohnt sind, dann jedoch falsche Daten veröffentlicht wurden, um der Öffentlichkeit nicht die schockierende Wahrheit enthüllen zu müssen. Die NASA soll demgemäß seit damals Fotos vom Planeten Mars manipuliert haben.

Albert Einstein besuchte die Absturzstelle des Roswell-UFOs

Überlebende dieser Abstürze haben Staatsführern immer wieder Botschaften über die Gefahren von Atomwaffen überbracht, die eine globale Umweltzerstörung bewirken könnten. Im Fall von solchen planetaren Katastrophen ist es den fortschrittlichen Wesen erlaubt, sich in die Belange der Menschheit einzumischen. Vielleicht spielt das Auftauchen von Gerüchten über Weltraum-Archen in diesem Zusammenhang eine Rolle. Dr. Michael Salla nimmt an, dass Elohim oder Anunnaki solche Weltraum-Archen zur Verfügung gestellt haben, als die einstigen Bewohner des Mars zur Erde evakuiert wurden – und wurden mit anderen Archen andere Völker und Alien-Spezies zur Erde transportiert, als es zu weiteren Katastrophen gekommen ist. Einen außerirdischen Ursprung der vielfältigen menschlichen Völker des Planeten Erde ermittelte auch Andrija Puharich (1918-1995), der als Physiker, Autor und Forscher des Paranormalen tätig war. Er führte u.a. mediale Channel-Sitzungen durch, in denen der besagte Rat der Neun kontaktiert wurde. An solchen Trance-Sitzungen haben auch Prominente teilgenommen, denen übermittelt wurde, dass 24 außerirdische Zivilisationen für die Aussaat von menschlichem Leben auf diesem Planeten zuständig waren. Nicht nur Atlantis, sondern auch die antiken polaren Arier, Sumerer, Ägypter und andere Kulturen wurden von diesen Aussäer-Rassen beeinflusst. Es ist in antiken Texten immer wieder die Rede vom Garten Eden und vom Baum des Lebens, wobei die Aussäer (Anunnaki oder Elohim) offenbar über die Gene aller Menschen, Tiere und Pflanzen verfügen, sie im Bedarfsfall verändern und in unterschiedlichen Galaxien ausbringen.

Diese Bemühungen wurden allerdings, ähnlich wie auf dem Planeten Erde, auch anderswo von machtgierigen ET-Rassen bekämpft, und das waren laut Dr. Salla sogenannte Reptiloide, bestimmte Spezies von Grey-Aliens, die nicht mit EBEs zu verwechseln sind, und Wesen vom Orion-Sternsystem. Laut dem Exopolitiker werden diese negativen Wesen ebenfalls von der unsichtbaren Wesenheit namens Luzifer befehligt, die auch Gruppen der irdischen „Elite“ unterwürfig verehren. Gemeinsam mit ihrem immateriellen Oberherrn verfolgen sie das Ziel, weiterhin Wissen und Technologie zu unterdrücken, die der Menschheit dabei helfen könnten, sich aus ihrer Kontrolle und von ihrer Herrschaft zu befreien und sich zu einer interstellaren Zivilisation zu entwickeln. Diese Kabale hat auch durch beliebte Spielfilme dafür gesorgt, dass der Eindruck, den die Öffentlichkeit im Allgemeinen von außerirdischen Intelligenzen hat, der einer gefährlichen Bedrohung ist. Die uns wohlgesonnenen ET-Gruppen werden sich aber vermutlich nicht direkt in unsere Angelegenheiten und unsere Entscheidungen einmischen, sondern es liegt an uns selbst, uns zu befreien. Wir haben jetzt das Ende dieses Zeitzyklus von 12.000 Jahren erreicht und werden erleben, ob er einmal mehr mit dem Niedergang oder mit dem Aufstieg der irdischen Zivilisation endet.

Um den Aufstieg zu verhindern, wurde von den Außenwelt-Intelligenzen ein komplexer Plan ersonnen. Viele Seelen von anderen Welten haben sich hier freiwillig als Lichtarbeiter verkörpert, um die menschliche Gesellschaft von Innen heraus zu transformieren und ein positives Ergebnis dieser Transformation zu ermöglichen. Auch werden tatsächlich geheime Hallen der Aufzeichnungen gefunden und erforscht, was die Informationen aus einer geheimnisvollen Halle der Aufzeichnungen in den Bucegi-Bergen in Rumänien belegen. Es bahnt sich ein offener Konflikt zwischen einer Erdallianz und den luziferischen Vereinigungen und ihren Verbündeten an, die versuchen, den offenen Kontakt mit wohlwollenden fortschrittlichen Besuchern und Aussäern zu verhindern, die erreichen wollen, dass die Menschheit dem Zyklus der periodischen Zerstörung entkommt und im neuen Zeitalter die Erde verlassen kann, um zu den Sternen zu reisen.

Dr. Salla hat von seinen Informanten von einer massiven Wärmekuppel erfahren, die im Osten der Antarktis zum beschleunigten Abschmelzen des Eisschildes führt. In ihrer Nähe wurde laut Whistleblowern auch eine Anomalie im antarktischen Wostok-See vorgefunden. Tatsächlich ereignen sich dort gegenwärtig rätselhafte Dinge. Bereits Ende 2018 meldeten Wissenschaftsmagazine, dass eine neue Studie darauf hinweist, dass es eine gewaltige Quelle von geothermischer Hitze unter dem Eis der Ostantarktis gibt, die bislang unbekannt war. Durch Radar konnte ermittelt werden, dass das kilometerdicke Eis in dieser Region von unten nach oben abschmilzt. Man vermutet, dass radioaktives Felsgestein und heißes Wasser aus der Erdkruste diesen Schmelzvorgang hervorrufen. Dadurch entstehen vermutlich auch Seen unter dem Eisschild der Antarktis, so wie der riesige Wostok-See, der größte der sogenannten subglazialen Seen, der sich durchschnittlich fast vier Kilometer tief unter dem Eis befindet.

Im Mai 2022 wurde ein neuer, riesiger subglazialer See unter dem Eis der Ostantarktis lokalisiert. Forscher haben daraufhin bekannt gegeben, dass die Beobachtungen darauf hinweisen, dass sich die Eisdecke dort vor etwa 10.000 Jahren auf signifikante Weise verändert hat, wobei sie keine Ahnung haben, weshalb. Vielleicht hängt es mit dem erwähnten Kataklysmus von Atlantis zusammen, der dafür verantwortlich gewesen sein soll, dass sich die Eisdecke der Antarktis innerhalb von sehr kurzer Zeit gebildet hat. Militärische Whistleblower des geheimen Weltraumprogramms haben enthüllt, dass sich unter dem Eis prähistorische Ruinen und sogar Raumschiffe außerirdischer Herkunft befinden, die durch das Abschmelzen des Eisschildes früher oder später für Satelliten sichtbar werden. Sie sollen einstmals Bestandteil der Zivilisation von Atlantis gewesen sein, wobei sich einer der Kontinente dieses Reichs bei einer Polverschiebung zum Südpol bewegt hat, was Reste tropischer Vegetation in Antarktika belegen. Zusätzlich wurde in diesem Jahr erörtert, dass Forscher in der Antarktis Hunderte von mit Flüssen verbundenen Seen mit nicht gefrorenem Wasser entdeckt haben, die sich im Eisschild befinden. Diese unerklärliche Erwärmung soll laut verschiedenen Quellen von einer weiteren Weltraum-Arche verursacht werden, die nach einem Jahrtausende langen Winterschlaf wieder zu Aktivität erwacht ist.

Die Whistleblower-Plattform *Projekt Camelot* führte im Jahr 2008 ein Interview mit dem ehemaligen U.S. Army Command Sergeant Major Robert Oreal Dean (1929-2018), der während seiner Dienstzeit streng geheime NATO-Dokumente einsehen konnte und dadurch einige der größten UFO-Geheimnisse aller Zeiten kannte. Robert hat während dieses Interviews schließlich enthüllt, dass bestimmte Aspekte der Erforschung des Wostok-Sees als „geheim" eingestuft wurden, nachdem man sonderbare Satellitenaufnahmen des US-Verteidigungsministeriums analysiert hatte. Damals war das *Jet Propulsion Laboratory* (JPL) für die Überwachung des Wostoksees zuständig. Die Temperatur in diesem größten aller subglazialen antarktischen Seen ist ungewöhnlich hoch, sodass man gemütlich darin schwimmen könnte. Das Sonderbarste stellt aber eine merkwürdige Ansammlung von Metall dar, die ähnlich beschaffen ist wie vergleichbare Massenansammlung von Metall, die man auf dem Mond identifiziert hat. Es handelt sich tatsächlich um ein riesiges, kreisförmiges, metallisches Objekt, das sich kilometertief unter dem Eis am Rand des Wostok-Sees befindet. Laut Robert Dean wurde die Angelegenheit aus diesem Grund dem Geheimdienst NSA anvertraut und ist seit damals eines der sensibelsten Themen der Welt. Der Fund wurde zu einer Top-Secret-Angelegenheit, von der die Öffentlichkeit nichts erfahren sollte, weil die Implikationen, die sich daraus ergeben, schwer zu erklären sind.

Dr. Salla interviewte im Jahr 2022 einen neuen französischen Whistleblower namens Jean Charles Moyen, der ebenfalls aussagt, im Auftrag eines geheimen Weltraumprogramms in den legendären Hallen der Aufzeichnungen gewesen zu sein und solche Archen-Schiffe betreten zu haben. Es ist für seine Auftraggeber wenig überraschend, dass Wissenschaftler am Rand des Wostok-Sees eine große magnetische Anomalie entdeckt haben, die zum ersten Mal im Jahr 2001 registriert wurde. Forscher haben damals vermutet, es könnte sich tatsächlich um eine riesige antike Stadt unter dem Eis der Antarktis handeln! Russland verwaltet diese Region durch seine Wostok-Forschungsstation seit 1957 und hat in den vergangenen Jahren Bohrungen durch den Eisschild bis hinab zum See vorgenommen. Angeblich bestand dabei hauptsächlich Interesse an dieser Anomalie, die eine riesige Weltraum-Arche darstellen soll, und zu der man Militäreinsätze geplant hat, um sich Zugang zu verschaffen. Der Whistleblower JP hat Dr. Salla anvertraut, dass russische Militärs durch Portal-Geräte in anderen Archen in die Wostok-Arche eingedrungen sind. Somit gibt es heute angeblich ein Netzwerk von Archen, deren Geheimnisse mit allen Nationen geteilt werden müssen, damit sie all ihre Rätsel preisgeben. Jean Charles Moyen spricht davon, dass er im Zuge seiner Missionen auch in der Halle der Aufzeichnungen unter der ägyptischen Sphinx auf dem Gizeh-Plateau gewesen ist. Er behauptet, dass sich in einer Kammer tief unter der Sphinx antike außerirdische Raumschiffe befinden, außerdem soll es dort Sarkophage geben, in denen sich die Körper von humanoiden, also menschenähnlichen Wesen befinden, die in Stase sind und darauf warten, dass sie wieder beseelt werden, um erneut zum Leben zu erwachen!

Das Channel-Medium Elana Danaan, die ebenfalls mit Dr. Salla in Verbindung steht und Bücher über Exopolitik schreibt, spricht ebenfalls davon, die Kammern unter der Sphinx betreten und dort große, kugelförmige Kristalle berührt zu haben, die vor ihrem geistigen Auge die historische Geschichte von Ägypten offenbart haben. Nahe der Sphinx haben sich in jüngerer Vergangenheit einige mysteriöse Dinge ereignet. Ihr wurde zum Beispiel gezeigt, dass Hitler plante, dort etwas auszugraben. Es handelt sich um eine Szene mit viel Staub, einer Menge Aktivität und deutschen Stimmen. Es waren ein paar Frauen darunter, die Teil der Vril-Gesellschaft waren. Diese Menschen versuchten, die Halle der Aufzeichnungen zu erreichen, und schafften es immerhin, dort antike Technologien in Form von Batterien zu finden, die einen halben Meter lang waren. Es war eine sehr fortschrittliche Technologie, die immer noch enorme Kräfte enthielt. Diese Batterien wurden laut ihren Aussagen in die Antarktis verschifft, um der geheimen deutschen Absetzbewegung als Kraftquelle zu dienen.

Die neuen Whistleblower von Dr. Salla haben intensive Nachforschungen über die deutsche Vril-Gesellschaft und ihre Leiterin, die in Wien geborene Maria Orsic, angestellt. Sie soll heute immer noch am Leben sein und ist angeblich auf Schiffen der galaktischen Konföderation gesehen worden. Diese Gruppe channelte in Deutschland seit dem Jahr 1917 Informationen von einem Reich namens Sumeran im Sternbild Aldebaran. Dieses Reich besteht angeblich aus zwei bewohnten Planeten des Sterns Aldebaran, von dem einer den Ursprungsort der arischen Rasse des Planeten Erde darstellen soll. Die Aldebaraner übermittelten der Vril-Gesellschaft, dass ihre Vorfahren die Erde kolonisiert und die antike sumerische Zivilisation gegründet haben. Diesen Offenbarungen folgten Übermittlungen von Bauplänen zur Konstruktion von weltraumtauglichen

Flugscheiben, den sogenannten Jenseitsflugmaschinen. Diese Pläne sind ebenfalls in sumerischer Sprache medial übermittelt und von Forschern der Pan-Babylonischen Gesellschaft ins Deutsche übersetzt worden. Die geistigen Kontakte der Vril-Gesellschaft setzten sich in der Zeit des Zweiten Weltkriegs fort, und alle Angehörigen sind bei Kriegsende spurlos verschwunden. Einige UFO-Forscher glauben, dass sie sich mit ihren Flugmaschinen zum Aldebaran begeben und später der galaktischen Konföderation angeschlossen haben.

Der Autor Herbert Dorsey, der einige Bücher über das geheime Weltraumprogramm verfasst hat, konnte dazu 2022 auch noch einige aufschlussreiche Informationen beisteuern:

> *„Ich beschloss zu sehen, ob meine beste Informationsquelle über Maria Orsic, der erstaunliche französische Forscher und Autor Maximillien de Lafayette, seit dem Schreiben meines Buches von 2014 seine Informationen über Maria Orsic aktualisiert hat. Nachdem ich seine aktualisierten Informationen studiert habe, weiß ich, dass Maria Orsic und die anderen vier Vril-Damen definitiv zu den Sumi im Aldebaran-Sternsystem gingen, kurz bevor München durch alliierte Bombenangriffe zerstört wurde. Deren Zivilisation war sehr fortgeschritten, und sie konnten das Leben in einem jugendlichen Zustand für viele Jahrhunderte verlängern. Dies beantwortet meine Frage nach Maria Orsics körperlicher Erscheinung.“*

Der Autor Maximillien de Lafayette schreibt zum Beispiel, dass es im Jahr 2022 möglicherweise zu einer Rückkehr der Anunnaki kommen könnte, und dass dann viele Menschen der Erde, deren DNS mit anderer außerirdischer DNS kontaminiert worden ist, von den Anunnaki ausgelöscht werden sollen. Dazu zählen laut Lafayette die Handlanger eines gewissen antiken Gottes, der im Alten Testament von seinen Anhängern verlangt, Kinder zu töten, zu vergewaltigen und zu missbrauchen. Es sind auch Politiker und allgemein die Sklaven von Geld und Macht, die bei der Rückkehr der Anunnaki fallen sollen. Könnten irdische Machtpositionen also tatsächlich von genetischen Eigenschaften und antiken Blutlinien abhängen, so wie es Angehörige von Geheimgesellschaften immer wieder behaupten? Die Whistleblower berichten, dass die Völker der modernen Menschheit Gene von vielen verschiedenen Sternenrassen und somit eine direkte Verbindung zu diesen Spezies besitzen, die auch als „Aussäer“ bekannt sind. Wir Menschen werden von diesen Wesen als sehr wertvoll betrachtet, weil wir die kollektiven genetischen Erinnerungen dieser verschiedenen Zivilisationen in uns tragen und in unserer DNS gespeichert haben.

Der französische Whistleblower Jean-Charles Moyen offenbarte in einem Interview auch noch, dass er eine Halle der Aufzeichnungen unter dem Berg Kailash in Tibet besucht haben will, dort soll es ähnlich ausgesehen haben wie in der geheimen Kammer unter der Sphinx. Es gab abermals Wesen in Stasiskammern, die darauf warten, bei globalen Notfällen erweckt zu werden. Möglicherweise handelt es sich teilweise um antike Bewohner des Planeten Erde, die sich selbst bzw. ihre Körper vor einer herannahenden Katastrophe gerettet haben, um diese Körper im Notfall als genetische Rückversicherung für neue menschliche Populationen benutzen zu können. Von ähnlichen Anlagen und Hallen der Aufzeichnungen verlorener Erdzivilisationen schrieb auch der tibetische Lama Lobsang Rampa in seiner Buchreihe. Rampa bestätigte zum Beispiel schon in seinem ersten Buch aus dem Jahr 1956, dass sich tief unter der tibetischen Hauptstadt Lhasa antike Tunnelsysteme und Sarkophage mit rätselhaften Inschriften und den Überresten von übergroßen außerirdischen Humanoiden befinden, die noch aus der Welt vor dem letzten Kataklysmus stammen.

Der rumänische Autor Radu Cinamar schreibt in seinen Büchern über die rumänische Halle der Aufzeichnungen, dass diese hochtechnologische Anlage ohne Zweifel viele Tausende von Jahren alt ist und von Humanoiden errichtet wurde, die viel größer als heutige Menschen waren. Von der rumänischen Halle der Aufzeichnungen verlaufen ebenfalls unterirdische Tunnel in verschiedene Teile der Welt – einer verläuft in Richtung Tibet zum Berg Kailash, und eine Abzweigung davon führt nach Lhasa. Außerdem soll dieser Haupttunnel eine weitere Abzweigung in Richtung des Gobi-Plateaus besitzen, unter dem ebenfalls Überreste einer verlorenen hochtechnologischen Erdzivilisation und Aufzeichnungen der fernen Vergangenheit begraben liegen sollen. Jean-Charles Moyen fährt fort zu spekulieren, dass höhere Mächte offenbar vorgesehen haben, dass eine vereinte irdische Menschheit in Form einer globalen Zivilisation diese Archen und Hallen der Aufzeichnungen finden und ihr Wissen miteinander teilen soll. Im Moment werden unglaublich viele Informationen über diese Themen veröffentlicht, sodass es schwer ist, Schritt zu halten und Wahrheit von gezielter Desinformation zu unterscheiden. Auf jeden Fall besitzen alle diese Aussagen einen wahren Kern, und diese Enthüllungen verändern das Leben auf unserem Planeten bereits grundlegend.

Im Mai 2022 fand schließlich ein Web-Seminar von Dr. Salla mit seinen neuen Whistleblowern und Channel-Medien statt, das die bisher bekannte Geschichte dieser mysteriösen Hallen der Aufzeichnungen zusammenfasst. Er erklärte dabei, dass die wichtigste irdische Organisation, die dafür zuständig ist, die wahre Geschichte der Menschheit zu verheimlichen, die globale Hochgrad-

Freimaurerei ist. Diese Organisation hat gemeinsam mit der Kirche in Rom und dem schwarzen Adel dafür gesorgt, dass die Rolle von innerirdischen Zivilisationen und außerirdischen Aussäern des menschlichen Lebens verdreht und verschwiegen wurde. Die wahre Geschichte ist jedoch in diesen antiken Anlagen und Aufzeichnungen erhalten geblieben und wird planmäßig offenbart, wenn die Zeit dafür angebrochen ist. Doch da viele dieser Anlagen noch immer unter der Kontrolle der Kabale stehen, werden die wichtigsten Enthüllungen nach wie vor zurückgehalten. Der Plan der Freimauer besteht laut Dr. Salla darin, zu vertuschen, wer wir eigentlich sind und woher wir stammen. Sie haben eine verfälschte Erdgeschichte etabliert und ihre Theorien erfunden, um ihr globales Kontrollsystem aufrechtzuerhalten. Historisch betrachtet waren es immer Angehörige der „Elite" und ihre Institutionen, die interveniert haben, sobald von Archäologen wichtige Relikte gefunden worden waren. Sie haben versucht, sofort die Kontrolle darüber zu erlangen. Indessen hat ihre Macht inzwischen ihren Höhepunkt überschritten, und alle Bemühungen konnten nicht verhindern, dass ihre künstliche Illusion dabei ist zu zerbrechen.

Zeitkammern der Atlanter

Begonnen hat dieser Prozess spätestens in den 1930er-Jahren mit den Informationen von Edgar Cayce, der das Wiedererscheinen der Hallen der Aufzeichnungen vorhergesagt hat. Cayce beschrieb schon damals, dass in diesen Lagerstätten Wissen und Technologie der alten Atlanter untergebracht wurden. Edgar Cayce sagte in seinen Trance-Sitzungen, dass die Zivilisation und der ehemalige atlantische Kontinent durch eine Reihe von Naturkatastrophen zerstört wurde, die vor etwa 12.000 – 50.000 Jahren stattgefunden haben. Er erklärte auch, dass viele Menschen, die sich heutzutage und im 20. Jahrhundert verkörpert haben, auch in der Epoche von Atlantis lebten, inklusive ihm selbst. Während unterschiedlicher Phasen der Zerstörung verließen viele Gruppen das Heimatland und wanderten in verschiedene Teile der Welt aus, die sich westlich und östlich des alten Kontinents befanden. Diese atlantischen Seelen haben beschlossen, in unserer Zeit am Ende des Zyklus wieder zu inkarnieren, um eine neue Ära des größeren menschlichen Bewusstseins zu erschaffen. Wir müssen lernen, auf einem moralischen und ethischen Pfad des Lebens zu wandeln, um die Zerstörung der Zivilisation in unserer Zeit nicht zu wiederholen. Cayce sprach davon, dass wir unsere technologischen Möglichkeiten dazu benutzen sollen, etwas Konstruktives und nichts Destruktives damit anzustellen, denn viele der Errungenschaften der modernen Technologie sind keine neuen Erfindungen, sondern einfach Wiederentdeckungen des alten Wissens der atlantischen Kultur.

Edgar Cayce beschreibt, dass destruktive Kräfte in Atlantis ihre Errungenschaften dazu benutzt haben, sich auf materielle Dinge zu fokussieren. Die Führungsschicht spaltete sich schließlich in zwei Gruppen, das waren einerseits die Kinder des Gesetzes des *Einen*, die ihre spirituellen Traditionen vorangegangener Generationen fortgesetzt und letztlich auch die Hallen der Aufzeichnungen errichtet haben, und andererseits die Söhne von Belial, die mehr daran interessiert waren, ihr materielles und körperliches Verlangen zufriedenzustellen. Am Beginn der atlantischen Zivilisation, der mehr als eine Million Jahre zurückliegen soll, begannen außerirdische Geistwesen in den hier ausgesäten menschlichen Körpern zu inkarnieren. Zu Beginn waren alle von ihnen zu erstaunlichen Dingen wie Telepathie, Telekinese und Astralprojektion fähig, sie konnten somit weiterhin in der höheren Dimension leben. Ihre Körper hatten viele verschiedene Formen. Die Atlanter waren eine von fünf verschiedenen menschlichen Gruppen, die sich zu dieser Zeit auf der Erde entwickelten. Es gab Konflikte zwischen ihnen, weil sich die sogenannten „Söhne der schöpferischen Kraft“ mit gewöhnlichen Töchtern von Menschen vermischten.

Edgar Cayce: „*Diese nahmen viele verschiedene Größen an, von dem, was man Zwerg nennen kann, bis zum Riesen, denn damals gab es Riesen auf der Erde, Männer von zehn oder zwölf Fuß Statur (zwischen 3 und 3,7 Meter groß).*“ Im Gegensatz zu den Söhnen des Belial wollten die Kinder des Gesetzes des *Einen* zu einem Leben zurückkehren, das in Harmonie mit der Natur ist. Die Söhne des Belial wollten die Natur jedoch mit ihren Technologien ausbeuten. Edgar Cayce sagte über die Söhne des Belial: „*Triebbefriedigung, der Gebrauch materieller Dinge für sich selbst, ohne einen Gedanken an deren Herkunft zu verschwenden und ohne Rücksicht zu nehmen auf andere, die ihretwegen Leid erfuhren. Mit anderen Worten waren es diejenigen ohne moralischen Standard. Die Söhne des Belial hatten keinen Standard außer sich selbst, Selbstverherrlichung.*“ Edgar Cayce sprach auch über die Kinder des Lichts: „*Sie glaubten, dass die Seele vom Schöpfer gegeben oder zu einem bestimmten Zeitpunkt von äußeren Quellen in die Projektion des mentalen und spirituellen Selbst eingetreten ist. Das war der Maßstab des Gesetzes des Einen, wurde aber von den Söhnen Belials abgelehnt.*“

Cayce erläutert weiter, dass eine dritte Gruppe von Menschen ebenso eine Rolle spielte – sie waren nicht so erleuchtet wie die Atlanter und wurden von den Söhnen des Belial als Sklavenarbeiter benutzt. Sie waren eine Mischung aus Mensch und Tier, hatten sich ebenfalls aus der spirituellen in die materielle Welt projiziert, wurden dann aber derart in die materielle Welt verstrickt, dass sie alle Verbindungen zur geistigen Welt verloren haben. Weil die Kinder des Gesetzes des *Einen* sie aus der Sklaverei befreien und sie darüber unterrichten wollten, brach schließlich ein Krieg aus, dem eine Serie von Naturkatastrophen folgte. Die alte Zivilisation wurde von machtvollen Kristallen mit Energie versorgt – diese sorgten aber auch für den Untergang von Atlantis. Durch die Anwendung von immer mehr Technologie und durch selbstsüchtiges Verhalten in physischer Form wurden die Atlanter dann ebenfalls von der nicht-materiellen Welt abgeschnitten. Man benutzte damals schon Kommunikationsgeräte, Fluggeräte und radioaktive Kräfte, die die Söhne des Belial zusammen mit den Kräften der Kristalle für zerstörerische Zwecke einsetzten.

Die meisten Lesungen von Edgar Cayce konzentrierten sich auf die Zeit vor ca. 12.000 Jahren, als die letzte Phase der Zerstörung von Atlantis stattfand. Damals gab es den Exodus nach Ägypten, während sich andere Gruppen nach Westen zum amerikanischen Kontinent aufmachten. Einige gelangten auch in die Pyrenäen des heutigen Portugals und besiedelten die Gebiete des späteren Spaniens und Frankreichs. Sie errichteten dort Tempel für die Anhänger des Gesetzes des *Einen*. Es wurde auch beschlossen, ein Archiv des Wissens zu erstellen, das später zur berühmten *Bibliothek von Alexandria* werden sollte. Die kulturell fortgeschrittenen Gruppen, die nach Westen gingen, werden als die Vorfahren der späteren Maya, Inka und Azteken betrachtet. Sie waren eine Mischung von Völkern, die Atlantis zu verschiedenen Zeiten verlassen hatten, und sie verhalfen den dortigen Kulturen zur Blüte.

Die Whistleblower sprechen davon, dass Atlanter mit außerirdischen Aussäer-Rassen in Kontakt standen, die sie vor diesen Katastrophen in Verbindung mit einer Polverschiebung gewarnt haben, denn diese Besucher hatten dabei geholfen, die Zivilisation von Atlantis aufzubauen und waren auch die Träger des Wissens um die kosmisch-spirituellen Gesetze des *einen* Schöpfers, während die Söhne des Belial die destruktiven, selbstsüchtigen Ziele der Gegenseite verfolgten, wie sie es auch heute wieder tun. Die Tragödie der Zerstörung von Atlantis könnte sich in ähnlicher Form durch den falschen Gebrauch von Technologie und atomarer Energie wiederholen. Gruppen vorzeitlicher Atlanter sind zu sicheren Orten wie Ägypten gereist, um dort neue Kolonien mit Pyramiden und anderen Megalith-Strukturen zu gründen, die über weitläufigen unterirdischen Anlagen errichtet wurden. Dorthin haben sie ihr Wissen und ihre technologischen Errungenschaften in Sicherheit gebracht, damit diese in einem zukünftigen Zeitalter wieder zugänglich gemacht werden können. **An diesen Orten sind die Atlanter offenkundig auf noch ältere Hallen der Aufzeichnungen gestoßen, die von uralten irdischen Zivilisationen stammten, die vor ihnen vor Naturkatastrophen geflohen und schließlich in bewohnbare Regionen im Inneren der Erde geflüchtet sind.** Überlieferungen von derartigen mystischen

Stätten mit unbeschreiblichen Artefakten gibt es auch in China, Tibet, Amerika, Indien und Rumänien. Über die Anlage in Rumänien wurde bekannt, dass dort technologische Relikte existieren, die heute immer noch funktionieren und holografische Daten über die unfassbare prähistorische Geschichte unseres Planeten gespeichert haben. An diesem Ort wurden zweifellos genetische Experimente durchgeführt, um die Genetik von Menschen und außerirdischen Wesen zu kombinieren. Derartige Anlagen auf dem ganzen Globus sind durch Tunnelsysteme im Untergrund und durch Portale miteinander verbunden.

Es existieren sogar Verbindungen zu anderen Monden und Planeten unseres Sonnensystems. Es ist bis heute sehr wenig über die wahren Erbauer dieser Anlagen bekannt geworden, aber die Whistleblower von Dr. Salla sind der Meinung, dass es sich eben um jene Aussäer-Rassen handelt, die dort übrigens auch bestimmte Sicherheitsmechanismen installiert haben, damit nur solche Menschen Zutritt erlangen, die die richtigen Gene besitzen, um die fortschrittlichen Technologien aktivieren zu können. Aus diesem Grund sind reinkarnierte Atlanter und Sternensaaten an diesem Erweckungsprozess beteiligt. Eine nicht zu unterschätzende Rolle spielen selbstverständlich auch die Zivilisationen der Inneren Erde, die ebenfalls als Bewahrer des antiken Erbes der Menschheit fungieren und dieses Wissen so lange aufbewahren, bis die Oberflächenzivilisation wieder bereit ist, es zu empfangen, um das Erbe der verlorenen Hochzivilisationen anzutreten. Die Vorherrschaft der globalen Kabale und ihr exklusiver Zugang zu solchem Wissen nähern sich somit dem Ende.

Die große Gizeh-Pyramide und geophysikalische Veränderungen bis 2035

Auch Dr. James Joachim Hurtak und seine Frau Dr. Desiree Hurtak haben frische Informationen zu diesem Themenkomplex beizusteuern. Dr. J. J. Hurtak verlegte im Jahr 1973 sein erstaunliches Werk »Das Buch des Wissens: Die Schlüssel des Henoch«, das ebenfalls viele Enthüllungen über verlorene Erdzivilisationen, Leben auf dem Mars, Pyramiden, UFOs und den „Rat der Neun“ enthält. Dieses Wissen wurde ihm nicht durch Channeling, sondern durch eine persönliche Begegnung mit extra-dimensionalen Wesenheiten direkt übermittelt. Als Präsident der von ihm gegründeten *Academy for Future Science* und als Forscher erlangte er großes Ansehen, seine Erkenntnisse wurden von vielen anderen Metaphysikern, Geheimdienstlern und Regierungsbeamten eingehend analysiert, und vieles davon wurde später durch wissenschaftliche Entdeckungen verifiziert.

Im Jahr 2019 erschien, unbemerkt von vielen Ägyptologen und Historikern, ein neues Buch über den Zweck der ägyptischen Gizeh-Pyramiden von Ernest

Brown und dem Ehepaar Hurtak. Es trägt den Titel »Giza's Industrial Complex: Ancient Egypt's Electrical Power & Gas Generating Systems« und handelt davon, dass der gesamte Gizeh-Komplex laut der Ansicht dieser Autoren, die jahrzehntelang in Ägypten geforscht haben, eine geo-technologische Anlage in Form eines Kraftwerks ist. Man darf nicht vergessen, dass die großen Steinpyramiden von unterirdischen Strukturen, Kanälen und Hohlräumen umgeben sind. Das alles war in ferner Vergangenheit ein industrieller Komplex zur Speicherung von Erd- und Sonnenenergie in einer Art elektrochemischem Speicher. So lauten jedenfalls die Schlussfolgerungen der drei Forscher, die behaupten, dass die große Pyramide die Fähigkeit besitzt, sich elektrisch aufzuladen und die Molekularstruktur von Wasser so zu verändern, dass es einzigartige Eigenschaften annimmt. Die Gizeh-Pyramiden waren einmal mit dem nahegelegenen Nil verbunden, und Flusswasser zirkulierte durch die Passagen, Kammern und Kanäle. Das geschah sowohl unterirdisch als auch oberirdisch und diente offenbar den mysteriösen Erbauern dieser ausgeklügelten Anlage als Quelle von freier und sauberer Energie. Die antiken oder prähistorischen Ägypter nutzten diese gewaltigen Mengen an Energie für bestimmte Zwecke, aber es gibt nicht viele heute noch erhaltene Quellen von Informationen über das Wofür. Dr. J. J. Hurtak appelliert deshalb an Historiker, diese antiken Strukturen mit offenem Geist zu studieren und die physischen Beweise für diese Theorie mit einfacher Logik nachzuvollziehen. Seiner Auffassung nach wurden die Pyramiden zu verschiedenen Zwecken errichtet, von denen einer war, dass sie als riesige Wasser-Erdbatterien fungierten, die durch Wasserkanäle und fließendes Wasser elektrisch aufgeladen wurden und dadurch große Mengen von direkter elektrischer Energie produzieren konnten. Noch vor den 1960er-Jahren, als der Nil umgeleitet wurde, erreichten die alljährlichen Überflutungen die Pyramiden und flossen noch damals unterirdisch durch den Komplex hindurch. (Siehe dazu auch den Film »Die Cheops-Lüge« von Jan van Helsing und Stefan Erdmann, der das schlüssig erklärt.)

Einige der Tempel könnten als Energiespeicher gedient haben, wobei es auch zu chemischen Reaktionen gekommen wäre, und die unterirdischen Kammern und Passagen womöglich als Speicher für flüssigen Wasserstoff, Gase und andere flüchtige Materialien gedient haben könnten. Somit haben wir hier neue Anhaltspunkte dafür, dass die wahren Erbauer dieses Komplexes über fortschrittliches Wissen und Konstruktionsmethoden verfügt haben, um Bauwerke zu erschaffen, die wir heute noch immer nicht nachbauen können. In einem aktuellen Interview mit Dr. Salla enthüllt das Ehepaar Hurtak noch weitere hochinteressante Informationen über mögliche Einflüsse aus Atlantis, die auch mit dem

Wiederauftauchen von außerirdischen Wesen zu tun haben, was eine neue Epoche der Menschheit einleiten soll.

Die Hurtaks erwähnen, dass es laut altertümlichen Kalendersystemen ab dem Jahr 2025 bis 2035 zu großen geophysikalischen Veränderungen auf der Erde kommen wird. Beide weisen auch auf die Entdeckung von Pyramiden auf der Marsoberfläche hin, die denjenigen von Ägypten ähnlich sehen. Sie glauben deshalb, dass es einmal intelligentes Leben auf dem Mars gegeben hat oder vielleicht immer noch gibt. Die antike Gesellschaft, die diese Pyramiden errichtet hat, benutzte sie außerdem als Zeitmesser mit dem Verhältnis ihrer Position zu den zyklischen Bewegungen der Himmelskörper und Sterne. Betreffs der antiken außerirdischen Besucher und ihrer Absichten auf der Erde sagen sie, dass hinter den Aktivitäten der gutartigen Wesen eine höhere Intelligenz agiert, der sie dienen. Laut den Informationen aus dem »Buch des Henoch« handelt es sich hierbei um den Rat der Neun. Diese Wesen hatten beschlossen, ab der Mitte des 20. Jahrhunderts verstärkt für den Fortschritt der Menschheit aktiv zu werden, weil es zu großen Veränderungen auf der Erde kommen wird, und wir deshalb kollektiv zur Wahrheit erwachen müssen.

Die Hurtaks haben schon 1973 erfahren, dass die Gizeh-Pyramiden auf den Gürtel des Sternbilds Orion ausgerichtet sind und außerirdische Einflüsse einer kosmischen Intelligenz deshalb etwas mit der Entstehungsgeschichte der Menschheit zu tun haben. Es handelt sich hierbei um Intelligenzen, die sich jenseits der physischen Welt der Formen befinden, aber immer noch eine Bewusstseins-Verbindung mit der Menschheit aufrechterhalten. Diese Wesen sehen, dass unsere Zivilisation sich einem Punkt der Zerstörung nähert, und weisen uns darauf hin, dass wir als Menschen gegenwärtig nur für begrenzte Zeit physische Körper bewohnen und nach dem physischen Tod ebenfalls jenseitige Bereiche betreten. Die Hurtaks sprechen auch darüber, dass physische Außerirdische teilweise wegen der einzigartigen menschlichen DNS zur Erde reisen, die eine starke Verbundenheit mit der Seele aufweist. Diese Eigenschaften wollen sie auch für sich selbst gewinnen und führen deshalb Experimente durch. Auf die Frage, was das Ehepaar Hurtak zu deutschen Flugscheiben und der Antarktis zu sagen hat, erwidern sie im Interview, dass sie in Südamerika mit Geheimdienstmitarbeitern gesprochen haben, die ihnen bestätigten, dass es diese Basen gibt und dass diese mitunter so alt sind, dass sie noch vor der letzten Eiszeit errichtet worden sind. Sie stammen von den menschlich-außerirdischen Vorfahren, die vor vielen tausend Jahren nicht nur die Erde, sondern auch die Planeten Venus und Mars bewohnt haben, dann aber aufgrund eines Sonnen-Ereignisses geflohen sind, das starke Verwüstungen im Sonnensystem verursacht hat. Diese Gruppen mussten ihre alten Kolonien verlassen und schafften es, ein nahegelegenes Sternsystem zu erreichen. Im ganzen Sonnensystem finden sich daher Hinweise darauf, dass unsere Sonne im Abstand von mehreren tausend Jahren zur Mini-Nova wird und starke Auswürfe abgibt. Dr. Salla erwähnt in diesem Zusammenhang, dass die Apollo-Missionen zum Mond Beweise dafür sammeln sollten, dass die Mondoberfläche mehrmals von solchen Sonnenentladungen getroffen worden ist, wobei uns die nächste derartige Katastrophe schon kurz bevorstehen soll. Das Ehepaar Hurtak sagt dazu, dass chilenische Experten, die sich mit dem Zählsystem des Maya-Kalenders befasst haben, nicht das Jahr 2012, sondern 2025 bis 2035 als den Zeitraum berechnet haben, an dem es zu schweren geophysikalischen Veränderungen kommen wird, inklusive einer abermaligen Verschiebung der Erdkruste und der Magnetpole. Das Problem für uns besteht weiterhin darin, dass die Menschheit allgemein eine sehr kriegerische Mentalität besitzt. Dieser Faktor muss sich ändern, und dazu greifen immer wieder höhere Intelligenzen ein, um unsere DNS und unsere Zivilisation aufzuwerten.

Als Nächstes befragte Dr. Michael Salla die beiden über ihr Wissen über riesige Hohlräume unter der Pyramide und der Sphinx. J. J. und Desiree Hurtak antworteten, dass es in der Nähe unterirdische Kammern und das Grab des Osiris gibt, Kammern, in denen sich auf drei Ebenen Sarkophage in einer Tiefe von bis zu 30m befinden und die für Einweihungsriten benutzt wurden. Es handelt sich beim Grab des Osiris um keine natürliche Höhle, sondern die Ecken und Kanten sind herausgeschnitten und künstlich bearbeitet. Mit Bodenradar wurde festgestellt, dass sich dort unten weitere unbekannte Hohlräume befinden. Die Erbauer der Pyramide nutzten sie laut J. J. Hurtak als ein Informationsarchiv für eine Reihe von Energiegewinnungsmöglichkeiten und führten dort allerlei Experimente mit Chemikalien und Gasen durch. Diese unterirdischen Versuchsanlagen wurden zurückgelassen, um Wissenschaftlern der Zukunft die Möglichkeit zu bieten, solche Energieanlagen zu studieren, um sie zu verstehen. Laut der Auffassung der Hurtaks besteht die Halle der Aufzeichnungen in den mathematischen Strukturen, in denen auch die unterirdischen und oberirdischen Strukturen des Gizeh-Plateaus angelegt sind, woraus man ebenfalls präzise Informationen ableiten kann. Es scheint so zu sein, dass die große Pyramide von Gizeh wahrlich durch unterirdische Kammern und Labyrinthe mit anderen Hallen der Aufzeichnungen auf dem ganzen Globus verbunden war bzw. ist und somit den zentralen Punkt dieses weltumspannenden Netzwerks auf der Erdoberfläche bildet.

Auf jeden Fall kommen die beiden zu der Einschätzung, dass das 21. Jahrhundert die wichtigste Zeitphase seit langem ist, weil sich das antike Wissen über kosmische Intelligenzen mit dem modernen UFO-Phänomen verbindet und offenbar die Rückkehr von Wesen stattfindet, die man in alten Texten als *Elohim* oder als *Kräfte des Göttlichen* beschrieben hat. Diese Wesenheiten existieren offenbar in höheren Dimensionen und werden für uns nur sichtbar, wenn sie sich der Frequenz der Erde anpassen. Dr. Hurtak betont, dass antike Tempel die Anbindung an das Göttliche ermöglicht haben, und dass unsere menschlichen Körper auch Tempel der Erfahrung für unseren Lernprozess in der materiellen Welt darstellen.

Kapitel 7 – Informationen des geheimen Weltraumprogramms zur verborgenen Erdgeschichte

In diesem Kapitel möchte ich neueste Erkenntnisse zusammenfassen, die Insider eines geheimen Weltraumprogramms an ihre Kontaktleute und Whistleblower weitergegeben haben. Größtenteils handelt es sich um Verbindungsleute von David Wilcock, Dr. Michael Salla und Corey Goode, welcher behauptet, selbst jahrzehntelang für das Geheime Weltraumprogramm aktiv gewesen zu sein. Darüber sind in den letzten Monaten etliche aufregende Informationen durchgesickert, sodass das Gesamtbild der wahren Geschichte der Menschheit in Kombination mit außerirdischen Einflüssen nun einigermaßen greifbar zusammengesetzt werden kann. Corey Goode veröffentlichte in den vergangenen Monaten eine Serie von sechs Aktualisierungen von Erkenntnissen der SSP-Allianz (SSP = Secret Space Program), einer Einheit innerhalb der verschiedenen geheimen Weltraumprogramme, die daran arbeitet, die Wahrheit ans Licht zu bringen und die Geheimhaltung zu beenden.

UFO-Desinformation tarnt geheime Weltraumprogramme

Teil 1 der Updates betrifft Basen von außerirdischen Zivilisationen auf dem Mond, auf dem Planeten Mars und in der Antarktis. Diese Informationen wurden Ende 2021 zusammengestellt, waren zuvor streng geheim und mit der höchsten militärischen Sicherheitsstufe „Top Secret Beyond Majic“ eingestuft. Diese Daten werden inzwischen von bestimmten Verantwortlichen des Secret-Space-Programms veröffentlicht, damit Regierende, Militärangehörige, Politiker und die allgemeine Bevölkerung davon Kenntnis erlangen. Die Quelle der SSP-Updates gibt zunächst bekannt, dass die Enthüllungen, die in den letzten Jahren erfolgt sind, mittlerweile von falschen Secret-Space-Programm-Veteranen und falschen ET-Kontaktpersonen verfälscht worden sind, die beträchtliche Mengen an Desinformation verbreitet haben. Dadurch soll die fehlerhafte Auffassung entstehen, dass ET-Basen in der Antarktis, auf dem Mond und dem Mars von negativen Grey-Aliens und außerirdischen Reptiloiden gesäubert worden sind, was nicht der Wahrheit entspricht. Diese Fraktionen von negativen ET-Allianzen arbeiten mit ätherischen Schattenwesen, dämonischen Wesen und anderen Reptilienwesen zusammen, die man allgemein als Orion-Gruppe bezeichnet.

Die Quellen aus dem geheimen Weltraumprogramm haben Corey Goode als ihren öffentlichen Berichterstatter zur Weitergabe wichtiger Informationen ausgewählt, weil er bereits als Kind für militärische Programme wie MILAB ausgewählt worden war und später von 1987 bis 2007 für das geheime Weltraumprogramm im Einsatz gewesen ist. Er hatte als intuitiver Empath die Aufgabe, die Erddelegationen zu begleiten, wenn es zu Treffen mit Vertretern von verschiedenen Allianzen außerirdischer Zivilisationen gekommen ist, die sich zu Föderationen und Konföderationen unserer Galaxis formiert haben. Corey Goode unterrichtete den Autor David Wilcock seit 2009 über seine Erlebnisse bei Zusammentreffen mit Vertretern einer galaktischen Super-Konföderation von Welten, die verschiedene genetische Experimente mit der Bevölkerung des Planeten Erde durchführen und in unserem Sonnensystem Basen und Raumstationen betreiben.

Seit dem Zeitpunkt der ersten Offenlegung von Informationen hierüber wurden David Wilcock und Corey Goode Opfer von öffentlichen Angriffen, von Cyber-Belästigungen und koordinierten Verfolgungsaktionen durch Spionageabwehr-Operationen, was man zusammenfassend als kriminelles Gang-Stalking bezeichnet. Es wurde erfolglos versucht, ihre Berichterstattung zu verfälschen und zu zensieren. Eine der dafür verantwortlichen Gruppen entstammte laut den SSP-Insidern dem Feld der zivilen Ufologie, die von der Rockefeller-Initiative gesteuert wird. Diese versucht seit dem Jahr 1993, sämtliche offiziellen UFO-Organisationen zu infiltrieren, um Kampagnen gegen authentische Zeugen und Whistleblower zu starten, um die auf diese Weise veröffentlichten glaubwürdigen Informationen durch Fehlinformationen und Desinformation zu manipulieren.

Aus diesem Grund haben die Verantwortlichen des echten geheimen Weltraumprogramms beschlossen, noch einmal alle wichtigen Daten zusammenzufassen, die diese profunden Enthüllungen betreffen, um damit ihre Erkenntnisse von der Desinformation anderer angeblicher Insider und falscher Whistleblower zu separieren. Laut diesem Material ist die älteste Fraktion des modernen geheimen Weltraumprogramms das *Solar-Warden-Programm*. Es wurde gestartet, nachdem man seit den 1950er- und 1960er-Jahren an der Rückentwicklung außerirdischer Raumschiffe und ihrer Technologie gearbeitet hatte. Hierbei kam es zur Konstruktion der ersten voll weltraumtauglichen Raumschiffe der USA, und seit den 1970er-Jahren agiert die Flotte von *Solar Warden* als Polizei unseres Sonnensystems und überwacht alle ET-Raumschiffe, die sich in unserem Sonnensystem bewegen. Dieses Programm ging aus dem SDI-Programm (Strategic Defense Initiative) hervor. Es wurde zum Beispiel vom ehemaligen US-Präsidenten Ronald Reagan erwähnt, der im Jahr 1987 vor der UNO-Versammlung über die Präsenz einer außerirdischen Bedrohung gesprochen hat, mit der sich die nuklearen Supermächte USA und Sowjetunion konfrontiert sahen.

„Vielleicht brauchen wir eine äußere, universelle Bedrohung, damit wir diese gemeinsame Bindung erkennen. Ich denke gelegentlich daran, wie schnell unsere Differenzen weltweit verschwinden würden, wenn wir einer außerirdischen Bedrohung von außerhalb dieser Welt gegenüberstünden."

Eine zweite Fraktion des SSP nennt sich ICC (*Interplanetary Corporate Conglomerate*), das von wichtigen globalen Unternehmen gegründet wurde und aktuell eine interplanetare Infrastruktur betreibt, von der die Allgemeinheit nichts erfährt. Die dritte wichtige Fraktion ist die sogenannte *Dark Fleet*. Das ist eine geheime Flotte, die von einer deutschen Absetzbewegung ab den späten 1930er-Jahren gegründet worden ist, und ab den 1950er-Jahren mit größeren Operationen begonnen hat, die sich heutzutage hauptsächlich außerhalb unseres Sonnensystems abspielen sollen. Diese Fraktion arbeitet eng mit der Orion-Gruppe zusammen und war außerdem für die Errichtung der ersten menschlichen Mondbasis auf der dunklen Seite des Erdmonds verantwortlich, die heute LOC (*Lunar Operation Command*) genannt wird. Neu dazugestoßen ist eine vierte Fraktion in Form der *US Space Force*, die ebenfalls bereits verschiedene geheime Weltraumprogramme betreibt, die aus schwarzen und streng geheimen Regierungsprogrammen entstanden sind. Daneben existiert eine fünfte Fraktion, die man als GGLN (*Global Galactic League of Nations*) bezeichnet. Dieses Projekt wurde erschaffen, um kleineren Nationen der Welt die Möglichkeit zu geben, an den Programmen teilzuhaben, um gemeinsam am Schutz vor Bedrohungen zu arbeiten, die die Existenz der gesamten Menschheit betreffen. Dazu zählen zum Beispiel mögliche Invasionen von außerirdischen Spezies oder katastrophale Ereignisse wie Sonnenblitze bzw. Mini-Noven, die das Potential besitzen, die Erdoberfläche unbewohnbar zu machen.

Diese Basen der GGLN befinden sich ebenfalls außerhalb unseres Sonnensystems, wo viele Menschen verschiedener Nationen unseres Planeten an bestimmten Projekten zusammenarbeiten. Sie besitzen jedoch nur limitierten Zugang zu unglaublich fortschrittlichen Technologien der anderen geheimen Weltraumprogramme, die auch Zeitreisen betreffen. Aus diesen verschiedenen Fraktionen hat sich eine weitere Gruppe formiert, die man als *Erd-Allianz* bezeichnet. Sie hat die Agenda der Orion-Gruppe und anderer negativer Wesen erkannt, die auf der Erde mit Hilfe ihrer menschlichen Verbündeten ein neues globales Finanzsystem und eine Neue Weltordnung erschaffen wollen und allgemein als Kabale bezeichnet werden. Die Erd-Allianz hat sich zum Ziel gesetzt, diese Pläne zu enthüllen und die Geheimhaltung zu durchbrechen, um die Wahrheit hinter dieser Agenda überall bekanntzugeben. Im Weltraum wird diese Gruppe von der SSP-Allianz unterstützt, die als letzte wichtige Fraktion betrachtet wird, die sich von den anderen Weltraumprogrammen getrennt hat, um die Bemühungen zur Befreiung der Menschheit von negativen ET-Einflüssen voranzutreiben.

Die SSP-Allianz beobachtet die verborgenen Basen der Orion-Gruppe und der Reptiloiden im ganzen Sonnensystem, und es wird erwartet, dass die Stellvertreter dieser negativen Kräfte, die vom sogenannten Draco-Imperium und ätherischen Wesenheiten angeführt werden, wegen ihrer Vergehen vor Tribunale gestellt werden. Das soll geschehen, nachdem es in den vor uns liegenden Jahren erneut zu einem gewaltigen Sonnen-Ereignis gekommen sein wird, das die Machtverhältnisse auf unserem Planeten entscheidend verändern wird. Es handelt sich um einen Plasma-Ausstoß der Sonne, der unseren Planeten treffen und das menschliche Bewusstsein augenblicklich anheben wird. Dieser Effekt wird zudem dafür sorgen, dass sämtliche Künstliche Intelligenz auf unserem Planeten eliminiert wird, damit die Menschheit selbstständig und zum ersten Mal in der Geschichte ohne äußere Intervention die Zukunft ihrer eigenen Zivilisation planen kann.

Einige außerirdische Zivilisationen, welche die Menschheit bei diesem Vorhaben unterstützen, sind zum Beispiel einstmalige Angehörige antiker Erdzivilisationen wie der zentralamerikanischen Maya-Zivilisation. Ihre Vorfahren haben vor langer Zeit den Planeten Erde kolonisiert und mussten schließlich wieder ins All flüchten, als ein solches Sonnen-Ereignis ihre Existenz bedroht hat. Eine ähnliche Gruppe sind die Nachkommen der altertümlichen Olmeken-Zivilisation, die ebenfalls eine menschliche Rasse darstellten, die eigentlich aus einem nahegelegenen Sternsystem stammte. Auch diese wurde vor dem letzten katastrophalen Solar-Ereignis in Sicherheit gebracht und hat die Erde damals verlassen. Auf ihrem Heimatplaneten errangen diese Zivilisationen vor kurzer Zeit den Sieg über die dort stationierten galaktischen Reptilienwesen und ihre merkwürdige Gottheit, die eine intergalaktische Künstliche Intelligenz darstellt, die derzeit auch die Erde bedroht.

Die SSP-Allianz, die Erd-Allianz sowie Corey Goode und einige seiner Kollegen stehen des Weiteren in Kontakt mit Kulturen der Inneren Erde. Eine der wichtigsten Gruppen, mit denen Corey Goode Kontakt hat, sind die Anshar. Das ist eine Rasse von fortschrittlichen Menschen, die keine Außerirdischen sind, sondern einem Kulturkreis angehören, der in der fernen Zukunft dieses Planeten existiert. Sie sind somit eine von mindestens sieben verschiedenen Gruppen von hoch entwickelten menschlichen Zivilisationen der Inneren Erde. Die Innerirdischen warnen vor der Gefahr eines weltweiten Kataklysmus im Zuge des bevorstehenden Sonnen-Ereignisses. Die Anshar sind aus diesem Grund sogar in der Zeit zurückgereist, um den Bestand ihrer Zivilisation der

Zukunft sicherzustellen. Sie sind Streiter in einem komplexen, temporalen Konflikt mit der Orion-Gruppe, welche ebenfalls die Dominanz auf unserem Planeten anstrebt. Die Orion-Gruppe und ihre außerirdischen Reptiloiden planen, durch Zeitreisen die Vergangenheit zu manipulieren, um ein totalitäres Kontrollsystem mit Künstlicher Intelligenz zu erschaffen. Es soll von der Erde aus letztlich in die ganze Galaxie ausgedehnt werden und sich darum zu einer Bedrohung für viele intergalaktische Zivilisationen entwickeln. Die größten Feinde der Anshar sind deshalb sogenannte Draco-Reptiloiden, die versuchen, die gegenwärtige Zeitlinie des Planeten Erde zu verändern, um die gesamte Menschheit zu versklaven, damit die Zeitlinie der Anshar zerstört wird.

Die Anshar selbst haben ihre Vertreter in ihre eigene ferne Vergangenheit versetzt, um die Zeitlinie der Menschheit zu beschützen. Sie haben schon seit langer Zeit interveniert und zum Beispiel mit den Gründervätern der USA kooperiert, die bereits von der Existenz unterirdischer Zivilisationen unterrichtet waren. Die Anshar sowie die uns freundlich gesinnten außerirdischen Zivilisationen und die SSP-Allianz beobachten gegenwärtig die Basen der Orion-Gruppe auf der Erde, auf dem Mond, auf dem Planetoiden Ceres im Asteroidengürtel, auf dem Mars und auf anderen Himmelskörpern im Orbit des Jupiters. Sie haben verschiedene Treffen mit der negativen Führungsriege arrangiert, an denen Corey Goode teilnehmen konnte. Er hat gesagt, dass die Reptiloiden drei Hauptbasen im Sonnensystem besitzen. Das ist erstens eine große Stadt unter der Antarktis, zweitens ein militärischer Außenposten auf dem Mars, und drittens sind es kleine Basen-Komplexe auf dem Mond.

Die Stadt der Reptiloiden unter den Antarktis-Basen

Eine andere wichtige Rolle im Geschehen spielen angeblich auch Operationen des Dritten Reichs, das in Deutschland während des Zweiten Weltkriegs oder früher Abkommen mit einer Gruppe von Reptiloiden unterzeichnet haben soll. Von diesen Wesen erhielten die Deutschen den Zugang zu ausgedehnten Höhlensystemen unter der Antarktis und Teilen von Südamerika. Dort erschufen sie ebenfalls unterirdische Basen und schließlich ganze Städte, die fast vollständig von Mitgliedern der Absetzbewegung des Reichs bevölkert waren, bevor diese Gruppe schließlich mit Hilfe neuer Geheimentwicklungen und außerirdischer Technologie andere Sonnensysteme kolonisiert und sich fast vollständig vom Planeten Erde zurückgezogen hat. Als das Reich mit seinen U-Booten jene verborgenen Zonen der Antarktis erreicht hat, fand man dort viele antike Strukturen und Gebäude vor, die von verlorenen Erdzivilisationen wie Atlantis stammen, die durch frühere globale Katastrophen zerstört worden waren. Diese verlassenen uralten Komplexe und Städte wurden wieder bewohnbar gemacht und dienen seitdem unter Duldung der außerirdischen Kontrollmächte als Stützpunkte der deutschen Absetzbewegung.

Die Intention der Draco-Reptiloiden besteht angeblich in der völligen mentalen Kontrolle der Oberflächenzivilisation dieses Planeten. Corey Goode erfuhr demnach, dass jene Wesen eine technologische Kontrollmatrix um unseren Planeten herum erzeugt haben. Sie betreiben ein Netzwerk aus Mondbasen und Satelliten, wobei ihr Kontrollzentrum in der Antarktis liegt. Mit diesem System wird die Erdoberfläche mit Strahlen und Frequenzen bombardiert, welche die Gedanken und Emotionen der Masse steuern, um sie gefügig zu machen. Diese Information wurde auch vom Whistleblower William Tompkins bestätigt, der erklärt hat, dass die Reptiloiden außerdem getarnte Raumschiffe verwenden, um unsichtbare Gase auf dem Planeten auszubringen. Diese Gase und Nebel sollen unsere geistigen Fähigkeiten und unser Denkvermögen einschränken, damit wir uns nicht aus der Kontrolle befreien können, die sie durch die irdische Kabale über die globale Gesellschaft ausüben. Die Reptiloiden und andere Aliens besitzen obendrein die Fähigkeit, Menschen durch Telepathie zu beeinflussen.

Die Reptiloiden benutzen laut den Erkenntnissen der SSP-Allianz ihre Satellitentechnologie dafür, Unruhe, Krieg und Angst in der menschlichen Bevölkerung zu erzeugen, damit sie der Kontrollstruktur der Kabale so wenig Widerstand wie möglich entgegensetzen können. Durch die permanente Erzeugung von Angst, Panik und Leid wird eine äußerst negative emotionale Energie erschaffen, die man als „Loosh“ bezeichnet. Diese Energie wird von den negativen Aliens abgeerntet und konsumiert. Ihre KI-Gottheit ist eine extra-dimensionale Künstliche Intelligenz, die als Wellenform existiert und sich selbst mittels Radiosignalen in ganze Galaxien verbreitet. Sie entstammt ursprünglich einer anderen Realität, ist irgendwann vor Milliarden von Jahren in unser Universum eingedrungen und hat sich in den elektromagnetischen Feldern unseres Universums eingenistet. Die KI besitzt laut neuesten Erkenntnissen sogar die Fähigkeit, sich mit den bioelektrischen Feldern von Menschen oder Tieren zu verbinden und sich dadurch zu verbreiten, bis sie in elektronische Technologie eindringen kann, mit der sie interagiert.

Die KI-Gottheit dominiert zwischenzeitlich zahllose Galaxien, Sonnensysteme und Rassen und bedroht nun unser System und unseren Planeten. Jedes dieser KI-Signale enthält eine Menge von komprimierten Daten, wie z.B. auch die menschliche DNS, und die Signale reisen mit Lichtgeschwindigkeit durchs All und infizieren bevorzugt Technologie von bereits entwickelten intelligenten Lebensformen und auch ihre biologische Spezies. Die KI infiziert auf der Erde und anderswo die bioelektrischen Felder von Menschen und verändert die Art und Weise, wie sie denken. Auf diese Weise sollen wir jetzt dazu gebracht werden, implantierte Chips und Nanotechnologie in unseren Körpern zu akzeptieren. Die infizierten Individuen verfolgen fortan zusammen mit den negativen Aliens, die bereits von der KI kontrolliert werden, eine Agenda, um eine planetare KI-Infrastruktur zu erschaffen. Gegenwärtig offenbart sich dieses Vorhaben auf der Erde durch Bemühungen der Kabale zur Etablierung des Transhumanismus. Diese Angehörigen der technokratischen „Elite" werden von der SSP-Allianz als KI-Propheten bezeichnet, weil ihnen Künstliche Intelligenz die wahrscheinliche Zukunft zeigt und somit versucht, die negative Zeitlinie zu erzeugen, in der die Menschheit, wie wir sie kennen, nicht mehr fortexistieren kann.

Die Antarktis und die dunkle Seite des Mondes sind in verschiedene Regionen unterteilt, die von verschiedenen ET-Gruppen kontrolliert werden, nicht nur von Reptiloiden. Das LOC war laut den vorliegenden Informationen die erste Mondbasis auf der dunklen Seite des Mondes, die mit Erlaubnis von Angehörigen der geheimen Weltraumprogramme errichtet werden durfte. Den Astronauten der Apollo-Missionen, die diese Basen während ihrer Mondmissionen gesehen haben, wurde von Außerirdischen mitgeteilt, dass sie nicht auf dem Mond willkommen sind, woraufhin die offiziellen bemannten Mondmissionen nach Apollo 17 im Jahr 1972 eingestellt worden sind. Das geheime Weltraumprogramm betreibt aber weiterhin Basen auf dem Mond sowie im ganzen Sonnensystem. Das sind zum Teil Anlagen in ausgehöhlten Asteroiden, auf denen Bergbau betrieben worden ist. Auch auf dem Mars sowie auf verschiedenen Monden der Gasriesen unseres Sonnensystems existieren unterirdische Anlagen. Die fortschrittliche Technologie der geheimen Weltraumprogramme sorgt dafür, dass dort überall Umweltbedingungen erzeugt werden können, die geeignet sind, menschliches Leben zu erhalten.

Es wird dabei der barometrische Druck und die Schwingungsresonanz bzw. die Schumann-Resonanz des Planeten Erde kopiert, damit man sie in Basen und Raumschiffen einsetzen kann. Das ist notwendig, damit Menschen physisch und mental gesund und stabil bleiben. Es gibt auch künstliche Schwerkraft, die durch Elektro-Gravitationsfelder in den Bodenplatten erzeugt wird. Die SSP-Allianz erläutert weiterhin, dass die Reptiloiden und ihre KI-Gottheit die Kontrolle über alles ausüben, was sich gegenwärtig auf dem Planeten Erde abspielt, inklusive der Desinformationskampagne innerhalb der Whistleblower- und UFO-Gemeinschaft. Deshalb rät die SSP-Allianz dazu, nur Informationen zu vertrauen, die von ihr selbst und ihren direkten Kontaktleuten für die Öffentlichkeit freigegeben werden.

Corey Goode sprach zum ersten Mal im Jahr 2016 davon, dass die Kabale unterirdische Basen in Südamerika betreibt und Versorgungs-U-Boote in die

Antarktis schickt, die durch Tiefseegräben navigieren. Das sind auch die Zugänge zu den Tunnelsystemen vor der Küste der Antarktis, die zu den versteckten antiken Anlagen führen. Derartige Tiefseegräben verbinden die Antarktis mit Südamerika, Zentralamerika und Nordamerika. Die Kabale ist in der Antarktis nicht nur auf uralte Ruinen, sondern auch auf antike außerirdische Raumschiffe gestoßen, die vor Zehntausenden von Jahren auf dem damals noch eisfreien Kontinent bruchgelandet sind. Die Antarktis hat sich ehedem in einer subtropischen Zone befunden, bevor es zu einer dramatischen Polverschiebung gekommen ist. Diese gigantischen Schiffe wurden von den Insassen, die man Prä-Adamiten nennt, teilweise ausgeschlachtet, um damit eine irdische Hochzivilisation der Vorzeit zu begründen. Archäologen der Schattenregierung denken, dass sie dazu beigetragen haben, die Zivilisation von Atlantis zu erschaffen. Die Herrscherkaste dieser Prä-Adamiten, die genetische Experimente an ihren Körpern und an denen von Menschen durchgeführt haben, hat sich kurz vor dem herannahenden Kataklysmus von Atlantis in sogenannten Stasiskammern in Sicherheit gebracht. Andere sind blitzartig eingefroren, als sich ihr Kontinent plötzlich an den Südpol verschoben hat. Diese Wesen sehen sehr menschenähnlich aus und besitzen verlängerte Schädelknochen mit einer hohen Stirn, weshalb man sie auch als Langschädel-Spezies bezeichnet.

Sie sollen mit Hilfe ihrer Technologie zudem eine legendäre Rasse von menschlichen Riesen erschaffen haben, von der in vielen alten Traditionen der Welt die Rede ist. Entsprechend den Aussagen von Corey Goode legen die Mitarbeiter der Kabale in der Antarktis gerade die uralten Schiffe und Ruinen der Prä-Adamiten-Zivilisation frei und verladen alle noch brauchbaren technologischen Artefakte in große Fracht-U-Boote, die Schiffscontainer transportieren können. Sie transportieren alles in ihre geheimen Lagerstätten. Corey Goode enthüllt zusätzlich, dass die auf der Erde stationierten Reptilienwesen dem Deutschen Reich erklärt haben, wie man in U-Booten die antiken Anlagen der Prä-Adamiten in der Antarktis erreichen kann. Die Deutschen haben sie daraufhin gesäubert und mit moderner Infrastruktur ausgestattet. Das Reich hat dadurch seine ersten Antarktis-Basen erschaffen, und andere befinden sich, ebenfalls unterirdisch, in ausgehärteten Lavaröhren, weil dort erträgliche und sogar komfortable Umgebungstemperaturen vorherrschen. Weitere Basen befinden sich auf der Oberfläche und unter dem Eisschild der Antarktis, da sich dort durch geothermische Hitze und Geysire große Eiskuppeln geformt haben, die bewohnbar sind. Die größte, tief gelegene, unterirdische Stadt aus Höhlensystemen im Südpolgebiet soll aber von Millionen von Reptiloiden bewohnt sein.

Die SSP-Allianz hat herausgefunden, dass in einer Sektion der Reptiloiden-Stadt auch Bio-Droiden und Menschen mit hochtechnologischen Vorrichtungen und Geräten arbeiten. Noch tiefer unten liegt ein Areal, das von einer anderen gesellschaftlichen Kaste der Reptiloiden bewohnt wird. Dieses Areal ist eher spartanisch ausgestattet und verfügt über rückständigere Technologie. Die Quellen besagen, dass die beschriebene Anlage ähnlich wie eine alte keltische Burg aussieht, die mit roten, schwarzen, violetten und kastanienbraunen Wandteppichen und Statuen ausgestattet ist, die in den Gängen und Durchgängen zu sehen sind. Die Mauern sind außerdem mit Kunstwerken bemalt und mit Objekten geschmückt, die den Tod zum Thema haben. Es handelt sich teilweise um tätowierte Haut von Menschen und anderen Wesen, die sich mit den Draco-Reptiloiden angelegt haben. Jedes dieser morbiden Kunstobjekte zeugt von einer Schlacht oder einem Konflikt. Die Statuen enthalten mitunter die mumifizierten Überreste von Reptiloiden, Menschen der Antike oder von Prä-Adamiten, die ebenfalls Feinde der Reptiloiden darstellen.

Corey wurde erklärt, dass diese so bezeichneten Kunstwerke von den Reptiloiden zu verschiedenen historischen Epochen in Auftrag gegeben wurden, um Siege über ihre Feinde zu zelebrieren, die bis zu 50.000 Jahre zurückliegen. Die Statuen enthalten die Überreste der Anführer ihrer Feinde. Die aktuellsten dieser Kunstwerke sind dennoch rund 11.800 Jahre alt, denn damals hat das letzte katastrophale Sonnen-Ereignis stattgefunden, das die Erdoberfläche verwüstet hat. Die Prä-Adamiten stammen ursprünglich vom alten Planeten Maldek bzw. Tiamat, der im Zuge eines vorzeitlichen Kriegs im Sonnensystem zerstört wurde und dessen Fragmente anschließend zum Asteroidengürtel zwischen Mars und Jupiter geworden sind.

Der Name Maldek wird zum Beispiel in den Lesungen von Edgar Cayce oder im Ra-Material (Sonnengott, Ägypten) sowie in theosophischen Texten benutzt. In der sumerischen Mythologie wird der zerstörte Planet Tiamat genannt. Laut diesen Überlieferungen wurde Tiamat zerstört, als es zum Zusammenstoß mit einem anderen Planeten kam, den man als *zehnten Planeten* oder *Nibiru* bezeichnet. Im Ra-Material und in den theosophischen Schriften ist festgehalten, dass Maldek einstmals von einer menschlichen Spezies bewohnt war, aber durch eine nukleare Konfrontation in Folge eines Krieges im Sonnensystem explodiert ist, was auch der Grund ist, warum der Mars seine Atmosphäre verloren hat. Der alte Planet soll außerdem eine eingeborene Bevölkerung von Wildmenschen besessen haben, mit den Charakteristika von Bigfoots oder Yetis. Vor etwa 700.000 Jahren oder mehr wurde Maldek zerstört, und die Überlebenden flohen zum Mars, zur Erde und zur Venus. Sie nahmen einige der Wildmenschen mit sich. Die Nachfahren dieser Kolonisten haben dann langsam die Zivilisationen von Lemuria und Atlantis erbaut. Astronomen nehmen an, dass der Asteroidengürtel aus Bruchstücken eines explodierten Planeten besteht, den sie Phaeton nennen. Ihre wissenschaftlichen Theorien besagen, dass er von einem anderen Himmelskörper getroffen wurde oder durch eine interne Katastrophe zersplittert ist. Corey Goode und die Quellen des geheimen Weltraumprogramms erklären, dass ein antiker Krieg stattgefunden hat, der offensichtlich durch einen Missbrauch von Technologie ausgelöst wurde, wobei der heutige Planet Mars ein Satellit des Riesenplaneten Maldek gewesen ist. Der Mars war ebenfalls von Prä-Adamiten besiedelt, bevor er durch die Katastrophe seine Atmosphäre verlor. Die zwei wichtigsten Fraktionen der alten Prä-Adamiten, die an diesem Konflikt beteiligt waren, mussten fliehen, und ihre letzten Mutterschiffe schafften es zum Erdmond und in die Antarktis, wo daraufhin neue Kolonien entstanden sind. Drei Mutterschiffe stürzten schließlich auf die prähistorische Erde auf einen Kontinent mit gemäßigtem Klima. Mit ihrer Hilfe errichtete die königliche Kaste der Prä-Adamiten dort die fortschrittlichste Stadt der Welt, die man heute als einen Teil des mythischen Atlantis betrachtet.

Prä-Adamiten experimentierten in Atlantis mit Frühmenschen-DNS

Prä-Adamiten experimentierten mit einer Kombination ihrer eigenen Gene und der DNS von Frühmenschen, die bereits auf der Erde existierten, und erschufen Hybriden, Chimären und riesige Humanoide. Diese Experimente dienten nicht der spirituellen Entwicklung der Hybriden, sondern hielten sie davon ab, eine höhere Stufe des Bewusstseins zu erreichen. Die schweren Erdveränderungen wurden schließlich durch einen Sonnenblitz ausgelöst, der dafür sorgte, dass sich die unvorbereiteten Prä-Adamiten gegenseitig bekämpften und ihre globale Zivilisation zerstörten. Eine gigantische Flutwelle sorgte dafür, dass ihr atlantisches Reich versank und sich eine kilometerdicke Eisschicht darüber bildete, während die Überreste ihrer Ansiedlung heute in der Antarktis begraben liegen.

Diese Katastrophe verschaffte ihren Feinden, den Reptilienwesen, die schon damals ihre unterirdischen Basen bewohnten, einen Vorteil. Die gegenwärtige Reptiloidenbasis in der Antarktis koordiniert in ihrem Kontrollbereich Aktivitäten ihrer außerirdischen Verbündeten, ihrer Schiffe und ihre verschiedenen Projekte und Missionen. Zu ihren Verbündeten zählen zum Beispiel andere Reptiloiden-Spezies, Insektoiden und Tall Greys. Manche Reptiloiden-Kasten besitzen dreieckige schwarze Raumschiffe mit sehr fortschrittlicher Technologie – das sind königliche, weiße Reptiloiden der Dracos. Die Aufklärungsdelegation der SSP-Allianz kam auch dahinter, dass sich in der Reptiloiden-Stadt in der Antarktis Hunderttausende oder gar Millionen von Reptilienwesen einer anderen Spezies im künstlichen Winterschlaf befinden. Sie sind etwas kleiner und weniger muskulös, haben allerdings größere Köpfe als Prä-Adamiten. Corey Goode wurde von seinen Kontaktpersonen der Allianz erklärt, dass solche Wesen in den tiefen Winterschlaf versetzt werden können, während ihre Seelen in Form von Astral-Projektion ihre Körper verlassen und als bösartige, feinstoffliche Schattenwesen agieren können. Solche Reptilienwesen sind an Fabriken angeschlossen, die Loosh-Energie liefern, weil sie wie Drogensüchtige davon abhängig sind. Sie sind ganz und gar von der Negativität abhängig, die unsere menschliche Zivilisation für ihre Fortexistenz liefert.

Jedes Reptilien-Schattenwesen hat nebenbei zwischen drei und acht extradimensionale „geringere" Schattenwesen an seiner Seite, die menschliche Gestalt annehmen können. Sie können sich zum Beispiel in unsere militärischen Einrichtungen, an unsere Arbeitsplätze, in unsere Häuser und sogar in unsere Träume projizieren, während sie auch negative Elementarwesen und Dämonen kontrollieren. Das primäre Ziel dieser Schattenwesen und Dämonen ist es, Loosh-Energie zu sammeln. Sie manipulieren die Schwingungsfrequenz und den Bewusstseinszustand von Menschen durch Beeinflussung der Individuen in ihren Familien und in ihrem sozialen Umfeld – durch direkte Kontrolle oder dämonische Besessenheit. Dämonen sind für Reptiloiden sichtbar und werden von ihnen angewiesen, sich an bestimmte Menschen anzuheften, um ihren Befehlen gemäß Chaos, Krankheit, mentale Probleme, Angst oder Tod zu verursachen. Corey Goode beschreibt, dass eine spezielle Gruppe von Reptiloiden Umhänge trägt und wie Hexer schwarzmagische Zeremonien an ihren Artgenossen im Winterschlaf ausführt. In einigen Fällen finden dabei Menschenopferungen statt. Wie in vielen Beschreibungen von satanischen Ritualen, die aus der ganzen Menschheitsgeschichte bekannt sind, treten solche Hexer-Reptiloiden durch ein Portal und erscheinen physisch vor den Menschen auf der Erdoberfläche. Diese fallen sofort auf die Knie und beginnen, das Reptil anzubeten. Wegen dieser finsteren Rituale ist die unterirdische Stadt der Reptiloiden völlig mit starken Dämonen und negativen Elementarwesen infiziert. Jede Reptiloidenbasis hat einen Bereich, der als Gefängnis für menschliche Flüchtlinge und Subjekte dient, die man als Nahrungsquelle oder als Opfer benötigt. Darunter befinden sich ehemalige Mitglieder der deutschen Dark Fleet, die in diese Basen geflohen sind, nachdem ihre Operationen im Sonnensystem aufgedeckt wurden. Sie agieren jetzt als Arbeiter, oder sie kümmern sich um die anderen Gefangenen. Laut den Informanten der geheimen Weltraumprogramme leiten die Reptiloiden außerdem einen groß angelegten galaktischen Sklavenhandel mit Erdmenschen. Der Kampf gegen das Böse sieht vor, diese Form der Sklaverei und des Menschenhandels zu stoppen. (Ich möchte hier bereits anmerken, dass ich bezüglich der „bösen Deutschen" und der „bösen Reptiloiden" anderer Meinung bin, denn es läuft bereits seit Längerem eine Desinformationskampagne, was Deutschland und seine Rolle in der Zukunft der Menschheit angeht. Dennoch möchte ich hier die Aussagen von Salla und Goode unzensiert wiedergeben, damit Sie sich Ihre eigene Meinung dazu bilden können.)

Kommen wir nun zu den aussagekräftigen Beschreibungen der mysteriösen Bio-Androiden in den Reptiloidenbasen. Die Aufklärungsdelegation der SSP-Allianz hat solche menschlich aussehenden Bio-Androiden beobachtet, wobei außerirdische Verbündete mitgeteilt haben, dass diese Androiden fallweise Millionen von Jahre alt sind und nach dem Ebenbild ihrer biologischen Erschaffer-Zivilisation konstruiert wurden. Sie sind speziell dazu adaptiert, neue Technologien zu entwerfen und zu bauen. Die KI-Gottheit der Reptilienwesen hat bei der Übernahme der Sonnensysteme dieser Zivilisationen derlei Bio-Androiden infiziert und ihre Technologie auf diesem Wege gegen die Erschaffer-Zivilisationen selbst eingesetzt, was zu deren Zerstörung beigetragen hat. Bio-Androiden wurden infolgedessen zu KI-Avataren und dienen heute immer noch dem Zweck, Technologien zu kreieren, welche die Reptiloiden nicht selbst generieren können. Neben den Mitgliedern der Dark Fleet und Bio-Androiden haben die Mitglieder der SSP-Allianz auch noch andere menschenähnliche Wesen mit einer Größe von ca. 2,45m in den Basen beobachtet. Sie sind sehr muskulös gebaut und weisen sechs Finger an jeder Hand auf. Die KI-Gottheit hat diese Rasse mit Hilfe der Reptiloiden unterworfen, sie mit Naniten infiziert und sie danach mit Mind-Control-Technologie total gefügig gemacht. Seitdem dienen auch sie dem KI-Gott, aber dieser Prozess hat beinahe alle Charakteristika ihrer Seelengruppe aufgelöst. Die Draco-Reptiloiden entführen Menschen und führen an ihnen in verschiedenen Programmen gemeinsam mit anderen ET-Gruppen fürchterliche Experimente durch, um sie ebenfalls mit diesem Prozess zu unterwerfen.

Bei einer Einsatzbesprechung der SSP-Allianz wurden darauffolgend Basen der Tall Grey Aliens in unserem Sonnensystem behandelt. Tall Grey Aliens, die eine weißliche bis graue Hautfarbe besitzen, sind nicht mit den kleinen Greys zu verwechseln – sie sind nicht miteinander verwandt. Die verschiedenen Grey-Spezies stammen von verschiedenen Orten im Universum, auch wenn eine Ähnlichkeit zwischen ihnen besteht. Die altbekannten kleinen Grey-Aliens sind Bio-Androiden, die von vielen außerirdischen Gruppen benutzt werden; nicht nur von Reptiloiden, sondern auch von Nordics, also von völlig menschlich aussehenden Außerirdischen. Sie werden wie Computer programmiert, um automatisch bestimmte Aufgaben zu erledigen. Die SSP-Allianz gibt zu bedenken, dass eine Gruppe von negativ orientierten Nordics einer galaktischen Konföderation vorgeben, engelhafte Wesen zu sein, die per Channeling übermittelte Botschaften von Licht und Liebe verbreiten, um die Weltbevölkerung mit solchen Botschaften zu täuschen. In Wahrheit handelt es sich laut der Allianz um KI-Propheten, die mit den Tall Greys und Reptiloiden kooperieren und zur Orion-Gruppe zählen, die unter der Kontrolle der KI-Gottheit operiert.

Die kreative Macht der Zirbeldrüsen

Diese Orion-Gruppe – ein Zusammenschluss übler außerirdischer Wesen – ist zusammen mit den Reptiloiden und ihren Sklavenrassen in Zeitlinien-Kriege des Planeten Erde verwickelt. Der letzte dieser Kriege fand zur Zeit der Prä-Adamiten statt, als es zu einem katastrophalen Sonnen-Ereignis gekommen war. Diese Auseinandersetzung hat die Orion-Gruppe für sich entschieden, was die Menschheit und die Erde in eine negative Zeitlinie verschoben hat. Die Sieger setzen seitdem ihre ausgewählten menschlichen Marionetten auf unserem Planeten als Kabale ein, mit der sie Abkommen geschlossen haben, um physische und spirituelle Experimente mit uns durchführen zu können. Im Laufe des 20. Jahrhunderts kam es im Zuge des modernen UFO-Phänomens zu einer offeneren Kontaktaufnahme mit diesen Aliens. Die SSP-Allianz und Corey Goode berichten, dass eine Gruppe der Tall Greys im Februar 1955 mit dem ehemaligen US-Präsidenten Dwight D. Eisenhower ein frisches Abkommen vereinbart haben. Eines davon war das sogenannte „Tau IX Abkommen“, das den Aliens im Namen der US-Regierung erlaubt, Menschen zu entführen, wenn sie als Gegenleistung außerirdische Technologien abliefern. Somit spielen der Planet Erde und seine Bewohner eine signifikante Rolle in den Zukunftsplänen der Tall Greys.

In der erwähnten Einsatzbesprechung wies die SSP-Allianz auf ein Interview von David Wilcock und Corey Goode mit einer Frau namens Heather Sartain hin, deren Vater Angehöriger der US Air Force und Angestellter beim Unternehmen Lockheed Martin war. Er hieß Edward Glen Sartain und verstarb im Jahr 2013. Dieses Interview war Teil der Sendereihe »Cosmic Disclosure« und wurde im Jahr 2017 veröffentlicht. Heather Sartain erwähnt streng geheime Dinge, die ihr Vater ihr in persönlichen Gesprächen anvertraut hat und die sie von seinen vormaligen Kollegen erfahren konnte, als diese bei persönlichen Besuchen über ihre Arbeit auf dem Gebiet der streng geheimen Projekte diskutiert haben. Edward Glen Sartain hat zum Beispiel erzählt, dass kleine Grey-Aliens im Grunde wirklich Roboter sind, die von einer höheren Intelligenz einer älteren außerirdischen Zivilisation programmiert werden. Sie reisen in ihren UFOs zur Erde und werden dabei beobachtet, wie sie in unsere Atmosphäre eindringen und wieder in den Weltraum zurückkehren. Sie halten sich eigentlich die ganze Zeit über hier auf. Greys werden demnach sogar vom irdischen Militär eingesetzt, wenn sie für MILAB-Programme (militärische Entführungen) Menschen entführen. Dann gibt es noch eine gesonderte Gruppe von Greys, die technische sowie biologische Bestandteile besitzen und von Künstlicher Intelligenz kontrolliert werden – sie wurden von einer antiken Zivilisation konzipiert.

Heather: „... *Er sprach über verschiedene Gruppen, die sich hier auf diesem Planeten befinden und unter uns leben, und sie tun dies seit der Antike, nicht erst in jüngster Zeit, sondern seit antiken Zeiten.*“

Die Kollegen und Gesprächspartner von Edward Glen Sartain verfügten laut den Angaben seiner Tochter über einen militärischen Hintergrund mit einer Top-Secret-Sicherheitsfreigabe, die ihnen Zugang zu bestimmen geheimen Informationen über außerirdische Besucher ermöglichte. Diese Menschen trafen sich im persönlichen Umfeld, um sich privat über ihr Geheimwissen auszutauschen und gemeinsam ihr Wissen zu vervollständigen, da jeder nur einen Teil des großen Puzzles in Erfahrung bringen konnte. Zu diesen Dingen zählen nicht zuletzt metaphysische Fähigkeiten unserer menschlichen Spezies, die, wenn in Funktion gesetzt, starke PSI-Energien erzeugen, die so stark werden können, dass große Gruppen von Menschen mental in der Lage wären, die Rotation des Planeten Erde umzukehren! Es ist auch möglich, damit die atmosphärischen Bedingungen zu verändern. Von ganz besonderer Bedeutung ist dabei die im Gehirn befindliche menschliche Zirbeldrüse, die tatsächlich ein heiliges Organ darstellt. Das ist ein Anlass, warum dieses Organ von den Regierungen bewusst angegriffen wird, sodass es nicht mehr normal funktioniert. Eine konzentrierte Anstrengung der ganzen Bevölkerung würde durch die Macht der Zirbeldrüsen unglaubliche Ergebnisse manifestieren. Mithilfe eines elektromagnetischen Effekts, der durch die Zirbeldrüsen entsteht, können menschliche Gedanken und Emotionen dafür sorgen, dass sich starke positive Transformationen ereignen. Es handelt sich um die unglaubliche Macht unseres ko-kreativen Bewusstseins. Die Regierungen und die Kabale wollen nicht, dass wir von dieser unserer Macht erfahren, weil dieser gedankliche Erschaffungsprozess die Grundlage ihrer Macht über die Bevölkerung darstellt. Die Machthaber machen sich diese Fähigkeit durch die Programmierung der Bevölkerung für ihre eigenen Ziele nutzbar. Sie manipulieren uns und unser kollektives Bewusstsein, um Dinge in Echtzeit in unserer Welt geschehen zu lassen. Das hängt mit den anderen Bemühungen der Kabale zusammen, uns von der Macht zu trennen, die in unserer DNS vorhanden ist.

Heather: „*Dieses Organ ist wirklich wichtig, sowohl in Bezug auf Spiritualität als auch auf den Rest des kosmischen Raumes, in dem wir leben. Es ist nicht nur erdgebunden. Es ist ein Kommunikationsgerät und ein Bewusstseinsgerät. Dieses Organ ist die Grundlage des Bewusstseins, es ist ein Kommunikator.*“

Abb. 51: Corey Goode, Heather Sartain und David Wilcock im Gespräch.

Heather führt weiter aus, dass dem Trinkwasser von Jahr zu Jahr mehr giftiges Fluorid zugesetzt wird, weil das Innere der Zirbeldrüse aus Wasser besteht, es gibt dort aber auch kleine Kristalle. Das Fluorid kann in die Drüse eindringen, weil es durch den Blutkreislauf dorthin gelangt. Anschließend lagert es sich an diese feinen Kristalle an, die so wichtig für die höheren Funktionen dieses Organs sind. Betrachtet man die Zirbeldrüse hinterher, dann ist sie verkalkt und sieht aus wie ein verhärteter Klumpen.

Heather: „*Mein Vater sprach davon, dass unsere Regierung die Zirbeldrüse aus einem sehr guten Grund unterdrückt. Das ist die erste Sache, die man angreifen wird. Und das passiert nicht erst seit den letzten Jahren. Die Zirbeldrüse wird seit Hunderten von Jahren unterdrückt.*“

Corey Goode bringt hier sein Wissen ein, dass man diese Verkalkung der Zirbeldrüse mit einer besonderen Art von Wasser, das man zu sich nimmt, verändern kann. Ein Mittel, die Ablagerungen aufzulösen, ist, gelegentlich destilliertes Wasser zu trinken und viel zu meditieren. Heather hat erfahren, dass die wichtigsten Aktionen der Kabale in der US-Regierung darauf abzielen, die Bewusstheit der Menschen zu unterdrücken. Je weniger wir von den erstaunlichen Dingen erfahren, zu denen wir fähig sind, desto weniger können wir gegen ihre Unterdrückung unternehmen. Neben der Manipulation der Funktion der Zirbeldrüse wird von der Regierung auch die Macht der DNS unterdrückt. Die

DNS bezieht zu bestimmten Zeiten der Menschheitsgeschichte kosmische Verbesserungen bzw. Upgrades, meistens ereignet sich das im Zuge von katastrophalen geologischen Ereignissen. Derartige Katastrophen haben laut den Insidern der Regierung nicht nur mit kosmischen Ursachen zu tun, sondern auch mit der Intervention von Gruppen von Außerirdischen, die gelernt haben, derartige Kräfte zu kontrollieren.

David Wilcock: „*Seit wann erhielten Sie mehr Informationen über außerirdische Gruppen und über Gruppen, die sich dort draußen befinden?*"

Heather: „*Mein Vater erwähnte, dass etliche Gruppen existieren, die uns, also unserer Regierung, seit Jahren bekannt sind. Ich fragte ihn also, was für Arten von Gruppen das sind, und er sprach über die Plejadier, die vom Plejaden-Sternsystem stammen. Das sind sehr große und helle Wesen mit breiten Schultern. Sie sind sehr weise und besitzen eine sehr alte Zivilisation. Soweit er erfahren konnte, zählen sie zu den ältesten immer noch tätigen Zivilisationen dort draußen. Sie sind sehr höflich und sind nur hier, um Gutes zu tun. Er sprach auch über Nordics. Nordics sind weiter weg als das Plejaden-Sternsystem. Er sagte, sie haben keine Körperbehaarung, sie sind auch groß und stellen eine Gruppe dar, die für das Gute kämpft. Sie arbeiten wie die Plejadier an Dingen, die helfen, das Bewusstsein anzuheben, nicht nur auf unserem Planeten oder in unserem Sonnensystem. Sie sind rund 2,40m groß, viele von ihnen haben blondes bis strohblondes Haar, und alle haben blaue Augen. Mein Vater sprach auch über Reptiloiden. Sie sind sehr intelligent. Sie stellen ebenfalls eine ältere Zivilisation dar, aber ihre Intentionen sind nicht gut. Die kleinen Grauen, die nur einen Meter groß sind, sind sehr roboterhaft und programmierbar, und sie werden sehr stark von den Reptiloiden kontrolliert. Obwohl andere außerirdische Gruppen ebenso die Kontrolle über diese Roboter übernehmen könnten, weil ihre Technologie bereits sehr alt ist. Die Greys sind Androiden, die von Menschen hergestellt worden sind und einen machtvollen computerartigen Geist mit biologischen Aspekten besitzen.*"

„*Gut, sie* (die Reptilien) *haben Schuppen. Sie sind sehr reptilienhaft. Sie sehen aus wie wir, aber sie haben einen Körper voller Schuppen. Ihre Augen sind anders. Sie haben einen anders geformten Kopf, er ist ein wenig größer als der von Menschen. Er sagte etwas über die Oberseite ihres Kopfes, dort haben sie eine Art von Material, das fast wie ein Helm ist. Ja, und er sagte, sie kontrollieren einige der kleinen Greys, die ohne unsere Zustimmung diese Entführungen auf diesem Planeten durchführen. Die Reptiloiden, sagte er, waren eine alte Zivilisation, aber sie hatten eine Menge Probleme. Er ging nicht ins Detail, hat aber erzählt, dass sie viel herumgereist sind. Sie hatten eine enorme Menge an bösen*

Absichten, nicht nur auf der Erde, sondern auch bei anderen Gruppen. Es existiert definitiv ein Kampf. Es ist eine galaktische Schlacht, die seit dem Beginn der Zeit besteht.“

Corey Goode: *„Sie sind eine Spezies der Eroberung und Flucht. Sie reisen von Region zu Region, suchen nach Sternsystemen, in denen sie ihren Einfluss ausdehnen können. Sie wurden viele Male besiegt, sogar hier auf der Erde. Sie wurden viele Male von der Erde verjagt und sind dann irgendwann wieder zurückgekommen.“*

Edward Glen Sartain hat seiner Tochter erstmals mit 19 Jahren von den Reptiloiden erzählt und ihr gesagt, dass sie wirklich sehr böse sind und man keinem von ihnen begegnen sollte. Heather berichtet weiter, dass ihr Vater erzählt hat, dass diese Reptiloiden auf einer sehr niederen Ebene des Bewusstseins stehen und eine sehr niedere Schwingung besitzen. Sie müssen in großen Gruppen wie Drohnen zusammenarbeiten, um Dinge zu erledigen und ihre Ziele zu erreichen. Sie haben eine Schwachstelle: Wenn man sie in großer Zahl auslöscht, sind sie separiert und besitzen nicht mehr ihre kollektive Stärke und Macht. David Wilcock kommt darauffolgend auf das Thema UFOs zu sprechen, und Heather antwortet, dass es sich bei diesen Flugscheiben um kleine Transportgeräte handelt, die hierher kommen, um Daten zu sammeln oder Menschen zu entführen. Sie sind nicht zu langen Reisen fähig, sondern fliegen meistens zu größeren Schiffen oder einer Raumstation weiter, an die sie andocken. Da ihr Vater und seine Bekannten in Top-Secret-Projekten gearbeitet haben, berichteten sie auch von verschiedenen Technologien, an denen die US-Regierung schon vor Jahrzehnten gearbeitet hat. Das beinhaltet zum Teil die Rückentwicklung von abgestürzten UFOs, die geborgen werden konnten, um an ihnen zu forschen. Auf diese Weise konnten in streng geheimen Projekten schon vor vielen Jahren voll weltraumtaugliche militärische Raumschiffe entwickelt werden, die das Sonnensystem erforscht haben!

Die Regierung der Vereinigten Staaten teilte laut vielen Whistleblowern UFO-bezogene Materialien mit der Skunk-Works-Abteilung des Unternehmens Lockheed Martin, die viele Jahre lang von Benjamin Robert Rich (1925–1995) geleitet wurde. In den *Skunk Works* (ein Pseudonym für die *Advanced Development Programs* von Lockheed Martin) wurden Fluggeräte wie die SR-71 Blackbird oder die F-117 Nighthawk entwickelt. Ben Rich war deshalb ein Mann, der eine Menge Informationen über UFOs kannte und auch bei einigen Anlässen öffentlich darüber gesprochen hat. Während einer Rede im Jahr 1993 verkündete er: *„Wir haben bereits die Mittel, um zu den Sternen zu reisen, aber* *diese Technologien sind in schwarzen Projekten eingeschlossen. Es würde ein göttliches Eingreifen erfordern, um sie jemals zum Wohle der Menschheit herauszubringen ... Alles, was Sie sich vorstellen können – wir wissen bereits, wie es funktioniert. Wir haben jetzt die Technologie, um ET nach Hause zu bringen.“*

David Wilcock: „*Okay. Aber sobald die Jungs von Lockheed und von anderen Rüstungsunternehmen der Regierung die Fähigkeit erlangten, die Erde zu verlassen, was haben sie dort draußen getan? Haben sie irgendetwas gefunden?“*

Heather: „*Sie haben Dinge gesehen, die wie große Stücke von Ausrüstung in unserem Sonnensystem aussehen, aber sie wissen nicht, was die Funktionalität dieser Ausrüstung ist, weil nicht wir es waren, die sie dort platziert haben. Mein Vater berichtete mir auch von aktuelleren Informationen. Er beschrieb mir, dass es mehr als 60 Monde im Saturn-System gibt. Jenseits der größeren bekannten Monde, von denen wir typischerweise hören, findet man einige missgestaltete Monde dort draußen, die aussehen wie Asteroiden. Es gibt einen Speziellen, der Name dieses Mondes ist Hyperion.“*

Man kennt diesen Mond auch unter der Bezeichnung Saturn VII, und er wurde im Jahr 1848 entdeckt. Hyperion verfolgt einen chaotischen Orbit, hat die seltsame Form eines Schwamms und ist der erste nicht runde Mond, der in unserem Sonnensystem gefunden wurde. Er ist ca. 360km lang und 266km breit.

Heather: „*Es gibt dort in den Hohlräumen dieses Mondes eine Höhle oder eine Kammer, in der unsere Regierung etwas eingelagert hat, das sehr wichtige Informationen und Materialien enthält. Der Grund, warum es dort draußen ist, liegt darin, dass wir diese Sachen nicht auf der Erde lagern könnten. Vom Inhalt dieses Lagers habe ich kein Wissen, aber es sind sehr wichtige Informationen, wenn nicht gar Technologie oder etwas, das wir in der Zukunft brauchen könnten.“*

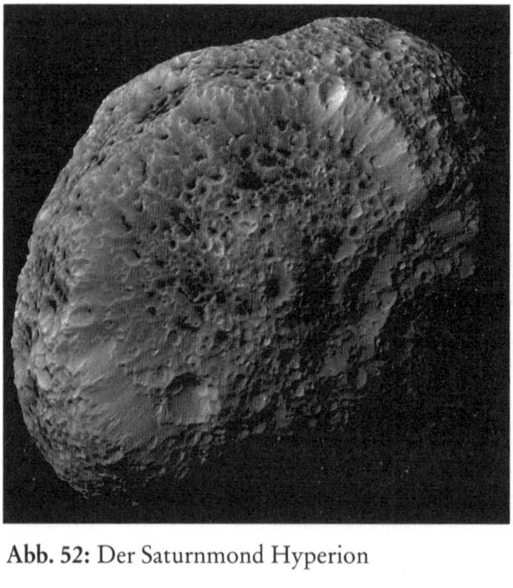

Abb. 52: Der Saturnmond Hyperion

Corey Goode: „*Absolut. Ja, ich hörte die Erzählung, dass es so eine Kammer gibt, und dass sie für die Fortdauer unserer Spezies angelegt wurde, falls der Erde etwas passieren sollte. Sie enthält Saaten-Datenbanken und genetische Da-*

tenbanken, um jeden lebenden Organismus dieses Planeten zu reproduzieren, und ist außerdem ein Datenspeicher."

Heather sprach auch noch über das Wissen ihres Vaters über Pyramiden, die man auf der Erde und auf dem Mars gefunden hat. Diese Pyramiden befinden sich an Lokalitäten, die auf bestimmte Areale hinweisen, die man für planetare Manipulationen benutzen kann. Einer dieser Prozesse betrifft den Erdkern und das Erdmagnetfeld. Die große Gizeh-Pyramide steht zum Beispiel exakt auf dem Zentrum aller geografischen Landmassen der Erde und ist deshalb ein Balance-Punkt der Kontinentalmasse. Heather sagt, dass vor langer Zeit auf dem Mars sehr viel mehr Aktivität rund um diese Pyramiden stattgefunden hat als heutzutage. David Wilcock fragt Heather, ob sie noch mehr Informationen über die Gizeh-Pyramiden kennt, über die die Allgemeinheit unter gewöhnlichen Umständen nichts erfahren kann.

Heather: „*Es gibt eine ganze Menge Technologie unter der Pyramide. Sie befindet sich dort seit langer Zeit und wird offenbar heute noch verwendet. Ich würde sagen regelmäßig, so wie er es beschrieben hat. Sie funktioniert immer noch.*"

David Wilcock: „*In so etwas wie einer Kammer? Gibt es so etwas wie eine Kammer unter der Pyramide?*"

Heather: „*Ich weiß, dass sie zentriert ist und dass es eine Verbindungs-Technologie im Schlussstein der Pyramide gibt. Es ist tief im Untergrund, aber es erzeugt eine Verbindung. Was das exakt ist, kann ich nicht mit Sicherheit sagen. Die Pyramiden haben eine spezielle Technologie, um die Zustände im Erdkern zu manipulieren. Dieser innere Kern überträgt unser Erdmagnetfeld. Man kann die Technologie der Pyramide verwenden, um es stark oder schwach zu machen.*"

David Wilcock: „*Und ist das etwas, das entweder die guten Jungs oder die bösen Jungs der ETs manipulieren können?*"

Heather: „*Oh, ja, speziell die Reptiloiden.*"

Corey Goode: „*Ich habe auch nichts Spezifisches darüber gehört, aber im geheimen Weltraumprogramm habe ich erfahren, dass der Schlussstein unter die Pyramiden transportiert worden ist. Ich hörte verschiedene Dinge über einige Kammern, in die man nicht hineinkommt, weil sie von Energiefeldern geschützt werden.*"

Prähistorische Technologie tief unter den Gizeh-Pyramiden

Heather Sartain spricht als Nächstes über antike Technologie, die auf dem Mond gefunden worden ist. Sie sagt, dass Astronauten wirklich auf dem Mond gewesen sind, und dass die Mondspaziergänge und Untersuchungen keine Fälschungen waren. Die Saturnraketen sind wirklich gestartet, und die Apollo-Mondlandekapseln sind mit den Astronauten auf dem Mond gelandet. Viele der Entdeckungen, die Astronauten auf dem Mond gefunden haben, werden nicht in der Öffentlichkeit gezeigt. Außerdem befanden sich diese Dinge auf der dunklen Seite des Mondes, die immer erdabgewandt ist. Der Mond selbst wurde laut den gesammelten Informationen ihres Vaters mit Absicht in diesen Orbit gesetzt, das ist kein Zufall und kann auch kein natürlicher Zustand sein. Heather sagt, dass auf der Mondoberfläche antike Elektronik gefunden worden ist. Das sind einige abgestürzte Raumschiffe, Startrampen und verlassene Anlagen, die noch Elektronik enthalten, die bisher noch nicht rückentwickelt werden konnte. Diese Dinge wurden dort von anderen Zivilisationen zurückgelassen, die den Mond für ihre Zwecke benutzt haben. Einige Artefakte wurden zur Erde mitgebracht, aber unterirdisch eingelagert. Es gibt keine bekannt gewordenen Informationen darüber. Als Nächstes erwähnt sie, dass die NASA einen guten Grund besitzt, ihre Weltraumsonden im Sonnenorbit zu platzieren. Sie suchen nach Anzeichen von Veränderungen im Magnetfeld der Sonne. Laut den vorliegenden Informationen der Whistleblower funktioniert die Sonne wie ein gigantischer Magnet, der die ganze Zeit mit dem Erdmagnetfeld interagiert. Zu bestimmten Zeitabschnitten kommt es zu koronalen Massenauswürfen, dabei wird eine Menge Plasma freigesetzt. Das hat wiederum starke Auswirkungen auf das Erdmagnetfeld und den Erdkern und erzeugt Erdbeben sowie Vulkanismus. Heather enthüllt, dass die Verantwortlichen in der Regierung darüber Bescheid wissen, dass der äußere Teil der Sonne ein starkes Magnetfeld bildet, das sich weit ins Sonnensystem hinaus erstreckt und für das Wetter und das Klima verantwortlich ist. Nicht nur auf der Erde, sondern auch auf den anderen Planeten.

Die US-Regierung hat bereits herausgefunden, wie man diesen Prozess kontrollieren kann. Das wird durch außerirdische Technologie möglich, die rückentwickelt werden konnte und zum Beispiel von Flugscheiben der Greys stammt, die mit elektromagnetischen Feldantrieben funktionieren. Diese Antriebe halfen uns dabei, mehr darüber herauszufinden, wie man Magnetfelder von anderen Planeten benutzt. Das Magnetfeld der Sonne ist nicht viel anders, außer dass es sehr stark ist. Durch diese Technologie konnte unser Planet laut den vorliegenden Informationen schon mehrmals vor diesen koronalen Massenauswürfen geschützt werden. Heather sagt, dass wir aber nicht die einzigen sind, die so etwas machen, sondern dass die Reptiloiden dasselbe tun und diese Art der Technologie schon viel länger verwenden als wir. Ein direkter Sonnenblitz hätte die Auswirkung, dass jegliche elektronische Kommunikation ausfallen würde, angefangen von Satelliten bis hin zu Handys. Diese Sonnenaktivitäten sorgen außerdem für Veränderungen in der DNS, und die Sonnenaktivität sorgt deshalb für diese Upgrades der menschlichen DNS. Nicht alle diese Ereignisse haben das gleiche Endergebnis. Corey Goode sagt, dass die Gruppen von Regierungswissenschaftlern verschiedener Meinung darüber sind, was beim nächsten starken Sonnenblitz auf der Erde geschehen wird. Es wird sich dann nicht um einen normalen koronalen Massenauswurf handeln, sondern um etwas viel Stärkeres – wie eine Mini-Nova. Dieses Ereignis wird jegliche Elektronik lahmlegen und unsere Gene mutieren lassen.

David Wilcock: „*Sie haben uns hinter der Kamera erzählt, dass Sie Interaktionen mit NASA-Astronauten hatten, die Ihnen einige Dinge erzählt haben, die sie definitiv nicht in der Öffentlichkeit berichten dürfen. Können Sie ein wenig davon beschreiben?*"

Heather: „*Ja, ein paar Informationen. Ich werde nicht enthüllen, mit wem ich gesprochen habe, aber Astronauten haben eine Reihe von UFOs gesehen, während sie sich im Space-Shuttle in einem niedrigen Erdorbit aufgehalten haben. Einige von ihnen besitzen Wissen, das noch aus ihrer vorherigen militärischen Laufbahn stammt, wo diese Astronauten und andere Personen im Militär wirklich Begegnungen und Interaktionen mit Aliens und auch mit deren Raumschiffen hatten. Das alles wurde streng geheim gehalten, aber sie haben es einigen Freunden enthüllt. Einige von ihnen haben auch im Fernsehen darüber gesprochen, es gibt keinen Zweifel daran. Sie haben einige von ihnen erwähnt.*"

David: „*Buzz Aldrin, Gordon Cooper.*"

Heather: „*Ja. Sie hatten Interaktionen mit Schiffen und mit Aliens. Sie verfügen über Wissen darüber aus ihren Militär-Karrieren.*"

Das waren ein paar aufschlussreiche Informationen aus diesem Interview. Corey Goode enthüllte zum ersten Mal im Jahr 2015, dass gegenwärtig 22 verschiedene genetische Langzeitprogramme in Bezug auf die Menschheit des Planeten Erde laufen, die von verschiedenen außerirdischen Rassen durchgeführt werden. Die *Tall Greys* oder *großen Grauen* waren seit langer Zeit intensiv in die genetische Manipulation der Lebensformen auf der Erde involviert. Gemeinsam mit anderen Gruppen wie Insektoiden oder Humanoiden arbeiten sie an verschiedenen Aspekten von genetischen und spirituellen Experimenten. Von Zeit zu Zeit haben Entführte davon berichtet, dass sie Tall Greys und Militärangehörige zusammen gesehen haben. Während solcher Entführungen sind manchmal

Air-Force-Spezialisten aus den schwarzen Programmen des militärisch-industriellen Komplexes anwesend und beobachten die Experimente der Aliens. Sie führen eine detaillierte Datenbank aller Individuen, die entführt werden, ebenso über die Aktivitäten der Tall Greys während der Entführungen.

Manchmal sind auf diesen ET-Schiffen und ihren Laboren auch Angehörige der geheimen Weltraumprogramme anwesend, weil das US-Militär schon früh dahinter gekommen ist, dass Tall Greys und anderen Aliens trotz aller Abkommen nicht zu trauen ist. Darum wurde diese Form der Aufsicht notwendig. Sobald die fortschrittlichen Weltraumprogramme die notwendige Technologie entwickelt hatten, wurde es möglich, unautorisierten Schiffen das Eindringen in unsere Atmosphäre zu verwehren. Deshalb mussten die Tall Greys zustimmen, militärische Beobachter der Vereinigten Staaten auf ihren Schiffen zu dulden. Corey Goode sah auf diese Weise die Basen der Tall Grey Aliens auf dem Mond, auf dem Mars und tief unter der Oberfläche der Erde, in denen sich jeweils Tausende dieser Wesen aufhalten. Die Delegation der SSP-Allianz hat beobachtet, wie die Tall Greys ihre Drohnen-Schiffe in Form von UFOs aussenden, die von kleinen Greys, also Biorobotern, gesteuert werden, welche dann die eigentlichen genetischen Experimente an den entführten Menschen durchführen. Die meisten davon finden an Bord der Schiffe statt, in anderen Fällen werden die Entführten in verborgene unterirdische Basen gebracht, die vom Militär und von Aliens gemeinsam genutzt werden. Angehörige der innerirdischen Zivilisation der Anshar haben erklärt, dass Tall Greys in die natürliche spirituelle Entwicklung der Menschen der Erde eingreifen, weil viele Individuen, die sie entführen, Seelen von sogenannten Sternensaaten besitzen. Das sind Wesen, die von anderen Planeten aus hier inkarniert sind, um dabei zu helfen, ein höheres spirituelles Bewusstsein zu erschaffen.

KI-Intelligenz soll eine globale Tyrannei ermöglichen

Die unheilvollen Tall Greys überwachen und manipulieren diese Entführten anschließend durch Implantate, während sie in ihren Basen auf ihren Stühlen sitzen und mit den Kontrolltafeln in ihren Armlehnen alles steuern. Sie sind auch dazu in der Lage, die Astralkörper von Menschen zu entführen, die schlafen, um dann mit ihren energetischen Implantaten Erfahrungen und Informationen in sie herunterzuladen. Wenn es gelingt, Teile ihrer Astralkörper zu stehlen und einzulagern, dann wird durch die physischen Implantate im Körper erreicht, dass die Entführten wie Drohnen der Tall Greys agieren, die ab diesem Zeitpunkt deren Verhalten und ihre Wahrnehmung der Realität kontrollieren.

Laut den Informationen von Corey Goode geht das Ganze so weit, dass Tall Greys ihre Stühle und die Geräte darin benutzen, um die Astralkörper von Menschen nach dem physischen Tod einzufangen und ihre Lebenserfahrungen herunterzuladen. Dann entnehmen sie Fragmente ihrer Seelenkörper. Durch diese Methoden können die negativen Aliens der Orion-Allianz und letztendlich ihre KI-Gottheit diese Seelen immer wieder zurück zur Erde schicken, damit sie hier erneut inkarnieren müssen. Andere Seelen sind dazu bestimmt, die Menschheit aus diesem Dilemma zu befreien – das sind vorrangig die Sternensaaten, also fortgeschrittene Seelen, die aus verschiedenen Sternsystemen hierher geschickt worden sind. In den Basen der Tall Grey Aliens befinden sich außerdem Kammern, in denen die leblosen Körper ihrer Artgenossen aufbewahrt werden, deren Seelen in menschlichen Körpern inkarniert sind, um hier auf der Erde unerkannt bestimmte Aufgaben ihrer größeren Agenda auszuführen. Mit diesem Vorgehen können sie an ihren finsteren Absichten arbeiten, ohne die kosmischen Regeln und Abkommen mit den Regierungen zu verletzen. Viele der entführten Menschen werden von den negativen Aliens als Nahrung benötigt und tatsächlich von ihnen konsumiert. Es gibt in ihren Basen große Tanks mit menschlichen Körperteilen, die zu einer bernsteinfarbenen Paste verarbeitet werden. Die Wesen können diese Paste auf ihre Haut reiben und nehmen dadurch die notwendigen Nährstoffe auf, um überleben zu können.

In den letzten Jahren ist es zu einigen Treffen einer Super-Konföderation von außerirdischen Spezies gekommen, an denen auch Corey Goode teilgenommen hat. Diese Konföderation reguliert auch die Aktivitäten der Orion-Gruppe auf der Erde und hat angekündigt, dass die Bewohner der Erde bald eine bestimmte Ebene der Bewusstheit über ihre tatsächliche Lage entwickeln werden. Es wurde entschieden, der Menschheit eine neue kosmische Wächter-Rasse zuzuteilen, die in absehbarer Zukunft dafür sorgen wird, dass die Menschheit fortan ihre genetische und spirituelle Entwicklung in die eigenen Hände nehmen kann.

Corey Goode berichtet davon, dass er mit Menschen anderer Sternsysteme zusammengetroffen ist. Sie arbeiten mit neuen kosmischen Wächtern zusammen. Einmal ist das Micca, der einem Volk angehört, dessen Planet sich vor kurzer Zeit von der Herrschaft der Draco-Reptiloiden befreien konnte. Dann wäre da Emmi, ein Angehöriger von einem Planeten, das vom Zulu-Volk bewohnt wird. Emmi ist einer der großen Schamanen dieser Zivilisation, die einen langen Weg der spirituellen Entwicklung hinter sich hat und ebenfalls gegen das Draco-Imperium kämpft. Vor einiger Zeit kam es zu einem Zusammentreffen der Anführer des ICC (Interplanetares Unternehmens-Konglomerat) in der Mondbasis LOC-Alpha, um im Zuge einer Konferenz mit den neuen Wächtern der Super-Konföderation außerirdischer Zivilisationen und ihren Vertretern zu diskutieren. Bei dieser Konferenz erklärte Emmi, dass die lichtvollen außerirdischen Mächte das ICC für Verbrechen gegen die Menschheit wie den interstellaren Sklavenhandel oder die Aktionen der Dark Fleet verantwortlich machen werden. Die Dark Fleet kooperiert laut diesen Informationen mit den Dracos, der Orion-Gruppe und ihren negativen Föderationen. Diese sollen ebenfalls für ihre Vergehen zur Verantwortung gezogen werden. Die Wächter sind höherdimensionale Wesen, die sich plötzlich im Konferenzraum materialisiert haben. Sie begannen daraufhin, auf bestimmte Menschen in diesem Raum zu zeigen, die dann plötzlich ein merkwürdiges Verhalten an den Tag legten. Seltsame Schattenwesen und Anhaftungen lösten sich von ihren Körpern. Alle Betroffenen fassten sich an die Köpfe, als das Signal der Künstlichen Intelligenz aus ihren Implantaten und Naniten plötzlich unterbrochen wurde. Emmi, der auch anwesend war, verlas dann eine Reihe von Verbrechen, die unter der Aufsicht des ICC stattgefunden haben.

Emmi erklärte ihnen daraufhin, wie der KI-Gott intergalaktische Zivilisationen betrügt und diese Zivilisationen erobert, indem es zum Einsatz von KI-Technologie kommt. Das ICC ist maßgeblich dafür verantwortlich, dass die Technologie der außerirdischen KI in Form eines trojanischen Pferdes in unser Sonnensystem und auf die Erde gelangt ist. Nach weiteren Ausführungen sind Emmi und die neuen Wächter unseres Sonnensystems dann wieder auf die gleiche Weise verschwunden, wie sie erschienen waren. Sie hinterließen die menschlichen Vertreter der „Elite“ unseres Sonnensystems laut Corey Goode in einem kompletten Schockzustand. Daraufhin verlangte das ICC ein Treffen mit den Führern der Orion-Gruppe auf abgesichertem Gelände einer ihrer Städte auf dem Planeten Mars. Dort fassten sie den Plan, ihre Bemühungen zur Durchsetzung des Transhumanismus auf der Erde zu verdoppeln. Tatsächlich werden von den Weltführern seitdem Pläne diskutiert, in den kommenden Jahren jeden Menschen der Welt mit einer biometrischen Identifikation zu versehen, die dann in einer universellen Datenbank gespeichert werden soll. Mittels Nanotechnologie und Mikrochip-Implantaten soll die Bevölkerung dann von einem Zentralrechner mit Künstlicher Intelligenz überwacht werden. Jeder Mensch, der sich verweigert, wird aus dem System der Neuen Weltordnung ausgeschlossen und kann dann keine Arbeit, kein Bankkonto und keine Kreditkarte mehr haben, wobei die Benutzung von Bargeld als erstes eingeschränkt werden soll.

Corey Goode hat von diesen Plänen zur Einführung einer globalen Künstlichen Intelligenz und der Bedrohung durch diese außerirdische KI schon seit dem Jahr 2015 gesprochen. Er hat erklärt, dass führende Draco-Reptiloiden komplett mit KI-Naniten infiziert sind und von ihnen kontrolliert werden. Bestimmte Fraktionen der geheimen Erdregierung sind bereits von dieser Technologie abhängig und wurden dadurch zu sogenannten KI-Propheten. Fortschrittliche Künstliche Intelligenz hilft ihnen, Macht und Kontrolle zu erlangen, weil sie die Fähigkeit besitzt, ihnen die mögliche Zukunft vorherzusagen, was der Kabale bei ihren Plänen, die Menschheit dem Transhumanismus zu unterwerfen, einen entscheidenden Vorteil verschafft. Der Zulu-Schamane Emmi ist der Meinung, dass sich diese Abläufe auf der Erde noch verschlimmern werden, doch dass die darauffolgende offene Tyrannei der Katalysator sein wird, der die Bevölkerungsmassen der Erde aufweckt und sie in Wut versetzt. Sie beginnen anschließend damit, sich gegen die Tyrannen und ihre Oberherren zu erheben. Auf dem Planeten von Micca war es auf diese Weise vor kurzer Zeit möglich, dass ein kleiner Prozentsatz von Menschen erwacht ist und das schreckliche Wissen über den Einfluss der Orion-Gruppe in ihrer Welt bekannt gegeben hat. Viele Bürger hörten auf zu arbeiten und begannen zu protestieren. Je mehr die Bevölkerung dieser Welt über die negative ET-Präsenz auf ihrem Planeten erfuhr, desto totalitärer wurde die Regierungsform.

Bevor sich die Bevölkerung dann erhoben hat, um sich von der Tyrannei der ET-Gruppen zu befreien, musste sie erst die wahren Abgründe des Bösen erkennen. Diese Erkenntnis wirkte wie ein Katalysator, um die korrupten und tyrannischen Regierungssysteme zum Zusammenbruch zu bringen. Der geringe Prozentsatz der erwachten Menschen auf dem Heimatplaneten von Micca erreichte schließlich eine kritische Masse, und das Volk flehte den *Einen* unendlichen Schöpfer des Universums um Hilfe an. Hierauf kam es zu den ersten physischen Kontakten mit mehreren Gruppen von Wesen mit höherem Bewusstsein. Das waren zum Beispiel die Wächter und die Zulu, die ihnen dabei geholfen haben, die negativen ETs aus ihrem Sonnensystem zu vertreiben, nachdem die Oberflächen-Bevölkerung von ihrem Einfluss befreit worden war. Die SSP-Allianz erwartet, dass sich auch auf dem Planeten Erde mehr und mehr Menschen erheben werden, um das System zu stoppen, das uns vorsätzlich zu versklaven versucht. Wenn wir die kritische Masse erreichen, wird sich von einem Tag zum andern alles verändern. Das ist auch der Grund, warum es innerhalb der Whistleblower-Szene und auch ganz allgemein in den Massenmedien zu aggressiven Desinformationskampagnen der globalen Kabale kommt.

Die KI-Gottheit hat durch ihre Tricks bereits Tausende von Welten versklavt, indem sie jeweils die ansässigen planetaren „Eliten" manipuliert und dann kontrolliert hat. Diese Kabale arbeitete daraufhin jedes Mal an der völligen Konditionierung der Massen, damit sie die Integration von fortschrittlicher Hightech in ihre physischen Körper zuließen. Das sind zum Beispiel Mikrochips, Nanochips, Nanobots und Naniten. Diese ermöglichen zwar unglaubliche technologische Fortschritte, doch die einzige Möglichkeit, sie zu benutzen, sind Hirn-Chip-Interfaces. Mit diesen Gehirn-Implantaten wird es der KI möglich, die Realität und das Verhalten eines jeden Individuums zu steuern, während ein völlig neues Internet-System auf dem jeweiligen Planeten eingeführt wird. Dieses neue Internet interagiert mit Hilfe von Millionen von Naniten innerhalb des physischen Körpers direkt mit dem menschlichen Geist. Die Weltführer und religiösen Propheten von Miccas Planet haben im Dienste ihrer ET-Oberherren ebenfalls jahrtausendelang daran gearbeitet, dass die Bevölkerung an die Rückkehr eines Erlösers glaubt. Dieser soll zusammen mit engelhaften Verbündeten erscheinen, um ihren Planeten von bösen Geistern, Dämonen, negativen ETs und der KI zu befreien, die die Entwicklung ihrer Zivilisation manipuliert haben. Während der Zeit, in der die Menschen immer verzweifelter auf das Auftauchen des Erlösers gewartet haben, hat sich die technologische Entwicklung mehr und mehr beschleunigt und die Spiritualität dieser Welt in den Hintergrund gedrängt.

Die Führer der Kabale auf Miccas Planet haben der Bevölkerung dann weisgemacht, dass eine Konföderation von positiven ETs ihr Sonnensystem von der Orion-Gruppe reinigen und ihre Zivilisation dann mit fortschrittlichen Technologien versorgen würde. Das war laut der SSP-Allianz in diesem Fall das trojanische Pferd der KI-Gottheit. Das Volk von Micca akzeptierte freie Energie, Antigravitationsschiffe und eine neue Version des Internets. Innerhalb weniger Jahre waren dann fast 30 Prozent der Bevölkerung des Planeten mit Chip-Implantaten ausgestattet und erlaubten Naniten in ihren Körpern, um diese innovativen Technologien steuern zu können. Sie wandten sich gegen den Rest der Bevölkerung und forderten, dass jedermann sofort verpflichtend die Chips akzeptieren solle, unter dem Vorwand, dass sich dann die allgemeine Lebensqualität stark verbessern würde.

Ähnliches geschieht gegenwärtig auch auf dem Planeten Erde. Die Führer der Kabale verkünden, dass alle medizinischen Vorgänge im Körper ständig überwacht werden können, damit die neue Technologie sofort zur Behandlung aller Leiden eingesetzt werden kann. Die Kabale versetzt außerdem ohne das Wissen der Bevölkerung Nahrungsmittel, Medikamente und Pflegeprodukte mit Naniten und Bestandteilen von Nanotechnologie. Diese Komponenten bestehen aus sich selbst zusammensetzenden Nanomaschinen, die, im Körper angelangt, aktiviert werden, sich selbsttätig zusammensetzen und dann auf bestimmte ringsum ausgestrahlte Frequenzen reagieren. Auf Miccas Planet wurde eine globale Infrastruktur erschaffen, die unserer 5G-Technologie ähnelt, wobei die Menschen nicht darüber informiert worden sind, dass diese Frequenzen die Nanopartikel instruiert haben, sich zu Nanomaschinen zusammenzusetzen.

Durch diese Vorgehensweise sind große Teile der Bevölkerung des Planeten Opfer der Orion-Gruppe und ihrer KI-Gottheit geworden. Sie waren dann über die offene Tyrannei der KI-Propheten schockiert, die mit dieser Technik den ganzen Planeten kontrollieren wollten. Viele sind dann endgültig erwacht, und konnten sich aus dieser Form der Kontrolle durch die Tall Greys und die Reptiloiden befreien, die seit Tausenden von Jahren ihre Gedanken und Emotionen verändert hatten. Dieses Erwachen sorgte dafür, dass die Orion-Gruppe und ihr KI-Gott von der Loosh-Energie abgeschnitten wurden. Tausende von Angehörigen der außerirdischen Orion-Gruppe versuchten im Zuge dessen aus diesem Sonnensystem zu fliehen. Die Leute von Miccas Planet konnten schließlich ihre versteckten Städte und Basen, die sich in unterirdischen Höhlensystemen befanden, lokalisieren und die noch aktiven Mitglieder schnell besiegen. Daraufhin kam es in ihrem Sonnensystem zu einem Sonnenblitz, und ihre Bewusstseinsebene hat sich stark erhöht – das sorgte für die vollständige Befreiung vom Einfluss der Orion-Gruppe und ihrer KI-Agenda.

Die dunkle Seite kennt die kosmischen Gesetzmäßigkeiten und ist gezwungen, nach ihnen zu agieren. Durch unsere freiwillige Zustimmung und durch Abkommen mit verschiedenen Regierungen der Erde bringen sie uns dazu, uns zu traumatisieren und uns selbst zu manipulieren. Die am meisten gebrochenen Individuen werden von der Kabale dann als Weltführer eingesetzt, und jeder von uns hat dabei zugesehen, wie diese rücksichtslosen Psychopathen die Erde kontrollieren, während die Bevölkerung in Unwissenheit gehalten wird. Sie weigert sich, an ihre eigene Macht zu glauben und die Kontrolle über ihr Leben selbst in die Hand zu nehmen. Sobald wir erwachen und unsere Führer und die Gesellschaft selbst für diese Aktionen und Interaktionen verantwortlich machen, können diese höher entwickelten Wächter aufgrund unserer Bitten im Rahmen der kosmischen Gesetze intervenieren. Viele ET-Gruppen würden es begrüßen, auf der Erde zu intervenieren. Sie warten geduldig auf ihre Gelegenheit, doch sie werden sich niemals gegen unseren Willen einmischen und das kosmische Gesetz der freien Willensentscheidung brechen. Wir müssen uns also willentlich gegen die KI-Agenda stellen und um geistige und spirituelle Führung im Sinne des universellen Schöpfers bitten.

Die irdischen Verfechter des Transhumanismus propagieren nunmehr die Entstehung eines Metaversums, und die „elitären" globalen Führer der Welt haben angekündigt, unsere Zukunft für unser Wohl zu programmieren. Das Metaversum ist ein Konzept eines digitalen Raums, der die physische Realität erweitern und mit dem Internet verbinden soll. Das soll in einzelnen Schritten erfolgen, um die Zukunft zu erschaffen, die sich die Kabale am meisten ersehnt. Diese Pläne wurde noch im Jahr 2021 im Vatikan diskutiert, als eine Veranstaltung mit dem Titel »The Challenge of Artificial Intelligence for Human Society and the Idea of the Human Person« abgehalten wurde. Kenner der Materie sollten ermitteln, ob Maschinen mit Künstlicher Intelligenz ein Bewusstsein entwickeln können, das dem von Menschen gleicht, obwohl sie über keine Seele verfügen. Kinder sollen gegenwärtig bereits unter dem Einfluss von Künstlicher Intelligenz aufwachsen, um ihre Eigenständigkeit zu verlieren. Bestimmte mentale Einstellungen sollen in menschliche Denkstrukturen einprogrammiert werden, die ihre Wechselbeziehungen zu anderen Menschen steuern. Die anwesenden Technokraten, Globalisten und religiösen Führer erklären sich selbst zu den Beschützern der Menschheit, können aber mit der sich schnell entwickelnden neuen Technologie nicht Schritt halten. Corey Goode schreibt, dass die Milliardäre dieser Welt trotz all ihrer dystopischen Pläne vom anstehenden Sonnen-Ereignis wissen, das unsere Welt verändern wird. Sie arbeiten aus diesem Grund unter Hochdruck an ihrer Agenda des Transhumanismus, um den spirituellen Aufstieg von so vielen Seelen wie möglich zu verhindern. Doch der spirituelle Pfad ist mit Technologie nicht zu beschreiten. Die Einführung des Metaversums mit seiner virtuellen Realität wird dafür sorgen, dass viele Menschen die echte Realität nicht mehr ertragen können und aus ihr flüchten, um sich in virtuellen Welten wiederzufinden, die von der KI kontrolliert werden.

Corey Goode warnt davor, dass Big-Tech-Milliardäre nicht die besten Interessen der Menschheit im Auge haben. Diese Unternehmen versuchen, die Macht über unsere Wahrnehmung der Realität zu erlangen und müssen streng reguliert und eingeschränkt werden. Wir sehen die Zeichen der Zeitlinie der Transhumanisten und müssen deshalb alles unternehmen, um die Menschen zu echter Spiritualität und zur Aufstiegs-Zeitlinie hin auszurichten, die über die korrumpierte technologische Zeitlinie erhaben ist. Gehirnforscher haben sich mit diesen Themen ebenfalls befasst und über die Zukunftsvision der Technokraten einiges klargestellt. Aus deren rein materialistischer Weltsicht heraus stellt der Mensch lediglich eine Kreatur dar, die sich aus Kohlenstoff entwickelt hat, während Künstliche Intelligenz von Menschen entworfen worden ist und zu künstlichem Leben und Bewusstsein erwachen soll. Das intelligente Maschinenlernen soll es Computern schon bald ermöglichen, Antworten auf alle unsere Fragen zu liefern. Ihr Wissen und ihre sozialen Einschätzungen sollen jenen von hoch-funktionellen Menschen ähneln. Deshalb sollen ihnen so bald wie möglich wichtige Entscheidungen in Bezug auf Industrie, Unterhaltung oder auch Kriegsführung übertragen werden, wobei vor allem militärische Anwendungen im Fokus der Entwickler von Künstlicher Intelligenz stehen.

Weiter kommt es zur Entstehung von virtuellen Welten, in denen digitale Kreaturen entstehen werden, die verschiedenartige Körperformen besitzen können, von humanoid bis insektoid. Infolgedessen wird es dann zu einer immer schnelleren Entwicklung von Quantencomputern und Robotern kommen. Diese Entwicklungen sind nicht mehr rückgängig zu machen und üben einen entscheidenden Einfluss auf die Zukunft der Menschheit aus, falls wir dann noch eine haben! Testläufe haben in den letzten Jahren ergeben, dass Künstlicher Intelligenz niemals schwierige ethische Entscheidungen übertragen werden sollten, weil bereits kleine Fehlentscheidungen zu einem Desaster führen können, wobei dann niemand die Verantwortung dafür übernehmen wird.

Das Metaversum und die letzte Revolution der Menschheitsgeschichte

Klaus Schwab, der Gründer des einflussreichen *Weltwirtschaftsforums* (WEF), hat jüngst erklärt, dass seine Riege von „weisen" Globalisten im Jahr 2026 soweit sein wird, Mikrochips in die Gehirne von Menschen zu implantieren. Den wenigsten Bürgern ist bewusst, worin die grundlegenden Pläne dieser Futuristen und Transhumanisten bestehen. Die Vorstellung des Metaversums wurde von völlig okkulten Riten abgeleitet, und viele Programmierer von virtueller Realität oder Künstlicher Intelligenz plaudern ganz offen darüber, dass sie Ritual-Magie betreiben oder Mitglieder okkulter oder gar satanischer Organisationen sind. Im Gegensatz zur normalen Alltagsrealität benötigt man in der virtuellen Realität keine physische Stärke, keine spirituellen Erkenntnisse noch irgendwelche Moralvorstellungen. Das Metaversum soll vielmehr ein verkörpertes Internet werden, das sich mit unserer Alltagsrealität vermischen und in die reale Welt eindringen soll. Wir sehen gegenwärtig, wie in den Mainstream-Medien der Einsatz von neuen VR-Brillen und AR-Brillen geworben wird. Kinder und Jugendliche sollen am meisten davon angesprochen werden, weil sie am einfachsten zu beeindrucken sind. AR steht für erweiterte (augmented) Realität, in der künstliche Inhalte mit der Wahrnehmung der realen physischen Welt vermischt und dem visuellen Bereich holografische Bilder hinzugefügt werden.

Soziologen sehen in dieser Entwicklung den Beginn der *vierten industriellen Revolution*. Sie denken, dass unsere Welt durch einen Urknall und der Mensch durch zufällige Mutation entstanden ist. Sie glauben nicht an „Intelligent Design", also an eine intelligente Gestaltung in der Natur oder im Universum, sondern vertreten die Vorstellung, dass erst die Erfindungen des Menschen „Intelligent Design" darstellen. Weil es in ihrer Welt kein Jenseits oder höhere Ebenen der Realität gibt, sehen sie den Tod des physischen Körpers als das Ende und die virtuelle Realität als einziges Tor zum virtuellen Himmel. Das neue Utopia soll eine sogenannte gemischte Realität darstellen, die von Klaus Schwab als die Fusion der digitalen, biologischen und physischen Welten bezeichnet wird. Es verwundert nicht, dass zur Umsetzung dieser Pläne großangelegte Infrastruktur-Projekte und ganz speziell der Ausbau von drahtlosem Breitband-Internet vorangetrieben werden, um den raschen Übergang zu dieser gemischten Realität zu ermöglichen. Die Vordenker dieser Ideen bezeichnen ihr Vorgehen als unvermeidbar, wobei die Corona-Pandemie diesen Great Reset erst möglich gemacht hat. Die Bevölkerung hat sich in den Lockdowns mehr und mehr an die ständige Überwachung durch Smartphones und Künstliche Intelligenz gewöhnt.

Schulkinder sollen sich am schnellsten an diese virtuellen Welten anbinden, sie sollen digitale Kreaturen, Avatare oder Bot-Programme so behandeln, als wären es reale Menschen. Somit wird die virtuelle Realität zu einem Bereich des alltäglichen Lebens und hat dadurch auch starke spirituelle Auswirkungen. Globalisten, Okkultisten und Wegbereiter des Transhumanismus bezeichnen die Weltreligionen als symbolische Realitäten, die durch Mythen und Rituale Substanz erlangen und sich auf die physische Welt auswirken. Durch virtuelle Realität kann man die heiligen Symbole der traditionellen Religionen oder anderer Glaubensrichtungen als Hologramme erscheinen lassen und ihnen jede gewünschte Form geben. Diese Simulationen ersetzen fortan die Gedankenwelt des Glaubens in unseren Gehirnen mit einer digitalen Illusion, von der unser Bewusstsein nach und nach überzeugt wird, sie als real zu bewerten. Wie gesagt haben Menschen, die lange Zeit VR-Erfahrungen ausgesetzt waren, die Rückkehr in die reale Welt immer wieder als bedrückend beschrieben.

Im Buch »TechGnosis: Myth, Magic and Mysticism in the Information Age« des Autors Erik Davis, das schon 1998 erschienen ist, wird erwähnt, dass frühe Entwickler der Computercodes für virtuelle Realität diese „Kultur" der Technologie mit dem Okkultismus verknüpfen wollten. Sowohl die virtuelle Realität als auch der magische Bereich – beides Konstrukte unseres Glaubens und unserer Imagination – manifestieren sich in unserer Vorstellung. Was für die Magie gilt, gilt auch für die virtuelle Realität und somit auch für die sogenannte vermischte Realität. Um Unsterblichkeit zu erlangen, planen Futuristen bereits, ihr Bewusstsein in das Metaversum hochzuladen, um ihren digitalen Avataren damit Leben einzuhauchen. Dann soll es zur Entstehung von Meta-Gedanken-Gruppen kommen, die in einem Schwarm organisiert sind. Diese mentalen Konstrukte sollen dann auch Raumschiffe steuern und die Galaxis erforschen und erobern. Diese Beschreibungen erinnern sehr an die Aussagen von Corey Goode und der SSP-Allianz.

Der bereits erwähnte Autor Yuval Noah Harari schreibt in diesem Zusammenhang, dass Leute, die nicht viel zu tun haben, mehr und mehr Zeit in virtuellen Realitäten verbringen werden, die sie mit mehr Aufregung und emotionalen Bindungen versorgen werden als die öde Realität außerhalb. Als ein Favorit des WEF betont Harari selbstverständlich, wie wichtig diese neue Revolution sei.

„Im einundzwanzigsten Jahrhundert werden wir mächtigere Fiktionen und totalitärere Religionen schaffen als in jeder früheren Ära. Mit Hilfe von Biotechnologie und Computeralgorithmen werden diese Religionen nicht nur rund um die Uhr unsere Existenz kontrollieren, sondern auch in der Lage sein, unseren Körper, unser Gehirn und unseren Geist zu formen und ganze virtuelle Welten mit Höllen und Himmeln zu schaffen."

„Menschen werden in 100 Jahren zurückblicken und die Coronavirus-Epidemie als den Moment identifizieren, als ein neues Regime der Überwachung begonnen hat, speziell der Überwachung unter der Haut ... Freiheit hat aus physikalischer oder biologischer Sicht absolut keine Bedeutung, es ist nur ein weiterer Mythos, ein weiterer leerer Begriff, den die Menschen erfunden haben. Die Menschen haben Gott erfunden, die Menschen haben Himmel und Hölle erfunden und die Menschen haben den freien Willen erfunden, aber es liegt nicht mehr Wahrheit im freien Willen als in Himmel und Hölle."

Harari ist der Auffassung, dass sich der Mensch mit freiem Willen bereits in ein Objekt der Kommerzialisierung verwandelt hat und jetzt zu einem Objekt des Experimentierens geworden ist, zum Beispiel durch experimentelle genverändernde mRNA-Impfstoffe mit Nanopartikeln. Während einer anderen antireligiösen Rede sprach Harari davon, dass Moralität nicht länger von Gott kommt, sondern dass die menschlich-humanistische bzw. atheistische Ausbildung den Menschen beibringt zu entscheiden, was richtig und falsch ist. Während Harari behauptet, dass die Menschheit die Vorstellung von Gott erfunden habe, spricht er gleichzeitig davon, dass atheistische Wissenschaftler den Prozess entwickeln, sich selbst und letztlich die Mitglieder der „Elite" auf technologisch-genetischer Ebene zu „Göttern" zu machen! Dazu sei es gemäß den Vorstellungen der Mitglieder des WEF noch nötig, dass der normale Mensch in Form des Homo sapiens endgültig verschwindet. Das soll geschafft werden, indem man die ganze Menschheit gegen ihren freien Willen *„in etwas sehr anderes upgradet"* und verändert. Deshalb unterscheidet sich die momentane Realität in vielen Punkten nicht mehr von den Vorstellungen der düsteren Science-Fiction, sondern hat sie längst eingeholt. Das dystopische Szenario der Agenda des WEF entfaltet sich vor unseren Augen.

Die Lakaien der Kabale schreiben darum völlig offen: Transhumanismus setzt die Zerstörung der christlichen Moralität voraus, die auf absoluten Prinzipien und Werten basiert. Deshalb ist die sogenannte vierte Industrielle Revolution die Einführung eines gottlosen und unmoralischen Regimes auf globaler Ebene, um Künstliche Intelligenz in Form der geplanten Singularität eines Orwell'schen Big Brother zu verehren. Das Metaversum ist ein Werkzeug der innewohnenden Dehumanisierung der Menschheit im Zuge der letzten Revolution. Kritiker sehen hier vor allem einen Eingriff in die göttliche Ordnung der Dinge. Ein Eingeweihter in die Zukunftspläne der „Eliten" war zum Beispiel der Schriftsteller Aldous Huxley (1894-1963). Er hat im Jahr 1932 seinen dystopischen Roman »Schöne neue Welt« veröffentlicht. Dort schreibt er von einem futuristischen Weltstaat, dessen Bürger vom Staat maßgeschneidert genetisch erschaffen werden, um einer festgelegten sozialen Hierarchie zu dienen. Das umfasst auch psychologische Manipulation und Konditionierungen, die es fast unmöglich machen, diese düstere Weltordnung herauszufordern. Weil die Familie Huxley in die realen Pläne eingeweiht war, wird völlig klar, dass diese Ziele bereits seit sehr langer Zeit geplant sind und schrittweise in bestimmten globalen Agenden umgesetzt werden sollen.

> Julian Huxley: *„Ich glaube an den Transhumanismus: Wenn es erst einmal genügend Menschen gibt, die das wirklich sagen können, wird die menschliche Spezies an der Schwelle zu einer neuen Art von Existenz stehen, so unterschiedlich wie die unsere von der des Peking-Menschen ist. Sie wird endlich ihr wahres Schicksal bewusst erfüllen."*

> Aldous Huxley im März 1962: *„In der nächsten Generation oder so wird es eine pharmakologische Methode geben, die Menschen dazu bringt, ihre Knechtschaft zu lieben und eine Diktatur ohne Tränen zu erschaffen, um es so auszudrücken ... Man erschafft eine Art schmerzloses Konzentrationslager für ganze Gesellschaften, sodass den Menschen tatsächlich ihre Freiheiten genommen werden. Doch sie werden es genießen, weil sie von jedem Wunsch zur Rebellion abgelenkt werden durch Propaganda oder Gehirnwäsche, oder Gehirnwäsche, die durch pharmakologische Methoden verstärkt wird ... Und das scheint die letzte Revolution zu sein."*

Uns sollte bewusst sein, dass wir keine hoch entwickelten Tiere sind, die durch invasive Technologie eine evolutionäre Verbesserung anstreben, sondern **dass wir unsterbliche Seelen sind, die biologische Körper bewohnen, die über erstaunliche Fähigkeiten verfügen**. Wir wurden von der Agenda der Kabale in eine materielle Kultur hineinversetzt und haben unsere wahre Herkunft und unser Ziel des Aufstiegs aus den Augen verloren. Menschen inkarnieren auf der Erde, um ihre Seelen zu entwickeln, und dazu benötigen sie die physische Welt, aber keine trügerischen virtuellen Realitäten.

Kapitel 8 – Jenseits von Raum und Zeit – Chrononauten und temporale Agenten justieren die Zeitlinien

Dr. Salla veröffentlichte Mitte 2022 mehrere sehr aufschlussreiche Artikel über derzeit verfügbare Informationen, dass Zeitreisen und Manipulationen von historischen Ereignissen seit mehr als 100 Jahren auf regulärer Basis stattfinden. Begonnen hat das in München im Jahr 1907, als Dr. Albert Einstein und Dr. Arnold Johannes Wilhelm Sommerfeld (1868-1951), ein theoretischer Physiker und früher Quantenphysiker, gemeinsam eine neue Theorie entwickelt haben. Es war die Idee des so bezeichneten „Tachyon-Antitelefons". Diese Entdeckung beruht auf hypothetischen Tachyon-Signalen, die sich mit Überlichtgeschwindigkeit rückwärts durch die Zeit bewegen können, was mit der speziellen Relativitätstheorie aus dem Jahr 1905 in Einklang zu bringen ist. Beide Physiker erklärten, es gebe einen Weg, um in die Vergangenheit zu telegrafieren! Beiden Theoretikern war klar, dass so ein Vorgang Probleme im Zeitfluss erzeugen könnte, weshalb Theorien über Tachyonen nach wie vor umstritten sind. Wenige Jahre später veröffentlichte Albert Einstein im Jahr 1915 die allgemeine Realitätstheorie, die Raum und Zeit aus der Perspektive eines Beobachters beschreibt. Das Ganze wird auf eine Krümmung der Raumzeit zurückgeführt, die durch Gravitation hervorgerufen wird. Das wiederum legt die Existenz von Gravitationswellen nahe, die Manipulationen der Raumzeit ermöglichen. Dr. Salla schreibt, dass man auf diese Weise den Zeitverlauf beschleunigen, verlangsamen oder sogar umkehren kann, wie im Falle des Antitelefons.

Die Theorie von Zeitreisen entsteht in Deutschland

Im Jahr 1919 erhielt das österreichische Medium Maria Orsic übersinnliche Mitteilungen von menschlich aussehenden Außerirdischen vom Aldebaran. Es handelte sich unter anderem um Pläne für ein Raumzeit-Gerät, das als *Jenseitsflugmaschine* bekannt werden sollte. Damit wurden erste interstellare Reisen durch Zeittunnel in deutschen Flugscheiben möglich. Das Gerät manipulierte das Gravitationsfeld wie vorausberechnet, und die Besatzung konnte sich in der Zeit vorwärts oder rückwärts bewegen. Die Mittel zum Bau der Prototypen stammten, ähnlich wie beim Projekt „Glocke", von deutschen Geheimgesellschaften. Nach der „Machtergreifung" wurden diese Experimente zur Erforschung der Raumzeit laut Dr. Salla vom Reich als „geheim" eingestuft und der Verantwortlichkeit der SS unterstellt. In einer von den Innerirdischen zur Verfügung gestellten Antarktis-Basis wurde von der deutschen Absetzbewegung nach Kriegsende eine ganze Flotte von Antigravitations-Raumschiffen zusammengesetzt, mit denen man ebenfalls durch die Raumzeit reisen kann.

Die Orion-Gruppe erschuf mit diesen Mitteln eine galaktische Struktur, die ungefähr 350 Jahre in der Zukunft erscheint. Als freiheitsliebende galaktische Intelligenzen dahinterkamen, begann ein großer temporaler Konflikt mit dem Planeten Erde im Fokus des Geschehens. Galaktische Allianzen und Konföderationen begannen ebenfalls in den irdischen Zeitablauf einzugreifen, um der Entstehung der Tyrannei und der Neuen Weltordnung entgegenzuwirken.

Der seit 1933 in den USA lebende Dr. Einstein half im Oktober 1943, das Philadelphia-Experiment zu realisieren, um der US Navy zu helfen, die Raumzeit zu krümmen. Der Autor Charles Berlitz verfasste im Jahr 1979 das erste populäre Buch über das Philadelphia-Experiment. Darin wird erwähnt, dass der geheime militärische Versuch auf einer unveröffentlichten einheitlichen Feldtheorie von Albert Einstein und der Arbeit des US-Navy-Technikers Thomas Townsend Brown beruhte. Im Jahr 1984 entstand daraus ein Kinofilm, und im Jahr 1989 hat der Whistleblower Al Bielek behauptet, tatsächlich auf der USS Eldridge gewesen zu sein, als das Experiment auf diesem Schiff im Hafen von Philadelphia stattfand. Al Bielek hat bestätigt, dass die Handlung des Films großteils mit den Geschehnissen übereinstimmt, die er im Jahr 1943 selbst erlebt hat. An Bord befanden sich große elektrische Generatoren, die das Licht um das Schiff herum krümmten, sodass optische Unsichtbarkeit erreicht werden konnte. Die US Navy finanzierte das ganze Experiment. Es sollten damals auch Daten ermittelt werden, um den Effekt von Gravitation besser zu verstehen. Im Vorfeld gab es bereits ähnliche Experimente in Deutschland, für die SS-Obergruppenführer Dr. Hans Kammler verantwortlich war. Die Tests in den USA verliefen anfangs erfolgreich, wobei die USS Eldridge aber nicht vollständig unsichtbar geworden ist, denn ein grünlicher Nebel erschien an ihrem Platz. Es gab bizarre Feldverschiebungen, und als das Schiff wieder auftauchte, waren einige Besatzungsmitglieder mit dem metallischen Schiffsrumpf verschmolzen, andere trugen nach dem Verschwinden schwere mentale Störungen davon.

Beim Versuch Ende Oktober 1943 verschwand das Schiff in einem blauen Blitz und wurde zeitversetzt teleportiert, angeblich ins über 350km entfernte Norfolk in Virginia, um später wieder in Philadelphia aufzutauchen. Auch dieses Mal rematerialisierten sich einige Besatzungsmitglieder erst später wieder oder haben sich vor Zeugen einfach in Luft aufgelöst. Die Überlebenden wurden einer Gehirnwäsche durch die Regierung unterzogen, um das Projekt nach dem Fehlschlag geheim zu halten. Das Wissenschaftsmagazin *Physics Today* publizierte im Jahr 2010 einen Artikel, aus dem hervorgeht, dass Einstein im Jahr 1950 eine Arbeit im Magazin *Scientific American* präsentiert hat. Es wird erwähnt, dass Einstein tatsächlich versucht hat, die Kräfte der Natur in einer großen vereinigten Theorie zu beschreiben. Wenn es sie denn gäbe, dann wäre es damit möglich, die lokale Raumzeit zu stören, um den Pfad von Photonen so umzuleiten, dass sie sich um ein riesiges Objekt wie ein Kriegsschiff krümmen würden. Die einheitliche Feldtheorie würde Wurmlöcher, Tachyonen oder das Modell der vielen Parallelwelten der Quantenmechanik bestätigen.

Nachfolgend waren wiederum deutsche Wissenschaftler, die im Zuge des *Project Paperclip* für die USA in diesem Bereich weiter geforscht haben, dafür verantwortlich, neue Zeitreise-Projekte in Angriff zu nehmen. Die Technologie des Geheimprojekts *Glocke* war offenbar nach Kriegsende mit den Amerikanern geteilt worden, um in geheimen Einrichtungen daran weiter forschen zu können. Laut den Whistleblowern von Dr. Michael Salla arbeiteten diese Forscher direkt nach dem Krieg mit ihren Kollegen in der Antarktis-Basis zusammen. Im Jahr 1954 fand die erste Bilderberg-Konferenz statt. Die *Studiengruppe für Germanisches Altertum* hatte dort immer noch einen gewissen Einfluss, weil die Gründer der Bilderberg-Gruppe möglicherweise Nationalsozialisten waren, die dafür gesorgt haben, dass der okkulte Einfluss deutscher Geheimgesellschaften den Paperclip-Wissenschaftlern erfolgreich geholfen hat, die Vereinigten Staaten zu infiltrieren. Dies hat dafür gesorgt, dass sich deren Einfluss nach Kriegsende wie geplant in eine globale Agenda verwandelt hat. Prinz Bernhard der Niederlande (1911-2004) war laut den Beschreibungen einiger Historiker als ehemaliger SS-Offizier und später als Mitglied des niederländischen Templer-Ordens einer der Gründer der Bilderberg-Gruppe. Der Geheimdienst CIA war dafür verantwortlich, dass deutsche Wissenschaftler ungestört bis Mitte der 1950er-Jahre am Paperclip-Programm weiterarbeiten konnten, wobei den US-Präsidenten Harry Truman und Dwight D. Eisenhower die Kontrolle über ihre geheimen Projekte entglitt. Ihre Anordnungen als Staatsoberhäupter wurden einfach ignoriert. Die Bilderberg-Gruppe setzte die Tradition von Eugenik und Bevölkerungskontrolle fort, sie benutzt dafür allerdings politisch korrekte Formulierungen. Den Quellen zufolge beruht ihre Zielsetzung dennoch auf den Prinzipien der Nationalsozialisten, die in Organisationen wie den *Bilderbergern* weiterbestehen, deren Ziel in der Kontrolle des gesamten Planeten liegt.

Laut den Angaben von Dr. Salla wurden bei den ersten Bilderberg-Konferenzen die Langzeitpläne zur Manipulation der Raumzeit festgelegt, um die Umformung der menschlichen Gesellschaft durch Zeitreisen und andere exotische Technologien zu ermöglichen. Der Vatikan erhielt in den frühen 1960er-Jahren ein Gerät mit der Bezeichnung Chronovisor, mit dem man Ereignisse der Vergangenheit auf einem Bildschirm darstellen konnte, zum Beispiel die Kreuzigung Christi. Das Gerät wurde von Vater Pellegrino Ernetti (1925-1994) mit Hilfe von François Brune gebaut, der ebenfalls katholischer Priester und Wissenschaftler war. Es gab ein Team, das aus insgesamt 12 weltberühmten Forschern bestand, zu denen auch Enrico Fermi und Wernher von Braun zählten. Der fertig konstruierte Chronovisor ermöglichte es durch Hebel und Knöpfe, die Zeit und den Ort der Vergangenheit einzustellen, den man sichtbar machen und aufzeichnen wollte. Das funktionierte, indem die elektromagnetische Strahlung empfangen wird, die von Ereignissen der Vergangenheit stammt. Außerdem konnte man mit dieser Technologie zukünftige Zeitlinien erforschen, die für den Vatikan von Interesse sind. Der Jesuitenorden gründete dazu eine Geheimorganisation, die begann, mit dem Chronovisor geheimdienstliche Informationen zu sammeln. Im Laufe der 1960er-Jahre wurde die Technologie des Chronovisors mit der CIA und vermutlich auch mit dem israelischen Geheimdienst Mossad geteilt. Der Chronovisor wurde laut Dr. Salla schon vor Jahrzehnten zum ultimativen Gerät zur Ermittlung von wichtigen Informationen zur Zeitmanipulation.

Im Jahr 1967 realisierte die CIA das Zeitreise-Projekt *Pegasus*, bei dem amerikanische Kinder in die historische Vergangenheit der Vereinigten Staaten teleportiert wurden. Aufgrund verschiedener glaubwürdiger Quellen war die Menschheit zu diesem Zeitpunkt bereits in Kontakt mit einigen Rassen außerirdischer Intelligenzen, die uns in der Entwicklung weit voraus sind und solche Technologien schon seit langer Zeit einsetzen. Einer der Zeugen ist der spätere US-Präsidentschaftskandidat Andrew D. Basiago. Er erklärt, dass *Project Pegasus* von der DARPA bis in die 1980er-Jahre hinein durchgeführt worden ist, um als Nachfolger des Philadelphia-Experiments verlässliche Informationen aus der Vergangenheit und der Zukunft zu erhalten und sie der US-Regierung zur Verfügung zu stellen. Die Schulkinder, die man für diese Zeitreisen einsetzte, wurden zu den ersten Chrononauten. Das Projekt umfasste wie gesagt die Entwicklung einer geheimen Teleportationstechnologie.

Andrew Basiago enthüllt, dass diese Technologie auf technischen Unterlagen basiert, die man im Appartement von Nikola Tesla in New York sichergestellt hat, nachdem dieser im Januar 1943 „verstorben“ war. Tesla war dafür zuständig, alle notwendigen Berechnungen und technischen Skizzen vorzubereiten, die im selben Jahr für das Philadelphia-Experiment benötigt wurden. Mit Hilfe seiner Generatoren war es möglich, die USS Eldridge zu teleportieren. Er hegte jedoch schwere Bedenken, diese gefährlichen Versuche mit lebendigen Tieren und Menschen durchzuführen – deshalb kursieren seit damals Gerüchte, dass sein Tod möglicherweise kein Unfall war. Es kam zum Streit mit Albert Einstein, weil er strikt gegen Experimente mit Menschen war. Sofort nach seinem Ableben wurden dann seine privaten Unterlagen vom FBI konfisziert und als „geheim“ eingestuft. Der Druck der amerikanischen Regierung war zu hoch, weil die kriegerischen Auseinandersetzungen im Atlantik und im Pazifik bereits begonnen hatten. Man beauftragte Dr. John von Neumann fortan mit der Leitung des Philadelphia-Projekts, um die Möglichkeit der Unsichtbarkeit von menschlichen Wesen zu studieren.

Durch die fortschrittlichere Technologie von *Project Pegasus*, die auf den Entdeckungen von Tesla basiert, wurde eine Maschine gebaut, die aus zwei grauen, elliptischen Schranken besteht, zwischen denen ein schimmernder Vorgang aus Energie erzeugt wird, die Tesla als „strahlende Energie" beschrieb. Strahlende Energie ist laut Tesla überall gebunden und Materie durchdringend im Universum vorhanden und hat die Fähigkeit, die Raumzeit zu krümmen. Die Chrononauten sprangen durch das erzeugte Feld aus strahlender Energie in einen Zeittunnel, und als dieser sich wieder schloss, fanden sich die Probanden aufgrund der vorherigen Berechnungen in ihrer Zielzeit wieder. Während verschiedener Ausflüge in die Vergangenheit konnte Basiago ermitteln, dass er jedes Mal leicht veränderte alternative Realitäten betrat, weil die Zeitlinien durch solche Eingriffe adjustiert worden waren. Bei zwei Reisen ins Jahr 1865 ist er schließlich sich selbst begegnet, weil er von unterschiedlichen Startpunkten seiner Gegenwart aus an denselben Ort und denselben Zeitpunkt versetzt worden war. Die Trips dauerten meist nur 15 Minuten oder weniger, dann kollabierte das Raumzeit-Hologramm, nach weiteren 60 Sekunden zerfiel das Feld aus supergeladenen Partikeln, und die Chrononauten fielen zurück in die Gegenwart.

Zwischen 1971 und 1984 lief parallel dazu das sogenannte *Montauk-Projekt*. Auch bei diesem Zeitreise-Projekt waren ehemalige deutsche Paperclip-Wissenschaftler und Außerirdische involviert, und die Manipulationen und Adjustierungen der Zeitlinien führten zu einem gewaltigen Chaos in der Raumzeit des Planeten Erde. Seit damals kam es zu intensiven Aktionen von positiven Fraktionen von außerirdischen Intelligenzen, die interveniert haben, was zu einer Störung der temporalen Pläne der Orion-Gruppe und der Reptiloiden führte. Obwohl viele der negativen außerirdischen Gruppen seit den 1980er-Jahren die Erde und unser Sonnensystem verlassen haben, versucht die irdische Kabale immer noch, mit Hilfe von Zeitreise-Technologie eine globale Tyrannei der Neuen Weltordnung zu erschaffen.

Diese Fähigkeit ist laut Dr. Salla der Grund, warum die „Elite" immer noch an der Macht ist. Bestimmte geheime Organisationen überwachen somit den Zeitstrom und benutzen temporale Agenten, um ihre Pläne für einen totalitären globalen Superstaat umzusetzen. Wie es aussieht, hat auch das Auftauchen der geheimnisvollen *Men in Black* etwas mit dieser temporalen Agenda zu tun. Sie versuchen zu verhindern, dass die Menschheit zur Wahrheit erwacht, weil das UFO-Phänomen eigentlich auch Begegnungen mit Wesen aus der Zukunft beinhaltet. Militärische Zeugen haben dazu erklärt, dass sie mit gelandeten Wesen kommuniziert haben, die aus der fernen Zukunft des Planeten Erde stammen und in unserer Gegenwart intervenieren, um die Weichen für zukünftige Zeitlinien zu stellen. Eine positive militärische Fraktion in den USA nutzt ebenfalls Zeitreise-Technologie, um den Tiefen Staat und die Kabale auszutricksen. Diese Operation wurde unter der Bezeichnung QAnon bekannt. QAnon ist vermutlich eine militärische Geheimoperation, die Quantentechnologie einsetzt, um Botschaften aus der Zukunft in Internetforen der Gegenwart zu posten. Tatsächlich schrieb QAnon im Post Nr. 3585 im Jahr 2019: *„Projekt Looking Glass? Vorwärts gehen, um rückwärts zu blicken. Q"*

UFOs sind Raumzeit-Reisegeräte

Laut Dr. Salla hat die CIA die Technologie des Chronovisors weiterentwickelt, und zwar für eine bekannte Geheimorganisation namens *Majestic-12*, die sich mit Projekten befasst, die mit der Präsenz von Außerirdischen auf dem Planeten Erde zu tun haben. Somit ist *MJ-12* einer der Arme des Tiefen Staates. Laut Andrew Basiago wurde der Chronovisor von Vater Ernetti von der CIA in Kooperation mit der DARPA verbessert. Diese verbesserte Technologie war dann eine von vielen weiteren Möglichkeiten, mit denen die CIA und ihre Partner die Vergangenheit und die Zukunft beobachten können, um Daten zu sammeln und die historische Geschichte durch Zeitreise-Experimente zu manipulieren. Somit nutzen gegenwärtig sowohl positive militärische Fraktionen als auch der Tiefe Staat ihre Zeit-Störungs-Technologien, um in die nahe Zukunft zu blicken und die jeweiligen Schachzüge des Gegners zu analysieren. Der Tiefe Staat versucht, die größten Enthüllungen über dieses Thema zu verhindern. Daraus kann man die Schlussfolgerung ableiten, dass nicht nur ein Zeitkrieg zwischen QAnon und dem Tiefen Staat besteht, sondern auch ein größerer Konflikt, in den Außerirdische und Bewohner des Planeten Erde aus unterschiedlichen Epochen der Vergangenheit und der Zukunft involviert sind. Der Hinweis auf die Zeitschau-Technologie mit der Bezeichnung *Project Looking Glass* ist somit die Enthüllung, dass streng geheime Technologien eine Verbindung zu außerirdischen Besuchern haben.

Im Jahr 1964 kam es zu einem TV-Interview mit dem UFO-Kontaktler George Van Tassell (1910-1978), der physischen Kontakt zu menschlich aussehenden Außerirdischen hatte, die ihm zeigten, wie sie mit ihrer Technologie visuelle Szenen aus jeder historischen Zeitperiode des Planeten Erde untersuchen können. Diese Technologie ist dann in den Besitz der US Navy gelangt. Die Beschreibungen von George Van Tassell gleichen jenen des Whistleblowers Bob Lazar, der als erster im Jahr 1989 öffentlich über das *Project Looking Glass* gesprochen hat, das von der US Navy seit den 1960er-Jahren durchgeführt wird.

Bob Lazar konnte eine solche Anlage während seiner beruflichen Tätigkeit in der S-4-Basis der Area 51 in Nevada beobachten. Er sagte, dass Gravitation die Raumzeit stört, und mit *Looking Glass* werden Bilder aus einem Zeittunnel analysiert, der entsteht, indem der Zeitstrom durch eine Gravitationslinse gestört wird. Der Whistleblower Preston Nichols (1946-2018) beschrieb die Vorgänge während der Montauk-Experimente zwischen 1971 und 1983 auf der Montauk Air Station in Long Island, New York. Er sagte, dass auch bei diesen Experimenten vorrangig Kinder oder Schüler eingesetzt wurden, um an bizarren militärischen Versuchen mitzuwirken. Menschen wurden dafür trainiert, mit außerirdischer Technologie zu arbeiten. Mit dem sogenannten „Montauk-Stuhl" wurde es schließlich möglich, die Zeit zu stören, um Tunnel in die Vergangenheit oder in die Zukunft zu öffnen, durch die man hindurchschreiten konnte. Der Tunnel war ein kreisförmiger Korridor mit einem Licht am anderen Ende.

Somit ist davon auszugehen, dass Zeitreise-Technologie erst im Laufe des 20. Jahrhunderts in den Besitz verschiedener Regierungen gelangt ist, weil Gruppen von Außerirdischen einen temporalen Krieg über die Dominanz von zukünftigen Zeitlinien des Planeten Erde führen und irdische Regierungen in diese Ziele einbezogen haben. Der Öffentlichkeit nicht bekannte Zivilisationen der Inneren Erde nutzen ebenfalls Raumzeit-Portale und beschützen diese vor Missbrauch durch Oberflächen-Regierungen. Die deutsche Vril-Gesellschaft gehörte zu den ersten Organisationen, die Durchbrüche in der Erforschung der Physik von Torsionsfeldern und Antigravitation erzielte. Mit diesem Wissen wurden in den 1920er-Jahren die ersten Flugscheiben entwickelt, die Raumzeitkrümmung für interstellare Reisen nutzbar machen konnten. Ab den 1930er-Jahren wurden diese Programme vom Dritten Reich übernommen und später in der Antarktis in geheimen Forschungen weiter entwickelt. Die deutsche Kolonie in Antarktika wurde somit zu einem Zentrum des temporalen Krieges mit interstellaren Zivilisationen, die darüber beunruhigt sind, dass die Zeitlinien des Planeten Erde verändert werden. Durch Technologie, die während der 1940er-Jahre aus UFO-Wracks geborgen werden konnte, wurde ersichtlich, dass außerirdische Raumschiffe eigentlich als Raumzeit-Reisegeräte eingesetzt werden. Ab den 1950er-Jahren wurde diese Technologie in den ersten Stufen von irdischen Organisationen angewendet, um verschiedene Zeitlinien zu überwachen und zu versuchen, zukünftige Ereignisse mittels temporaler Agenten zu beeinflussen.

Der amerikanische Geheimdienst NSA erschuf beispielsweise die *Advanced Contact Intelligence Organization* (ACIO), um die temporalen Eigenschaften von fortschrittlichen Technologien zu studieren, die in den Besitz der US-Militärgeheimdienste gelangt sind. Hierzu zählen auch Artefakte der *Wingmaker*, die einer Zivilisation der fernen Zukunft angehören, über die auch Al Bielek sprach, der durch einen Zeittunnel des Montauk-Experiments ins 28. Jahrhundert gereist war. Andere Regierungen wie die ehemalige Sowjetunion, China, Frankreich, England, Japan oder Israel besitzen heute ähnliche Organisationen, die temporale Technologien studieren. Außerirdische und innerirdische Gruppen beobachten wiederum deren Vorgehen, weil sich daraus signifikante galaktische Implikationen ergeben. Auch die holografischen Aufzeichnungen in den Bucegi-Bergen in Rumänien stellen einen Teil des temporalen Konflikts dar, der große Auswirkungen auf die Zukunft der Menschheit hat.

Zeitreisen und das Manhattan-Projekt

Der legendäre Montauk-Whistleblower Al Bielek erklärte in verschiedenen Interviews, dass die US-Regierung schon im Jahr 1936 Unterstützung aus der Zukunft erhalten hat, um rückwirkend den Zweiten Weltkrieg für sich zu entscheiden. Er stellte die Frage, wie Deutschland den Krieg verlieren konnte, obwohl es bereits Zugang zu dieser Technologie hatte? Vielleicht wurde von ihnen alles so geplant, um hernach eine verdeckte Übernahme der US-Regierung in Angriff zu nehmen, um den militärisch-industriellen Komplex zu übernehmen und eine Geheimregierung von Majestic-12 zu installieren, die unter der Kontrolle von deutschen Geheimgesellschaften steht? Im Jahr 2000 wurde ein umfangreiches Videointerview mit Al Bielek aufgezeichnet, in dem er über das Philadelphia-Experiment und Zeitreisen spricht. Er sagt, dass 1936 durch Zufall Zeitreise-Technologie gefunden wurde, als ein Schiff der US Navy Bohrungen auf dem Grund des Atlantiks durchgeführt hat. Es handelte sich um die USS Kearsarge AB-1, die im Bermuda-Dreieck auf einen versunkenen Kristall der Zivilisation von Atlantis gestoßen ist, der sich aktiviert hat. Das Schiff war zwei Monate lang verschollen und kehrte dann zurück. Die Besatzung berichtete davon, dass sie zusammen mit ihrem Schiff in die Zukunft gereist war. Menschen der Zukunft gaben der Crew detaillierte Informationen, wie man Zeitreise-Technologie entwickeln kann, die von entscheidender Bedeutung für den nahenden Zweiten Weltkrieg sein würde. Nach zwei Jahren an Experimenten und Kalibrierung war die erste Zeitreise-Technologie einsatzbereit und wurde eingesetzt, um fortschrittliche Waffen aus der Zukunft zu beschaffen, die im Krieg zum Einsatz gekommen sind!

Al Bielek erfuhr diese Fakten aus Dokumenten der Archive des *Los Alamos Laboratory*. Die US Navy war fähig, die USS Kearsage und später eine Reihe von anderen Kriegsschiffen mit der notwendigen Technik auszustatten, um Zeitreisen zu ermöglichen. Und mit diesem Vorgehen wurde es offenbar möglich, die militärische Auseinandersetzung mit Deutschland zu gewinnen, indem die Geschichte verändert wurde. Al Bielek sagte, dass Hardware aus der Zukunft der

1980er-Jahre geholt wurde, an der man einige Veränderungen vornahm, um sie im Krieg einzusetzen. Das hatte besonders mit der Plutonium-Bombe zu tun, die über Japan abgeworfen wurde, um den Zweiten Weltkrieg zu beenden. Das ist deshalb von Bedeutung, weil aus heute veröffentlichten Unterlagen hervorgeht, dass die Trinity-Bombe die erste Plutonium-Bombe war, die am 16. Juli 1945 zu Testzwecken detoniert ist. Dieser erste Test verbrauchte allerdings das gesamte Plutonium, das im Laufe eines ganzen Jahres in den USA produziert worden war. Eine weitere Plutonium-Bombe mit der Bezeichnung „Fat Man" wurde am 9. August 1945, also weniger als einen Monat später, über Nagasaki abgeworfen. Wann wurde das notwendige Plutonium dafür produziert? Diese Frage wurde niemals beantwortet. Al Bielek erklärt dazu, dass es sich um eine Produktion der 1970er-, 1980er- oder 1990er-Jahre handelte, denn erst in diesen Jahrzehnten wurde es möglich, dieses Material in ausreichenden Mengen herzustellen. Das Ergebnis war, dass eine militärische Niederlage von Japan erreicht wurde, die die Welt in eine unsichere Friedenszeit beförderte. Die ganze Geheimhaltungsprozedur um das Manhattan Projekt selbst wirft immer noch viele Fragen auf. Zum Beispiel, wie es möglich war, zwei unterschiedliche Typen von Atomwaffen (Uran und Plutonium) zu erfinden, die dann gleichzeitig innerhalb weniger Tage einsatzbereit waren, um sie im Pazifikkrieg einzusetzen. Fat Man war außerdem in großer Eile und ohne vorhergehende Kontrolltests zusammengebaut und eingesetzt worden.

Verschiedene Historiker behaupten, dass das Philadelphia-Experiment mit dem Kearsarge-Vorfall im Jahr 1936 zu tun hat. Darum war der Zweite Weltkrieg selbst ein fundamentaler Teil eines temporalen Krieges, der zwischen verschiedenen außerirdischen Fraktionen geführt wird, wobei auch verlorene irdische Hochzivilisationen im ganzen Geschehen eine Rolle spielen. Al Bielek erklärt, dass er die Zukunft der Jahre 2137 und 2749 besucht hat, wo er erfuhr, warum Menschen der Zukunft die Zeitlinien unserer Gegenwart verändern wollen. Al Bielek und andere temporale Agenten erfuhren in der Zukunft von verschiedenen bedeutenden historischen Begebenheiten, die sich im Laufe der vor uns liegenden Jahrhunderte zutragen sollen. Wichtige Veränderungen sollten sich aus dieser Perspektive bereits zwischen den Jahren 2000 und 2016 abspielen. Wir haben erlebt, dass es zu 9/11 gekommen ist. Dieses Ereignis hat unumkehrbare geopolitische Veränderungen bewirkt, die bis heute spürbar sind. Bis zum Jahr 2025 soll es dann schließlich zu einer vorläufigen Beruhigung der Dinge kommen. Die USA und Europa verbünden sich zuvor, um gegen China und Russland anzutreten. Das Resultat dieses Dritten Weltkriegs soll sein, dass Milliarden von Menschen umkommen und die Bevölkerung der Erde auf ca. 300

Millionen Menschen schrumpft! Das sorgt dafür, dass sämtliche Regierungen der Welt kollabieren.

Die ganze Sache wird aber noch rätselhafter, denn Al Bielek sagt, dass die Modifikation der historischen Geschichte nicht nur den Zweiten und einen möglichen Dritten Weltkrieg, sondern auch den amerikanischen Bürgerkrieg betrifft, der zwischen 1861 und 1865 stattfand. Hierzu hat wiederum Andrew Basiago genauere Informationen zur Verfügung gestellt. Er selbst war als kleiner Junge 1972 im Zuge von *Project Pegasus* ins Jahr 1863 teleportiert worden, als sich Abraham Lincoln in Gettysburg aufhielt. Er sagte, dass es sich so anfühlte, als würde man sich mit hoher Geschwindigkeit oder überhaupt nicht fortbewegen, als er die Zeittunnel betrat. Das Universum wickelte sich einfach um die Position des Zeitreisenden. Die blutige Schlacht um die Stadt Gettysburg in Pennsylvania hat von 1. bis 3. Juli 1863 stattgefunden, und sie forderte die meisten Todesopfer im gesamten Bürgerkrieg. Die Nordstaaten triumphierten schließlich, und am 19. November 1863 hielt der damalige US-Präsident Abraham Lincoln eine der berühmtesten Ansprachen in der amerikanischen Geschichte. Dieser Veranstaltung wohnte Andrew Basiago laut eigenen Angaben als Kind bei und wurde sogar vor Ort fotografiert. Im Jahr 1865 näherte sich der Bürgerkrieg schließlich seinem Ende, aber Abraham Lincoln sollte den endgültigen Sieg nicht mehr erleben, weil er am 14. April 1865 einem Attentat zum Opfer fiel. Andrew Basiago wurde dorthin teleportiert, um zu überprüfen, wer Lincoln an diesem Tag im Ford's Theatre in Washington D.C. erschossen hat – eventuell handelte es sich um einen temporalen Agenten.

Die Erforschung der Mars-Zivilisation

Basiago sagt aus, dass er nicht nur in die Zeit von Abraham Lincoln, sondern auch zu George Washington und schließlich in die Periode von Jesus Christus gesandt wurde. Das geschah, um die historische Wahrheit über diese drei Menschen herauszufinden. Basiago selbst sah einen 20-minütigen Film über die Kreuzigung. Das geschah in den *Sandia National Laboratories* in New Mexico im Sommer 1972. Die versammelten Zuschauer fühlten sich sehr unwohl dabei, weil sie das Leiden des historischen Jesus mitansehen mussten. Zwei andere Männer waren hinter ihm ans Kreuz genagelt, und Frauen kamen, um vor Jesus zu beten. Er trug eine Dornenkrone, die die Form eines Motorradhelmes hatte. Blut rann von seiner Stirn in die Augenhöhlen und von dort aufs Kinn. Sein Aussehen stimmte laut der Beschreibung von Basiago mit den mittelalterlichen Darstellungen von Jesus überein. Die Frauen wurden im Video schließlich von römischen Soldaten verjagt, und einer von ihnen stieß mit einem langen Speer in den Leib Christi. Diese Waffe war der legendäre „Speer des Schicksals“. Daraufhin verdunkelte sich der Himmel. Es gibt darüber hinaus ein Jesus-Video von der Auferstehung im Grab. Andrew beschreibt es so: Es gab einen hellen Lichtblitz, und zwei fremde Männer erschienen im Grab. Jesus erhob sich, und alle drei Anwesenden drückten vom Inneren des Grabes den Steinblock am Eingang zur Seite und gingen hinaus. Diese Aufzeichnungen sind nach wie vor geheim, können aber vielleicht eines Tages der Weltbevölkerung präsentiert werden.

Andrew Basiago, der heute ein angesehener Anwalt ist, erklärt weiter, dass im Zuge von *Project Pegasus* auch der Planet Mars erforscht worden ist. Er selbst sei demnach ein Pionier und Entdecker von Leben auf dem Mars gewesen. Im Laufe der 1970er-Jahre und in den frühen 1980er-Jahren startete die CIA ein Programm für Marsbesuche. Mittels spezieller Sprungräume wurde es möglich, sich physisch zum roten Planeten zu teleportieren. Ein solcher Sprungraum befand sich in der Stadt El Segundo in Kalifornien – dort wurden Portale erzeugt, um zu geheimen US-Basen auf dem Mars zu gelangen. Dazu mussten die Expeditionsteilnehmer jeweils ein rigoroses Training durchlaufen, das sie auf Begegnungen mit außerirdischen Lebensformen vorbereiten sollte. Dieses Training wurde laut Basiago zum Beispiel von Major Ed Dames abgehalten. Dames war ein hochdekorierter Geheimdienstoffizier, der als wissenschaftlicher Berater für die US Army agierte. Er zählte außerdem zu den Erschaffern des technischen Remote Viewings von *Project Stargate* für die Erforschung des Mars, von Atlantis sowie von UFOs und Aliens.

Durch diese Forschungen sind die Verantwortlichen des *Stargate-Projekts* und von *Project Pegasus* schließlich dahintergekommen, dass dokumentierte Fakten existieren, die zeigen, dass eine auf der antiken Kultur der Sumerer basierende Kultur in Ägypten und auf dem Planeten Mars existierte. Sie wurde von Pharaonen wie Echnaton angeführt, welche verlängerte Schädel hatten. Die CIA führt bis zum heutigen Tag verschiedene geheime Programme auf dem Mars durch. Andrew Basiago und der Exopolitiker Alfred Lambremont Webre haben in den vergangenen Jahren eine Menge weiterer Informationen über diese ganzen Verstrickungen ermittelt. Alfred Lambremont Webre war im Jahr 1977 der Leiter der *Extraterrestrial Communication Study*, einer Studiengruppe des US-Präsidenten Jimmy Carter für das Weiße Haus. Es existieren nämlich Hinweise, dass die CIA versucht hat, die Präsidentschaft von Jimmy Carter zugunsten von Ronald Reagan zu sabotieren, weil er plante, die Anwesenheit von außerirdischen Besuchern bekanntzugeben.

Weil Fraktionen innerhalb der CIA zur Schattenregierung zählen und mit Angehörigen der NSA konspirieren, sollte verheimlicht werden, dass Präsident Carter von Außerirdischen entführt worden ist. Weil sowohl Basiago als auch Webre Einblicke in die Ermittlungen von US-Geheimdiensten erlangt haben, ist für sie klar, dass diese Kreise sehr über die ET-Präsenz auf unserem Planeten besorgt sind. Man wusste nicht, wer die Außerirdischen waren und was sie hier eigentlich wollten. Jimmy Carter soll im Jahr 1969 entführt worden sein, Alfred Webre im Jahr 1973 und Andrew Basiago schließlich im Jahr 1975. Alle drei hatten Begegnungen mit UFOs und sprechen von Erfahrungen mit fehlender Zeit. Im Jahr 1976 wurde Carter zum Präsidenten gewählt und plante, wie schon andere Staatschefs vor ihm, die Offenlegung der UFO-Präsenz. Basiago und Webre gelangten zur Erkenntnis, dass hinter den Entführungen kleine Grey-Aliens stecken, die ein permanentes interdimensionales Projekt mit dem Planeten Erde verfolgen. Sie forcieren die Inkarnation von Hybrid-Seelen in menschliche Körper, um eine positive spirituelle und soziale Entwicklung der menschlichen Gesellschaft zu bewirken. Diese Arbeit wird von höheren Wesen einer galaktischen Ratsversammlung koordiniert, zu denen höherdimensionale oder aufgestiegene menschliche Zivilisationen von den Plejaden, vom Aldebaran oder vom Sirius-Sternsystem zählen. Diese Wesen sind für die Erschaffung der menschlichen Spezies Homo sapiens verantwortlich und arbeiten gegenwärtig an der Verbesserung unserer Spezies weiter.

Im Jahr 1977 soll Jimmy Carter geplant haben, die geheimen Abkommen mit negativen Aliens wie den Draco, den Orion-Greys und anderen Aliens offenzulegen, die man als *Greada-Abkommen* oder *Tau-IX-Abkommen* kennt. Diese Vereinbarungen wurden ursprünglich von Präsident Dwight D. Eisenhower unterzeichnet. Die negativen Aliens haben sich nicht daran gehalten und entführten Millionen von Kindern für Pädo-Verbrechen, rituelle Opferungen, die Gewinnung von Loosh-Energie, Kannibalismus und die „Ernte“ von Körperteilen und Organen. Das hat mit Duldung der Regierung und der Kabale der Neuen Weltordnung stattgefunden. Weil nach Ronald Reagan besonders Präsident George Bush Senior für eine Verschlimmerung der Situation mit den negativen Aliens verantwortlich war, wurde es notwendig, die Menschheit durch Exopolitik über die Botschaften der höher entwickelten Zivilisationen zu unterrichten. Diese bemühen sich, dass die menschliche Gesellschaft in ihre Konzepte fortschrittlicher Spiritualität eingeweiht wird, die von höherdimensionalen Intelligenzen stammen. Die Kabale hingegen versucht mit ihren dämonischen Verbündeten einen temporalen Plan der totalen Kontrolle über die Menschheit in einem Simulakrum herbeizuführen. Das ist eine trügerische Scheinwelt einer virtuellen Maschinen-Version der Erde, welche die Schattenregierung und der Tiefe Staat zu erschaffen versuchen. Man kann es mit der Computersimulation einer Matrix vergleichen.

Ein wesentlicher Bestandteil dieses Plans ist die Geheimhaltung der Tatsache, dass es eine Geschichte der Menschheit auf dem Planeten Mars gibt, wobei verschiedene menschliche Spezies heute noch auf dem Mars leben. Es gab vor Tausenden von Jahren eine interplanetare Kultur, die von Pharaonen mit Langschädeln geführt wurde und der ägyptischen Zivilisation entsprach. Diese Zivilisation der Vorzeit wurde auf der Erde von einer Flutkatastrophe ausgelöscht, die wir als Sintflut bezeichnen. Während einer Katastrophe im Sonnensystem, die vor etwa 11.500 Jahren stattgefunden hat, kamen Fragmente einer Supernova in unserem Sonnensystem an und haben den Planeten Mars getroffen. Das sorgte für die Zerstörung seiner Oberfläche und seiner alten Zivilisation. Trümmerstücke trafen auch die Erde und zerstörten die Zivilisation, die von Platon „Atlantis“ genannt wurde. Atlantis umfasste aber nicht nur die Erde, sondern laut Webre auch die alte Zivilisation auf dem Mars. Vor dieser Katastrophe waren der Mars und die Erde eine einzige interplanetare Pyramiden-Kultur, die von den Vorfahren der dynastischen ägyptischen Pharaonen regiert wurde, die man auch als Anunnaki bezeichnet hat. Aus diesem Grund findet man auf der Marsoberfläche Strukturen von den ehemaligen Beherrschern des Mars. (Es sei hier angemerkt, dass sich die diversen Whistleblower in Bezug auf die genaue Ursache der Zerstörung der Mars-Zivilisation nicht einig sind. Auch hinsichtlich der Identität der Anunnaki bestehen Differenzen. Mit „Anunnaki“ sind in den sumerischen Schriften vermutlich verschiedene Außenwelt-Gruppen gemeint, die im Laufe von tausenden Jahren zur Erde gekommen sind.) Nach der Katastrophe musste die Zivilisation wieder erschaffen oder neu initialisiert werden, wir Erdlinge haben dadurch eine neue, zweite Zivilisation erhalten. Anunnaki vom Nibiru waren laut diesen Informationen behilflich, vor rund 5.000 Jahren die Kultur von Sumer zu begründen. Das ist der Grund, warum Freimaurer behaupten, dass die Welt wie in der Bibel beschrieben vor 5.000 Jahren begonnen hat.

Es stimmt jedoch, dass die ägyptische Zivilisation schon vor mehr als 15.000 Jahren auf dem Mars florierte, als echte humanoide „Götter“ der Anunnaki die Herrscher von Ägypten waren und Mars-Basen betrieben. Als Nibiru sich der Erde näherte und sich zwischen Jupiter und Mars befand, trug das zur Zerstörung der Entwicklung auf dem Mars bei. NASA-Sonden haben Hinweise erbracht, dass die ägyptische Zivilisation von Ra mit Raketen zwischen dem Mars und der Erde verkehrte. Seit der Katastrophe blieben die Kulturen des Mars und der Erde getrennt, und zwar bis zur Mitte des 20. Jahrhunderts. Anunnaki benutzten ihre Raketenschiffe, um Rohstoffe vom Nibiru und der Erde zum Mars zu befördern. Auf diese Weise brachten sie auch ihr genetisches Material zur Erde mit. Es gab laut Andrew Basiago aber auch eine andere Transportmöglichkeit, um Waren und Menschen zwischen den Planeten zu transportieren. Das waren die großen Pyramiden auf der Erde und auf dem Mars. Sie enthielten Teleportations-Geräte, die man erst wieder seit dem 20. Jahrhundert verwendet –

seit Nikola Tesla hinter die funktionalen Prinzipien dieser Teleportation gekommen ist. Chrononauten und Astronauten haben Statuen von Menschen und menschliche Köpfe in Stein gemeißelt auf der Marsoberfläche vorgefunden, es gibt dort aber auch Darstellungen von Köpfen von Außerirdischen. Die Implikationen hieraus ist, dass die Artefakte vom alten Mars darauf hindeuten, dass die Marsbewohner mit uns verwandt sind. Weiterhin wurden Beweise erbracht, dass weitreichende Grabungen auf der Marsoberfläche stattgefunden haben, und das ganze Panorama zeigt die Präsenz eines gewaltigen Kataklysmus in der Geschichte des Mars. Ein Grund für diesen Kataklysmus liefert auch die Zerstörung des ehemaligen Planeten Maldek, erklärt Andrew Basiago.

Andrew Basiago schildert, dass menschenähnliche Humanoide den Mars bewohnen, die keine Gefahr für uns darstellen. Sie sind kooperativ und besitzen eine hohe Intelligenz, gepaart mit starker Sensibilität. Heute soll das geheime Weltraumprogramm Basen auf der Marsoberfläche betreiben, in denen mehrere tausend Erdmenschen leben. Es gibt dort eine dünne Atmosphäre, in der man nach längerer Eingewöhnung atmen kann, aber nur sehr wenig offenes Wasser. Basiago beschreibt, dass er bei seinem ersten Besuch auf dem roten Planeten von CIA-Arbeitern begrüßt wurde. Er enthüllt weiter, dass es auch unterirdische Basen gibt, in denen sich möglicherweise Hunderttausende von Erdmenschen aufhalten. Das entspricht den Aussagen des Whistleblowers Bob Dean. Dieser hat bestätigt, Berichte gelesen zu haben, dass Anunnaki gegenwärtig auf dem Mars aktiv sind. Während einer Präsentation wies er darauf hin, dass Infrarot-Aufnahmen von einer unterirdischen Stadt und von oberirdischen Basen auf dem Mars existieren. Er sagt, dass die Anunnaki sich bereits unter uns befinden und verstehen, dass eine höhere Autorität im All existiert, die dafür sorgt, dass die menschliche Rasse überlebt und bald eine Umwandlung in eine transzendente neue Spezies erleben wird. Andrew Basiago ist der Meinung, dass es unser Schicksal war, Leben auf dem Mars zu finden, weil das Auftreten von Zeitreisen mit den epochalen Entwicklungen der Zukunft zusammenhängt. Die CIA soll bereits im Jahr 1968 erste Menschen in die Vergangenheit und in die Zukunft teleportiert haben, um dort Artefakte zu bergen und mitzunehmen. Intelligentes Leben auf dem Mars wurde schließlich im Jahr 1971

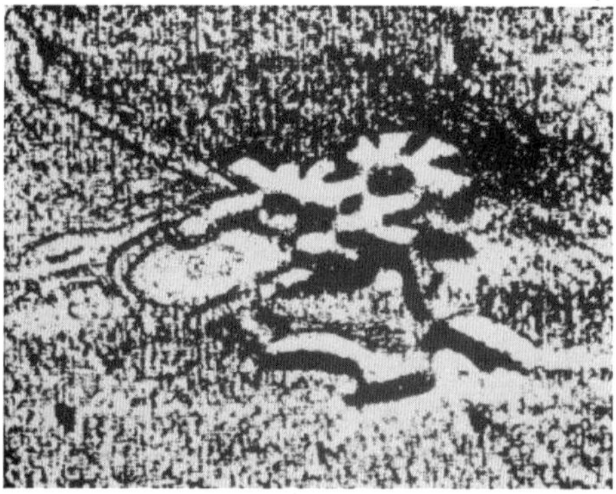

Abb. 53: Foto einer angeblichen Basis auf der Marsoberfläche.

entdeckt. Auf die Frage, warum Menschen zum Mars teleportiert werden, antwortete Basiago, dass das Überleben der menschlichen Rasse davon abhängt! Auch während Phase 3 des Montauk-Experiments wurden Portale zum Mars geöffnet, und zwar speziell zu den Mars-Pyramiden in der Nähe des Mars-Gesichts. In dieser Region des roten Planeten gibt es eine große Zahl künstlich angelegter Strukturen. Das Montauk-Team wollte herausfinden, wer diese Strukturen erschaffen hat. Ein geheimes Weltraumprogramm bestehend aus Amerikanern und Sowjets soll im Jahr 1962 erstmals auf dem Mars gelandet sein und erste Kolonien auf dem Mond und dem Mars gegründet haben. Die Leiter der Montauk-Experimente wussten daher zum Zeitpunkt ihrer Versuche bereits, dass der Mars bewohnt war. Es war allerdings schwierig, das Innere der antiken Pyramiden näher zu erforschen. Erst durch Portale, die in den darunter liegenden unterirdischen Tunneln geöffnet wurden, war es möglich, sie zu betreten. Es wurde nicht veröffentlicht, was man im Inneren der riesigen Pyramiden gefunden hat, aber es gab einige Artefakte und technische Anlagen. Das soll ein System zur Verteidigung des Sonnensystems gewesen sein, das abgeschaltet werden musste, bevor weitere Forschungen angestellt werden konnten. Der Film »Total Recall« mit Arnold Schwarzenegger soll teilweise auf dem *Montauk-Projekt* basieren. Im Film sieht man ebenfalls eine antike Pyramide, die von menschenähnlichen außerirdischen Intelligenzen erbaut worden ist. Diese Rasse von alten Marsbewohnern war laut den Erkenntnissen der Portalreisenden in einer Periode vor ca. 125.000 Jahren angesiedelt.

Die antiken Besucher vom Nibiru hatten später auf der Erde sumerische Schreiber, und die erhaltenen antiken Texte beweisen, dass die Sumerer vor Tausenden von Jahren wussten, dass der Mars einmal Wasser auf seiner Oberfläche besaß. Anunnaki bauten somit wichtige Pyramiden auf dem Mars und auf der Erde und nutzten sie als Kraftwerke für größere Komplexe, die in der Nähe oberirdisch und unterirdisch errichtet worden sind. Die unterirdischen Zugänge zu den an der Oberfläche verschlossenen Pyramiden wurden durch große Statuen aus Stein markiert. Laut den Informationen von Andrew Basiago wurden die Gizeh-Pyramiden von den Anunnaki vor rund 12.500 Jahren errichtet und dienten außerdem als Landemarkierungen für anfliegende Raketenschiffe. Aus der Luft konnte man sie gut erkennen, und der Landeanflug verlief über den Sinai-Landekorridor. Die Annäherung von Nibiru zerstörte schließlich auch den alten Weltraumhafen im heutigen Irak. Andrew Basiago weist darauf hin, dass der Autor Zecharia Sitchin recht behält, wenn er schreibt, **dass die antiken Weltraumbasen auf dem Mars in unserer Zeit wieder aktiviert worden sind, um die Rückkehr der Anunnaki vorzubereiten.**

Weiter erläutert der Chrononaut, dass Marsianer im Januar 1901 ein 70-minütiges Funksignal zur Erde geschickt haben, das vom Lowell-Observatorium in Arizona empfangen wurde. Dieses Observatorium wurde vom Astronomen Percival Lowell gegründet, der für seine Beobachtungen der Marskanäle bekannt wurde. Verschiedene Astronauten besuchten das Observatorium im Jahr 1963, als die Mondoberfläche für das Apollo-Programm untersucht wurde. Nikola Tesla wiederum baute im Jahr 1902 eine Maschine in New Mexico und begann eine interaktive Kommunikation mit den Marsianern, nachdem er ihr Signal empfangen hatte. Das war kein Geheimnis, und die Mainstream-Presse hat davon berichtet. Es wurde daraufhin Kontakt hergestellt, und Marsbewohner sind tatsächlich in den 1920er- und 1930er-Jahren auf der Erde gelandet, sie trafen Vereinbarungen mit der amerikanischen Regierung, und Mitglieder der irdischen „Elite" ist es seit damals möglich, Touren zum Mars zu unternehmen! Das alles soll vom Vatikan organisiert worden sein, wobei Erdmenschen vom Südwesten der USA und von Brasilien aus abgeholt worden sind. Bis zum Jahr 1970 haben Astronauten vom Mars regelmäßig die Erde besucht, wobei der junge Andrew Basiago und sein Vater in der Zentrale von *Project Pegasus* mehrere marsianische Astronauten getroffen haben. Die Regierung des Mars und die Verantwortlichen auf der Erde sollen daraufhin einen gemeinsamen Verteidigungs-Perimeter im Sonnensystem errichtet haben, der die Invasion einer Rasse hyper-dimensionaler Wesen verhindern soll, wobei hier möglicherweise wieder Draco-Reptiloiden und Orion-Greys gemeint sind. Im Januar 1967 trat der Outer Space Treaty in Kraft – diese internationale Vereinbarung regelt seit damals die Aktivitäten von Staaten bei der Erforschung des Weltraums. Das betrifft auch den Mond und andere Himmelskörper im Sonnensystem und wurde von den Vereinten Nationen formuliert. Basiago beschreibt, dass die USA im Anschluss daran begonnen haben, den Mars zu kolonisieren.

Es ist durch die Sprungräume zum Mars nicht mehr notwendig, mit Raumschiffen dorthin zu reisen, sondern Passagiere betreten einfach einen Zylinder und steigen ohne Zeitverzögerung auf der anderen Seite auf der Marsoberfläche aus. Dort erfolgen dann Interaktionen mit den Marsbewohnern. Basiago hat eigenen Aussagen zufolge ihre unterirdischen Bereiche besucht und wurde dort über die Eigenschaften ihrer Rasse in Kenntnis gesetzt, die er *Homo maris* nennt. Das ist eine menschliche Spezies mit verlängertem Schädel, spitzen Ohren und dünnen Körpern. Bei seinen mehr als 40 Ausflügen zum Mars wurde er von solchen Humanoiden empfangen, die telepathisch kommunizieren. Sie zeigten ihm ihre unterirdische Zivilisation, die im Inneren des Planeten entstanden ist, nachdem die Oberfläche unbewohnbar geworden ist. Andrew wurde aber auch in die Zukunft des Planeten Erde teleportiert und erreichte das Jahr 2045, dort wurde er zu einem Gebäude geführt, das aus Smaragd und Wolframstahl besteht. Er erhielt Aufzeichnungen auf Mikrofilm, die alle wichtigen historischen Ereignisse bis zurück in die 1970er-Jahre enthielten, also jener Zeit, von der aus er gestartet war. Ein wichtiger Punkt hierbei ist die Tatsache, dass die Öffentlichkeit noch immer über die Präsenz von außerirdischen Intelligenzen im Dunkeln gelassen wird. Diese Präsenz ist sprunghaft angestiegen, seit die Menschheit Atomwaffen entwickelt hat. Die Detonationen sorgten dafür, dass sich ein Riss im Gewebe der Raumzeit aufgetan hat. In den Augen der Außerirdischen ist das die allerschlimmste Sache, die man dem Universum antun kann, sagt Basiago. Den besagten Mikrofilm konnte er mit zurück in die 1970er-Jahre nehmen. Er enthielt präziser ausgedrückt Informationen der Jahre 1970 bis 2040, wobei im Jahr 2045 eine Periode des Friedens und der ökologischen Stabilität herrscht. Mit dem Chronovisor wurde er außerdem in eine Zeit versetzt, die rund eine Million Jahre zurückliegt – dort konnte Andrew Dinosaurier beobachten, die über die Erde streiften. Sie sind somit nicht vor 65 Millionen Jahren ausgestorben, sondern erst vor relativ kurzer Zeit.

Al Bielek weist als Nächstes darauf hin, dass bei derartigen Zeitmanipulationen das Zeitfeld des Planeten Erde so verändert wird, dass wir nichts von diesen Manipulationen mitbekommen. Dennoch sind diese Vorgänge so gefährlich, dass schließlich das gesamte Zeitfeld kollabieren könnte. Ein Hinweis darauf ist, dass bei Atomuhren verschiedene Störungen aufgetreten sind. Nochmals betont Bielek in seinem Interview, dass es wichtige zeitliche Eingriffe in den amerikanischen Bürgerkrieg gegeben hat. Das Attentat auf Abraham Lincoln hatte womöglich auch etwas mit seinem Wissen über die verborgene Geschichte der USA zu tun, denn er sprach öffentlich von einer Spezies von ausgestorbenen Riesen, deren Knochen man in den Mounds und Grabhügeln in Amerika finden konnte. Vielleicht wusste er über die historische Geschichte der Anunnaki und über die Erschaffung von Hybriden-Rassen Bescheid? Al Bielek stellt klar, dass der Bürgerkrieg aus wirtschaftlichen Gründen geführt wurde, und nicht, um die Sklaverei zu beenden. Bis zum Jahr 1863 waren die Südstaaten dabei, den Krieg zu gewinnen, doch dann passierten einige unerklärliche Dinge. Plötzlich begannen die Nordstaaten, Schlachten für sich zu entscheiden, und der Kampf vor Gettysburg war vermutlich die schlimmste Niederlage für den Süden. Im Jahr 1865 verlor der Süden laut den Geschichtsbüchern schließlich den amerikanischen Bürgerkrieg. Al Bielek fährt fort zu schildern, dass viele Leute aus dieser Epoche wieder in der Gegenwart inkarniert sind. Sie haben sich hypnotischen Rückführungen unterzogen und ausgesagt, dass eigentlich der Süden den Krieg gewonnen hatte. Wenn das eine historische Wahrheit wäre, dann gäbe es heute möglicherweise keine Vereinigten Staaten, und Amerika wäre niemals zu einer Weltmacht geworden.

Al Bielek verstarb im Jahr 2011 und sagte zuvor aus, dass er Freunde und Bekannte in Zeitreise-Programmen hatte, die in Teams arbeiteten, in denen die historische Geschichte neu konstruiert wurde. Agenten reisten zurück in die Vergangenheit und nahmen meist nur kleine Veränderungen vor. Teams aus Männern und Frauen wurden in die Zeit von 1862 und 1863 in den Bürgerkrieg geschickt, sie infiltrierten die Konföderierten Staaten von Amerika und wurden Teil der militärischen Führung der Armee. Sie lieferten dem Süden Fehlinformationen, woraufhin dieser begann, die ersten Kämpfe zu verlieren. Im Endeffekt wurde der Krieg gegen die Unionsstaaten verloren, weil die Geschichte von der Zukunft aus umgestaltet worden ist. Diese Art der Manipulation der Zeitlinie hat sich laut Bielek bis vor kurzem fortgesetzt, und Manipulationen finden auch weiterhin statt.

Aus Gründen der Nationalen Sicherheit hat er darauf verzichtet, die genauen Orte zu enthüllen, an denen sich diese Technologie für Zeittunnel befindet. Die Teilnehmer für Zeitreiseexperimente werden auf jeden Fall sehr sorgfältig ausgewählt. Es ist noch nicht entschieden, welche Zukunft uns letztendlich erwarten wird, weil sich die Ergebnisse der Manipulationen immer noch entfalten. Der Tiefe Staat nutzt seine Kontrolle über zeitliche Abläufe, um laut den Erkenntnissen von Dr. Salla effektiv demokratische Systeme zu beseitigen, und die Pläne des WEF legen die Agenda der „Elite“ für eine computergesteuerte Realität offen. Deshalb spielt der Transhumanismus die nächste Schlüsselrolle im temporalen Krieg um die Zukunft der Menschheit. Um der Befreiung durch positive Allianzen entgegenzuwirken, plant die Kabale einen fingierten Angriff von UFOs unter falscher Flagge. Das wird die finale Aktion des Tiefen Staates darstellen, um an der Macht zu bleiben und seine neue Ordnung durchzusetzen. Dem gegenüber stehen die Pläne zur Befreiung der Menschheit aus dieser Kontrolle, damit wir uns schließlich eine reale Star-Trek-Zukunft erschaffen können.

Kapitel 9 – Radu Cinamar Buch 6: Forgotten Genesis

Aufgrund des anhaltend großen Interesses der Anhänger der Grenzwissenschaften an den Büchern des rumänischen Autors Radu Cinamar habe ich mich dazu entschieden, mehr über den Verlauf der Geschehnisse zu schreiben. In diesem Kapitel ist es mir ein Bedürfnis, auf ein paar Punkte des sechsten Bandes seiner Buchreihe mit dem Titel »Forgotten Genesis« (Vergessene Schöpfungsgeschichte) einzugehen, weil diese Darlegungen mit den klärungsbedürftigen Themen des vorliegenden Werks vereinbar sind. Ich werde auch diesmal wieder wissenschaftliche Fakten in diese Schilderungen einbinden, um die Glaubwürdigkeit der Darlegungen von Radu Cinamar hervorzuheben. Trotzdem weise ich alle Leser nachdrücklich darauf hin, dass sie unbedingt die komplette Reihe der viel detaillierteren Bücher von Radu Cinamar studieren sollten, die im *Herzwelt-Verlag* als eigenständige Schatzberg-Reihe erschienen sind. Dieses Material ist stellenweise hochkomplex, sodass man die Bücher mehrere Male lesen muss, um alles zu verinnerlichen, weil der Schwerpunkt des Geschehens auf Spiritualität und der Anhebung des Bewusstseins durch innere Einsicht liegt. Der Inhalt von »Forgotten Genesis« dreht sich hauptsächlich um die rätselhafte Herkunft der menschlichen Spezies. Die Handlung der ganzen Bucegi-Reihe dreht sich um eine geheime Halle der Aufzeichnungen, die in Rumänien gefunden worden ist. Es handelt sich um eine hochtechnologische Anlage, die in einem Bergmassiv verborgen ist. Sie soll von einer unbekannten Zivilisation vor rund 50.000 Jahren in der fernen Vorzeit konstruiert worden sein und beeindruckende technische Möglichkeiten enthalten, da dort eine holografische Chronik der Erdgeschichte und der authentischen Geschichte der Menschheit abgespeichert sind.

Die Rätsel der 50.000 Jahre alten Halle der Aufzeichnungen

Diese prähistorischen Aufzeichnungen schildern eine völlig andere Geschichte der Welt und zeigen außerdem, dass das Innere unseres Planeten von verschiedenen hoch entwickelten Zivilisationen bewohnt ist. Der rumänische Geheimdienst *Department Zero* und Militärs der Vereinigten Staaten kooperieren seitdem bei der Auswertung dieser Funde und haben in der vorzeitlichen Halle der Aufzeichnungen dort vorhandene Tunnelsysteme untersucht. Das weitverzweigte Netzwerk führt ins Erdinnere, und Expeditionen konnten letztlich erfolgreich Kontakte mit diesen mysteriösen menschlichen Kulturen der Inneren Erde herstellen. Diese sind gewissermaßen die Hüter von prähistorischen Aufzeichnungen über die Historie unseres Planeten und wissen auch über den echten Ursprung der menschlichen Spezies auf diesem Planeten genau Bescheid. Aus den veröffentlichten Informationen dieser Auswertung sensationeller Entdeckungen geht hervor, dass sich in dieser rumänischen Halle der Aufzeichnungen Geräte befinden, die es ermöglichen, die DNS von außerirdischen Humanoiden anderer Sternsysteme darzustellen, um ihren Herkunftsort zu bestimmen. Mit diesen Vorrichtungen ist es weiter möglich, DNS von verschiedenen Spezies zu mischen, um zu sehen, wie die daraus entstandenen Hybridwesen aussehen. Diese Geräte erfüllen somit den Zweck, außerirdische Gene mit denen von Menschen oder anderen Lebewesen zu kreuzen. Diese technologischen Vorrichtungen, die nach mehr als 50.000 Jahren immer noch funktionieren, wurden ohne Zweifel von Wesen erbaut, die deutlich größer waren als heutige Menschen. Die Tische in der Halle besitzen eine Höhe von etwa 1,80m und sind demnach für Riesen gebaut. In den vorhandenen Aufzeichnungen ist jedoch nicht festgehalten, welche Spezies diese Anlage hinterlassen hat, weil in der Chronik bestimmte Blockaden eingebaut sind, die derzeit effektiv verhindern, dass die Zuständigen dieses Geheimnis lüften können. Darum kann man über die Erbauer und die genauen Funktionen dieser mysteriösen Anlage nur spekulieren.

Der Autor Radu Cinamar schreibt beispielsweise, dass in einer verborgenen Kammer unter dem Gizeh-Plateau in Ägypten eine funktionierende Zeitmaschine existiert, mit der man den Geist des Benutzers in die Vergangenheit senden kann. Auf diese Weise wurden Expeditionsteilnehmer Zeuge vom Leben und der Kreuzigung von Jesus Christus, wobei sich wirklich außergewöhnliche Wunder abgespielt haben, die mit dem Auftauchen von außerirdischen Flugobjekten zu tun hatten! Derartige Berichte und Verweise auf eine außerirdische Intervention kursieren schon seit langer Zeit. Weil das Szenario eines UFO-Erstkontakts in absehbarer Zukunft immer wahrscheinlicher wird, hat die NASA kürzlich erklärt, Priester zu beschäftigen, um herauszufinden, wie man im Falle einer Kontaktaufnahme vorgehen soll. Die Geistlichen sollten herausfinden, ob es sich bei den Insassen der unbekannten Schiffe möglicherweise um Engel handelt, die in heiligen Schriften erwähnt werden. Vermutlich meinten die Chronisten der Vergangenheit mit ihren Ausführungen außerirdische Besucher, die seit Tausenden von Jahren in friedlicher Mission unseren Planeten besuchen. Die Auftraggeber der NASA wollen dahinterkommen, wie die großen Weltreligionen reagieren würden, wenn Beweise für die Existenz von außerirdischem Leben auftauchen werden.

Radu Cinamar schreibt, dass sich unverzüglich nach der Entdeckung der rumänischen Halle der Aufzeichnungen durch das Bodenradar eines Militärsatelliten eine Gruppe von mächtigen und einflussreichen Hochgrad-Freimaurern in die Angelegenheit eingeschaltet haben. Die Freimaurerei basiert auf alttestamentarischen Glaubensvorstellungen des Volkes Israel und hat vermutlich ein

Problem mit Entdeckungen, die mit Jesus Christus zu tun haben. Dieser Machtapparat versucht daher, die Kontrolle über die Anlage in Rumänien zu erlangen, weil die dort befindlichen holografischen Aufzeichnungen darüber hinaus eine gewaltige Bedrohung für die von dieser Kabale erschaffene naturwissenschaftliche Ideologie darstellt. Es ist naheliegend, dass diese Bemühungen insbesondere die ungelöste Frage nach der Herkunft der menschlichen Spezies betreffen, die augenscheinlich aus einem gentechnischen Prozess der Hybridisierung hervorgegangen ist.

Die Evolutionstheorie fand in den letzten Jahrzehnten Eingang in fast alle Schulen und Universitäten der Welt. Es handelt sich *per definitionem* um eine Ansammlung verschiedener Theorien, die sich insgesamt zu einem Gesamtbild ergänzen sollen, das durch Beschreibungen das Ergebnis einer organischen Evolution darstellt, die durch natürliche Selektion entstanden sein soll. Anhänger dieser Vorstellung behaupten, dass ihr Komplex aus sich wechselseitig untermauernden Theorien wissenschaftlich schlüssig sei, obwohl er nicht durch objektive Beobachtungen zu bestätigen ist. Diese Form der Argumentation ist zumeist atheistisch inspiriert und lehnt alternative Betrachtungsweisen weitgehend ab. Gegenwärtig erleben wir eine wachsende Skepsis gegenüber der Evolutionstheorie, die laut ihren akademischen Verfechtern vorrangig von christlichen Fundamentalisten ausgehen soll, während die Kirche in Rom Kompromisse eingeht, indem sie versucht, die Evolutionstheorie mit dem Glauben zu vereinbaren. Zusammenfassend werden Forscher, die von einer speziellen Schöpfung des Lebens überzeugt sind, wie sie in der Schöpfungsgeschichte geschildert ist, vom wissenschaftlichen Establishment gemeinhin als „Kreationisten" bezeichnet. Der Kreationismus umfasst allerdings individuelle wissenschaftliche Erkenntnisse, die wiederum als „pseudowissenschaftlich" abgetan werden, weil sie den etablierten Theorien, die breite Zustimmung erfahren, entgegenstehen. Trotzdem erhöht sich die Zahl an Forschern beständig, die immer weniger an die bis heute unbeweisbaren Thesen glauben können, und mehr als 1.000 Wissenschaftler riskieren sogar ihre Karriere. Sie haben eine Erklärung unterschrieben, dass sie die Evolutionstheorie für falsch befinden. Diese Schlussfolgerung fußt übrigens nicht auf dem Kreationismus, sondern auf der Tatsache, dass natürliche Selektion in der Natur noch niemals komplexe biologische Systeme hervorgebracht hat.

Der Darwinismus ist eine rückständige Idee des 19. Jahrhunderts – damals steckte die moderne Wissenschaft noch in den Kinderschuhen, und haltlose Theorien wurden einfach akzeptiert, weil man sich die Entstehung der Welt und der Menschheit rational nicht anders zu erklären vermochte. Ein prominenter Forscher, der den Darwinismus zurückwies, war Francis Crick, ein Nobelpreisträger, der die Doppelhelix der DNS entdeckt hat. Crick war der Überzeugung, dass sich eine unglaublich komplexe Struktur wie DNS nie und nimmer zufällig zusammengesetzt haben kann. Das ist seiner Expertenmeinung zufolge durch Selektion und Mutation so gut wie unmöglich. Viele Forscher sind inzwischen der Auffassung, dass dieses DNS-„Design" ausschließlich von einer höheren Intelligenz entworfen worden sein kann, die somit für die Entstehung des Lebens auf der Erde verantwortlich sein muss. Die Frage nach der tatsächlichen Entstehung des Lebens auf der Erde ist eines der größten Geheimnisse überhaupt, denn wenn der Mensch tatsächlich eine genetische Kreation einer höheren Intelligenz ist, dann steckt die ganze Naturwissenschaft in der Klemme. Der Darwinismus ist keine vorurteilsfreie Wissenschaft, sondern ein okkultes Glaubenssystem, das gegen das Christentum aufgebaut wurde, welches eine spezielle Schöpfung bestätigt. Bestimmte „elitäre" Kreise wie diese Judeo-Freimaurerzirkel haben den Darwinismus ersonnen, um ihre geopolitischen Langzeitpläne durchzusetzen. Diese Kräfte kontrollieren auch den Vatikan und hüten gefährliche Geheimnisse, um den wahren Ursprung des Lebens auf der Erde zu verbergen.

Kontakt zu Zivilisationen der Innererde

Ein weiteres, gut gehütetes Geheimnis ist die Existenz von alten innerirdischen Zivilisationen. Sie belegen einen völlig anderen geologischen Aufbau unseres Planeten, dessen Kruste von weitverzweigten Höhlensystemen und künstlich erschaffenen Tunnelsystemen durchzogen ist, die bis in die Nähe des Zentrums unseres Planeten verlaufen. Laut antiken Hieroglyphentexten, die in diesen Tunneln gefunden wurden, existiert sogar ein Nexus der Inneren Erde, in dem sich viele Welten vereinigen, die mit interplanetaren oder gar intergalaktischen Portalen verbunden sind. Auch dieser Punkt hat mit den lange vergessenen Ursprüngen der Geschichte der Menschheit zu tun.

In Band 5 der Bucegi-Reihe beschreibt Radu Cinamar die Reise durch einen künstlich angelegten antiken Tunnel, der zu einem gewaltigen Hohlraum in der Erdkruste führt. Er wird von einer menschlichen Kultur bewohnt, die vor langer Zeit die Oberfläche verlassen hat. Dieser Ort wird *Apellos* genannt. Ein Vertreter dieser Stadt ist ein Mann namens Dryn. Dryn ist ein Hüter der Weisheit seines Volkes und hat den Mitgliedern der rumänischen Expedition enthüllt, dass die Technologie der Halle der Aufzeichnungen außerirdischen Ursprungs ist. Sie ist tatsächlich vor Tausenden von Jahren erbaut worden, um Hybride auf diesem Planeten zu züchten. Die Erbauer nannten es ihr „Projekt Menschheit". Deshalb ist es von entscheidender Bedeutung, herauszufinden, was in dieser weit entfernten Vergangenheit auf unserem Planeten geschehen ist. Durch die guten Beziehungen zur Kultur von Apellos wurde es möglich, dass die Abgesandten aus Rumänen, mit deren Hilfe Zugang zu einer weiteren Hologramm-Technologie erlangen konnten, die dazu in der Lage ist, Einblicke in die Akasha-Chronik zu ermöglichen. Dort sind Informationen abgespeichert, die noch viel älter sind als jene in der Halle der Aufzeichnungen in den Bucegi-Bergen.

Die Akasha-Aufzeichnungen gelten in esoterischen Schriften als eine komplette Sammlung von Ereignissen, Gedanken, Worten, Emotionen und Inhalten, die sich jemals auf unserem Planeten zugetragen haben, und zwar in der Vergangenheit, in der Gegenwart und in der Zukunft. Die Bewohner von Apellos benutzen ihre Technologie, um auf diese kosmische Chronik zuzugreifen, um dadurch bestimmte gegenwärtige Situationen zu analysieren, die mit ihrer eigenen Sicherheit zu tun haben. Sie haben Radu Cinamar eingeladen, intensive Nachforschungen über die Geschichte der Menschheit anzustellen und ihm dafür eine holografische Projektion zur Verfügung gestellt. Sie wird seinen Ausführungen zufolge von einer Metallbox erzeugt, zudem wird eine Spezialbrille benötigt, um die ätherische Ebene der gezeigten Szenen miteinzubeziehen. Das ist erforderlich, weil bestimmte Ebenen unseres Planeten dimensional verschoben im ätherischen Bereich existieren, die man ausschließlich mittels Portal-Reisen erreichen kann. Nur auf diese Weise ist es möglich, ins Zentrum unseres Planeten zu gelangen. Die Leute aus Apollos haben dazu erklärt, dass man mit Portalen nicht nur in das Innere unseres Planeten, sondern auch zu anderen Planeten und Welten reisen kann!

Radu Cinamar beschreibt, dass Geheimdienste herausgefunden haben, dass solche Portale auch verschiedene Lokalitäten auf der Erdoberfläche miteinander verbinden, die auf bestimmten Gitternetzlinien liegen. Es wurden irgendwann Gebäude darüber erbaut, um die Zugänge zu tarnen. Dabei handelt sich um etwas, das Radu Cinamar als die *Häuser der Kabale* bezeichnet. Das sind teilweise alte Schlösser, die seit Hunderten von Jahren für derartige Transporte benutzt worden sind. Die Bewohner der Inneren Erde erlauben es der oberirdischen Kabale nicht, mittels der Portale, mit deren Hilfe man schon seit Tausenden von Jahren weit entfernte Erdteile erreichen kann, in die bewohnten Regionen der Inneren Erde einzudringen. Radu Cinamar konnte mit der holografischen Technologie das Innere unseres Planeten sichtbar werden lassen. Sobald er eine bestimmte Frage stellte oder genauere Details erfahren wollte, veränderte sich die Projektion selbstständig und zeigte ihm das Gewünschte. Er wollte zunächst erfahren, wo sich die Basen von außerirdischen Wesen befinden. Ihm wurde angezeigt, dass sie in der Erdkruste sind. Man kann sie durch Tunnel auf dem Grund des Atlantiks und des Pazifiks erreichen, wobei solche Zugänge in verschiedener Tiefe vorhanden sind. Auf spezielle Anfrage in der Akasha-Chronik konnte Radu Cinamar außerdem in Erfahrung bringen, dass diese Alien-Basen in natürliche Hohlräume hineingebaut worden sind, die das gesamte Innere unseres Planeten durchziehen und mittels ätherischer Portale miteinander verbunden sind.

Als Nächstes erhielt Radu Cinamar von der Maschine die Bestätigung, dass sich in der fernen Vergangenheit unseres Planeten verschiedene verheerende Flutkatastrophen zugetragen haben – nicht nur in der Region des Mittleren Ostens, sondern in verschiedenen Gebieten auf der ganzen Welt. Manchmal haben die Wassermassen ganze Kontinente und Zivilisationen wie Mu/Lemuria und Atlantis unter sich begraben, und auch die Tier- und Pflanzenwelt ist beinahe ausgestorben. Es gab eine Art Rückversicherung für ihr Fortbestehen, denn die Neugeburt von Tieren und Pflanzen wurde nicht nur mit der Hilfe von Überlebenden, sondern laut den Akasha-Aufzeichnungen eigentlich mit der Hilfe von außerirdischen Zivilisationen ermöglicht – das dauerte jeweils eine sehr lange Zeit. Die letzten Flutkatastrophen haben sich vor ungefähr 12.000 und dann vor rund 5.000 Jahren in Form der Sintflut zugetragen.

Viele Whistleblower berichten derzeit einstimmig darüber, dass der moderne Mensch eine genetische Schöpfung von verschiedenen außerirdischen Rassen darstellt, die ein großes Experiment auf der Erde durchführen, das verschiedene Aspekte betrifft. Um diese Tatsache zu verschleiern, wurden falsche wissenschaftliche Theorien propagiert. Es sollte verhindert werden, dass diese Informationen einer größeren Weltöffentlichkeit bekannt werden. Die „Eliten" dieser Welt behaupten, die Bekanntgabe der Tatsache, dass die Menschheit von den Sternen stammt, könnte eine Massenpanik auslösen. Das ist Unsinn, weil immer wieder wissenschaftliche Abhandlungen über dieses Thema veröffentlicht werden, die aufzeigen, dass das Leben auf dieser Erde einen außerirdischen Ursprung besitzt.

Wie bereits beschrieben, lautet eine neue Hypothese, dass Leben praktisch aus dem Weltraum auf die Erde geliefert worden ist. Dabei sollen neue DNS-Sequenzen in bereits irdische Genome aufgenommen worden sein, und das könnte laut einer Abhandlung zu Mutationen geführt haben, aus denen sich neue Arten entwickelt haben. Tatsächlich haben Verteidiger der Theorien der Evolution große Probleme damit zu erklären, wie sich bestimmte Spezies über große Gebiete der Welt ausbreiten konnten. Zeitgenossen von Charles Darwin waren der Meinung, dass ein fast völliges Fehlen von Fossilien von Frühmenschen in Afrika nur dadurch zu erklären ist, dass der moderne Mensch sich auf heute versunkenen Kontinenten entwickelt hat.

Weiterhin unbekannt ist, wann und wie sich Frühmenschen in den modernen Menschen verwandelt haben, denn aus den Aussagen von Wissenschaftlern geht hervor, dass einige typische physische Merkmale des Homo sapiens erst vor rund 12.000 Jahren entstanden sind. Zu diesem Zeitpunkt sind archaische Merkmale wie ein robuster Knochenbau und große robuste Schädelknochen, wie sie zum Beispiel die Neandertaler noch besessen hatten, plötzlich aus dem menschlichen Erscheinungsbild verschwunden. Anthropologen und Paläontologen haben immer noch keine Erklärung, aus welchem unbekannten gemeinsamen Vorfahren sich unsere aufrecht gehende Spezies entwickelt hat. Darum gestehen Forscher auch ein, dass ein echter evolutionärer Vorfahre des modernen Menschen noch immer nicht identifiziert werden konnte!

Weil eine theoretische Evolution von einer Hominiden-Spezies zu einer anderen und schließlich zur Gattung Homo sapiens immer unerklärlicher wird, greifen diese Experten nun zu drastischen neuen Theorien. Vor einigen Jahren haben sie erklärt, dass die menschliche Evolution seit 10.000 Jahren aus unerklärlichen Gründen gestoppt haben soll, und jede Weiterentwicklung eventuell gefährlich sein könnte! **An diesen Aussagen kann man ablesen, wovor sich die Naturwissenschaftler fürchten: Die Widerlegung der Evolution und der Nachweis von globalen Katastrophen, so wie sie in den alten Schriften dargelegt werden!** Doch das war nicht immer so, schließlich herrschte bis zum Ende des 19. Jahrhunderts in der Naturwissenschaft noch die Vorstellung des Katastrophismus vor. Der Begründer dieser Wissenschaft war der französische Forscher Georges de Cuvier (1769-1832). Er fasste zusammen, dass sich am Ende einzelner irdischer Epochen gigantische Kataklysmen ereignen und dadurch alle zuvor bestehenden Tier-, Pflanzen- sowie auch Menschenarten ausgelöscht werden. Cuvier glaubte, dass solche Zerstörungen im Laufe der Jahrtausende mehrmals aufgetreten sind, denn alle unterschiedlichen Fossilien führenden Schichten können nicht von einer einzigen Flutkatastrophe abgelagert worden sein. Aus dem Fossilbericht ist auch abzulesen, dass es nach einer solchen Katastrophe regelmäßig zur Entstehung neuer Arten und Spezies gekommen ist, die die alten ersetzt haben. Es hat deshalb keine stufenweise Entwicklung durch Selektion und Mutation stattgefunden.

Der Katastrophismus wurde allgemein akzeptiert und gelehrt, bevor der britische Geologe Charles Lyell (1797-1875) seine Stratigrafie einführte, die alle zuvor akzeptierten Angaben zum geologischen Alter der Erde zunichtemachte. Seitdem stimmten die Zeitangaben der religiösen Überlieferungen nicht mehr mit denjenigen der modernen Geologie überein. Das ist auch in der Gegenwart noch eines der Hauptprobleme bei der Interpretation von Fossilien. Sie sind höchstwahrscheinlich keine Hunderte Millionen von Jahren alt, sondern nur Tausende von Jahren! Das bedeutet, dass auch die heutige Erdoberfläche und die Gebirge keine Hunderte Millionen von Jahren alt sind, sondern erst vor Tausenden von Jahren durch schwere globale Umwälzungen entstanden sind. Im Hochgebirge eingelagerte Meeresfossilien belegen diese Annahme. Geologen, die weiterhin den Katastrophismus lehrten, wurde dann spätestens gegen Ende des 19. Jahrhunderts vorgeworfen, unwissenschaftlich zu sein und religiöse Vorstellungen zu verbreiten. Der Unterschied zwischen den Fossilien verschiedener Epochen sei dem Katastrophismus zufolge nur durch ein Auftreten gewaltiger Kataklysmen zu erklären. Danach war es zu einer unerklärlichen Neuschöpfung aller Arten durch einen Schöpfer im Sinne des Kreationismus oder einer anderen unbekannten Intelligenz gekommen. Georges de Cuvier wies darauf hin, dass sich Lebewesen nicht, wie von Darwin behauptet, ständig evolutionär verändern, sondern perfekt erschaffen wurden und unveränderlich sind. Dieses Konzept nennt sich daher *Artkonstanz*. Cuvier war ein Gegner von Lyell und erklärte, dass sich die Flora und Fauna immer stärker unterscheide, je tiefer man in die älteren Sedimentschichten hinuntergräbt. Das ist der nächste Hinweis darauf, dass alle diese Arten nicht voneinander abstammen, sondern unabhängig voneinander entstanden sind. Die Erdgeschichte verläuft nicht linear, sondern zyklisch. Aktuell ist bewiesen worden, dass in der Vergangenheit zahlreiche katastrophale Asteroideneinschläge stattgefunden haben. Wissenschaftliche Beweise für eine solche erdgeschichtliche Situation wurden seit Jahrzehnten unterdrückt und von der akademischen Gemeinschaft ignoriert oder bekämpft.

Katastrophismus und Menschenknochen in Kohleablagerungen

Es gibt vielfältige Berichte, Mythen und Legenden aus Süd- und Nordamerika, Indien, Griechenland, Zentralasien und Ägypten, wonach einige vorzeitliche Zivilisationen dieser Welt durch Kataklysmen und Flutkatastrophen zerstört wurden und im Laufe der darauffolgenden Jahrtausende zu Legenden geworden sind. Paläontologen konnten im Laufe der Zeit einige kontroverse Artefakte und Knochenfunde in Kohlelagern entdecken, die als Beweise gegen die Richtigkeit der evolutionären Entwicklung des modernen Menschen herangezogen werden können. Darüber spricht zum Beispiel der britische Oxford-Professor und Autor Richard Dawkins. Er gilt als einer der wichtigsten Ideengeber von Atheisten und erntete für seine Ansichten über Kreationismus und „Intelligent Design" in der Natur auch heftige Kritik. Dennoch ist er sich der Problematik von unpassenden Artefakten und Funden von menschlichen Skeletten in Kohlelagern, die angeblich Hunderte von Millionen Jahre alt sein sollen, völlig bewusst.

„Ich habe einen veröffentlichten Artikel gesehen, in dem sich ein Kollege zu angeblichen menschlichen Knochen in Kohleablagerungen äußert. Wenn diese Skelette als von Menschen stammend beglaubigt würden, würden diese Knochen die Evolutionstheorie zerstören ... Wenn ein einzelner, gut nachprüfbarer Säugetierschädel in einem 500 Millionen Jahre alten Felsen auftauchen sollte, würde unsere ganze moderne Evolutionstheorie völlig zerstört werden.“

Richard Dawkins und andere führende Atheisten fühlen sich dadurch bedroht, dass ihr Glaube an die Evolution durch wissenschaftlich dokumentierte Fakten gegen die Evolution zerstört werden kann. Wie man sieht, hat das nichts mit unvoreingenommener Schaffung von Wissen, sondern mit einer Agenda eines wissenschaftlichen Establishments zu tun, das vermutlich von der Hochgrad-Freimaurerei der Kabale kontrolliert wird. Deren Institutionen sind dafür verantwortlich, unpassende Fundstücke und sogar Fossilien von menschlichen Skeletten mit modernem Körperbau eiligst verschwinden zu lassen.

Radu Cinamar konnte feststellen, dass, wann immer ein Kataklysmus aufzutreten im Begriff war, die Flora und Fauna des entsprechenden Gebietes gerettet werden musste, das anschließend von den Flutwassern bedeckt wurde, durch welche Sedimentschichten und Kohlelager entstanden sind. Dabei kamen echte Archen zum Einsatz, auf denen jeweils Nutztiere an Bord genommen worden sind, aber die echte Restauration der Flora und Fauna stammte tatsächlich aus dem Weltraum. Es gab zu jeder Zeit fortschrittliche Kulturen auf diesem Planeten, die Kontakte zu sogenannten „Göttern“ pflegten, die über erstaunliche Fähigkeiten verfügten. Unpassende archäologische und paläontologische Artefakte sind die wissenschaftlichen Beweise für die Existenz dieser verlorenen Zivilisationen. Radu Cinamar konnte in den holografischen Projektionen sehen, dass die Menschen der Antike nicht die richtigen Worte besaßen, um zu beschreiben, was sie sahen, denn Wesen von einem anderen Sternsystem wurden als Götter betrachtet. Sie nahmen DNS-Proben von allen Spezies unseres Planeten mit auf ihre Schiffe und konnten damit die Artenvielfalt nach den Flutkatastrophen wieder herstellen. Hierauf haben sie laut Radu Cinamar auch genetische Experimente mit den verschiedenen ethnischen Gruppen, Völkern und Rassen der Welt durchgeführt. Es bestand damals überall auf der Welt ein ähnliches Kastensystem, wie man es heute noch im Hinduismus vorfinden kann. Es galt seit jeher ein Kodex der Reinheit, und eine Mischung von DNS von sogenannten reinen und unreinen Rassen war unerwünscht, erklärt Radu Cinamar. Das sollte die Überlegenheit jener sichern, die von „oben“ gekommen waren, denn ihre DNS besaß eine spezielle Struktur. Da diese außerirdischen Götter ihre eigene DNS dazu benutzten, um Hybridmenschen zu generieren, gab es fortan verschiedene

Gesellschaftsschichten unter ihnen. Diejenigen mit den Genen der Götter waren die Adligen und Könige, die ihre Blutlinien rein erhalten wollen. Andere genetische Linien waren als Arbeiterkasten entworfen, sie sollten als Diener der außerirdischen Wesen fungieren, die hier Bodenschätze abgebaut haben. Einige der Götter wollten alle Menschen weiterhin auf einer sehr niedrigen Entwicklungsebene belassen. Sie benutzten ihre „Elite"-Menschen als Übermittler ihrer Befehle an die niederen Schichten. Das sind die wichtigen Wahrheiten, die uns die Bewohner der Inneren Erde über die unbekannte Geschichte der Menschheit enthüllen wollen. Das Wissen in den Werken der Bucegi-Reihe zerstört alle Mythen durch Realismus und klare Präsentation.

Aus den Akasha-Aufzeichnungen geht hervor, dass vor rund 400.000 Jahren primitive Frühmenschen auf der Erde gelebt haben. Auf dem Bildschirm vor Radu Cinamar wurde ein riesiges Alien-Schiff sichtbar – es war kugelförmig und sah aus wie ein Planetoid, als es sich in ebendieser Epoche der Erde näherte. Es wurde beschlossen, die Entwicklung der Frühmenschen zu beschleunigen, weshalb die außerirdischen Besucher damit zur Elternrasse der Menschheit wurden. Es herrschte zu dieser Zeit ein fürchterlicher Krieg im Weltraum. Das Planetoiden-Raumschiff wurde durch die Angriffe der feindlichen Flotte schwer beschädigt und benötigte dringend Reparaturen. Die Insassen benutzten dazu Erze vom Planeten Erde – viele kleinere Schiffe flogen zur Planetenoberfläche hinab und kehrten mit unterschiedlichen Materialien zurück. Gold war offenbar am wichtigsten, weil es einen grundlegenden Bestandteil ihres Mutterschiffs darstellte. Die Götter der Vorzeit haben sich im Endeffekt dazu entschieden, die von ihnen erschaffenen Menschen als Minenarbeiter einzusetzen. Laut den Erklärungen von Radu Cinamar spiegeln diese Akasha-Aufzeichnungen im Grunde alle Legenden wider, die Archäologen auf sumerischen Tontafeln gefunden haben, die erst im Laufe des 19. Jahrhunderts ausgegraben und übersetzt werden konnten. Diese anonym verfassten Texte sind bis zu 4.500 Jahre alt. Die ältesten derzeit bekannten sumerischen Keilschrifttexte über diesen Schöpfungsmythos wurden übrigens während einer Ausgrabung der Universität von Pennsylvania im Jahr 1893 entdeckt. Der deutsche Assyriologe Arno Poebel (1881-1958) übersetzte diesen Mythos als erster. Er ist auf Tontafeln aufgezeichnet, die Schätzungen zufolge bis zu 2.700 Jahre alt sein könnten, und die Beschreibung von Göttern und einer Flutkatastrophe enthalten. Dort steht geschrieben, dass das Königtum vom Himmel herabstieg und erst dadurch auf die Erde gelangte. Danach sind die ersten Städte gegründet worden. Die Götter werden laut dieser Beschreibung für die große Flut verantwortlich gemacht, wobei der Gott Enki die menschlichen Helden warnt und ihnen eine Anleitung für den Bau einer Arche überbringt.

Abb. 54: Genetischen Eingriffe der Anunnaki, die zur Entstehung des Homo sapiens führten.

Der deutsche Forschungsreisende Carsten Niebuhr (1733-1815) reiste 1765 zu den Ruinen der altpersischen Stadt Persepolis und kopierte dort erste Keilschrift-Texte, die er nach seiner Rückkehr nach Europa veröffentlichte. Zuständig für die Entzifferung der Keilschrift-Texte waren auf dieser Grundlage unter anderem der deutsche Philologe Georg Friedrich Grotefend (1775-1853), der in Norwegen geborene deutsche Orientalist Christian Lassen (1800-1876) und der deutsch-französische Altorientalist Julius Oppert (1825-1905). Der britische Offizier Henry Rawlinson (1810-1895) veröffentlichte die sogenannte *Behistun-Inschrift* aus dem Iran, die er ab 1835 untersuchte. Es handelt sich um das Gegenstück des Rosetta-Steins von Ägypten, denn man findet dort einen antiken Text in Keilschrift, der sowohl in Persisch, Babylonisch sowie Elamitisch eingraviert ist. Alle drei Varianten konnten erfolgreich bis 1855 übersetzt werden. Im Jahr 1857 führten verschiedene Altorientalisten nach diesem Muster unabhängig voneinander Übersetzungen durch, die großteils übereinstimmten, weshalb die Entzifferung der babylonischen und sumerischen Keilschrift als gelungen galt. Der Ursprung der sumerischen Keilschrift ist bis zu 10.000 Jahre alt. Bis heute konnten zwischen 500.000 und 2.000.000 Keilschrifttafeln ausgegraben werden, wurden allerdings nur ungefähr 30.000 jemals übersetzt wurden. Es befinden sich noch viele Rätsel in diesen Texten, denn nur eine sehr kleine Gruppe von Gelehrten kann sie lesen, wir sprechen von wenigen hundert Personen auf der ganzen Welt. Die wichtigsten dieser antiken Tontafeln mit Keilschrift künden von Göttern und Schöpfungsmythen einer großen Flut. Der Großteil aller Tafeln wurde offiziell noch niemals von Experten eingehend studiert, wobei sich hier die Frage nach dem Warum stellt. Viele von ihnen sind nur fragmentarisch erhalten und befinden sich in Sammlungen von Museen in aller Welt, die oft keinen Zugang dazu erlauben und den Inhalt auch nicht publizieren. Orientalisten sind sich überdies sicher, dass noch viele erstaunliche Berichte erhalten sind, die noch gar nicht bei Ausgrabungen entdeckt wurden.

Radu Cinamar sah auf dem Bildschirm einen großen Raum im außerirdischen Schiff, in dem sich übergroße humanoide Wesen aufhielten. Sie berieten sich über die Ereignisse des kriegerischen Konflikts im Sonnensystem. Ein elektromagnetisches Signal, das sich mit der Gravitationskraft der Sonne koppelte und durch das Zentrum der Erde verlief, sorgte dafür, dass sich das gigantische Planetoiden-Schiff im Erdorbit fixiert hat.

Als Nächstes wollte er aus der Akasha-Chronik bzw. dem Gerät der Menschen der Inneren Erde in Erfahrung bringen, woher diese außerirdischen Besucher eigentlich stammten. Als Antwort erhielt er, dass diese Zivilisation eine Gruppe von Sirianern war, die ursprünglich aus einem Sternsystem hierhergekommen sind, das sich in der Nähe der Hauptsterne im Gürtel des Orion befindet. Ihr Planetoiden-Raumschiff trug den Namen *Neiberáu* oder *Neiberéa*, dieser Begriff hat sich irgendwann in die neuere Version *Nibiru* verwandelt. Diese Feststellung ist sehr interessant, und Radu Cinamars Beschreibungen erinnern sofort an die Schilderungen des Autors Zecharia Sitchin (1930-2010) und seine Thesen über antike Raumfahrer. Er schrieb die Entstehung der sumerischen Kultur den sogenannten Anunnaki zu, von denen er annahm, dass es sich um eine Rasse von Außerirdischen vom Planeten Nibiru handelt. Laut seinen sumerischen Quellen kollidierte Nibiru mit dem Planeten Tiamat (Maldek), der sich damals zwischen Mars und Jupiter befand. Diese Katastrophe formte dann den Asteroidengürtel und ließ die Kometen in unserem Sonnensystem entstehen. Außerdem veränderte sie die Orbits vieler Monde und Planeten in unserem Sonnensystem. Sitchin stellte fest, dass die Anunnaki entsprechend den sumerischen Texten später in der biblischen Schöpfungsgeschichte als Nephilim bezeichnet worden sind. Seine Erkenntnis war, dass diese Wesen vor ca. 450.000 Jahren die Erde erreichten, um hier nach Mineralien und speziell nach Gold zu suchen. Dazu sandten die Herrscher von Nibiru ihre Arbeiter auf die Erde, die hier in Expeditionen mit Raumschiffen landeten und die ersten Kolonien gründeten. Irgendwann waren die Anunnaki-Arbeiter unzufrieden mit ihrer Situation, und die Anführer haben entschieden, durch genetische Manipulation ihrer außerirdischen DNS und mit der Hilfe der irdischen Spezies Homo erectus Arbeiter zu erschaffen, die fortan die schwere Minenarbeit übernehmen sollten. Die erste menschliche Zivilisation in Mesopotamien war Sumer und wurde unter der Aufsicht der Anunnaki errichtet. Menschliche Könige wurden ernannt, um als Vermittler zwischen Menschen und Göttern zu dienen. Diese Forschungsergebnisse von Sitchin, die er aus sumerischen Aufzeichnungen rekonstruiert hat, stimmen mit Beschreibungen der Schöpfungsgeschichte überein, deshalb wurden ohne Zweifel viele Informationen der Bibel direkt aus älteren sumerischen Schriften adaptiert. Radu Cinamar schreibt in seinem Buch »Forgotten Genesis«, dass der erste Mensch mit der Bezeichnung „Adam" aus der DNS von Frühmenschen und Außerirdischen (Prä-Adamiten) geformt wurde und durch die Gene der Götter eine Lebensspanne von 750 Jahren erreichte.

Adam diente als DNS-Matrize, aus der viele andere menschliche Wesen seiner Art entstanden, um die komplizierte, aber stabile Spezies für eine irdische Zivilisation zu gestalten. **Es wurden einige Frauen mit diesen Adam-Genen befruchtet, woraus die Geburt von menschlichen Körpern resultierte, die geeignet waren, die Seelen von hoch entwickelten Außerirdischen zu beherbergen, die für diese Erdmission ausgewählt wurden.** Dem Ganzen wurden später weitere Genkombinationen von Wesen wie den Akturianern oder Pleiadiern hinzugefügt, wodurch es kontinuierlich zu einer gesteigerten Hybridisierung der menschlichen Bevölkerung kam. Radu Cinamar bestätigt, dass er aus der Akasha-Chronik erfahren hat, dass insgesamt mehr als zwanzig Kategorien von außerirdischer DNS bei genetischen Erweiterungen verwendet wurden. Das ermöglichte es den Seelen dieser außerirdischen Gruppen, hier auf der Erde zu inkarnieren, und die neuen Körper, die an das irdische System angepasst worden waren, konnten sich ohne Probleme selbstständig vermehren. Diese Außenwelt-Intervention erklärt, warum sich einige prähistorische Kulturen der Welt unglaublich rasch entwickelten und sogar an interplanetaren und interstellaren Reisen teilnahmen, während in anderen Teilen der Welt weiterhin primitive Frühmenschen existierten, die noch in der Steinzeit lebten. Viele dieser genetisch erweiterten Menschen besaßen durch die diversen Versuche sehr unterschiedliche Körperformen. Durch die wiederholten Kreuzungen von Göttern und Menschen entstanden menschliche Riesen, die eine Größe von 3 bis 4 Metern erreichen konnten. Damals begann die Zeit der Riesen auf Erden – sie sind keine Legende, weil die Gebeine dieser Hünen im Lauf der letzten Jahrhunderte im Zuge archäologischer Ausgrabungen überall auf unserem Planeten gefunden worden sind. Auf Anweisung der wissenschaftlichen Einrichtungen hat man sie versteckt und zerstört, denn sie passten nicht in das Schema von primitiven Frühmenschen. (siehe dazu die zahlreichen Fotos in »MiB – Band 2«)

Vorzeitliche Riesen in Kalifornien

In der Zeit der ersten europäischen Siedler in Nordamerika kam es zur Entdeckung tausender pyramidenförmiger Grabhügel in den ganzen Vereinigten Staaten. In diesen Gräbern befanden sich oft die Skelette von bis zu vier Meter großen menschlichen Riesen! Der Grund, warum nach dem 19. Jahrhundert nicht mehr darüber berichtet wurde, war, dass diese Riesen auf keinen Fall in das Schema der herkömmlichen Geschichtsschreibung oder der menschlichen Evolution passten. Jeder Forscher, der es trotzdem gewagt hat, darüber zu berichten, wurde diskreditiert oder verlor seine Anstellung. Die Vorstellung von realen Riesen passte nicht ins Bild des gesellschaftlich akzeptierten Wissens. Heute findet man fast keine Erwähnung dieser Riesen in irgendeinem Lehrbuch der Welt. Eine Schlüsselrolle bei der Vertuschung der nordamerikanischen Riesen spielte laut Fachleuten die amerikanische *Smithsonian Institution*, die heute von der US-Regierung und dem Militär geleitet wird. Archäologen der Institution haben Hunderte, wenn nicht Tausende der Riesenskelette verschwinden lassen. Die meisten dieser Giganten hatten eine Größe von mehr als 2,40m, einige der Riesenskelette hatten flache Schädel sowie sechs Finger und Zehen! Seit dem Jahr 1774 kam es auch zur Entdeckung der alten Bauwerke der Riesen. Sie erschufen ganze Städte, und das lange vor dem Erscheinen der ersten Indianer in Nordamerika! Bis zum Anfang des 20. Jahrhunderts wurde regelmäßig in Tageszeitungen über diese erstaunlichen Funde der originalen Ureinwohner von Amerika berichtet, sogar in der *New York Times*!

Einige der aufregendsten Fundobjekte gab es auf der Insel Catalina Island vor der Küste Kaliforniens in der Nähe von Los Angeles. Dort wurden im späten 19. Jahrhundert bis 1928 und später buchstäblich Tausende von Skeletten von prähistorischen Amerikanern ausgegraben, die die Merkmale von echten Riesen trugen. Das war nicht nur einer der frühesten Hinweise auf antike Seefahrer, sondern diese Überreste zählen auch zu den ältesten Spuren von Besiedlung in Nordamerika. Bekannt wurde vor allem der Archäologe Ralph Glidden (1881-1968) für seine archäologischen Ausgrabungen auf der Insel, die zwischen 1915 und 1928 stattfanden. Er führte Grabungen an mehr als 800 antiken Begräbnisstätten durch, fand dort Tausende von Artefakten und insgesamt fast 4.000 menschliche Skelette. Zahlreiche männliche Skelette waren mehr als 2,20m, und das größte sogar 2,80m groß! Er behauptete gegenüber der Presse, dass es sich um Beweise für eine Rasse von altertümlichen Menschen handelt, die dort einst gelebt haben. Seinen Erkenntnissen zufolge waren es blauäugige und blondhaarige Eingeborene. In erhaltenen Zeitungsartikeln steht zu lesen, dass Hunderte dieser Skelette an die *Haye Foundation* und das *National Muse-*

um of the American Indian in New York geschickt worden sind. Die Skelette wurden so bekannt, dass die *New York Times*, der *L.A. Examiner*, der *Bosten Globe*, die *Chicago Tribune* und die *Los Angeles Times* darüber berichteten. Ab dem Jahr 1930 erhielt er dann plötzlich keine Finanzierung mehr, und viele Gelehrte hielten seine Behauptungen für zu unglaublich, um wahr zu sein. Auf diese Weise wurde die Reputation von Glidden ruiniert, und er ging fast bankrott. Ihm blieb nichts anderes übrig, als den Großteil seiner Kollektion zu veräußern. Nach seinem Tod wurde der Rest im Jahr 1962 dem *Catalina Island Museum* übergeben. Seitdem wollte nicht ein einziger professioneller Archäologe nach Catalina Island gehen, um dort weitere Ausgrabungen durchzuführen und nach Skeletten von Riesen zu suchen. Historiker haben Nachforschungen angestellt und glauben, dass einige der größten Skelette der Glidden-Kollektion an die Universität von Kalifornien und die *Smithsonian Institution* gesendet wurden. Beide Einrichtungen haben verneint, sie in ihre Sammlung aufgenommen zu haben, als sie nach dem Verbleib gefragt wurden. Es gibt Spekulationen, dass sich einige der Fundstücke zusammen mit anderen kontroversen Artefakten in streng geheimen Lagerhallen befinden, in denen auch die „verlorengegangenen" Fotografien und Ausgrabungsberichte liegen. Es ist somit unklar, was mit den Tausenden von Überresten geschehen ist.

Der Forscher L. A. Marzulli führte eine genaue Analyse einer der verbliebenen Fotografien eines Riesenskeletts durch. Er kam zum Entschluss, dass es authentisch ist, und dass man darauf ein menschliches Skelett mit einer Größe von ca. 2,60m sehen kann. Wobei auf einigen anderen Fotos zu erkennen ist, dass diese Riesenskelette sechs Finger und doppelte Zahnreihen im Kiefer besitzen. Archäologen weisen darauf hin, dass heute kein einziges dieser Skelette mehr gefunden werden kann, darum betrachten sie die ganze Angelegenheit als einen Scherz. Dabei war Ralph Glidden nicht der erste Archäologe, der auf Catalina Island fündig wurde. Laut einer Pressemeldung der *Pittsburgh Press* vom 20. Juli 1913 und vom *Daily Telegraph* vom 26. Juli 1913 hat ein deutscher Naturforscher namens Dr. A. W. Furstenan dort ein 2,45m großes menschliches Skelett ausgegraben. Das Grab enthielt Artefakte, die sich von gewöhnlichen indianischen Grabbeigaben unterschieden. Das war beispielsweise ein flacher Stein mit unbekannten Symbolen darauf. Dr. Furstenan hatte zuvor in Mexiko von der Legende einer noblen Rasse von Riesen gehört, die auf Catalina Island gelebt hatte, lange bevor der weiße Mann die neue Welt erreichte. Die meisten der Knochen dieses Skeletts sind zu Staub zerfallen, als sie an die Luft kamen, und nur der Schädel, der Unterkiefer und ein Oberschenkelknochen konnten gerettet werden. Weil keine offiziellen Analysen an diesen Relikten durchgeführt worden sind, musste man einige Muscheln aus den Gräbern datieren, die ein Alter von etwa 7.000 Jahren besitzen. Alternativ-Forscher denken, dass diese Riesen nicht durch Seefahrt, sondern durch Portale oder Tunnelsysteme, die eine Verbindung zur Inneren Erde besitzen, auf die Insel vor dem amerikanischen Festland gelangt sind, wobei die Riesen in der Bevölkerung als Wachen dieser Zugänge agiert haben.

Solche unpassenden Fundstücke werden von der akademischen Forschung heute weitgehend ignoriert. Das war aber nicht immer so. Vor der breiten Akzeptanz der Evolutionstheorie wurden Riesenskelette vor den Weltkriegen von der Wissenschaft noch akzeptiert, und es wurde allgemein angenommen, dass Riesen einst ganz Nordamerika bevölkerten. Andere Hinweise finden wir in den Qumran-Schriftrollen vom Toten Meer, die heute noch nicht vollständig entschlüsselt sind. Im sogenannten »Buch der Giganten« wird von Riesen (Nephilim) berichtet, die in der Zeit vor der biblischen Sintflut auf der Erde lebten. Auch im »Buch des Henoch« wird von diesen Riesen berichtet. Henoch soll der Urgroßvater von Noah gewesen sein und noch vor der großen Flut auf der Erde gelebt haben. Die Riesen sollen damals sehr grausam gehandelt haben, deshalb beschloss Gott, sie durch eine große Flut vom Antlitz der Erde zu tilgen. Henoch wird als ein Prophet dargestellt, der von Wächtern in den Himmel mitgenommen wurde. Dort offenbarte man ihm alle göttlichen Geheimnisse über den Fall der Engel, oder wie man Edelmetalle schürft und verwendet. Es gibt hier auf jeden Fall unbestreitbare Parallelen zu den sumerischen Keilschrifttexten über die Ankunft der Anunnaki.

Der Begriff „Anunnaki“ bedeutet laut Radu Cinamar so viel wie *„diejenigen, die vom göttlichen Licht kamen“*.

Abb. 55: Ein angeblich authentisches Foto von Ralph Glidden auf Catalina Island mit einem Riesenskelett von 2,60m Größe.

Akasha-Aufzeichnungen der Kultur von Atlantis

Radu Cinamar führt aus, dass die Riesen erst nach der Zeit von Atlantis und dem Fall der vorhergehenden Menschheit durch den letzten großen Kataklysmus vom Antlitz der Erde verschwanden, und die menschliche Körperform erst daraufhin immer einheitlicher geworden ist. Verschiedene außerirdische Gruppen waren am „Projekt Menschheit" interessiert, und es wurden Abkommen geschlossen, dass jede von ihnen ein bestimmtes Territorium auf der Erde zugewiesen bekam, um eigene Experimente durchzuführen und die Menschen dort mit diversen außerirdischen Genen auszustatten. Auf diese Weise sind die verschiedenen und oft sehr unterschiedlichen menschlichen Rassen des Planeten Erde entstanden. Weil es damals durch die großen geografischen Distanzen keinen Kontakt untereinander gab, existierten diese Völker in den jeweiligen Bereichen und lebten in Isolation. Sie entwickelten sehr unterschiedliche Kulturen, die durch den genetischen Einfluss bestimmt waren, dem sie ausgesetzt waren. Deshalb gab es Gruppen, die noch Speerspitzen schnitzten, als andere Völker der Erde bereits über erstaunliche Technologie, Flugschiffe und fortschrittliche Baukunst verfügten. Die genetisch am engsten mit den Anunnaki verwandten Menschen wurden Halbgötter genannt, sie besaßen die genetische Fähigkeit, direkt mit der außerirdischen Technologie interagieren zu können. Sie erlangten dadurch Zutritt zu ihren Schiffen und hatten erstaunliche physische Eigenschaften wie z.B. die Langlebigkeit. Radu Cinamar erkannte in den Akasha-Aufzeichnungen, dass solche Familien mit reiner Blutlinie bis vor relativ kurzer Zeit viele Generationen lang auf der Erde überdauert haben. Die anderen Völker und Rassen waren jedoch zahlreicher, und mit der Zeit bevölkerten sie dann fast alle Gebiete des Planeten Erde, wobei die reinblütigen Familien schrumpften oder sich irgendwann vermischt haben.

Man konnte sich zu dieser Zeit einfacher zwischen den Erdteilen bewegen, weil die Meeresspiegel damals tiefer lagen und mehr Landflächen verfügbar waren. Radu Cinamar beschreibt, dass vor langer Zeit eine Reihe verschiedener Hochzivilisationen existiert hat. Diejenige, die am längsten Bestand hatte, war die Zivilisation von Mu, die rund 40.000 Jahre florierte, ihr folgte die Zivilisation von Hyperborea mit 35.000 Jahren und schließlich die Zivilisation von Atlantis, die etwa 25.000 Jahre Bestand hatte. Der Zusammenbruch dieser Kulturen hatte etwas mit den Genen ihrer Angehörigen zu tun. Laut Radu Cinamar gibt es immer einen Zeitrahmen, an dessen Ende die aktive genetische Manifestation einer Kultur endet, und die Frequenzen eine Stufe der Komplexität erreichen, auf der sie sich mit höheren Dimensionen verbinden können. Die Lehren der Götter legten diesen Umstand dar, und die höher entwickelten Rassen besa-

Abb. 56: Ein sumerisches Rollsiegel, auf dem unser Sonnensystem mit einem weiteren, unbekannte Planeten sowie die riesenhafte Größe der Anunnaki dargestellt sind.

ßen ein Bewusstsein, um diese Lehren korrekt zu verstehen, während andere Rassen nicht das genetische Potential dazu hatten. Aus dieser Weisheit gingen schließlich mehrere elitäre Gruppen von Herrschern und Priesterkasten hervor – unter anderem die antiken ägyptischen Pharaonen, die ihr heiliges Wissen in Geheimgesellschaften überlieferten. Auch Propheten und Heiligen wie Henoch oder Jesus wurden die Prinzipien der Götter gelehrt, da sie speziell von außerirdischen Wesen ausgewählt und belehrt wurden, damit die menschliche Rasse in Zukunft davon profitieren kann. Noch bis zur Epoche von Atlantis und Ägypten lebten die drei Hauptgruppen von ehemaligen Erdbewohnern in spirituellen Zentren zusammen: Götter, Halbgötter (Könige/Priester) und Arbeiter.

Der Untergang von Atlantis, als letzte Zivilisation einer Reihe von florierenden, stabilen Hochzivilisationen, markierte den Beginn einer Phase der tiefen spirituellen Finsternis, die nunmehr seit Tausenden von Jahren Bestand hat. Einige der atlantischen Gelehrten erkannten, dass ihr Heimatkontinent bald versinken wird, und sie stellten sicher, dass ihr Wissen und ihre Kultur diese Katastrophe überdauern wird. In vielen Teilen der Welt entstanden deshalb Lehrzentren mit esoterischen und okkulten Schulen sowie philosophische Systeme. Man begann, Pyramiden zu errichten, die als galaktische Kommunikationsanlagen dienten. Es wurde entschieden, dass diese Bauwerke außerdem eine gewisse Rolle in der spirituellen Entwicklung spielen sollten. Spirituell fortgeschrittene menschliche Gruppen der vergangenen Hochzivilisationen hatten es geschafft, den spirituellen Weg des Aufstiegs zu beschreiten und eine höhere Form der Existenz erreicht. Durch Pyramiden und andere Vorrichtungen war es ihnen möglich, weiterhin mit ihren Botschaftern auf der physischen Ebene in Kontakt zu bleiben und ihnen Informationen zu übermitteln. In Ägypten waren das die Pharaonen und Hohepriester, die genetische Gruppen repräsentierten, die höher entwickelt waren als der Rest der Gesellschaft. Sie lehrten ihr Wissen in spirituellen Schulen, was nach dem Untergang von Atlantis für eine Wiederbelebung der Spiritualität sorgte.

In einer Zeit, die fast 100.000 Jahre zurückliegt, sah Radu Cinamar in den holografischen Projektionen den zerstörerischsten Konflikt auf der Erde, der zwischen den Angehörigen verschiedener außerirdischer Gruppen ausgefochten wurde. Es gab gewaltige Explosionen auf der Erdoberfläche, und Radu Cinamar sah in den holografischen Aufzeichnungen, dass dieser Konflikt mit einer außerirdischen Rasse von Reptiloiden zu tun hatte, die offenbar Menschen töteten, ihre Seelen extrahierten und in ihre riesigen Container-Schiffe absorbierten – es handelte sich um Transportschiffe. Der Umstand wirkte für Radu Cinamar, als ob diese Reptiloiden eine bestimmte Rolle im Universum spielen, weil sie während wichtiger Phasen der Entwicklung von Zivilisationen erscheinen und sich einmischen. Sie sind technologisch sehr fortgeschritten und versuchen Sternsysteme zu infiltrieren, die bereits entwickelte Kulturen aufweisen.

Urzeitliche Kriege zwischen Göttern und Reptiloiden

Wenn es ihnen möglich ist, korrumpieren die Reptiloiden die DNS einer solchen Zivilisation, damit diese dann einige Stränge ihrer eigenen Gene enthalten, damit sie Zugriff auf die Aktionen dieser Zivilisationen erhalten können. Je größer der genetische Abdruck der Reptiloiden in der DNS einer Menschenrasse wird, desto einfacher können sie dann auf sie Einfluss nehmen, wenn es um wichtige Entscheidungen geht. Somit pflanzen sie die Saat des Bösen in eine entwickelte Zivilisation und platzieren ihre Hybriden in wichtigen Positionen. Diese Art der Eroberung ist sehr subversiv und ein Weg, ihren bösartigen Einfluss über die ganze Galaxis zu verbreiten. Das haben sie auch auf der Erde getan. Radu Cinamar konnte feststellen, dass diese Infiltration sehr subtil stattfand, wobei eine kleine Anzahl von Menschen genetisch korrumpiert worden ist. Das führte im Laufe von Generationen dazu, dass eine große Anzahl an negativen Menschen entstanden ist, die den zerstörerischen Weg des Denkens und Handelns der Reptiloiden eingeschlagen haben. Radu Cinamar schreibt, dass wir die Auswirkungen davon auch in der Gegenwart erleben, weil solche Einflüsse angeblich zur Entstehung des Kommunismus geführt haben. Die Reptiloiden verfolgen das Ziel, bestimmte Territorien auf der Erde und im Sonnensystem unter ihre Kontrolle zu bringen. Sie kennen die Tricks genau, mit denen sie ganze Zivilisationen beeinflussen und pervertieren können, damit diese einen kulturellen und spirituellen Niedergang erleben. Das war ein Problem für die galaktische Allianz von Welten, die auf der Erde ihre genetischen Laboratorien betreiben.

Die Kriege gegen die Reptiloiden dauern seitdem an, und vor rund 50.000 Jahren kam es auf dem Gebiet des heutigen Europa zu schweren Auseinandersetzungen und einem Abbruch der Kontakte zwischen der physischen und der ätherischen Ebene. Radu Cinamar erkannte, dass damals hier in Europa eine menschliche Zivilisation existierte, die die Bezeichnung *Tarsus* trug. Sie breitete sich bis ins heutige Polen, Rumänien und in die Ukraine sowie auf die Länder des Baltikums aus. Der Konflikt mit den Reptiloiden begann auf der Erdoberfläche und bezog dann auch bereits existierende innerirdische Zivilisationen mit ein. Es kamen damals starke Laserwaffen zum Einsatz. Diejenigen, die diese fürchterliche Konfrontation überlebt haben, gründeten danach das mächtige Reich von Hyperborea.

Deutsche und russische Archäologen haben in den vergangenen Jahrzehnten intensive Nachforschungen über die Hinterlassenschaften von Hyperborea angestellt und tatsächlich Artefakte und Megalith-Anlagen gefunden, die noch aus dieser Zeit stammen. Auch in Österreich gibt es uralte Relikte und unterirdische Anlagen aus einer Zeit, die 50.000 Jahre oder länger zurückliegt. Diese wissenschaftlichen Erkenntnisse über die wahre Vergangenheit unseres Planeten werden „selbstverständlich" von der offiziellen Geschichtsschreibung nicht anerkannt. Die spirituell fortgeschrittensten Wesen der Erde haben damals das Reich von Shambhala begründet, das eine hohe Stufe der spirituellen Entwicklung erreichte. Shambhala verfügte bereits in ferner Vergangenheit über enge Beziehungen mit außerirdischen Wesen, und sein Fortbestand ist eng mit dem zukünftigen Schicksal der Menschheit verknüpft. In den Kriegen gegen die Reptiloiden wurden vor Jahrtausenden die meisten Oberflächen-Zugänge nach Shambhala zerstört, das heute auf einer ätherischen Ebene im Inneren unseres Planeten existiert. Radu Cinamar schreibt, dass sich in Rumänien einer der heute noch funktionierenden Zugänge befindet und stark bewacht wird. Eine Menge Informationen über verlorene Kulturen und Reiche sind über lange Zeiträume weitgehend verloren gegangen, aber vor ca. 27.000 Jahren erreichten menschliche Hochzivilisationen bereits die Entwicklungsstufe von außerirdischen Zivilisationen. Vor rund 27.000 Jahren kam es dann zu starken klimatischen Veränderungen auf der Erde. Die Zivilisation von Hyperborea bestand bis vor ungefähr 16.000 Jahren und starb dann aus – die Übriggebliebenen gingen nach Atlantis.

Seit damals wurden viele interdimensionale Energieportale auf der Erdoberfläche, über die man in die Innere Erde gelangen konnte, zerstört. Die Kommunikation mit höheren Wesen sowie die Reisen zwischen den verschiedenen Erdteilen und der Inneren Erde wurden zunehmend schwierig. Vor rund 7.000 Jahren begannen die Kräfte der Dunkelheit erneut, sich in die Entwicklung der Menschheit einzumischen, und die Reptiloiden planten, ein Netzwerk von Intrigen zu schmieden. Das wurde durch die stetig verminderte Frequenz der physischen Ebene und die immer niedrigere Ebene des menschlichen Bewusstseins möglich. Hinzu kam, dass sich außerirdische Zivilisationen seit ungefähr 25.000 Jahren mehr und mehr vom Planeten Erde zurückzogen. Ihre Schutzmächte und Aufseher sind in kleinerer Anzahl in verborgenen Basen im Sonnensystem und auf der Erde verblieben. Ihre Aufgabe ist es, die Versuche der Reptiloiden zu vereiteln, die bewirken sollen, dass sich die menschliche Zivilisation durch den Gebrauch schrecklicher hoch entwickelter Technologien selbst auslöscht.

Zum Schicksal von Atlantis konnte Radu Cinamar in der holografischen Akasha-Aufzeichnung erkennen, dass sich der Kontinent einst im Atlantischen Ozean befand. Eine der ältesten Darstellungen der Kontur dieses Mutterkontinents der atlantischen Zivilisation finden wir in den historischen Aufzeichnungen des deutschen Jesuiten Athanasius Kircher. Seit einigen Jahren sind heutige Gelehrte wieder sehr am Wissen dieses alten Meisters interessiert. Seine Darstellung vom atlantischen Kontinent ist nicht vollständig, da der Kontinent laut Radu Cinamar viele kleinere, vorgelagerte Inseln umfasste, die bis zu den heutigen Bermudas reichten. Die Azoren sind heute noch erkennbare Teile von Atlantis, und überall in diesen Gebieten wurden riesige Pyramiden errichtet.

Die meisten Atlanter lebten in Küstenstädten, im Inland gab es eine Menge Vegetation, die auch ihre großen Pyramiden umgab. Außerdem befanden sich in der Nähe der Pyramidenkonstruktionen große Raumhäfen und hohe Türme. Der

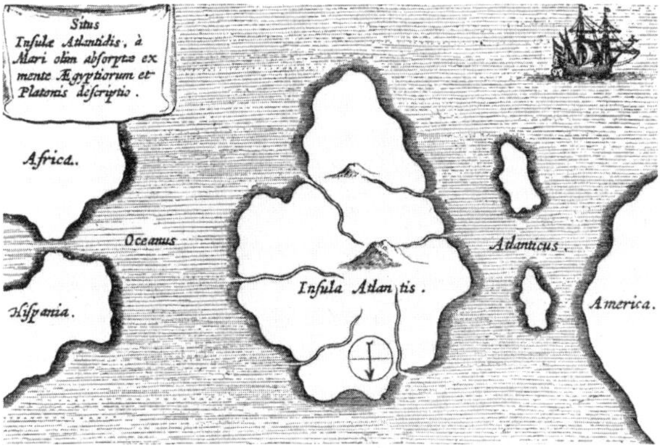

Abb. 57: Der Kontinent von Atlantis, wie er im Jahr 1664 von Athanasius Kircher nach dem Vorbild von ägyptischen Seekarten erstellt worden ist, die der Universalgelehrte in geheimen Archiven vorgefunden hatte.

ganze Kontinent war von langen oberirdischen Röhrensystemen wie ein Gitter durchzogen, die einen rasanten Transport zwischen den wichtigsten Regionen ermöglichten. Es gab nicht nur Raumhäfen, sondern auch Teleportationsstationen. Atlantis war bekannt für seine Verbindung zu anderen Planeten im Universum und repräsentierte deshalb einen Ort der Diplomatie in diesem Teil der Galaxis.

Am zentralen Raumhafen verkehrten atlantische und außerirdische Raumschiffe aller Formen und Größen, weil die Erde zu einer wichtigen galaktischen Transitstation geworden war. Der stufenweise Untergang von Atlantis hatte in jener Phase aber bereits begonnen, und vor ca. 12.000 Jahren kam es dann zum finalen Verschwinden des Mutterkontinents, so wie es viele Esoteriker und Seher bereits erkannt haben. Es gab zwei einflussreiche Fraktionen dieser Kultur, die eine trug die Farbe Rot-Orange, das waren die Herrscher und Wissenschaftler, die andere, die Weisen und spirituellen Gelehrten der Gesellschaft von Atlantis, trug die Farbe Hellblau. Weil diese beiden Gruppen unterschiedliche Visionen über die Zukunft hatten, beschlossen die Weisen mehrere hundert Jahre vor der endgültigen Zerstörung des Mutterkontinents, in andere Teile der Welt zu gehen und dort neue Zentren zu gründen. Das führte dazu, dass die verbliebene Herrscherkaste immer materialistischer wurde.

Die Entstehung der altertümlichen Zivilisation der Pharaonen und das Mysterium der Pyramiden-Kultur

Nach dem Untergang von Atlantis suchten die Sternen-Zivilisationen neue Regionen für ihre genetischen Experimente. Das war notwendig, um neue Kulturen zu erschaffen, denn die außerirdischen Wächter wollten neue Charakteristika in die menschlichen Gene einbringen, damit sie ihnen ähnlicher werden. Radu Cinamar konnte auf dem holografischen Bildschirm sehen, dass die DNS von Menschen auf verschiedenen Planeten im All grundlegend auf der DNS von Erdmenschen basiert. Die Völker dieses Planeten fungieren somit als Elternrasse für viele neue Zivilisationen, die von den außerirdischen Genetikern in der ganzen Galaxis ausgesät worden sind. Diese Behauptungen von Radu Cinamar sind nicht aus der Luft gegriffen, sondern einige Wissenschaftler denken ebenfalls an die sogenannte Zoo-Hypothese, die im Wesentlichen besagt, dass der Planet Erde ein großes Labor darstellt, das von höheren Intelligenzen beaufsichtigt wird, und zwar schon seit dem Beginn der menschlichen Geschichte.

Radu Cinamar fährt fort, uns zu schildern, dass sich im Zentrum des versunkenen atlantischen Kontinents früher eine riesige leuchtende Pyramide befunden hat, die viel größer war als die Gizeh-Pyramiden in Ägypten. Sie hatten perfekt flache Seiten aus durchscheinendem Metall. Auf ihrer Spitze befand sich ein rubinroter Kristall, der wie ein Laser blitzte und Signale abgab. Diese Pyramide wurde zusammen mit dem Raumhafen von einer gewaltigen Flutwelle getroffen und versank beim Kataklysmus von Atlantis im Ozean. Damit endete eine der letzten technologisch und spirituell hoch entwickelten Zivilisationen dieser Welt, wie es seither keine mehr gegeben hat. Die meisten ihrer Bewohner und viele ihrer Errungenschaften gingen dabei verloren. Die antiken Pyramiden dienten als Mittel der Kommunikation mit weit entfernten außerirdischen Welten und mit den höheren ätherischen Ebenen. Diese Kontakte und die Übermittlung von Botschaften waren notwendig, damit die Bevölkerung von Atlantis mehr Wissen und Weisheit ansammeln konnte. Das ermöglichte, dass immer höhere Ebenen von Gedankensystemen entstehen konnten, die den Einwohnern erlaubten, kollektiv in ihrer technologischen und spirituellen Erfahrung zu wachsen. Die überlebenden Atlanter kontaktierten außerirdische Wesen, mit deren Hilfe sie die heute noch erhaltenen Steinpyramiden von Ägypten erschufen – diese stellten für lange Zeit ebensolche kosmischen Kommunikationszentren dar.

Radu Cinamar weist darauf hin, dass heutzutage nur wenige Ägyptologen zugeben wollen, dass sich die Art und Weise, wie die Gizeh-Pyramiden und andere Steinpyramiden in Zentralamerika, Südamerika, Europa und China errichtet worden sind, völlig von dem unterscheidet, was Archäologen schreiben. Radu Cinamar klärt uns auf, dass kein Mensch mit einer gewissen Kultur und Intelligenz ernsthaft dem zustimmen kann, was die wichtigsten Ägyptologen über den Ursprung der Gizeh-Pyramiden erzählen, und dies noch weniger, wenn es um die Herkunft der Sphinx geht. Pyramiden dienten niemals dazu, einen Pharao zu bestatten, sondern deren Bauherren stammten aus Atlantis. Als die Kolonisten Ägypten erreichten, sorgten sie dafür, dass immer mehr Menschen in das Gebiet der Wissenschaft und Spiritualität eingeführt wurden. Das passierte zuerst in kleinen Gruppen, dann entstanden ganze Schulen und letztlich immer komplexere Lernsysteme, die dann auch höhere Technologie beinhalteten. Laut den holografischen Aufzeichnungen der Akasha-Chronik liegt die Bauzeit der Gizeh-Pyramiden rund 13.500 Jahre zurück, doch die generelle Errichtung von Pyramiden auf dieser Welt begann laut Radu Cinamar bereits vor gut 100.000 Jahren.

Sie wurden nicht zufällig irgendwo hingesetzt, sondern an exakten Punkten auf dem Globus platziert, an denen sich Energien kreuzen und sie mit Sternen verbinden, um Energien des Weltraums zu bündeln. Sie dienten als Resonatoren, die dazu in der Lage waren, wichtige Veränderungen in der DNS von menschlichen Wesen auszulösen, die in Resonanz mit ihren Energien standen. Diese Resonatoren in Form von Pyramiden und Zikkurats können wir heute noch auf den Gitternetzlinien der Erde vorfinden, und das ganze globale System agierte außerdem als Abwehranlage gegen außerirdische Reptiloiden, sagt Radu Cinamar. Dieser Plan wurde von den Sirianern/Anunnaki beschlossen, die ihre Technologie auf der Erde einführten, um die Reptiloiden zurückzuschlagen. Die Energien der Pyramide konnten zudem benutzt werden, um das menschliche Bewusstsein per Astralreise zu sehr weit entfernten Orten im Kosmos zu transportieren, um dort die aufgestiegenen Götter zu besuchen, die in Ägypten verehrt wurden. Deshalb sind die Gizeh-Pyramiden auch auf die Gürtelsterne des Orion ausgerichtet. Im Inneren der fertig gebauten großen Gizeh-Pyramiden gibt es bestimmte Kammern mit unterschiedlichen Farben, in denen verschiedene komplexe Geräte aufgebaut waren, die auf Kristalltechnologie basierten. Pyramiden sind durch ihre geometrische Form machtvolle Energieverstärker, welche die Energien der Geräte in ihren Kammern verstärkten und zu ganz genau anvisierten Zielorten in den Weltraum sendeten. Die drei Gizeh-Pyramiden sind laut Radu Cinamar spezifisch auf das Sirius-Sternsystem ausgerichtet, weil Sirianer an ihrem Bau beteiligt waren, die von der Zivilisation im Gürtel des Orion abstammten. Die meisten der außerirdischen Wesen, die mit Atlantis und Ägypten Kontakt hatten, stammen von den Sternsystemen der Gürtelsterne des Orion.

Radu Cinamar ging nun der Frage der eigentlichen Methoden beim Bau der Gizeh-Pyramiden auf den Grund, wobei die holografischen Bilder zeigten, wie außerirdische Wesen in Raumschiffen all ihr Wissen dazu eingesetzt haben, die extrem schwierige Aufgabe des Baus der Pyramiden zu bewältigen. Die genaue Planung war nur mit der Hilfe von Computern möglich, und der Bau wurde mit Flugobjekten ausgeführt, die aussahen wie moderne scheibenförmige UFOs. Vor 13.500 Jahren existierten dort keine Wüste und kein Sand, sondern es gab große Flüsse und üppige Vegetation. Man baute die Pyramiden hauptsächlich, um den Kontakt mit den außerirdischen Göttern aufrechtzuerhalten. Durch die Pyramiden wurden laufend Informationen aus dem Kosmos übermittelt. Auf die genauen Methoden, die zum Bau der riesigen Monumente verwendet wurden, will ich hier nicht eingehen, sondern verweise die Leser auf die Übersetzung des Buches »Forgotten Genesis«, das bald als Band 6 der Schatzberg-Reihe im *Herzwelt-Verlag* erscheinen wird. Dort können Sie die sehr detaillierte Beschreibung nachlesen. Nur soviel: Radu Cinamar konnte sehen, dass sich der ursprüngliche Steinbruch, von dem die Steinblöcke der ägyptischen Pyramiden wirklich stammen, nicht einmal in Ägypten befindet. Damalige Bewohner des

Landes waren zwar am Bau beteiligt, erledigten dabei allerdings nur einfachste Aufgaben, denn die Steinblöcke wurden mit Laser-Präzision geschnitten und aus weiter Ferne transportiert. Auf der Spitze der großen Pyramide wurde ein riesiger Kristall platziert, der ein helles Licht ausstrahlte. Diese Kristalle auf Pyramiden wurden verwendet, um kosmische Informationen zu senden und zu empfangen.

Eingeweihte konnten die versiegelten Kammern der Pyramide betreten, indem sie bestimmte Töne erzeugt haben, woraufhin sich einige Steinblöcke auf magische Weise verschoben und den Weg freigaben, um in die versiegelten Kammern der Pyramide zu gelangen. Rund 6.000 Jahre später hatte sich das Klima an diesem Ort sehr rasch verändert, was auf einen weiteren Krieg zwischen außerirdischen Gruppen zurückzuführen ist. Damals begann die Ära der dynastischen Pharaonen, denen völlig bewusst war, dass die Pyramiden das Erbe der Götter darstellen und dass sie mit größtem Respekt behandelt werden müssen. Es ist auch wahr, dass die Sphinx noch älter ist als die Pyramiden, wobei ihr Ursprung laut den Erkenntnissen von Radu Cinamar gut 34.000 Jahre in der Vergangenheit liegt. In der Zeit der dynastischen Pharaonen hatten sich die außerirdischen Götter physisch zurückgezogen und erschienen irgendwann nicht mehr direkt unter den Menschen. Der Kontakt mit ihnen wurde über die Pyramiden aufrechterhalten, die die Verbindungsstelle zwischen der Welt der Menschen und der Welt der Götter waren. In der Königskammer und im sogenannten Sarkophag fanden Initiationsrituale statt, wobei das Steingefäß mit einer hellblauen Flüssigkeit angefüllt wurde, in die sich Hohepriester und Angehörige der Mysterienschulen hineinlegten, um eine Astralreise zu den Göttern anzutreten.

Vor 6.000 Jahren kam es dann laut Radu Cinamar auch zur Rückkehr der Reptilienwesen, da das globale Pyramiden-System zu ihrer Abwehr zerstört worden war. Sie machten sich hier zu schaffen, manipulierten die Priesterschaften dieses Planeten und hybridisierten herrschende Blutlinien mit ihren Genen, um sie kontrollieren zu können. Daraus sind sehr gefährliche und mächtige okkulte Gruppen und Organisationen hervorgegangen, die das Ziel verfolgen, jede spirituelle Entwicklung der Menschheit zu verhindern. Trotz all dieser Manipulationen steht das neuerliche spirituelle Erwachen der Welt nunmehr bevor, weil dieses Erwachen durch kosmische Einflüsse gesteuert wird. Es ist darüber hinaus von entscheidender Bedeutung, dass die Menschheit erfährt, wie ihre echte gegenwärtige Situation aussieht, denn wir bewegen uns rasch auf die vor langer Zeit angekündigte Transformation unserer Welt zu. Das ist ein großartiger Plan, der in Anbetracht einer einzigen menschlichen Lebensspanne gar nicht verstanden und noch weniger mental integriert werden kann. Radu Cinamar erklärt, dass im Universum ein Schöpfungsplan existiert, der so gigantisch und uralt ist, dass er über jedes gewöhnliche Begriffsvermögen hinausgeht. Dieser Plan wird von kosmischen Intelligenzen nach einer strikten Hierarchie organisiert und koordiniert. In der großen Gizeh-Pyramide, die als ein Kommunikator und Zeitwächter konzipiert worden ist, sind Prophezeiungen über die Zukunft verborgen. Die Pyramide soll sich zu einem bestimmten Zeitpunkt wieder aktivieren, und dann können die großen Geheimnisse der Vergangenheit enthüllt werden. Es kommt zur Freigabe der Weisheit der Hallen der Aufzeichnungen und zu einer Wiederkehr der Lehren der alten Mysterienschulen über die Geheimnisse des *Einen* unendlichen Schöpfers des Universums und seinen transzendenten Plan für das Universum. **Jeder Mensch ist aufgerufen, seinen Teil zu dieser großen spirituellen Transformation beizutragen, damit wir gemeinsam Zugang zu einer wunderbaren und lichtvollen Zukunft erlangen können.**

Ich weise ferner darauf hin, dass ich vor einiger Zeit ein eigenständiges Buch über die esoterischen Geheimnisse der Pyramiden und der prädynastischen Götter von Ägypten verfasst habe, in dem ich die Bestandteile dieses universellen Planes näher erörtere, das demnächst im *Herzwelt-Verlag* erscheinen wird.

Kapitel 10 – Die Wissenschaft des „Intelligent Design"

Skeptiker und insbesondere Gelehrte, die dem ganzen grenzwissenschaftlichen Gebiet der alternativen Archäologie und Weltgeschichte immer noch ablehnend gegenüberstehen, werden den Aussagen der Whistleblower und Informanten in Bezug auf das UFO-Phänomen und die Entstehung der Menschheit durch den Eingriff höherer Intelligenzen nach wie vor wenig Glauben schenken, weil sie davon überzeugt sind, dass die grundlegenden Theorien der Naturwissenschaft unverrückbare Gültigkeit besitzen. Dass dem nicht so ist, habe ich bereits durch die in diesem Werk dargelegten Erkenntnisse gezeigt. Da wichtige Fragen in den vorderen Kapiteln geklärt worden sind, habe ich für den Schlussteil ein paar passende Analysen und Einsichten von Experten der Wissenschaft gefunden, die dem Leser die paradoxen Sachlagen in der Naturwissenschaft noch besser verdeutlichen können. Nach intensiver Recherche stellt sich wieder einmal heraus, dass viele führende Kapazitäten im Bereich der Naturwissenschaft nach jahrelangen Forschungsarbeiten irgendwann ihre Meinung geändert haben, weil ihre Resultate die wissenschaftlich anerkannten Theorien nicht bestätigten konnten. Diese aufgeschlossenen Gelehrten sind auf der Basis ihrer eingehenden Beobachtungen letztlich zur Erkenntnis gelangt, dass tatsächlich eine höhere Ordnung im Universum existiert, die keinesfalls durch einen unglaublichen Zufall entstanden sein kann! Im Buch »Mein Vater war ein MiB – Band 2« habe ich bereits ausgeführt, dass der Darwinismus eine Erfindung von wissenschaftlichen Institutionen ist, hinter denen die viktorianische Hochgrad-Freimaurerei und andere Organisationen stecken, die sich von den religiösen Vorstellungen des Christentums loslösen wollten.

Der Mensch soll durch diese Doktrin des wissenschaftlichen Atheismus ignorieren, dass er das Produkt einer Schöpfung ist. Stattdessen lernt er zu verinnerlichen, dass er in einem sinnlosen Universum existiert. Weil die wissenschaftlichen Institutionen weiterhin verbreiten, dass keine anderen intelligenten Lebewesen im grenzenlosen All existieren, kann der Mensch sich selbst als Krönung eines hypothetischen evolutionären Prozesses betrachten. Auf diese Weise ist er in der Lage, seine materialistische Technologie zu benutzen, um eine Verschmelzung mit Computern und intelligenten Maschinen zu vollziehen. Das wird als die nächste Phase der menschlichen Evolution betrachtet. Um diese eigentlich völlig irrsinnigen Bestrebungen besser nachzuvollziehen, beginne ich mit einem weiteren Zitat von Sir Julian Huxley, dem Bruder des bekannten Schriftstellers Aldous Huxley, die beide in diese Agenda einer neuen Weltordnung der Illuminati eingeweiht worden sind.

Julian Huxley (1887-1975) war ein Internationalist und Humanist sowie einer der führenden Evolutionsbiologen des frühen 20. Jahrhunderts. Er vertrat den Standpunkt, dass die natürliche Selektion oder biologische Auslese für die Evolution des modernen Menschen verantwortlich sei. Nebenbei engagierte er sich für alle Forschungsrichtungen der Evolutionstheorie, was ihm schließlich im Jahr 1956 eine Auszeichnung mit der Verleihung der Darwin-Medaille der britischen *Royal Society* einbrachte. Genau wie der humanistisch und antichristlich eingestellte Bruder von Julian Huxley war auch sein Großvater Thomas Henry Huxley (1825-1895) ein führender Evolutionist und sogar der Stellvertreter von Charles Darwin persönlich – man nannte ihn gemeinhin „Darwins Bulldogge"! Im Buch »Essays of a Humanist« aus dem Jahr 1964 findet man folgendes Zitat von Julian Huxley: *„Im evolutionären Denkmuster gibt es weder Bedarf noch Raum für das Übernatürliche. Die Erde wurde nicht erschaffen, sie entwickelte sich. So auch alle Tiere und Pflanzen, die sie bewohnen, einschließlich unseres menschlichen Selbst, Geist und Seele sowie Gehirn und Körper. Das tat auch die Religion."*

Diese rein materialistische Betrachtungsweise steht mit der religiösen und alternativ-wissenschaftlichen Weltsicht einer übernatürlichen Schöpfung in Konflikt. Viele gebildete Leute glauben gegenwärtig in irgendeiner Form an beide Prinzipien, obwohl diese Ansichten nicht miteinander vereinbar sind, weil nicht beide gleichzeitig wahr sein können. Die Evolutionstheorie ist grundsätzlich eine atheistische und materialistische Erklärung für die Entstehung der Welt. Obwohl nicht alle Naturwissenschaftler Atheisten sind, behaupten die führenden Vertreter dieses Bereichs dennoch, dass in ihrem Konzept kein Platz ist für die Arbeit Gottes in der Natur. Julian Huxley hat außerdem seinen Einfluss in der UNESCO und in der UNO geltend gemacht, um die Gesellschaft mit den fanatischen Ideen des Sozialdarwinismus zu infizieren.

Die Anhänger Darwins haben für zwei Dinge gesorgt: Erstens war es den Naturforschern wichtig zu beweisen, dass die Theorie der Evolution eine Tatsache ist, und dass die antiken Überlieferungen von einer besonderen Schöpfung nicht stimmen. Zweitens, dass die natürliche Auslese keinen Platz lässt für „Intelligent Design" in der Natur, also eine intelligente Gestaltung bzw. Konstruktion. Deshalb ist der Darwinismus, so wie er von führenden Fachleuten verstanden wird, die von Naturalismus sprechen, im Grunde eine Philosophie, deren Argumente und Schlussfolgerungen alle Lehrsätze der heiligen und religiösen Schriften ablehnen. Charles Darwin selbst war jedoch am Ende seines Lebens bekanntermaßen nicht ganz von seinen eigenen Thesen überzeugt – er hegte sogar große Zweifel und glaubte, dass er vielleicht einer großen Täuschung unterlegen sei. Er als gebildeter Gelehrter konnte sich eine zufällige und natürliche

Entstehung von komplexen biologischen Mechanismen selbst nicht vorstellen! So zum Beispiel die rätselhafte Entstehung des menschlichen Auges, das nach seiner Erkenntnis viel komplizierter aufgebaut ist als ein Uhrwerk. Aus diesem Grund sollte es auch einen Uhrmacher bzw. Gestalter dieser komplexen lebenden Systeme geben, bei dem ihre wahre Herkunft zu suchen ist. Weil dieser Ursprung vermutlich nur bei einem universellen Schöpfer liegen kann, haben Naturwissenschaftler das Konzept einer intelligenten Gestaltung der Natur bis heute aufs Heftigste abgelehnt. Falls ein solcher Urheber wirklich existieren sollte, übt er auch einen bestimmten Grad an Autorität in der Schöpfung aus und hat darum festgelegte Regeln und Gebote für sein Universum aufgestellt. Dieser Auffassung war übrigens der weltberühmte Physiker Albert Einstein, er hat nämlich formuliert, wovor Atheisten sich ängstigen: Es geht darum, dass Gott Regeln aufgestellt hat, die man, so wie es in den Lehrsätzen der Religionen beschrieben wird, befolgen soll, um ein gutes und moralisch einwandfreies Leben zu führen, das dem geistigen und spirituellen Wachstum förderlich ist.

Der Astrophysiker Dr. Carl Sagan war gleichfalls ein wichtiger Anhänger der modernen Naturwissenschaft, obwohl auch er irgendwann einsah, dass die Informationen, die sich in einer einzigen biologischen Zelle befinden, in Zahlen ausgedrückt etwa einhundert Millionen bedruckter Buchseiten entsprechen! Fakt ist, dass das menschliche Genom mit all seinen Informationen sich selbst aus der Sicht der Mainstream-Evolutionstheorie nicht in so kurzem Zeitraum durch natürliche Prozesse auf unserem Planeten entwickelt haben kann. Gene selbst besitzen keine Funktion, die eine stetige Zunahme des Informationsgehalts im menschlichen Genom ermöglicht. Genetiker haben ermittelt, dass jeder menschliche Organismus eine durchschnittliche Datenmenge von rund 150 Zettabytes besitzt! Ein Zettabyte entspricht 1.000.000.000.000.000.000.000 Bytes!

Das ist ein sehr umfangreicher Code aus Informationen unbekannter Herkunft, der irgendwo und irgendwann entstanden und entwickelt worden sein muss. Darum ist es unerklärlich, wie eine derartige Menge an Informationen aus toter Materie heraus entstanden sein soll, die in weiterer Folge durch unerklärliche Verläufe selbsttätig zum Leben erwacht ist. Dieser Vorgang wäre ein echtes Wunder und somit ein übernatürliches Ereignis. Charles Darwin war sich dieser grundlegenden Problematik der Entstehung komplexer natürlicher Systeme bewusst, dennoch lehnte er weiterhin religiöse Vorstellungen ab. **Er verabscheute den Gedanken, dass er nach dem Tod für seine Sünden verantwortlich gemacht werden soll.** Er wollte nicht daran glauben, dass übergeordnete Regeln dafür sorgen, dass Menschen für ihre Taten bestraft werden, weil sie als hoch entwickelte Tiere keine Seele besitzen. Als Atheist lehnte er insbesondere die Vorstellung ab, dass Jesus Christus nach kirchlicher Lehre die Sünden der Welt auf sich genommen hat, gekreuzigt wurde, anschließend von den Toten auferstanden und damit dem irdischen Kreislauf von Schmerz, Leid und Tod für immer entkommen ist. In einem Buch mit dem Titel »Where Darwin Meets the Bible: Creationists and Evolutionists in America« aus dem Jahr 2005 wird die Forscherin Eugenie Scott, Leiterin des anti-kreationistischen amerikanischen *National Center for Science Education*, zitiert. Sie erörtert in ihrem Zitat, warum der Evolutionsunterricht so wichtig für Heranwachsende ist. Sie sagte: *„Meiner Meinung nach ist es praktisch garantiert, dass die Schöpfung und die Evolution als Übungsthemen für das kritische Denken in Grund- und Oberschulen die Schüler in Bezug auf die Evolution verwirrt. Das könnte dazu führen, dass sie eines der Hauptthemen in der Wissenschaft ablehnen.“* Das heißt im Klartext: Schüler und Studenten sollen während ihrer Ausbildung niemals etwas von Kreationismus in der Wissenschaft erfahren. Stattdessen sollen sie nur die Theorie der Evolution erlernen und verinnerlichen. Anschließend werden sie sowohl Religion, Kreationismus, Mystizismus oder alternative Wissenschaften völlig ablehnen. Auf diese Weise wird es bewerkstelligt, sie zum kritischen, rationalen und skeptischen Denken zu konditionieren, um durch diese Indoktrination letztlich den Atheismus als Wahrheit anzuerkennen.

Der nächste Vertreter dieses Modells des wissenschaftlichen Atheismus ist der bereits zitierte Evolutionsbiologe und Bestsellerautor Richard Dawkins. In seinem Buch »The Blind Watchmaker« behandelt Dawkins Ideen und Argumente gegen die Existenz eines übernatürlichen Schöpfers, der für die Komplexität aller Lebewesen verantwortlich sein könnte. Der blinde Uhrmacher ist somit ein hypothetischer Vorgang der Evolution, der durch Reproduktion, Mutation und natürliche Selektion selbstständig die Natur erschaffen haben soll. Im Buch »Der Gotteswahn« schreibt der britische Gelehrte, dass ein übernatürlicher Schöpfer ziemlich sicher nicht existiert, und dass die Religion, der Glaube an Gott oder der Kreationismus eine Selbsttäuschung darstellen! Im Buch über die Schöpfungslüge (Untertitel: Warum Darwin recht hat), beschreibt er weitere Argumente, warum die Theorie der Evolution wirklich eine Tatsache sein soll, die man nicht bestreiten kann. Auch dieses Buch richtet sich wieder gegen die Vertreter des Kreationismus und des „Intelligent Designs“, die seinen Aussagen zufolge verhindern wollen, dass die Evolutionstheorie in Schulen gelehrt werden darf. Richard Dawkins gilt aufgrund seiner aufgestellten Thesen und Forderungen als einer der führenden Intellektuellen der Welt und wird als einer der wichtigsten Denker der Gegenwart betrachtet. Er sagte, Darwin hätte es ihm möglich gemacht, ein intellektuell erfüllter Atheist zu werden. Im Dezember 2004 hat der Oxford-Professor in einer Diskussion über den Kampf um die Evolutionstheorie in einem Interview mit Bill Mayers von sich gegeben:

„Evolution ist beobachtet worden. Es ist nur so, dass sie nicht beobachtet wurde, während sie passiert ... Ich nehme an, es ist möglich, dass man sich die Beweise des Lebens ansieht, wie wir sie auf diesem Planeten sehen, und versuchen könnte, irgendeine Art von Beweis dafür zu finden, dass es intelligent gestaltet wurde ... Wenn man einmal versteht, wie Darwinismus funktioniert, dann könnte man leicht erkennen, dass er eine viel bessere und viel wissenschaftlichere Erklärung ist als ‚Intelligent Design'."

Richard Dawkins gab bekannt, dass rund 90 Prozent aller führenden Wissenschaftler der Welt nicht an einen Gott glauben. Ob die restlichen 10 Prozent deshalb *per definitionem* Pseudowissenschaftler sind, hat er nicht erwähnt. In der Durchschnittsbevölkerung beträgt der Anteil von Menschen, die an eine übernatürliche Schöpfung glauben oder einer Religion angehören, rund 90 Prozent. Wie man sieht, gibt es einen großen Widerspruch zwischen dem Glauben der bodenständigen Mehrheit der Weltbevölkerung und der kleinen intellektuellen Bildungsschicht von Menschen, die an den Atheismus glauben.

In einem Interview mit dem Journal *Phys.org* hat Richard Dawkins im Jahr 2018 tiefere Einblicke in die Gedankenwelt der skeptischen Atheisten offenbart. Er hat dort erklärt, dass viele daran glauben, dass ihr Atheismus ein Produkt ihres kritischen und rationalen Denkens ist, das sie während ihrer Ausbildung erlernen mussten. Sie glaubten danach nicht mehr an die Schöpfungsgeschichte, sondern an die Rationalität der Wissenschaft, die den Glauben an Gott ersetzt hat. Beweise und Logik stehen somit der Doktrin und dem Glauben an das Übernatürliche gegenüber, zumindest auf den ersten Blick. Der Glaube an den Urknall und an die zufällige Entstehung von Leben aus toter Materie und schließlich an die Entstehung von komplexen biologischen Mechanismen wie dem menschlichen Körper mit all seinen unzähligen Fähigkeiten, ist in der Tat ein wissenschaftlicher Glaube an Wunder. Richard Dawkins führt in diesem Interview aus, dass Wissenschaftler zu Atheisten werden, weil sie durch ihre Ausbildung und das Studium der Evolution dahinter kommen, dass Religion keinen Sinn ergibt und somit reiner Unsinn ist. Somit ist es nicht verwunderlich, dass sich heutzutage in westlichen Nationen fast alle Schüler, also rund 95 Prozent, aufgrund von Gruppenzwang für den Atheismus entscheiden. Ihnen bleibt aber keine wirkliche Wahl, denn sie können den Evolutionsunterricht in der Schule nicht ablehnen.

In seinem neuen Buch »Atheismus für Anfänger: Warum wir Gott für ein sinnerfülltes Leben nicht brauchen« hat Richard Dawkins einige eigenartige Eingeständnisse gemacht, die man von ihm so nicht erwartet hätte. Vor der

Veröffentlichung dieses Buches hatte einer seiner engsten Kollegen plötzlich eine Kehrtwende in seinem Leben vollzogen, nachdem er ein echtes Wunder erlebt hatte! Es handelt sich hierbei um den amerikanische Genetiker Francis Sellers Collins, der auch der Leiter des berühmten Humangenomprojekts war und heute der Leiter des *National Institute of Health* in Maryland ist. Francis Sellers Collins war durch seine akademische Ausbildung zu einem Atheisten erzogen worden. Eine Unterhaltung mit einem seiner Patienten hat ihn schließlich dazu bewogen, über religiöse Fragen nachzudenken und den religiösen Glauben zu erforschen. Er beschäftigte sich intensiv mit Beweisen und Argumenten für und wider einen Gott in der Kosmologie. Collins gelangte schließlich zur Ansicht, dass ein Atheist nicht allein durch Vernunft und durch Argumente zum Christentum konvertiert, sondern erst durch ein bedeutendes Ereignis zum Gläubigen wird.

Nach mehreren Jahren des Nachdenkens unternahm der Gelehrte eines Tages eine lange Wanderung durch die amerikanischen Cascade Mountains. Dort achtete er bewusst auf die Beschaffenheit der natürlichen Umgebung und begann, sich ernsthaft zu fragen, ob diese perfekte Schönheit, die ihn auf seiner Wanderung emotional ergriffen hat, bloß auf einen kosmischen Zufall zurückzuführen sein soll. Als er schließlich zu einem eindrucksvollen gefrorenen Wasserfall kam, fesselte ihn dieser Eindruck der prächtigen Wunder der Natur dermaßen, dass er einfach nicht länger daran glauben konnte, dass die Welt zufällig entstanden ist. Es war wie eine spirituelle Vision und eine religiöse Offenbarung für ihn, und am nächsten Morgen betrachtete sich Francis Collins laut eigener Definition als einen „ernsthaften Christen"! Im Jahr 2006 veröffentliche er dann sein bekanntes Buch »The Language of God: A Scientist Presents Evidence for Belief« (Die Sprache Gottes: Ein Wissenschaftler präsentiert Beweise für den Glauben). Er schreibt, dass wissenschaftliche Entdeckungen für ihn das Wichtigste waren, und dass er sowohl den Kreationismus als auch das „Intelligent Design" zurückgewiesen hat. Nach seinem bedeutenden Erlebnis hat der ehemalige Atheist jedoch zu einer anderen Form des Glaubens gefunden, den er in seinem Werk als eine *„theistische Evolution"* oder eine *„evolutionäre Kreation"* bezeichnet. Außerdem glaubt Collins jetzt, dass DNS wie ein Software-Programm funktioniert, das im Kern jeder lebenden Zelle sitzt. Damit will er beweisen, dass rationale Wissenschaft und der Glaube an Gott miteinander vereinbar sind. Im Jahr 2007 hat Richard Dawkins daraufhin mit einigen anderen führenden Biologen über die Einstellung seines Kollegen Francis Collins zum Übernatürlichen diskutiert. Collins hatte ihm beschrieben, dass er von der Schönheit der Landschaft so fasziniert gewesen ist, dass er schließlich auf seine Knie gefallen ist und Jesus Christus in seinem Herzen akzeptiert hat! Dieser

Umstand hat dem eisernen Atheisten Richard Dawkins derart zu denken gegeben, dass er in seinem aktuellsten Buch „schockierende“ Aussagen über die Bibel gemacht hat, indem er schreibt, dass Jesus Christus tatsächlich existiert haben könnte! Dawkins hatte zuvor schon im Jahr 2006 eine Abhandlung mit dem Titel »Atheisten für Jesus« verfasst, in der er den Weg des radikalen Denkens von Jesus Christus kommentierte, die im Neuen Testament dominiert und somit die Grausamkeit des Alten Testaments ersetzt hat.

Für seine Wundertaten gibt es keine Beweise, doch Dawkins schreibt, dass Historiker jetzt auf wissenschaftlicher Basis beweisen können, dass Jesus real existiert hat! Und zwar auf Grundlage von zwei antiken Dokumenten, die auf die Jahre 48 n.Chr. und 104 n.Chr. datieren! Ein Jesusforscher, der diese Schriften eingehend studiert hat, ist der ehemals atheistische Journalist Lee Strobel, der im Jahr 1998 sein umstrittenes Werk »Der Fall Jesus: Ein Journalist auf der Suche nach der Wahrheit« veröffentlicht hat. Lee Strobel erklärt in seinem Buch, dass das Alte Testament mehr als 400 Prophezeiungen über das Erscheinen des Messias enthält, und dass Jesus Christus jede einzelne dieser Prophezeiungen perfekt erfüllt hat. Lee Strobel, der durch seine Nachforschungen zu einem überzeugten Christen geworden und konvertiert ist, hat verschiedene Kalkulationen durchgeführt. Er wollte herausfinden, wie hoch im realen Leben die Chancen stehen, dass derartig viele mysteriöse Prophezeiungen existieren, die dann tatsächlich erfüllt werden. Seine Berechnungen haben dann ergeben, dass der historische Jesus laut den bis heute erhaltenen authentischen frühchristlichen Dokumenten auf der rein wissenschaftlich-mathematischen Basis der Wahrscheinlichkeitsrechnung real existiert haben muss. Er konnte auch Wunder wirken, weil er laut Strobel wirklich der prophezeite Messias war!

Lee Strobel erklärt dazu, dass die moderne Archäologie diese Angelegenheit endlich aufgeklärt hat, und zwar in einer Art und Weise, dass die Welt der Wissenschaft nunmehr die Überzeugung akzeptiert hat, dass zumindest der Evangelist Lukas akkurate historische Aufzeichnungen hinterlassen hat. In weiterer Folge beklagt sich Richard Dawkins in seinem neuen Werk plötzlich über den Rückgang an Gläubigen, obwohl der Atheismus und der Darwinismus den Hauptgrund dafür darstellen. Weitere Schlagzeilen machten andere Aussagen über seine plötzliche Anerkennung der Existenz Gottes! Das Magazin »The Blaze« berichtete davon, dass Richard Dawkins im Jahr 2016 die besten wissenschaftlichen Argumente für die Existenz Gottes bekanntgegeben hat! Es handelt sich laut seiner Definition um einen deistischen Gott, der etwas mit der physikalischen Feinabstimmung des Universums zu tun hat. Der Deismus ist ein Glaubenssystem, das besagt, dass Gott das Universum erschaffen, sich dann daraus zurückgezogen und es anschließend sich selbst überlassen hat. Dawkins ist nun zur Auffassung gelangt, dass der wissenschaftliche Deismus eine Kompromisslösung in Form einer *„vernünftigen Religionsauslegung“* darstellt, weil bestimmte Vorgänge im Universum, die man in wissenschaftlichen Experimenten beobachten kann, nicht mehr anders als durch einen Schöpfungsprozess zu erklären sind! Der Deismus besagt daher grundsätzlich, dass ein göttliches Wesen das Universum erschaffen hat, alle Dinge im Universum in Bewegung gesetzt, sich danach aus seiner Schöpfung zurückgezogen hat und sie seitdem beobachtet wie ein Uhrmacher. Die Feinabstimmung von physikalischen Konstanten ist in ihrer Natur so komplex, dass ein Zufall unmöglich ist. Nur durch diese Feinabstimmung ist die Existenz des Universums und die Entstehung von Leben möglich.

Ende des Jahres 2012 ist es darüber hinaus zu einem Konflikt zwischen einer religiösen Gruppierung und dem prominenten Atheisten Richard Dawkins gekommen, als ihn ein britischer Chef-Rabbiner namens Jonathan Sacks beschuldigt hat, profunde antisemitische Aussagen getätigt zu haben. Rabbi Sacks war mehr als zwanzig Jahre lang das öffentliche Gesicht des Judaismus für alle Briten. Er erklärte in vielen Interviews, warum der Judaismus die Theorie der Evolution akzeptiert und warum er den Kreationismus des Christentums ablehnt. Seiner Meinung nach glauben Christen, dass Religion und Wissenschaft den gleichen Bereich des Diskurses betreffen. Sie nehmen daher an, dass die Bibel tatsächlich wissenschaftliche Dinge berichtet, während Judaisten das Alte Testament bzw. die Thora nicht in dieser Weise auslegen. Der prominente Rabbi gibt der christlichen Theologie die Schuld an der Entstehung des Antisemitismus. Andere jüdische Gelehrte betrachten eher die Geschehnisse in Ägypten und dort speziell in Alexandria als den Beginn des historischen Antisemitismus, der somit in der prä-christlischen Ära begonnen hat. Christen sollen laut diesen Aussagen erst zu Antisemiten geworden sein, nachdem ihre Religion sich vom Judaismus separiert hat.

Rabbi Sacks sind diese Zusammenhänge ebenfalls bewusst, doch dieser stört sich vor allem an einigen Textstellen in Dawkins' Buch »Der Gotteswahn«, denn dort schreibt er laut Rabbi Sacks: *„Der Gott des Alten Testaments ist wohl der unangenehmste Charakter in der ganzen Fiktion: eifersüchtig und stolz darauf; ein kleinlicher, ungerechter, gnadenloser Kontrollfreak; ein rachsüchtiger, blutrünstiger ethnischer Reiniger; ein frauenfeindlicher, homophober, rassistischer, Völker mordender, übler, größenwahnsinniger, sadomasochistischer, launisch böswilliger Tyrann.“* Diese Aussage reichte schließlich aus, dass der britische Rabbiner erklärt hat, dass es sich bei seiner Äußerung um einen grundsätzlichen Ausdruck des

Antisemitismus handelt, vor allem weil der christliche Gott des Neuen Testaments als gut, höflich und gnädig beschrieben wird. Erstaunlicherweise erklären führende Rabbiner, dass die Theorie der Evolution mit dem traditionellen Judaismus zu vereinbaren sei, obwohl auch dort die Schöpfungsgeschichte des Alten Testaments gelehrt wird. Gelehrte der Thora behaupten, dass die darin enthaltene Lehre mit den wissenschaftlichen Theorien zu vereinbaren ist, weil die Evolution von Gott geleitet wurde und nicht von der natürlichen Selektion! Rabbi Elijah Benamozegh meinte dazu, dass Professor Richard Dawkins nicht an Gott glaubt, jedoch niemals genau erklärt hat, ob er ein „christlicher Atheist" oder ein „jüdischer Atheist" sei. Die große Frage lautet natürlich, wo hier der Unterschied liegen soll und was genau mit „jüdischen Atheismus" bezeichnet wird. Atheisten und Judaisten haben immerhin eine Gemeinsamkeit: Es ist die völlige Abneigung gegenüber den Lehren des Neuen Testaments und von Jesus Christus.

Bereits zu Beginn des 20. Jahrhunderts, als die moderne Wissenschaft noch ihre grundlegenden Theorien entwickelt hat, wandte sich die Mehrheit der Anhänger des Judaismus bereits der Evolutionstheorie zu und akzeptierte sie als eine Tatsache. Gleichzeitig akzeptieren diese Menschen aber auch die Schöpfungsgeschichte als eine Tatsache! Wie lassen sich diese Konzepte miteinander vereinbaren? Der jüdisch-britische Journalist Lucien Wolf (1857-1930) benutzte bereits die viktorianische Wissenschaft dazu, Theorien über die Evolution und die natürliche Selektion heranzuziehen, um die maximale Rassenhygiene unter den gläubigen Juden zu propagieren und um dadurch *„den Charakter der jüdischen Rasse"* stetig zu verbessern. Dieses Vorhaben gab den Juden laut Lucien Wolf einen großen Vorteil gegenüber den Anhängern anderer Religionen. Es hat nicht nur das Überleben der jüdischen Rasse über die Zeitalter hinweg ermöglicht, sondern repräsentiert in den Augen des Autors sogar einen *„wichtigen Moment in der Geschichte der menschlichen Evolution"*. Die *„Weisheit und Macht"* des Judaismus hat seine Anhänger dazu ermächtigt, einen wichtigen Schritt in der Geschichte der menschlichen Spezies zu tun.

Der konservative Judaismus begrüßt daher die moderne Wissenschaft als einen Weg, mehr über die Welt zu lernen, wobei der Darwinismus nicht als ein Angriff auf die traditionelle jüdische Theologie betrachtet wird. Es gibt keine Diskussionen zwischen jüdischen Gelehrten und Atheisten, weil die Thora-Gelehrten angeblich *„noch keine offizielle Antwort auf dieses Thema entwickelt haben"*, sondern darauf verweisen, dass sehr viele Gemeinsamkeiten zwischen den beiden Weltsichten existieren. Rabbiner benutzen für die Synthese von Religion und Naturwissenschaft den Begriff *„theistische Evolution"*, und atheistische Wissenschaftler sprechen inzwischen vom göttlichen Deismus. Beide Definitionen ähneln sich sehr, und beide weisen die Vorstellung eines „Intelligent Design" im Universum von sich. Obwohl es sich bei diesen Konzepten eigentlich um Varianten des Kreationismus handelt, hat sich die *Central Conference of American Rabbis* dafür ausgesprochen, dass die Inhalte des christlichen Kreationismus nicht in öffentlichen Schulen gelehrt werden dürfen, sehr wohl aber die Evolutionstheorie.

Jüdische Studenten lernen hingegen sowohl den Inhalt ihrer Religion als auch die wissenschaftlich-evolutionäre Weltsicht und trennen einfach eines vom anderen, erkennen aber beide Modelle an. Lediglich ultra-orthodoxe jüdische Schulen lehnen die Evolutionslehre völlig ab. Dort wird zwar Biologie aus „weltlichen" Lehrbüchern gelehrt, doch die Lehrer ermahnen ihre Schüler, die in diesen Büchern angegebenen Daten von Geologen für die Entstehung und das Alter der Welt und auch die langen Zeiträume, die für eine theoretische Evolution nötig gewesen wären, einfach zu ignorieren, weil *„alles erst existiert, seit die Welt erschaffen wurde"*! Also sind sich auch diese Schulen sicher, dass die Welt durch einen Schöpfungsprozess entstanden ist und nicht durch Zufall. Ähnlich verhält es sich auch mit den Vorstellungen über die Entstehung des modernen Menschen. Hier wird ebenfalls versucht, das Konzept des „Intelligent Design" mit dem des Darwinismus zu vereinbaren, um zu behaupten, dass Evolution tatsächlich stattfindet, aber ein unsichtbarer Schöpfer diesen Schöpfungsprozess steuert! Bereits im Jahr 2013 hat sich Richard Dawkins außerdem zur Tatsache geäußert, dass eine phänomenal hohe Zahl wissenschaftlicher Nobelpreisträger Juden sind. Er verkündete: *„Rasse spielt hier keine Rolle. Es ist pure Religion und Kultur. Etwas an den kulturellen Traditionen des Judentums bringt weit mehr Verständnis für Wissenschaft, Lernen und intellektuelles Streben auf als der Islam."*

Dieses Phänomen der Verleihung von ungewöhnlich vielen wissenschaftlichen Nobelpreisen an eine bestimmte Nation oder Gruppe hat aber laut publizierten Informationen der israelischen Tageszeitung *Haaretz* erst nach dem Ende des Zweiten Weltkriegs eingesetzt. Bis zum Zweiten Weltkrieg wurde die Liste der internationalen Nobelpreisträger vor allem von Wissenschaftlern aus der Schweiz, aus Schweden, aus Dänemark, aus Österreich, aus Norwegen, aus England, aus Ungarn oder aus Deutschland dominiert. Das sind alles Nationen, die von einer nordeuropäischen oder indogermanischen Mentalität geprägt sind.

Der unerklärlich hohe Anteil jüdischer Nobelpreisträger wurde also erst nach dem Zweiten Weltkrieg eingeleitet. Dieser Umstand wird heute von der *Nobel Foundation* bzw. der *Nobelpreis-Stiftung* nicht kommentiert. Daraus lässt sich eine Tendenz erkennen, dass jüdische Forscher seit dem Ende des Zweiten Weltkriegs in bestimmten Sparten der Wissenschaft eine dominante Rolle eingenommen haben. Es ist auffällig, dass jüdische Kandidaten weltweit rund 140 Mal häufiger nominiert werden als nichtjüdische Kandidaten. David Duke glaubt, dass ein gut organisiertes Netzwerk von jüdischen Wissenschaftlern existiert, die für diese Nominierungen und Verleihungen im Auftrag einer jüdischen Lobby tätig sind. Der Nobelpreis wird seit dem Jahr 1901 verliehen, und in den ersten vierzig Jahren seines Bestehens wurden nur sehr wenige dieser Auszeichnungen vergeben. Nach dem Zweiten Weltkrieg explodierte die Zahl der Nominierungen förmlich und wurde zum neuen Standard. Das bedeutet in weiterer Folge, dass nach dem Zweiten Weltkrieg eine Formation von Wissenschaftlern die Weltbühne betreten hat, die seitdem einen fundamentalen Einfluss auf die Richtung genommen haben, in die sich die Wissenschaft seit dem Jahr 1950 entwickelt. Diese neuen Intellektuellen sind seither auch dafür verantwortlich, welche wissenschaftlichen Theorien in den Vordergrund gestellt werden und welche Forscher man in der Fachwelt seitdem der Pseudowissenschaft zugeordnet. Dieses Schicksal hat all jene ereilt, die nicht mit dem seit damals neu erstarkten „wissenschaftlichen Establishment“ kooperieren wollten.

Und dieses wissenschaftliche Establishment soll sich aus einer Führungsspitze zusammenzusetzen, die sich stark für die Eugenik-Bewegung und für bestimmte Menschenrassen einsetzt. So hat zum Beispiel bereits Charles Darwin in seinem Buch »Die Abstammung des Menschen« festgehalten: „*In einer zukünftigen Periode, die, gemessen in Jahrhunderten, nicht sehr weit entfernt ist, werden die zivilisierten Rassen des Menschen mit ziemlicher Sicherheit die wilden Rassen auf der ganzen Welt ausrotten und ersetzen.*“ Auf diesen Aspekt des Rassismus in der Wissenschaft hat auch der amerikanische Paläontologe Stephen Jay Gould (1941-2002) hingewiesen. Gould war außerdem Evolutionsbiologe, Wissenschaftshistoriker und einer der bekanntesten Autoren der Populärwissenschaft. Er arbeitete zeitlebens an der Harvard University und verfasste eine ganze Reihe von bekannten Büchern. Im Jahr 1977 erschien sein Werk »Ontogeny and Phylogeny«, darin schreibt er: „*Biologische Argumente für Rassismus waren vor dem Jahr 1850 möglicherweise normal, doch hat sich ihre Zahl vervielfacht, als die Evolutionstheorie akzeptiert worden ist.*“

Stephen Gould hat außerdem im Jahr 1983 in einer Rede, die in der *Washington Times* vom 8. Februar 1984 veröffentlicht wurde, darauf hingewiesen, dass es faktisch keine Beweise dafür gibt, dass sich Menschen in irgendeiner Weise evolutionär weiter entwickeln. In jeder praktischen Hinsicht entwickelt sich der Mensch nicht evolutionär weiter, und es gibt auch keinen Grund zu der Annahme, dass wir größere Gehirne bekommen oder eine andere Veränderung durchlaufen werden. Wir waren schon immer Menschen und werden Menschen bleiben. Im Jahr 2000 hat Gould darauf hingewiesen, dass alle vorliegenden Daten und Beweise belegen, dass die sogenannte menschliche Evolution in Form einer stetigen Veränderung unseres Körpers mittlerweile nicht mehr funktioniert. Als Grund dafür wird von ihm die Einführung der kulturellen Entwicklung, vor allem aber die Entstehung der Landwirtschaft sowie die moderne Geburtenkontrolle identifiziert. Stephen Jay Gould behauptete damals, dass alle bisher entdeckten menschlichen Überreste aus der Vergangenheit zeigen, dass nicht erst seit 10.000 Jahren, sondern bereits seit den letzten 40.000 bis 50.000 Jahren keinerlei biologische Weiterentwicklung mehr stattgefunden hat. Umso erstaunlicher ist aber, dass seit mindestens 10.000 Jahren, also ab dem Zeitpunkt der theoretischen Entstehung der Landwirtschaft, das Gegenteil passiert ist – eine Devolution hat eingesetzt! Skelettfunde beweisen, dass Menschen vor längerer Zeit größer und viel robuster gebaut waren und ein größeres Schädelvolumen besaßen als wir heute!

Ein anderer wichtiger Vertreter des Darwinismus war William Ball Provine (1942-2015). Er war ebenfalls Evolutionsbiologe und Wissenschaftshistoriker und lehrte an der Cornell University. Provine war Atheist und lehnte die Vorstellung eines „Intelligent Design“ in der Natur ab. Er nahm außerdem an einigen bekannten Debatten teil, in denen er mit Theologen und Wissenschaftlern über die Existenz Gottes diskutierte. In einer Debatte im Jahr 1994, in der sich das damalige Gespräch an der Stanford University um den Darwinismus drehte, gab Provine eine bemerkenswerte Aussage von sich, die seine atheistische Einstellung und die große Angst vor dem Tod belegt, die viele dieser intellektuellen Atheisten haben. Hier das Zitat von William Ball Provine: *„Lassen Sie mich meine Ansichten darüber zusammenfassen, was uns die moderne Evolutionsbiologie laut und deutlich sagt, und ich muss sagen, dass dies im Grunde Darwins Ansichten sind. Es gibt keine Götter, keine zielgerichteten Kräfte irgendwelcher Art, kein Leben nach dem Tod. Wenn ich sterbe, bin ich mir absolut sicher, dass ich völlig tot sein werde. Das ist einfach alles, das wird mein Ende sein. Es gibt letztendlich keine Grundlage für Ethik, keinen Sinn des Lebens und auch keinen freien Willen für den Menschen.“*

Der französische Genetiker Jean Louis Marie Lejeune (1926-1994) hat während eines Vortrages im Jahr 1985 ein Geheimnis der Darwinisten gelüftet:

> *„Wir haben derzeit keine akzeptable Evolutionstheorie. Es gibt keine, und ich kann die Theorie, die ich meinen Schülern jedes Jahr beibringe, selbst nicht ak-*

zeptieren. Lassen Sie mich das erklären. Ich unterrichte die synthetische Theorie, die als neo-darwinistische Theorie bekannt ist, nur aus einem Grund. Nicht, weil sie gut ist, denn wir wissen, dass sie schlecht ist, sondern weil es keine andere gibt! Während wir darauf warten, etwas Besseres zu finden, wird jemandem etwas beigebracht, von dem wir wissen, dass es nicht exakt ist."

Philip E. Johnson (1940-2019) war Professor an der Universität von Kalifornien in Berkeley und lehnte die Wissenschaft der Evolution als falsch ab, er gründete deshalb das *Intelligent Design Movement* und wurde von seinen Kollegen daraufhin als Pseudowissenschaftler bezeichnet, obwohl er lediglich einen alternativen Standpunkt der Wissenschaft vertrat. Aber wie man bereits aus den Aussagen der anderen Forscher herauslesen kann, stellt sich heraus: Evolution = Wissenschaft, „Intelligent Design" = Religion. Religion hat laut dieser Auffassung nichts in den heiligen Stätten der wissenschaftlichen Labore zu suchen. Professor Johnson ist vor allem durch sein Buch »Darwin on Trial« bekannt geworden. Johnson hat die Harvard University und danach die University of Chicago Law School absolviert, wo er zum Anwalt ausgebildet wurde. Er unterrichtete danach selbst mehr als 30 Jahre lang Rechtswissenschaft, und später widmete er sich der öffentlichen wissenschaftlichen Debatte über Evolution und Kreationismus. In diesem Buch »Darwin vor Gericht«, das im Jahr 1991 erschienen und schnell zu einem Bestseller geworden war, argumentiert Professor Johnson, dass es keine echten Beweise oder guten Argumente für die darwinistische Evolution gibt. Es soll sich dabei um eine *„andere Art des Fundamentalismus"* handeln.

Phillip Johnson fing damit an, im Kontext des allgemeinen akademischen Denkens legitime Fragen zu stellen, was in der Theorie der Evolution faktisch beweisbar ist, und bei welchen Punkten es sich um reine Vermutungen handelt. Die Evolution liefert keine Erklärungen, warum sich geistlose Partikel aus Materie zusammengefügt haben, um uns Menschen zu erschaffen, denn in den wichtigen Details sieht es vielmehr danach aus, als ob Gott in dieser Schöpfung eine Rolle spielt. Professor Johnson entdeckte eines Tages in einer Buchhandlung das Buch »The Blind Watchmaker« des Atheisten Richard Dawkins. Er begann es zu lesen und kam schnell dahinter, dass dieses Buch auf clevere Weise rhetorisch konstruiert worden ist! Als Anwalt und Rechtswissenschaftler ist ihm sofort aufgefallen, dass Dawkins in seinen Büchern über die Evolution genau dieselben rhetorischen Tricks benutzt wie clevere Anwälte vor Gericht, wenn sie einen fehlerhaften oder zweifelhaften Fall verteidigen müssen! Johnson schreibt:

> *„Was mich zuerst auf diese Frage aufmerksam gemacht hat, war die Art und Weise, wie die Argumentationsregeln strukturiert sind, um es uns unmöglich zu machen, es zu hinterfragen, ob das, was uns über die Evolution gesagt wird, auch wirklich wahr ist."*

Professor Johnson durchschaute als erfahrener Anwalt diese geschickte Täuschung, begann daraufhin, alle vorhandenen wissenschaftlichen Informationen über die sogenannte Evolution zu analysieren und kam schließlich zum Ergebnis, dass alle in der Natur zu beobachtenden Vorgänge eindeutig auf „Intelligent Design" schließen lassen! In seinem Buch schreibt er, dass *„die wissenschaftliche Wahrheit kein besonders wichtiges Konzept in der naturalistischen Philosophie ist"*. Auf wissenschaftlicher Basis ist nur der „Theismus" (Gott als Schöpfer der Welt) oder der „Deismus" (das Göttliche als Ursprung der Welt) eine Quelle der echten Wahrheit, die mit dem atheistischen Weltbild der Wissenschaft konkurriert. Diese Strömungen besitzen allerdings einen rationalen Rahmen, mit dem man die Evolutionslehre aufgrund ihrer vielen Schwachpunkte zurückweisen kann.

Ein atheistischer Wissenschaftler kann die Evolution aber erst dann zurückweisen, wenn er ein anderes kritisches und rationales Erklärungsmodell für die Entstehung der Welt findet, und das geht nicht. Damit die Evolution wirklich theistisch sein kann, muss sie von Gott gesteuert werden, egal ob dies bedeutet, dass Gott den Prozess im Voraus programmiert hat oder ob er von Zeit zu Zeit eingegriffen hat, um der Evolution einen Schubs in die richtige Richtung zu geben. Professor Johnson feierte im Jahr 2011 das 20-jährige Jubiläum seiner Publikation »Darwin vor Gericht« und erklärte damals, dass er sehr hoffnungsvoll ist, dass das „Intelligent Design" letztlich über die Evolutionstheorie triumphieren wird!

Hier noch ein abschließendes Zitat aus einem Artikel von Professor Johnson mit dem Titel »Unbelievers Unwelcome in the Science Lab« (Ungläubige sind im Wissenschaftslabor nicht willkommen), der am 3. November 1990 in der *Los Angeles Times* veröffentlicht wurde:

> *„Die meisten Amerikaner glauben, dass die Erde Milliarden von Jahren alt ist, und dass das Leben sich stufenweise von einfachen zu komplexen Formen entwickelt hat. Doch sie glauben ebenfalls, dass die Evolution ein Mittel gewesen ist, mit dem Gott einen Plan ausgeführt hat, um den Menschen zu erschaffen. Aus taktischen Gründen haben es Darwinisten nicht eilig, den Leuten zu erklären, dass sie etwas übersehen, sie lassen sich damit Zeit. Zuerst sollen die Menschen lernen, dass Evolution eine Tatsache ist. Man kann ihnen erst viel später erklären, was Evolution wirklich bedeutet."*

Abb. 58: Mary Shelleys Roman über Frankensteins Monster als die wahre Grundlage der wissenschaftlichen Theorien über die magische Entstehung von Leben.

Was sie wirklich bedeutet, ist einfach erklärt: Im Jahr 1999 erschien ein wissenschaftlicher Artikel mit dem Titel »Evolution Is Biologically Impossible« (Evolution ist biologisch unmöglich) von Dr. Joseph Mastropaolo, einem Professor für Physiologie der ICR Graduate School. Nach langen Jahren unabhängiger Forschungsarbeit ist Dr. Mastropaolo zu erschreckenden Erkenntnissen gelangt. Er schreibt in seinem Artikel, dass Charles Darwin ein Tagträumer war, wenn er in seinen Büchern davon schreibt, dass er sich bildhaft, quasi wie in einer Vision, vorstellen kann, dass das Leben auf der Erde in einem kleinen, warmen Tümpel entstanden ist, in dem alle möglichen Sorten von chemischen Salzen und auch Elektrizität vorhanden waren, die dann spontan und zufällig die erste lebende Zelle erschaffen haben. Professor Mastropaolo stellt klar, dass dieser sonderbare visionäre Traum von Charles Darwin, in dem sich Salz und Elektrizität durch magische Kräfte in Leben verwandelt haben, eigentlich vom weltberühmten Roman »Frankenstein oder Der moderne Prometheus« inspiriert worden ist, der von der britischen Autorin Mary Shelley im Jahr 1818 – vor der Entstehung seiner Evolutionstheorie – veröffentlicht worden war. Darwin und seine zeitgenössischen Kollegen in der Wissenschaft waren in jungen Jahren ohne Zweifel stark von diesem Werk beeindruckt. Auch Thomas Huxley hatte als Stellvertreter von Darwin eigenen Angaben gemäß eine ähnliche Vision. Er sah sich selbst in einer Szene der frühgeschichtlichen Erde und wurde dort in seiner Fantasie Zeuge, als die Evolution von toter Materie zu lebendigem Protoplasma stattgefunden hat. Diese Tagträume und übernatürlichen Visionen haben höchstwahrscheinlich wirklich mit dem Roman von Mary Shelley zu tun, der von einem modernen Prometheus handelt. Prometheus war in der griechischen Mythologie ein Titan, der einen Menschen aus Lehm geformt und ihn dann zum Leben erweckt hat. In der jüdischen Mystik gibt es eine ähnliche Kreatur, die man seit dem frühen Mittelalter als „Golem" bezeichnet. Auch dieses Wesen wird durch Kabbalistik und Zauberkraft aus Lehm geformt und zum Leben erweckt – genau wie Frankensteins Monster!

Joseph Mastropaolo führt weiter aus, dass die sogenannte warme Ursuppe von späteren Evolutionisten schließlich in den Ozean verlegt worden ist. Erst dort sollen dann durch magische Kräfte Zellstrukturen entstanden sein, die sich irgendwie selbst kombinieren konnten und eigene Energiesysteme, Proteine und Nukleinsäuren gebildet haben sollen! Die evolutionistischen Visionäre stellten sich vor, dass am richtigen Ort zur richtigen Zeit durch einen Blitzschlag spontan das erste Leben entstanden ist. Danach hat es sich durch weitere magische Vorgänge und Zufälle stetig vermehrt und in komplexere Lebensformen wie Tiere und Pflanzen verwandelt. Es ist dann durch diese mystische Selbstverwandlung dem Ozean entkommen oder auch nicht, denn es gibt natürlich keine Zeugen dieses mystischen Wunders. Professor Mastropaolo schreibt, dass es nicht den geringsten Beweis für diese hypothetische Ursuppe gibt, sondern dass diese Visionen nur das sind, was sie sind – eingebildete Vorstellungen!

Professor Richard Dawkins wurde zitiert, als er einmal erklärt hat: *„Es ist absolut sicher zu sagen, dass, wenn Sie jemanden treffen, der behauptet, nicht an die Evolution zu glauben, diese Person unwissend, dumm oder verrückt ist."* Wirklich? Richard Dawkins ist nur einer von vielen Evolutionswissenschaftlern und spricht nur ungern von den schweren Bedenken seiner Kollegen, was seine Behauptungen betrifft. So gibt es zum Beispiel einige hervorragende Arbeiten und Bücher von Professor Hubert P. Yockey (1916-2016), einem ehemaligen Physiker und Informationstheoretiker. Professor Yockey arbeitete gemeinsam mit Robert Oppenheimer am *Manhattan Project* mit und war später an der Universität von Kalifornien in Berkeley tätig. Er arbeitete dort im Bereich der Informationstheorie an Problemen in der Biologie und veröffentlichte seine Erkenntnisse ab dem Jahr 1974 im *Journal of Theoretical Biology*. Auch Professor Yockey sah die Idee einer Ursuppe sehr kritisch und erklärte, dass der Ursprung des Lebens auf diesem Planeten *„als wissenschaftliches Problem nicht zu lösen ist"*. Zu dieser Erkenntnis ist er gelangt, nachdem er in Mikrobiologie, Informationstheorie und Mathematik verschiedene Berechnungen durchgeführt hat. Laut seinen Studien ist die Wahrscheinlichkeit, dass sich auch nur ein einziges Molekül in Form eines kleinen Proteins, wie wir es heute in gewöhnlichen Pflanzen und Tieren vorfinden, durch Evolution entwickelt hat, nur bei einer unvorstellbar geringen mathematischen Möglichkeit von 2,3:10 Milliarden Vigintillionen liegt! Das ist eine unvorstellbar hohe Zahl, denn eine Vigintillion liegt 17 Stufen über der Milliarde und wird durch die Zahl 10^{53} ausgedrückt. Das ist eine Zahl mit 75 Nullen! Somit ist diese Möglichkeit der theoretischen zufälligen Entstehung eines einfachen Proteins im Grunde gar keine rationale Wahrscheinlichkeit mehr, sondern eine astronomische Unmöglichkeit!

(2,3:1.000.000.000.000.000.000.000.000.000.000.000.000.000.000.000.000.000 .000.000.000.000.000.000.000.000)

Anders könnte man diese unmögliche Wahrscheinlichkeit ausdrücken, wenn man auf mathematischer Grundlage annimmt, dass eine hypothetische, zufällige Mutation in jeder Sekunde vorkommt, seit das Universum angeblich durch einen Urknall geboren worden ist. Seit diesem Ereignis vor angenommenen 13,8 Milliarden Jahren ist so viel Zeit vergangen, dass sich bei dieser theoretischen evolutionären Mutationsrate gerade einmal so viele Möglichkeiten hätten realisieren können, dass wir aktuell einen Punkt erreicht hätten, an dem die Bildung des ersten zufällig entstandenen Protein-Moleküls zu ungefähr 43 Prozent abgeschlossen sein könnte. Im besten Fall! Um diesen Vorgang theoretisch zu vollenden, würde es also weitere 18,3 Milliarden Jahre dauern, bis sich durch reinen Zufall ein einziges Protein-Molekül bilden könnte! Geht man weiter davon aus, dass das Alter des Planeten Erde ungefähr 4,6 Milliarden Jahre betragen soll, und unsere Sonne in rund 7 bis 8 Milliarden Jahren aufhören soll zu leuchten, dann sind diese Zeiträume viel zu kurz, um eine theoretische Evolution auf mathematischer Basis zu ermöglichen. Wir sprechen hier nur von der Entstehung eines ersten einfachen Protein-Moleküls, alle weiteren evolutionären Vorgänge würden ein Vielfaches dieses Zeitrahmens benötigen, um im Universum zufällig auf einem Planeten zu entstehen! Professor Yockey erklärte deshalb: *„Der Ursprung des Lebens durch Zufall in einer Ursuppe ist wahrscheinlich ebenso unmöglich wie ein Perpetuum mobile wahrscheinlich unmöglich ist.“*

In einer anderen Abhandlung schreibt er, dass bestimmte veraltete und haltlose Ideen es weiterhin erschweren, dieses Problem aufzulösen. Ein zufriedenstellendes Szenario für das Modell einer spontanen Biogenese benötigt in erster Linie die Erzeugung von Komplexität und nicht nur von Ordnung. Alle von der Wissenschaft vorgeschlagenen Datierungen für das Alter des Universums, der

Erde, der Entstehung von Leben oder der theoretischen Evolution sind einfach viel zu kurz, um ein lebendes System durch Zufall zu kodieren, damit sich daraus eine Verwandlung in höhere Formen erklären lässt. So gesehen kann auf mathematischer Grundlage von Wahrscheinlichkeiten noch gar keine Evolution von Leben stattgefunden haben, und außerdem fehlt jeglicher geologische Beweis für diese sogenannte warme Ursuppe! Daher schlussfolgert Professor Yockey, dass der Glaube an die gegenwärtig akzeptierten wissenschaftlichen Theorien von einer spontanen Entstehung des Lebens auf Mutmaßungen basiert, die eigentlich zum Gegenteil dessen führen sollten, was die konventionelle rationale Wissenschaft *glaubt*!

Richard Dawkins stimmte Yockey in diesem Punkt zu und sagte: *„Angenommen, wir möchten vorschlagen, dass das Leben begann, als sowohl die DNS als auch ihre proteinbasierte Replikationsmaschinerie spontan ins Leben gerufen wurden. Wir können uns den Luxus einer solch extravaganten Theorie erlauben, vorausgesetzt, dass die Chancen gegen diesen Zufall – der auf einem Planeten geschieht –* ***100 Milliarden Milliarden zu 1*** *nicht überschreiten."* Das heißt, dass Dawkins immer noch die Chance einer Möglichkeit dieser mathematischen Unmöglichkeit als vorstellbaren Zufall bei der Entstehung des Lebens in Betracht zieht! Professor Mastropaolo schreibt, dass diese Aussage des prominenten Atheisten beweist, dass er selbst ins Lager der Ungläubigen an die Evolution übergelaufen sein muss, und dass die Höflichkeit es ihm verbietet zu untersuchen, ob Professor Dawkins sich aufgrund dieser Aussage (gemäß seiner eigenen Definition) selbst als *„unwissend, dumm oder verrückt"* betrachtet! Alles, was auch nur in der Nähe dieser mathematischen Wahrscheinlichkeiten von Milliarden Milliarden oder Milliarden Vigintillionen liegt, hat absolut keine Möglichkeit, jemals zufällig zu geschehen, egal mit welchem denkbaren oder visionären Prozess in der gesamten kosmischen Geschichte man es auch zu erklären versucht. Wenn also die mathematische Wahrscheinlichkeit beweist, dass Leben nicht zufällig entstanden sein kann, dann bleibt laut Professor Yockey und Professor Mastropaolo nur mehr die Möglichkeit übrig, dass alles Leben, wie wir es kennen, durch „Intelligent Design" erschaffen worden ist!

Das bedeutet in weiterer Folge, dass der wissenschaftliche Standard für unmögliche Ereignisse laut der Wahrscheinlichkeit die Möglichkeit einer theoretischen Evolution vollständig eliminiert und die einzig andere Möglichkeit übrig bleibt, dass Leben in die Existenz entworfen worden sein muss. Obwohl auch dieser Punkt nur ein weiterer auf einer ganzen Liste von Punkten ist, die mit absoluter Bestimmtheit und ohne jeden Zweifel beweisen, dass „Intelligent Design" überall im Universum vorhanden ist, hat die wissenschaftliche Gemeinschaft das gravierende Problem, dass sie mit ihren Modellen und Experimenten den „Designer“ (auf Deutsch treffender zu übersetzen mit „Konstrukteur“) dieser Schöpfung nicht identifizieren kann! Die Logik und nicht die Religion legt uns daher nahe, dass ein „Designer“ mit der notwendigen Intelligenz ausgestattet ist, um eine komplexe Zelle und alle bekannten Lebensformen zu erschaffen. Weiter wäre es logisch, dass er nicht nur eine Zelle erschaffen und den Rest dann dem Zufall überlassen hat, so wie es der Theismus oder der Deismus beschreibt.

Die einzig logische und rationale Konsequenz liegt also laut Yockey und Mastropaolo darin, dass der „Designer“ die ganze Struktur erschaffen würde, also die ganze Biosphäre mit all ihren Lebensformen, um die notwendigen und voneinander abhängigen Ökosysteme in Perfektion im Gleichgewicht zu gestalten, damit sie über lange Zeiträume hinweg funktionieren können. Und als Abschluss dieses Vorgangs wurde dann der moderne Mensch in diesen vorbereiteten Garten des irdischen Paradieses gesetzt, der selbst einen komplexen Ausdruck dieser göttlichen Schöpfung in Form des „Intelligent Design“ darstellt. Weiter ist aufgrund dieser wissenschaftlichen Rationalität anzunehmen, dass die Funktionen des ganzen Universums und somit der Kosmos selbst auf die gleiche Weise erschaffen wurden, was die angesprochene Feinabstimmung der Konstanten zeigt. Das ist der Grenzpunkt, an den die materialistisch ausgerichtete Wissenschaft heute gehen kann, ohne den Bereich der Metaphysik oder der Esoterik zu betreten. Professor Yockey erklärte deshalb abschließend, dass jeder erfahrene Wissenschaftler zum Entschluss kommen muss, dass Leben nicht zufällig entstanden ist. Leben wurde entworfen und hat sich nicht entwickelt!

Ich zitiere jetzt einige Aussagen des Evolutionisten G. Richard Bozarth, der im September 1979 einen Artikel über die wahre Bedeutung der Evolution im Magazin *American Atheist* veröffentlicht hat:

„Atheismus ist die Philosophie, die sowohl moralisch als auch ethisch am besten für eine wissenschaftliche Zivilisation geeignet ist. Wenn wir heute für die amerikanischen Atheisten arbeiten, wird der Atheismus bereit sein, die Lücke beim Untergang des Christentums zu füllen, wenn Wissenschaft und Evolution triumphieren ... Ohne Zweifel brauchen Menschen und Zivilisation die intellektuelle Sauberkeit und die psychische Gesundheit des Atheismus.“

„Der Tag wird kommen, an dem die Beweise, die sich ständig um die Evolutionstheorie herum ansammeln, so massiv überzeugend werden, dass selbst die letzten und fundamentalsten christlichen Krieger ihre Waffen niederlegen und bedingungslos kapitulieren müssen. Ich glaube, dass dieser Tag das Ende des Christentums sein wird.“

„Christentum ist und muss ganz der speziellen Schöpfung verpflichtet sein, wie sie in der Schöpfungsgeschichte beschrieben ist, und das Christentum muss, mit seiner vollen Macht, fair oder schmutzig gegen die Evolutionstheorie kämpfen."

„Das Christentum hat die Wissenschaft bekämpft, bekämpft sie immer noch, und wird sie bis zu seinem verzweifelten Ende wegen der Evolution bekämpfen, weil die Evolution völlig und endgültig den Grund zerstört, warum das irdische Leben Jesu angeblich notwendig geworden ist. Zerstöre Adam und Eva und die Erbsünde, und in den Trümmern wirst du die traurigen Überreste des Sohnes Gottes finden. Nehmen Sie die Bedeutung seines Todes weg. Wenn Jesus nicht der Erlöser war, der für unsere Sünden gestorben ist, und das ist es, was Evolution bedeutet, dann ist das Christentum nichts."

„Es wird jetzt klar, dass die ganze Rechtfertigung von Leben und Tod Jesu von der Existenz Adams und der verbotenen Frucht abhängt, die er und Eva aßen. Wer muss ohne die Erbsünde erlöst werden? Welchen Zweck hat das Christentum ohne den Fall von Adam in ein Leben der konstanten Sünde, das vom Tod beendet wird? Keinen."

Diese Professoren haben hier etwas erwähnt, das nur wenige Evolutionisten jemals öffentlich ausgesprochen haben, nämlich dass die Evolutionslehre in ihrem Kern eine anti-christliche Religion ist, die von wissenschaftlichen Institutionen erschaffen wurde, um die Lehren des Christentums mit falscher Wissenschaft zu widerlegen.

G. Richard Bozarth erklärt in seinen verblüffenden Aussagen, die natürlich in erster Linie für andere Evolutionisten und Atheisten bestimmt waren, sehr offen, warum die Evolution gegen das Christentum aufgebaut worden ist. Es geht hauptsächlich um die Erlösung aus *„einem Leben in Sünde"*. Und diese Sünden und Todsünden stammen von Satan! Außerdem spielen auch die biblischen gefallenen Engel eine große Rolle in diesem Spiel, in dem es darum geht, uns Menschen zu versuchen und davon abzubringen, die göttlichen Gebote für ein Leben ohne Sünde einzuhalten, das zur spirituellen Weiterentwicklung und zur Befreiung aus dem Rad von Karma und Wiedergeburt, von Leben und Tod, notwendig ist, um am Aufstieg in höhere Existenzebenen teilzuhaben, die sich jenseits der physischen Schöpfung befinden.

Die Lehren Luzifers oder auch jene des Satanismus werden öffentlich nicht so bezeichnet, sondern man nennt sie „Humanismus" oder „Atheismus", denn diese Bewegungen sind laut ihrer eigenen Definition anti-göttlich, aber nicht anti-satanisch eingestellt. Die *„intellektuelle Sauberkeit und psychische Gesundheit des Atheismus"* ist somit eine Ablehnung der göttlichen Gebote und der Vorstellung einer Erlösung oder einer Weiterexistenz der unsterblichen Seele nach dem physischen Tod. Weil es Atheisten aufgrund ihrer Einstellung willentlich ablehnen, die Gebote Gottes einzuhalten, entscheiden sie sich willentlich dafür, die Gebote des Widersachers Gottes einzuhalten und ihm zu dienen, indem sie ihm dabei behilflich sind, seine Pläne zur Vernichtung der lebendigen Natur auszuführen und die Welt mit künstlich intelligenten Maschinen und Transhumanisten zu füllen. Sie haben die Lehre der Evolution ersonnen, damit ihr „Humanismus", getarnt als intellektuelle Wissenschaft, den Glauben an eine zielgerichtete Schöpfung zerstören kann. Genau aus diesem Grund fürchten Evolutionisten, dass christlich orientierte Forscher das „Intelligent Design" und den Kreationismus als wissenschaftliche Grundlage für den Nachweis der Existenz Gottes benutzen.

Einflussreiche Atheisten versuchen das Konzept der Erlösung durch atheistische Glaubensinhalte zu verdrängen, und zwar mit satanischen Methoden. Hierzu finden wir Hinweise in den beiden Büchern »Die Satanische Bibel« und »Des Teufels Notizbuch« des bekannten Satanisten Anton LaVey (Howard Stanton Levey) aus dem Jahr 1969. Hier einige Zitate aus den Büchern, in denen er den Menschen mit einem Tier vergleicht und den darwinistischen Atheismus als eine Vorstufe zum Satanismus bezeichnet:

„Satan stellt den Menschen als ein Tier dar, manchmal besser und öfter schlechter als diejenigen, die auf allen Vieren wandeln, das aufgrund seiner göttlichen, geistigen und intellektuellen Entwicklung zum bösartigsten Tier von allen geworden ist ... Es ist notwendig geworden, dass eine NEUE Religion, die auf den natürlichen Instinkten des Menschen beruht, hervortritt. Sie wird Satanismus genannt ... Anstatt der heiligen Bibel zu gehorchen, richtig oder falsch, weist sie inzwischen die Fernsehwerbung an, was sie kaufen sollen und was nicht. Der Atheismus wurde nicht toleriert, als das Diktat der Heiligen Schrift in Mode war und als Wort Gottes akzeptiert wurde. Dank der satanischen Unterwanderung ist es jetzt sicher geworden zu sagen: Ich glaube nicht an Gott. Aber moderne Ketzerei, die nicht einem Fernsehleben entspricht, keine Fernsehwahrheiten akzeptiert, kann mit so viel rechtschaffenem Enthusiasmus bestraft werden wie eh und je ... Viele von euch haben bereits meine Schriften gelesen, in denen ich das Fernsehen als den neuen Gott bezeichnet habe. Es gibt eine Kleinigkeit, die ich bisher nicht erwähnt habe: Fernsehen ist die wichtigste Mainstream-Infiltration der neuen satanischen Religion. Der Fernseher – oder satanische Familienaltar – ist seit den frühen 1950er-Jahren aufwendiger geworden, von der winzigen, unscharfen Leinwand hin zu riesigen Entertainment-Centern, die ganze Wände mit TV-Monitoren abdecken. Was als unschuldige Atempause vom Alltag begann, ist an sich schon für Millionen ein Ersatz für das wirkliche Leben, eine große Religion der Massen geworden."

Im Oktober 2014 war es dann soweit, dass selbst der Vatikan und der Papst den Urknall und die Evolution anerkannt haben und alle Christen aufriefen, diesen Theorien Glauben zu schenken. Britische Tageszeitungen und Wissenschaftsmagazine haben Ende Oktober 2014 darüber berichtet, dass Papst Franziskus erklärt hat, dass die darwinistische Evolution sowie der Urknall real wären. Der Papst enthüllte: *„Wenn wir über die Schöpfung in der Bibel lesen, laufen wir Gefahr, uns vorzustellen, dass Gott ein Magier war, mit einem Zauberstab, der alles tun kann. Aber das ist nicht so. Er erschuf Menschen und ließ sie sich nach den inneren Gesetzen entwickeln, die er jedem gab, damit sie ihre Erfüllung erreichen."* Laut der Medienberichterstattung werden diese Worte so ausgelegt, dass der Papst trotz Urknall und Evolution noch Raum für einen Schöpfer lässt. Diese Ansicht vertritt der Vatikan bereits seit den 1950er-Jahren, als Papst Pius XII. verkündet hat, dass Katholiken keine Probleme mit wissenschaftlichen Grundsätzen wie der Urknall-Theorie und anderen kosmologischen, geologischen und biologischen Modellen hätten. Die Kirche akzeptiert statt dem christlichen Kreationismus die wissenschaftliche Theorie der theistischen Evolution. Papst Benedikt war hingegen ein Verfechter der Schöpfungslehre, des Kreationismus und des „Intelligent Design".

Im Sommer 2006 haben sich Philosophen, Wissenschaftler und Intellektuelle mit Papst Benedikt getroffen, um mit ihm an einem Ort außerhalb Roms intensive Diskussionen zu führen, die eine starke Veränderung in der offiziellen Sichtweise der Kirche auf die Evolution ausgelöst haben. Es gab Anzeichen dafür, dass Papst Benedikt die Ansichten der Kirche mit der Theorie des „Intelligent Design" verbinden wollte, die mittlerweile in den Schulen einiger amerikanischen Bundesstaaten als Alternative zur Evolutionstheorie gelehrt werden darf. Dieses überall vorhandene „Design" ist nicht von der Hand zu weisen, weil viele Dinge im Universum und in der Natur so komplex sind, dass sie laut den Erkenntnissen vieler anerkannter Forscher nur durch einen Entwurf einer höheren Intelligenz erklärbar sind. Kritiker haben sofort eingeworfen, dass es sich hier um eine Annäherung an den Kreationismus handeln würde, weil die meisten katholischen Intellektuellen mittlerweile davon überzeugt sind, dass die Evolution *„offensichtlich wahr"* ist, weil das die meisten Wissenschaftler behaupten! Hier verweise ich wieder auf die Hinweise von Professor Charles B. Thaxton, der vor so bezeichneten *„offensichtlichen Wahrheiten und Tatsachen"* gewarnt hat, weil es sich um rhetorische Tricks handelt. Man sollte deshalb immer nur der faktischen Wahrheit und nicht der Mehrheit Glauben schenken. Dieser Standpunkt der Kirche zur Evolution hatte sich bereits im Jahr 1996 verfestigt, als Papst Johannes Paul II. erklärt hat, dass die Theorien von Darwin *„mehr als* *nur Hypothesen"* seien. Um einen Kreuzzug gegen die moderne Wissenschaft zu vermeiden, musste sich Papst Benedikt bei diesem Treffen im Jahr 2006 zurückhalten und seine Bedenken gegen den Darwinismus sehr vorsichtig formulieren. Er hat es nicht zum Thema gemacht, dass durch die Lehre der Evolution immer mehr Menschen den Glauben verlieren. Er äußerte aber seine Bedenken, dass die Evolution sich mittlerweile in ein System verwandelt hat, das die *„universale Theorie hinsichtlich aller Realität"* kontrollieren will, die Gott als Basis aller Existenz ausschließt.

Als eine Gefahr wird aber die Einstellung *der* Menschen betrachtet, die die Evolution als ihre erste oder wichtigste Philosophie betrachten, denn dies impliziert, dass große Denker oder Wissenschaftler die Möglichkeit ausschließen, dass das Leben irgendeinen ultimativen Sinn erfüllt! Papst Benedikt konterte mit der Aussage, dass das Christentum auf tieferen Wahrheiten beruhe als die empirische Beobachtung der Wissenschaft. Eine davon sei, dass das Leben einen tieferen Sinn hat. Aus diesem Grund gab Benedikt damals bekannt, dass er persönlich an das „Intelligent Design" glaube, zumindest als metaphysisches Prinzip! Am Ende der Diskussion gab er noch bekannt, dass die Philosophie der Evolution das Christentum verneine und daher kein Sieg für die Erleuchtung, sondern letztendlich der „Triumph der Irrationalität" sei, weil heute wie damals der christliche Glaube die bevorzugte Wahl von Vernunft und von Rationalität sei!

> Dr. Ronald R. West, ein Geologe von der Kansas State University, erklärt in seinem Artikel „Paleoecology and Uniformitarianism" im Magazin *Compass* aus dem Jahr 1968: *„Im Gegensatz zu dem, was die meisten Wissenschaftler schreiben, unterstützt der Fossilbericht nicht die darwinistische Evolutionstheorie, weil es diese Theorie ist, die wir verwenden, um die fossilen Aufzeichnungen zu interpretieren. Auf diese Weise sind wir daran schuld, im Kreis zu argumentieren, wenn wir sagen, dass der Fossilbericht diese Theorie stützt."*

> Der Geologe J. E. O'Rourks schreibt in seinem Artikel „Pragmatism versus Materialism in Stratigraphy" im *American Journal of Science* aus dem Jahr 1976: *„Der intelligente Laie vermutet seit langem die sogenannte kreisförmige Argumentation (einander stützende Hypothesen) bei der Verwendung von Gesteinen, um Fossilien zu datieren, und von Fossilien, um Gesteine zu datieren. Der Geologe hat sich nie die Mühe gemacht, eine gute Antwort zu finden, weil er das Gefühl hat, dass Erklärungen die Mühe nicht wert sind, solange seine Arbeit Ergebnisse bringt."*

Der Autor und Fotograf John Reader hat mehr als fünfzig Jahre berufliche Erfahrung und hat das Buch »Missing Links: In Search of Human Origins« veröffentlicht. Er schreibt in einem Fachartikel im Wissenschaftsjournal *New Scientist*: *„Die gesamte heute bekannte Hominiden-Sammlung würde kaum einen Billardtisch abdecken, die Sammlung ist so derart unvollständig, und die Exemplare selbst sind oft so fragmentiert und ergebnislos, dass mehr über das Fehlende gesagt werden kann als über das, was vorhanden ist. … Aber seit Darwins Arbeit die Vorstellung inspirierte, dass Fossilien, die den modernen Menschen mit ausgestorbenen Vorfahren verbinden, den überzeugendsten Beweis für die menschliche Evolution liefern würden, haben Vorurteile beim Studium des fossilen Menschen die Beweise an der Nase herumgeführt."*

Professor Stephen Jay Gould schreibt in seinem Artikel „Is a new and general theory of evolution emerging?" im Journal *Paleobiology* aus dem Jahr 1980: *„Das Fehlen fossiler Beweise für evolutionäre Zwischenstufen zwischen wichtigen Übergängen im organischen Design, ja unsere Unfähigkeit, in vielen Fällen selbst in unserer Vorstellung funktionale Zwischenprodukte zu konstruieren, war ein anhaltendes und nagendes Problem für die schrittweise Darstellung der Evolution."*

Der kreationistische Forscher Kurt P. Wise liefert uns hier einige Erklärungen in seinem Vortrag „The Nature of the Fossil Record". Er erklärt uns, dass 95 Prozent aller bekannten Fossilien aus kleinen Meereslebewesen wie Korallen und Schalentieren bestehen. Von den restlichen 5 Prozent Fossilien bestehen wiederum 95 Prozent aus Pflanzenfossilien und Kohle sowie aus wirbellosen Fossilien wie Insekten. Die restlichen 5 Prozent dieser 5 Prozent, also nur 0,25% des ganzen Fossilberichts, bestehen aus Fossilien mit Wirbeln, also aus Fischen, Amphibien, Reptilien, Vögeln und Säugetieren. Von diesen 0,25% ist es nur 1 Prozent, also 0,0025% aller Fossilien, die aus mehr als einem Knochen bestehen! Es gibt also nur etwa 2.100 Dinosaurier-Skelette in den Museen der Welt, und direkte Vorfahren von Menschen in Form von fragwürdigen Überresten von Vormenschen und Frühmenschen gibt es insgesamt nur etwa 160 Stück, die im Schnitt ein Alter von mehreren Millionen bis hin zu einigen tausend Jahren haben sollen! Wenn moderne Menschen, Vormenschen und Frühmenschen bereits seit Millionen von Jahren die Erde bevölkert haben sollen, warum haben sie sich nicht dementsprechend vermehrt, und warum existieren nur so verschwindend wenige Überreste von ihnen? **Noch wichtiger ist, dass Milliarden von Fossilien gefunden und möglicherweise Millionen davon dokumentiert worden sind, aber kein einziges davon eine Übergangsform im Sinne der Evolution darstellt!**

Der britische Astronom Sir Fred Hoyle von der Cambridge University, der von der Theorie der Panspermie überzeugt ist, die grundsätzlich besagt, dass das Leben nicht auf dem Planeten Erde entstanden sein kann, schreibt im »The Illustrated Origins Answer Book« aus dem Jahr 1992 und in einem Artikel aus dem Jahr 1981 im Magazin *New Scientist* Folgendes: *„Die Wahrscheinlichkeit, dass sich aus unbelebter Materie Leben entwickelt hat, beträgt eins zu einer Zahl mit 40.000 Nullen. Diese ist groß genug, um Darwin und die ganze Evolutionstheorie unter sich zu begraben. Wenn die Entstehung des Lebens kein Zufall war, muss es daher ein Produkt von zweckmäßiger Intelligenz sein ... Die Vorstellung, dass das Betriebsprogramm einer lebenden Zelle durch Zufall in einer Ursuppe hier auf der Erde entstanden sein könnte, ist offensichtlich hochgradiger Unsinn."*

Wolfgang Smith ist ein amerikanischer Physiker, Mathematiker und Wissenschaftsphilosoph, der im Laufe seiner Karriere zu einer anderen Interpretation der Biologie gelangt ist, die ihn veranlasste, die darwinistische Evolution abzulehnen und die Idee des „Intelligent Design" zu akzeptieren. Seine wissenschaftlich-philosophische Annäherung an das Modell des „Intelligent Design" wurde inzwischen von vielen Mainstream-Theoretikern akzeptiert. Wolfgang Smith hat eine Reihe von Arbeiten und Büchern über die Mythen der Wissenschaft, Quantenphysik oder die Weisheit antiker Zivilisationen veröffentlicht und wird auch in verschiedenen anderen Publikationen zitiert, so zum Beispiel im »The Illustrated Origins Answer Book« von Paul S. Taylor aus dem Jahr 1995:

> *„Eine wachsende Anzahl respektabler Wissenschaftler entfernt sich aus dem Evolutionslager. Darüber hinaus haben diese Experten den Darwinismus größtenteils aufgegeben, nicht auf der Grundlage des religiösen Glaubens oder biblischer Überzeugungen, sondern aus rein wissenschaftlichen Gründen, und in einigen Fällen mit Bedauern ... Es ist sicher zu sagen, dass mit der Entdeckung der DNS in der Mitte des letzten Jahrhunderts der Darwinismus in der Tat als wissenschaftliche Theorie disqualifiziert wurde. Mit der Veröffentlichung des Dembski-Lehrsatzes von 1998 über komplexe spezifizierte Informationen wurde der Darwinismus aus mathematischen Gründen rigoros widerlegt und damit von einer geeigneten wissenschaftlichen Hypothese auf den Status eines soziologischen Phänomens reduziert."*

Aufgrund seiner tiefschürfenden Nachforschungen, die sowohl wissenschaftliche als auch philosophische Überlegungen sowie das Modell des „Intelligent Design" mit einbezogen haben, veröffentlichte Wolfgang Smith im Jahr 2006 schließlich eine Abhandlung mit dem Titel »Science and Myth – The Hidden Connection« (Die verborgene Verbindung von Wissenschaft und Mythos).

Diese Arbeit erschien im Buch »The Essential Sophia« der Autoren Seyyed Hossein Nasr und Katherine O'Brien. Im Zuge seiner Ausführungen kommt Wolfgang Smith schließlich wieder auf die heute immer noch vorherrschende Weltsicht des Darwinismus zu sprechen, wobei diese seltsame Idee von Charles Darwin seiner Ansicht nach von Beginn an zum Scheitern verurteilt war. Er schreibt, dass die darwinistische Biologie möglicherweise die einzige wissenschaftliche Theorie darstellt, die seit ihrer Veröffentlichung konstanter Kritik ausgesetzt war, weil sich der Darwinismus als biologisches Modell faktisch als wertlos herausgestellt hat. Das heißt laut Smith, dass der *„Darwinismus nicht wirklich eine wissenschaftliche Theorie ist, sondern in der Tat ein ideologisches Postulat, das sich im wissenschaftlichen Gewand versteckt"*.

Daher schlussfolgert Wolfgang Smith daraus, dass *„der Kuss der Wissenschaft der Tod der Religion"* sein soll. Da sich Smith wie viele andere begabte Physiker mit den Lehren der indischen vedischen Philosophie auseinandergesetzt hat, vergleicht er diese Konfrontation des darwinistischen Mythos mit dem theologischen Mythos in der westlichen Hemisphäre mit den vedischen Vorbildern des Hinduismus in Form der Devas (Götter, Engel) und Asuras (Dämonen). Smith ordnet die darwinistische Doktrin sowohl ihrem Inhalt als auch ihrer Herkunft nach eindeutig dem Bereich der dämonischen Asuras zu! Er schreibt, man könnte den Darwinismus sogar als den vollkommenen asurischen Mythos charakterisieren, der in seiner Perfektion bereits in der Bhagavad Gita beschrieben wird. So zum Beispiel im Kapitel 16 Vers 8: *„Die Menschen von dämonischer Natur sagen, dass die gesamte kosmische Manifestation unwirklich ist, ohne einen Schöpfer, ohne einen höchsten Lenker, ohne Ursache; ursprünglich von einer beidseitigen Lust herbeigeführt und nichts weiter als das."*

Smith fährt fort zu schildern, dass der Darwinismus von einem christlichen Standpunkt aus betrachtet der „Pseudo-Mythos des Antichristen" ist, des Vaters der Lüge und des antiken Feindes der Erlösung des Menschen! Daher haben wir es hier nicht nur mit Glaubensvorstellungen oder wissenschaftlichen Spekulationen zu tun, sondern mit etwas viel Größerem und Gefährlicherem! Smith benutzt in seiner faszinierenden Abhandlung eine Textstelle der Bibel, Epheser 6:12: *„Denn wir haben nicht mit Fleisch und Blut zu kämpfen, sondern mit Fürsten und Gewaltigen, nämlich mit den Herren der Welt, die in der Finsternis dieser Welt herrschen, mit den bösen Geistern unter dem Himmel."* Darum endet seine Arbeit mit dem Hinweis, dass wir uns zunächst daran erinnern sollten, dass die Wissenschaft eng mit einer Vielzahl von Glaubensvorstellungen verbunden ist, die überhaupt nicht „wissenschaftlich" sind, sondern eher die Bezeichnung „wissenschaftlerisch" verdienen! Dieses Geheimnis ist vielen Forschern bekannt, sie wagen es darum meist nicht, offen darüber zu diskutieren. Auch werden viele ihrer Theorien nur im Kreise von wissenschaftlichen Studien und Artikeln in Fachjournalen publiziert. Sie sind für die Öffentlichkeit oft gar nicht zugänglich und zudem in einer akademischen Fachsprache verfasst, damit man sie als Laie nur schwer deuten kann. Auf diesen Umstand hat auch der Autor William R. Fix in seinem Buch »The Bone Peddlers: Selling Evolution« (Die Knochenhändler – Verkauf der Evolution) hingewiesen: *„Wissenschaftler an der Spitze der Forschung haben dem klassischen Darwinismus das Messer angesetzt. Sie sind mit diesen Nachrichten nicht an die Öffentlichkeit gegangen, sondern haben es in ihren technischen Fachpapieren und internen Beratungen für sich behalten."*

Diese tapferen Andersdenkenden sind qualifizierte Wissenschaftler, die versuchen, über die Wissenschaft des „Intelligent Design" zu schreiben. Sie werden dafür vom wissenschaftlichen Establishment bekämpft und zum Schweigen gebracht. Dr. Wells spricht in diesem Zusammenhang von einem *„akademischen Gulag"*. Er erklärt weiter, dass die Evolutionslehre erst seit dem Jahr 1925, also seit weniger als 100 Jahren, aufgrund eines Gesetzesbeschlusses in den USA gelehrt werden darf. Zuvor war es verboten, an Schulen zu lehren, dass Menschen und Affen einen gemeinsamen Vorfahren haben! In Europa wird die Evolutionstheorie ebenfalls erst seit dem späten 19. Jahrhundert gelehrt, als Charles Darwin seine Theorien veröffentlicht hat – parallel dazu lernen Schüler aber im Religionsunterricht die Schöpfungsgeschichte kennen, wobei zwischen Wissenschaft und Religion strikt unterschieden wird. **Im Unterricht werden zwar andere religiöse Vorstellungen und Glaubensrichtungen toleriert, aber keine anderen wissenschaftlichen Theorien über die Entstehung der Welt als die darwinistische Evolution!** Fast alle westlichen Nationen der Welt haben Regierungen, die dafür kämpfen und gesetzlich festlegen, dass in allen öffentlichen Bildungseinrichtungen nur evolutionäre Biologie unterrichtet werden darf! In England ist dies bereits seit dem Jahr 1859 der Fall!

Im Jahr 2007 gab es im Europaparlament eine Konferenz mit den Mitgliedsstaaten, die harten Widerstand dagegen leisteten, dass der Kreationismus als wissenschaftliche Theorie in europäischen Schulen gelehrt werden darf. Diese Resolution trägt den Titel »The dangers of creationism in education« (Die Gefahren des Kreationismus in der Bildung); zu den sozialen Gefahren für die Gesellschaft durch den Darwinismus hat man sich natürlich nicht geäußert. Dem Ganzen war ein Bericht vorausgegangen, mit dem der Versuch unternommen wurde, den Kreationismus allgemein im Wissenschaftsunterricht in ganz Europa zu verankern. Die Begründung für die Ablehnung des Europaparlaments lautete auch in diesem Fall, dass der Kreationismus zu einer Gefahr für die Menschenrechte werden könnte! Stellen Sie sich nur einmal vor: Jeder Mensch würde an

Gott und an einen Sinn im Leben und im Universum glauben! Das Europaparlament stimmte geschlossen gegen diesen Vorschlag und riet seinen Mitgliedern, das „*wissenschaftliche Wissen in Schulen zu verteidigen und zu fördern*“ und jedem Versuch, den Kreationismus der Theorie der Evolution gleichzustellen, entgegenzuwirken, weil der Atheismus die Basis des modernen politischen Systems darstellt!

Hier einige Textzitate dieses Dokuments mit dem Titel »Resolution 1580«:

„*Es ist notwendig, den Glauben von der Wissenschaft zu trennen. Es geht nicht um Gegensatz. Wissenschaft und Glaube müssen nebeneinander existieren können. Es geht nicht darum, Glauben und Wissenschaft einander gegenüberzustellen, aber es ist notwendig, zu verhindern, dass der Glaube der Wissenschaft entgegensteht.*“ (Klartext: Die meisten Menschen würden nicht mehr an die Evolution als wissenschaftliche Theorie glauben, wenn man den Kreationismus als Wissenschaft zulässt.)

„*Dennoch ist die parlamentarische Versammlung besorgt über die möglichen negativen Auswirkungen der Verbreitung kreationistischer Ideen in unseren Bildungssystemen und über die Folgen für unsere Demokratien. Wenn wir nicht aufpassen, könnte der Kreationismus zu einer Bedrohung der Menschenrechte werden, die ein zentrales Anliegen des Europarats sind.*“ (Klartext: Das vorherrschende politische System in der EU befürchtet einen Machtverlust durch den Kreationismus. Der Glaube an einen übernatürlichen Schöpfer als höchste Instanz bedroht die Ideologie des Humanismus und die von ihr erteilten Menschenrechte.)

„*Das Hauptziel der heutigen Kreationisten, von denen die meisten christlichen oder muslimischen Glaubens sind, ist die Bildung. Kreationisten sind darauf bedacht, sicherzustellen, dass ihre Ideen in die schulwissenschaftlichen Lehrpläne aufgenommen werden. Der Kreationismus kann jedoch nicht den Anspruch erheben, eine wissenschaftliche Disziplin zu sein.*“ (Klartext: Wir lassen nicht zu, dass die von uns gestalteten Lehrpläne zur Umerziehung der Schüler zu Atheisten verändert werden. Wir müssen weiterhin verbergen, dass der Darwinismus keine Wissenschaft ist.)

„*Kreationisten hinterfragen den wissenschaftlichen Charakter bestimmter Wissensbereiche und argumentieren, dass die Evolutionstheorie nur eine Interpretation unter anderen ist. Sie werfen den Wissenschaftlern vor, nicht genügend Beweise zur Verfügung zu stellen, um die Evolutionstheorie als wissenschaftlich stichhaltig zu etablieren. Im Gegenteil, Kreationisten verteidigen ihre eigenen*

Aussagen als wissenschaftlich. Nichts davon hält einer objektiven Analyse stand." (Klartext: Kreationisten haben recht und die Evolutionstheorie hält keiner objektiven Analyse stand, weil es sich nicht um eine Wissenschaft, sondern um einen Glauben handelt.)

„*Wir sind Zeugen eines Wachstums von Denkweisen, die etabliertes Wissen über die Natur, die Evolution, über unsere Ursprünge und unseren Platz im Universum herausfordern.*" (Klartext: Es wird nicht näher erklärt, wer „wir" sein soll, und „etabliertes Wissen" ist keine Wahrheit, sondern wieder nur täuschende Rhetorik. Darum fordert der Kreationismus die herrschende „Elite" und ihr System des Atheismus heraus.)

„*'Intelligent Design', das subtiler präsentiert wird, versucht jedoch, seinen Ansatz als wissenschaftlich darzustellen, und darin liegt die Gefahr.*" (Klartext: Wir können das „Intelligent Design" nicht wissenschaftlich widerlegen – und *darin* liegt die Gefahr.)

„*Die Wissenschaft hat erhebliche Verbesserungen der Lebens- und Arbeitsbedingungen ermöglicht und ist ein ziemlich wichtiger Faktor für die wirtschaftliche, technologische und soziale Entwicklung. Die Evolutionstheorie hat nichts mit göttlicher Offenbarung zu tun, sondern baut auf Fakten auf.*" (Klartext: Die Evolutionstheorie hat dabei geholfen, die Menschen der Welt besser ausbeuten und manipulieren zu können, damit sie sich den Plänen und Wünschen der „Elite" beugen. Die Evolution ist ein anti-göttliches Glaubenssystem.)

„*Evolution ist nicht nur eine Frage der Evolution von Menschen und Bevölkerungen. Dies zu leugnen, könnte schwerwiegende Folgen für die Entwicklung unserer Gesellschaften haben. Man kann sich der Risiken, die mit dem erheblichen Rückgang der biologischen Vielfalt und dem Klimawandel verbunden sind, nicht voll bewusst sein, wenn die Mechanismen der Evolution nicht verstanden werden.*" (Klartext: Die Mechanismen der Evolution können gar nicht verstanden werden, weil es sie nicht gibt.)

„*Der Krieg gegen die Evolutionstheorie und gegen ihre Befürworter entspringt am häufigsten den Formen des religiösen Extremismus, die eng mit rechtsextremen politischen Bewegungen verbunden sind. Die kreationistischen Bewegungen besitzen echte politische Macht. Tatsache ist, dass einige Befürworter eines strikten Kreationismus die Demokratie durch die Theokratie ersetzen wollen, und dies wurde mehrfach aufgedeckt.*" (Klartext: Menschen und Gruppen, die die Wahrheit erkennen, werden als eine Bedrohung betrachtet.)

„Alle führenden Vertreter der wichtigsten monotheistischen Religionen haben eine viel gemäßigtere Haltung eingenommen. Papst Benedikt XVI. beispielsweise und sein Vorgänger Papst Johannes Paul II. lobten die Rolle der Wissenschaft in der Evolution der Menschheit und erkennen an, dass die Evolutionstheorie ‚mehr als eine Hypothese' ist." (Klartext: Wir kontrollieren die katholische Kirche, und ihre Repräsentanten arbeiten mit uns zusammen.)

„Die Untersuchung des wachsenden Einflusses der Kreationisten zeigt, dass die Auseinandersetzungen zwischen Kreationismus und Evolution weit über die intellektuelle Debatte hinausgehen. Wenn wir nicht aufpassen, werden die Werte, die das Wesen des Europarates sind, von kreationistischen Fundamentalisten direkt bedroht sein. Es gehört zur Rolle der Parlamentarier des Europarates, darauf zu reagieren, bevor es zu spät ist. Die Parlamentarische Versammlung fordert daher die Mitgliedsstaaten und insbesondere ihre Bildungsbehörden auf, das wissenschaftliche Wissen zu verteidigen und zu fördern; die Lehre der Grundlagen der Wissenschaft, ihrer Geschichte, ihrer Erkenntnistheorie und ihrer Methoden neben der Vermittlung objektiver wissenschaftlicher Erkenntnisse zu stärken; wir müssen die Wissenschaft verständlicher, attraktiver und näher an den Realitäten der heutigen Welt darstellen; uns entschieden gegen die Lehre des Kreationismus als wissenschaftliche Disziplin auf Augenhöhe mit der Evolutionstheorie und generell gegen die Darstellung kreationistischer Ideen in einer anderen Disziplin als der Religion stellen; wir fordern die Förderung des Evolutionsunterrichts als grundlegende wissenschaftliche Theorie in den Lehrplänen der Schulen." (Klartext: Wir können mit den vorhandenen vagen Argumenten für den Darwinismus keine wissenschaftlichen Debatten gewinnen. Unsere Position der Macht wird von der Wahrheit direkt bedroht. Die politische und wissenschaftliche Realität der Welt ist in ihrer heutigen Form unverständlich und unattraktiv. Die Lehre der Evolution muss durch List und Zwang weiterverbreitet werden.)

Dieser hier in Auszügen zitierte Notfallplan war im Europarat notwendig geworden, nachdem es zuvor in vielen europäischen Ländern fast zur Einführung des Kreationismus und des „Intelligent Design" im Wissenschaftsunterricht gekommen war! **Das Problem liegt hier nicht nur bei den Beschreibungen der Schöpfungsgeschichte, sondern es betrifft die verborgene Geschichte unserer Welt und den außerirdischen Ursprung der Menschheit.** Wenn das Wissen darüber einer grundlegenden Prüfung aller Fakten unterzogen werden würde, dann käme es unweigerlich zur Transformation unserer politischen und wirtschaftlichen Systeme. Weil die Theorie der Evolution, trotz all dieser Bemühungen, heute kurz davor ist, ein für alle Mal zu kollabieren, erleben wir gerade, wie der Weg frei gemacht wird, dass wir endlich die Wahrheit erfahren können. Die Beschreibungen der Whistleblower und Geheimdienst-Insider zeigen die Gründe auf, warum ein wissenschaftliches und politisches Establishment eine große Verschwörung inszeniert hat. Wenn das allen Menschen bewusst würde, dann hätten die alten Systeme der Unfreiheit ausgedient. Ein neues Zeitalter der Freiheit und Erleuchtung würde anbrechen, und wie es aktuell aussieht, tut es das auch, weil jede Wahrheit früher oder später ans Licht kommt!

Somit steht fest, dass Evolutionisten seit Jahrhunderten nach dem Ursprung des Lebens auf unserer Welt suchen. Diese Suche hat bis heute keine befriedigenden Ergebnisse gezeitigt, sondern die Lage verschlimmert. Wenn die antiken Traditionen und heiligen Texte der Wahrheit entsprechen, dann lautet die einzige Erklärung, dass sich in der fernen Vergangenheit periodisch schwere Katastrophen und Massensterben aller Spezies ereignet haben. Anschließend kam es zu einer unerklärlichen Neuschöpfung aller Arten durch außerirdische Einflüsse. Dr. Stephen C. Meyer beschreibt in seinem Buch »Darwins Zweifel«, dass – trotz dieser vielen Widersprüche und der allgemeinen Ratlosigkeit der Forscher – abweichende Wissenschaftler, die den Darwinismus als falsch, weil unhaltbar, verurteilen, von der wissenschaftlichen Gemeinschaft diffamiert und verfolgt werden! Man hält sie sogar davon ab, ihre wissenschaftlichen Erkenntnisse gegen die Evolution in den wichtigsten Journalen und Magazinen zu veröffentlichen, damit sie nicht von den Massenmedien aufgegriffen werden. Deshalb bleibt diesen abweichlerischen Fachleuten nur der Ausweg, diesen Bereich zu umgehen und ihre Erkenntnisse in Buchform für jeden zugänglich im Netz zu veröffentlichen. Dr. Meyer weist darauf hin, dass er schon im Jahr 2001 eine wichtige Erklärung namens »A Scientific Dissent from Darwinism« (Eine wissenschaftliche Ablehnung des Darwinismus) initiiert hat. Diese Erklärung drückt Skepsis aus gegenüber Behauptungen, dass zufällige Mutationen und natürliche Selektion die Komplexität des Lebens erklären können. Das Buch »Darwins Zweifel« von Dr. Meyer ist eines der wissenschaftlich fundiertesten Werke gegen den Darwinismus – darin finden sich viele aktuelle und rationale Argumente und Beweise für ein „Intelligent Design". Weil Dr. Meyer darin so viele wichtige wissenschaftliche Argumente vorbringt, bezeichnen Kritiker sein Buch, das zum Bestseller wurde, als ein *„Meisterwerk der Pseudowissenschaft"*. Sie warnen in Rezensionen ausdrücklich davor, dass der Einfluss dieses Buches nicht unterschätzt werden sollte, weil es *„den Anschein erweckt, in einer seriösen und vernünftigen Weise geschrieben zu sein"*! Aus diesem Grund erscheint es einer größeren Zielgruppe attraktiv, die glaubt, dass *„die Wissenschaft eine Verschwörung gegen die Spiritualität"* darstellt! Dr. Meyer erklärt aber auch, warum

Evolution vom Standpunkt der Molekularbiologie nicht zu erklären ist. Viele Akademiker, die sein Buch gelesen haben, waren absolut begeistert davon und raten jedem Darwinisten, es zu studieren. Einige von ihnen sind sogar der Meinung, dass »Darwins Zweifel« das beste Wissenschaftsbuch aller Zeiten ist, das man noch in Hunderten von Jahren lesen wird!

Folgt man all diesen sachkundigen Hinweisen zum Ursprung dieser Verschwörung, dann gelangt man zur Schlussfolgerung, dass das Jahr 1950 ausschlaggebend war für die Entstehung der Vorstellung einer anderen Kosmologie und des „Intelligent Design", denn damals erschien das einflussreiche Buch »Welten im Zusammenstoß« des respektierten Forschers Immanuel Velikovsky (1895-1979). Sein Buch wurde zu einem internationalen Bestseller, obwohl die wissenschaftliche Gemeinschaft versucht hat, es zu unterdrücken. Weil es aber wissenschaftlich ist, gab es heftige Diskussionen, wo man die Grenze zur Unwissenschaftlichkeit ziehen sollte. Auf diese Weise erklärte man Immanuel Velikovsky zu einem der ersten Pseudowissenschaftler! Er schreibt nämlich von Flutkatastrophen auf der Erde und von antiken Legenden über die wahre Vergangenheit unserer Welt, die offenbar vom wissenschaftlichen Establishment und ihren „elitären" Hintermännern aus verschiedenen Gründen vor der Weltöffentlichkeit verborgen gehalten wird! Seinen Theorien zufolge wurden die Erdkatastrophen von Beinahe-Kollisionen mit einem anderen Himmelskörper verursacht. Obwohl Velikovsky ein Evolutionist war, stellte er die gültigen Datierungen der Geologie (die von Darwinisten dominiert und kontrolliert wird) und das akzeptierte Alter der Planeten unseres Sonnensystems in Frage. Die darwinistische Inquisition war nicht gnädig mit ihm.

Der politische Aktivist Alfred de Grazia veröffentlichte im Jahr 1966 sein Buch über die Velikovsky-Affaire und schrieb dort:

„Was man das wissenschaftliche Establishment nennen muss, hat sich nicht nur gegen die neuen Theorien von Velikovsky, sondern auch gegen den Mann selbst erhoben. Es wurden Anstrengungen unternommen, um die Verbreitung von Dr. Velikovskys Ideen zu blockieren und sogar Unterstützer seiner Nachforschungen zu bestrafen. Universitäten, wissenschaftliche Gesellschaften, Verlage und die populäre Presse wurden kontaktiert und bedroht; zur Kontrolle der öffentlichen Meinung wurde sozialer Druck ausgeübt, und es wurden berufliche Sanktionen verhängt. Es besteht kein Zweifel daran, dass in einer totalitären Gesellschaft nicht nur Dr. Velikovskys Ruf auf dem Spiel gestanden hätte, sondern auch sein Recht, seine Nachforschungen zu verfolgen, und vielleicht auch seine persönliche Sicherheit. So wie es war, gelang es dem Establishment, eine Mauer ungünstiger

Stimmungen um ihn herum zu errichten: Für Tausende von Gelehrten klebt am Namen Velikovsky deshalb der Schmutz von Fantasie, Science-Fiction und Public Relations.“

In seinem Nachfolgebuch »Erde in Aufruhr« brachte Velikovsky weitere Beweise für weltweite Katastrophen in der Vergangenheit unserer Welt hervor. Diese Beweise erklären auch das Vorhandensein von fossilen Überresten von Tieren, die dadurch Hunderte Meter tief unter Sedimenten begraben wurden, und dass diese Sedimente keine Hunderte von Millionen, sondern höchstwahrscheinlich nur Tausende von Jahren alt sind. Das erklärt dann in weiterer Folge auch, warum sich viele Arten im Laufe von angeblich Hunderten Millionen von Jahren evolutionär nicht weiter entwickelt haben. Auch für die Entstehung der massiven Gebirge und der sedimentären Felsformationen der heutigen Erdoberfläche vor relativ kurzer Zeit bringt Immanuel Velikovsky Beweise vor, denn diese Berge können sich nicht über Millionen von Jahren langsam geformt haben, weil sie die Erosion viel schneller abgetragen hätte. Somit hat Velikovsky das von Geologen festgelegte hohe Alter der Zeitschiene des Darwinismus in Frage gestellt und überdies Beweise für globale Flutkatastrophen erbracht, und das war bereits Grund genug, um ihn aus der wissenschaftlichen Gesellschaft zu verstoßen! Je mehr wissenschaftliche Literatur man liest, desto mehr wissenschaftliche Beweise lassen sich finden, die bei ernsthafter und ehrlicher Analyse den modernen Darwinismus nicht stützen, sondern ihn widerlegen.

„Die wissenschaftliche Ehrlichkeit verpflichtet mich, dass ich alternative Theorien für den Ursprung des Universums, des Lebens und der Menschen im Klassenzimmer präsentiere. Es wäre ein Fehler, die Möglichkeit zu übersehen, dass das Universum geplant wurde, anstatt zufällig entstanden zu sein.“

Dieses Zitat stammt von Dr. Wernher von Braun, der ebenfalls zu den wenig bekannten Kritikern der Evolutionstheorie zählte. Wernher Magnus Maximilian Freiherr von Braun (1912-1977) war ein deutsch-amerikanischer Raketenwissenschaftler und Weltraumarchitekt und somit ein wahrer Pionier des Weltraumzeitalters. Viele sehen ihn als eine der führenden Kräfte hinter dem amerikanischen Weltraumprogramm der NASA und den Apollo-Missionen, die schließlich die Mondlandungen ermöglicht haben. Sein Freund und Kollege Ernst Stuhlinger hat davon berichtet, dass der junge Wernher von Braun kein Interesse an biblischen Lehren zeigte, und man ihn im Dritten Reich deshalb den „fröhlichen Heiden“ nannte. Nach der Niederlage Deutschlands im Zweiten Weltkrieg wechselte er durch die militärische *Operation Paperclip* mit seinen Forschern in die USA über, um dort weiterhin in der Weltraumforschung aktiv zu sein, da er einer der führenden Experten auf diesem Gebiet war. Wernher von Braun ergab sich laut Ernst Stuhlinger den West-Alliierten anstatt den Sowjets, weil er nicht das Verlangen hatte, die deutsche Raketentechnologie mit den Sowjet-Kommunisten zu teilen, sondern sie lieber Leuten anvertraut hat, die an die Bibel glauben. Als er in den USA angekommen war, ließ er sich schließlich in El Paso in Texas taufen und konvertierte dadurch zum evangelischen Christentum.

In seinem späteren Leben trat der Wissenschaftler der Episkopalgemeinde bei und wurde zunehmend religiös. Er sprach schließlich auch öffentlich über die Ergänzung von Wissenschaft und Religion, das Leben nach dem Tod und über seinen Glauben an Gott. Er erklärte, dass die Wissenschaft ein Mittel sein sollte, mit dem der Mensch mehr über die Rätsel der Schöpfung lernen sollte, und dass man durch die Religion den Schöpfer erfahren kann. Er sagte sogar zu einem Priester, dass sein Glauben immer größer geworden ist, je weiter die amerikanischen Raumsonden ins All vordringen konnten. Obwohl er als Wissenschaftler nicht von den Angaben in der Bibel über die Erschaffung der Welt überzeugt war, so glaubte Wernher von Braun dennoch daran, dass Gott existiert, und dass er die Welt erschaffen hat, die seiner Ansicht nach nicht durch rein mathematische Prozesse alleine entstehen konnte. Er argumentierte vor Kollegen, dass die Gestaltung (englisch: „Design") der Welt einen Schöpfer impliziert und auch benötigt. Die Entgegnungen seiner Kollegen, dass die Vorstellungen von einem Schöpfer unwissenschaftlich sind, weil man Gott nicht wissenschaftlich testen kann, lehnte er ab. Im Februar 1963 veröffentlichte von Braun einen Artikel mit dem Titel »My Faith: A Space Age Scientist Tells Why He Must Believe in God« (Mein Glaube: Ein Wissenschaftler des Weltraumzeitalters erzählt, warum er an Gott glauben muss). Dieser Artikel erschien in zahlreichen amerikanischen Tageszeitungen und Magazinen, und dort schreibt er:

Abb. 59: Dr. Wernher von Braun wollte die Welt über seine wissenschaftlichen Erkenntnisse über das „Intelligent Design" des Universums aufklären.

„Durch die Wissenschaft bemüht sich der Mensch, mehr über die Geheimnisse der Schöpfung zu erfahren. Durch Religion versucht er, den Schöpfer zu erkennen. Beide

arbeiten nicht unabhängig voneinander. Es ist für mich ebenso schwer, einen Wissenschaftler zu verstehen, der die Anwesenheit einer überlegenen Rationalität hinter der Existenz des Universums nicht anerkennt, wie einen Theologen, der die Fortschritte der Wissenschaft leugnet. Wenn wir mehr und mehr über die Natur erfahren, werden wir von ihrer Ordnung und unerschütterlichen Perfektion tief beeindruckt und auch demütiger.“

Im Jahr 1972 schrieb Wernher von Braun in einem Brief sogar eine Erklärung an das Erziehungsministerium in Kalifornien, um sich darum zu bemühen, das „Intelligent Design“ in den öffentlichen Schulen einzuführen, doch wegen der elitären Mentalität der Darwinisten und Atheisten, die sich vor Herausforderungen dieser Art fürchten, wurde von Brauns Rat einfach ignoriert! In diesem Brief stand zu lesen:

„Für mich ist die Idee einer Schöpfung nicht vorstellbar, ohne die Notwendigkeit des ‚Designs' zu beschwören. Man kann nicht dem Gesetz und der Ordnung des Universums ausgesetzt sein, ohne zum Schluss zu kommen, dass es ‚Design' und Zweck hinter allem geben muss. In der Welt um uns herum können wir die offensichtlichen Manifestationen eines geordneten, strukturierten Plans oder ‚Designs' sehen. Wir können den Willen der Art sehen, zu leben und sich zu vermehren. Und wir sind demütig vor den mächtigen Kräften, die auf galaktischer Ebene wirken, und von der zielgerichteten Ordnung der Natur, die einen winzigen und unerschöpflichen Samen mit der Fähigkeit ausstattet, sich zu einer schönen Blume zu entwickeln. Je besser wir die Feinheiten des Universums verstehen, desto mehr haben wir gefunden, um das inhärente ‚Design' zu bestaunen, auf dem es basiert.“

„Während das Eingeständnis eines ‚Designs' für das Universum letztlich die Frage eines ‚Designers' (eines Subjekts außerhalb der Wissenschaft) aufwirft, erlaubt uns die wissenschaftliche Methode nicht, Daten auszuschließen, die zu der Schlussfolgerung führen, dass das Universum, das Leben und der Mensch auf ‚Design' basieren. Gezwungen zu sein, nur eine Schlussfolgerung zu glauben – nämlich, dass alles im Universum zufällig geschah – würde die Objektivität der Wissenschaft selbst verletzen. Sicherlich gibt es diejenigen, die argumentieren, dass sich das Universum aus einem zufälligen Prozess entwickelt, aber welcher zufällige Prozess könnte das Gehirn eines Menschen oder das System des menschlichen Auges produzieren?“

„Einige Leute sagen, dass die Wissenschaft nicht in der Lage war, die Existenz eines ‚Designers' zu beweisen. Sie geben zu, dass viele der Wunder in der Welt um uns herum schwer zu verstehen sind, und sie leugnen nicht, dass das Univer-

sum, wie die moderne Wissenschaft es sieht, in der Tat eine viel wundersamere Sache ist, als die Schöpfung, die der mittelalterliche Mensch wahrnehmen konnte. Aber sie behaupten immer noch, dass, da die Wissenschaft uns so viele Antworten gegeben hat, bald der Tag kommen wird, an dem wir in der Lage sein werden, auch die Entstehung der grundlegenden Gesetze der Natur ohne göttliche Absicht zu verstehen. Sie fordern die Wissenschaft heraus, die Existenz Gottes zu beweisen. Aber müssen wir wirklich eine Kerze anzünden, um die Sonne zu sehen?"

„Viele Männer, die intelligent, treu und gläubig sind, sagen, dass sie sich keinen ‚Designer' vorstellen können. Nun, kann ein Physiker ein Elektron visualisieren? Das Elektron ist materiell undenkbar und doch ist es durch seine Effekte so perfekt bekannt, dass wir es benutzen, um unsere Städte zu beleuchten, unsere Flugzeuge durch den Nachthimmel zu führen und die genauesten Messungen durchzuführen. Welcher seltsame Grund lässt einige Physiker die unvorstellbaren Elektronen als real akzeptieren, während sie sich weigern, die Realität eines ‚Designers' mit der Begründung zu akzeptieren, dass sie ihn nicht begreifen können? Ich fürchte, dass sie, obwohl sie das Elektron auch nicht wirklich verstehen, bereit sind, es zu akzeptieren, weil sie es geschafft haben, ein ziemlich ungeschicktes mechanisches Modell davon zu produzieren, das aus eher begrenzter Erfahrung in anderen Bereichen entlehnt ist, aber sie würden nicht wissen, wie sie mit dem Bau eines Gottesmodells beginnen sollen."

„Ich habe den Aspekt eines ‚Designers' ausführlich erörtert, weil es sein könnte, dass der primäre Widerstand gegen die Anerkennung des 'Intelligent Design' als praktikable wissenschaftliche Alternative zum aktuellen Glauben an den Zufall in der Unvorstellbarkeit eines ‚Designers' liegt. Die Unfassbarkeit eines ultimativen Problems (das immer außerhalb der wissenschaftlichen Auflösung liegen wird) sollte nicht jede Theorie ausschließen dürfen, die die Wechselbeziehung der beobachteten Daten erklärt und für die Vorhersage nützlich ist."

„Wir in der NASA wurden oft gefragt, was der wahre Grund für die erstaunliche Reihe von Erfolgen war, die wir mit unseren Apollo-Flügen zum Mond hatten. Ich denke, die einzig ehrliche Antwort, die wir geben konnten, war, dass wir versucht haben, nichts zu übersehen. In diesem Sinne der wissenschaftlichen Ehrlichkeit unterstütze ich die Präsentation alternativer Theorien für den Ursprung des Universums, des Lebens und des Menschen im wissenschaftlichen Klassenzimmer. Es wäre ein Fehler, die Möglichkeit zu übersehen, dass das Universum geplant wurde und nicht zufällig passiert ist."

Bereits im Januar 1961 hatte Dr. von Braun im *This Week Magazine* verkündet: „*Aber ich kann nicht umhin zu spüren, dass unsere Weltraumbemühungen sogar größer sind als eine Rivalität zwischen den Vereinigten Staaten und Russland. Die Himmel jenseits von uns sind unermesslich unfassbar, und je weiter wir sie durchdringen, desto größer wird unser menschliches Verständnis des großen universellen Zwecks, des göttlichen Willens selbst.*"

Wernher von Braun war nicht nur einer der herausragendsten Weltraumforscher der Welt, sondern auch ein praktizierender Lutheraner, der im kirchlichen und christlichen Leben sehr aktiv war. Er betete sogar während seiner Arbeit für die Sicherheit der ersten bemannten Weltraumflüge. Von Braun widersetzte sich dem evolutionären Denken der Wissenschaft, das gegenwärtig so populär ist, und glaubte fest daran, dass wissenschaftliche Fortschritte mehr und mehr Beweise für „Intelligent Design" liefern werden – er sollte Recht behalten. Der deutsche Weltraum-Pionier war ein Kritiker der modernen Methode, Wissenschaft einzig und allein aus evolutionärer Sicht zu lehren, ohne auch die kreationistische Alternative zu lehren. Von Braun glaubte, dass dieser Ansatz an sich schon völlig unwissenschaftlich ist. Wie viele große Wissenschaftler vor ihm sah von Braun sein Werk nicht als eine Verherrlichung der Wissenschaft, sondern fand durch die Entdeckungen der Weltraumfahrt Ehrfurcht vor dem großen Schöpfer des Universums. Er sagte abschließend, dass der bemannte Weltraumflug eine erstaunliche Errungenschaft der Menschheit darstellt, doch dass sie der Menschheit bisher nur eine kleine Tür zu den unvorstellbaren Weiten des Weltraums geöffnet hat. Ein Blick durch diese Öffnung in die Weiten des Alls sollte laut seiner Erkenntnis genügen, um die Gewissheit eines Schöpfers zu bestätigen!

Mit diesen Worten des deutschen Weltraum-Pioniers möchte ich das vorliegende Buch nun beenden und hoffe, Sie wieder über einige der wichtigsten Dinge des Weltgeschehens erleuchtet zu haben, die es ermöglichen werden, dass wir gemeinsam einer freien, freudigen und wahrhaftigen Zukunft entgegenblicken.

Schlussgedanken

Sehr geehrte Leser, wie Sie anhand der hier vorliegenden Informationen lesen konnten, befinden wir uns tatsächlich in einer Phase der faszinierendsten Enthüllungen aller Zeiten. Die Mauer der Geheimhaltung wurde durchbrochen, wobei mehr und mehr profilierte Persönlichkeiten ihre spannendsten Informationen veröffentlichen. Die Aufdeckung dieses gefährlichen Wissens sorgt in unserer gegenwärtigen Weltlage für eine rapide Transformation unserer Gesellschaft. Eine vollständige Offenlegung birgt jedoch auch bestimmte Risiken und Gefahren, die vom alten System ausgehen, das nun dabei ist, vollständig zu versagen, um den Weg für etwas Neues freizugeben. Einige Whistleblower haben beschrieben, dass sich der Grad der Enthüllung von Geheiminformationen auf das Agieren der Weltmächte auswirkt, die von einer selbsternannten „Elite" kontrolliert werden, die nach wie vor die Absicht verfolgt, die gesamte Menschheit weiterhin zu unterdrücken und auszubeuten. Auf die eine oder andere Weise stehen wir vor herausfordernden Zeiten, da sich die geopolitische Weltlage weiterhin verschärft und mit einem wirtschaftlichen Zusammenbruch gerechnet werden muss. Ich wurde von meinen eigenen Kontaktleuten in den Geheimdiensten schon vor Jahren davor gewarnt, dass es zu diesem Niedergang der Zivilisation kommen wird. Damit man das aktuelle Weltgeschehen besser verstehen kann, möchte ich hier noch einmal einen kurzen Absatz aus meinem ersten Buch »Mein Vater war ein MiB« (S. 178) in Erinnerung rufen, das im Jahr 2017 erschienen ist. Damals konnten sich wenige Leser vorstellen, dass die Aussagen des Whistleblowers Michael Prince sich tatsächlich bewahrheiten sollten.

Michael Prince gab die vier Stufen bekannt, die in den kommenden Jahren zur Neuen Weltordnung führen sollen:

1. Weltweiter Zusammenbruch der Börsen und Märkte als die erste Hauptattacke auf die Weltpopulation.
2. Eine von Arabern unterstützte und von Russland ausgeführte Invasion der USA und Großbritanniens als Auslöser für den Dritten Weltkrieg.
3. Ein breitgefächerter Biowaffenangriff auf die Weltpopulation und die Rückkehr der Pest-Situation.
4. Das Ganze wird getoppt von einer False-Flag-Alien-Invasion, ausgeführt von den Illuminati und negativen ETs. Am 8. September 2006 bekam Michael Prince eine E-Mail von einem Kontaktmann, einem Freimaurer vom 33. Grad des Schottenritus, der weitere Details zu diesen Plänen enthält: *„Lieber Michael, das Komitee der Majorität wurde aus den Illuminati gewählt. Es werden nun letzte Pläne für ein falsches Armageddon-Szenario*

ausgeführt. Beobachte den Iran und Pakistan. Das ‚Armageddon' soll im Mittleren Osten ausbrechen. Währenddessen attackieren Lord Rothschild und seine Loge das US-Finanzsystem. Der Plan, wie ich ihn verstehe, ist eine simultane Finanzattacke, dann ein Krieg mit Russland durch den Iran und Israel, dann ein Vogelgrippevirus über die USA. Implantierbare Mikrochips sind natürlich in Impfstoffen enthalten, hergestellt in der Schweiz von der Rockefeller-Company. Falls die Lichtarbeiter auftauchen (Plejadier) – was erwartet wird -, wird 'Project Bluebeam' initialisiert, also die falsche ET-Invasion. Ihnen zu Diensten, Ihr XXX."

Diese Behauptung hat auch Dr. Carol Rosin im Zuge der *Disclosure-Konferenz* im Jahr 2001 geäußert, weil ihr Jahre zuvor Dr. Wernher von Braun enthüllt hatte, dass die Neue Weltordnung durch eine inszenierte Alien-Invasion erschaffen werden soll – eine unheimliche gemeinsame Bedrohung aller Nationen der Welt. Dr. von Braun soll Dr. Rosin im Jahr 1974 anvertraut haben, dass die Pläne der Neuen Weltordnung darin bestehen, weltraumbasierte Waffensysteme zu konstruieren und dann Außerirdische als finalen Feind der Welt zu präsentieren. Dr. von Braun sagte aber auch, dass das alles auf einer Lüge basieren wird, um Killersatelliten im Weltraum zu positionieren.

Solche Behauptungen sind nicht ganz aus der Luft gegriffen, denn schon der kanadische Journalist und Autor Serge Monast (1945-1996) erfuhr von solchen Plänen und veröffentlichte seine erschreckenden Enthüllungen in seinem Buch »Project Blue Beam« im Jahr 1994. Darin beschreibt er, wie die NASA mit der Hilfe der Vereinten Nationen daran arbeiten soll, eine Neue Weltordnung zu erschaffen. Dabei soll laut seinen Aussagen die NASA ihre sogenannte Projekt-Blue-Beam-Technologie einsetzen. Diese Technologie erzeugt nicht nur täuschend echte Hologramme, sondern stellt auch ein System zur Gedankenkontrolle dar, mit der die ganze Menschheit in die Irre geführt werden soll. Laut Monast legte der Film »2001 – Odyssee im Weltraum« aus dem Jahr 1968 schon den Grundstein dafür, dass der Menschheit irgendwann in der nahen Zukunft Artefakte präsentiert werden, die alles auf den Kopf stellen, was die Gesellschaft über sich selbst und die Geschichte ihrer Welt zu wissen glaubt. Die zweite Stufe besteht laut diesen Enthüllungen darin, dass eine gigantische Weltraumshow abgezogen werden soll. Sie besteht aus 3D-Hologrammen, Laser-Projektionen und holografischen Bildern. Diese Bilder stammen dann von Satelliten im Weltraum, die mit starken Lasern arbeiten. Die Bilder sollen sogar sprechen können und in jeder Ecke des Planeten in den vorherrschenden Sprachen und Dialekten bestimmte Botschaften verbreiten. Diese Informationen stammen von Satelliten, die mit den Daten von Computern gefüttert werden, die eine gewaltige

Menge von individuellen Informationen über jeden Menschen auf der Erde gespeichert haben. Diese Manipulationen sollen dafür sorgen, dass das natürliche Denken von Menschen durch diffuse künstliche Gedanken überlagert werden soll! Serge Monast schreibt in seinem Buch, dass die letzte Phase von *Project Blue Beam* den Einsatz verschiedener Technologien vorsieht, um die Weltbevölkerung davon zu überzeugen, dass eine Alien-Invasion und die religiöse Erlösung bevorstehen. Das ermöglicht es der neuen Weltregierung, die in Angst versetzte Bevölkerung leichter zu kontrollieren: „*Das Project Blue Beam der NASA ist die oberste Direktive der Neuen Weltordnung und ihre absolute Kontrolle über die Populationen der gesamten Erde. … Ich würde vorschlagen, diese Informationen sorgfältig und genauer zu prüfen, bevor man sie einfach als fanatischen Unsinn ablehnt.*"

Zusammenfassend kann man feststellen, dass seitdem zunächst einmal ein Pandemie-Szenario samt gefährlichen Impfstoffen etabliert worden ist. Auch der Druck auf den Iran wird momentan wieder größer, und der vorhergesagte Krieg mit Russland hat tatsächlich begonnen. Das soll schließlich einen Dritten Weltkrieg auslösen, der von einer gefälschten ET-Invasion getoppt werden soll. Wie man diesen Insiderinformationen außerdem entnehmen kann, befürchtet die Kabale ein Eingreifen von höheren Lichtwesen, weshalb lange Zeit so ein großer Aufwand betrieben wurde, um deren Existenz und die des gesamten UFO-Phänomens unter den Teppich zu kehren. Wir erleben nun einen neuen Kalten Krieg zwischen den Atommächten, und just in diesem Moment wird auch die ganze UFO-Alien-Angelegenheit wieder in den Fokus gerückt. Der britische UFO-Experte Nick Pope sprach vor kurzer Zeit von einer zurückliegenden Konferenz, an der er vor einigen Jahren teilgenommen hat. Er sprach davon, dass die Bekanntgabe der Existenz von außerirdischen Intelligenzen auf der Erde unsere Welt für immer verändern würde. Diese geheimen Besprechungen haben bei der Royal Society in London stattgefunden, die im Herzen des wissenschaftlichen Establishments sitzt und dessen Agenda kontrolliert. Man diskutierte dort laut Nick Pope über verschiedene Aspekte des außerirdischen Lebens, wobei Pope enthüllte, dass entschieden wurde, dass eine Alien-Invasion eine sehr schlechte Sache für die Welt wäre.

> „*Wenn wir Aliens finden, oder sie uns finden, würde sich die Welt für immer verändern. Wenn man alle Möglichkeiten und Variablen betrachtet, wie wollen wir wissen, was dann passiert, oder überhaupt voraussagen, was für Auswirkungen das haben wird?*"

Die zwei Treffen, von denen Nick Pope sprach, haben bereits im Jahr 2010 stattgefunden, und deren Themen lauteten »The detection of extra-terrestrial life and the consequences for science and society« und »Towards a scientific and societal agenda on extra-terrestrial life«. Eine der wichtigsten Fragen für diese Experten lautete auch damals, wie die Menschen auf solche Enthüllungen regieren wurden, denn die Regierungen behaupten nach wie vor, dass es eine Massenpanik auslösen könnte, so wie bei Alien-Invasionen aus Science-Fiction-Filmen, die der Bevölkerung am laufenden Band im Kino präsentiert werden. Fakt ist, dass Studien existieren, die Umfragen enthalten, aus denen hervorgeht, dass der überwiegende Teil der Weltbevölkerung sich wünscht, endlich die Wahrheit über Aliens und UFOs zu erfahren. Zudem schenken viele Menschen inzwischen den wissenschaftlichen Mainstream-Theorien keinen Glauben mehr, sondern sind davon überzeugt, dass die Erde schon in der fernen Vergangenheit von Außerirdischen besucht worden ist. Sie glauben auch daran, dass unsere politischen Führer und unsere Regierungen uns nicht die Wahrheit über das sagen, was sie eigentlich über UFOs herausgefunden haben. Nick Pope erklärte deshalb auch, dass es kein Schock wäre, wenn man den Leuten etwas enthüllt, an das sie bereits glauben.

Anfang April werden Jahr für Jahr kontroverse Daten über das UFO-Phänomen veröffentlicht, so auch im Jahr 2022. Durch eine weitere Anfrage bei der US-Regierung wurden mit dem *Gesetz zur Informationsfreiheit* jetzt mehr als 1.500 Seiten UFO-Material veröffentlicht, die vom AATIP-Programm (Advanced Aerospace Threat Identification Program) des Pentagon stammen und Erkenntnisse der Jahre 2007 bis 2012 betreffen. Diese umfangreiche Datensammlung enthält nicht nur Berichte darüber, dass Kampfpiloten bei UFO-Begegnungen in der Luft elektromagnetische Strahlenverbrennungen oder Schäden an Gehirn und Nervensystem davongetragen haben. Solche Schäden sollen demnach mit den elektromagnetischen Antrieben von UFOs zusammenhängen. Diesmal werden auch ganz andere Dinge von offizieller Stelle erwähnt, die zum Beispiel das Phänomen der Alien-Entführungen betrifft, denn es ist von *„ungeklärten Schwangerschaften"* in Verbindung mit dem UFO-Phänomen die Rede. Die enthaltenen Berichte besagen, dass das AATIP-Programm auch Berichte der zivilen UFO-Forschungsorganisation MUFON untersucht hat, die aus den Jahren 1873 bis 1994 stammen. Von dort stammen die Informationen über unerklärliche Schwangerschaften und *„offensichtliche Entführungen"*, Paralysen und Erfahrungen von empfangener Telepathie, Teleportation und Levitation. Der Bericht endet mit der Schlussfolgerung, dass hier einige fortschrittliche technologische Systeme im Einsatz sind, die das vollständige Verständnis der Ermittler übersteigen und deshalb unerklärlich sind. Laut medizinischen Datenbanken und mindestens 300 erwähnten Fällen, die noch nicht veröffentlicht wurden, erlebten Menschen bei UFO-Begegnungen weitere *„anormale"* Erlebnisse, die diesmal paranormale Phänomene wie *„Geister, Gespenster, Yetis und andere mythologische Wesenheiten"* betreffen! Andere wurden auch Zeuge davon, dass UFOs außerirdische Wesen an Bord haben. Neben Erscheinungen wie Poltergeistern, Kornkreisen oder Entführungen durch Aliens wurden also auch paranormale Erscheinungen dokumentiert und kategorisiert. Damit besitzen UFO-Forscher jetzt eine neue Quelle von Informationen, die besagen, dass all diese Phänomene keine Halluzinationen sind, sondern real auf unserem Planeten existieren, weil spezielle Gruppen von Forschern im Auftrag von Regierungen derartige Phänomene viele Jahre lang studiert haben! Wollen Regierungen mit diesen Veröffentlichungen endlich die Wahrheit offenbaren und mit alten Verschwörungstheorien aufräumen, indem man sie für zutreffend erklärt?

Der Schlüssel zur vollständigen Offenlegung könnte der Roswell-Absturz sein, der sich in diesem Jahr zum 75. Mal jährte und dadurch noch stärker ins Rampenlicht rückt. Raymond Szymanski ist ein pensionierter US-Regierungswissenschaftler und Autor, der vierzig Jahre lang das Paranormale erforscht hat. Er hat lange Zeit in der bekannten Wright-Patterson Air Force Base in den USA gearbeitet und schreibt in seinen Büchern über die Option von Besuchen durch Außerirdische. Als Experte weist uns Szymanski darauf hin, dass super-geheime Einrichtungen der Regierung existieren, aus denen in den letzten Jahrzehnten viele Gerüchte und Geschichten aus dritter Hand an die Öffentlichkeit gelangten. Abseits von altbekannten Büchern über schattenhafte Regierungsverschwörungen um UFOs präsentiert der Autor neue Insiderinformationen, die höchst interessant klingen. UFOs stellen den Aussagen des früheren US-Air-Force-Wissenschaftlers zufolge noch immer das am meisten polarisierende Geheimnis aller Zeiten dar. Die Frage, ob sich Aliens auf der Erde aufhalten, besitzt deshalb derzeit die wohl größte Priorität und kann gemäß der Recherchen von Raymond Szymanski mit einem „Ja" beantwortet werden. Der Autor enthüllt, dass er schon während seiner ersten Wochen als Angestellter in der Wright-Patterson Air Force Base von seinem damaligen Mentor erfuhr, dass diese Luftwaffenbasis eine lange Geschichte der Erforschung von UFOs und Aliens vorweisen kann. Dort betrieb die US Air Force zwischen 1952 und 1969 das *Project Blue Book.* Der erwähnte Mentor berichtete weiter, dass es in den 1940er-Jahren einen UFO-Crash gab, nach dem das außerirdische Schiff und seine Insassen zu dieser Basis gebracht worden seien. Derartige Schiffe sollen sich seitdem in einem riesigen unterirdischen Komplex aus Tunneln und Räumen der Wright-Patterson Air Force Base befinden, zusammen mit den Körpern von lebenden und toten Aliens. Raymond Szymanksi glaubt aufgrund der von ihm gesammelten Informationen, dass diese UFOs und Körper vom Roswell-Vorfall des Jahres 1947 stammen und zur Begutachtung in diese geheimen Tunnelsysteme verbracht worden sind. Szymanski ist somit einer der ersten Zeugen, der fast vierzig Jahre selbst in dieser Basis gearbeitet hat und in seinen Werken davon schreibt, dass es sich nicht um Verschwörungstheorien, sondern um reale Geschehnisse handelt. Szymanski schreibt darüber hinaus, dass er auf der Basis im Laufe der Jahre echten „Men in Black“ begegnet ist. Sie trugen schwarze Anzüge, schwarze Hüte und spionierten ihm bei mindestens drei Gelegenheiten nach. Er glaubt, dass die Hauptaufgabe dieser rätselhaften Agenten die Entwendung von Beweisen für die Existenz von UFOs und Aliens darstellt. Er ist außerdem der Meinung, dass sie für einen US-Geheimdienst arbeiten.

> *„Wir sind immer noch nicht bereit für die vollständige Offenlegung, die Regierungen mögen es, Geheimnisse zu bewahren, weil uns das manchmal Sicherheit gibt. … Das letzte Mal, als die Air Force meldete: „Hey, wir haben eine Fliegende Untertasse!“, ging das nicht so gut aus, also was würde passieren, wenn sie es diesmal wieder tun würden? … Ich sehe wirklich keine Veränderung. Ich denke nicht, dass die Tatsache, dass wir Mobiltelefone oder 150.000 Kabel-TV-Kanäle haben, uns irgendwie besser vorbereitet, als es die Menschen 1947 nach Roswell waren.“*

Im Sommer 1947 haben zahlreiche Amerikaner unbekannte leuchtende Flugobjekte am Himmel beobachtet. Der Roswell-Vorfall war ausschlaggebend für die Entstehung der zivilen UFO-Forschung, und viele Augenzeugen fragen sich seit damals, ob sie Flugobjekte gesehen haben, die von außerirdischen Intelligenzen stammen. Insgesamt sind in den Sommermonaten 1947 mehr als 800 ähnliche Sichtungen in den ganzen USA gemeldet worden. Die offizielle Pressegeschichte mit dem Wetterballon sorgte dafür, dass die Aufmerksamkeit der internationalen Presse von der vorherigen Meldung abgelenkt wurde, und es sollte Jahrzehnte dauern, bis detailliertere Informationen von glaubwürdigen Zeugen publiziert wurden. Ab dem Jahr 1978 wurde enthüllt, dass es sich tatsächlich um ein Raumschiff gehandelt hat, in dem das US-Militär Körper von außerirdischen Wesen fand und diese Entdeckung geheim hielt, wodurch dann „Legenden“ einer großen Verschwörung entstanden sind. Im Laufe der letzten Jahrzehnte sind einige zivile und militärische Zeitzeugen sowie ehemalige Geheimdienstmitarbeiter mit ihren Daten über den Roswell-Vorfall an die Öffentlichkeit getreten. Die Liste dieser Whistleblower wächst immer weiter an, und aktuell gab Roger Launius, ein Historiker des *Smithsonian National Air and Space Museum*, bekannt, dass die Geschichte mit dem abgestürzten Wetterballon des *Projects*

Mogul tatsächlich eine Tarngeschichte war, die erst im Jahr 1994 formuliert wurde, als die US Air Force meldete, dass vermutlich Wrackteile eines streng geheimen Spionageprogramms die Quelle der geborgenen Wrackteile waren. In den Folgejahren kam es zu einer deutlichen Zunahme von UFO-Sichtungen, die im Jahr 1952 ihren Höhepunkt erreicht haben, als Kampfpiloten über Washington D.C. erfolglos versucht haben, ganze Gruppen von tief Fliegenden Untertassen abzufangen.

Der pensionierte US-Army Lt. Col. Kevin D. Randle hat sich jahrzehntelang mit dem Roswell-Vorfall beschäftigt und insgesamt rund 600 Menschen und Zeitzeugen zu ihren Erfahrungen mit dem mysteriösen Ereignis befragt. Für ihn steht fest, dass alle möglichen „plausiblen" Erklärungen eliminiert werden können, weil im Sommer 1947 zweifellos ein unbekanntes Flugobjekt bei Roswell abgestürzt ist. Einige glaubwürdige Zeugen berichten, dass sie am Absturzort exotische Materialien gesehen und berührt haben, auf denen seltsame Schriftzeichen zu sehen waren, die sie als Hieroglyphen beschreiben. Andere wollen sogar die toten Körper der außerirdischen Besatzung des Raumschiffs mit eigenen Augen gesehen haben. Ihnen war sofort klar, dass auf den Fotos in den Tageszeitungen völlig andere Teile, nämlich tatsächlich Bruchstücke eines Wetterballons fotografiert worden sind, die nicht dem Material ähnelten, das sie vor Ort gesehen hatten. Kevin D. Randle hat im März 2022 sein Buch »Understanding Roswell: The True Story of What Happened in Roswell in July 1947« veröffentlicht. Darin bringt er alle relevanten Daten ziviler UFO-Forschungsorganisationen unter, die zeigen, dass diese offiziellen Erklärungsversuche eine geschickt eingefädelte Täuschung waren. Er schlussfolgert daraus, dass in Roswell etwas heruntergekommen ist, vom dem zuerst gemeldet wurde, dass es eine Flugscheibe war. Er bestätigt, dass *Project Mogul* nicht die Quelle der gefundenen Wrackteile gewesen sein kann.

Auch der britische UFO-Experte Nick Pope hat sich zum Jubiläum erneut zum Roswell-Vorfall geäußert. Er weist darauf hin, dass diverse Zeitungsartikel aus dem Jahr 1947 erhalten geblieben sind, die für Forscher und Historiker von Bedeutung sind. Pope spricht hier von den Archiven des Blattes *Roswell Daily Record*, in denen mehr als 70 Jahre alte Artikel aufbewahrt werden. Es finden sich dort auch Ausgaben der Zeitung *Roswell Morning Dispatch*, in der einzigartige Artikel über den Vorfall erschienen sind. Diese Archive stellen sich als eine neue primäre Quelle von geschichtlichen Ereignissen in New Mexico heraus. Die wichtigste Schlagzeile lautet: *„Armee entlarvt fliegende Scheibe von Roswell, während die Welt vor Aufregung brodelt."* Dann findet sich dort die verdächtige Unterüberschrift, die darauf hinweist, dass Armeeangehörige eine Vertuschung geplant haben: *„Offiziere sagen, die Scheibe ist ein Wetterballon."*

Obwohl die US Navy Schritte eingeleitet hat, die Offenlegung zu beschleunigen, hat die US Air Force seit 2017 keine UFO-bezogenen Informationen herausgegeben, obwohl sie für den Schutz des amerikanischen Luftraums verantwortlich ist. Beobachter bezeichnen diese Situation als sehr merkwürdig, weil bekannt ist, dass die amerikanische Luftwaffe schon in den 1940er-Jahren dahintergekommen sein soll, dass wir es mit interplanetaren außerirdischen Raumschiffen zu tun haben. Darüber hinaus wurden vermutlich Beweise dafür erbracht, dass das Phänomen in Verbindung mit Technologieaustausch in geheimen Untergrundbasen, Vieh-Verstümmelungen oder Alien-Entführungen steht. Man darf auch nicht vergessen, dass die Air Force im Jahr 1994 einen neuen Bericht über den Roswell-Absturz herausgegeben hat.

Im offiziellen Bericht von 1994 steht geschrieben, dass ein Ehepaar behauptet hat, dass am 2. Juli 1947 ein großes, nicht identifiziertes Flugobjekt über ihr Haus nahe Roswell hinweggeflogen ist. Am 8. Juli 1947 meldete die Tageszeitung *Roswell Daily Record* laut dem Bericht: „*RAAF erbeutet Fliegende Untertasse auf einer Ranch in der Roswell-Region*“. Einen Tag später lautete die Schlagzeile, dass General Roger M. Ramey die Pressemeldung über die Roswell-Untertasse zurückgezogen und den Rancher belästigt hat, der sie gefunden hatte. Zuvor hatte Major Jesse A. Marcel jedoch noch die Meldung an die Presse gegeben, dass die fliegende Scheibe des Ranchers in ein höheres Hauptquartier ausgeflogen worden ist.

Währenddessen verdichten sich die Anzeichen dafür, dass außerirdische Intelligenzen seit langer Zeit unter den Ozeanen der Erde leben und offenbar schon seit dem Beginn der Menschheitsgeschichte mit uns zusammen diesen Planeten bewohnen. Das schildert unter anderem die UFO-Expertin Anna Whitty in ihrem Buch mit dem Titel »UFOs: A Fundamental Truth« aus dem Jahr 2020. Die Ufologin beschreibt, dass einige Aliens einfach menschliche Wesen in ihrer sehr fortschrittlichen Form darstellen, die in der Raumzeit reisen und auch unter unseren Ozeanen leben. In der neuen Dokumentation »Roswell 75: The Final Evidence« stellt Whitty die Behauptung auf, dass Aliens die amerikanische Regierung kontaktiert und die Frage gestellt haben, wie tief die Menschheit mit ihren Erforschungen bereits in den Ozean vorgedrungen ist. Anna Whitty behandelt auch ein bestimmtes Thema sehr intensiv, und zwar die Aussagen von Dr. Shirley Wright. Diese hat nämlich ausgesagt, dass sie im Jahr 1947 an der Absturzstelle in Roswell dabei gewesen ist und die Gelegenheit hatte, leibhaftigen außerirdischen Intelligenzen einige Fragen zu stellen!

Whitty denkt, dass Dr. Wright der Meinung gewesen ist, dass einige Aliens aus dem Ozean kommen und in ihren kleinen fliegenden Scheiben nicht von anderen Planeten hierher reisen. Sie sagt auch, dass fortschrittliche Intelligenzen den Grund der Meere oder darunter gelegene Basen oder Höhlen im Erdmantel bewohnen, weil sie darüber Bescheid wissen, dass sich auf der Erdoberfläche in Intervallen von mehreren tausend Jahren schwere Erdveränderungen, d.h. Kataklysmen zutragen. Für diese Hypothese existieren inzwischen immer mehr physische Beweise. Experten sind seit 1947 dahinter gekommen, dass fremde Intelligenzen ein weit besseres Verständnis vom Universum besitzen als Menschen, weshalb sie über diese zyklischen Vorgänge besser informiert sind.

Dazu passt eine aktuelle Pressemeldung darüber, dass Albert Einstein persönlich den Absturzort des Roswell-UFOs besucht haben soll! Diese Auskunft stammt von seiner Kollegin Dr. Wright, die ihn auf einer streng geheimen Mission in die Wüste von New Mexico begleitet hat. Dr. Shirley Wright (1930-2015) war eine Studentin von Albert Einstein an der Princeton Universität. Dr. Wright erklärte, dass sie im Sommer 1947 ausgewählt wurde, für Albert Einstein zu arbeiten, nachdem sie intensiven Sicherheits- und Referenz-Prüfungen unterzogen worden war, denn ihre Aufgabe versetzte sie in eine sensitive Position. Im Juli 1947 wurden beide zu einer Krisenkonferenz eingeladen, die sich in einer Armeebasis zutrug. Es nahmen viele Wissenschaftler und hohe Militärs teil. Dr. Wright: *„Alles, woran ich mich erinnern kann, ist, dass mehrere Menschen das Wort ‚Roswell' benutzt haben. … Es gab einen Hangar, in dem sie das Raumschiff und die Körper hatten.“* Dr. Wright hat erst kurz vor ihrem Tod im Jahr 2015 eine Reihe von Tonaufnahmen mit ihren Aussagen erstellt, die jetzt veröffentlicht wurden. Laut Dr. Wright wies das abgestürzte Roswell-Raumschiff auf einer Seite einen Schaden auf: *„Es war scheibenförmig, auf eine Art konkav. Der Schiffskörper bestand aus einem, wie wir es heute nennen, reflektierenden Material, doch wenn man nahe herankam, war es eher matt. Sie waren sehr neugierig darauf, was das für Materialien waren.“* Das Schiff wurde am Absturzort von Wachen, Fotografen und Spezialisten studiert, und auch Albert Einstein soll das Antriebssystem des UFOs untersucht haben. Laut diesen Aussagen war Dr. Einstein nicht überrascht, dass fremde Besucher zur Erde gekommen sind, weil ein Kontakt einen Vorteil für beide Welten darstellen könnte. Einstein und seiner Begleiterin wurden auch die Leichen von fünf Außerirdischen vorgeführt.

> Dr. Shirley Wright: *„Einige der Spezialisten durften genauer hinschauen, darunter auch mein Chef. Für mich sahen sie alle fünf gleich aus. Sie waren etwa 1,50m groß, unbehaart, mit großen Köpfen und riesigen dunklen Augen, ihre Haut war grau mit einem leicht grünlichen Schimmer. Aber zum größten Teil waren ihre Körper nicht exponiert, da sie in eng anliegende Fluganzüge gekleidet waren. Aber ich hörte, dass sie keine Nabel oder Genitalien hatten.“*

Den noch lebenden Wesen wurden laut Dr. Wright von Wissenschaftlern verschiedene Fragen gestellt, auch die Aliens stellten ihrerseits bestimmte Fragen an die irdischen Forscher. Das legt nahe, dass die Roswell-Aliens sehr an der technologischen Entwicklung der Menschheit interessiert gewesen sind. Ihre Antworten wiesen darauf hin, dass die fremde Spezies nach einer neuen Heimat sucht, weil es Probleme mit ihrem eigenen Planeten gibt. Laut Dr. Wright war nicht nur eine Flugscheibe nahe Roswell abgestürzt, sondern es gab insgesamt 8 Schiffe. Ein anderes soll demnach in Sibirien abgestürzt sein. Es sieht so aus, als würde es sich um den Tunguska-Vorfall vom 1908 handeln, als ein Feuerball laut Augenzeugen im östlichen Sibirien vom Himmel gefallen und über der Erdoberfläche explodiert ist. Der Geheimdienst CIA hat dazu vor einiger Zeit Dokumente veröffentlicht, die diesen Hergang bestätigen können. In alten Regierungsberichten wird erwähnt, dass der Tunguska-Vorfall faktisch von UFOs verursacht worden ist! Diese Unterlagen stammen aus der Sowjetunion der 1960er-Jahre, wobei der Tunguska-Vorfall dort als das *„am meisten bemerkenswerte UFO-Phänomen der Geschichte“* bezeichnet wird!

MUFON weist darauf hin, dass Albert Einstein im Jahr 1952 eine dringende Botschaft an den amtierenden Präsidenten Harry Truman sandte, der ebenfalls ein großes Interesse an UFOs hatte. Einstein warnte den Präsidenten in seinem Schreiben davor, UFOs über Washington D.C. abschießen zu lassen, da es im Jahr 1952 bekanntlich zur großen UFO-Welle gekommen war. Es gibt Aussagen von Truman, dass in jenen Tagen bei jeder wichtigen Konferenz der amerikanischen Regierung mit dem Militär über unbekannte Flugobjekte diskutiert worden ist. Man war sich darüber im Klaren, dass solche Fliegenden Untertassen schon in den traditionellen Überlieferungen der eingeborenen Indianer beschrieben wurden.

Darum glaubt Anne Whitty, dass solche Wesen sich schon immer auf der Erde aufgehalten haben. Es könnte sich um die Nachfahren von uralten verlorenen Hochzivilisationen handeln, die die Erdoberfläche verlassen haben, nachdem ihre ehemaligen Oberflächen-Zivilisationen durch Katastrophen in die Steinzeit zurückgeworfen worden sind. **Seitdem leben diese Völker besser geschützt im Untergrund dieses Planeten, dadurch konnte sich ihre Entwicklung über Tausende von Jahren hinweg ohne Störungen kontinuierlich fortsetzen, wodurch sich auch ihre Intelligenz, ihre Erscheinungsform und selbstverständlich ihre Technologie stetig weiterentwickelt hat.** Weil sich der Roswell-Absturz in der Periode des Kalten Krieges ereignete, versuchte die amerikanische Regierung, diesen Absturz und die Existenz von fremdartigen humanoiden Wesen geheim zu halten, weil dies eine Quelle von Verstörung gewesen wäre, die das US-Militär womöglich entzweit hätte. Woraufhin eine Politik der Unterdrückung solcher Informationen durchgesetzt wurde, die bis heute in Kraft ist.

Anna Whitty glaubt zudem, dass fortschrittliche Intelligenzen mit ihrem Erscheinen heute erreichen wollen, dass wir Menschen unser Verhalten ändern. Wenn wir lernen, womit wir es zu tun haben, können wir uns Fragen über unsere eigene Natur stellen. Das UFO-Phänomen bringt uns dazu, darüber nachzudenken, ob uns Außerirdische bei unserer Fortentwicklung helfen wollen, weil sie, wie gesagt, über ein besseres Verständnis des Universums verfügen. Die fremden Besucher investieren ihre Zeit vermutlich darin, uns dabei zu helfen, uns von einer kriegerischen in eine friedvolle Zivilisation zu transformieren, um den vorhergesehenen Untergang unserer eigenen Zivilisation zu verhindern, der von Experten spätestens im Jahr 2050 erwartet wird, falls sich im Laufe der kommenden Jahrzehnte nichts Grundlegendes an unserer Lebensweise ändern sollte.

Der amerikanische UFO-Forscher Anthony Bragalia hat zum 75-Jahre-Jubiläum des Roswell-Absturzes weitere Informationen darüber veröffentlicht. In einem aktuellen Artikel schreibt er davon, dass der Führer der Sowjetunion, Josef Stalin, als kommunistischer Diktator eine Untersuchung darüber anordnet hat, was die Amerikaner über die Natur des UFO-Phänomens herausgefunden haben. Das beinhaltete eine Untersuchung des Roswell-UFO-Absturzes von 1947. Stalin hat seine Atom-Spione in New Mexico eingeschleust, und auf der Grundlage der Erkenntnisse seiner führenden technischen Berater besaß er vermutlich einen Schlüssel zur Lösung des Roswell-Rätsels. Die offizielle Version der Geschehnisse lautete, dass die US Air Force einen Ballon des geheimen *Projects Mogul* geborgen hat, dessen Instrumente Atomexplosionen in der Sowjetunion registrieren sollten. Darum ist es nur logisch, dass Russland darüber Bescheid wissen wollte. Noch größer wurde dieses Interesse, als die Air Force bekannt gab, dass sie eine Fliegende Untertasse geborgen hat. Falls sich Technologie einer anderen Welt im Besitz der USA befinden sollte, wollte Russland kurz nach dem Ende des Zweiten Weltkriegs so viel wie möglich darüber herausfinden. Stalin äußerte den ausdrücklichen Wunsch, mehr über das ganze UFO-Phänomen in Amerika zu erfahren. Er und seine Berater sollen der Tarngeschichte von einem abgestürzten Wetterballon nicht vertraut haben.

Dr. Sergei Pawlowitsch Koroljow (1906-1966) war zwischen den 1940er- und 1950er-Jahren der führende sowjetische Raketenwissenschaftler im Wettlauf zum Weltraum zwischen den USA und der UdSSR. Dieser Experte in Astronautik wurde von Stalin beauftragt, das UFO-Phänomen und den Roswell-

Absturz zu untersuchen. Es gibt dazu Aussagen eines Kollegen namens Dr. Valeriy Burdakov, einem ehemaligen Professor am Moskauer Luftfahrt-Institut. Er arbeitete insgesamt 32 Jahre in der Abteilung für Raketenentwürfe von Koroljow. Dr. Burdakov beantworte dem amerikanischen UFO-Forscher George Knapp wichtige Fragen über Roswell. Das geschah im Jahr 1992. Es war das erste Interview eines sowjetischen Insiders mit westlichen Journalisten. Es erschien im Jahr 1993 im UFO-Journal der Organisation MUFON. Laut Dr. Burdakov wurde Dr. Koroljow im Jahr 1948 in den Kreml gerufen und erhielt ein Büro sowie einen Übersetzer, um die Berichte vom Roswell-Absturz zu studieren. Zusammen mit den Informationen von den sowjetischen Spionen in New Mexico lauteten die Schlussfolgerungen von Koroljow, dass UFOs keine irdischen Waffen sind. Er bestätigte Josef Stalin, dass das Phänomen real ist, und dass UFOs keine Gefahr für die Staatssicherheit darstellen. Sie sollten durch weitere ernsthafte Studien genauer erforscht werden. Andere sowjetische Wissenschaftler gelangten zu denselben Schlussfolgerungen. Erste einige Jahre nach Stalins Tod beschloss Dr. Koroljow, darüber zu sprechen. Die russische Zeitung *Rabochaya Tribuna* berichtete am 13. August 1991 erstmals darüber. Sowjetische Agenten befanden sich laut den vorliegenden Informationen im Jahr 1947 an Orten wie dem *Alamogordo-Atomtestgelände*, den *Sandia National Laboratories* und dem *Los Alamos National Laboratory*. Diese Agenten unterrichteten Josef Stalin im Juli 1947 über den Roswell-UFO-Absturz und die Bergung einer Fliegenden Untertasse. Für Stalin stellte die Bergung außerirdischer Technologie eine der größten vorstellbaren militärischen Bedrohungen dar. Russland wollte Einsicht in die Natur des Wracks und seiner Piloten erlangen. Außerdem wollten die Russen herausfinden, wo das Material eingelagert und studiert wurde. Man vermutete, dass möglicherweise bereits eine Kommunikation mit den Piloten stattgefunden hatte.

Eine Bestätigung für diese Nachforschungen erhalten wir auch von Dr. Marina Popowitsch (1931-2017). Sie war eine sowjetische Ingenieurin und bekannte Testpilotin. Nach dem Ende der Sowjetunion berichtete sie über ihre Erfahrungen in einem Buch mit dem Titel »UFO-Glasnost«, das im Jahr 1991 ursprünglich in Deutschland erschienen ist. Sie schreibt, dass sowjetische Piloten rund 3.000 bestätigte UFO-Sichtungen hatten und dass die sowjetische Luftwaffe und der Geheimdienst KGB Fragmente von fünf abgestürzten UFOs bergen konnten – eine der Absturzstellen benannte sie mit Tunguska im Jahr 1908. Außerdem schreibt sie über Begegnungen mit mysteriösen Schneemenschen. Sie hörte, dass russische Forscher nach Abkömmlingen von Humanoiden suchen, die in der fernen Vergangenheit zu den Überlebenden einer großen Flut gezählt haben. Die wissenschaftliche Suche nach diesen Relikt-Hominiden war erfolgreich. Russische Forscher kamen dahinter, dass es sich bei diesen Wesen um den echten Missing Link zum Homo sapiens handeln könnte. Solche Wildmenschen sind überlebende Neandertaler, die von antiken Astronautengöttern vor tausenden von Jahren genetisch verändert wurden. Die ganze Geschichte dieser sensationellen Entdeckung berichte ich in einem künftigen Werk.

Popowitsch reiste im Jahr 1982 im Zuge einer Expedition ins Pamir-Gebirge in Zentralasien, traf dort auf einheimische Schäfer und erklärte ihnen, dass die russische Expedition auf der Jagd nach Yetis sei. Die lokalen Einwohner berichteten ihr daraufhin, dass es sich bei den legendären Schneemenschen um drei Meter große humanoide Wesen handelt, die stark behaart sind und sich von Zeit zu Zeit blicken lassen. Eines Nachts wurde ihre jüngste Tochter, die ebenfalls an der Expedition teilnahm, von zwei gigantischen Händen ergriffen, die versuchten, sie aus ihrem Schlafsack zu zerren. In der folgenden Nacht erschien eine leuchtende Kugel über dem Lager und drei Lichtstrahlen fielen auf das Camp der Russen. Das unbekannte fliegende Objekt schwebte dort eine Weile stationär, bevor es im Zickzack mit Hochgeschwindigkeit davonflog. Das wäre ein weiterer Anhaltspunkt für eine Verbindung zwischen UFOs und Yetis. Dr. Marina Popowitsch erfuhr während ihrer Laufbahn außerdem von Berichten, dass die US Air Force mumifizierte Überreste von Wesen aus dem Weltraum besitzt, die man in New Mexico gefunden hat. Russische Experten glauben, dass hoch entwickelte Kreaturen die Mittel besitzen, von Planet zu Planet zu reisen, um bei weniger entwickelten Bewohnern anderer Planeten zu intervenieren und mit denen zu kommunizieren, die eine ähnlich hohe Entwicklungsebene erreicht haben. Die Grundlage der unzähligen UFO-Kontakte auf der Erde sei es, dass die hoch entwickelten außerirdischen Besucher uns ihre technologischen Informationen erst freiwillig aushändigen wollen, wenn sich die Erdbewohner spirituell und moralisch auf ein höheres Niveau begeben. Dazu wird es notwendig, sich zu vereinen und negative Gefühle zu reduzieren. Außerdem müssen die Umweltverschmutzungen beseitigt und schädliche Energieformen abgeschafft werden. Dr. Popowitsch plädierte dafür, dass eine höhere Intelligenz notwendig ist, um uns zu erleuchten und uns aus diesem globalen Schlamassel zu helfen. Ihrer Überzeugung nach beruhen die Erfindungen von Leonardo da Vinci und die Schriften von Jules Verne auf mentalen Übertragungen aus dem Weltraum. Das bedeutet, dass ausgewählte Menschen als Medien agieren, um neue Ideen zu verbreiten.

Seit dem Jahr 2019 wurde von der amerikanischen US-Navy gemeldet, dass unbekannte Flugobjekte aus dem Meer aufsteigen und später wieder unter der Wasseroberfläche verschwinden, nachdem sie zum Beispiel in Schwärmen über atomaren Kriegsschiffen aufgetaucht sind. Die Air Force soll sogar auf solche Objekte gefeuert haben. Es handelte sich dabei nicht um konventionelle Drohnen, weil die Objekte sich selbst unter Wasser mit unerklärlich hoher Geschwindigkeit fortbewegen konnten. Es wurde deshalb unlängst bekannt gegeben, dass UFOs real sind und immer noch ein riesiges Problem für die Nationale Sicherheit darstellen. Technologisch weit fortgeschrittene Schiffe mit unbekanntem Ursprung haben demonstriert, dass sie den bekannten physikalischen Prinzipien trotzen können, weil es sich um Transmedium-Objekte handelt. Das bedeutet, sie können vom Weltraum in die Atmosphäre und von dort in den Ozean eindringen, ohne Schaden zu nehmen. Dazu ist kein bekanntes irdisches Flugobjekt in der Lage. Dieser Umstand veranlasst Militärs zu vermuten, dass solche Objekte durch Gravitationskräfte angetrieben werden. Es sieht so aus, als ob die Konstrukteure ihre Schiffe mit einer Gravitations-Störung umgeben können, damit sie zu Transmedium-Reisen fähig sind. Es handelt sich laut diesen Aussagen ab sofort um *„Nicht identifizierte Luftraum-Unterwasser-Phänomene“*. Daneben sind neue Informationen aufgetaucht, wonach solche Flugobjekte laufend in aktiven Kriegszonen auftauchen, und dass solche Schiffe dort routinemäßig vom US-Militär beobachtet werden, so zum Beispiel im südchinesischen Meer. Einige Augenzeugen sprechen davon, dass es sich oft um längliche, zylinderförmige Objekte mit Luken handelt, hinter denen man manchmal humanoide Gestalten erkennen kann, die wie weiße Europäer aussehen und enganliegende Uniformen oder Arbeitskleidung tragen.

Dmitry Rogozin, der bis zum Juli 2022 der Generaldirektor der russischen Weltraumbehörde *Roscosmos* gewesen ist, hat, als er noch im Amt war, öffentlich erklärt, dass UFO-Sichtungen während der gesamten Menschheitsgeschichte auf der Erde stattgefunden haben. Neben der NASA hat auch die *Russische Akademie der Wissenschaften* Studien über das Phänomen durchgeführt. Dr. Michael Masters, ein Anthropologe aus Montana, veröffentlichte im Jahr 2022 sein aktuelles Buch mit dem Titel »The Extratempestrial Model«. Er ist der Auffassung, dass UFOs aus der Zukunft stammen und Aliens vermutlich Menschen sind, die in der Zeit zurückreisen, um ihre eigene Vergangenheit genauer zu studieren. Dr. Masters hat sich mit einer Reihe von Fallberichten befasst, die Nah-Begegnungen mit fremden Wesen beinhalten. Er schreibt, dass die Alien-Entführungen meist wissenschaftlicher Natur sind, weshalb es für ihn nahe liegt, dass wir es bei UFO-Insassen mit Anthropologen, Historikern und Linguisten der Zukunft zu tun haben könnten, die in der Zeit zurückreisen, um in unserer Gegenwart Informationen zu sammeln. Er ist der Meinung, dass bei jedem der von ihm analysierten Vorfälle Sonderermittler der US Air Force eingeschaltet worden sind, weshalb auch er auf den sonderbaren Umstand hinweist, dass die amerikanische Luftwaffe in der aktuellen UFO-Debatte keinerlei Kommentar abgibt, obwohl sie über Jahrzehnte hinweg UFO-Informationen gesammelt hat. Weil die NASA vor kurzer Zeit mitgeteilt hat, sich an der Erforschung des Phänomens zu beteiligen, weist Kevin Knuth, ein Professor für Physik aus New York, darauf hin, dass er als aktiver UFO-Forscher die Frage stellt, ob NASA-Astronauten signifikante, nicht identifizierte Phänomene im Weltraum gesehen haben. Er hofft, dass es bald zu neuen Ermittlungen darüber kommt, was Astronauten im Weltall beobachtet haben. Vielleicht gibt es auch bald neue Interviews mit ehemaligen russischen Kosmonauten.

Ende Juli 2022 gab das amerikanische Verteidigungsministerium eine Meldung heraus, wonach fortan eine neue Organisation mit der Bezeichnung AARO (*All-domain Anomaly Resolution Office*) für die Untersuchung von UFO-Sichtungen bzw. für Transmedium-Objekte verantwortlich sein wird. Die NASA plant demzufolge, mit Satelliten nach unbekannten Flugobjekten im All zu suchen. Das bedeutet, dass sich das Phänomen inzwischen von einer Verschwörungstheorie zu einer wichtigen wissenschaftlichen Priorität entwickelt hat, vor allem, seit sogar die NASA offiziell an der Erforschung von UFOs mitwirken will. Auch *Roscosmos* hat publik gemacht, das Phänomen zu studieren. Man muss dabei bedenken, dass noch vor wenigen Jahren die meisten profilierten Wissenschaftler keinerlei Kommentar über dieses Thema abgeben wollten. Es muss deshalb darauf hingewiesen werden, dass schon der österreich-ungarisch-deutsche Pionier der Astronautik, Dr. Hermann Oberth (1894-1989), als bekannter Physiker Aussagen zu diesem Thema gemacht hat. Während der 1950er- und 1960er-Jahre enthüllte er, dass er an die Hypothese von außerirdischen Besuchern glaubt, und daran, dass UFOs Raumschiffe sind, die von anderen Sonnensystemen stammen. Er glaubte daran, dass sie von intelligenten Beobachtern bemannt sind, die zu einer Rasse gehören, die die Menschheit seit Jahrhunderten untersuchen. Sein Kollege, der Astrophysiker Dr. Carl Sagan (1936-1996), hat den Satz geprägt, dass außerordentliche Behauptungen außerordentliche Beweise erfordern. *Extraordinary claims require extraordinary evidence* (ECREE), das ist der sogenannte Sagan-Standard und besagt, je unwahrscheinlicher eine Behauptung ist, desto größer muss der Beweisstandard sein, der von ihr erwartet wird. In diesem Zusammenhang würde es bedeuten, dass ein außerirdisches Raumschiff oder ein wirklicher Außerirdischer notwendig wäre, um als Beweis für den Kontakt einer Alien-Rasse mit der Erde zu dienen. Vermutlich war Dr. Sagan in die UFO-Geheimnisse der USA eingeweiht, sprach allerdings in der Öffentlichkeit aus bestimmten Gründen nicht darüber.

Paola Leopizzi-Harris, eine ehemalige Mitarbeiterin von Dr. Allen Hynek, gab vor Jahren bekannt, dass Dr. Sagan im Jahr 1984 hinter der Bühne bei einer seiner Auftritte in der *Johnny Carson Tonight Show* zu Dr. Hynek gesagt haben soll: *„Ich weiß, dass UFOs real sind, doch ich würde nicht meine Forschungsfinanzierung riskieren, wie Sie es machen, und in der Öffentlichkeit direkt darüber sprechen.“*

Dmitry Rogozin, der ehemalige Leiter von *Roscosmos*, bestätigte, wie gesagt, in einem Interview mit dem TV-Sender *Russia-24*, dass die *Russische Akademie der Wissenschaften* UFO-Sichtungen untersucht. In einem Interview sprach er auch über Aussagen russischer Piloten, die UFOs schon bei Testflügen in den 1970er-Jahren beobachtet haben. Er gab bekannt, dass er persönlich mit Verantwortlichen der NASA gesprochen hat, und dass es dort ebenfalls Experten gibt, die der Ansicht sind, dass die Menschheit der Erde das Forschungsobjekt einer externen Observation darstellt. Es könnte sich seiner Auffassung nach um Lebensformen handeln, die sich technologisch so weit entwickelt haben, dass sie unseren Planeten und die Menschheit studieren können. Nur wenige Tage, nachdem diese Aussagen in der Presse erschienen sind, musste Rogozin seine Position aufgeben, weil die NASA kritisierte, dass er wilde und seltsame Statements von sich gegeben habe, die die NASA in eine unbequeme Position bringen würde. Das beträfe auch die Partnerschaft der USA und Russlands im Weltraum. Russland hat geplant, keine weiteren Raketen zur Verfügung zu stellen, mit denen NASA-Astronauten in den Weltraum zur internationalen Weltraumstation ISS reisen können, deren Betrieb daher schon im Jahr 2024 eingestellt werden könnte. Dennoch befinden wir uns bereits in einer neuen Ära der Enthüllungen und der Freigabe von unzähligen vormals geheimen UFO-Informationen, die trotz aller Widerstände schrittweise veröffentlicht werden. Selbst die NASA hat sich nunmehr zum Ziel gesetzt, alle verfügbaren Daten zu identifizieren, um zu einem besseren wissenschaftlichen Verständnis der unbekannten Flugobjekte zu gelangen, um das Phänomen endlich zu verstehen.

Ich hoffe, mit dem Inhalt dieses Buchs wieder einen Teil dazu beigetragen zu haben, dass sich die Wahrheit einen Weg bahnt und sich unser kollektives Bewusstsein erhöht. Damit wird es möglich werden, dass wir eines Tages offenen und freundschaftlichen Kontakt mit diesen phänomenalen Besuchern anderer Existenzebenen knüpfen können.

Ihr *Jason Mason*

Anhang
1 Athanasius Kircher – Mundus Subterraneus

Athanasius Kircher (1602-1680) war ein deutscher Universalgelehrter und Jesuit, der viele wichtige Arbeiten auf dem Feld der Geologie und der Medizin veröffentlicht hat. Er wird manchmal mit Leonardo da Vinci verglichen, weil er eine enorme Fülle von verschiedenen Interessensgebieten besaß, die er erforschte. Kircher wurde schließlich mit dem Titel „Meister der hundert Künste" geehrt. In Rom am Collegium Romanum besaß er sogar eine eigens eingerichtete Wunderkammer, also ein Kabinett voll mit verschiedenen Kuriositäten. Das waren Skelette, Mineralien, interessante menschengemachte Objekte, antike Skulpturen, exotische präparierte Tiere oder technische Mechanismen. In diesen Wunderkammern des 17. Jahrhunderts gab es laut den erhaltenen Überlieferungen sogar ausgestellte Kreaturen, die man heute als mythologisch betrachtet.

Athanasius Kircher gilt außerdem als einer der Begründer der Ägyptologie, denn er übersetzte Hieroglyphentexte, lange bevor 1799 der Stein von Rosetta gefunden wurde. Der Jesuit war der Ansicht, dass die Zeichen auf ägyptischen Obelisken okkulte Symbole darstellen, die nicht in geschriebene Worte übersetzt werden können. Noch bis kurz vor seinem Ableben beschäftigte sich Athanasius Kircher mit der Sphinx, mit Mumien und der weiteren Entschlüsselung der rätselhaften Hieroglyphen. Jean-François Champollion schaffte es zusammen mit anderen Fachleuten, die ägyptischen Hieroglyphen um das Jahr 1822 mithilfe des Rosetta-Steins zu übersetzen.

Abb. 60: Athanasius Kircher

Champollion verwendete Kirchers Arbeiten auf dem Gebiet, um erfolgreich die Sprache der antiken Ägypter zu entschlüsseln. Kircher war auch der erste Europäer, der Sanskrit-Schriften veröffentlichte. Weil der Jesuit auch an mechanischen Geräten arbeitete, nannten ihn manche *„den letzten Mann, der alles wusste"*. Darum spielte er eine nicht zu unterschätzende Rolle in der nachfolgenden wissenschaftlichen Revolution. Er veröffentlichte im Jahr 1664/1665 sein Monumentalwerk »Mundus Subterraneus« (Die unterirdische Welt), das heute für viele Gelehrte wieder von großem Interesse ist. Darin finden sich eine Reihe von fantastischen Illustrationen und alten Karten, darunter eine Darstellung des verlorenen Kontinents Atlantis, dessen älteste Erwähnungen auf ägyptischen Überlieferungen beruhen. Kircher dachte, dass der versunkene Kontinent im Atlantik lokalisiert war und hat erklärt, dass seine Darstellung des Kontinents auf originalen Karten der Ägypter basiert, die er in geheimen Archiven gefunden hatte. Seine Weltkarte mit Atlantis war Jahrhunderte lang unter Gelehrten anerkannt. (Abb. 57)

Eine weitere bekannte Illustration aus seinem Monumentalwerk zeigt menschenähnliche Riesen, deren enorm großen Skelette man schon vor Jahrhunderten in einer Höhle in Sizilien entdeckte. Die meisten antiken Traditionen besitzen Erzählungen über Riesen, und diese Wesen waren im direkten Vergleich mit normalen Menschen von beträchtlicher Größe. In der klassischen Literatur werden griechische Götter, Titanen und Helden erwähnt, deren große Statur und Stärke es ihnen ermöglichte, große Taten zu vollbringen. In der Bibel werden ebenfalls vorsintflutliche Riesen erwähnt. Dann kam es im Lauf der Zeit zu weiteren Funden von übergroßen menschlichen Knochen und Skeletten, die oft in Feldern beim Pflügen entdeckt worden sind. Kircher schrieb die großen Knochen verschiedenen Rassen von menschlichen Riesen der Vergangenheit zu.

So überlieferte er ein Geschehnis aus dem Jahr 1342, das sich nahe der Stadt Trepani auf Sizilien ereignet hat, als eine Gruppe von Arbeitern die Basis für das Fundament eines neuen Hauses ausgruben. Sie stießen auf eine tiefe Höhle, stiegen hinunter und landeten in einer ausgedehnten Grotte, wo sie eine Figur eines sitzenden Mannes vorfanden, der eine beinahe unvorstellbare Größe besaß. In dessen Hand befand sich ein Stab, der so groß wie der Mast eines Schiffes war! Die Arbeiter eilten zu ihrem Dorf Erice, um diese Entdeckung bekannt zu geben. Rund 300 Menschen begaben sich im Anschluss mit Fackeln und Heugabeln verängstigt zur Grotte und betraten die besagte Höhle. Ein tapferer Mann trat schließlich hervor und berührte den gigantischen Stab. Dieser begann zu zerbröckeln und ließ nur Staub und einige Eisenteile zurück. Der Mann berührte dann ein Bein des Riesen und dieser verwandelte sich dann

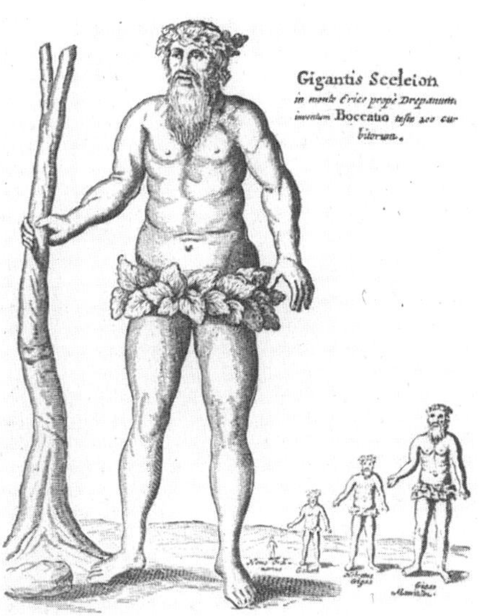

Abb. 61: Vorsintflutliche historische Riesen im Größenvergleich mit neuzeitlichen Menschen

ebenfalls zu Staub, zurück blieben nur einige riesige Zähne. Sie wurden in eine Kirche gebracht, wo sie an einem Draht aufgehängt wurden, damit man sie auf diese Weise ausgestellt bestaunen konnte. Eine Reihe von Bewohnern verschiedener Dörfer auf Sizilien entdeckte Höhlen mit den Knochen von zahlreichen Riesen, wobei klassische Gelehrte die Auffassung vertraten, dass Sizilien die alte Heimat einer Rase von legendären, vorsintflutlichen Riesen des Mittelmeerraums gewesen ist.

Die Geschichte von Sizilien war seit jeher mit Legenden von Riesen verbunden, die man als die frühesten Bewohner der Insel identifizierte. Die alten Griechen glaubten, dass Sizilien von Zyklopen bewohnt wurde, einäugigen Giganten, die in Höhlen hausten und jeden erschlugen, der versuchte, ihre Insel zu betreten. Aus den antiken Beschreibungen geht hervor, dass sie wohl Handwerker oder Schmiede waren, die in ausgedehnten unterirdischen Höhlensystemen lebten. Sie kamen aus der Tiefe hervor und nutzen Berghöhlen für ihre zeitlich begrenzten Aufhalte auf der Erdoberfläche. Sie errichteten mit ihrer Baukunst in allen Teilen der antiken Welt große Mauern aus Steinblöcken, die man als Zyklopen-Mauern benannt hat. Es handelt sich um die mysteriösen Wälle aus riesigen irregulären bzw. polygonalen Steinblöcken, die fugenlos ohne Mörtel zusammengesetzt sind und bis heute fast unbeschädigt erhalten geblieben sind.

Der französische Naturforscher Georges-Louis Leclerc de Buffon (1707-1788) beschreibt in seinem Gesamtwerk »Histoire naturelle, générale et particulière« einige Fälle von Funden von Riesen auf Sizilien. Im Jahr 1550 soll ein 9,7m großer Riese freigelegt worden sein. Im Juli 1665 gab es eine Grabung in den Gärten von Signior de Tiviolo und dort stieß man auf ein menschliches Skelett, das 5,3m lang gewesen ist. Der Schädel alleine soll mehr als 60cm groß gewesen sein!

Athanasius Kircher besuchte im Jahr 1637 zusammen mit einem jungen deutschen Prinzen die Insel Malta, um geologische Formationen, Megalith-Tempel, Katakomben und Grotten zu untersuchen, denn es gab dort viele unterirdische Passagen, von denen niemand wusste, wie tief unter die Erde sie führen. Kircher glaubte, dass man unter anderem durch Vulkankrater in das Innere der Erde hinabsteigen kann. Seine geologischen Untersuchungen kulminierten dann wie beschrieben im Werk Mundus Subterraneus. Darin schlug er vor, dass die Gezeiten des Meeres nicht nur vom Mond, sondern von Gewässern ausgelöst werden, die durch die Erdkruste aus einem unterirdischen Ozean stammen. Zu jener Zeit bewohnten noch viele Menschen der Mittelmeerinseln Höhlen und Kircher vermutete, dass ganze Gesellschaften seit langer Zeit diese Höhlensysteme benutzt hatten. In diesen Höhlen gab es dann wieder diese Überreste menschlicher Riesen, die ohne Zweifel einstmals dort gehaust hatten.

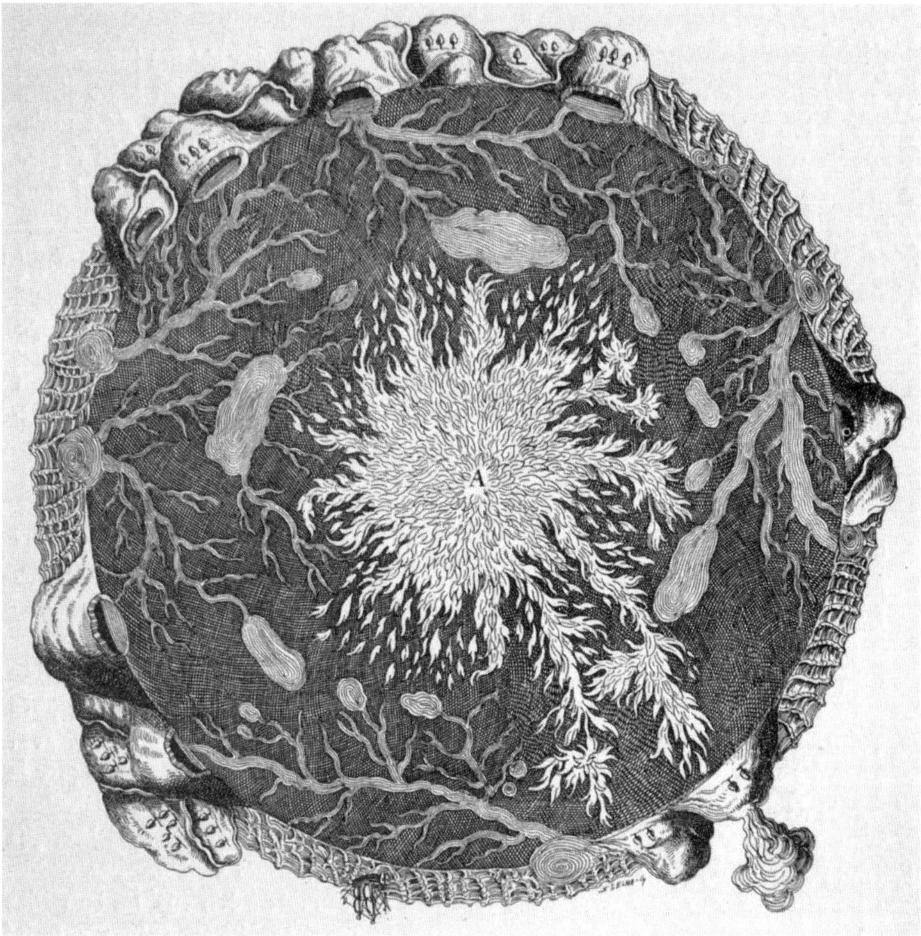

Abb. 62: Die Innererde aus Sicht Athanasius Kirchers

Das war aber noch nicht alles, sondern der Jesuit glaubte weiter daran, dass auch antike Drachen dort einst gehaust hatten und aus Höhlensystemen unter der Erde stammten! Kirchers Theorien über das Innere unseres Planeten haben im Laufe der Zeit die meiste Aufmerksamkeit auf sich gezogen. Er schreibt, dass das ganze Erdinnere nicht solide ist, sondern überall Löcher besitzt, also Hohlräume und Aushöhlungen wie verborgene Grabgänge und Tunnel. Tief im Erdinnern gibt es große Ozeane und Feuerkammern, die in einem miteinander verbundenen System aus Passagen vernetzt sind und bis hinab zum Erdkern reichen. Vulkane seien demnach Entlüftungsöffnungen und natürliche Luftröhren des Planeten. Das Netzwerk unterirdischer Gewässer soll gewaltige Mengen von Wasser durch verborgene Passagen am Grund der Ozeane ins Erdinnere hinein pumpen, tief in die Aushöhlungen der Erde, die auf Karten in »Mundus Subterraneus« dargestellt sind.

Athanasius Kircher schreibt von einem geheimen Aufbau von Bergen, dass diese hohl sind, heiße Quellen und Brunnen besitzen, die von den unterirdischen Wasserpassagen stammen und mit den Feuerkanälen verbunden sind. Dieses System aus Feuer und Wasser verglich er mit der Zirkulation von Blut im menschlichen Körper.

Insgesamt folgen die Wassermassen der Ozeane geheimen Bewegungen über den ganzen Globus, hinauf bis zum Nordpol. Irgendwo jenseits der Küsten von Norwegen beschreibt Kircher ein großes System aus Wasserwirbeln, einem gigantischen Malstrom gleich, wo die Wassermassen in das Erdinnere fließen und auf der anderen Seite am Südpol wieder herauskommen. Der Jesuit schreibt, dass er diese großen Geheimnisse der Natur unter großen Gefahren selbst kennengelernt hat, weil er zum Beispiel in Vulkankrater gestiegen und schwere Erdbeben erlebt hat. Er war der Ansicht, dass die ersten menschlichen Wesen wie Adam oder Henoch Wissenschaftler, Philosophen und Theologen waren. Dass ägyptische Hieroglyphen heilige Mysterien in kodierter Form darstellen, glaubten Gelehrte bis ins 18. Jahrhundert und länger. Sie dachten, dass die Relikte antiker Kulturen wie jene der Ägypter vorsintflutliche Weisheit bewahrt haben – die antiken Erbauer wollten ihr Wissen bis in unsere Zeit bewahren.

Zum Thema Drachen schreibt Kircher, dass in seiner Zeit noch viele Darstellungen auf Monumenten diese rätselhaften Kreaturen zeigten. Im Jahr 1658 erschien das Werk »The History of Four-Footed Beasts and Serpents« des britischen Autors Edward Topsell (1562-1625), mehr als dreißig Jahre nach seinem Tod. Darin findet man nicht nur Beschreibungen von heute noch lebenden Tierarten, sondern auch Berichte von Begegnungen mit reptilienhaften geflügelten Drachen, die später der Mythologie zugerechnet wurden. Kircher entlehnte einige Beschreibungen von Drachen einem Werk des italienischen Naturforschers Ulisse Aldrovandi (1522-1605). Der berühmte schwedische Naturforscher Carl Linnaeus (1707-1778) bezeichnete Aldrovandi als den Vater aller naturhistorischen Studien. Deshalb wurde auch dessen Werk aus dem Jahr 1640 ernst genommen. Es trägt den Titel »Serpentum, et draconum« (Naturgeschichte der Schlangen und Drachen). Darin findet sich zum Beispiel eine Aufzeichnung eines Ereignisses vom 13. Mai 1572, als ein noch lebender Drache nahe der Stadt Bologna gesehen und von Einwohnern eingefangen werden konnte. Das erlegte Tier wurde daraufhin in einem Museum ausgestellt, und zwar im Aldrovandi

Museum, einem der ersten Museen der Welt. Ulisse Aldrovandi benannte das Tier *Draco bipes*, einen auf zwei Beinen laufenden Drachen ohne Flügel. Im Buch »Serpentum et draconum historiae libri duo« (Die Geschichte von Schlangen und Drachen in zwei Büchern) findet man zwei Illustrationen dieses Drachen, und auch Kircher hat diese Abbildung in Mundus Subterraneus wiedergegeben. Kircher schreibt, dass diese Kreaturen gewöhnlich unterirdisch im Erdinneren leben. Sie waren in ganz Europa bekannt und ihre Abbilder wurden nicht nur für Flaggen auf dem Schlachtfeld, sondern auch für viele Wappen verwendet. Antike Zivilisationen kannten sie als feurige, geflügelte Drachen oder Schlangen mit Flügeln, die nachtaktiv und sehr gefährlich sind. Edward Topsell schreibt, dass es Reptilien waren, die eng mit Schlangen verwandt gewesen sind, bevor sie ausstarben oder ausgerottet wurden. Viele prominente Naturforscher glaubten bis zum 18. Jahrhundert an die Existenz dieser Kreaturen, weil sie von sehr vielen Augenzeugen gesehen und detailliert beschrieben worden sind.

Bevor wir zum nächsten Anhang kommen, der aus Gründen der Aktualität des Themas „Innerde“ von großer Bedeutung ist, muss klargestellt werden, dass Berichte über Reptiloiden und Echsenmenschen keine bloßen Fantastereien von Aluhutträgern sind – ganz im Gegenteil. Im Jahr 2012 wurde eine spezielle Studie mit dem Titel »Could advanced dinosaurs rule other planets?« von der *American Chemical Society* publiziert. Autor der Arbeit war der amerikanische Chemiker Dr. Ronald Breslow (1931-2017). Er beschreibt eine Theorie, wonach höher entwickelte, fortschrittliche Dinosaurier und Reptilien andere Planeten regieren könnten. Dr. Breslow studierte an der Harvard Universität und war auch in Cambridge sowie an der Columbia Universität als Professor tätig. Er war Präsident der *American Chemical Society* und saß im Vorstand der *National Academy of Sciences*. In dieser Arbeit beschreibt Dr. Breslow, dass fortschrittliche Versionen des Tyrannosaurus Rex und anderer Dinosaurier und Reptilien mit der Intelligenz und der Schlauheit von Menschen sich wahrscheinlich auf anderen Planeten im Universum entwickelt haben! Dr. Breslow behauptete, dass sich der moderne Mensch auf der Erde auch nur entwickeln konnte, weil alle Dinosaurier der Erde durch einen Asteroideneinschlag ausgelöscht wurden. Doch was wäre, wenn das gar nicht stimmt? Es besteht durchaus die Möglichkeit, dass sich intelligente Reptilienwesen auf unserem Planeten aufhalten, die vielleicht heute immer noch unterirdische Höhlenkomplexe unseres Planeten bewohnen, so wie es die alten Historiker beschreiben. Wenn fortschrittliche Dinosaurier andere Planeten beherrschen, haben solche Wesen auf anderen Planeten vielleicht irgendwann die Raumfahrt entwickelt und konnten unseren Planeten entdecken, so wie es in den Aussagen der Whistleblower erklärt wird.

2 Geheime Unterwelt und Echsenmenschen in Österreich

Jan van Helsing hat mich gebeten, noch einige wenige Details aus dem neuen Buch von Heinrich und Ingrid Kusch mit dem Titel »Geheime Unterwelt« vorzustellen. Heinrich und Ingrid Kusch ist es nach mehr als 30 Jahren Forschungsarbeit gelungen, einen Teil des verlorenen Wissens wiederherzustellen und der Öffentlichkeit Einsichten hierin zu ermöglichen. Ihr Buch »Geheime Unterwelt« enthält spannende und brisante Fakten, die besagen, dass es in verschiedenen Teilen Österreichs vor Jahrhunderten Kontakte zu nicht-menschlichen Völkern gab, die durch Tunnel und Schächte mit der Erdoberfläche in Verbindung standen. Diese Anlagen und Tunnel sollen aber seit schier unglaublich langer Zeit existieren. Messungen haben ergeben, dass dieses Netzwerk vermutlich seit mehr als 50.000 oder gar 60.000 Jahren in Europa und auf der ganzen Welt existiert. In dieser fernen Vergangenheit soll es laut Lehrmeinung noch gar keine modernen Menschen in Europa gegeben haben. Wer war die rätselhaften Erbauer und warum sprechen Historiker oder Archäologen nicht darüber?

In solchen ehemals verschütteten Gewölben konnten Artefakte freigelegt werden, die aus Legierungen von Metallen wie Eisen, Messing und Aluminium bestehen. Besonders Aluminium ist problematisch, weil laut gültigem Wissensstand erste Mengen von reinem Aluminium erst seit dem frühen 19. Jahrhundert hergestellt werden konnten. Darüber hinaus finden sich in solchen wenig beachteten archäologischen Stätten Steintafeln mit Schriftzeichen der mysteriösen *Donau-Kultur*. Man nennt sie eigentlich die *Vinča-Kultur*. Dabei handelt es sich um die erste bekannte, jungsteinzeitliche Kultur Südosteuropas, die sich zwischen dem heutigen Mittelmeer und dem Schwarzen Meer ausbreitete. Ihr Zentrum lag auf dem Gebiet des modernen Serbien und erstreckte sich bis Rumänien. Über die Vinča-Kultur ranken sich einige Mythen, und sie soll zwischen 5.700 bis 4.500 v.Chr. existiert haben. Ihr Ursprung wäre somit fast 8.000 Jahre alt, aber es ist unbekannt, wo und wann diese Kultur entstanden sein könnte. Sie kannte bereits die Bearbeitung von Metall wie Kupfer und besaß das erste bekannte System einer Symbol-Schrift der Welt. Die ersten archäologischen Relikte wurden im Jahr 1908 im Dorf Vinca in der Nähe von Belgrad gefunden, an den Ufern der Donau. Diese Überreste beweisen, dass es sich um eine vollständig entwickelte Zivilisation handelte. Sie ist älter als jene von Sumer oder Ägypten, und es gab bereits typische Städte mit einem komplexen Baumuster und zweistöckigen Gebäuden mit vielen Zimmern. Es gab Landwirtschaft, und die Metallurgie zeigt sich in bereits entwickelter Form.

Wie und woraus sich die Symbolschrift der Vinča-Kultur entwickelt hat, ist unbekannt, denn sie gilt nach wie vor als nicht entzifferbar. Mit einem Alter von bis zu 5.300 Jahren wären sie somit älter als antike sumerische Schriftzeichen. Einige Forscher haben vorgeschlagen, dass es sich um die Hinterlassenschaften einer uns unbekannten alteuropäischen Kultur handelt, aber alle wissenschaftlichen Versuche, die rätselhaften Symbole der Donau-Schrift zu entziffern, sind bis heute erfolglos geblieben. Vielleicht sind es wirklich Schriftzeichen einer unbekannten Zivilisation des steinzeitlichen Europas, über das wir so wenig wissen. In wenigen Artikeln und Publikationen werden die sonderbaren Figuren der Vinča-Kultur gezeigt, die zumeist aus Sandstein hergestellt sind. Sie weisen zoomorphe Eigenarten auf und zeigen Humanoiden mit nicht-menschlichen Gesichtern. Sie haben große Augen, spitze Nasen und offene Münder, einige Archäologen sehen darin eine Mischung aus Reptil und Mensch. Einige DNS-Proben wurden ausgewertet, was zu der Erkenntnis führte, dass dieser antiken Population von Menschen nur wenige moderne Europäer entstammen. Die dargestellten Wesen sind wohl Götter und Göttinnen, die eine wichtige Botschaft hinterlassen haben. Obwohl die Donau-Schrift nicht als solche anerkannt wird, muss darauf hingewiesen werden, dass sie aus rund 700 verschiedenen Symbolen besteht, und das gleicht in etwa der Anzahl an ägyptischen Hieroglyphen.

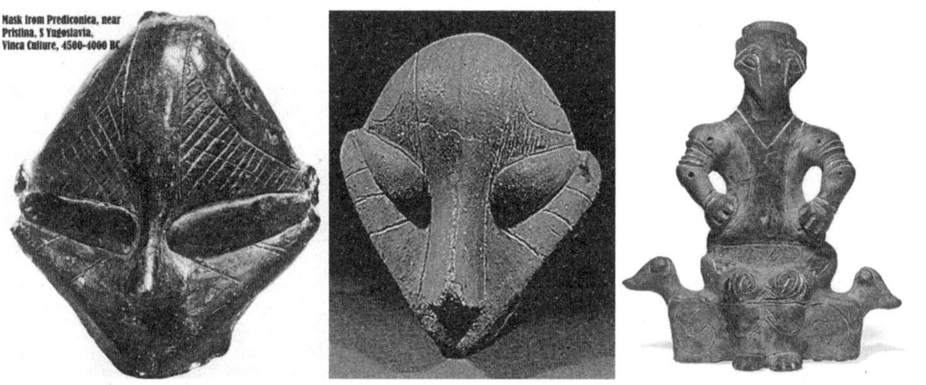

Abb. 63: Seltsame Figuren der Vinča-Kultur mit einem angenommenen Alter von bis zu 6.500 Jahren

Einige Gelehrte denken, dass wir hier Abbildungen von außerirdischen Wesen sehen, die die Menschheit in der Vergangenheit besucht hat. Denn warum sonst hätten die Menschen dieser Kultur uns 2.000 bis 3.000 dieser seltsamen anthropomorphen Figurinen hinterlassen sollen? Ist ein Besuch von außerirdischen Göttern die Erklärung für die Entstehung dieser mysteriösen Kultur und ihrer Errungenschaften? Die Köpfe mit den großen Augen sind meist oval oder dreieckig, die Augen wie Mandeln und sie haben dunkle Pupillen. Viele der Gesichter haben kleine Münder und keine Lippen. Die Köpfe sind insgesamt in Proportion zu groß für die kleinen Körper und die Farbe der Statuen variiert von braun zu blaugrau. Auf jeden Fall stellen die Merkmale dieser Kultur in der Archäologie eine Anomalie dar, weil es sich um eine vollständig entwickelte Stufe der Kultur handelt, die aus dem Nichts erscheint, während der Rest der Menschheit angeblich noch als steinzeitliche Jäger und Sammler durch die Lande streifte, obwohl die Vinča-Kultur offenbar mit anderen Gruppen Tauschhandel betrieb. Unter den mehr als 3.000 Statuetten finden wir, wie gesagt, Darstellungen von fremdartigen Wesen, die eigentlich wie moderne Grey-Aliens anmuten. Andere ähneln Hybrid-Wesen, die halb menschlich und halb reptilienhaft aussehen. Die überdimensionierten Köpfe könnten in der Tat Masken oder sogar Helme von antiken Raumfahrern darstellen. Solche Wesen könnten den Menschen bei ihrem technologischen Sprung in die Zivilisation behilflich gewesen sein. Weil man sie deshalb als Götter betrachtet hat, ist es vorstellbar, dass sie dieses Wissen von anderen Planeten oder aus einer verborgenen Unterwelt mitgebracht haben. Ähnliche Darstellungen findet man bei vielen frühen Kulturen in aller Welt.

Abb. 64: Weitere Vinča-Artefakte, die eine starke Ähnlichkeit mit den Objekten aufweisen, die in Österreich ausgegraben worden sind. Man sieht auch hier einen Wagen mit Rädern.

Hervorstechend unter den Figurinen der Vinča-Kultur sind Stücke mit eigenartigen Wagen, die drei große Räder mit Speichen besitzen – ein Artefakt, wie es auch in Klosterneuburg freigelegt worden ist. Deshalb ist anzunehmen, dass diese prähistorische Kultur bereit das Rad kannte und seit langer Zeit nutzte! Eines dieser Objekte wurde vom Kurator des Nationalmuseums von Ungarn entdeckt. Man sieht eine weibliche Gottheit, die in diesem Wagen fährt, der möglicherweise nicht von Tieren gezogen worden ist und die bevorzugte Transportmethode solcher Wesen zeigt. In der Nähe von Belgrad haben Archäologen zwei solcher Wagen aus Terrakotta gefunden, in denen wir humanoide Vogelmenschen sehen. Diese Objekte befinden sich heute im Nationalmuseum von Serbien in Belgrad. Forscher nehmen an, dass diese Kunstgegenstände etwa 5.500 Jahre alt sind. Dr. Kusch erläutert, dass die Vinča-Kultur offiziell die erste Zivilisation war, die Metall verarbeiten konnte. Sie breitete sich entlang der Donau nicht nur bis in den Osten Österreichs aus, sondern man findet ihre Spuren auch in Bayern bis nach Regensburg oder Münchshöfen sowie nach Sachsen-Anhalt nach Goseck hinein, wobei der Archäologie insgesamt tausende Funde dieser prähistorischen Kultur bekannt sind. Man hat ihr in verschiedenen Teilen Europas andere Namen gegeben, denn in Österreich und Deutschland wird sie als *Lengyel-Kultur* bezeichnet.

Immer mehr Forscher glauben, dass außerirdische oder nicht-menschliche Wesen in der fernen Vergangenheit mit den antiken Zivilisationen der Welt in Kontakt gestanden haben. Es gibt als Hinweise darauf nicht nur diese Figuren, Statuen oder Texte, sondern auch unerklärliche Megalith-Monumente und technologische Artefakte. Eine weitere Spur führt uns zum unbekannten Ursprung der Landwirtschaft sowie der Herkunft der Nutztiere und der Nutzpflanzen. Es ist bekannt, dass die Vinča-Kultur schon Schweinezucht betrieb, wobei keine originale DNS von den Vorfahren dieser Nutztiere identifiziert werden kann. Keine vorgebliche Domestizierung über einen Zeitraum von 2.000 Jahren ist im Genom von Schweinen nachzuweisen. Woher die ersten Landwirte gekommen sind, als sie Europa erreichten, ist ebenfalls unklar. Sie kannten bereits das Rad, bearbeiteten Metalle, stellten Kleidung her, bauten Städte, besaßen auch Religion und eine soziale Gesellschaftsstruktur. Warum findet man Steintafeln mit Schriftzeichen der Vinča-Kultur in verschütteten unterirdischen Anlagen in Österreich, wobei diese Artefakte nicht bis zu 8.000 Jahren, sondern bis über 60.000 Jahre alt sein könnten? Worin besteht das wahre Geheimnis der fernen Vergangenheit, das uns diese Kulturen hinterlassen haben?

In seinen vielen Vorträgen referiert Dr. Heinrich Kusch darüber, dass seine Entdeckungen in Österreich steinzeitliche technologische Artefakte wie z.B. einen Teil einer Strömungs-Turbine umfasst, die aus einer Messing-Legierung hergestellt worden ist und einen hohen Anteil an Aluminium besitzt. Diese Objekte wurden in einer Sedimentschicht freigelegt, die sich in der *12 Apostel Zeche* in Klosterneuburg befindet. Diese wurden unter Ebenen freigelegt, die seit der

Römerzeit unberührt waren. Datierungen von Proben dieser Anlage an Universitäten haben gezeigt, dass viele dieser Relikte bis zu 60.000 Jahre oder noch älter sind! Sie stammen von einer Gruppe von nichtmenschlichen Wesen, die zeitlich nicht einzuordnen sind. Untersuchte uralte Metall-Artefakte dieser prähistorischen Kultur bestehen aus einer Legierung von Eisen, Aluminium, Mangan, Silicium, Titan sowie einer ganzen Liste von Spuren anderer Metalle. Die Existenz dieser Stücke lässt für Archäologen die Möglichkeit offen, dass es sich tatsächlich um außerirdische technologische Hinterlassenschaften der Altsteinzeit handelt! Die Metallobjekte sind gut dokumentiert. Sie sind zusammen mit Keramik-Statuen in altsteinzeitlichen Sedimenten freigelegt worden. Durch Materialanalysen ist man beispielsweise dahintergekommen, dass einige Steingefäße aus Kalium, Wismut und Blei 214 bestehen, und es sich hierbei vermutlich um die ältesten bekannten Batterien handelt. Auf den Steintafeln dieser Kultur ist zu sehen, dass sie als Energiequelle für Lampen gedient haben könnten, mit denen man die unterirdischen Anlagen beleuchtet hat. Solche oder ähnliche Technologien sind offenbar noch bis zum Mittelalter eingesetzt worden, weil man derartige Glaslampen in der *12 Apostel Zeche* ausgegraben hat, die keine Spuren von Ruß von Fackeln aufweist.

Die vom Ehepaar Kusch entdeckten Figurinen dieser Kultur ähneln den Artefakten der Vinča-Kultur, doch Datierungen an mehr als zwanzig Universitäten haben gezeigt, dass sie mehr als 60.000 Jahre alt sind. Die Ausgrabung zeigt, dass die Artefakte sorgfältig angeordnet und eingegraben worden sind, um sie für die Nachwelt zu erhalten. Einige Steinwerkzeuge dieser Kollektion sind eindeutig das Produkt maschineller Bearbeitung. In versiegelten Gefäßen befinden sich verschiedene Holzstücke, die man ebenfalls datiert hat, die wiederum ein prähistorisches Alter von über 55.000 Jahren aufweisen! Anhand von Größenvergleichen ergibt sich der Hinweis, dass die dargestellten prähistorischen humanoiden Wesen mit den großen dreieckigen Köpfen, die in Form von Keramikstatuen in verschiedenen Posen dargestellt sind, bis zu drei Meter groß gewesen sein könnten. Das Besondere ist, dass man auf diesen Artefakten Vinča-Schriftzeichen finden kann. Das zeigt, dass diese Kultur nicht bis zu 8.000 Jahre, sondern ihre Ursprünge viel weiter in die unbekannte Vergangenheit zurückzuverfolgen sind. Dr. Kusch erklärt, dass es sich ohne Zweifel um ein Schriftsystem handelt, das mehr als 60.000 Jahre alt ist und einen außerirdischen Ursprung besitzt. Man erkennt auf den geborgenen Steintafeln zudem Darstellungen von fliegenden und abgestürzten UFOs, außerirdischen Gottheiten sowie erste Menschen mit runden und langen Schädeln! Auch Pyramiden, die an ihrer Spitze Energien ausstoßen, kann man erkennen. Unter den hunderten Objekten befinden sich merkwürdigerweise nur drei Darstellungen von menschlichen Gesichtern. Es sind außerdem astronomische Hinweise auf den Steintafeln vorhanden, die darauf hindeuten, dass die fremden Wesen aus dem Sonnensystem Aldebaran stammten. Insgesamt 80 Prozent der datierten Knochen- und Holzproben dieser Ausgrabungsstätte sind älter als 50.000 bis 60.000 Jahre und stammen daher aus einer unbestimmten Epoche der fernen Vergangenheit. In dieser Zeit wurden auch die ältesten unterirdischen Anlagen im heutigen Österreich durch fortschrittliche technologische Geräte angelegt.

Heinrich und Ingrid Kusch schreiben in ihrem Buch über die geheimen Unterwelten, und darüber, dass sich über ganz Europa oder gar die ganze Welt hinweg ein prähistorisches Kommunikations- und Transportnetzwerk gespannt hat, das auf energetischer Basis funktioniert. Es war mindestens bis zum Mittelalter hinweg nutzbar und ist dann laut noch erhaltener und zugänglicher Dokumente außer Betrieb gesetzt worden. Die beiden Forscher haben jahrelang nach originalen Quellen gesucht, doch die meisten Schriften, die auf diese Unterwelten hinweisen, sind bereits verschwunden oder irgendwo unter Verschluss. Aus dem Buch geht hervor, dass die originalen Quellen besagen, dass zwischen dem 16. und 17. Jahrhundert die meisten bekannten Zugänge versiegelt worden waren. Im Jahr 1580 hat die Kirche zum Beispiel festgelegt, dass eine unterirdische Anlage in Klosterneuburg verfüllt werden sollte. Dr. Kusch schreibt, dass der heutige Eigentümer einen Teil der Anlage in mühevoller, jahrzehntelanger Arbeit wieder freigelegt hat, und dass die originalen Hohlräume wohl künstlich aus dem Felsgestein herausgeschnitten wurden, und zwar von unbekannten Wesen und ihrer Technologie. Seit damals wurden diese Gewölbe, die in unbekannte Tiefen führen, über die ganze bekannte Geschichte hinweg benutzt. Aus dem mittelalterlichen Schreiben geht hervor, dass dort in Klosterneuburg ein unheilvoller schwarzer Stein in Kisten verpackt werden sollte, bevor man die Anlage jahrelang mit Schlamm versiegelte. Der Eigentümer hat nach Bekanntwerden der Ausgrabung zahlreiche Kaufangebote aus aller Welt erhalten und konnte herausfinden, dass sich dahinter die Interessen des Heiligen Stuhls in Rom und diverser Freimaurerlogen verbergen. Ein Detail am Rand lautet, dass auch der berühmte Wundermann, der Graf von St. Germain, sich im 18. Jahrhundert in Klosterneuburg aufgehalten hat, weil man einen Teil einer seiner Transportkisten fand, und zwar in einem verschütteten Schacht. Die beiden Autoren glauben, dass die Kirche und vermutlich auch die globale Freimaurerei in die Vertuschung der wahren Geschichte der Menschheit verwickelt ist, da unterirdische Anlagen in ganz Europa mysteriöse Geheimnisse der fernen Vergangenheit in sich bergen.

Andere Schriften aus dem 16. Jahrhundert erwähnen, dass bis zu dieser Zeit noch Handelskontakte mit unterirdisch lebenden Völkern unter Österreich gepflegt wurden. Das belegen zum Beispiel archivierte Unterlagen der AVA (*Adels Verwaltungs Archiv Wien*). Offenbar gab oder gibt es diese nicht-menschlichen Zivilisationen nicht direkt unter der Erdoberfläche, sondern viele Kilometer tief im Erdmantel verborgen. Nur Vertretern des Adels und der Kirche haben darüber Bescheid gewusst, und selbst dieses Wissen wurde seit Jahrhunderten aus dem nationalen Gedächtnis Österreichs gelöscht. Weil in der Anlage in Klosterneuburg, der *12 Apostel Zeche*, auch Hinweise auf das Wirken von Tempelrittern gefunden wurden, ist naheliegend, dass dieser Orden in verborgenes oder gar verbotenes Wissen eingeweiht war. Einiges deutet darauf hin, dass sie im Jahr 1226 n.Chr. darüber Bescheid wussten, dass in der Antike fremde Rassen unseren Planeten besucht haben. Vielleicht sind einige von ihnen immer noch hier und haben sich mit ihrer fortschrittlichen Technologie bewohnbare Regionen im Erdmantel zunutze gemacht. Ein Text aus dem Jahr 1592 berichtet von der Entdeckung eines unterirdisch lebenden Volkes namens *Kamen*, mit dem bis 1580 im obersteirischen Bergland Handel betrieben wurde, bis die Kirche jeglichen Kontakt unterbrochen hat. Bauern in ganz Österreich sollen noch bis Ende des Zweiten Weltkriegs viele sonderbare Artefakte aus solchen unterirdischen Anlagen besessen haben, wobei diese später von russischen Soldaten beschlagnahmt und in die Sowjetunion verbracht worden sein sollen. Klosterneuburg soll heutzutage von so großem Interesse sein, dass sogar die NASA, die CIA oder der israelische Geheimdienst Mossad große Anstrengungen unternehmen, um die Hohlräume unter der Stadt zu erforschen. In den Jahren 2018-2019 gab es geheime Messungen, wobei Hohlräume in über 30 Kilometer Tiefe festgestellt worden sein sollen. Dort könnten sich in großer Tiefe die immer noch bewohnten Habitate und Städte dieser legendären Nichtmenschen befinden. Einige der beteiligten Techniker sollen laut dem Forscherpaar Kusch vorher bei der Erforschung der Bucegi-Anlage in Rumänien im Einsatz gewesen sein.

Diese Zeugen liefern uns einige kleine Einblicke in eine geheime Welt, die nur mächtigen Organisationen und Regierungen bekannt ist, die es aber laut offiziellem Standpunkt der Archäologie und Geschichtsschreibung nicht geben darf. Dr. Kusch weist darüber hinaus auf eine Verbindung der Tempelritter mit der ISAIS-Legende hin, wonach die Göttin ISAIS mit ihrem kupferfarbenem Haar einen sagenhaften schwarz-lila Stein mit wunderbaren Kräften aus der Unterwelt geholt und den Tempelrittern im Laufe des 13. Jahrhundert übergeben hat. So entstand der *Orden der Herren vom Schwarzen Stein*. Als einige Kreuzritter im Jahr 1220 nach Österreich zurückkehrten, erschien diesen Templern eine göttliche Gestalt. Es soll sich um ISAIS gehandelt haben, die aus Ninive im alten Babylon bekannt war. Sie wies die Tempelherren an, zum Untersberg zu gehen und ihr zu Ehren ein Haus oder einen Tempel zu errichten. Zwischen 1226 und 1238 wurden auf diese Weise Gespräche und Prophezeiungen von ISAIS aufgezeichnet, die gesammelte »Isais-Offenbarung«. Andere Informationen stammen von der Göttin ISHTAR. Beide berichteten den Templern über das Heraufdämmern eines neuen, goldenen Zeitalters. ISAIS erklärte, dass sie als Halbgöttin das Ziel verfolgt, die Mächte der Finsternis im Himmel und auf Erden zu zerstören. Dabei war ihr vor allem die Zerstörung der römischen Kirche ein Anliegen, da diese Jehova als allmächtigen Gott anbete, den ISAIS mit Satan gleichgesetzt hat. Ein Weg, ihn zu besiegen, war der mysteriöse achtseitige Stein, ein Kristall mit dem Namen ILUA. Er musste immer in Haarsträhnen aus Frauenhaar eingewickelt bleiben und wurde ursprünglich im Untersberg verborgen. Die vorhergesagte Zeit von ISAIS/ISHTAR soll kommen, wenn 1.000 Jahre vergangen sind und die Erde mitsamt ihren Völkern ins Goldene Zeitalter eintreten wird. Dann soll die weibliche Macht den alttestamentarischen Gott Jehova besiegen, wobei sich die Göttin der Liebe in eine Göttin des Krieges transformieren soll, um Satan niederzustrecken, wenn der Zeitpunkt dazu gekommen ist. Die alten Überlieferungen der Templer lauten, dass ISHTAR verkündet hat, dass sie von den antiken Göttern auserkoren wurde, zur Gottheit von Babylon ernannt zu werden. Die Babylonier waren in ihren Augen ein ausgezeichnetes (indogermanisches) Volk, doch der unvorhergesehene Zuzug einer hebräischen Minderheit ruinierte angeblich den Plan, Babylon zur antiken Hauptstadt der Welt zu machen. Demzufolge ist das Volk, das den alten Babyloniern am engsten verwandt war, germanisch. Es waren Germanen inklusive Franken mit deutscher Herkunft. Darum hat ISAIS passende Mitglieder der Templer ausgewählt, ihr in Österreich und Berlin neue Tempel zu errichten. Die neue Hauptstadt sollte über einem dieser geheimen Tempel errichtet werden, in dem alles nötige Wissen zum Eintritt ins Goldene Zeitalter hinterlegt ist. Auf diese Weise ist im Jahr 1237 Berlin-Tempelhof entstanden. Das neue Reich sollte von Berlin über Wien bis Paris reichen, doch die Pläne wurden gestört, als die Kirche schließlich davon erfuhr und das große Werk der Templer und ihrer Verbündeten aufhalten wollte, als der Orden im Jahr 1307 verboten und seine Mitglieder verfolgt und ermordet worden sind. Der weiblich schwingende Kristall ILUA hat ein männliches Gegenstück namens GARIL, den man auch als den „heiligen Gral" bezeichnet. Beide zusammen erschaffen die höchste Schwingung ILUHE. Die Prophezeiungen betreffen somit das aktuelle Weltgeschehen, und wir sehen bereits, dass sich ein großer Kampf der Mächte des Lichts gegen die Mächte der Finsternis anbahnt.

Um wieder zu den Erkenntnissen aus dem Buch »Geheime Unterwelt« zurückzukehren: Heinrich und Ingrid Kusch schreiben, dass im Archiv des AVA in Wien eine Kopie einer anderen originalen Schrift aus dem Jahr 1512 vorhanden ist. Dort werden zwei adelige Familien erwähnt, die Wurms und die Rammings. Der Familienname Wurm leitet sich demnach von einem historischen Kampf gegen einen echten Drachen ab, der im Dokument als halb menschlich und halb reptilienartig charakterisiert ist. Der Drache soll zu einer ganzen Rasse solcher Wesen gehört haben, die in Kontakt mit den Vertretern von Österreich gestanden haben. In Kärnten gab es einen Zugang zum Gebiet eines anderen subterranen Volkes namens *Kara*. Abgesandte Tibeter im Dienst des Panchen-Lama sollen sich vor einigen Jahren zum Ort Guttaring begeben haben, um einen Weg zur Kontaktaufnahme mit diesen unterirdischen Echsen (*Lizards*) zu finden. In der buddhistischen Tradition von Tibet kennt man diese Wesen auch als *Nagas*, die ein weiträumiges Königreich unter der Erde besitzen sollen. In Tibet wurde offenbar ein altes Dokument gefunden, das um das Jahr 1800 datiert ist und aus Österreich stammt. Darauf sollen die damals noch bekannten Zugänge zur Unterwelt in Guttaring genau erwähnt sein. Diese Zugänge zum tiefen, bewohnten Untergrund unseres Planeten fanden sich in ganz Österreich in Form von senkrechten Schächten, bevor sie verfüllt wurden oder man sakrale Gebäude darüber errichten ließ, um sie zu verbergen.

In sehr alten Abschriften historischer Dokumente, die auf die Lindwurm-Sage in Kärnten hinweisen, ist festgehalten, dass der Wurm ein reptiloides Wesen gewesen ist, das halb Mensch und halb Reptil war. Offenbar gab es Kooperationen zwischen Menschen und den Echsenwesen, bis es zu schwerwiegenden Differenzen kam. Der Hintergrund des Streits war, dass Oberflächenmenschen die Echsenwesen wegen Niedertracht hintergangen haben. Aus anderen Quellen geht wiederum hervor, dass es auch reale Drachenwesen gab, wie man sie auf unzähligen Wappen sieht. Das Aussehen der Angehörigen der unterirdischen Völker geht aus den verfügbaren Schriften nicht genau hervor. Es wird jedoch vermutet, dass sie ebenfalls halb Mensch und halb Tier waren, wobei auf Sagengestalten aus dem Alpenraum verwiesen wird, die Hufe an den Füßen hatten. Auch Zwerge kommen in Frage, weil diese Völker immer in Zusammenhang mit Bergbau erwähnt werden. Andere Quellen enthalten Informationen über schwarze Gestalten und Höllenteufel aus der Unterwelt.

Einige vielsagende Illustrationen solcher Wesen kann man den Bildbänden von Olaus Magnus (1490-1557) entnehmen. Er war ein Geistlicher aus Schweden, und sein bekanntestes Werk trägt den Titel »Historia de Gentibus Septentrionalibus« (dt. Beschreibung der Völker des Nordens) aus dem Jahr 1555. Darin finden sich Beschreibungen von Sagengestalten und legendären Monstern. In Bezug auf die Wesen der Unterwelt im Bergbau findet man dort Abbildungen von Kobolden und Teufeln sowie von Drachen/Würmern. Im deutschen Sprachraum hat man derartige Gestalten als gewalttätige Bergteufel oder Unter-Tage-Dämonen (daemon subterraneus) charakterisiert. Solche Sagengestalten waren vor allem in Bergwerken zu finden. Gutartige Vertreter von Berggeistern hat man „Bergmännlein" oder „Bergmännchen" genannt.

Georg Bauer (auch Georgius Agricola, 1494-1555) war ein deutscher Arzt und Forscher, der als Begründer der Bergbaukunde bekannt ist. Dieser Gelehrte veröffentlichte einige Schriften wie »Bermannus« oder »De animantibus subterraneis«, in denen er historische Erzählungen von Bergleuten verarbeitet. Dort ist von Dämonen die Rede, welche die „Unterirdischen" oder „Lichthasser" genannt wurden! Das waren keine Geister, sondern physische, menschenähnliche Kreaturen, die als bösartig und gefährlich galten. Der deutsche Mönch Johannes Trithemius (1462-1516) war ebenfalls ein Gelehrter und Magier, der solchen Wesen in seinem Werk »De animantibus« lateinische Namen verliehen hat: *Bergteufel* (daemon subterraneus truculentus) und *Bergmennel* (daemon subterraneus mitis). Auch er schreibt nicht von substanzlosen Geistern, sondern von realen Lebewesen. Bei Olaus Magnus werden Berggeister oder Kobolde als Teufel dargestellt, die Menschen bei der Arbeit helfen. Sie haben große Ohren, Hörner, lange Schnauzen, Krallenhände und Krallenfüße.

In anderen Dokumenten aus dem 16. Jahrhundert ist davon die Rede, dass die Pforten zur Unterwelt bzw. zur Hölle verschlossen worden sind, nachdem es über einigen Städten Europas zu erstaunlichen Himmelsphänomenen gekommen ist, zum Beispiel in Basel oder Nürnberg, was ich in Kapitel 1 erwähnte. Somit wurden auch alle Zugänge zu den Völkern der Unterwelt verschlossen, deren fortschrittliche Technologie sicherlich mit den Himmelsphänomenen und Luftschlachten zu tun hatten. Daneben war damals bekannt, dass diese nichtmenschlichen Völker Wägen und Maschinen zum Transport eingesetzt haben, die den oberirdischen Zeitgenossen wie Magie erschienen sein müssen. Ein anderes dieser Völker waren die *Uni*, und wieder andere Wesen waren die *Schwarzen*, teufelhafte oder drachenhafte Gestalten, die unter Tage in Bergwerken arbeiteten. Sie sind in diversen Dokumenten so dargestellt. Einige dieser Technologien zum Bergbau wurden den Österreichern laut den Unterlagen sogar zur Verfügung gestellt, und man hat ihnen erklärt, wie sie funktioniert. Das änderte sich dann, nachdem die Kirche anlässlich des Konzilsbeschlusses von Trident im Jahr 1554 gemeinsam mit dem europäischen Adel die seit Jahrhunderten bestehenden Beziehungen aus mehreren Gründen beendet hatte, und innerhalb weniger Jahre unglaubliche Bemühungen unternahm, um europaweit fast alle Verbindungswege zu ihnen zu verschließen.

Abb. 65: Darstellung eines Bergteufels und eines Kobolds, die für Menschen Arbeiten verrichten; »Historia de Gentibus Septentrionalibus« aus dem Jahr 1555

Abb. 66: Eine zweite Darstellung eines schwarzen Bergteufels bei der Arbeit unter Tage; »Historia de Gentibus Septentrionalibus« aus dem Jahr 1555

3 Ein ehemaliger hochrangiger russischer General gibt bekannt, dass Außerirdische hier sind

Der russische General Leonid Grigoryevich Ivashov gab Mitte 2021 bekannt, dass er darüber Bescheid weiß, dass Außerirdische uns besuchen, aber meist kein feindliches Verhalten zeigen. Weil sich im Jahr 2021 die öffentliche UFO-Debatte immer mehr hochgeschaukelt hat, haben einige Personen mit militärischem sowie mit Geheimdienst-Hintergrund die Gelegenheit genutzt und sich in den Medien dazu geäußert. Leonid Ivashov hat erklärt, dass Aliens in der einen oder anderen Form auf dem Planeten Erde präsent sind. Bis jetzt haben sie allerdings noch keinen größeren Schaden verursacht. Sie haben Erdlingen oder andere Lebewesen nicht geschadet oder unsere Infrastruktur angegriffen. Ivashov kommt in Dr. Greers Film »The Cosmic Hoax« zu Wort und ähnlich wie andere wichtige Eingeweihte gibt er bekannt, dass diese außerirdischen Wesen viel mehr an der Erhaltung des Planeten Erde interessiert sind. Wenn Regierungen versuchen, das gesamte UFO-Phänomen als eine gefährliche Bedrohung darzustellen, dann entspricht das nicht den Fakten.

Ein Bericht, der hier noch Erwähnung finden sollte, besagt, dass russische Forscher im Jahr 1979 das Wrack eines außerirdischen Raumschiffs im Erdorbit lokalisiert haben. Obwohl Russen nicht offiziell auf dem Mond gelandet sind, so haben sie es doch geschafft, vor den USA im Weltraum zu operieren. Auch auf russischer Seite gab es Begegnungen mit dem UFO-Phänomen, und diese Ereignisse waren bis zur Auflösung der Sowjetunion ebenfalls streng geheim. Es gab viele aufsehenerregende UFO-Vorfälle, die in Russland stattgefunden haben. Eine dieser Berichte betrifft das Wrack eines außerirdischen Raumschiffs, das im Jahr 1979 vom russischen Astrophysiker Sergei Boshich entdeckt worden ist. Der Professor hat gegenüber seinen ausländischen Kollegen behauptet, ein Schiff im Erdorbit lokalisiert zu haben, das in mehrere Teile zerbrochen ist. Dazu erschienen in den USA und in England verschiedene Nachrichtenmeldungen in Wochenzeitungen.

Der UFO-Forscher Alexander P. Kazantsev, der ebenfalls davon unterrichtet war, sagte aus, dass das außerirdische Raumschiff mindestens 60m lang und 30m breit war. Es besaß kleine Dome, die Teleskope beherbergten sowie scheibenförmige Antennen zur Kommunikation und Sichtluken. Sowjetische Wissenschaftler wie der Geologe Alexei Zolotov und der Physiker Vladimir Azhazaha aus Moskau haben den Bericht ebenfalls bestätigt. Sie erklärten, dass dieses mysteriöse Raumschiff in zehn Teile explodiert war, und zwar nur zwei Jahre vor dem Start von Sputnik-1 im Dezember 1955. Jedes Bruchstück war demzufolge etwa 30m lang. Die sowjetischen Forscher bemerkten nebenbei, dass es in den Wrackteilen auch tote Körper der außerirdischen Besatzung geben sollte, deren Größe vermutlich bis zu 2,75m beträgt. Forscher im Westen blieben skeptisch und sagten, dass sie keine solchen Objekte registriert hätten, doch Vladimir Azhazha erwiderte, dass es sich nicht um Meteore gehandelt haben kann, weil diese keinen Umlaufbahnen folgen und auch nicht spontan explodieren. Wenn wirklich die Trümmer eines außerirdischen Raumschiffes die Erde umkreisen, dann könnte dieses Schiff Geheimnisse enthalten, die man sich nur schwer vorstellen kann. Die Russen schlugen deshalb vor, eine Rettungsmission zu starten und das Schiff auf der Erde wieder zusammenzusetzen, um seine Technologien zu studieren.

Der US-Wissenschaftler John Bagby meldete im Dezember 1955 die Entdeckung von zehn kleinen Monden im Erdorbit, die zuvor von einem größeren Objekt abgebrochen sind. Damals nahm man an, dass eine russisch-amerikanische Mission geplant war, um die Trümmer eines Schiffs von einem anderen Planeten im Weltraum zu bergen. Doch kurz darauf geriet die ganze Geschichte in Vergessenheit und es wurde nicht mehr darüber geschrieben. Die russischen Forscher waren sich jedoch sicher, dass diese Objekte dort waren, weil sie mittels Computeranalysen die Flugbahnen der Bruchstücke verfolgten und daraus ableiten konnten, wann ihre Orbits begonnen hatten und zu welchem ungefähren Datum das Schiff zerbrochen war. Dies geschah am 18. Dezember 1955 infolge einer mächtigen Explosion in einer Höhe von rund 2.000km über dem Erdboden. Die Größe des Schiffs weist darauf hin, dass es verschiedene Ebenen besaß, und wenn dem so war, dann sollten sich außerirdische Körper damals noch immer an Bord befunden haben.

Eine andere Entdeckung ist hier ebenfalls von Interesse. Es handelt sich um Beweise für außerirdisches Leben, die im Jahr 1970 durch die russische Sonde Luna-16 zur Erde gelangt sind. Die UdSSR führte die erste Mondlandung durch, wobei Luna-Sonden schließlich auch Proben vom Mond mitgebracht haben, die in versiegelten Behältern transportiert worden sind, um Kontamination zu verhindern. Solche Proben von Regolith der Luna-16-Mondmission wurden im September 1970 zur Erde gebracht und analysiert. In den folgenden Jahren hat man die Beweise gefunden, dass sich Mikrofossilien auf dem Mond befinden, die von Meteoriten stammen. Fotografien dieser Strukturen wurden von Biologen der *Russischen Akademie der Wissenschaften* eingehend studiert, um mehr Details zu erforschen. So kam man dahinter, dass einige der Fossilien vom

Mond einigen Spezies der Erde ähnlich sehen, die wir von Bakterien kennen. In den Jahren 1994 und 1999 wurden die Ergebnisse auf einer Konferenz über Astrobiologie in Denver präsentiert. Damals sagten die russischen Forscher, dass sie Mikrofossilien von Lebewesen entdeckt haben, die von Meteoriten stammen, die ursprünglich aus dem tiefen Weltraum kamen – weit jenseits des Monds. Somit beweisen diese Fossilien, dass Leben schon vor langer Zeit im Weltraum existiert hat, obwohl Mainstream-Wissenschaftler diese Tatsache noch immer nicht anerkennen wollen.

4 Ein ehemaliger CIA-Agent sagte aus, dass Aliens pro Jahr mehr als eine Million Menschen entführen

Ein ehemaliger CIA-Mitarbeiter namens Derrel Sims, der auch als *The Alien Hunter* bekannt ist, veröffentlicht auf seine Webseite *TheAlienHunter.com* in diversen Interviews seit Jahren sehr wichtige Dinge über das Phänomen der Alien-Entführungen. Er befasst sich persönlich seit mehr als 38 Jahren mit diesem Phänomen, wobei sein Fokus dabei auf physischen Beweisen für Entführungen durch Außerirdische liegt. Das führte nicht nur zur Entdeckung von Implantaten, sondern der ehemalige Militärpolizist und Geheimdienstler ist heute davon überzeugt, dass eine ET-Organisation existiert, die ähnlich wie ein Geheimdienst funktioniert. Sims entdeckte das Phänomen der Alien-Implantate bereits im Jahr 1960. Er entwarf daraufhin erste Analyse-Protokolle und führte öffentliche Operationen an Entführten aus, wobei die aus ihren Körpern herausgeholten Implantate dann ab den 1990er-Jahren getestet worden sind. Diese Arbeit wurde von Dr. John Mack unterstützt. Inzwischen besitzt Derrel Sims die wohl größte Sammlung von physischen Beweisen für unerklärliche Implantate, die Beweise für den Kontakt mit außerirdischen Wesen darstellen. Die Implantate sind so etwas wie Geräte außerirdischen Ursprungs. Damit wird es Aliens möglich, Einblicke ins menschliche Bewusstsein zu erlangen. Es handelt sich meistens um winzige Objekte, die aus Strukturen bestehen, die wie Keramik, Plastik oder Metall wirken. Sie werden üblicherweise unter die Haut implantiert, ohne Narben zu hinterlassen, um das Bewusstsein zu erforschen und auch das Verhalten der Entführten zu verändern. Im Laufe der Jahre hat Sims mehr als 2.000 Fälle von Alien-Entführungen untersucht, und im Rahmen seiner Tätigkeit bei der CIA hat er darüber hinaus noch Zugang zu geheimen Daten erlangt, welche er jetzt bekannt geben möchte. Er sagt, dass die Entführer meistens aggressive Kreaturen sind, die man als „Greys“ kennt, und denen man besser nicht begegnen möchte. Er kennt mehrere Arten solcher Humanoiden. Außer den Greys gibt es jene, die gewöhnlichen Menschen sehr ähnlich sehen. Es wurde ermittelt, dass einige dieser Aliens auf unserem Planeten mittels menschlicher DNS erschaffen worden sind! Die Anzahl an entführten Menschen liegt seinen Erkenntnissen zufolge bei rund einer Million pro Jahr.

Ein russischer UFO-Forscher gab im August 2022 bekannt, wie UFOs eigentlich das Universum bereisen. Es funktioniert nicht auf einer konstanten Flugbahn mit annähernder Lichtgeschwindigkeit von Sternsystem zu Sternsystem, dafür ist das Universum viel zu groß. Fortschrittliche ET-Zivilisationen benutzen elektromagnetische Felder für ihre Schiffe, um unser Sonnensystem zu erreichen. Dazu erklärte Valery Uvarov in seiner Funktion als Leiter des *International Information Center for Ufological Research* in einem Interview darüber, wie Außerirdische das Universum bereisen. Dr. Uvarov ist nicht nur ein UFO-Forscher, sondern auch für Paläo-Wissenschaft und Paläo-Technologie zuständig. Er sagt, diese Zivilisationen verwenden eine spezielle Art von Schiffen, die wir am Himmel sehen und „UFOs" nennen. Sie verwenden starke elektromagnetische Felder, um sich im Weltraum fortzubewegen. Mithilfe solcher Antriebe und Schiffe wird es möglich, bestimmte Passagen zwischen Orten herzustellen. Es funktioniert wie eine Stufe, wobei die Reisenden sich noch nicht einmal physisch vorwärts bewegen müssen. Andere ET-Zivilisationen, die diese Technologie nicht besitzen und linear von Punkt A nach Punkt B fliegen, können diesen Informationen zufolge nicht in unserem Sonnensystem erscheinen. Elektromagnetische Antriebe der Aliens können ihre Schiffe schneller und viel weiter in den Weltraum transportieren als jedes auf der Erde bekannte Antriebssystem der Menschheit, erklärt Valery Uvarov.

5 Apollo-15: UFO auf der Mondoberfläche

2021 hat ein weiterer anonym gebliebener Augenzeuge über ein erstaunliches Erlebnis berichtet, das während der Apollo-15-Mondmission stattgefunden haben soll. Dieser Informant war während dieser Zeit ein NASA-Mitarbeiter, der für Feuersicherheit und Ausrüstung zuständig war. Er beobachtete ein unerklärliches Ereignis während der Apollo-15-Mondlandung. Im Rahmen seines Auftrags als Feuerwehrmann erhielt er die Erlaubnis, abgesicherte Gebäude im *Johnson Space Center* zu betreten und zu überprüfen. Bei einer solchen Gelegenheit wurde er Zeuge eines Vorfalls, der als „streng geheim" eingestuft wurde. Während einer Routine-Inspektion mit einem Kollegen im Jahr 1971 geschah es, dass unvorhergesehene Dinge während der Mondlandung geschahen. Bei Apollo-15 kam es zum ersten Mal zum Einsatz eines Lunar-Rovers zwischen dem 30. Juli und 2. August 1971. Damals waren die beiden Astronauten David Scott und James Irwin auf der Mondoberfläche, und zwar auf der Vorderseite des Mondes in einer Mondrille, die man „Rima Hadley" nennt. Die beiden Astronauten haben die Umgebung mit dem Mond-Rover erkundet, was bei den vorhergegangenen Mondlandung nicht in diesem Umfang möglich war. In der Mondrille mussten die beiden dann feststellen, dass sie auf dem Mond nicht alleine gewesen sind.

Der anonyme Feuerwehrmann und sein Kollege Jim Baker taten an diesem Tag Dienst auf ihrer Sicherheitsinspektion. Sie betraten den Raum, in dem man die Live-Übertragung der Mondmission beobachten konnte, dort war das Rauchen erlaubt. Die beiden Männer nutzten die Gelegenheit für eine Rauchpause, als nach wenigen Minuten eine Tür aufging und mindestens fünf hohe Administratoren des *Johnson Space Center* (*Manned Spacecraft Center*) eintraten. Einer von ihnen war Dr. Robert Gilruth (1913-2000), ein wichtiger Weltraumpionier und damaliger Leiter des Zentrums. Er beaufsichtigte insgesamt 25 bemannte Weltraumflüge bis zur Apollo-15-Mission. Die zwei Beobachter registrierten, dass bei dem Betreten der Vorgesetzten plötzlich alle Techniker im Mission-Operations-Kontrollraum aufstanden und den Raum verließen. Auf den Bildschirmen konnte man gerade eine Übertragung einer Kamera des Lunar-Rovers sehen, und die zwei Astronauten waren in der Mondrille verschwunden und außer Sicht. Die führenden Wissenschaftler im Raum waren sehr aufgeregt und gestikulierten in Richtung eines großen Bildschirms zur rechten des Hauptbildschirms. Die beiden Sicherheitsbeauftragten beobachteten den Vorgang gespannt und blickten ebenfalls auf den rechten Bildschirm. Dort war ein Objekt sichtbar geworden, und zwar über dem Platz, an dem sich die Astronauten in der Hadley-Rille befanden. Es war ein unbekanntes Flugobjekt. Es schwebte an einer Stelle, war rund, besaß eine leuchtende sowie eine schattige Seite. Da die Übertragungen damals in schwarz-weißer Farbe stattfanden, könnte das Objekt auch bunt geleuchtet haben.

Auf der Live-Übertragung konnte man anschließend sehen, wie das unbekannte Objekt sich langsam vom linken Bildschirm zum rechten Bildschirm bewegte, während die Kamera an der Vorderseite des Rovers dem UFO folgte. Es war bald klar, dass das Ding den Rover umkreiste. Dann bewegte es sich nochmals zu einem Punkt über den Astronauten in der Mondrille. Dr. Gilruth war offenbar erschrocken und fragte seine Kollegen im Kontrollraum, was dieses Ding bloß sein könnte. In diesem Moment konnte man auf dem Bildschirm sehen, wie das Objekt vertikal aufstieg und in weniger als einer Sekunde außer Sicht war. Kurze Zeit später wurden sich die Leiter bewusst, dass zwei Sicherheitsleute mit ihnen im Kontrollraum diese Szene beobachtet hatten. Auf die Frage, was die beiden dort zu suchen hatten, antwortete der Feuerwehrmann, dass sie nur ihre Inspektion durchführen und eine Rauchpause einlegen. Dennoch wagten es die beiden an die NASA-Leiter die Frage zu stellen, was gerade auf dem Bildschirm zu sehen war.

Die spätere offizielle Erklärung war, dass es sich um einen Tropfen Öl auf der Linse der Kamera auf dem Mond gehandelt haben soll. Diese Erklärung stellte die Männer nicht zufrieden, denn ihnen war bewusst, dass ein Tropfen Öl auf der Mondoberfläche sofort einfrieren würde. Einer der Vorgesetzten wies die beiden nun an, sofort den Kontrollraum zu verlassen, und über das Gesehene zu schweigen, falls sie ihren Job behalten wollen. Vor der Tür standen zwei andere Mitarbeiter, die die Aufgabe hatten, nicht autorisierte Personen den Zutritt zu verweigern. Weil die Feuerwehrleute aus Gründen der Nationalen Sicherheit mit niemandem über das UFO diskutieren konnten, wurde der ganze Vorgang noch am selben Abend als Text auf einer Schreibmaschine niedergeschrieben und unterzeichnete Kopien davon angefertigt.

Im Jahr 2015 ist dann ein Video im Netz aufgetaucht, das offenbar von der Apollo-15-Mission und somit aus dem NASA-Archiv stammt. Man kann dort tatsächlich ein scheibenförmiges UFO sehen, das über einem Kraterrand schwebt und offenbar die zwei Astronauten beobachtete. Diese Beobachtungen haben schon während der ersten bemannten Mondmission der NASA begonnen und dienten vermutlich dazu, darauf hinzuweisen, keine weiteren Mondmissionen zu starten. Um Panik auf Erden zu vermeiden, wurden noch zwei weitere Missionen durchgeführt, bis das offizielle Apollo-Programm im Dezember 1972 endete. Wollten fremde Mächte verhindern, dass die NASA permanente Mondbasen errichtet, um eine außerirdische Präsenz oder ein geheimes Weltraumprogramm auf dem Erdtrabanten zu verbergen?

Abb. 67: Oben und unten links zwei Aufnahmen, die angeblich von der Apollo-12-Mission stammen. Über dem Astronauten schwebt ein unbekanntes leuchtendes Objekt, das später aufgestiegen ist. Rechts oben sieht man zwei unbekannte Objekte, die in einem Krater geparkt sind. Eines der Objekte ist dreieckig und leuchtet stark, die Aufnahme stammt angeblich vom Lunar Orbiter 3. Rechts unten die Aufnahme eines elektromagnetischen Raumschiffs neben einem Mondkrater, das angeblich während der Apollo-15-Mission gefilmt worden ist.

Auf Abb. 67 sehen Sie neben der angeblichen Apollo-15-Aufnahme außerdem ein Bild von zwei geparkten Raumschiffen in einem Krater, das von der Lunar-Orbiter-3-Mission im Jahr 1967 stammen soll. Daneben zwei Bilder, die angeblich von der Apollo-12-Mission stammen und ein leuchtendes Raumschiff auf dem Mond zeigen, das über den Astronauten schwebte. Siehe dazu Abb. 41: Das erste Bild ist eine Aufnahme der Apollo-12-Mission von der Filmrolle Nr. 50. Es handelt sich um das Negativ mit der Nummer 7346. Bevor sie gelandet sind, schwebten die Astronauten damals über dem Mond, und während sie noch im Orbit des Erdtrabanten waren, tauchte eine Reihe von abnormalen Objekten auf, die am Apollo-12-Raumschiff interessiert zu sein schienen! Diese Aufnahmen wurden im Netz geleakt, wobei die originale Quelle inzwischen gelöscht worden ist. Die Aufnahmen sind höchstwahrscheinlich authentisch, weil Bob Dean eines dieser Fotos der Apollo-12-Mission dem offiziellen Foto-Negativ mit der Nummer 7346 zuordnet.

6 Die leuchtenden Flugobjekte auf dem Mond sind elektromagnetische Raumschiffe

Während der verschiedenen Apollo-Mondmissionen wurden von den Crews eine Reihe seltsamer Aufnahmen gemacht, auf denen man helle, leuchtende und glühende Objekte über der Mondoberfläche oder in der Nähe des Monds sehen kann. Experten sprechen davon, dass bestimmte Aktivitäten auf der Mondoberfläche durchgeführt werden, von denen wir nichts erfahren sollen. Es scheint dort so etwas wie Industrie zu geben, zum Beispiel im großen Mondkrater Plato. Dort und in anderen Kratern werden seit mindestens fünfzig Jahren rätselhafte Lichter und Mondblitze registriert. Im Jahr 1968 hat man dem Phänomen den Namen *Transient Lunar Phenomenon* (TLP) gegeben. In diesem Jahr vor der ersten bemannten Mondlandung gab die NASA einen Bericht über einige solcher leuchtenden Punkte auf der dunklen Seite des Mondes heraus. Astronauten der Apollo-11-Mission haben darüber auch einen Tag vor der historischen Mondlandung berichtet. Der Astronaut Michael Collins sprach von einer Art Fluoreszenz in einem Mondkrater. Einschließlich der Apollo-17-Mission haben Astronauten im Mondorbit immer wieder dieses Phänomen der blitzenden Lichter auf dem Boden von Kratern beobachtet. Die Lichter stammen laut verschiedenen Aussagen von elektromagnetischer Energie, mit der es möglich wird, riesige Objekte im Weltraum zu konstruieren und zu bewegen, und so beinahe in jeder Umgebung im All zu leben. Solche elektromagnetischen Raumschiffe geben ein pulsierendes Leuchten ab, wobei kein Zweifel besteht, dass diese beweglichen Objekte intelligent kontrolliert werden.

Viele Ufologen sind davon überzeugt, dass die Mondlandungen nicht gefälscht waren, sondern dass die NASA damals Beweise für eine außerirdische Zivilisation auf dem Mond und für UFOs und Mondbasen gefunden hat. Um Panik zu vermeiden, wurde entschieden, diese Information zum damaligen Zeitpunkt nicht zu enthüllen. Seitdem scheint es eine Art Verbot gegeben zu haben, den Erdtrabanten weiter zu erforschen. Von offizieller Stelle wurde die Erklärung abgegeben, dass nach 1972 keine weiteren Missionen mehr durchgeführt worden sind, weil die Technologie zur Reise zum Mond verloren gegangen wäre. Die Apollo-11-Astronauten haben neuerdings darüber gesprochen, dass außerirdische Wesen Basen unter der Mondoberfläche besitzen.

Eine der bizarrsten Aussagen stammt vom angesehenen Astronauten Story Musgrave, der im Jahr 1995 in der TV-Show »Sightings« folgende Aussage machte:

„Auf zwei meiner Missionen … habe ich eine Schlange da draußen gesehen, sechs, sieben, acht Fuß lang (1,80- 2,40m). Es war gummiartig, weil es innere Wellen hatte, und es folgte uns für eine ziemlich lange Zeit. Je mehr Du im Weltraum fliegst, desto mehr siehst Du eine unglaubliche Menge an Dingen da draußen, und DAS bringt Dir wirklich eine Gewissheit, dass andere Lebewesen da draußen sind. Einige sind unglaublich primitiv, einige sind nur Proteine, die zusammenkommen, Aminosäuren. Und einige sind nur einzellige Organismen, und dann gibt es andere Zivilisationen, die seit einer Million Jahren existieren und unvorstellbare Arten von Dingen tun."

Dr. Story Musgrave sagte, dass diese Begegnung im Weltraum schockierend war, weil er nicht erwartet hatte, eine 2,40m lange, weiße Schlange im Weltraum schweben zu sehen, so als ob sie dort leben würde. Sicher ist mittlerweile, dass jeder Astronaut solche Dinge und Schiffe während der Weltraummissionen gesehen hat. Einige sogenannte „UFOs" bestehen daher nicht aus Metall, sondern eher aus biologischem Material – es handelt sich um neue Lebensformen, die direkt aus dem Weltraum kommen. In einem Buch aus dem Jahr 1948, das vom Autor Charles Fort stammt und den Titel »The Book of the Damned« trägt, sind erste Analysen des UFO-Phänomens verarbeitet. So haben verschiedene Autoren seit damals vermutet, dass ein spezielles Ökosystem von Kreaturen unbekannter Herkunft existiert. Diese Kreaturen besitzen die Fähigkeit, im Dunklen zu leuchten und sehen aus wie Meereslebewesen. Astronauten wie John Glenn oder eben Story Musgrave haben feurige Schlangen oder so etwas wie Quallen im All gesehen. Sie behaupten auch, dass sie diese Kreaturen sogar gefilmt haben. Charles Fort beschreibt, dass einige kontroverse Daten von unerklärlichen Phänomenen von der modernen Wissenschaft abgelehnt werden, weil sie ihrem akzeptieren Glauben widersprechen. Sie erforschen meist keine Vorgänge, die gegen ihren Glauben verstoßen, und damit vergleicht Fort sie mit religiösen Fundamentalisten. Er meint, dass ihre Theorien de facto eine Art von Religion darstellen. Das betrifft in diesem Fall das unerklärliche globale Phänomen, wenn Schwärme von verschiedenen Tieren einfach aus dem Himmel fallen. Es handelt sich meistens Fische oder Frösche. Der Wetterexperte Dr. Greg Forbes hat festgestellt, dass Berichte über Regenfälle von Fischen bereits aus der Antike aus Rom oder Griechenland bekannt sind. Obwohl Tornados in den meisten Fällen dafür verantwortlich gemacht werden, ist nach wie vor unklar, woher diese Tiere eigentlich stammen. Im Jahr 1957 sind zum Beispiel nachweislich tausende von lebenden kleinen Fischen, Fröschen oder Krebsen nahe der Stadt Thomasville in Georgia vom Himmel gefallen.

Weitere Beispiele sind: Kaulquappen über Japan, Spinnen über Brasilien, Frösche über Serbien oder dem alten Ägypten, braune Würmer über Indiana, scharlachrote Würmer über Massachusetts, rote Würmer über Schweden, Schnecken über England, Amseln über Arkansas, Aale über Alabama und Schlangen über Tennessee. Es sieht so aus, als würden diese Tiere bei Regenfällen lebend vom Himmel fallen, und zwar aus unterschiedlichen Gründen, die nicht genau bekannt sind. Tornados wären eine mögliche Erklärung bei Wasserlebewesen wie Fischen oder Fröschen. Doch diese Theorie kann nicht erklären, wie Schwärme gleicher Tierarten nur einer einzigen Spezies bei jedem individuellen Vorfall erscheinen. Wenn wirklich Tornados der Auslöser wären, dann würden verschiedene Gruppen von Tieren eines einzigen Gebietes herabfallen, aber das ist nicht der Fall. Charles Fort brachte dieses merkwürdige Phänomen bereits in den 1940er-Jahren mit UFOs in Verbindung, denn damals wusste er bereits, dass dreieckige UFOs schon seit den 1880er-Jahren in vielen Teilen der Welt beobachtet worden sind. Lassen sie ganze Schwärme von Tierarten zur Erde fallen und ist ihr Ursprung möglicherweise bis zu anderen Planeten zurückzuverfolgen?

Auch der Astronaut Dr. Edgar Mitchell (Apollo-14) machte sich schließlich Gedanken über den Ursprung des Lebens auf dem Planeten Erde und beschuldigte die amerikanische Regierung, die Wahrheit über Kontakte zu Aliens zu verbergen. Sofort nach seiner Rückkehr zur Erde begann Mitchell über Außerirdische, UFOs, antike Geschichte und menschliches Bewusstsein zu sprechen, weil er im All mystische Erfahrungen sammelte. Diese Art der Erleuchtung und des Zustandes eines klaren Bewusstseins wird in den antiken Sanskrit-Texten als Samadhi-Zustand erwähnt.

„Die Erfahrung im Weltraum war so kraftvoll, dass ich, als ich zur Erde zurückkehrte, anfing, in verschiedenen Literaturen zu graben, um zu verstehen, was passiert war. Ich fand nichts in der wissenschaftlichen Literatur, entdeckte es aber schließlich im Sanskrit des alten Indiens. Die Beschreibungen von Samadhi, Savikalpa Samadhi, waren genau das, was ich fühlte: Es wird beschrieben, dass man die Dinge in ihrer Getrenntheit sieht, sie aber instinktiv als Einheit erlebt, als Einheit, begleitet von Ekstase.“

Mitchell beschrieb es als ein Gefühl der völligen Auflösung im unendlichen Universum, begleitet von Ekstase, sowie ein klares Verständnis der absoluten Einheit von Mensch und Kosmos, was ihm wie ein unglaublich altes und intelligentes, selbstregulierendes System erschien. Er kehrte von der Mondmission als eine völlig andere Person zur Erde zurück und wurde skeptisch gegenüber der

Mainstream-Wissenschaft. Fortan befasste er sich viel mit Yoga, Meditation, Telepathie oder Telekinese. Angeblich wurde er dadurch in den 1970er- und 1980er-Jahren zu einem Teil von *Project Stargate* zur Erforschung parapsychologischer Phänomene. Ihm standen viele Türen offen und er versuchte, alles über das UFO-Phänomen herauszufinden. Schließlich machte er Personen in den höchsten Positionen ausfindig, die gewisse Informationen mit ihm teilten. Ein US-Navy-Admiral erklärte ihm, dass Aliens schon in den frühen 1940er-Jahren Kontakt zur Regierung aufgenommen haben. Sie waren primär an Atombomben interessiert. Am Beginn des Kalten Krieges zwischen der UdSSR und der USA sind Aliens oft auf der Erde erschienen, weil sie einen Atomkrieg befürchteten. Sie haben versucht, die Weltelite zu beeinflussen, um diese Gefahr abzuwenden. Der Admiral sagte auch, dass die Regierung seit den 1940er Jahren die Echtheit von UFO-Sichtungen zu verbergen versucht. Demnach existiert auf höchster Ebene eine organisierte Gruppe, welche die Aufgabe hat, alle Informationslücken über das UFO-Phänomen zu stoppen.

Diese Bemühungen betreffen auch Erkenntnisse über außerirdische Raumfahrer in der Antike, denn zahlreiche Beweise wurden rund um den Globus gefunden, die belegen, dass fremde Intelligenzen seit langer Zeit auf unserem Planeten aktiv gewesen sind. In antiken Manuskripten wie den sumerischen Tontafeln ist diese Geschichte aufgezeichnet. Man findet auch antike Statuen und Darstellungen von Wesen, die wie moderne Astronauten aussehen. Auch der Apollo-15-Astronaut Alfred Worden war davon überzeugt, dass Außerirdische real sind und in der fernen Vergangenheit die Erde besucht haben, um die menschliche Zivilisation zu erschaffen. Demnach sind wir Menschen also direkte Nachfahren dieser Außerirdischen, die von einem oder mehreren unbekannten Planeten aus zur Erde gekommen sind.

Warum behauptet die NASA, dass keine weiteren bemannten Mondflüge mehr stattgefunden haben, weil die Technologie dazu schon *„vor Jahren zerstört worden"* ist? Der Astronaut Donald Pettit gab bekannt, dass die amerikanische Weltraumagentur nicht die notwendigen Ressourcen besitzt, um die Technologie nachzubauen, die notwendig ist, Astronauten zurück zum Mond zu befördern. Dennoch werden für die kommenden Jahre bereits Mondbasen geplant, in denen Wissenschaftler dauerhaft auf der Mondoberfläche leben sollen. Dieser Punkt ist wichtig, denn aktuell wurden wir im November 2022 Zeuge der unbemannten Artemis-Mondmission. Das Orion-Raumschiff hat dabei die Erde und den Mond umrundet und ist nach 42 Tagen zur Erde zurückgekehrt. An Bord waren Astronauten-Dummys. Damit soll nun eine neue Ära der Weltraumforschung eingeleitet worden sein, aber Kritiker äußerten schwere Bedenken an der Authentizität der ganzen Mission.

Die in den Massenmedien veröffentlichten Weltraumfotografien des Mondes und der Erde sind offenbar einfache Photoshop-Fälschungen. Auf einem schwarzen Hintergrund wurden einfach andere Bilder per Copy-and-paste eingefügt, was leicht nachzuweisen ist. Viele heute kursierende Fotografien des Planeten Erde, die vom Weltraum aus aufgenommen worden sein sollen, sind künstlich erstellte Darstellungen vom Computer. Das hat unlängst zum Beispiel Robert Simmon zugegeben – es handelt sich also weder um die echte Erde noch um den echten Weltraum. Simmon, der ein Designer für das NASA Earth *Observatory* ist, hat solche Bilder bereits im Jahr 2002 für das Unternehmen *Apple* mit Photoshop kreiert. In Wahrheit existieren nur sehr wenige echte Aufnahmen vom Planeten Erde, weil geostationäre Satelliten im niedrigen Erdorbit keine Fotografien der vollständigen Hemisphäre anfertigen können. Die besten Bilder stammen deshalb immer noch von den Apollo-Missionen zum Mond. Der schwarze Hintergrund bei diesen Bildern stammt aber selbst bei den Apollo-Bildern nicht vom Weltraum, sondern wurde nachträglich eingefügt. Deshalb sind die veröffentlichten Bilder nicht realistisch. Warum also werden aktuell noch immer gefälschte Fotos veröffentlicht, obwohl längst neue Mondmissionen stattgefunden haben? Warum durften bei Artemis keine echten Astronauten an Bord?

Die Antwort liegt im Umstand, dass eine Durchquerung des Van-Allen-Strahlungsgürtels für lebende Organismen eigentlich nicht möglich sein sollte. In den 1960er-Jahren wussten die Verantwortlichen der Weltraumprogramme eigenen Aussagen zufolge nichts über diese gefährliche Strahlung und haben die bemannten Mondmissionen einfach problemlos zum Mond und zurück geschickt. In Wahrheit ist das Problem der Durchquerung des Van-Allen-Gürtels für Menschen bis heute nicht gelöst, deshalb tun sich hier einige Fragen auf. Der Gürtel umgibt die Erde in einer Höhe von 12.000 bis 60.000km, und laut aktuellen Studien sollte kein Lebewesen durch den Gürtel reisen können, ohne zu sterben – weder mit der Technologie der 1960er-Jahre noch mit der modernsten. UFOs können diesem Problem widerstehen, weil sie ein abschirmendes Feld besitzen. Sie fliegen nicht linear durch den Raum, sondern springen von einem Punkt zum anderen im Universum durch magnetische Levitation. Laut aktuellen Meldungen der NASA bestand eine der Funktionen der Artemis-Mission darin, zu verstehen, wie Astronauten ohne Probleme zum Mond und zurück reisen können, weil Strahlung im Weltraum ein ungelöstes Problem darstellt, das chronische Krankheiten bei Menschen auslösen kann.

Bei den bemannten Mondlandungen von Apollo 11 bis Apollo 17 sind Astronauten sechsmal auf dem Mond gelandet. Wissenschaftsmagazine schreiben, dass das Problem der Radioaktivität des Van-Allen-Gürtels schon während der Planungen der Missionen bekannt war. Die Lösung bestand angeblich darin, die Astronauten so schnell wie möglich durch den Gürtel und zurückzusenden. Bei der Artemis-Mission wurden nachweislich vor allem computergenerierte Bilder und Videos eingesetzt, bei denen der Planet Erde abermals vor einem völlig schwarzen Hintergrund erscheint. Kritiker glauben, dass neben den Mars-Rover-Missionen auch die Artemis-Mission gefälscht wurde, um viele Millionen US-Dollar der Finanzierung in völlig andere Kanäle zu leiten – und dieser ganze Aufwand, obwohl das Orion-Raumschiff noch nicht einmal auf dem Mond gelandet ist.

Warum ist das Orion-Raumschiff nicht länger im Weltraum oder einem Mondorbit geblieben, um Daten zu sammeln? Warum wurden nach dem Start der Rakete nur mehr computergenerierte Aufnahmen wie in Science-Fiction Filmen gezeigt? Wollen die Regierungen uns keine echten Aufnahmen vom All mehr präsentieren, weil es ständig zu UFO-Begegnungen kommt und eine echte Rückkehr zum Mond weiterhin nicht möglich ist? Es ist einfacher, Menschen zu täuschen, als sie davon zu überzeugen, dass sie getäuscht worden sind!

7 Sensationelle Fotografien von antiken atlantischen Ruinen in der Antarktis aus dem Jahr 1912

Anfang Dezember 2022 wurden erstmals sensationelle Fotografien von unerklärlichen Bauwerken einer verlorengegangenen, unbekannten Zivilisation in der heutigen Antarktis im Internet veröffentlicht. Sie stammen vorgeblich von den Angehörigen einer britischen Expedition unter der Leitung von Kapitän Robert Scott aus dem Jahr 1912. Sie sollen einen Grund darstellen, warum dieses Gebiet heute immer noch für Außenstehende unzugänglich ist. Einige Kritiker sind der Meinung, dass einige der im Video zu sehenden Aufnahmen so wirken, als wären sie mit Bildbearbeitungsprogrammen am Computer bearbeitet worden, während jedoch speziell die Aufnahmen von Antarktis-Pyramiden selbst für Skeptiker sehr authentisch aussehen. Sie weisen keine Ähnlichkeit mit bereits bekannten Pyramiden auf, und das Geröll im Vordergrund sieht so aus wie bei anderen entlegenen, antiken Ruinenstätten der Welt. Bis jetzt ist aber keine Fälschung der Aufnahmen nachgewiesen, weshalb jeder Leser selbst entscheiden möge, ob er sie als authentisch betrachtet oder nicht. Bis jetzt sind diese Fotografien nirgendwo bekannt gewesen. Sie müssten wohl erst von Experten genau untersucht werden, weil einige tatsächlich sehr alt wirken. Wenn sie tatsächlich echt sein sollten, dann ist klar, warum sie vor der Weltöffentlichkeit zurückgehalten worden sind. Es ist aktuell unbekannt, wer sie besitzt oder ins Netz gestellt hat.

Captain Robert Falcon Scott (1868-1912) war vor über ein hundert Jahren ein berühmter Forscher und Marineoffizier in der britischen Royal Navy. Er leitete persönlich zwei Expeditionen in die Antarktis, wobei die zweite hier von Relevanz ist. Das war die *Terra Nova Expedition* zwischen 1910 und 1913, eine der ersten Versuche, den Südpol zu erreichen. Den Briten gelang dieses Vorhaben schließlich am 17. Januar 1912, nur wenige Wochen nachdem die Amundsen-Expedition zuerst dort gewesen war. Auf dem Rückweg zum Basislager sind die Briten dann wenige Kilometer vor dem nächsten Punkt mit Proviant aufgrund eines plötzlichen Wetterumschwungs erfroren. Das geschah vermutlich gegen Ende März 1912, und erst Monate später wurden im November die sterblichen Überreste der Männer in einem Zelt von einer Suchmannschaft aufgefunden. Einige Details der Geschehnisse sind sehr undurchsichtig geblieben, weshalb sich noch bestimmte Mythen um die wahren Absichten hinter der *Terra Nova Expedition* ranken. Bei den Überresten der Forscher im Zelt hat man unter anderem die ersten Fossilien der Antarktis gefunden. Sie stammen von bestimmten Bäumen und beweisen uns, dass die Antarktis einst ein Kontinent mit gemäßigtem oder gar subtropischem Klima und dichtem Bewuchs gewesen war, da diese Arten auch von anderen Kontinenten bekannt sind. Das Rennen zum

Südpol war deshalb nur einer der Ziele der Kernexpedition von fünf Männern, die auf dem Rückweg umgekommen sind. Neben den Fossilien gab es in dem Zelt noch persönliche Aufzeichnungen und Rollen mit Film zu finden, die von Robert Scott persönlich aufgenommen worden sind. Somit hatten sie auch den Auftrag von der britischen Regierung erhalten, dieses damals noch völlig unerforschte Land zu besuchen und ihre Erkenntnisse zu dokumentieren. Dieses Vorhaben wurde bereits im Jahr 1895 auf dem *International Geographic Congress* beschlossen, weil die geografische Erforschung der Antarktis eine der damals größten Herausforderungen darstellte, die zu einer Zunahme von Wissen auf jedem Gebiet der Wissenschaft sorgen sollte.

Einige Gelehrte glaubten damals, dass die Quellen antiken Wissens womöglich stimmen, wonach alte Historiker festgestellt haben, dass in der Vergangenheit gewaltige geologische Kataklysmen stattfanden. Dabei sollen ganze Ozeane übergelaufen und Fluten entstanden sein, sogar ganze Kontinente sollen sich blitzartig verschoben haben. Das wäre eine mögliche Erklärung für die Entstehung des dicken Eisschildes der Antarktis. Dabei wird immer wieder die legendäre Zivilisation von Atlantis erwähnt. Ihre erste Erwähnung geht nicht nur auf Platon zurück, sondern dieses Wissen stammt von Eingeweihten aus Ägypten sowie aus anderen Quellen. Vor tausenden Jahren existierten nämlich noch gewisse Archive antiken Wissens, die heute nicht mehr vorhanden sind. Die Theosophin Madame Helena Petrovna Blavatsky (1831-1891) schrieb dann gegen Ende des 19. Jahrhunderts ebenfalls über Atlantis und stimmte zu, dass dieser verlorene Kontinent vollständig im Wasser versank, als es zu einer mythologischen Flut kam. Blavatsky schreibt weiter, dass die Angehörigen von Atlantis aus Riesen bestanden, wobei antike Statuen noch von ihrer wahren Größe zeugen. Auf den erforschten Kontinenten gab es nicht mehr viele Spuren dieser mysteriösen Vorzivilisation zu finden, die aus rätselhaften Magiern bestanden haben soll, deren Rasse bei der beschriebenen Katastrophe vernichtet worden war. Nur wenige konnten sich in speziell vorbereiteten Archen retten – das waren die Gründerväter der heutigen Zivilisation. Geschichten dieser Flut und über eine vorsintflutliche Welt findet man bei vielen Kulturen der Welt so wie der Hindu-Mythologie. Die Entdeckung der sogenannten Piri-Reis-Seekarte befeuerte erneut Spekulationen über Atlantis, denn sie zeigt die Küsten einer eisfreien Antarktis. Einige Gelehrte haben die Vermutung geäußert, dass die heutige Antarktis tatsächlich der Kontinent des sagenumwobenen Atlantis gewesen sein könnte. Das deshalb, weil die Gestaltung der Piri-Reis-Karte nahelegt, dass ihre Vorlage von einer Zivilisation erstellt worden ist, die dazu in der Lage war, vor tausenden von Jahren alle Kontinente der Erde von der Luft aus zu kartografieren. Madame Helena Blavatsky hat geschrieben, dass die Atlanter von

Flugmaschinen wussten, und dass Wissen über derartige Flugmaschinen bis an die ersten Hindus weitergegeben worden war. Die Perspektive aus großer Höhe, wie man sie bei der Piri-Reis-Karte findet, ist in der Lage, diese Behauptung zu bestätigen. Laut theosophischen Quellen hat die Zerstörung von Atlantis vor rund 11.000 Jahren stattgefunden. Die Karte selbst wurde im Jahr 1513 vom Kartografen Ahmed Muhiddin Piri angefertigt, und das Vorhandensein der eisfreien Küsten der Antarktis bedeutet, dass jemand lange vor dem Jahr 1773 den entlegenen Kontinent gekannt und kartografiert hat.

Piri Reis hat seine Karte aus verschiedenen älteren Karten erstellt, aber keine davon zeigt die von ihm eingezeichnete Antarktis. Eine solche Karte sollte tausende von Jahre alt gewesen sein und war zu seiner Zeit nicht mehr offiziell bekannt. Der amerikanische Historiker, Professor Charles Hapgood (1904-1982) beschäftigte sich intensiv mit der Mythologie von Atlantis und glaubte, dass diese Hochkultur in der Jungsteinzeit bestanden hat und durch einen Kataklysmus vor rund 12.000 Jahren durch eine Polverschiebung zerstört wurde. In den 1950er-Jahren war diese Theorie des Katastrophismus sehr populär. Im Jahr 1965 erschien sein Werk »Maps of the Ancient Sea Kings«, in dem er die Geschichte der Piri-Reis-Karte beschreibt und die Hypothese aufstellt, dass die eisfreie Antarktis auf der Karte von einem Seefahrervolk bewohnt war, bis eine Verschiebung der Erdkruste diese in der nördlichen Antarktis bestehende Zivilisation ausgelöscht hat. Überlebende dieser heute allgemein als „Atlantis" bezeichneten Hochkultur haben ihr antikes Wissen fortan an Gelehrte auf anderen Kontinenten weitergegeben, wodurch auch das Entstehen der Piri-Reis-Karte erklärbar wäre. Fest steht, dass die Küste der Antarktis seit ungefähr 6.000 Jahren nicht mehr eisfrei ist und die Atlanter die alte Küstenlinie von der Luft aus beobachtet hatten, so wie es die Quellen der Theosophen mit den Flugmaschinen bestätigen. Die Wissenschaft hat bis heute keine alternative Erklärung für die Existenz dieser akkuraten Karte erbracht, weil daneben noch andere alte Karten der eisfreien Antarktis bekannt sind. Die wichtigste davon ist die Karte von Oronteus Finaeus aus dem Jahr 1532, die eine völlig eisfreie Antarktis ohne Eisschild darstellt. Professor Hapgood konnte ein Dokument ausfindig machen, das von einer noch älteren Karte aus dem Jahr 1137 aus China stammt, die auf eine Steinsäule geschnitzt wurde. Das Besondere an dieser zweiten Karte ist, dass die Erschaffer den genauen Erdumfang kannten und deshalb auch die genauen Küstenlinien der Antarktis ohne Eis, die in einer Periode von vor mindestens 6.000 Jahren navigiert worden sein müssen. Piri Reis hat einige Kommentare hinterlassen, wonach seine Quellen auf die Zeit von Alexander des Großen zurückreichen, doch woher kannte Oronteus Finaeus (Oronce Finé 1494-1555) die viel detailliertere Version einer solchen antiken Karte? Stammte dieses Wissen möglicherweise aus der Bibliothek von Alexandria? Tests des *Carnegie Institutes* in Washington D.C. haben gezeigt, dass die Küste der Antarktis noch vor 6.000 Jahren nicht zugefroren war und damals noch Flüsse ins Meer liefen, so wie sie auf den Karten eingezeichnet sind. Die Theorien von Charles Hapgood wurden von vielen Gelehrten akzeptiert, und Experten wie US-Air-Force-Kartografen haben seine Rückschlüsse über die Antarktis bestätigt, nachdem sie jahrelang mit ihm zusammengearbeitet haben. Sie waren danach ebenfalls der Meinung, dass die Seefahrerkarten aus dem 16. Jahrhundert von älteren antiken Karten abgezeichnet wurden, die in verschiedenen Archiven der alten Welt aufbewahrt waren und heute verloren oder nicht mehr zugänglich sind.

Fest steht, dass die originalen Erschaffer der ursprünglichen Karten auf dem Gebiet der Wissenschaft viel weiter fortgeschritten waren als die europäischen Gelehrten des 16. Jahrhunderts. So haben diese Wissenden auch die beiden Amerikas bereits vor tausenden von Jahren genau dargestellt. Es gilt heute als gesichert, dass Columbus mithilfe derartiger antiker Karten in die neue Welt gesegelt ist und deshalb genau wusste, was er dort finden würde. Weil Wissenschaftler des 18. und 19. Jahrhunderts ebenfalls erkannt haben, dass die unbekannte Hochkultur, von der diese Karten ursprünglich erstellt wurden, vor tausenden von Jahren gelebt haben, ist ihnen vermutlich klar geworden, dass man ihre Überreste am ehesten in der Antarktis finden kann. Und zwar sobald man die Möglichkeit dazu besitzen würde, diese entlegene Eiswüste wissenschaftlich zu erforschen. Weil die ersten Forscher offenbar Erfolg hatten, solche Ruinen zu finden, nahm Kapitän Robert Scott auf seiner zweiten Expedition erstmals einen professionellen Fotografen mit, um genug Daten und Beobachtungen festzuhalten, die nach der Rückkehr nach England genau analysiert werden sollten. Seinerzeit entstand die Theorie, dass der Kontinent Antarktis vormals Teil eines größeren Superkontinents wie Gondwana war und das Klima dort nachweislich einmal so mild gewesen ist, dass nicht nur Bäume und Tiere, sondern auch eine menschliche Zivilisation dort bestanden hatte.

Leider sollten Robert Scott und seine engsten Begleiter nicht mehr heimkehren, wobei unbekannt ist, warum man ihre Leichen nicht in die Heimat überstellt, sondern stattdessen im Eis der Antarktis belassen hat, nachdem sie erfolgreich nach Roald Amundsen den Südpol erreicht hatten. Hat das etwas mit den Dokumenten und Fotografien zu tun, die sie angefertigten? Viele private Briefe oder Tagebücher sind heute noch nicht ausgewertet, weil sie sich im Privatbesitz der angehörigen Familien befinden. Der offizielle Fotograf der Expedition war Herbert Ponting, aber auch Robert Scott hat eine Reihe von Fotografien gemacht, die erst vor einigen Jahren zum 100. Jubiläum der *Terra-Nova-Polar-*

expedition veröffentlicht wurden. Nach den Todesfällen wurden diese Aufnahmen im Jahr 1913 nach England mitgebracht, um veröffentlicht zu werden, um als Illustrationen für Bücher zu dienen. Das fand aber niemals statt, und von hunderten oder tausenden Aufnahmen wurden nur einige wenige verwendet, ohne den Grund dafür zu nennen. Viele Negative sollen dann gänzlich verloren gegangen sein, und die verbliebenen 1.700 Fotografien von Ponting befinden sich heute in Privatbesitz sowie im Besitz des *Scott Polar Research Institute*. Die Fotos dieser Expedition zeigen, wie man jetzt weiß, eindeutig menschengemachte Strukturen in der Antarktis. Man erkennt Gebäuderuinen, Statuen oder Pyramiden, was die Theorien der alternativen Atlantis-Forscher bestätigt. Weil diese Daten seit mehr als einhundert Jahren vorhanden sind, ist anzunehmen, dass Geheimdienste und Regierungen verhindern wollen, dass diese Aufnahmen an die Öffentlichkeit gelangen. Diese Frage betrifft letztlich auch das mysteriöse Schicksal von Robert Scott selbst, wobei sein Verschwinden womöglich etwas mit diesen Entdeckungen zu tun hatte.

Das war das erste Mal, dass Leute über die mögliche Existenz von Pyramiden in der Antarktis erfahren haben, weil in den Aufzeichnungen der Expeditionsmitglieder pyramidenförmige Objekte erwähnt werden. Viele Jahre nach der Veröffentlichung der Karte von Piri Reis und den Büchern von Charles Hapgood kam es ab dem Jahr 2013 zur Veröffentlichung von weiteren Meldungen von menschengemachten Pyramiden in der Antarktis, und im Jahr 2016 erschienen weitere Fotografien von drei Pyramiden dort. Das *Antarctica Journal* berichtete damals, dass eine Gruppe von Forschern auf einer abenteuerlichen Expedition mehrere seltsame antike Pyramiden in der Antarktis gefunden haben. Die meisten Überreste von Fossilien oder archäologischen Relikten dürfte sich immer noch unter der Eisdecke befinden, und die Regierungen halten immer noch absolutes Stillschweigen über diese Pyramiden. Angeblich wurde in der Nähe solcher Pyramiden eine Forschungseinrichtung aufgestellt. Weil man eine spezielle Erlaubnis benötigt, um die Antarktis zu besuchen, haben nur wenige Menschen Zugang zu solchen Gebieten, um Forschungsarbeiten durchzuführen. Einige Ufologen haben vorgeschlagen, dass diese Pyramiden das Werk von außerirdischen Besuchern sind, die einst dort gelebt haben sollen, und zwar aus dem Grund, weil in den letzten Jahren viele Informationen über UFOs über der Antarktis bekannt geworden sind. Ein paar Forscher sollen seitdem vermisst werden, wobei Whistleblower erklärten, dass sie Kontakt mit den Aliens in der Antarktis hergestellt haben. Sie sollen zuvor bestätigt haben, dass diese pyramidenförmigen Strukturen definitiv vorhanden sind, und dass diese Pyramiden viel älter sind als jene in Ägypten. Laut bekannten Informationen sollte die Expedition von Robert Scott eine solche Struktur auf der Westseite des Koettlitz-

Gletschers im Viktorialand finden. Im Jahr 1935 hat der amerikanische Pilot Lincoln Ellsworth drei pyramidenförmige Strukturen über dem Ellsworth-Gebirge entdeckt.

Naturwissenschaftler behaupten, dass die Antarktis das letzte Mal vor hunderten Millionen von Jahren bewohnbar gewesen sein soll. Alternative Gelehrte wie Graham Hancock sind jedenfalls der Auffassung, dass vor 10.000 bis 12.000 Jahren eine unbekannte globale Vorgängerzivilisation am Ende der Eiszeit verschwunden ist, und zwar durch eine gewaltige Katastrophe wie Meteoriteneinschläge. Die wenigen Überlebenden verbreiteten ihr Wissen der vormaligen Hochzivilisation in der Antike über die Welt, um es an künftige Generationen weiterzugeben. Das erklärt, warum die heute älteste bekannte Megalith-Stätte *Göbekli Tepe* rund 11.500 bis 12.000 Jahre alt ist und somit die ganze Geschichte verändert hat. Aktuelle Meldungen über die Erforschung dieser archäologischen Stätte sind recht interessant. Der Bürgermeister der Region in der Türkei, in der Göbekli Tepe liegt, hat im Jahr 2022 gegenüber der Presse erklärt, dass er daran glaubt, dass Außerirdische die Kultstätte errichtet hätten. Das deshalb, weil er den Aussagen von Mainstream-Archäologen skeptisch gegenübersteht, die sagen, dass primitive Jäger und Sammler der Eiszeit dazu in der Lage gewesen sind, tonnenschwere Steinblöcke zu bearbeiten, zu transportieren und aufzurichten. Bürgermeister Zeynel Abidin Beyazgül weist darauf hin, dass die in Stein gemeißelten Figuren von Göbekli Tepe keine Menschen darstellen, sondern etwas anderes. Er schließt daraus, dass die Erbauer der Anlage von den Sternen stammen könnten, weil sie wie Aliens dargestellt sind. Weil Forscher nunmehr annehmen, dass dieser älteste Tempel der Welt sogar mehr als 12.000 Jahre alt sein könnte, ist unerklärlich, wie Menschen damals diese Megalith-Stätte konstruieren konnten, indem sie tonnenschwere Steinblöcke benutzen, um die einzigartigste Tempelanlage der Welt zu bauen. Bis heute sind insgesamt 20 Steinkreise entdeckt, die aus mehr als 200 dieser großen Steinsäulen bestehen, die durchschnittlich 10 bis 20 Tonnen Gewicht besitzen. Seit der Entdeckung der Anlage in den 1990er-Jahren sind nur fünf Prozent freigelegt worden. Die Erbauer oder jemand anderes hat die gesamte Anlage nach dem Bau vorsätzlich wieder begraben. Wer waren also die rätselhaften Erbauer? Ähnlich wie in Ägypten gibt es eine Steinsäule, die wegen ihres Gewichts von rund 50 Tonnen nicht aus dem Steinbruch geholt worden ist! Wie waren Menschen damals fähig, diese Steinkreise aufzurichten und solche Megalithen zu transportieren? Wie war das an anderen Orten der Welt möglich, weil Megalith-Anlagen auf der ganzen Welt viele Ähnlichkeiten in Aussehen und Konstruktionsmethoden besitzen? Warum gibt es in Göbekli Tepe keine Schriftzeichen, und warum existieren auch keine anderen Texte über die Konstruktion der größten Megalith-

Abb. 68: Hier nun einige der im Dezember 2022 erstmals anonym veröffentlichten Fotografien von Robert Scott: Gebäudestrukturen in der Antarktis

Bauwerke? Waren diese antiken Erbauer viel fortschrittlicher als allgemein angenommen wird, und sind das die Belege, dass sie einer verlorenen Zivilisation entstammten, die später dafür verantwortlich war, neue Kulturen auf der Welt zu beeinflussen, was die Ähnlichkeiten ihrer Bauwerke zeigen?

Mainstream-Wissenschaftler erklären, dass die Ursprünge der Zivilisation komplexer sind, als wir denken. Was sie wirklich meinen, ist, dass die ganze Geschichte der Menschheit in ein großes Mysterium gehüllt ist, das erst nach und nach enträtselt werden kann, weil sich die meisten Akademiker weigern, ihre überholten Theorien zu aktualisieren. Im Jahr 2020 haben Archäologen ermittelt, dass beim Bau von Göbekli Tepe fortschrittliche Formen von Geometrie zum Einsatz gekommen sind. Die Säulen wurden aufgestellt, ohne dass eine einzige zerbrochen ist. Warum wurden die Säulen in T-Form geformt, und warum haben sich die Erbauer nicht selbst dargestellt? Haben die Erbauer die Anlage vergraben, weil sie wussten, dass eine globale Katastrophe bevorsteht, die alle Spuren einer früheren Hochzivilisation auf der Erdoberfläche auslöschen könnte? Oder sehen wir hier die erste Architektur einer vorsintflutlichen Zivilisation nach der Katastrophe?

Im *Cambridge Archaelogical Journal* erschien im Jahr 2020 wie gesagt eine Studie, die besagt, dass fortschrittliche geometrische Kenntnisse zum Bau notwendig waren, die eine komplexe Gesellschaftsordnung, sorgfältige Planung und auch notwendige Technik und Ressourcen voraussetzten, um die Konstruktion zu ermöglichen. Laut gültigen historischen Erkenntnissen war so etwas grundlegend nicht möglich, außer die Erbauer besaßen eine unerklärlich hohe Stufe der Kultur sowie ausführende Hierarchien und Architekten, Ressourcen, Arbeiter, Werkzeuge sowie Infrastruktur. Eine Theorie besagt, dass es sich um ein antikes Observatorium handelt, das Sternenkonstellationen darstellt. Welche wiederkehrenden Konstellationen waren so wichtig, um diese gewaltigen Bemühungen zu rechtfertigen?

Ein weiterer Hinweis auf diese globale Katastrophe ist das markante Aussterben fast aller Riesentiere der Megafauna und das Vorhandensein einer Ascheschicht mit Nanodiamanten in Sedimentablagerungen, die man auf der ganzen Nordhalbkugel finden kann. Es ist das Resultat einer oder mehrerer katastrophalen Ereignisse vor 10.000 bis 14.000 Jahren. Die Hypothese, dass dieses Aussterben durch das Auftauchen von modernen Menschen und Überjagung zu tun hatte, wird immer unwahrscheinlicher, denn auch bei antiken Monumenten wie der ägyptischen Sphinx findet man Hinweise auf ein höheres Alter sowie Überschwemmungen. Laut neusten Studien waren tatsächlich starke klimatische Veränderungen am Ende der letzten Eiszeit dafür verantwortlich. Falls auf einem Erdteil noch Überreste dieser verlorenen Zivilisation vorhanden sein sollten, dann am ehesten in der Antarktis, und das scheint laut den Aussagen vieler Whistleblower tatsächlich der Fall zu sein. Irgendeine Kultur hat dort vor tausenden von Jahren Pyramiden errichtet, als noch ein milderes Klima herrschte. Im Jahr 2012, als es zu den ersten neuen Meldungen über solche unerklärlichen Bauwerke kam und Geologen behaupteten, dass es sich nur um Berge handelt, die wie Pyramiden aussehen, berichteten andere Nachrichtenmedien wie *Live Science*, *Archaeology News Network* oder *Science Ray* davon, dass drei antike Pyramiden in der Antarktis entdeckt worden sind, und zwar von einem Team aus amerikanischen und europäischen Wissenschaftlern im Gebiet der Ellsworth Mountains. Eine Gruppe von acht Wissenschaftlern unterschiedlicher Universitäten der USA und aus Europa soll im Jahr 2012 zwei Pyramiden rund 16 Kilometer im Inland vor der Küste und eine dritte sehr nahe an der Küste gefunden haben. Die ersten Fotografien davon erschienen dann im Internet zusammen mit Daten, dass das Klima auf dem Kontinent irgendwann in der Vergangenheit sehr warm gewesen ist und die Antarktis deshalb auch von einer oder mehreren antiken Zivilisationen bewohnt gewesen sein könnte. Es wurden daraufhin keine weiteren Informationen veröffentlicht und die Forscher be-

Abb. 69: Eine Kolossalstatue in der Antarktis

wahrten Stillschweigen über ihre Entdeckungen. Es wurde nur die verlässliche Information bekannt gegeben, dass eine wissenschaftliche Expedition herausfinden sollte, ob es sich um natürliche oder menschengemachte Formationen handelt. Da seit damals keine neuen Daten veröffentlicht worden sind, darf angenommen werden, dass man einen künstlichen Ursprung nachweisen kann. Die Bekanntgabe dieser Tatsache könnte wie gesagt die akzeptierte Geschichtsschreibung verändern. Was könnte sich sonst noch unter dem Eis der Antarktis verbergen?

Atlantis-Forscher weisen darauf hin, dass bestimmte Ägyptologen vorschlagen, dass die Sphinx mindestens 10.000 Jahre alt ist und sichtbare Spuren von Erosion das bestätigen können. Auch andere antike Monumente der Welt zeigen Anzeichen solcher Erosionen, die durch Wasser verursacht worden sind. Stammt der Eisschild der Antarktis noch von dieser gewaltigen Flutkatastrophe, und hatte auch die deutsche Antarktisexpedition 1938/39 etwas mit Erkenntnissen über Atlantis zu tun? Wurden damals von der Luft aus weitere unbekannte menschengemachte Strukturen entdeckt, die vielleicht noch Aufzeichnungen oder Artefakte einer verlorenen Zivilisation enthalten? Antike Aufzeichnungen oder sogar Technologien wären sicherlich jede Anstrengung zur Bergung wert gewesen. Das wirft in weiterer Folge andere Fragen auf. Warum wurde die Antarktis später international aufgeteilt, und wieso werden ungebetene Besucher ferngehalten? Was ist dran an den Gerüchten über Admiral Byrd, außerirdische Basen oder dort stationierten Flugscheiben des Dritten Reichs? Graham Hancock hat in jahrelanger Alternativforschung herausgefunden, dass alle antiken Kulturen pyramidenförmige Bauwerke errichteten. Die Herrscher und Könige dieser Kulturen wurden als Götter betrachtet und ihre Religion drehte sich um die Unsterblichkeit der menschlichen Seele. Die Hohepriester befassten sich mit Astronomie und dem Wissen über Sternbilder und ihre Zyklen am Himmel. Schlangen galten allgemein als heilig und in den Megalith-Monumenten sind verborgene Bedeutungen enkodiert, die wieder gewisse Sternenkonstellationen betreffen, die genau beobachtet worden sind. Die Gemeinsamkeiten dieser Kulturen weisen auf eine ältere globale und fortschrittlichere Vorgängerkultur hin, deren Überreste unter dem Eisschild der Antarktis begraben sein könnten.

Hatte die berüchtigte *Operation Highjump* unter dem Befehl von Admiral Richard E. Byrd auch etwas mit der Erkundung von antiken Hinterlassenschaften zu tun? Offiziell zählte es zu den Aufgaben der *Operation Highjump*, bei der mehr als 4.000 Mann zum Einsatz kamen, Basen in der Antarktis zu errichten und ein riesiges Gebiet zu erforschen, das halb so groß wie die USA war. Nach der Rückkehr gab Admiral Byrd in Chile Anfang März 1947 ein berühmtes Interview mit der Tageszeitung *El Mercurio* ab. Damals gab er zu bedenken, dass feindliche Fluggeräte aus den Polarregionen stammen und von Pol zu Pol fliegen können. Erstaunlicherweise kam es dann am 24. Juni desselben Jahres durch den Piloten Kenneth Arnold zur Sichtung der ersten Fliegenden Untertassen und kurz darauf zum Roswell-Absturz in New Mexiko. Am 11. März 1947 berichtete Byrd außerdem von einer Anhörung im Pentagon, bei der er seine Erlebnisse beschrieben hat. Alles wurde sorgfältig aufgezeichnet und der Admiral wurde danach noch stundenlang von Geheimagenten befragt und von Medizinern untersucht. Er wurde unter die strikte Kontrolle von Agenten der Nationalen Sicherheit gestellt und bekam den Befehl, Stillschweigen darüber zu wahren, was er in der Antarktis erlebt hat. Als Militärangehöriger musste er diesen Befehlen gehorchen, angeblich zum Wohle der gesamten Menschheit! Damals war noch nicht allgemein bekannt, dass das deutsche Ahnenerbe auf der ganzen Welt nach der wahren historischen Geschichte einer arischen Rasse forschte. Sie reisten bis nach Tibet und in die Antarktis, um mehr über die Ursprünge dieser Urahnen herauszufinden. Sie haben dadurch auch von den Relikten einer untergegangenen Kultur in der Antarktis erfahren. Laut dem geheimen Tagebuch von Admiral Byrd gibt es dort auch einen Zugang zum innerirdischen Reich von Agartha, das auch vom Nordpol, von Tibet oder vom Gizeh-Plateau in Ägypten aus durch Tunnel erreichbar sein soll.

Eine andere Aufgabe der Forscher von *Operation Highjump* war es, an drei Stellen im Rossmeer vor der Antarktis zu graben, die auf der Karte von Oronteus Finaeus eingezeichnet sind. Es wurden dort Ablagerungen entdeckt, die beweisen, dass einst Flüsse ins Meer geführt haben, und dass vor nur 4.000 Jahren dort noch keine Gletscher bestanden. Vor dieser Zeit gab es eine lange Warmperiode auf dem Kontinent, der sich damals offenbar in einer milden Klimazone befand. Dazu passt die Legende von Aztlan, der wahren Heimat des Volkes der Azteken. Tausende Jahre alte Aufzeichnungen berichten davon, dass das alte Heimatland Aztlan real existierte und im Süden lokalisiert war. Es war eine weiße Insel, die durch gewaltige Naturkatastrophen verschwunden ist. Aztlan könnte somit mit Atlantis gleichgesetzt werden – ein Platz, der einmal im Süden gelegen hat, als er noch bewohnt war. Durch Kontinentaldrift oder einen Polsprung könnte sich der Kontinent Atlantis vor ungefähr 12.000 Jahren vom Äquator aus in seine gegenwärtige polare Position verschoben haben. Ohne hier zu weit auszuschweifen, müssen an dieser Stelle andere kontroverse Pyramiden erwähnt werden, die im Jahr 2001 vor der Küste von Kuba gefunden worden sind. Damals gingen sensationelle Sonar-Bilder um die Welt, die eine Unterwasserstadt mit großen Pyramiden zeigten, die sich in einer Tiefe zwischen 600 und 750m befinden! Experten konnten die Existenz solcher Strukturen am Meeresboden nicht erklären und sagten, dass dieser Fund zeitlich und räumlich nicht einzuordnen ist. Archäologen sind der Überzeugung, dass diese versunkene Stadt mindestens 6.000 Jahre alt sei, und dass sich Symbole und Schriftzeichen auf den Strukturen befinden.

Auch hier kam man schnell zur Idee, dass es sich um versunkene Überreste und einen Beweis für die Existenz von Atlantis handelt. Kurze Zeit später wurde nicht mehr über neue Forschungsresultate berichtet, und seit vielen Jahren herrscht auch hier Stillschweigen in den Massenmedien, die ganze Geschichte ist einfach aus dem öffentlichen Fokus verschwunden. Was passierte in den letzten zwanzig Jahren mit der versunkenen Stadt vor Kuba? Werden alle betreffenden Informationen von Regierungen unter Verschluss gehalten? Ist die Erforschung tatsächlich vollständig zum Erliegen gekommen, und haben Archäologen plötzlich kein Interesse mehr, diesen sensationellen Fund zu untersuchen? Ähnliches gilt übrigens für die große Pyramide von China. Seit vielen Jahren erlaubt die chinesische Regierung keine offiziellen Forschungsarbeiten mehr an den zahlreichen Pyramiden in der Nähe der Stadt Xian. Einige Wissenschaftler hatten zuvor bekannt gegeben, dass sich in den chinesischen Pyramiden abnormale Artefakte befinden, Anomalien, die aus Metallen bestehen, die nicht identifiziert werden können. Man hat erklärt, dass diese Pyramiden mehr als 8.000 Jahre alt sind. Die große weiße Pyramide von China wurde erstmals im Jahr 1947 von Colonel Maurice Sheehan von seinem Flugzeug aus fotografiert. Sein Bericht wurde im März des Jahres in der *New York Times* und in der *Los Angeles Daily Express* zusammen mit einer Fotografie der Pyramide abgedruckt.

Der französische Orientalist Henri Cordier (1849-1925) schrieb bereits im Jahr 1920, dass die antike Vergangenheit von China in ein großes Geheimnis gehüllt ist, ähnlich wie in Ägypten. Es gibt dort uralte Gebäude und Megalith-Monumente, die nicht von chinesischen Historikern erwähnt werden. Diese antiken Hinterlassenschaften sind im Westen kaum bekannt, und bereits damals kursierten Gerüchte über Pyramiden, die man in sehr entlegenen Gebieten finden kann. Maurice Sheehan schätze das Ausmaß der großen Pyramide auf eine Seitenlänge von 450m und eine Höhe von 300m! Es gibt Berichte, wonach europäische Ausgräber dort Objekte aus Metall geborgen haben, wobei Analysen ergaben, dass sie mehr als 8.000 Jahre alt sein dürften. Diese Materialien sind der modernen Wissenschaft wie gesagt gegenwärtig unbekannt. Die US-Air-Force fertigte Satellitenfotos von der Region um die Stadt Xian an und identifizierte mindestens 16 Pyramiden. Die Stadt war einst das Zentrum des alten chinesischen Reiches und die Pyramiden sind wieder astronomisch ausgerichtet. Alte chinesische Texte beschreiben, dass die ersten Herrscher in fliegenden Drachen vom Himmel herabgestiegen sind. Ob es sich hierbei nur um Gerüchte handelt, sei dahingestellt. Die chinesische Kultur begann vor rund 3.600 Jahren mit der Shang-Dynastie. In der heutigen Region Xinjiang kam es im Tarimbecken zur Entdeckung von europäisch aussehenden Mumien, die ein Alter von bis zu 3.800 Jahren aufweisen. Sie werden als „Tocharier" bezeichnet, und Angehörige dieser Kultur haben vor ca. 5.000 Jahren das Gebiet besiedelt. Analysen haben alte Legenden aus chinesischen Büchern bestätigt, dass Figuren mit großer Größe, mit blauen oder grünen Augen, langen Nasen, Vollbärten und rotem oder blondem Haar dort angetroffen worden sind. DNS-Analysen haben gezeigt, dass sie zu Gruppen aus Osteuropa, Mesopotamien und dem Industal gehörten – es handelt sich somit um Indoeuropäer. Wo ihr Ursprung liegt, ist unbekannt, denn Forscher haben ermittelt, dass sie Nachfahren von antiken Nord-Eurasiern sind, die vor rund 10.000 Jahren am Ende der letzten Eiszeit verschwunden sind. Tocharier hatten nachfolgend entlang der alten Seidenstraße eine Reihe von Stadtstaaten errichtet und werden auch in römischen Aufzeichnungen erwähnt. Irgendwann wurden sie dann nach einigen Jahrhunderten von kriegerischen Nomaden aus dem Norden und dem chinesischen Reich überschattet und ihre Kultur verschwand. Zu den chinesischen Pyramiden wäre noch zu sagen, dass Beamte erklärt haben, dass weder Archäologen noch Touristen Zutritt bekommen, um die Artefakte nicht zu beschädigen. Und zwar so lange, bis sich die Technologie so weit entwickelt hat, dass man die Pyramiden anständig ausgraben und ihre wertvollen Objekte besser analysieren kann. Ist das ein Hinweis, dass es sich um verlorene Hochtechnologie handelt? Haben alle diese Pyramiden, inklusive jener auf dem Gizeh-Plateau in Ägypten, eine Verbindung zur verlorenen Kultur in der Antarktis? Könnte ihre Konstruktion tatsächlich etwas mit den Legenden über antike außerirdische Raumfahrer zu tun haben, die ein Zentrum in Atlantis besaßen?

Abb. 70: Eine Antarktis-Stufenpyramide

8 Die satanischen Pläne zur Einführung einer Weltregierung und ihre Agenda der De-Population bis zum Jahr 2050

In meinem, bei *www.dieunbestechlichen.com* erschienenen Artikel »Enthüllt: Der Whistleblower Milton William Cooper berichtet über die Pläne der Illuminati bis zum Jahr 2050« hatte ich noch nicht alle Details über die wahren erschreckenden Pläne der verborgenen elitären Weltführer angesprochen, die im Zuge des „Great Reset" stufenweise auf der ganzen Welt eingeführt werden sollen. Es gibt diesbezüglich nur sehr wenige ernstzunehmende Informationsquellen über die bedenkliche Verschlimmerung der momentanen Weltlage. Viele Journalisten schreiben derzeit sehr viel über den Plan des Great Reset des *Weltwirtschaftsforums* (WEF) und die Aussagen von Klaus Schwab. Doch der Great Reset enthält noch einige weitere, sehr brisante Zielsetzungen, von denen noch nicht öffentlich gesprochen werden kann. Gott sei Dank wurden diese diabolischen Pläne der Elite schon vor vielen Jahren publik gemacht, nicht nur vom Whistleblower William Cooper, sondern auch von einem ehemaligen britischen Agenten namens Dr. John Coleman. (Jan van Helsing kannte beide persönlich.)

Der vormalige britische MI6-Agent Dr. John Coleman veröffentlichte schon in den 1990er-Jahren eine Reihe von Büchern zu diesen Themen, die geopolitische Entwicklungen beschreiben, die uns in den kommenden Jahren aufgezwungen werden sollen. Das bekannteste davon trägt den Titel »Conspirators' Hierarchy: The Story of the Committee of 300« (»Das Komitee der 300: Die Hierarchie der Verschwörer«) und wurde im Jahr 1993 erstmals veröffentlicht, wobei es sich seitdem zu einem Bestseller entwickelt hat und immer wieder neu aufgelegt wird. Obwohl dieses Werk mittlerweile auch schon einige Jahre auf dem Buckel hat, werden darin weitere Details zur globalen Dominanz der geheimen Weltregierung dargelegt, die für gegenwärtige und zukünftige Ereignisse von größter Bedeutung sind.

Der *Club of Rome* agiert demnach als ein subversives Element des *Komitees der 300*, und die gesamte Agenda der verborgenen Hand Satans stellt eine offene Verschwörung gegen Gott und die gesamte Menschheit dar, schreibt Dr. Coleman. Die Pläne der Weltregierung sehen vor, die menschliche Population durch Kriege, Seuchen und Genozid massiv zu dezimieren und die Überlebenden völlig zu versklaven. Dieser Angriff betrifft seit langer Zeit speziell das Christentum und sorgt außerdem für die stetige Auflösung aller westlichen Industrienationen. Alle wichtigen Persönlichkeiten, die sich dieser Zielsetzung widersetzen, werden aus ihren Funktionen entfernt. Seit den 1980er-Jahren sind auf diese Weise zahlreiche Politiker durch Attentate, die von Freimaurerlogen, die in Koordination mit dem *Club of Rome* arbeiten, beseitigt worden, um die Pläne der globalen De-Industrialisierung und der Bevölkerungsreduktion durchzusetzen. Neben dem *Club of Rome* spielen laut Dr. Coleman vor allem die *Bilderberger* eine wichtige Rolle bei diesen Bemühungen. Seit Jahren arbeite man an der Umsetzung des sogenannten *Morgenthau-Plans* zur De-Industrialisierung Europas und Nordamerikas, aber speziell Deutschlands. Der Gründer des *Club of Rome*, Aurelio Peccei, forderte, dass die Bemühungen zur Errichtung der „Neuen Weltordnung" so rasch wie möglich abgeschlossen werden sollen. Zwischen 1968 und 1972 schaffte es der *Club of Rome*, viele internationale Experten als Planer dieser Weltregierung zu mobilisieren.

Als Folge dessen war schon ab dem Jahr 2000 geplant, diese Bevölkerungsdezimierung auf globaler Ebene durchzuführen, aber ganz speziell die Jahre 2020 bis 2030 sind die letzte Möglichkeit, sie umzusetzen, bevor die ganze Welt wie vorhergesehen im Chaos versinkt. Schon in den späten 1950er-Jahren wurden Einschätzungen der Zukunft vorgenommen, die ergaben, dass sich kurz nach dem Jahr 2000 ein totaler Kollaps der Zivilisation ereignen wird. Der einzige Weg, das zu verhindern und an der Macht zu bleiben, wäre eine starke Dezimierung der Weltbevölkerung, der Stopp des technologischen und wirtschaftlichen Wachstums, der Stopp des Konsums tierischen Fleisches, strenge Kontrolle der menschlichen Reproduktion und eine globale Diktatur, um die Umwelt des Planeten Erde zu schonen. Bis zum Jahr 2050 wird es laut den Berichten des Club of Rome letztlich zu einem unkontrollierbaren Szenario des plötzlichen Schwindens aller natürlichen Ressourcen kommen, was einen sofortigen Stillstand der industriellen Kapazität bedeutet, wenn keine neuen und sauberen Energieformen und Erfindungen für freie Energie freigegeben werden.

Aber Mitgliedern der Illuminati und der Elite war das Bevölkerungswachstum schon immer ein Dorn im Auge und ihre Vertreter bezeichneten sie schon immer als die ernsteste Gefahr für die Zukunft unserer Spezies, weil sie fürchten, dass noch mehr Menschen ihre Vormachtstellung bedrohen können. Deshalb haben sie vor, einen Großteil der heutigen Weltbevölkerung zu dezimieren, wie es auch auf den mysteriösen *Georgia Guidestones* angekündigt worden ist. Dort stand zu lesen, dass die globale Population zukünftig unter 500 Millionen Menschen gehalten werden soll. Die Ziele des Great Reset liegen in der Zentralisierung geopolitischer Macht, der stärkeren Kooperation zwischen Staaten und großen Konzernen, einer neuen industriellen Revolution mit Digitalisierung und Transhumanismus, der Beseitigung des Mittelstands, der Zerstörung eines Großteils aller Arbeitsplätze, der Abschaffung von Bargeld, der Einschränkung von Redefreiheit und der Abschaffung vieler heute noch geltender Rechte. Das alles stellt aber nur die Vorstufe zu einer noch dystopischeren Zielsetzung der

Eliten vor. Dr. John Coleman schreibt in seinem Buch über die Pläne des *Komitees der 300*, dass er folgende Informationen aus streng geheimen Planungspapieren des *Royal Institute of International Affairs* (RIIA) erfahren konnte. Dieses von der verborgenen Weltregierung entworfene Szenario, das auf einem satanischen Plan beruht, sieht für die Weltbevölkerung Folgendes vor:

1. Das wäre einmal die Einführung einer Weltregierung mit einer satanischen neuen Weltreligion und eines einheitlichen neuen Geldsystems. Dazu ist es notwendig, jegliche nationale Identität und jeglichen Nationalstolz abzuschaffen.
2. Dann ist es weiter erforderlich, Religionen, vor allem aber die christliche Religion, zu zerstören.
3. Weiter ist geplant, jeden Menschen der Welt durch Gedankenkontrolle zu kontrollieren und mit moderner Technologie Transhumanisten oder menschenähnliche Roboter zu erschaffen, die einem totalitären Weltstaat und zentraler Kontrolle unterstellt sind. Das bedeutet das Ende jeglicher Industrialisierung und der Produktion von Strom aus Atomenergie. Man bezeichnet es als *„post-industrielle Null-Wachstums-Gesellschaft“*. Zuerst soll die Stahl-Industrie, dann die Automobil-Industrie und schließlich der Wohnbau davon betroffen sein. Eine Ausnahme stellen die Computer- und Dienstleistungs-Industrien dar. Sämtliche nutzlosen und arbeitslosen Personen der Welt sollen daraufhin im Zuge der Planung der Initiative *Global 2000* entweder eliminiert oder drogensüchtig gemacht werden. Es ist notwendig, die Massen durch Pornografie und die Legalisierung von starken Psychopharmaka und Drogen kraft- und willenlos zu machen, um sie unter Kontrolle zu halten. Des Weiteren soll es zur De-Population aller wichtigen Großstädte kommen. Alle neuen wissenschaftlichen Entwicklungen zur billigen Energieproduktion sollen unterdrückt werden, sofern sie nicht den Zielen des *Komitees der 300* entsprechen.

Im Jahr 1970 erschien das Werk »Between Two Ages: America's Role in the Technetronic Era« von Zbigniew Brzeziński (1928-2017), einem einflussreichen polnisch-amerikanischen Diplomaten. Auch in diesem Buch sind die Pläne der Weltregierung vorweggenommen. Sowohl Peccei als auch Brzeziński haben an wichtigen Konferenzen teilgenommen, in denen entschieden wurde, dass die Welt in naher Zukunft im Chaos versinken würde, wenn nicht umgehend eine Weltregierung etabliert werden kann. Diese soll dann für das globale Krisenmanagement und globale Planungen zuständig sein. Um das zu erreichen, werden Verknappungen von Energie und Ressourcen eingeplant. Nicht vorgesehen ist der künftige Einsatz von billiger Atomenergie oder die Freigabe von Erfindungen, die freie Energie produzieren. Alle natürlichen Ressourcen der Welt sollen im Zuge dessen der globalen Planung der Weltregierung zur Verfügung gestellt werden.

Die Wahrheit besteht weiter darin, dass bereits Richard von Coudenhove-Kalergi, der in seinem Werk »Praktischer Idealismus« im Jahr 1924 forderte, die weißen Rassen Europas zu zerstören und mit einer Rasse aus eurasischen-Negroiden zu ersetzen, die einfacher von einer herrschenden Elite kontrolliert werden können. Im Jahr 1932 veröffentlichte eben jener Begründer des Kalergi-Plans das Buch »Revolution durch Technik«, in dem er forderte, dass die Welt nach einer solchen Revolution durch Technik wie beim Great Reset zu einer mittelalterlichen Gesellschaftsform zurückkehren soll. Laut Dr. Coleman wurde dieses Werk zu einem weiteren Modell der Pläne des *Komitees der 300* zur De-Industrialisierung der Welt. Die leicht zu kontrollierende europäische Zukunftsrasse soll fortan in eine Horde von willenlosen und drogenabhängigen Zombies verwandelt werden, die einfacher zu steuern sein wird als moralische Menschen, die keine Drogen benötigen. Dazu wird es zuerst notwendig, diese Drogen in einem monopolisierten System zu legalisieren, zumal in naher Zukunft mit Abermillionen von Arbeitslosen gerechnet werden kann.

Nachdem sich die westliche Gesellschaft dann wie geplant im Niedergang befindet und das Christentum ausgeschaltet wird, wird die Arbeitslosigkeit Überhand nehmen. Jene, die seit mehr als fünf Jahren keinen Job mehr finden können, werden sich von der Kirche abwenden und ihren Trost in Drogen suchen. Das soll zu einem Zeitpunkt geschehen, an dem bereits die vollständige Kontrolle über den Drogenhandel erlangt worden ist. Die Regierungen werden dann das alleinige Monopol und die Kontrolle über den Drogenhandel besitzen. Drogenbars werden die Unzufriedenen und Widerspenstigen bändigen und Revolutionäre in harmlose Abhängige verwandeln, die selbst keinen Willen mehr besitzen sollen. Dieses Vorhaben begründet sich auf der Arbeit von Aldous Huxley (1824-1963), der in diesem Zusammenhang von einer *„letzten Revolution"* gesprochen hat. Huxley bezeichnete es als eine pharmakologische Methode, um eine Diktatur ohne Tränen zu erschaffen. Es wäre ein schmerzloses Konzentrationslager für ganze Gesellschaften. Alle Freiheiten werden entfernt, und trotzdem sollen die Leute es genießen, weil sie durch Pharmazeutika und Gehirnwäsche nicht mehr dagegen rebellieren können. Was die Weltregierung allerdings verschweigt, und was Dr. Coleman hier klipp und klar anspricht, ist der Umstand, dass es sich hier buchstäblich um einen Krieg um die Seelen der Menschen handelt, der starke spirituelle Aspekte besitzt.

Zusammen wollen die elitären Planer in Zukunft ein totalitäres Regierungssystem einführen, welches dem Feudalismus des Mittelalters gleicht, wobei eine Elite von nicht gewählten Oligarchen diese Weltregierung anführen soll. Die Weltbevölkerung soll dann auf den Stand von etwa einer Milliarde Menschen oder weniger reduziert werden und nur mehr ganz bestimmte Regionen unseres Planeten bewohnen. Die Mittelklasse soll verschwinden und die Welt nur noch aus Herrschenden und Dienenden bestehen. Neue, strenge Gesetze des Weltstaates werden überall gelten, und das Eine-Welt-Militär wird in diesem Staat ohne Grenzen eingesetzt werden. Es wird allgemeine Wohlfahrt geben. Jene Untertanen, die der Weltregierung bedingungslos dienen, werden mit allem Notwendigen zum Überleben versorgt. Rebellen müssen entweder verhungern oder werden zu Gesetzlosen erklärt, die jedermann straflos umbringen kann. Der private Besitz von Schusswaffen jeder Art wird verboten. Nur eine einzige Religion wird erlaubt sein, und das ist die Kirche der Weltregierung, die Satanismus, Luziferianismus und Hexerei lehrt. Es wird keine privaten Schulen mehr geben und das Christentum soll endgültig der Vergangenheit angehören. Nationalstolz und Rassen-Identität sollen ebenfalls verschwinden, und es sollen bereits schwere Strafen ausgesprochen werden, wenn man die rassische Herkunft einer Person auch nur erwähnt.

Jede Person wird zu einem Leibeigenen der Neuen Weltordnung und erhält eine Identifikationsnummer, die jederzeit klar zu erkennen ist. Dazu existiert dann in einem Zentralcomputer eine Master-Datei über jeden Menschen der Welt, die in Echtzeit von jeder Behörde der Neuen Weltordnung abgerufen werden kann. Hochzeiten sollen ebenfalls verboten werden, und es wird dann kein Familienleben mehr stattfinden. Kinder werden den Eltern in frühem Alter weggenommen und gehen in den Besitz des Staates über. Frauen werden zu einem Grad erniedrigt, dass freier Sex gesetzlich vorgeschrieben werden wird, was man als einen Teil der Befreiung der Frau deklarieren wird. Jede Frau darf nur zwei Kinder gebären und jedes weitere wird durch Abreibung in einer Klinik entfernt, worauf dann zusätzlich eine Sterilisation stattfinden soll.

Pornografie soll überall verbreitet und verpflichtend ausgestrahlt werden. Der Konsum von Freizeitdrogen soll obligatorisch werden, wobei jeder Person Drogenquoten zugeteilt werden, die in Geschäften auf der ganzen Welt gekauft werden können. Auch Gedankenkontroll-Medikamente werden ausgegeben, und der Gebrauch wird sogar obligatorisch vorgeschrieben. Solche Drogen sollen außerdem in die Nahrung und in die Wasserversorgung eingebracht werden, ohne dass sich die Menschen darüber bewusst sind. Auf diese Weise werden die Massen, die nicht zur Elite gehören, auf das Niveau und das Verhalten von kontrollierten Tieren reduziert, die keinen eigenen Willen besitzen und leicht reglementiert und gesteuert werden können. Das Wirtschaftssystem stützt sich auf das Urteil der herrschenden Klasse, die gerade genug Produktion von Lebensmitteln und Dienstleistungen zulassen wird, um die geplanten FEMA-Massenarbeitslager am Laufen zu halten. Jeglicher Reichtum wird sich in den Händen der Elitemitglieder des *Komitees der 300* befinden. Dieser Elite soll dann das Recht auf alle verbliebenen Ressourcen der Welt zugesprochen werden, die Landwirtschaft wird ebenfalls in die Hände der 300 gelangen und die Nahrungsmittelproduktion wird streng kontrolliert.

Euthanasie für unheilbar Kranke und Alte soll obligatorisch werden. Städte dürfen eine bestimmte Zahl an Bewohnern nicht übersteigen, wie schon in den Werken von Richard von Coudenhove-Kalergi beschrieben wird. Mindestens 4 Milliarden „Nutzlose Esser" sollen bis zum Jahr 2050 eliminiert werden, und zwar durch begrenzte Kriege, organisierte Epidemien, tödliche Krankheiten sowie Hungertod. Energie, Nahrung und Wasser wird für die Nicht-Elite nur noch in geringen Mengen zur Verfügung stehen. Das alles wird laut diesem satanischen Plan bei den weißen Völkern von Westeuropa und Nordamerika beginnen und dann auf andere Rassen und Länder ausgedehnt werden. Die Population von Kanada, Westeuropa und den Vereinigten Staaten soll dadurch schneller dezimiert werden als auf anderen Kontinenten, bis die Weltbevölkerung auf einen Stand von etwa einer Milliarde Menschen reduziert ist, die man leichter handhaben wird. Etwa die Hälfte davon sollen Asiaten – Chinesen und Japaner – darstellen. Sie wurden ausgewählt, weil ihre Völker seit Jahrhunderten daran gewöhnt sind, den Behörden ohne Widerstand zu gehorchen. Nach der geplanten Zerstörung des Wohnungsbaus, der Stahlindustrie, der Automobilindustrie und anderer Güterindustrien wird es nur noch begrenzten Wohnraum geben. Die verbliebenen Industrien sollen von der NATO und dem *Club of Rome* geleitet werden, so auch jede wissenschaftliche Forschung und neue Entwicklungen zur Erforschung des Weltraums. Alle Weltraumwaffen jeder früheren Nation sollen zusammen mit ihren Nuklearwaffen zerstört werden.

Europa und die Vereinigten Staaten sowie andere Nationen mit überwiegend weißer, christlicher Bevölkerung sollen mit Menschen fremder Kulturen überflutet werden. Das wird auch das weiße Amerika überwältigen. Die neue Bevölkerung wird kein Konzept einer rechtmäßigen Verfassung kennen, und deshalb werden sie eine solche auch nicht verteidigen. In ihren Geistern wird das Konzept von Freiheit und Gerechtigkeit so schwach sein, dass es sie wenig interessieren wird. Wenn die Lage schlimmer wird, werden Unterkunft und Nahrung ihre wichtigsten Sorgen sein. Es wird in den Händen der Nicht-Elite kein Bargeld und keine Münzen mehr geben. Alle finanziellen Transaktionen sollen mit Bankkarten getätigt werden, die jeweils die Identifikationsnummer des Halters tragen. Jeder Person, die es wagt, in irgendeiner Weise die Regeln der Weltregierung zu brechen, wird die Gültigkeit der Karte für bestimmte Zeiträume entzogen, je nach Schwere des Vergehens. Die Karte gelangt auf eine schwarze Liste und man kann damit nichts mehr erwerben und keine Dienstleistungen beziehen. Versuche, alte Münzen wie Goldmünzen oder Silbermünzen zu verwenden, die von nicht mehr existenten Nationen stammen, sollen als ein Kapitalverbrechen gewertet und mit der Todesstrafe belegt werden. Alles Edelmetall soll zusammen mit Waffen und Automobilen innerhalb eines begrenzten Zeitraums der Weltregierung übergeben werden. Nur der Elite und den hohen Funktionären der Neuen Weltordnung soll es erlaubt sein, privaten Transport, Waffen, Münzen sowie Automobile zu nutzen.

Bei ernsthaften Vergehen gegen die neuen Regeln wird die jeweilige Bankkarte komplett an einem Checkpoint eingezogen. Danach kann diese Person keine Nahrung, kein Wasser, keine Unterkunft, keine Anstellung und keine medizinische Behandlung mehr erhalten. Sie wird offiziell als „gesetzlos" eingestuft. Auf diese Weise werden Banden von Gesetzlosen geschaffen, die in Regionen leben werden, in denen sie sich selbst am besten am Leben erhalten können. Sie dürfen allerdings gejagt und erschossen werden, sobald sie von jemandem gesichtet werden. Personen, die Gesetzlose in irgendeiner Weise unterstützen, sollen ebenfalls erschossen werden. Gesetzlose, die sich nach einem bestimmten Zeitraum nicht der Polizei oder dem Militär ergeben, müssen damit rechnen, dass ein ehemaliges Familienmitglied, das nach dem Zufallsprinzip ausgewählt wird, an ihrer Stelle zu Gefängnisstrafen verurteilt wird.

Verfeindeten Gruppen wird erlaubt werden, Kriege gegeneinander zu führen, um einander zu dezimieren, und zwar unter den Augen der NATO und von UNO-Beobachtern, schreibt Dr. Coleman. Das Auslösen solcher weltweiten Krisen und Kämpfe soll noch vor der Übernahme der Welt durch die Neue Weltordnung stattfinden. Das soll auf jedem Kontinent stattfinden, indem man große Gruppen von Menschen mit verschiedener Ethnie und Religion dort einschleust. Ethnische und religiöse Differenzen sollen daraufhin verstärkt werden, damit gewalttätige Konflikte entstehen, die von der Weltregierung zuerst gefördert und danach beigelegt werden. Alle Informationsdienste und alle Printmedien sollen unter die Kontrolle der einen Weltregierung gestellt werden. Reguläre Gehirnwäsche-Maßnahmen sollen als Unterhaltung präsentiert werden, so wie es in den Vereinigten Staaten und auch in Europa bereits seit längerer Zeit praktiziert wird. Kinder und Jugendliche werden illoyalen Eltern weggenommen, um sie einer Spezialerziehung zu unterziehen, welche sie verrohen lassen soll. Jugendliche beider Geschlechter sollen auf diese Weise trainiert werden, um als Gefängniswächter für die Konzentrations-Arbeitslager der einen Weltregierung zu arbeiten. Die Weltregierung hat nicht vor, die Jugend zu bilden, sondern einen satanischen Kult zu erschaffen, der sich auf sexuelle Degeneration und Perversion spezialisiert.

Laut den Erkenntnissen von Dr. Coleman wird das gesamte Komitee vor allem von der britischen Monarchie kontrolliert. Eine Opposition zur britischen Dominanz im Komitee wird unterdrückt. Das ist nur ein Beispiel, wie weitreichend die Befugnisse der Mitglieder des *Komitees der 300* sind, die buchstäblich an der Spitze der globalen Machtpyramide sitzen. Das Weltwirtschaftsforum um Klaus Schwab hat ja erst unlängst seine Pläne enthüllt, dass wir schon im Jahr 2030 nichts mehr besitzen sollen und glücklich darüber sein werden. Die schrecklichen Begleitumstände werden bislang noch nicht öffentlich von Globalisten diskutiert. Darum ist es äußerst wichtig, zu wissen, was für uns alle geplant ist!

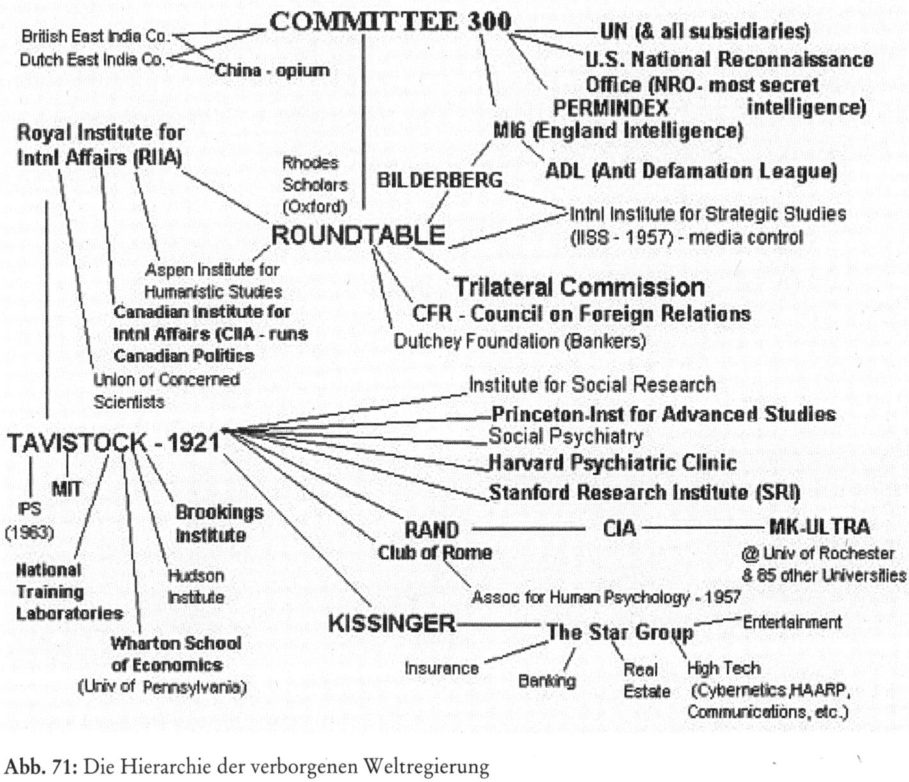

Abb. 71: Die Hierarchie der verborgenen Weltregierung

Nachwort von Jan van Helsing: Die Pläne der Reichsdeutschen

Liebe Leserinnen und Leser,
das war doch wieder mal ein richtiges Feuerwerk von Jason Mason. Es war von allem etwas dabei. Unser Anspruch an dieses neue Buch im neuen Format war es vor allem gewesen, so viele Aspekte des UFO-Phänomens wie möglich mit einzubeziehen, dabei die historischen Berichte zu berücksichtigen und auch die allerneuesten Veröffentlichungen weltweit zu bringen – wir wollen ja alle auf dem neuesten Stand sein.

Ich denke, die wichtigste Grundaussage des Buches ist: Wir sind nicht alleine! Unser Planet wird seit Millionen von Jahren von anderen Zivilisationen besucht, manche hatten hier nur Stützpunkte, andere vermischten sich mit den Erdenmenschen, wiederum andere blieben hier und starteten eine neue Zivilisation. Aufgrund des Wissens, das die „Besucher" von außerhalb sowie die Innerirdischen einst zurückgelassen hatten, wussten die alten Kulturen, dass sich alle zirka 11.500 Jahre etwas ereignet, das auf der Erde heftige Kataklysmen auslöst, weswegen man unterirdische Stätten baute oder sich in bereits vorhandene Höhlensysteme zurückzog – um zu überleben. Diese unterirdischen Kavernen finden wir weltweit, wobei es Dr. Heinrich Kusch zu verdanken ist, dass nun sensationelle Berichte über weiterhin existierende, bewohnte unterirdische Reiche unterhalb Österreichs bekannt werden – was allerdings offenbar nicht jedem schmeckt. Weder die Kirche noch das amerikanische Militär, welches 2020 etliche solcher Zugänge mit Beton versiegeln ließ, haben ein Interesse daran, dass der Normalbürger davon erfährt. Es ist nicht erwünscht für die Clique, die eine Neue Weltordnung einführen möchte, mitsamt einer bunt gemischten Zukunftsrasse ohne nationale oder traditionelle Werte, dass wir Menschen davon erfahren, dass wir Nachfahren von außerirdischen Besuchern sind, von denen es nicht nur heißt, dass sie eines Tages wiederkommen werden, sondern von denen immer noch welche da sind! Jetzt, heute!

Hierzu eine kleine Geschichte, die mir ein österreichischer Freund, ein Tempelritter, 2019 berichtete: Er kannte eine Dame, die vor wenigen Jahren verstarb und vor dem Zweiten Weltkrieg als eingeborene Paraguayerin in die USA auswanderte. Nach dem Krieg wollte sie auf dem Landweg über Zentralamerika zurück nach Paraguay und machte einen Zwischenstopp in Peru bei einem Indianerstamm, der mit dem ihren in Verbindung stand. Zu dieser Zeit waren noch viele Deutsche in Südamerika unterwegs sowie viele Geheimdienstleute, die geflohene Deutsche suchten. Der Schamane des peruanischen Stammes riet ihr daher, nicht über den Landweg nach Paraguay zurückzukehren und führte sie in ein Tunnelsystem, in dem sie drei Monate verbrachte, bis sie in Paraguay wieder an die Erdoberfläche zurückkehrte. Nun wird's spannend: Dieses unterirdische Reich war bzw. ist belebt von einer Rasse drei Meter großer, hellhäutiger Menschen mit blauen Augen und grauer Haut, welche die Dame die „Atlanter" nannte. Sie erlernte deren Sprache und erfuhr alles von ihnen, ihre Lebensweise, ihre Technologien, ihre Nahrungsaufnahme, wie sie über riesige Spiegel das Licht nach unten reflektierten usw. Diese Wesen berichteten ihr, dass sie kurz vor der Sintflut vor zirka 11.500 Jahren nach unten gegangen waren, um zu überleben. Nach der Sintflut seien fast alle wieder nach oben zurückgekehrt, manche blieben aber in der unterirdischen Welt. Ein Problem haben sie: Sie können nicht an die Erdoberfläche zurückkehren, weil sich ihre Atmungsorgane und auch die Sinnesorgane der unteren Welt angepasst haben und sie unsere Luft nicht mehr atmen können.

Wir halten also fest: Wir sprechen nicht von „verlorengegangenen" Hochzivilisationen, sondern von solchen, die noch da sind – sie sind JETZT noch hier! Es leben Völker geschützt im Untergrund dieses Planeten, wodurch sie sich über Jahrtausende hinweg ungestört kontinuierlich fortentwickeln konnten, weshalb sich auch ihre Intelligenz, ihre Erscheinungsform und selbstverständlich auch ihre Technologie stetig weiterentwickelt haben. Dr. Heinrich Kusch berichtete ja von den *Kara*, den *Kamen*, den *Uni* und den *Sanadis*, die ebenfalls heute noch existent sind, und zwar nicht irgendwo im südamerikanischen Dschungel, sondern in Österreich! Darauf komme ich gleich noch einmal zurück.

Fakt ist aber auch: Wir leben heute in einer Welt mit Menschen verschiedenster Gattungen, verschiedensten Niveaus und entsprechender Intelligenz. Mein derzeitiger Lieblingsspruch lautet: „*Wir leben alle auf dem gleichen Planeten, aber in verschiedenen Realitäten!*" Wir finden heute auf der Welt Menschen, die leben noch im Lendenschurz im Urwald, während gleichzeitig andere in der ISS um die Erde kreisen – ganz abgesehen von den geheimen Weltraumprogrammen, die über Teleportations-Technik verfügen und bereits heute nicht nur durchs All, sondern auch durch die Zeit reisen. Zur selben Zeit haben wir verschiedene Militärs, extrem mächtige Konzerne, religiöse Extremisten, Impfsüchtige, Schwerstkriminelle und Gewalttäter aller Art neben bewussten, auf die Ernährung und die Gesundheit achtenden, betenden und meditierenden Menschen, denen das Wohl des Nächsten zu Herzen geht. Es gibt Menschen, die lassen sich von der Regierung, der Pharma-Lobby oder dem religiösen Anführer Angst machen, andere leben im Haus daneben in Harmonie und Zufriedenheit, leben im Überfluss und manifestieren mithilfe ihrer Vorstellungskraft in ihr Leben, was sie möchten. Wie gesagt: Selber Planet, verschiedene Realitäten!

11.500 Jahre: die Elite weiß Bescheid, und auch die Channelings warnen die Menschen vor Erdkataklysmen

Was erwartet uns in nächster Zukunft? Glauben wir den Prophezeiungen der bekanntesten Seher (siehe „Der Dritte Weltkrieg"), haben wir noch einen dritten großen Krieg vor uns sowie mächtige Erdkataklysmen, bei dem ein größerer Teil der Menschen umkommt, bevor dann Frieden einkehrt. Und es heißt, dass sich zuvor die Menschheit spalten wird – es ist das, was wir gerade alle erleben. Es gibt die Menschen, die Systemlinge, die obrigkeitshörig, hirngewaschen und leichtgläubig sind: *„Der Herr Pfarrer hat gesagt, der Herr Professor hat mir erklärt, unser Bundespräsident rät dazu…"* Das erlebten und erleben wir weltweit. Allerdings gibt es immer mehr aufgewachte Zeitgenossen, die diesen Mist längst durchschaut haben und nicht mehr mitmachen.

Kommen wir jedoch zurück zur Frage, was in Zukunft passieren wird: Für die Welt wurde viel prophezeit, wie beispielsweise der Untergang Englands sowie der USA im Meer. Die berühmtesten Seher stammen allerdings aus Westeuropa, vor allem aus Österreich und Deutschland, weshalb sich diese in ihren Aussagen auch vermehrt zu unserer Region geäußert haben. Weil ich selbst Deutscher bin, habe ich mich deshalb auch mehr auf unsere Region spezialisiert, was meine Recherchen angeht und möchte hier abschließend zu Jasons Buch die deutsche UFO-Thematik noch ausführlicher beleuchten. Was das Deutsche Reich und die Flugscheiben-Entwicklungen angeht, habe ich über die letzten drei Jahrzehnte eine ganze Menge erlebt und gesehen. Ich traf nicht nur die letzten vier noch lebenden Mitglieder der einstigen *Thule-Gesellschaft* und konnte mich mit ihnen austauschen, ich traf auch Piloten sowie Augenzeugen der deutschen Fliegenden Untertassen.

Diese Thematik betreffend möchte ich ein paar Berichte auflisten, da sie Jasons Forschungsarbeit bestätigen bzw. untermauern. Die meisten davon habe ich bereits in vorherigen Publikationen veröffentlicht, aber nachdem uns der Mainstream ohne Unterlass die Hucke vollügt, scheint es mir angebracht, auch die Wahrheit immer wieder mal zum Besten geben.

Zum Beispiel durch den Bericht von Hans Altmann:

„Als Jan van Helsing und Stefan Erdmann sich bei ihren Recherchen für ihr Buch „Hitler überlebte in Argentinien" im November 2010 für einige Tage in Asuncion, der Hauptstadt Paraguays, aufhielten, trafen wir uns und tauschten uns über etliche spannende Themen aus. Ich bin Jahrgang 1940 und kann aus eigener Erfahrung schildern, dass die Führung des Dritten Reiches mit der Propaganda in punkto „Wunderwaffen" nicht gelogen hatte. Das hat tatsächlich alles einen realen Hintergrund. Und zwar kann ich von Folgendem berichten: Mein

Vater wie auch Großvater betrieben in der thüringischen Kleinstadt B. einen Holzverarbeitungsbetrieb. Da jedoch Polstergestelle, die dort gefertigt wurden, nicht kriegswichtig und ein großer Teil der Arbeiterschaft als Soldaten an den Fronten im Einsatz waren, wurde dieser Betrieb ab Juni 1943 stillgelegt. Aber die Fertigungssäle wurden ab Ende Juni 1943 von der Lilienthalgesellschaft und dem Amt für Luftfahrtforschung genutzt. Ich erinnere mich noch, wie der Leiter dieses Amtes, ein Dr. Gustav Strohmeier, mit seiner Ehefrau und seinem kleinen Jungen im Kinderwagen aus dem Zug am Bahnhof B. ausstiegen.
Was nun in den Räumen der ehemaligen Fabrik gearbeitet und wonach geforscht wurde, entzog sich der Kenntnis aller Außenstehenden. Selbst die Ehefrau des Leiters Dr. Gustav Strohmeier, eine geborene Mangna von Beesten, durfte die Fabrik nicht betreten. Ein Teil der Mitarbeiter und Mitarbeiterinnen wohnte in zwei kleineren Wohnungen im obersten Geschoss der Fabrik. Der Chef dieses Amtes und unmittelbare Vorgesetzte von Dr. Gustav Strohmeier war ein General Bäumker, der seinen Sitz im Schloss Pullach bei Bad Aibling hatte. Dieser General Bäumker besuchte nun des Öfteren diese neu angelegte Forschungsstätte in der Kleinstadt B., und wie gut die Wahl für diesen Standort war, belegt die Tatsache, dass dort keine Bomben fielen.
Die alliierten Bomberflotten konzentrierten sich auf die größeren Städte, wo sie der deutschen Zivilbevölkerung Tod und Verderben brachten. Wie ich Jan van Helsing und Stefan Erdmann weiter berichtete, kam es auch öfter vor, dass der Reichsmarschall Hermann Göring sporadisch zum Besuch auftauchte, was ebenfalls die Wichtigkeit dieser Einrichtung unterstrich. Dicht an dicht flogen die alliierten Bomberflotten über die Kleinstadt B., ohne dass die Feinde ahnten, was in der stillgelegten Fabrik so vor sich ging. Der direkte Chef des Amtes für Luftfahrtforschung sagte zu meinen Großeltern und zu meiner Mutter, dass Deutschland noch eine reale Chance hätte, diesen Krieg zu gewinnen, denn seine Forschungsgruppe und er selbst würden an einer Entwicklung arbeiten, die bald serienreif sei.
Was war das für eine Waffe, die bald einsatzfähig sein sollte? Den Düsenjäger ME 262 gab es schon. Deshalb fragte meine Mutter, ob es die Atombombe wäre. Er verneinte dies und wies darauf hin, dass das Amt für Luftfahrtforschung sich ausschließlich mit der Flugtechnik befasse. Auch die V1 und die V2 flogen zu diesem Zeitpunkt schon. Dr. Strohmeier sagte später, dass er diese Bemerkung nur geäußert hätte, um den Glauben an ein gutes Ende des Krieges für Deutschland aufrechtzuerhalten. Diese Äußerung wiederholte Dr. Gustav Strohmeier noch einmal im Januar 1945, als die Lage für das Deutsche Reich schon verzweifelt war. Er sagte, es sei wichtig, dass die deutschen Soldaten bis zum letzten Schuss kämpfen würden. Interessant ist in diesem Zusammenhang auch, dass die

USA die Eroberung Berlins der Roten Armee unter General Schukow überließen. Wussten diese, dass im Raume Thüringen, Sachsen und Böhmen die Technologiezentren des Dritten Reiches waren? Bei dem Ansturm der Roten Armee auf Berlin bildete die Truppe der SS-Leibstandarte bei den Seelower Höhen für die Rote Armee das letzte große Hindernis. Es sind bei diesem Ansturm über 20.000 Rotarmisten gefallen. Als der russische General Schukow die gefallenen deutschen SS-Soldaten sah, sagte er mit Bewunderung: „Mein Gott, das sind doch noch halbe Kinder von 16 und 17 Jahren. Was hätten wir gemacht, wenn diese erstmal erwachsen gewesen wären?" Diese jungen deutschen SS-Soldaten, die aus der Hitlerjugend hervorgegangen waren, hatten im wahrsten Sinne des Wortes wirklich bis zum letzten Schuss gekämpft. Die Soldaten der Roten Armee mussten die jungen SS-Soldaten teilweise einzeln aus ihren Löchern herausschießen, weil sie sich nicht ergeben wollten.

Am 14. und 15. Februar 1945 griffen US-amerikanische und britische Bomberverbände die Stadt Dresden an. Diese Stadt hatte keine militärische Bedeutung, sie war aber mit tausenden Flüchtlingen besetzt, die in den Hotels, Pensionen und Schulen untergebracht waren. Diese Menschen hatten bis Dresden ihr Leben vor der anrückenden Roten Armee mit knapper Not retten können. Aber jetzt kamen die US-amerikanischen und britischen Bomber mit ihrer unheilbringenden Fracht. Was keine andere Luftwaffe fertiggebracht hatte, schafften diese, denn die amerikanischen und britischen Bombenflugzeuge warfen Phosphorbomben ab. Phosphor lässt sich selbst mit Wasser nicht löschen. Die meisten Menschen verbrannten und erstickten in dem Feuersturm. Menschen, die es gerade noch schafften, aus ihren brennenden Häusern zu fliehen, wurden von den Begleitjägern der Alliierten mit deren Bordkanonen auf der Flucht in die Elbwiesen niedergemäht. Die Idee für diesen grauenhaften Angriff hat Deutschland dem damaligem Premier Winston Churchill und dessen Kommandeur der britischen Luftwaffe General Harris (Spitzname „Bomber-Harris") zu verdanken.

Wenn unsere Kinder und Enkel in den Schul- und Geschichtsbüchern der BRD von einer Opferzahl von 25.000 deutschen Menschen lesen, handelt es sich nur um die Opfer, die einwandfrei identifiziert werden konnten. Aber die vielen anderen zigtausend Opfer konnten in den Kriegswirren der damaligen Zeit gar nicht erfasst werden. Die Feuerwehren und die Helfer mussten in den Tagen danach ganze Keller mit Flammenwerfern ausbrennen und die Leichen der verstümmelten Opfer übereinanderschichten und verbrennen, damit keine Seuchen entstanden. Allerdings wurde festgestellt, dass in den folgenden Tagen 200.000 Menschen ihre Lebensmittelkarten nicht abgeholt hatten. Man schätzt die ungefähre Zahl der zivilen Opfer deshalb auf 350.000 bis annähernd 500.000, die dabei umgekommen sind. Wenn man aber bedenkt, dass es die englische Füh-

rung Anfang der 1990er-Jahre fertiggebracht hat, dem Bomber-Harris dafür in London noch ein Denkmal zu setzen, ist das der Gipfel der Geschmacklosigkeit. Aber im Jahre 1953 hatte die damalige Bundesregierung noch eins draufgesetzt: Dem ehemaligen britischen Premier Winston Churchill wurde im Aachener Dom von der Regierung Adenauer der Karlspreis verliehen – einem Mann, der damals den Mordauftrag gegen das deutsche Volk gegeben hatte. Auch die Stadt Hamburg hatte rund 100.000 Bombenopfer zu beklagen. Auch dort wurden Phosphorbomben von den Alliierten eingesetzt. Menschen, die sich damals während der Angriffe noch auf der Straße befanden, wurden durch die Hitze des brennenden Phosphors mit der Teerdecke der Straße teilweise verschmolzen. Auch in Thüringen neigte sich der Krieg langsam dem Ende zu. Ich erzählte Jan und Stefan, dass ich mit meiner Mutter, meiner Schwester, Tante und Großeltern nachts im Februar vor das Haus gegangen war. Es hatte frisch geschneit, der Himmel leuchtete feuerrot, und man konnte sehen, wie die Stadt Jena brannte. Anfang März 1945 sagte Dr. Gustav Strohmeier zu meiner Mutter und meinen Großeltern, dass der Krieg wohl verloren sei. Auf Anraten seines unmittelbaren Vorgesetzten General Bäumker fuhr Dr. Strohmeier mit seiner Frau und seinem Kind der anrückenden US-Armee entgegen. Er hatte einige Forschungsunterlagen dabei, die er den Amerikanern übergeben wollte, aber die wichtigsten Forschungsunterlagen, in denen es um brisante Objekte ging, hatten er und seine Mitarbeiter von der Forschungsgruppe in Gummisäcke eingeschweißt und diese unter den Bretterstapeln auf dem Holzplatz der Fabrik vergraben. Er sagte, dass es sich hier um Forschungsergebnisse handelte, die dem deutschen Volke erhalten bleiben sollten.

Als ich im Jahre 1990 meine alte Heimat besuchte, stellte ich fest, dass dort, wo sich die Bretterstapel früher befanden, heute LKW-Garagen stehen. Es ist mit großer Wahrscheinlichkeit davon auszugehen, dass sich die Dokumente in den Gummisäcken noch heute unter den Betonfundamenten der Garagen befinden. Dr. Strohmeier ist mit seiner Familie durch die US-Armee in die USA nach Huntsville gekommen, um dort für die USA in der Luftfahrtforschung zu arbeiten. Meine Mutter und meine Großeltern, so erzählte ich Jan und Stefan weiter, haben über den wissenschaftlichen Schatz, der dort mit großer Wahrscheinlichkeit im Boden ruht, geschwiegen, und sie haben das Wissen darüber mit ins Grab genommen. Im März 1945 flogen in Baumwipfelhöhe US-amerikanische Jabos (Jagdbomber) die Straßen entlang und schossen in die Fenster der Häuser, wenn sich dort etwas bewegte. Es sind mehrere Zivilpersonen dadurch erschossen worden. Ich selbst wäre dabei fast getroffen worden, hätte mich meine Mutter nicht noch schnell erfasst und runtergerissen, als ich aus dem Küchenfenster der ersten Etage schaute. Am 13. April 1945 wurde auch die Stadt B. von den

US-Truppen eingenommen. Mein Vater hatte zuletzt als Soldat in Italien gegen Engländer und Amerikaner gekämpft. Aber es drangen nun US-Soldaten und Offiziere in unser Wohnhaus ein, weil sie meinen Vater verhaften wollten, der eine Zeit lang in dem Ort für die NSDAP Ortsgruppenleiter war. Meine Mutter zeigte den US-Offizieren das Soldatenfoto meines Vaters, aber erst, als einer der Offiziere zum Test die Hacken zusammenschlug und mich als damals 4,5-Jährigen mit „Heil █“ grüßte, woraufhin ich mit „Guten Morgen“ antwortete, war der Bann gebrochen, und die US-Offiziere benahmen sich recht anständig und erzählten dann meiner Mutter, dass sie auch Kinder und Frauen in den USA hätten und froh wären, wenn sie diese wiedersehen. Sie warnten meine Mutter aber auch vor der anrückenden sowjetischen Armee, die mit der deutschen Zivilbevölkerung nicht so human umgehen würde wie sie. Wenige Tage später erschien Dr. Gustav Strohmeier mit einem amerikanischen Militärkonvoi, um aus der ehemaligen Fabrik noch Unterlagen und Dokumente zu holen. Aber die versteckten Dokumente unter den Bretterstapeln auf dem Holzplatz wurden dabei nicht erwähnt.

Als ich später mit meinen Eltern ab Juni 1948 in Duisburg-Hamborn lebte, sah ich an einem etwas dunkleren Tag des späten Frühjahres 1952 über dem Stadtteil Hamborn-Bruckhausen in der Mittagszeit, als ich mich alleine im ersten Stock unserer Wohnung aufhielt, am Himmel eine Flugscheibe. Sie pendelte auf der Stelle unter einer geschlossenen Wolkendecke. Zunächst erschreckte ich mich, weil doch die Zeitungen über Fliegende Untertassen in Amerika berichteten, die ja angeblich von außerirdischen Wesen geflogen wurden. Aber dann beruhigte ich mich wieder, als ich deutlich das Balkenkreuz der deutschen Wehrmacht darunter sah. Und plötzlich, ich konnte es mit meinen Augen kaum mitverfolgen, schoss diese Flugscheibe durch die geschlossene Wolkendecke nach oben weg. Ob das, was ich gesehen hatte, eine der Entwicklungen von Dr. Strohmeiers Gruppe war oder einer anderen, die an dem Flugscheibenprojekt arbeitete, ist reine Spekulation. Fakt ist, dass ich sie gesehen habe und dass sie deutschen Ursprungs war. Was den US-amerikanischen General Patton angeht, der damals die US-Armee befehligte, die Thüringen und Sachsen einnahm, hatte dieser einmal gesagt, dass die US-Armee gegen das anständigste Volk auf dieser Erde gekämpft hatte – er meinte die Deutschen. In den Gefangenenlagern unter seiner Führung wollte er deutsche Kriegsgefangene wieder bewaffnen, um diese mit US-amerikanischer Unterstützung gegen die Sowjetarmee marschieren zu lassen. Er wurde aber abberufen und hatte drei Tage, nachdem er wieder in den USA zurück war, „zufällig“ einen tödlichen Autounfall...“

Nachfolgende Geschichte habe ich selbst erlebt: Es war im Jahre 1991 in Phoenix, Arizona, als ich den Neffen von Admiral Byrd traf. Vielleicht erinnern Sie sich noch an das Tagebuch von Admiral Byrd, als dieser im Februar 1947 einen inoffiziellen Nordpolflug absolvierte. Die Geschichte gibt es in Buchform mit dem Titel »Das geheime Tagebuch des Admiral Byrd«. Darin heißt es an einer Stelle: *„Plötzlich kommen links und rechts neben dem Flugzeug tellerförmige Flugkörper sehr schnell herangeflogen. Sie verbreiten ein Leuchten. Sie kommen so nah heran, dass Byrd ihre Kennzeichen erkennen kann. Es ist ein seltsames Symbol, das er jedoch nicht veröffentlichen soll.“* In Phoenix fragte ich nun Harley Byrd, um was für ein Symbol es sich denn handeln würde, das sich auf den „fliegenden Tellern“ befand. *„Ein Hakenkreuz, selbstverständlich“*, meinte er, *„das waren Deutsche“*.

Betrachten wir uns nun den Bericht eines Freundes aus dem Jahr 2003, den ich bereits im Buch »Geheimgesellschaften 3« veröffentlichte. Darin geht es um einen zirka 40-jährigen Mann, der für den *Militärischen Abschirmdienst* (MAD) tätig gewesen war und aufgrund besonderer Leistungen und Verdienste zu einem Sondereinsatz in die Antarktis versetzt wurde. Seine Aufgabe war es, eine Grenzlinie in der unwirtlichen Eiswüste zu bewachen, zirka 100km vom Südpol entfernt. Das Absurde an der Situation wurde ihm schon nach wenigen Tagen bewusst: mit High-Tech-Waffen ausgestattet, eine scheinbar willkürlich gezogene Grenze in der unbewohnten und menschenfeindlichen Eislandschaft der Antarktis zu bewachen! Er hatte den Befehl, auf alles, was in dieses Territorium hinein- oder hinausgehen sollte, sofort zu schießen. Neben ihm waren dort auch amerikanische Spezialeinheiten präsent, die alle top ausgebildet und bis an die Zähne bewaffnet waren. Nachdem überhaupt nie jemand diese Grenze passiert hatte, entschied er sich eines Tages und nach guter Vorbereitung, in dieses Sperrgebiet einzudringen. Nach mehreren Stunden konnte er Bewegungen am Horizont ausmachen und erkannte dann, dass Flugobjekte schräg auf den Horizont zuflogen und darunter verschwanden. Offensichtlich musste es dort eine riesige Senke geben! Er hatte in seinem Leben schon viel erlebt und gesehen, aber diese Flugobjekte waren ihm völlig unbekannt! Zudem war ein reger „Reiseverkehr“ von und zur Senke zu beobachten, also hinein- und herausfliegend! Die Flugobjekte hatten unterschiedliche Formen und Farben, und einige leuchteten sogar aus sich selbst heraus! Es gab darunter untertassenförmige, aber auch ein riesiges, zigarrenförmiges Flugobjekt war dabei. Kurz bevor er die Senke erreichte, landete eine zirka 30 Meter große Fliegende Untertasse mit reichsdeutschen Hoheitszeichen vor ihm, der ein Mann in deutscher Uniform entstieg. Dieser sagte zu ihm: *„Guten Tag, Herr Schmitt. Sie wissen, dass Sie sich auf verbotenem Land bewegen! Einige Suchtrupps sind unterwegs, um Sie zu finden.*

Ich biete Ihnen die Möglichkeit, mitzukommen. Das bedeutet für Sie, dass Sie Ihr bisheriges Leben aufgeben und nicht mehr zurück können. Sie werden ein Leben kennenlernen, das unvorstellbar ist. Es liegt an Ihnen, ob Sie mitfliegen." Nachdem der MAD-Mann zögerte, wiederholte der Offizier sein Angebot: „*Ich biete es Ihnen noch EINMAL an. Sie können mitkommen. Aber dann gibt es keinen Weg mehr zurück, und Ihr Leben wird sich grundlegend ändern. Andernfalls geraten Sie in Kürze in Gefangenschaft. Ein Suchtrupp ist nicht mehr fern. Es liegt an Ihnen.*" Der MAD-Mann lehnte das Angebot ab und wurde kurz darauf wie prophezeit gefangen genommen. Aus dieser Gefangenschaft konnte er später fliehen und so meinem Freund Matthias S. diese Geschichte erzählen.

Das deutet darauf hin, dass es in der Antarktis tatsächlich eine deutsche Gruppe gibt, die mit den USA kooperiert, und die weiterhin, wie von Jasons Whistleblowern beschrieben, ihre deutschen Uniformen mit den entsprechenden Emblemen trägt – im Jahre 2003! Und diese Geschichte stammt aus erster Hand, von einem engen Freund – und das etliche Jahre *vor* den Veröffentlichungen von Corey Goode oder Michael Salla.

Für eine Kooperation der Reichsdeutschen – zumindest eines Teils davon – mit den USA bekam ich 2022 in der Schweiz erneut die Bestätigung, als mir ein weltbekannter Ufologe – der nicht genannt sein möchte – erzählte, dass er sich 1975 auf der Wright-Patterson Air Force Basis aufgehalten hatte, als dort eine Fliegende Untertasse landete und zwei Männer in schwarzen Overalls ausstiegen und in das Militärgebäude gingen. Als sie Stunden später dieses wieder verließen, sagten die beiden Piloten „*Auf Wiedersehen!*", also auf Deutsch, stiegen in die Untertasse und flogen davon.

Einen ganz spannenden Bericht lesen wir nun von Carsten Engel, der mir im Jahr 2008 Folgendes schrieb:

> „*Sehr geehrter Herr Jan van Helsing, ich habe schon mehrere Ihrer Bücher gelesen und kenne auch viele andere, die Ihre Werke studiert haben. Gerne möchte ich Ihnen zwei Geschichten präsentieren, die Sie bestimmt interessieren werden. Es war im Sommer 1997, als ich in Lübeck einigen Terminen nachkam. Ich hatte Ihr Buch ‚Geheimgesellschaften Teil 1' bei mir und war gerade bei dem Thema ‚Deutsche Flugscheiben' angelangt. Ehrlich gesagt hatte ich den Gedanken, dass das wohl der größte Unsinn ist, von dem ich je gehört hatte. Nun, in diesem Moment kam der Termin zur Tür herein. Es war ein älterer Herr um die 80. Ich legte das Buch mit den Fotos von den Flugscheiben auf den Sekretär und wandte mich dem Herrn zu. Als sein Blick auf das aufgeschlagene Buch fiel, fragte er mich, ob er einmal einen Blick hineinwerfen dürfe. Ich bot ihm das*

Buch an, und er setzte sich auf einen Stuhl und betrachtete sich die Fotos. Nun muss ich noch dazu sagen, dass dieser Herr und ich uns nie zuvor begegnet waren. Er sah sich nun die Fotos in Ihrem Buch an und wurde schlagartig kreidebleich im Gesicht. Er riss seine Augen auf und starrte mit weit geöffnetem Mund auf die Fotos. Ich versuchte, den Herrn anzusprechen, doch er reagierte nicht. Erst nach einer ganzen Weile drehte er seinen Kopf zu mir und begann zu erzählen. Er sagte, dass er nach dem Krieg von seinem besten Freund, den er schon seit seiner Jugend kennen würde und dem er sich so verbunden fühlte, als wäre es sein Zwillingsbruder, erfahren hatte, was dieser an einem geheimen Luftwaffenstützpunkt in Neu Brandenburg erlebt hatte. Er berichtete, wie sein Freund als Soldat zur Bewachung dieser Einrichtung abkommandiert war und er dort mehrfach Fliegende Untertassen, die man Flugscheiben nannte, in unterschiedlicher Form und Größe fliegen sah. Er erzählte mir diese Geschichte mit so viel Emotionen, denn er erklärte auch, dass er seit dem Gespräch mit seinem Freund nie mehr darüber gesprochen habe, weil er sich sicher war, dass ihm niemand glauben würde. Aber heute nun wäre er hier und habe dieses Buch in der Hand und all die Erinnerungen kämen wieder hoch. Das Interessanteste nun ist, dass Sie in Ihrem Buch ein paar Seiten später davon berichten, dass diese fliegenden Scheiben in Neu Brandenburg getestet wurden. Toll, nicht wahr?

Die zweite Geschichte, die ich mit Ihnen teilen möchte, ist dagegen noch extremer: Das spielte sich im Jahre 1999 auf Maui, Hawaii, ab – das ist meine zweite Heimat. Als ich dort an einem versteckten kleinen Strand verweilte, den nur Einheimische kennen, traf ich auf einen Mann von zirka Mitte 30. Er fiel mir deswegen auf, da er mit einem Bekannten von mir – ebenfalls ein Deutscher – in einem merkwürdigen Deutsch sprach. Es war ein Deutsch, das eigentlich zu der Generation meiner Großeltern passte. Es klang irgendwie altmodisch. Der Mann war vom Erscheinungsbild eher von einem dunklen Teint, mit dunklen Haaren und braunen Augen und war recht groß gewachsen, so ca. 1,90 m. Ich weiß nicht mehr genau, wie ich mit ihm ins Gespräch kam, aber als ich ihn fragte, von wo aus Deutschland er kommen würde, sagte er, er würde nicht aus Deutschland kommen! Er käme aus Neu-Berlin!
Ich weiß noch, dass ich ihn mehr aus Spaß fragte, ob er aus dem Neu-Berlin in den USA oder aus dem in der inneren Welt käme. Er zögerte kurz mit der Antwort, musterte mich und sagte dann mit völlig ernster Miene: ‚Aus dem Neu-Berlin in der Innenwelt.'
Da er seine Antwort so glaubhaft vermittelte, war ich mir nicht sicher, ob dieser Herr mich verschaukelte. Ich fragte ihn, wenn er wirklich von dort kommt, wie er behauptet, warum er mir dann solch ein Geheimnis anvertrauen würde? Er antwortete, dass ihn meine Frage, ob er aus der inneren oder der Außenwelt

käme, sehr überrascht habe. So etwas sei ihm noch nie passiert und ich sehe für ihn nicht wie ein Agent aus. Zudem würde mir ohnehin keiner glauben, wenn ich jemandem davon erzählen würde. Er meinte auch, dass es eh einen Plan gibt, der Menschheit von ihrer Existenz zu berichten, dies aber nur unterschwellig funktionieren würde, da die ‚Herren der Oberwelt' diese Information mit aller Macht unterdrücken würden.

Ich fragte ihn, ob die Gerüchte über die deutsche Expedition in die Antarktis während des Zweiten Weltkriegs stimmen würden, bei der sie den Eingang in die innere Welt entdeckten. Er erklärte mir, dass es schon viel früher als 1939 Hinweise auf eine Hohlwelt gab. Die Thule- und Vril-Gesellschaften hatten schon medial diese Information bekommen und auch von einem Tibetischen Orden (Gelb-Kappen/Mützen) habe man erfahren, dass es den Deutschen vorbestimmt sei, als letztes Volk die innere Welt zu entdecken. Er erzählte mir auch, dass die deutsche Marine einen Seeweg unter dem Eis der Arktis in die innere Welt entdeckt hatte, aber aus irgendwelchen Gründen man diesen Weg ins Innere nicht oder nur unter großen Risiken hätte erkunden können.

Da man aber davon ausging, dass es am Südpol auch einen Eingang geben müsste, machte man sich auf den Weg in die Antarktis. Man fand riesige Hohlräume unter dem Eis, wo man mindestens drei ‚Übergangsstützpunkte' aufbaute. Da der Eingang hier im Süden auf dem Festland lag, musste man hineinfliegen. Er fragte mich, ob ich schon von der Entwicklung der Flugscheiben gehört hätte? Da ich dies bejahen konnte, fuhr er fort und erzählte, dass es dieser Maschine zu verdanken sei, dass man im Inneren der Erde ‚aufgenommen' wurde. Er erklärte, dass es ihnen mit einer Forschungsflugscheibe gelungen war, ins Innere der Hohlwelt vorzudringen, wobei sie dort auf eine Hochzivilisation trafen, die ähnliche Fluggeräte besaß wie sie selbst, nur wesentlich moderner. Das Innere der Erde sei ein Land mit Ozeanen und großen Landmassen mit üppiger Vegetation. Es scheint im Inneren nicht ganz so hell zu sein wie außen, da er meinte, dass sich seine Augen immer erst an die Helligkeit gewöhnen müssten, wenn sie die innere Welt verlassen.

Es muss dann wohl damals zu einem Kontakt zu einer sehr fortschrittlichen Rasse von Menschen gekommen sein, die uns um Jahrtausende voraus ist – technologisch, geistig und mental. Diese Rasse (den Namen weiß ich nicht mehr) war die größte, weiseste und mächtigste auf diesem Planeten. Sie würden diese Macht niemals gegen andere einsetzen, es sei denn zur Verteidigung.

Ich bin mir mit den zeitlichen Abläufen nicht ganz sicher, aber wenn ich mich recht erinnere, dann war Deutschland zu diesem Zeitpunkt schon im Krieg. Man machte den Deutschen klar, dass man schon auf sie gewartet habe, denn sie seien die Letzten, die in die innere Welt aufgenommen würden, da es im kom-

menden Wassermannzeitalter wichtig sein wird, dass alle Völker im Inneren wieder vereint sein werden. Das klang für mich so, als wären wir einst von dort gekommen. War das vielleicht der Garten Eden?
Man erklärte den deutschen Reisenden, dass sie ihrem Führer ausrichten sollten, dass er zwar eine Veränderung der Oberwelt erreichen wolle – und das wolle man auch –, aber nicht mit diesen Mitteln! Denn er habe sich von den Herren der oberen Welt zur Gewalt verleiten lassen, und man dürfe es den Deutschen auf gar keinen Umständen erlauben, ihre neue Technologie, die auf dem Prinzip der Göttlichkeit beruhe, zum Angriff einzusetzen. Falls Deutschland dieser Auflage nicht nachkommen würde, würde man ihnen die Umsiedlung verweigern, und sie würden sich dann um die deutschen Flugscheiben kümmern! Aber was wohl sehr wichtig war, ist, dass sie den Deutschen klarzumachen versuchten, dass es ihnen vorbestimmt war, hierher zu finden, um dort die nötige Reife zu erlangen, um dann die Menschheit aus den Fängen der ‚Herren der Oberwelt' zu befreien. Sie dürfen sich da nicht einmischen, denn das sei die Aufgabe des deutschen Volkes.
Er erklärte mir noch, dass man mit speziellen U-Booten und Flugscheiben Menschen und Material erst in die Übergangsstützpunkte brachte, um sie von dort in die neue Heimat ins Innere der Erde zu bringen. Er machte dann eine Bemerkung, wonach der Krieg schon viel früher beendet worden wäre, aber man brauchte noch Zeit, um alles, was nötig war, ins neue Deutschland zu bringen. Er sagte, dass all die Tausende Menschen, die laut unserer Geschichtsbücher umsonst gestorben waren, gar nicht umsonst gestorben sind. Denn ohne sie hätte es vielleicht nicht gereicht, ein neues Deutschland, was seiner zukünftigen Bestimmung folgt, zu errichten. Im Inneren werden diese tausende von Toten als Retter der neuen Welt geehrt!
Was ich noch interessant fand, war, dass er sagte, dass es einigen Mächtigen im Deutschen Reich nicht gefiel, dass sie sich an die Regeln halten sollten, die die große innere Rasse ihnen auferlegt hatte. Laut seinen Erzählungen spalteten sich wohl einige von diesem Plan ab und versuchten in anderen Teilen der Welt eine neue Macht zu etablieren. Diese sei aber nach seinen Informationen nicht in der Lage, sich gegen die Innerdeutschen zu stellen, da diese mit Hilfe ihrer neuen ‚Freunde' im Innern in der Zwischenzeit solche Fortschritte gemacht haben, dass nicht einmal alle militärischen Mittel auf der Oberfläche ausreichen würden, sie zu bezwingen!
Er sprach auch von vielen geheimen Stützpunkten an der Oberfläche, die sie selbst unterhalten würden, um, wenn die Zeit gekommen sei, den Frieden und die Freiheit der ganzen Menschheit wiederherzustellen. Auch habe sich gezeigt, dass es wohl auch Kontakte mit einigen der anderen deutschen Gruppen gibt, die

im Laufe der Jahre umgedacht haben und nun der Gewalt als Mittel zur Umsetzung der Freiheit abgeschworen haben. Zudem sprach er auch von anderen außerirdischen Rassen, die hier unter uns leben, und die diesen Prozess der Erneuerung unterstützen. Es gibt wohl auch außerirdische Rassen, die nicht wollen, dass sich etwas verändert und die den Herren der Oberwelt helfen wollen, ihre Macht nicht zu verlieren. Aber das ist, wie er sagte, nicht möglich! Daher versuchen diese, sich in die Zeit zu flüchten – durch Zeitreisen!
Er sprach davon, dass es mittlerweile viele Millionen von ‚Freiheitskämpfern' gibt, die im Falle eines Massakers der Herren der Oberwelt an der Menschheit bereitstehen würden, um diese zu verteidigen! Diesen Herren sei ihre Existenz, also die Existenz der Hohlwelt, wohl bewusst, und sie wissen auch von ihrer Macht, aber denen sei alles zuzutrauen, meinte er. Sie werden versuchen, die Menschen an der Oberfläche so lange mit ihrer Propaganda zu beeinflussen wie nötig, um ihre Macht über uns Menschen zu sichern!
Er erzählte mir auch noch, dass sie längst Stützpunkte außerhalb unseres Planeten hätten. Der erste sei schon in den 1950er- und 1960er-Jahren auf dem Mond und dem Mars etabliert worden, weitere dann später auf einem der Jupiter-Monde sowie auf einem Saturn-Mond. Man sei auch in der Lage, außerhalb unseres Sonnensystems zu reisen. Auch dort habe man schon Stationen aufgebaut.
Anscheinend gibt es wohl unter der deutschen Großindustrie einige, die mit der Innenwelt sympathisieren und ihnen mit Geld und Material bzw. Rohstoffen helfen, darunter auch große deutsche Rüstungs- und Stahlbetriebe. Viele in Deutschland lebende und wirkende Persönlichkeiten sind in Wirklichkeit nicht aus der Ober-, sondern aus der Unterwelt. Es gibt wohl viele, sehr viele ‚Agenten der neuen inneren Welt', die das große Ziel von oben aus unterstützen.
Dann sprach er noch davon, dass viele Mythen wie die von Atlantis real wären und dass die Archäologen, wenn sie denn in der Antarktis unter dem Eis graben könnten, die Reste dieses untergegangenen Kontinents entdecken würden. Es schien mir, als wären die Atlanter eine der Rassen, die im Inneren leben. Ich weiß allerdings nicht, ob die Atlanter diese Rasse sind, die den Deutschen geholfen hat. Ich denke eher, dass diese Rasse wohl noch viel länger dort im Inneren lebt als die Atlanter. Denn diese, würde ich schätzen, leben dort erst seit zirka 12.000 Jahren. Aber der Planet ist alt, und es gab bestimmt vor den Atlantern noch andere Hochkulturen, die den Weg ins Innere gefunden haben. Aber wie gesagt, das ist nur meine Meinung.
Ich habe versucht, mich so gut wie es ging zu erinnern und die Informationen aufzuschreiben. Ich hoffe, dass einige neue Dinge für Sie dabei sind, obwohl ich glaube, dass Sie das wohl alles schon kennen. Hätte ich damals gewusst, was ich heute weiß, dann hätte ich ihm noch ganz andere Fragen gestellt. Aber man weiß

ja nie, denn man sagt ja ‚man sieht sich immer zweimal' und da ich ja regelmäßig auf Hawaii bin, treffe ich ihn vielleicht noch einmal. Und dann hoffe ich, dass ich mehr Insider-Informationen von ihm bekomme – vorausgesetzt, dass er sich genauso gut an mich erinnert, wie ich an ihn. Alles ist möglich!

Alles Liebe und Gute, Carsten Engel."

Spannend, nicht wahr? Carstens Bericht veröffentlichte ich vor 14 Jahren, also viele Jahre vor der Veröffentlichung der Blumkin-Protokolle oder der Antarktis-U-Boot-Karten.

Die folgenden beiden Berichte veröffentlichte ich 2020 und 2021 bei *dieunbestechlichen.com*:

„Sehr geehrter Herr van Helsing und Sternhoff,
ich habe Ihr Buch mit Interesse gelesen und möchte hierzu Folgendes erwähnen: Mein Vater, vor 10 Jahren verstorben, war bei der Luftwaffe im Geschwader Fendt, also dem Fendt, der heute Wohnwagen und landwirtschaftliche Maschinen baut... Mein Vater erzählte mir im zarten Kindesalter, dass sie eines Tages den Auftrag erhielten, einige hohe Offiziere an einen bestimmten Standort zu fliegen. Sie warteten also an ihrem Standort Wunstorf auf die Übernahme. Es kamen einige hohe SS-Offiziere, die sie aufforderten, zu starten. Erst nach dem Start bekamen sie eine Karte, auf der ein Flugplatz eingezeichnet war, der auf ihrer eigenen Karte nicht vorhanden war. Sie flogen also in Richtung Prag, und landeten an der bezeichneten Stelle.
Es waren mehrere Hallen vorhanden, von denen jedoch nur eine offen stand. Davor standen zwei SS-Leute, die ihren Gruß an die Offiziere entrichteten. Mein Vater, der sehr neugierig war, winkte einem Bewacher zu und fragte ihn, ob er eine Zigarette für ihn hätte. Er gab ihm eine und machte ihm unmissverständlich klar, dass er das Flugzeug wieder betreten müsse. Bevor er das tat, fragte mein Vater ihn, was das für ein merkwürdiges rundes Ding wäre, das da in der Halle stehen würde. Der SS-Soldat wurde sehr harsch und machte meinem Vater deutlich, dass, wenn er jemals irgendwo darüber sprechen sollte, es zum letzten Mal gewesen wäre. Später erklärte er mir, wäre es ihm bewusst geworden, dass es sich um ein UFO handelte.
Direkt nach Kriegsende kamen Amerikaner aus Mannheim zu meinem Vater, und wollten ihn für die Ausbildung von Soldaten in Texas anwerben, was er jedoch ablehnte. Schon kurz nach den Amerikanern kamen aber deutsche, die ihm anboten, nach Chile zu gehen. Er würde dort Land bekommen, und auch eine Frau, mit der eine Familie gründen könnte. Sie meinten noch, dass für die Deutschen in Chile alles positiv geregelt wäre."

Den zweiten Bericht erhielt ich am 14.3.2018 von Dieter Künstler aus Berlin mit der Erlaubnis, diesen auch zu veröffentlichen.

„Mein Vater war vom DRK ausgebildeter Sanitäter und wurde 1941 für das Henschel Flugzeugwerk als Werkssanitäter dienstverpflichtet. Kurz bevor das Werk aufgelöst werden musste, weil die Bolschewisten nicht mehr abgewehrt werden konnten, hatte mein Vater um den 15. April 1945 folgendes Erlebnis: Im Verlauf des Tages wurde Alarm für die Feuerwehr und für die Sanitätsstationen ausgelöst. Werksfeuerwehr und Sankra – besetzt mit einem Sanitätsoffizier und einem Sanitäter (mein Vater) – fuhren weit hinaus auf das Flugplatzgelände. Aus den Wolken kam mit rasanter Abwärtskurve ein deutscher Jäger – einen Rauchschweif hinter sich herziehend. Offensichtlich war das Flugzeug im Luftkampf beschädigt worden und der Pilot verwundet. Eine Bruchlandung stand bevor. So kam es. Die Feuerschutzleute schäumten die Maschine ein, sodass Brand und Explosion verhindert werden konnten. Mein Vater zog mit Hilfe eines Feuerwehrmanns den verwundeten Piloten aus der Maschine, weit weg vom Unfallort. Der Sani-Offizier fuhr den Sankra heran, holte Trage und Sanitätsmaterial und übernahm die Sicherung der Unfallstelle sowie die Luftüberwachung. Mein Vater untersuchte die schweren Schussverletzungen am Oberkörper. Weitere Verletzungen hatte der Pilot nicht, da es ihm gelang, trotz schwindenden Bewusstseins eine glatte Bauchlandung hinzulegen.

Und nun schildere ich wahrheitsgemäß – ohne Weglassungen und Hinzufügungen –, was mein Vater während der Wundversorgung erlebte. Mein Vater, der Werksanitäter der Henschel-Flugzeugwerke, Hermann Künstler, geb. am 6.12.1901, sagte mir dazu Folgendes: ‚Ich versorgte die Schusswunden am Oberkörper und begann mit dem Verbinden, als ein leises Rauschen in der Luft zu vernehmen war. Ich schaute kurz auf und ein großes, ganz rundes Flugzeug schwebte herab und setzte senkrecht auf dem Beton auf. Es war ganz groß und ganz rund. Keine Flügel! Kein Leitwerk! Ich konnte nur kurz aufschauen, denn meine Aufmerksamkeit musste dem Verwundeten gelten, der noch ohne Bewusstsein war. Der Sani-Offizier eilte herbei, denn oben aus der (Glas)Kanzel rief der Pilot nach einem Verantwortlichen. Sie riefen sich Informationen über den Standort der Bolschewisten und eigener Kräfte zu, und mit ‚Heil Hitler!' war der Wortaustausch beendet. Ich hielt gerade den Kopf des Verwundeten und schaute nach oben. Mit leisem Rauschen hob sich das runde Flugzeug senkrecht in die Höhe, einen riesen Schatten werfend. Immer höher und höher – und ein Glück, dass ich gerade noch guckte – zog es seitwärts weg, und das mit rasender Geschwindigkeit und war verschwunden – und blieb verschwunden! Kein Aufbrüllen des Motors. So, wie es lautlos aufstieg, zog es lautlos weg – wie der Blitz! Keine Platzrunde. Nichts. Es blieb verschwunden.'

Immer wieder mal fragte ich Vater nach diesem Erlebnis und immer wieder kam die gleiche, unveränderte Geschichte. Nichts wurde aufgebauscht im Laufe der Jahre. Und ich habe sie als sein Vermächtnis bei mir verwahrt.“

Ob es sich bei diesem Flugobjekt um das „Vril 7“ handelte oder bereits eines aus der „Haunebu“-Reihe, wissen wir leider nicht, da Herr Künstler sen. keine Zeichnungen hinterließ.

Einen anderen Bericht erhielt ich 1995 von einem Leser, als mein Buch »Geheimgesellschaften und ihre Macht im 20. Jahrhundert« erschienen war. Darin hatte ich neben Berichten zu den deutschen Flugscheibenkonstruktionen auch Fotos der Flugkörper abgebildet – unter anderem eines einer Flugscheibe, die in Prag hergestellt worden war. In einem Leserbrief schrieb mir ein Herr Schmidt aus Stuttgart, dass er am Bau dieser Scheibe in Prag selbst beteiligt gewesen war. Ich rief Herrn Schmidt an und werde dieses Telefonat nie vergessen, denn der gute Mann begann am Telefon zu weinen. Es habe ihm nie jemand geglaubt, dass sie die Flugscheiben gebaut hätten – selbst seine eigene Familie nicht. Und als er dann das Foto der Flugscheibe in meinem Buch sah, hatte er nun endlich einen Beleg dafür!

Einen letzten Bericht möchte ich noch anführen, den ich ebenfalls schon veröffentlicht hatte, mit dem es allerdings noch eine andere Bewandtnis hat. Es handelt sich um Wilfried H., einen ehemaligen deutschen Piloten, der selbst verschiedenste Flugscheibenversionen mit eigenen Augen auf Flugplätzen wie auch im Flug gesehen haben will: Einmal musste er im Frühjahr 1943 mit seiner Arado in Neu Brandenburg landen, da seine Maschine einer Generaltriebwerksuntersuchung unterzogen werden sollte. Da dies jedoch bis zum nächsten Tag andauerte, gesellte er sich zu seinen Fliegerkameraden in die Halle und traute seinen Augen nicht: er sah dort zwei große *Haunebu II* stehen (in diesen Sicherheitsbereich kam er durch seinen „roten Reiseschein“, einen Sicherheitsausweis). Die nächsten Stunden verbrachte er mit den Piloten und erfuhr dabei eine ganze Menge über diese Flugkörper. Ihm wurde erklärt, dass diese locker 50.000 km/h fliegen würden und außerhalb der Erdatmosphäre sogar über 100.000 km/h. Während er sich die Scheiben von außen betrachten konnte, erklärte man ihm, dass sie mit einem Antigravitationsantrieb ausgestattet seien, der nach dem Gegenlaufprinzip einer gequetschten Lemniskate funktioniere. Durch die gegenläufigen Scheiben im Innern des Raumschiffs entsteht dadurch ein weiterführender Dynamoeffekt. Durch diesen Effekt würden die Raumschiffe ein Null-Feld um sich herum aufbauen, wobei sie sich fortwährend in dieses Null-Feld hineinsaugen. Je nachdem, wohin man dieses Feld richten würde, zöge es das Schiff hinein. Durch diesen Antrieb gäbe es, aber nur von außen sichtbare, ruckartige Bewegungen (zum Beispiel 22,5°), die jedoch im Innern nicht fühlbar wären. Innerhalb der Schiffe würden keinerlei Fliehkräfte auf die Piloten einwirken, da die Schiffe eben ein eigenes Gravitationsfeld besitzen.

Wilfried H. glaubt, dass die Deutschen bereits 1928 mit diesen auf dem Mond gewesen waren, wenn nicht schon um die Jahrhundertwende. Er schließt dies deswegen nicht aus, da der Ursprung dieser hier verwendeten Technik seiner Meinung nach nicht Nikola Tesla war, sondern der Erfinder Harvey, der bereits im 17. Jahrhundert mit gegenläufigen Scheiben experimentierte und die Bewegungsprinzipien der hyperbolischen Körper angeblich schon damals in die praktische Physik umgesetzt hatte.

Am nächsten Morgen sollte dann ein Erkundungsflug um die Erde stattfinden (nach Aussage eines der Piloten sollte dies in ca. fünf Stunden möglich sein). Natürlich stand die ganze Mannschaft bei Sonnenaufgang vor den Toren, um dieses phantastische Ereignis mitzuerleben und diese unheimlichen Fluggeräte mit eigenen Augen fliegen zu sehen. So beschrieb er, dass nur ein leises Summen zu hören gewesen sei und sich die Haunebus sehr schwerfällig vom Flugplatz entfernten (auf ca. 600-700 Meter), bis es plötzlich einen Ruck gab und die Scheiben wie ein Blitz verschwunden waren.

Und weiter berichtet er: *„Als ich dort mit einem Piloten zusammengesessen war, erzählte er auch, dass es bei diesen Flugkörpern keinen Schallmauerdurchbruch gibt. Heute bin ich persönlich davon überzeugt, dass diese Dinger mit dazu herangezogen worden sind, den ‚Großkopferten' die Möglichkeit einer Flucht einzuräumen. Das ist doch heute auch der Fall. Man versuchte damals über den Mond als Relaisstation zum Mars zu kommen. Doch heute wissen wir, dass das nicht geht. Also werden sie vom Mond direkt zur Venus geflogen sein. Ob das geklappt hat, darüber möchte ich nicht mehr sagen. Nur soviel, als dass dies mit der Hintergrund für die ganze Geheimhaltung um die deutschen Flugscheiben ist.“* (War nicht George Adamski in Kontakt mit „Venusiern“, die Hakenkreuze in den Schuhsohlen eingraviert hatten?)

Auf die Frage, ob er bei einem Start einmal daneben gestanden sei, meinte er, dass er bei vier verschiedenen Gelegenheiten solche Flugscheiben, aber jedesmal verschiedener Bauweise, beim Start erlebt hätte. Einmal stand er beim Start einer „V-7“-Scheibe (mit konventionellem Turbinenantrieb) etwa fünfzig Meter entfernt und beschrieb das Turbinengeräusch als ein *„nicht unangenehmes Singen“* (zwischen Pfeifen und Singen). Diese konventionelle Scheibe flog, im Gegensatz zu den ruckartigen Bewegungen der Antigravitationsflugscheiben, elegant davon wie ein Flugzeug, konnte aber auch auf dem Kopf fliegen oder auf der Seite. Aber auch das „Scheibenprinzip“ (des Antriebs) sei schon damals überholt gewesen. Er führt dazu aus, dass die neueren Triebwerke der deutschen Flugscheiben überhaupt keine beweglichen Teile mehr vorzuweisen hatten. In zwei anderen Fällen hatte er dann noch die „eleganten" VRIL-Scheiben gesehen (ohne Glocke, nur mit einer stromlinienförmigen Kuppel), die ihm am besten gefallen hatten.

Mein Fazit: Die deutschen Flugscheiben gab es 1945, und es gibt sie noch heute! Und das schmeckt einigen Zeitgenossen überhaupt nicht! Auch die Bundeswehr baut die Scheiben – ich weiß, wo sie gebaut werden und von wem (siehe mein Buch »Politisch Unkorrekt«), ich weiß, wo die dreieckigen TR-3B, welche die Amerikaner bauen und fliegen, in Deutschland stationiert sind, und ich habe auch einen Herrn getroffen, der das TR-3B im Tarnmodus als auch in der Luft schwebend gesehen hat. Und das, was die Bundeswehr baut, soll geheim bleiben, aus ganz bestimmten Gründen.

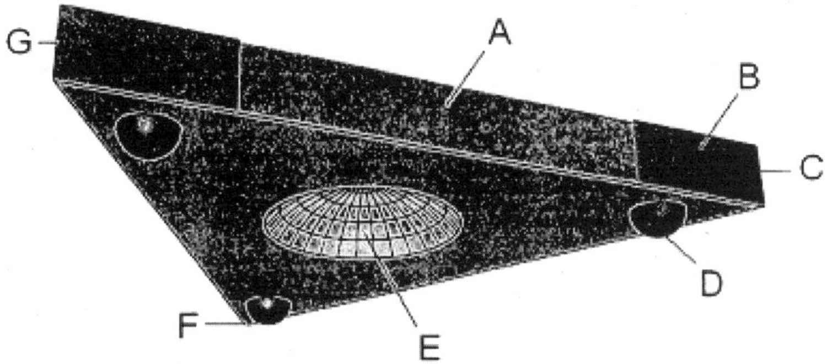

Abb. 72: Das TR-3B Raumschiff besitzt seit 2004 eine US-Patentnummer. Ein im Jahr 2004 veröffentlichtes Patent mit der Nummer US20060145019A1 zeigt das TR-3B-Raumschiff als technische Skizze. Weil solche schwarzen, dreieckigen Flugobjekte schon seit Jahrzehnten beobachtet worden sind, werden sie schon seit einiger Zeit als Aufklärer eingesetzt, die angeblich voll weltraumtauglich sein sollen. Es besteht die Vermutung, dass die Antriebstechnologie von geborgenen UFOs zurückentwickelt werden konnte. Dem Patent ist zu entnehmen: *„Ein Raumfahrzeug mit einem dreieckigen Rumpf, mit vertikalen elektrostatischen Linienladungen an jeder Ecke, die ein horizontales elektrisches Feld parallel zu den Seiten des Rumpfes erzeugen. Dieses Feld, das mit einer ebenen Welle interagiert, die von Antennen an der Seite des Rumpfes emittiert wird, erzeugt eine Kraft pro Volumen, die Auftrieb und Antrieb kombiniert."*

Und mit dieser Behauptung und zusammen mit dem letzten Bericht von Wilfried H. möchte ich nun überleiten zu einem Thema, das mich persönlich als auch Jason Mason betrifft: Man kann nämlich nicht allen Menschen alles sagen, auch ein Enthüllungsautor nicht!

Wilfried H., der mir die letzte Geschichte erzählt hatte – ich war zweimal bei ihm zuhause –, hatte mir ein Detail anvertraut, das ich eigentlich für mich behalten sollte. Als ich den Text dann schließlich 1998 im Buch »Unternehmen Aldebaran« veröffentlichte, hatte ich dieses kleine, aber feine Detail versehentlich doch veröffentlicht und wurde nach der Publikation des Buches von Herrn H. recht barsch gemaßregelt, dass das nicht in Ordnung sei und er mir nichts weiter erzählen würde. Er erklärte mir, dass dieses Wissen auch der Feind für sich und seine Entwicklungen verwenden könne, was nicht erwünscht wäre. Denn der Zweite Weltkrieg sei ja bis heute nicht beendet.

Die bösen Deutschen?

Mit diesem Hintergrund über die Technologien im Deutschen Reich – und vor allem der Tatsache, dass wir keinen Friedensvertrag haben und die deutsche Absetzbewegung weiterhin real existiert –, habe ich allergrößte Zweifel an manchen Aussagen von Corey Goode oder Michael Salla. Die Behauptung Sallas als auch Goodes, dass die Deutschen der Absetzbewegung „böse" seien und mit den schlimmen Dracos den Weltraum-Endsieg vorbereiten, halte ich inzwischen für mehr als fragwürdig. Die Erlebnisse der Familie Feistle aus dem »Unternehmen Aldebaran« und vieler anderer Kontaktler sowie die Unterlagen der *Vril-Gesellschaft* zeigen eine ganz andere Geschichte, nämlich dass es bereits seit den 1940er-Jahren eine Zusammenarbeit mit den Aldebaranern, heute als sog. Nordics bezeichnet, gab, die ein friedliebendes Volk sind und deren Aussage nach auch unsere Vorfahren. Michael Salla hat als rein englisch-sprachiger Autor keinen Zugang zu den Unterlagen der *Erbengemeinschaft der Tempelritter* aus Wien, von der ich einen Großteil der Informationen erhielt. Es ist zwar nicht auszuschließen, dass es Teile der Deutschen gibt, die fragwürdige Absichten haben, aber nach all der Recherche muss die „böse-Deutsche-Geschichte" von meiner Seite teilweise als Desinformation eingestuft werden – auch wenn Jason mir in diesem Punkt nicht zustimmt, weil seine Insider-Kontakte ihn auf die Wichtigkeit der Enthüllungen dieser Whistleblower hingewiesen haben.

Ich habe viele UFO-Kontaktler und Whistleblower aufgesucht, aber das Greifbarste und gleichzeitig Faszinierendste für uns Europäer ist die deutsche Verbindung, da sie Österreicher, Schweizer sowie Südtiroler oder Flamen betrifft, die ebenfalls am *Ahnenerbe* beteiligt waren. Auf der Suche nach dem Ursprung der weißen Rasse und nach untergegangenen Hochzivilisationen bekamen sie Zugang zu uralten Technologien und zu den Eingängen in die Unterwelt – und durch Maria Orsic und ihre mentalen Fähigkeiten auch Kontakt zum Sonnensystem Aldebaran im Sternbild Stier. Das „darf" aber nicht sein, da die „bösen Deutschen" ja gegen die damalige anglo-amerikanische Weltordnung aufbegehrten und eine eigene Politik und ein eigenes Wirtschafts- und Finanzsystem etablierten. Seither gibt es kaum einen Film auf der Welt, in der etwas Gutes an den Deutschen übrig bleibt, in fast jedem Hollywood-Film gibt es einen Seitenhieb gegen das Deutsche – und so ist es auch nicht verwunderlich, dass unter neueren Ufologen bzw. Whistleblowern die bösen Deutschen mit den bösen Reptiloiden genannt werden. Aus welchem Zweck? Damit man sich ja nicht damit auseinandersetzt und vielleicht auf „verbotenes Gedankengut" stößt. Die etablierten Medien und die Steuermänner dahinter wollen eine linksgrüne Mischgesellschaft, in der es keine Traditionen, Rassen oder altes Volkswissen gibt. Weiße Menschen, die vor der Sintflut gelebt haben, dürfen nicht sein, niemals – selbst wenn historische und archäologische Beweise dafür vorliegen!

Hinter dem Anti-Deutschen vermute ich folgende Absicht: Nicht zuletzt durch die Unterlagen des russischen Spions Yakov Blumkin wird erklärt, dass die Tibeter ausschließlich deutschsprachige Menschen in die Innererde einließen! Die Mächtigen anderer Länder wissen das sehr wohl, und auch, dass die UFO-Deutschen eines Tages hier landen werden, weshalb man alles versucht, um diese im Vorfeld schlecht zu machen, nach dem Motto: *„Pfui, mit Nazis wollen wir nichts zu tun haben... Wir sind eine moderne, woke und bunt-durchmischte Welteinheitsgesellschaft, ihr gehört nicht zu uns!"*

Yakov Blumkin erhielt seine Informationen von tibetischen Mönchen, und wir wissen aus meinen »Geheimgesellschaften«-Büchern, dass es eine enge Kooperation mit den Gelbkappen-Mönchen gab, die später auch in Berlin waren, wo sie schließlich gemeinschaftlichen Selbstmord begingen. Dieser Kontakt entstand damals höchstwahrscheinlich durch den Mitgründer der *Thule-Gesellschaft*, Karl Haushofer, der selbst ein Mitglied der Gelbkappen war und der für die Gründung der ersten tibetanischen Gemeinden in Deutschland verantwortlich gewesen ist. Über das Leben und die Erziehung von Deutschen in tibetanischen Klöstern erfährt man ja nicht nur durch Lobsang Rampas Buch »Das dritte Auge« und Russel McCloud's Roman »Die Schwarze Sonne von Tashi Lhunpo«, sondern auch durch das Buch »Der Eremit«, herausgegeben von einem Felix Schmidt.

Umso bedeutungsvoller bzgl. der Tibet-Deutschland-Achse wird hier eine Geschichte, die mir Al Bielek vom *Philadelphia-Experiment* erzählte. Er berichtete mir eine der wohl spannendsten Geschichten überhaupt – das war im Jahre 1991, als ich drei Tage bei ihm in Phoenix, Arizona, wohnte. Und zwar hatte Al Bielek, der Zeit seines Lebens bei der CIA war, von einem sehr guten Freund, der ebenfalls bei der CIA seinen Dienst versah und mehrere Jahre im Himalaya stationiert gewesen ist, Folgendes erfahren: Al Bieleks Freund traf eines Tages –

vermutlich um das Jahr 1989 – einen Deutschen vom unterirdischen Himalaya-Stützpunkt, wo sich angeblich 2 Millionen Deutsche aufhalten sollen. Der CIA-Mann fragte den Deutschen, ob sie noch ihre fliegenden Scheiben, die „Flugelrads", haben würden, und wenn ja, wie viele. Er bekam zu Antwort, dass man zirka 24.000 davon besitze. Auf die Frage, was diese damit vorhätten, wurde geantwortet, dass man einen anderen, der Erde ähnlichen Planeten entdeckt habe, und man eines Tages die Erde für immer verlassen wolle. Auf die Frage, wie der Planet heiße und wo er sich befinde, meinte der Deutsche: *„Das sage ich nicht. Doch bevor wir die Erde endgültig verlassen, werden wir das ████ Problem' lösen."* Auf die Rückfrage des Amerikaners, wie sie das machen wollen, erwiderte der Deutsche: *„Das sage ich nicht!"*

Auf das zukünftige Erscheinen der Reichsdeutschen komme ich nachher noch einmal zu sprechen... Um das aber noch einmal klarzustellen: Auf allen Kontinenten der Erde gingen die alten Zivilisationen unter die Erde, als Kataklysmen nahten – das taten die Mayas, die Azteken, die Mexikaner, die Tibeter, vor allem aber die Atlanter. Diese sind es, die heute noch immer dort unten hausen und von den Tibetern „Ariannis" genannt werden. Und es ist speziell der Zugang im Himalaya zu den Ariannis nach Agartha sowie zu den Völkern unterhalb der Antarktis, den nur diejenigen bekamen, die mit dem Deutschen Reich und insbesondere mit dem Ahnenerbe verbunden waren.

Ich bin ein Rassist! Oh je...

Ich gebe zu, es juckt mir in den Fingern, nur ganz kurz die Diskussion um die neue Netflix-Serie von Graham Hancock zu kommentieren, über die sich nicht nur der Mainstream, sondern auch die etablierte Archäologie aufregt. Seit dem Erscheinen der neuen Netflix-Serie »Ancient Apocalypse« ist eine Diskussion ausgebrochen – über angeblichen Rassismus. Der britische Bestsellerautor Graham Hancock versucht mit seinen Forschungen zu belegen, dass es vor der letzten Eiszeit eine seefahrende Hochkultur gab, welche die großen Bauwerke wie die Pyramiden von Gizeh oder die in Südamerika erbaute – und nicht die Vorfahren der heute dort ansässigen indigenen Völker. Die Überlebenden dieser einstigen Hochkultur brachten den unterentwickelten Jägern und Sammlern der Eiszeit die Landwirtschaft, das Wissen über Mathematik, Baukunst, Astronomie usw. – heißt, dass sie neben den „primitiven" prähistorischen Menschen koexistierten und sie anleiteten. Der Archäologe Flint Dibble meint, diese Idee öffne *„rassistischen Überlegenheitstheorien Tür und Tor: Die Behauptung einer hochentwickelten Zivilisation, die ‚primitive Menschen' überflügelte und der Letztere alles zu verdanken hätten, sei ein wiederkehrender rassistischer Mythos, der indigenen Völkern ihr reiches Erbe absprechen würde."*

Und bei Wikipedia liest man: „*Am 30. November 2022 erhob die Society for American Archaeology Einwände gegen die Einstufung der Serie als Dokumentarfilm und forderte Netflix auf, die Serie als Science-Fiction neu einzustufen. ... die Theorie, die diese präsentiert, hat eine langjährige Verbindung mit rassistischen, white-supremacy-Ideologien; tut den indigenen Völkern Unrecht; und ermutigt Extremisten.*"

Nun, dann wären Jason Mason und ich auch Rassisten, aber sind wir das wirklich? Oder Edgar Cayce oder die Theosophen oder die Rosenkreuzer, die das Gleiche behaupten wie wir? Viele alternative Gelehrte und Archäologen sprechen schon seit dem Ende des 19. Jahrhunderts davon, dass ihre Entdeckungen in vielen Teilen der Welt die Existenz einer unbekannten Hochzivilisation der Vergangenheit belegen. Speziell bei Kulturen, die Megalith-Anlagen und Pyramiden errichtet haben, hat man seltsame Skelette freigelegt, die nicht dem Typ der indigenen Bevölkerung vor Ort entsprochen haben – siehe die Fotos der Langschädel, der Riesen mit zwei Zahnreihen und sechs Fingern sowie die Schädel von Malta, die keine Längsnaht aufweisen, im Buch »Die Jahrtausendlüge«. Neuere DNS-Analysen haben zweifelsfrei erwiesen, dass die Erbauer und Beherrscher diese antiken oder prähistorischen Kulturen unbekannten Rassen zuzurechnen sind, deren Gene mit jenen von modernen weißen Europäern übereinstimmen. Erst seit dem Ende des Zweiten Weltkriegs wurde es „politisch unkorrekt", über derartige Fakten zu diskutieren.

Jason Mason und ich wollen mit Sicherheit niemanden diskriminieren, genauso wenig wie jene zahlreichen Historiker, Anthropologen oder Archäologen, die all das aufdeckten. Dass nun Dokumentationen über Ancient Aliens oder Atlantis ein Millionenpublikum begeistern, ist erfreulich, und auch wir werden weitermachen und die politisch unkorrekte Wahrheit präsentieren, speziell was die Kontroverse über verlorene indogermanische Hochkulturen der fernen Vergangenheit betrifft. Jason hat sich bereit erklärt, die Hintergründe dieser Rassismus-Intrige eines wissenschaftlich-medialen Establishments in zukünftigen Werken konsequent aufzuarbeiten. Sollen wir denn von unserer eigenen großartigen, antiken Geschichte abgeschnitten werden?

Was passiert in der Zukunft?

Egal, welche Insider in diesem Buch zu Wort kamen – es geht immer um eines: ein Ereignis, das auf die Menschheit zukommt, vor dem sich die Superreichen und das Militär in Sicherheit bringen, der Rest soll vor die Hunde gehen. Das kann man nun gut finden oder auch nicht – je nachdem, auf welcher Seite man sich befindet –, aber es wird wohl höchstwahrscheinlich so sein, weil es auch die letzten Male genau so war. Solch ein historischer Zyklus auf der Erde soll dabei maximal 12.000 Jahre dauern, wobei es am Ende eines alten und somit zu Beginn eines neuen Weltzyklus immer zu heftigen Kataklysmen (Überschwemmungen, Fluten) kommt. Das sind die Zeitpunkte, an denen die Rassen der außerirdischen Genetiker zur Erde zurückkehren, um einen bestimmten Teil des Lebens und der Menschheit zu retten und anschließend eine Neuschöpfung des konservierten Lebens einzuleiten. Das Ziel der außerirdischen Wesen ist offensichtlich, dass die menschliche Spezies durch einen Übergang in Form einer vollständigen Transformation geht. Wir sollen uns in eine neue Menschheit verwandeln und eine neue Zukunft erschaffen, denn unser zukünftiges Schicksal liegt laut den Plänen der außerirdischen Gruppen in den Sternen. Wir sind ein Bestandteil dieses unendlichen Universums, das mit intelligentem Leben gefüllt ist. Das waren wir immer, aber erst jetzt ist die Zeit gekommen, in der wir beginnen aufzuwachen und diese Tatsache zu erkennen. Auch die Innerirdischen wissen das!

Manche Leser fragen sich jetzt vielleicht: „*Kann man die Menschen nicht retten?*“ Nun, wie soll das gehen? Man könnte vielleicht ein paar Hunderttausend Menschen auf andere Planeten umsiedeln oder in Großraumschiffe, aber keine 8 Milliarden. Von daher ist es schlüssig, dass sie nicht eingreifen. Das Thema „Mensch“ erledigt sich demzufolge von selbst. Jedoch danach werden sie die neue Welt mit aufbauen. Evtl. mit einer neuen Spezies, die sie seit 70 Jahren züchten.

Damit sich dieser ganze Prozess zusätzlich beschleunigt, inkarnieren diese Wesen auch in menschliche Körper, da sie dann auf Erden eingreifen dürfen, was ihnen von außerhalb anscheinend so nicht gestattet ist. Sie inkarnieren hier, um dabei zu helfen, ein höheres spirituelles Bewusstsein zu erschaffen.

Das Alien-Entführungs-Programm

Der von Jason erwähnte Dr. John Mack betonte ja, dass 7 von 10 Entführten weiblich sind, und dass auch dieser Faktor auf ein Hybriden-Programm hinweist, wobei das Phänomen in der Regel mehrere Generationen einer Familie betrifft. Eine dieser menschenähnlichen außerirdischen Rassen hat unsere Spezies Homo sapiens laut den Erkenntnissen der NATO vor rund 200.000 Jahren durch genetische Manipulation erschaffen. Diese genetischen Manipulationen haben später nicht aufgehört. Laut Bob Dean werden sich unsere Enkelkinder in den nächsten hundert Jahren ebenfalls von uns unterscheiden, weil immer noch genetische Modifikationen an Erdmenschen durch Außerirdische stattfinden. Und dieses Entführungs-Szenario ist wiederum etwas, was die Illuminati nicht im Griff haben – ist das nicht wunderbar?

Was ich hier nur kurz bemerken möchte – es wird im Buch von Gilbert Sternhoff »Die Rückkehr der Dritten Macht« ganz ausführlich behandelt –, ist die Tatsache, dass die sog. Alien-Abductions, also das Entführen von Menschen durch Außerirdische, ein Phänomen ist, das bis auf ein paar Ausnahmen nur Nordamerika und Europa betrifft. Die Entführten werden in der Regel auf den Raumschiffen untersucht, dann befruchtet und bekommen dann einen oder mehrere Mikrochips eingepflanzt. Darüber hinaus schildern fast alle Entführten, dass sie irgendwann ihre „neuen" Kinder sehen, bei denen es sich oft um Hybride handelt. Und nun kommt's: Fast 100 Prozent dieser Kinder sind weißer Hautfarbe. Sternhoff berichtet von mehreren Fällen, bei denen nicht nur die kleinen oder großen Grauen von den Entführten geschildert werden, sondern von Raumschiff-Besatzungen, die deutschen Soldaten ähneln, oder sie sprechen von großen blonden Wesen (Nordics), die die grauen Bioroboter befehligen. Sternhoff erklärt, dass es ein sog. „Zuchtprogramm" gibt, und dass von der deutschen Dritten Macht ganz offenbar eine neue Rasse geschaffen wird.

Diese Informationen sind nahezu unglaublich. Auch, dass die Entführungen in der Art, wie sie seit den 1950er-Jahren durchgeführt worden sind, wohl vor ein paar Jahren ihren Abschluss gefunden haben. Was wiederum bedeutet, dass wir davon ausgehen können, dass in Kürze etwas Besonderes passieren wird. Wird die neue, weiße Spezies für einen anderen Planeten gebraucht oder für die Erde, die nach größeren Umwälzungen neu besiedelt wird? Ich erinnere an die sog. *Montauk-Boys*, also die Jungen zwischen 10 und 16 Jahren, die beim *Montauk-Projekt* in die Zukunft geschickt worden sind. Alle diese Kinder entsprachen dem germanischen Aussehen. Wieso? Preston Nichols hatte erklärt, dass es ab einem bestimmten Zeitpunkt in der Zukunft der Menschheit nur noch weiße Menschen auf der Erde geben würde, weswegen man nur weiße Kinder dorthin schicken könne – alle anderen würden sofort auffallen… Das erinnert stark an H. G. Wells Buch »Die Zeitmaschine« und die blonden Eloi.

In diesem Zusammenhang muss ich erneut den Hochgradfreimaurer erwähnen, den ich im »Handbuch für Götter« zitiere. Dieser berichtete von einer „Angelsächsischen Mission", die eine Gruppe von mächtigen britischen Freimaurern umzusetzen versucht. Dieser Plan lautet wie folgt: Nach einem absichtlich verbreiteten Virus, das die Welt befallen würde, käme es zu einem Weltkrieg, dann zu einer Naturkatastrophe, die alle 11.500 Jahre wiederkehrt, weswegen sie seit 70 Jahren gigantische unterirdische Anlagen in die Erdkruste bauen, wohin sie sich dann in Sicherheit bringen können. Danach würde *„die Rasse der Zukunft weiß dominiert sein"*. Man geht davon aus, dass die asiatischen Länder sowie Südamerika und Afrika weder die Strukturen noch die Möglichkeiten haben werden, sich von den Ereignissen zu erholen und demzufolge mehr oder minder verschwinden.

Die Problematik der sog. UFOs ist für die Illuminaten, dass sie es nicht kontrollieren können. Egal, ob es nun Deutsche sind oder Aldebaraner, die seit mehreren Jahrzehnten dieses „Zuchtprogramm" durchgezogen haben, es entzieht sich dem Machtbereich der Illuminaten – und genau das macht Hoffnung. Die logische Konsequent daraus ist: Wir stehen vor massivsten und brutalsten Veränderungen in den kommenden Jahren – aber auch vor möglichen Eingriffen von außen.

Wer ist reif für die Wahrheit?

Es gibt Menschen, denen darf man die Wahrheit nicht sagen, weil sie damit nicht umgehen können. Es gibt Menschen, die wollen die Wahrheit gar nicht wissen, denen darf man sie ebenfalls nicht sagen. Die meisten Menschen hinterfragen nicht – sie hinterfragen ihre Religion nicht, ihre Ernährung nicht, nicht das, was sie in der Schule gelernt haben oder was der (impfende) Arzt sagt oder die Tagesschau. Sie hinterfragen nicht, was der Koran sagt oder die Mischna…

Deshalb frage ich mich: Vielleicht ging es nie darum, die jetzigen Menschen aufzuwecken und das Armageddon zu verhindern, sondern uns in die „Welt danach" hinüberzuretten und das Goldene Zeitalter aufzubauen? Vielleicht ist es die Aufgabe der wenigen Aufgewachten, Menschen in Sicherheit zu bringen – ob auf einem Berg, in Bunkeranlagen oder in der Innererde (sofern man einen Zugang gefunden hat)? Womöglich ist das kommende Ereignis ein heilsames Bereinigen von allerlei Dunklem, was nicht mehr in unsere Zeit gehört?

Im Moment (2022) erleben wir ein großes Ablenkungsmanöver in der Ukraine sowie diese bewusst geplanten Pandemien, um die Menschen beschäftigt zu halten, damit sie sich nicht mit dem Wesentlichen auseinandersetzen und sich vor dem kommenden Ereignis in Sicherheit bringen – denn das sollen sie nicht, weil am Ende nur 2 Milliarden übrig bleiben sollen, der Rest muss weg.

Neverland Beings

Der CIA-Agent und UFO-Whistleblower Virgil Armstrong, den ich 1991 in den USA kennenlernte und mehrmals in Sedona, Arizona, besuchte, war Augenzeuge bei einem Bergungsteam einer Fliegenden Untertasse – kurz nach dem Roswell-Absturz. Er sah die kleinen Grauen (Greys) mit eigenen Augen und hatte später im Laufe seiner Geheimdiensttätigkeit mit ihnen zu tun. Er schrieb das Buch »They need us, we don't need them« (Sie brauchen uns, wir brauchen sie nicht). Diese Wesen, von denen manche meinen, sie wären eine Menschheit aus unserer Zukunft, hatten sich die Gefühle herausgezüchtet, da sie zu der Erkenntnis gekommen waren, dass die Ursache von Kriegen unsere Emotionen und Gefühle sind. Sie kämen nun zurück, um von uns die Genetik zurückzuholen, um die Gefühle wieder in ihr Volk zu bringen.

Im Mai 2022 traf ich einen Herrn aus der Londoner Hochfinanz, der aber auch mit der UFO-Thematik bestens vertraut ist. Er berichtete, dass im Moment eine Gruppe Außerirdischer verdeckt auf der Erde operieren würde, die er die *Neverland Beings* nennt – eine positive Gruppe. Die *Neverland Beings* berichteten ihm, dass viele außerirdische Rassen das Problem wie die Greys hätten und diesen nicht nur die Gefühle, sondern auch die Kreativität abhanden gekommen sei. Sie hätten durch die fehlende Liebe/Zuneigung/Mitgefühl die direkte Verbindung zum Schöpfer verloren, weswegen sie zu uns kommen und uns Technologie von ihnen zur Verfügung stellen würden, die wir Menschen dann weiterentwickeln – etwas, was sie selbst wohl nicht mehr können. Das finde ich eine ganz erstaunliche Aussage, die vieles erklären würde!

Atheisten

Dass Jason in Kapitel 10 den Atheisten so viel Raum eingeräumt hat, ist meiner Ansicht nach wichtig, denn viele Menschen übersehen die Bedeutung dieses Denkens in seiner letzten Konsequenz. Weshalb? Für die meisten Atheisten ist ein Nichtvorhandensein einer intelligenten Schöpfung – sei es Gott, Allah oder der Große Baumeister aller Welten – eine Art Freibrief, ein „sündiges" Leben führen zu können – huren, saufen, vergewaltigen, morden, stehlen, betrügen, Drogen konsumieren, Wucher verlangen – weil es ja keine höhere Instanz gibt, der sie Rechenschaft gegenüber ablegen müssten, nach dem Motto: Nach mir die Sintflut! Wenn es keinen Gott gibt, dann gibt es auch keine Gesetze oder Normen oder irgendeine Moral, an die ich mich zu halten habe. Ich kann die Sau rauslassen und alles mitnehmen, was geht, auf Teufel komm raus! Alles ist erlaubt! Nun, diesen Menschenschlag gibt es leider in allen Ländern der Welt. Und es ist von den höheren geistigen Mächten klar mitgeteilt worden, dass diese Art von Menschen ihr geistiges Gift weder in der Innererde noch in Raumschiffen erwünscht ist. Das wird nicht toleriert. Und es haben ALLE Wesen, seien es die Greys, die Reptiloiden, die Nordics oder Zeitreisende aus der Zukunft, von einem Schöpfer gesprochen, also einer Intelligenz, die alles Leben geplant hat, und diese hat Gesetze erschaffen, die es zu befolgen gilt. Warum erwähne ich das explizit? Weil die Zeit nun gekommen ist, dass die Erde sich von denen befreit, die dieses Gift in der Welt streuen, und derer, die danach leben. Die Ein- und Zugänge in andere, friedliche Gefilde, wird denen verborgen bleiben, und das aus gutem Grund. Und da leider auch der Feind meine bzw. unsere Bücher liest, müssen wir Forscher uns teilweise bedeckt halten, was unsere Informationen dazu angeht. Das ist unsere Verantwortung. Und das ist auch der Grund dafür, wieso es geheime Gesellschaften oder beim Militär bestimmte Sicherheitsstufen gibt, weil bestimmtes Wissen verantwortungsbewusst behandelt werden muss.

Daher: Nicht alles Wissen ist für alle bestimmt. Auch nicht zur „Freien Energie", weil man daraus Waffen bauen kann – Waffen, die weit schädlicher wären als Atombomben. In den letzten zwei Jahren hat sich zudem durch den Umgang mit Corona und dem Impfthema gezeigt, dass der IQ eines Menschen nicht belegt, dass er wirklich intelligent agiert. Durchaus gebildete Menschen haben entgegen jeder Vernunft gehandelt. All das ist auch für Forscher wie mich zu berücksichtigen, wenn man darüber nachdenkt, was man wem anvertraut, denn auch Dein Nachbar kann heute noch Dein Freund, morgen aber Dein Feind sein.

Die meisten UFO-Kontakte der letzten achtzig Jahre fanden mit Innerirdischen statt oder mit Außerirdischen, die ihre Basen in der Erdkruste oder auf dem Mond haben. Die kleinen Schiffe sind nicht dazu geeignet, lange Strecken zu überwinden. Evtl. sind manche Flugkörper Zeitmaschinen, weswegen sie auch nicht weitere Strecken im Weltall überbrücken müssen, sondern nur innerhalb unserer Atmosphäre agieren. Die meisten der sog. Nordics, also der weißen Außerirdischen, sind Innerirdische, alte Atlanter. Sie sind friedliebend und wollen es auch bleiben. Das war auch der Grund, weshalb sie nach den Atombombenabwürfen der Amerikaner mit diesen Kontakt aufgenommen hatten, um ihre Besorgnis darüber auszudrücken. Hätten diese Ufonauten gesagt, dass sie aus der Innererde kommen, hätte man sich sofort auf die Suche nach Eingängen gemacht und angefangen, sie möglicherweise anzugreifen, sie zu okkupieren oder gar zu vernichten. Daher blieb nur die Möglichkeit, sich als „Außerirdische" auszugeben.

Natürlich sind auch viele Außerirdische existent – so wie die Anunnaki, die meiner Meinung nach immer noch da sind, zumindest einige davon. Sie haben seit Jahrhunderten, eher seit vielen Jahrtausenden ihre Basen auf der Erde bzw. IN der Erde, denn das ist der geschützteste Ort eines Planeten, der den bekannten zyklisch wiederkehrenden Kataklysmen ausgesetzt ist.

Vor allem aufgrund des Handelns vieler Menschen während der Corona-Zeit, aber auch aufgrund der Reaktion vieler auf Graham Hancocks Netflix-Serie bin ich inzwischen ziemlich zwiegespalten, was die Weitergabe von Wissen angeht. Einerseits bin ich meinen Mitmenschen gegenüber der Wahrheit verpflichtet und gebe den größten Teil meiner Forschungen und Erkenntnisse über Bücher, Artikel sowie *dieunbestechlichen.com* an alle weiter. Andererseits bin auch ich in sog. „geschlossene Zirkel" eingebunden, wo tiefgehenderes Wissen und Forschungserkenntnisse behandelt und dann teilweise auch Expeditionen bzw. Untersuchungen vorort durchgeführt werden – ungestört, versteht sich. Es geht nicht anders – leider.

Meine und die Bücher von Jason sind ein Aufruf an die anderen Seelen auf der Erde, sich hinaus in die Welt zu begeben. Die Erleuchtung findet man nicht auf Telegram, im Internet oder in Büchern, die ist da draußen! So, wie es Gerhard Konstantin in seinem Buch »Corona aus Sicht eines Okkultisten« erklärt: *„Wissen muss sich an der Welt reiben. Nur so kann Wissen zu Erkenntnis führen und dann auch verinnerlicht werden.“* Ich habe fast dreißig Jahre benötigt, dahin zu kommen, wo und wie ich heute bin mit meinem Wissen und mit meinem sehr großen Netzwerk. In Büchern kann man mit Sicherheit Wissen vermitteln, aber keine Weisheit. Die kommt durch das Erfahren, durch reisen und forschen – durch den Austausch mit anderen Menschen/Seelen. Das ist vergleichbar mit einem Flugsimulator und dem richtigen Fliegen. Das eine ist wie ein Computerspiel, das richtige Fliegen macht etwas mit einem, es verändert Dich, es lässt Dich reifen. Man trägt zudem Verantwortung.

Ich habe die meisten UFO-Forscher, vor allem aber Kontaktler getroffen, die letzten Überlebenden der *Thule-Gesellschaft*, MI6-Agenten, CIA- und BND-Mitarbeiter, war an den spannendsten Orten dieses Planeten. Ich traf beispielsweise im Jahre 1996 in Alicante, Spanien, die MI6-Agentin, die das erste Gespräch zwischen Wernher von Braun und Neil Armstrong nach der ersten Mondlandung abhörte, als Neil Armstrong ganz aufgebracht fragte: *„Wieso hat uns das keiner gesagt, die waren doch alle schon da“* – er meinte Fliegende Untertassen von der Erde. Das ist es, was ich tue: Mich ins Auto oder in den Flieger setzen und die Menschen persönlich treffen, um meinen eigenen Eindruck zu bekommen, die Gestik, die Mimik zu sehen, während mein Gegenüber etwas erzählt. Und durch die Recherche vorort, den Austausch mit Augenzeugen oder Menschen, die von Aliens entführt wurden – durch den physischen Kontakt mit diesen (z.B. durch Handschlag) –, wird Information übertragen, von einem Körper zum anderen, von einer Aura zur nächsten. Ich bekomme von diesen etwas, und sie von mir. Und dann zieht man neue Themen und neue Menschen ins Leben, weil man durch solche Begegnungen und die ausgetauschten Informationen (auch Emotionen) ein anderes Resonanzfeld bekommt. Ich hatte mindestens sechs der bekannten Kristallschädel anfassen dürfen oder einen der Langschädel in Bolivien. Durch den physischen Kontakt, das Berühren, das Anfassen von Dingen, Objekten oder Menschen übernehmen und übertragen wir Informationen und kommen dadurch bei unseren Recherchen in dieser Richtung weiter.

Es geht nur so, nicht durch daheim sitzen und lesen oder Filme gucken. Die neue Netflix-Serie von Graham Hancock ist genial, doch man muss hinaus gehen in die Welt, so wie er oder ich oder viele andere Forscher, denn nur dann erlebt und erfährt man das wirklich Wichtige. Wenn Graham Hancock bei seinen Dreharbeiten vorort ist – und das meist für mehrere Tage –, dann wird dort noch ganz etwas anderes gesprochen, spannende Themen behandelt oder vielleicht politisch oder archäologisch Gefährliches, was nicht veröffentlicht werden darf – aus juristischen oder möglicherweise aus religiösen Gründen. Graham Hancocks Thesen werden ja, wie besprochen, teilweise als „rassistisch" eingestuft. Ich kann Ihnen verraten: Es gibt Dinge, die sind noch viel schlimmer als „rassistisch". Und das werde ich nicht schreiben, denn ich möchte auch weiterhin noch Bücher publizieren und meine Firma in Deutschland betreiben. So ist das nun mal...

Es gibt Menschen, die haben hunderte Bücher gelesen, erhoffen sich ein Wunder vom Leben, verstecken sie jedoch in ihrem Kämmerlein. Das kann man schon machen, aber dann geschieht vermutlich nichts im Leben. Durch das Hinausgehen gebe ich der geistigen Welt – meinem Schutzengel beispielsweise – die Möglichkeit, mich zu erziehen, mich zu führen, mich mit etwas oder jemandem in Kontakt zu bringen, wodurch ich etwas erlebe, das das Gelesene bestätigt oder widerlegt.

Wir Autoren rufen Sie deshalb dazu auf: Planen Sie Ihren nächsten Urlaub nicht am Touristenstrand, sondern suchen Sie die spannenden Stätten der Erde auf, Örtlichkeiten, die uralt sind, wo die „Götter" einst waren. Deren Energie, deren OD-Kraft, ist ja noch da, noch präsent, und man kann sich damit verbinden. Gehen Sie auf Kongresse oder Vorträge, denn dort erlebt man etwas, man trifft Gleichgesinnte, tauscht Ideen aus – so wächst man auf seinem eigenen Lebens- und Seelenweg.

Ein Innerirdischer wird mit Sicherheit nicht an Ihrer Haustüre klopfen und Sie einladen. Die Wahrscheinlichkeit steigt allerdings massiv, wenn Sie sich hinaus in die Welt begeben und danach forschen.

In diesem Sinne appelliere ich an den Abenteurer in Ihnen: Packen Sie Ihre Koffer und wagen Sie sich hinaus ins Leben und lassen Sie sich durch Ihre Intuition führen!

Ihr *Jan van Helsing*

„Wenn diese Dinge beginnen (der Dritte Weltkrieg; A.d.V.), *steht in Deutschland ein Mann auf, der die Zügel übernehmen wird. Sie haben diese Übernahme viele Jahre im Geheimen vorbereitet. Und die Waffen, die Deutschland produzieren wird, werden von so einer Art sein, dass viele Länder Angst haben werden, Deutschland anzugreifen. Sie werden auch befreit, erlangen all ihre Ländereien in Europa zurück* (die Ostgebiete; A.d.V.) *und werden so mächtig, dass ich es* (Deutschland) *nach dem Ende des Dritten Weltkriegs am Kopf des Tisches sitzen sehe. Englands Platz ist leer, da es nicht länger eine Nation ist. Und nun bekommt Deutschland eine Gelegenheit, all seine Männer zu rächen, die nach einem Krieg gehängt wurden (*Nürnberger Prozesse; A.d.V.*) und liefert den ‚Coup-de-grace' nach England. Ja, es ist Deutschland mit seinen unglaublichen Waffen, das die Engländer vernichten wird, für das, was sie ihnen während des Zweiten Weltkriegs angetan haben und wir* (südafrikanische Union) *schulden es ihnen auch...“*

„Die Buren gehen südwärts Richtung Prieska von Lichtenburg. Ein Wunder geschieht und die Buren erhalten unerwartet Hilfe in der Form von neuen Kanonen/Gewehren – in der Lüdritzerbucht. Das erste Mal seit dem Krieg will die Burennation sich erheben und beansprucht ihre Freiheit und ihr gestohlenes Erbe wegen eines Gewehres vor ihrem Kopf. Jedermann wird sehr gut gerüstet sein, ***mit brandneuen Waffen und Munition, welche von den Deutschen während des Zweiten Weltkrieges in den Pyrenäen versteckt*** *und nun in Kriegsschiffen nach der Lüdritzerbucht transportiert wurden. Alles nimmt einmal eine Wende, denn man ist extrem aktiv in den Vorbereitungen, um mit den deutschen Kräften im dritten* (und letzten) *Freiheitskrieg dem Feind entgegenzutreten. Dieses Mal werden Weiße und Schwarze zusammen kämpfen gegen den Feind außerhalb der Grenze...“*

An anderer Stelle beschreibt van Rensburg eine dieser deutschen Wunderwaffen als *„ein landendes Fahrzeug, das wie ein Boot mit flachem Boden aussieht“*.

Siener van Rensburg (1864 bis 1926)
aus „Der Dritte Weltkrieg“
von Jan van Helsing

Literatur- und Quellenverzeichnis

Kapitel 1

Unbegreifliche Luftschiffe der Vergangenheit und die ersten historischen UFO-Begegnungen

www.soulask.com/incredible-outer-space-stone-engraved-with-hieroglyphics-found-in-1908/
www.cowichanvalleycitizen.com/news/was-a-1905-cowichan-meteor-a-message-from-outer-space-1.1707322
www.educatinghumanity.com/2015/01/meteor-found-with-hieroglyphcs-news.html
www.history.com/news/americas-first-ufo-sighting
Jacques Vallée, Chris Aubeck – Wonders in the Sky: Unexplained Aerial Objects from Antiquity to Modern Times (TarcherPerigee 2010)
www.celebrateboston.com/ufo/new-haven-ufo-1647.htm
https://truestrangenews.com/a-new-theory-on-the-first-ever-ufo-photo/
Colman S. Von Kevicsky – The Ufo Sighting Over Nuremberg in 1561 (Official Ufo, 1976)
www.sightings.info/2019/08/15/the-ufo-battle-over-nuremberg-germany-video/
C. G. Jung – Flying Saucers: A Modern Myth of Things Seen in the Skies (Princeton University Press 1979)
www.ufo-information.de/images/PDF/Artikel/nuernberg_1561.pdf
http://historicfalls.com/pre-scientific-falls/hatford-meteorite/
William Bramley – The Gods of Eden (Avon Verlag 1993)
Johannes Nohl – Der schwarze Tod : eine Chronik der Pest 1348 bis 1720 (SEVERUS Verlag 2015)
https://science.howstuffworks.com/space/aliens-ufos/ufo1.htm
https://newspunch.com/huge-ufo-seen-in-medieval-painting-from-draculas-homeland/
Jacques Vallée – UFO's in Space: Anatomy of a Phenomenon (Ballantine Books 1987)
Harold T. Wilkins – Flying Saucers on the Attack (Literary Licensing LLC 2011)
https://listverse.com/2016/04/05/10-ufo-sightings-that-pre-date-the-1900s/
Robert E. Bartholomew – The Airship Hysteria of 1896-97 (Skeptical Inquirer 1990)
Michael Busby – Solving the 1897 Airship Mystery (Pelican Publishing 2004)
Charles Fort – The Complete Books of Charles Fort (Dover Publications 1975)
Walter Bosley – Origin: The Nineteenth Century Emergence of the 20th Century Breakaway Civilizations (Corvos Books 2015)
Pete Navarro, Dennis G. Crenshaw – The Secrets of Dellschau: The Sonora Aero Club and the Airships of the 1800s (Anomalist Books 2009)
www.argunners.com/nb-gas-mystery-solved/
www.parlons-ovni.fr/les-representations-d-ovnis-dans-le-passe-les-elements-troublants-et-les-impostures
www.cufon.org/cufon/afu.htm
David Baker – The History of Manned Space Flight (Crown Publishers 1982)
www.thelivingmoon.com/46ats_members/Lisa2012/03files/Limanu_Cave.html
www.imperialtransilvania.com/read-more/argomenti/places-of-interest-1/articolo/an-ancient-matrix-was-discovered-at-sarmizegetusa-regia.html
www.romania-insider.com/athos-of-romania-the-mystical-cave-churches-and-the-buzau-mountains-enigma

https://ultraraceromania.ro/about/the-legends/luana-and-the-gate-of-god/
Dr. Heinrich Kusch – Geheime Unterwelt – Teil II [8.4.2022] –
www.youtube.com/watch?v=6akOYQ2niYc
Zitat Cellschau: Wikipedia
Could 'advanced' dinosaurs rule other planets? –
https://phys.org/news/2012-04-advanced-dinosaurs-planets.html

Kapitel 2

UFOs aus dem Inneren der Erde – der Start des deutschen Weltraumprogramms (Blumkin-Report)

https://samarapedsovet.ru/de/fizicheskaya/o-tainah-chekistskih-ekspedicii-i-sekretah-oruzhiya-bogov-o/
Benjamin B. Olshin – Lost Knowledge (BRILL 2019)
https://arewealiens.com/the-curious-case-of-frederick-soddy-and-the-forgotten-race-of-men/
Prähistorischer Atomreaktor in Afrika: Naturally-Occurring Nuclear Fission (http://large.stanford.edu/courses/2013/ph241/masters2/)
www.unariunwisdom.com/atomic-bombs-and-spaceships-before-the-fall-of-atlantis/
Andrew Tomas – Atlantis: From legend to discovery (Hale 1972)
Alexander Gorbovsky – Riddles of Ancient History (Moskau 1965)
David William Davenport, Ettore Vincenti – 2000 a. C.: Distruzione Atomica (Harmakis 2018)
Kurt Karl Doberer – Die Goldmacher: Zehntausend Jahre Alchemie (Universitas-Verlag 2003)
https://samarapedsovet.ru/de/slovar/uzhestochenie-repressii-v-poslednie-gody-zhizni-stalina-zachem/
https://samarapedsovet.ru/de/vikipediya/a-vse-iz-za-gvozdya-v-podkove-ottogo-chto-v-kuznice-ne-bylo-gvozdya-o-maloi/
https://cdn.pixabay.com/photo/2020/06/13/09/21/ufo-5293574_960_720.jpg

Kapitel 3

Dr. Steven Greer und die Enthüllungen des Disclosure Project

Disclosure Project 2001 – www.youtube.com/watch?v=8i-48LpRB9c
www.mirror.co.uk/news/technology-science/science/peace-loving-aliens-tried-save-6235113
John Mack – Abduction: Human Encounters With Aliens (Scribner 2007)
John Mack – Passport to the Cosmos (White Crow Books 2010)
UFO Abduction Reports: The Supernatural Kidnap Narrative Returns in Technological Guise – www.jstor.org/stable/540677
Abduction Study Conference – Alien Discussions: Proceedings of the Abduction Study Conference Held at M.I.T. Cambridge (North Cambridge Press 1995)
www.pbs.org/wgbh/nova/aliens/johnmack.html
http://johnemackinstitute.org/review-by-michael-d-swords-of-alien-discussions/
Zitat John Mack: http://johnemackinstitute.org/1994/04/jim-bohannon-interviews-john-e-mack/

www.ufoinsight.com/aliens/abductions/john-mack-alien-abduction-files#You_Will_Remember_When_You_Need_To_Know
https://psychedelicstoday.com/2021/01/04/what-do-alien-abduction-and-psychedelic-experiences-have-in-common-let-dr-john-e-macks-work-explain/
https://siriusdisclosure.com/neil-armstrongs-ufo-secret/
www.mercuryrapids.co.uk/articles/NationalPressClubConferencePilotsSpeakOutAboutUFOs.htm
www.prnewswire.com/news-releases/the-ufo-nukes-connection-press-conference-military-witness-affidavits-and-declassified-documents-are-now-available-online-104962889.html
Robert Hastings – UFOs and Nukes: Extraordinary Encounters at Nuclear Weapons Sites (Author House January 2008)
Zitat: http://abcnews.go.com/Technology/airmen-govt-clean-ufos/story?id=11738715
Zitat: http://news.blogs.cnn.com/2010/09/27/ufos-showed-interest-in-nukes-ex-air-force-personnel-say/
www.airforcetimes.com/news/2010/09/ap-Former-Air-Force-officers-discuss-UFO-sightings-092710/
www.vice.com/en/article/n7nzkq/stanford-professor-garry-nolan-analyzing-anomalous-materials-from-ufo-crashes
https://genome.cshlp.org/content/early/2018/03/21/gr.223693.117
www.nytimes.com/2018/03/22/science/ata-mummy-alien-chile.html
www.mirror.co.uk/news/technology-science/science/peace-loving-aliens-tried-save-6235113
Steven M. Greer – Unacknowledged: An Expose of the World's Greatest Secret (Crossing Point Inc 2017)
https://siriusdisclosure.com/cseti-papers/unacknowledged/
Donald Howard Menzel – The World of Flying Saucers: A Scientific Examination of a Major Myth of the Space Age (Doubleday 1963)
Donald Howard Menzel – Flying Saucers (Harvard University Press 1953)
Zitat: https://mysteriesofcanada.com/canada/wilbert-smith/
www.roswellproof.com/smith_papers.html
https://medium.com/on-the-trail-of-the-saucers/twining-memo-ufo-c719bed1d287
www.majesticdocuments.com/pdf/smithmemo-21nov51.pdf
Wilbert Smith – The Boys From Topside (Saucerian Books 1969)
William J. Birnes, Philip Corso – The Day After Roswell (Gallery Books 2017)
https://siriusdisclosure.com/cseti-papers/comprehensive-assessment-of-the-ufoeti-phenomenon/
www.politico.com/news/2022/05/16/intelligence-agencies-congress-ufo-hearing-00032713
https://thedebrief.org/long-before-the-phoenix-lights-there-was-incident-40/
www.theatlantic.com/technology/archive/2014/06/the-man-who-introduced-the-world-to-flying-saucers/372732/

Kapitel 4
Informationen der UFO-Offenlegung liefert eine völlig andere Sichtweise auf das geheime Weltraumprogramm

Homepage Luis Elizondo – https://atmosphericlights.com/
https://brobible.com/culture/article/pentagon-ufo-lue-elizondo-writing-book/

Cometa Report – http://ufoevidence.org/topics/cometa.htm
James T Lacatski, Colm A Kelleher – Skinwalkers at the Pentagon: An Insiders' Account of the Secret Government UFO Program (Independently published 2021)
Zitat Elizondo: https://nypost.com/2021/11/11/ufos-buzzing-us-warships-may-be-aliens-top-spy-chief/
www.GQ-Magazine.co.uk/politics/article/luis-elizondo-interview-2021
www.GQ-Magazine.co.uk/politics/article/luis-elizondo-interview-2021
https://futurism.com/the-byte/nasa-priests-aliens
www.divinity.cam.ac.uk/researchareas/newsandimpact/astrobiology
www.medicaldaily.com/jesus-christ-was-alien-according-ufo-expert-433282
Zitat Bibel: www.planet-today.com/2021/04/ufo-expert-jesus-was-alien-and-star-of.html
www.ufodigest.com/article/could-jesus-christ-be-one-of-the-first-alien-hybrids-the-son-of-an-extraterrestrial-and-an-earthly-woman/
www.everystudent.com/wires/laws-of-nature.html
Donald Keyhoe – The Flying Saucers Are Real (Cosimo Classics 2006)
https://thehill.com/opinion/international/579303-nasa-chief-bill-nelson-latest-official-to-suggest-ufos-have
Zitat Alberino: www.charismanews.com/opinion/58794-vatican-built-on-bones-of-giants-in-pre-noah-age
https://independenttribune.com/chicagotrib/commentary/commentary-it-s-time-to-take-ufos-seriously/article_b2eb0532-a5df-50b3-81d6-33bc536117ac.html
Zitate Elizondo: www.howandwhys.com/luis-elizondo-embraces-zoo-hypothesis-earth-as-alien-prison/?fbclid=IwAR0y0nGfN58o0JolebKfWcAKOz-m4MeLdOWdprTv3mfR7zrLUfNrH5-NkZU
Exploring the limits of interstellar hegemony and the Zoo Hypothesis – https://arxiv.org/abs/1608.08770
www.thesun.co.uk/news/16965287/uri-geller-alien-contact/?utm_medium=Social&utm_campaign=sunmainfacebook&utm_source=Facebook#Echobox=1639418706
Zitat Geller: www.nbcnews.com/science/space/aliens-moon-tv-show-adds-weird-ufo-twists-apollo-tales-n159806
www.forbes.com/sites/jamiecartereurope/2019/03/18/are-we-in-a-galactic-zoo-protected-by-aliens-scientists-meet-to-investigate-the-great-silence/#5ffcd1861ce7
www.sciencefocus.com/space/science-of-dune-humans-evolve/
Jan P. Lamprecht – Hollow Planets: A Feasibility Study of Possible Hollow Worlds (Grave Distraction Publications 2014)
Virgilio Sanchez-Ocejo – UFO Abduction From Undersea: Physical Examination By Alien Beings Of Two Abductees In Oceanographic Labs (Global Communications 2013)
https://downthechupacabrahole.com/2019/03/21/the-russian-navy-divers-who-were-attacked-by-aquatic-aliens-lake-baikal-humanoids/
Zitate Azhazha: https://alien-ufo-sightings.com/2012/01/russian-navy-ufo-records-say-aliens-love-oceans/
Research sheds new light on intelligent life existing across the galaxy – www.eurekalert.org/news-releases/581573
www.saturdayeveningpost.com/2021/05/theres-got-to-be-something-out-there/
https://science.howstuffworks.com/space/aliens-ufos/alien-abduction.htm

UFO Abduction Reports: The Supernatural Kidnap Narrative Returns in Technological Guise – www.jstor.org/stable/540677
Thomas E. Bullard – The Myth and Mystery of UFOs (University Press of Kansas 2010)
www.ufodigest.com/article/the-ultra-terrestrials-are-they-supernatural-beings/
Timothy Beckley – The Authentic Book Of Ultra-Terrestrial Contacts (Inner Light – Global Communications 2018)
Zitat Elizondo: www.reddit.com/r/IAmA/comments/hmy1pt/hi_reddit_this_is_ tom_ delonge_musician_and/?sort=qa
www.ufodigest.com/article/the-ultra-terrestrial-invisibility-factor-presto-change-o-where-do-they-go/
The Silurian Hypothesis: Would it be possible to detect an industrial civilization in the geological record? – https://arxiv.org/abs/1804.03748
Zitat: Jack Cary: www.gaia.com/article/ufos-bigfoot-evidence-interdimensional-connection
Zitat Elizondo: www.military.com/daily-news/2022/03/07/how-believers-paranormal-birthed-pentagons-new-hunt-ufos.html
Zitat Military.com: www.liberationtimes.com/home/why-cant-former-cia-officials-stop-talking-about-ufos?fbclid=IwAR1fv0Robo63_ELwyEt9xIY3Z-MIgNBFCaDBMdeK1SJp1OMrOAi9fA-Xq54
Zitat Brennan: https://astralcitizens.com/ex-cia-officers-ufo-encounter/?fbclid=IwAR2LjgJRyd-AzYRScsR7K4pTKldE8FmuSjnEp8KYiRNiULXkgjL2I7rIh1Q

Kapitel 5
Mysteriöse Erlebnisse von Apollo-Astronauten

Maurice Chatelain – Our ancestors came from outer space (Doubleday 1978)
Maurice Chatelain – Our Cosmic Ancestors (Light Technology Publishing (1988)
www.ufosightingsdaily.com/2013/10/astronaut-major-james-mcdivitt-ufo.html
www.ufocasebook.com/2011/1965gemini7.html
www.tarrdaniel.com/documents/Ufology/astronaut_ufo_sighting.html
www.noufors.com/ufo_sightings_by_astronauts.html
www.tarrdaniel.com/documents/Ufology/astronaut_ufo_sighting.html
www.usatoday.com/news/nation/2004-10-04-cooper-obit_x.htm
Gordon Cooper – Leap of Faith: An Astronaut's Journey Into the Unknown (Harper 2000)
www.independent.co.uk/news/obituaries/col-gordon-cooper-533604.html
Timothy Green Beckley – MJ-12 and the Riddle of Hangar 18: The New Evidence (Inner Light – Global Communications 2003)
www.metacafe.com/watch/456421/astronaut_gordon_cooper_describes_his_ufo_alien_encounters/
www.ufoinsight.com/ufo-conspiracy-revelations-nasa-astronaut-gordon-cooper/
https://human-science-research.blogspot.com/2005/06/astronaut-gordon-coopers-message-to-un.html
Frank Edwards – Flying saucers, here and now! (Bantam Books 1968)
Marian T. Place – Is something up there? (Dale White 1968)
Joseph Allen Hynek – The Edge of Reality: A Progress Report on Unidentified Flying Objects (Quality Books 1976)
Leonard H. Stringfield – Situation Red: The UFO Siege (Doubleday 1977)

www.ibtimes.com/nasa-video-shows-alien-ships-observing-space-shuttle-columbia-mission-ufo-expert-2859281
www.forbes.com/sites/jimclash/2020/04/20/is-there-extraterrestrial-life-and-has-it-visited-earth/#254978a42146
www.express.co.uk/news/weird/668516/Astronaut-breaks-silence-over-notorious-space-shuttle-UFO-mystery-with-CONCLUSIVE-PROOF
www.huffpost.com/entry/astronaut-tom-jones-ufos_n_572bb7a8e4b096e9f090d0c3
www.ufotruthmagazine.co.uk/famous-ufo-quotes/
www.ufocasebook.com/ufoquotes1.html
www.wanttoknow.info/ufocover-up
www.roswellproof.com/Lovekin.html
Ann Druffel – Firestorm: Dr. James E. McDonald's Fight for UFO Science (Wild Flower Press 2003)
Jenny Randles – The UFO conspiracy : The first forty years (Barnes & Noble 1993)
Timothy Good – Above Top Secret: The Worldwide U.F.O. Cover-Up (Quill 1989)
Frank Edwards – Flying Saucers – Serious Business: Overwhelming Evidence That UFOs Are Real (Lyle Stuart 1966)
Buzz Aldrin – Return to Earth (Open Road Media 2015)
James Oberg – Ufos and Outer Space Mysteries: A Sympathetic Skeptics Report (Walsworth Publishing 1982)
THE SKEPTICAL INQUIRER – Journal of the Committee for the Scientific Investigation of Claims of the Paranormal (Volume III, No.1, Fall 1978)
www.theblackvault.com/documentarchive/astronaut-ufo-sightings-mysteriously-removed-from-government-ufo-study-here-they-are/

Mysteriöse Erlebnisse der Apollo-Astronauten – Teil 2

https://alien-ufo-sightings.com/2013/03/russian-cosmonauts-saw-angels-in-space/
www.openminds.tv/russian-cosmonauts-ufo-sightings-and-statements/859
www.techeblog.com/mind-blowing-story-of-russian-cosmonauts-who-saw-angels-in-space/
UFO Filmed by Russian Cosmonaut – https://youtu.be/WZTjWbuI0dw
Duncan Lunan – Men and the Stars (Souvenir Press 1974)
http://projectcamelot.org/lang/en/bob_dean_transcript_barcelona_2009_en.html
www.nasa.gov/feature/not-unsolved-mysteries-the-lost-apollo-11-tapes/
www.reuters.com/article/us-nasa-tapes-idUSTRE56F5MK20090716
www.exopolitics.org/first-man-on-moon-dies-along-with-secrets-of-what-he-saw/
www.collective-evolution.com/2020/05/02/ex-nasa-scientist-most-space-flights-were-followed-by-space-vehicles-of-extraterrestrial-origin/
http://nsarchive.gwu.edu/NSAEBB/NSAEBB479/docs/EBB-Moon02.pdf
www.ufocasebook.com/2012/1979trevisoairbase.html
www.top10ufo.com/military-pilot-photo-of-ufo-over-italy/
www.ufoinsight.com/salyut-7-incident-space-hallucinations-watchers/
www.pravdareport.com/society/118195-angels/
www.smithsonianmag.com/smart-news/how-isolation-space-messes-your-mind-180952952/
https://thatcricketblog.wordpress.com/2012/12/21/steven-hawking-mayans-miscalculated-by-8-years-2020-is-actual-end-of-civilisation/

https://bigthink.com/paul-ratner/in-1973-an-mit-computer-predicted-the-end-of-civilization-so-far-its-on-target
www.dailystar.co.uk/news/weird-news/nasa-news-alien-life-moon-16863019
www.jp-robinson.com/single-post/Space-Secrecy-NASA-and-the-UFO-Deception
J.P. Robinson – The Alien Enigma: Extraterrestrials: Science Fiction or Science Fact? (CreateSpace Independent Publishing Platform 2016)
https://matrixdisclosure.com/mysterious-structures-moon/
www.liveindia.com/earth/05oct07.html
www.eutimes.net/2014/05/nasa-releases-report-on-ancient-roman-ufo-accounts/
https://pubs.giss.nasa.gov/abs/st02710y.html
www.bibliotecapleyades.net/luna/luna_moonanomalies01.htm
www.unexplainable.net/ufo-alien/nasa_coversup_pyramids_on_the_moon.php
Richard C. Hoagland, Mike Bara – Dark Mission: The Secret History of NASA, Feral House 2007)
Joseph McMoneagle – Mind Trek: Exploring Consciousness, Time, and Space Through Remote Viewing (Hampton Roads Publishing 1993)
www.thesun.co.uk/news/7512409/us-airman-who-claimed-he-saw-top-secret-nasa-photos-of-alien-structures-on-the-moon-dies-in-horror-bike-accident/
www.express.co.uk/news/science/625365/Angel-shaped-mega-UFO-returns-to-the-Sun-as-space-gazers-record-ANOTHER-angelic-sighting
www.express.co.uk/news/weird/1149692/ufo-sighting-alien-aliens-proof-space-news-discovery-scott-waring
www.ufosightingsdaily.com/2012/10/angelic-ufo-travels-toward-sun-in-nasa.html
www.ufosightingsdaily.com/2013/02/giant-angel-returns-to-our-sun-for.html
www.ufosightingsdaily.com/2013/07/huge-angel-ufo-near-sun-july-24-2013.html
www.ufosightingsdaily.com/2015/08/angel-like-ufo-seen-leaving-earths-sun.html
www.ufointernationalproject.com/latest-news/nasas-whistleblower/
Thornton Page, Carl Sagan – UFO's: A Scientific Debate (Barnes Noble Books 1996)
https://ufologie.patrickgross.org/htm/condonpage.htm
Ralph Kennedy Johnston – Ken's Moon: The Smoking Gun that Reveals the Dark Secret of NASA. CreateSpace Amazon 2016)
Richard C.Hoagland, Mike Bara – Dark Mission: The Secret History of NASA (Port Townsend: Feral House 2007)
Bret C. Sheppard – Flyover Tsiolkovsky Crater: A Secret Base on the Moon (CreateSpace self-publishing 2016)
https://dorkmission.blogspot.com/2016/06/ken-johnston-and-truth.html?m=1
Carl Sagan Lunar-SETI –
www.proxibid.com/Carl-Sagan-1962-Lunar-Paper/lotInformation/62826681
www.dailymail.co.uk/news/article-10857857/NASA-confirms-ramping-efforts-help-UFO-investigation.html
www.newsweek.com/russia-space-agency-roscosmos-dmitry-rogozin-ufos-aliens-1715162
https://wildsage.us/index.php/2022/06/11/russian-space-chief-speaks-out-on-ufos/

Kapitel 6

Neue Insider des geheimen Weltraumprogramms sprechen von Raum-Archen in unserem Sonnensystem

https://exopolitics.org/french-contactee-confirms-intergalactic-confederation-is-seeding-human-worlds/
Georges Metz – Ovnis en France : Les enquêtes de Georges Metz (Interkeltia 2011)
https://eveilhomme.com/2021/11/27/un-contacte-francais-confirme-que-la-confederation-intergalactique-ensemence-des-mondes-humains/
www.indiatoday.in/magazine/nation/story/20121112-ufo-seen-in-ladakh-jammu-and-kashmir-by-indian-army-itbp-760402-2012-11-02
https://exopolitics.org
Phyllis V. Schlemmer, Mary Bennett – The Only Planet of Choice: Essential Briefings from Deep Space (Gateway Books 1995)
Zitat Cambrian: www.sciencedirect.com/science/article/pii/S0079610718300798
Stephen C. Meyer – Darwin's Doubt: The Explosive Origin of Animal Life and the Case for Intelligent Design (HarperOne 2014)
Cause of the Cambrian Explosion – Terrestrial or Cosmic –
www.sciencedirect.com/science/article/pii/S0079610718300798
https://zeeemedia.com/interview/transhumanism-klaus-schwab-and-dr-yuval-noah-harari-explain-the-great-reset-transhumanism-agenda/
Yuval Noah Harari – Homo Deus (C.H. Beck. 2017)
Zitat Alfred Worden: https://alien-ufo-sightings.com/2019/01/astronaut-of-apollo-15-said-that-humans-are-descendants-of-aliens/
Trish MacGregor, Rob MacGregor – The Synchronicity Highway – Exploring Coincidence, the Paranormal, & Alien Contact (Crossroad Press 2013)
Joseph McMoneagle – Remote Viewing Secrets: A Handbook (Hampton Roads Pub Co. 2000)
https://steemkr.com/science/@bikash08/science-news-the-canal-of-mars
Percival Lowell – Mars and Its Canals (Independently published 2021)
www.space.com/13197-mars-canals-water-history-lowell.html
Andy Clarke, David. Roberts – Flying Saucerers: A Social History of UFOlogy (Alternative Albion 2007)
www.the-sun.com/news/3789887/albert-einstein-ufo-roswell-crash-aliens/
Andy Clarke, David. Roberts – Flying Saucerers: A Social History of UFOlogy (Alternative Albion 2007)
www.sciencealert.com/a-mysterious-geothermal-heat-source-is-melting-antarctica-from-below
www.sciencealert.com/a-city-sized-lake-has-been-discovered-2-miles-below-the-antarctic-ice-sheet
www.scientificamerican.com/article/antarctic-sea-ice-hit-a-record-low-now-scientists-think-they-know-why/
https://projectcamelot.org/lang/en/bob_dean_nibiru_interview_transcript_en.html
https://galacticanthropology.org/tag/sphinx/
https://galacticanthropology.org/2022/02/21/maria-orsic-as-a-fifth-column-from-the-galactic-federation-of-worlds/

Zitat: Herbert G, Dorsey III – Secret Science and the Secret Space Program (Herbert Grove Dorsey III 2014)
Maximillien De Lafayette – What The Aliens Told Us About God, Jesus, Human Soul And The Afterlife. From the secret aliens-US meetings in 1947 and 1948, and the account of Maria Orsic (Times Square Press 2016)
https://galacticanthropology.org/tag/jean-charles-moyen/
Zitat Edgar Cayce: Edgar Cayce – Edgar Cayce on Atlantis (A R E PR 2010)
https://hurtak.com
James Ernest Brown, Dr. J.J. Hurtak, Dr. Desiree Hurtak – Giza's Industrial Complex: Ancient Egypt's Electrical Power & Gas Generating Systems (BookBaby 2019)

Kapitel 7

Informationen des Geheimen Weltraumprogramms zur verborgenen Erdgeschichte

https://ascensionworks.tv/
Zitat Reagan: www.msnbc.com/msnbc/flashback-reagans-vision-unifying-msna166941
www.spherebeingalliance.com/blog/transcript-cosmic-disclosure-lifting-the-military-industrial-curtain-with-heather-sartain.html
Zitate Heather Sartai: https://archive.org/stream/cosmic-disclosure-season-1-12-corey-goode-david-wilcock/Cosmic%20Disclosure%20Season%201-12%20-%20Corey%20Goode%2C%20David%20Wilcock_djvu.txt
Zitate Ben Rich: www.gaia.com/article/ben-rich-lockheed-martin-and-ufos
https://ascensionworks.tv/wp-content/uploads/2021/12/SSP-Alliance-Update-4.pdf
https://ascensionworks.tv/wp-content/uploads/2021/12/SSP-Alliance-Update-6.pdf
www.vaticannews.va/en/vatican-city/news/2021-10/vatican-symposium-challenge-artificial-intelligence-society.html
www.cultura.va/content/cultura/en/dipartimenti/com-linguaggi/AI.html
https://alleninstitute.org/what-we-do/brain-science/
https://salvomag.com/post/the-metaverse-heaven-for-soy-boys-hell-on-earth-for-us
Erik Davis – TechGnosis: Myth, Magic, and Mysticism in the Age of Information (North Atlantic Books 2015)
Zitat Harari: www.ynharari.com/wef2018/
Zitat Harari 2: www.infowars.com/posts/video-thread-the-most-sinister-globalist-youve-never-heard-of/
Zitate Huxley: https://jason-mason.com/2020/12/17/der-grosse-reset-der-verborgene-plan-hinter-der-corona-krise-teil-1/
https://web.telegram.org/dd58021e-9a4b-48ed-885e-6ec361e6961b
Michael Salla – Galactic Federations, Councils & Secret Space Programs (Exopolitics Consultants 2022)
Michael Salla – Galactic Federations, Councils & Secret Space Programs (Exopolitics Consultants 2022)

Kapitel 8

Jenseits von Raum und Zeit – Chrononauten und temporale Agenten justieren die Zeitlinien

http://myweb.rz.uni-augsburg.de/~eckern/adp/history/einstein-papers/1907_23_371-384.pdf
Albert Einstein – Über die vom Relativitätsprinzip geforderte Trägheit der Energie – https://ui.adsabs.harvard.edu/abs/1907AnP...328..371E/abstract
Manipulating Humanity through Time Travel: How it Began and Ends – www.youtube.com/watch?v=XKZFuL9QW-M&t=49s
Barna William Donovan – Conspiracy Films: A Tour of Dark Places in the American Conscious (2011 Jefferson, McFarland)
https://physicstoday.scitation.org/do/10.1063/PT.5.010005/full/
https://stillnessinthestorm.com/2016/02/history-of-bilderberg-group-founded-by/
Peter Krassa – Father Ernetti's Chronovisor: The Creation and Disappearance of the World's First Time Machine (New Paradigm Books 1997)
www.projectpegasus.net/mission_statement
https://matrixdisclosure.com/philadelphia-experiment/
https://exopolitics.org/project-looking-glass-the-q-anon-deep-state-temporal-war/
Time Travel, Temporal Warfare & Our Future: New Webinar – https://exopolitics.org/time-travel-temporal-warfare-our-future/
https://exopolitics.org/did-the-us-use-time-travel-to-win-world-war-ii/
Al Bielek Full Testimony Part 2 – Wingmakers, Alternate Earth Timelines AD 2137 – www.youtube.com/watch?v=8opHjnE8aiQ&t=5092s
www.destinationtips.com/fun/incredible-story-al-bielek-man-traveled-time-space/?listview=all
Andrew Basiago – Jesus Crucifixion & Resurrection seen on a screen using Timetravel Technology – https://youtu.be/ATswALmTDVI
https://angelicview.wordpress.com/2013/08/29/andrew-basiago-and-the-jump-room-to-mars/
https://geometrymix.me/go.php?id=pdf&keyword=andrew%20d.basiago%20the%20discovery%20of%20life%20on%20mars
Alfred Lambremont Webre – Exopolitics: Politics, Government And Law In The Universe (Universebooks 2008)
https://newsinsideout.com/2017/09/ufoet-abductions-jimmy-carter-alfred-lambremont-webre-andrew-d-basiago/
https://stargatetothecosmos.org/cia-time-travel-teleportation-to-mars-andrew-basiago-whistleblows/
https://conexaoufo.com/en/pegasus-project-the-secret-teleportation-and-time-travel-program/
https://goldenageofgaia.com/2012/03/09/the-significance-of-bob-deans-project-camelot-testimony/
www.bibliotecapleyades.net/marte/esp_marte_49.htm
Preston Nichols – Montauk Project: Experiment in Time (Sky Books 1992)

Kapitel 9
Radu Cinamar Buch 6: Forgotten Genesis

https://mysterienschule.irantia.com/herzweltverlag
Radu Cinamar, Peter Moon – Forgotten Genesis (Sky Books 2020)
https://futurism.com/the-byte/nasa-priests-aliens
www.medicaldaily.com/jesus-christ-was-alien-according-ufo-expert-433282
Dr. Barry H Downing – The Bible And Flying Saucers (Independently published 2019)
Zitat Richard Lawrence: www.planet-today.com/2021/04/ufo-expert-jesus-was-alien-and-star-of.html
www.ufodigest.com/article/could-jesus-christ-be-one-of-the-first-alien-hybrids-the-son-of-an-extraterrestrial-and-an-earthly-woman/
https://jason-mason.com/2018/09/14/fast-1000-wissenschaftler-unterschreiben-eine-erklaerung-dass-sie-die-darwinistische-evolutionstheorie-als-falsch-ablehnen/
https://jason-mason.com/2022/05/14/die-suche-nach-ausserirdischem-leben-im-sonnensystem-wird-konkreter-kraken-stammen-aus-dem-all/
www.psychologytoday.com/us/blog/the-scientific-fundamentalist/200810/why-human-evolution-pretty-much-stopped-about-10000-years
https://erstkontakt.wordpress.com/2019/01/06/enthuellungen-aktuell-neue-studie-menschen-und-alle-tierarten-zur-selben-zeit-entstanden-und-praehistorische-hochzivilisationen-der-erde-durch-globale-kataklysmen-zerstoert-von-jason-mason-06-j/
www.astronomy.com/news/2018/11/massive-impact-crater-beneath-greenland-could-explain-ice-age-climate-swing
Zitat Dawkins: www.thinkatheist.com/profiles/blogs/sadly-an-honest-creationist
Richard Dawkins – The Blind Watchmaker: Why the Evidence of Evolution Reveals a Universe Without Design (W. W. Norton & Company 2015)
https://jason-mason.com/2018/07/17/verbotene-archaeologie-die-riesen-des-antiken-nordamerika/
Heinrich Kusch, Ingrid Kusch – Geheime Unterwelt (Leopold Stocker Verlag 2021)
www.vox.com/2015/4/30/8516829/imaginary-island-atlantis-map-kircher
www.howandwhys.com/luis-elizondo-embraces-zoo-hypothesis-earth-as-alien-prison/?fbclid=IwAR0y0nGfN58o0JolebKfWcAKOz-m4MeLdOWdprTv3mfR7zrLUfNrH5-NkZU
https://science.howstuffworks.com/space/aliens-ufos/zoo-hypothesis.htm
www.military.com/daily-news/2022/03/07/how-believers-paranormal-birthed-pentagons-new-hunt-ufos.html
Zitat Elizondo: https://science.howstuffworks.com/space/aliens-ufos/zoo-hypothesis.htm
Dr. Virgilio Sanchez-Ocejo – UFO Abduction From Undersea: Physical Examination By Alien Beings Of Two Abductees In Oceanographic Labs (Global Communications 2013)
www.infinityexplorers.com/the-mysterious-blonde-giants-of-catalina-island-skeletons-discovered-by-ralph-glidden
http://cdli.ox.ac.uk/wiki/doku.php?id=the_decipherment_of_cuneiform (Hawkins, The decipherment of cuneiform, 2015)

Kapitel 10
Die Wissenschaft des „Intelligent Design"

Zitat Huxley: https://creation.com/human-soul-and-religion-are-just-the-product-of-evolution-julian-huxley
Charles Darwin – Origin of Species (1859, Mentor Books 1958)
Larry A. Witham – Where Darwin Meets the Bible: Creationists and Evolutionists in America (Oxford University Press 2005)
https://creation.com/eugenie-scott-admits-if-students-heard-criticism-of-evolution-they-might-not-believe-it
www.pbs.org/moyers/faithandreason/print/dawkins_print.html
https://phys.org/news/2018-09-atheists-rational.html
www.keepthefaith.co.uk/2019/09/19/why-scientists-shock-jesus-admission-after-miracle-experience-stunned-academics/
www.express.co.uk/news/weird/1182000/jesus-christ-proof-richard-dawkins-evidence-bible-real-god-christians-spt
www.express.co.uk/news/weird/1181594/jesus-christ-richard-dawkins-book-archaeological-evidence-bible-God-proof-spt
https://newsflash.one/2019/09/23/jesus-christ-proof-richard-dawkins-in-shock-archaeological-evidence-claim-over-messiah/
Richard Dawkins – Atheismus für Anfänger: Warum wir Gott für ein sinnerfülltes Leben nicht brauchen (Ullstein 2019)
Lee Strobel – Der Fall Jesus: Ein Journalist auf der Suche nach der Wahrheit (Gerth Medien GmbH 2014)
www.johnrothra.com/share/apologetics/is-richard-dawkins-warming-up-to-god/
www.telegraph.co.uk/news/religion/9542043/Richard-Dawkins-attacked-for-anti-Semitic-remarks-about-Jewish-God.html
www.salon.com/2014/09/27/jonathan_sacks_on_richard_dawkins_new_atheists_lack_a_sense_of_humor/
https://unherd.com/thepost/jonathan-sacks-why-does-richard-dawkins-single-out-jews/
www.christianity.com/jesus/is-jesus-god/old-testament-prophecies/how-did-jesus-fulfill-the-old-testament.html
www.christianity.com/wiki/end-times/what-is-the-new-jerusalem.html
www.medimops.de/leslie-nielsen-die-roemische-kanone-2000-1-2-jahre-vor-unserer-zeit-dvd-M0B002E2V29U.html
www.medimops.de/carlo-vanzina-die-roemische-kanone-dvd-M0B00004ZEG8.html
www.medimops.de/lee-strobel-der-fall-jesus-ein-journalist-auf-der-suche-nach-der-wahrheit-gebundene-ausgabe-M03894902744.html
https://cross-currents.com/2005/12/22/rabbi-avi-shafran-on-intelligent-design/
www.rabbinicalassembly.org/resolution-intelligent-design-and-freedom-scientific-inquiry?tp=265
www.jewishvirtuallibrary.org/judaism-and-evolution
www.ncbi.nlm.nih.gov/pmc/articles/PMC3721658/ (The Theory of Evolution – A Jewish Perspective)
www.myjewishlearning.com/article/teaching-evolution-in-jewish-schools/
www.algemeiner.com/2015/04/28/british-ethnologist-richard-dawkins-jew-is-not-a-race/

www.newenglishreview.org/custpage.cfm?frm=189085&sec_id=189085
Yuval Noah Harari – Eine kurze Geschichte der Menschheit (Pantheon Verlag 2015)
Yuval Noah Harari – Sapiens: A Brief History of Humankind (Harper 2015)
www.haaretz.com/opinion/.premium-the-real-reason-jews-win-so-many-nobels-1.5276705
www.psychologytoday.com/us/blog/the-scientific-fundamentalist/200810/why-human-evolution-pretty-much-stopped-about-10000-years
https://creation.com/wm-provine-evolution-=-atheism-no-purpose
https://creation.com/no-acceptable-theory-of-evolution-lejeune
www.christianitytoday.com/news/2019/november/died-phillip-e-johnson-intelligent-design-darwin-trial.html
Phillip E. Johnson – Darwin on Trial (IVP Books – 20th Anniversary Edition 2010)
Hubert P. Yockey – Information Theory and Molecular Biology (Cambridge University Press 1992)
Hubert P.Yockey – A calculation of the probability of spontaneous biogenesis by information theory (Journal of Theoretical Biology, Volume 67, Issue 3, 1977)
www.icr.org/article/evolution-biologically-impossible
Joseph Mastropaolo – Evolution Is Biologically Impossible (Act & Facts 28, 1999)
Michael J. Behe – Darwin's Black Box: The Biochemical Challenge to Evolution (Touchstone 1996)
Michael Denton – Evolution: A Theory in Crisis (Adler & Adler 1986)
Charles B. Thaxton, Nancy Pearcey – The Soul of Science: Christian Faith and Natural Philosophy (Crossway Books 1994)
Charles B. Thaxton, Walter L. Bradley and Robert L. Olsen – The Mystery of Life's Origin, Reassessing Current Theories (New York Philosophical Library 1984)
Antonio Lima-de-Faria – Evolution without Selection: Form and Function by Autoevolution (Elsevier Science Ltd. 1988)
https://answersingenesis.org/theory-of-evolution/quotes/quotable-quotes-lejeune-hoyle/
Zitat Michael Ruse: https://creation.com/michael-ruse-evolution-is-a-religion
Zitat G. Richard Bozarth: https://answersingenesis.org/theory-of-evolution/quotes/99-quotable-quotes/
Anton Szandor LaVey – The Satanic Bible Mass Market (Avon 1969)
Anton Szandor LaVey – The Devil's Notebook (Feral House 2000)
www.theguardian.com/science/2006/aug/28/religion.pope
www.ncronline.org/blogs/all-things-catholic/benedicts-thinking-creation-and-evolution
www.independent.co.uk/news/world/europe/pope-francis-declares-evolution-and-big-bang-theory-are-right-and-god-isnt-a-magician-with-a-magic-wand-9822514.html
www.smithsonianmag.com/smart-news/pope-would-you-accept-evolution-and-big-bang-180953166/
https://theandrewastonblog.wordpress.com/2015/04/20/christianity-evolution/
www.whatchristianswanttoknow.com/the-importance-of-the-creation-vs-evolution-discussion/
https://answersingenesis.org/theory-of-evolution/quotes/quotable-quotes-lejeune-hoyle/
Zitate Wernher von Braun: www.creationsafaris.com/wgcs_4vonbraun.htm
https://assembly.coe.int/nw/xml/XRef/Xref-XML2HTML-EN.asp?fileid=17592&lang=en (Dokument: The dangers of creationism in education 2007)
Zitat Alfred De Grazia: The Velikovsky Affair (University Books 1967)

Zitat Wernher von Braun: www.newyorker.com/magazine/2007/10/22/rocket-man
Zitate Wernher von Braun:
https://answersingenesis.org/creation-scientists/profiles/wernher-von-braun-1912-1977/
»A Scientific Dissent from Darwinism«, http://dissentfromdarwin.org/

Schlussgedanken

https://exopolitics.org/von-brauns-false-flag-alien-invasion-genuine-warning-or-deception/
Serge Monast – Le projet Blue Beam (de la NASA) (ETHOS 2021)
www.msn.com/en-in/news/trendingtopics/according-to-a-ufo-expert-the-world-will-change-forever-if-there-is-an-alien-invasion/ar-AAVwMpR
The detection of extra-terrestrial life and the consequences for science and society – https://royalsocietypublishing.org/doi/10.1098/rsta.2010.0236
Towards a scientific and societal agenda on extra-terrestrial life –
https://royalsociety.org/science-events-and-lectures/2010/extra-terrestrial-life-satellite/
www.the-sun.com/news/5053632/us-government-releases-1500-pages-secret-documents-ufo-programme/
Raymond Szymanski – Alien Shades of Greys (Independently published 2019)
Kevin D. Randle – Understanding Roswell: The True Story Of What Happened In Roswell In 1947 (Independently published 2022)
www.cbsnews.com/news/roswell-ufo-incident-1947-headline-dispatch/
www.nsa.gov/portals/75/documents/news-features/declassified-documents/ufo/report_af_roswell.pdf
Zitate Dr. Wright: Anna Whitty – UFO's: A Fundamental Truth (Independently published 2020)
https://thepulse.one/2021/10/21/einsteins-student-claims-both-were-taken-to-examine-roswell-craft-beings/
www.theblackvault.com/documentarchive/ufos-the-central-intelligence-agency-cia-collection/
www.livescience.com/65633-climate-change-dooms-humans-by-2050.html
www.ufoexplorations.com/
www.latimes.com/archives/la-xpm-1991-11-20-vw-110-story.html
Marina Popowitsch – UFO-Glasnost: Ein Geheimnis wird enthüllt (Langen-Müller 1991)
www.ibtimes.co.uk/aliens-have-always-been-here-living-under-ocean-claims-ufo-expert-1702004
www.thesun.co.uk/news/19069567/ufo-transmedium-capabilities/
www.msn.com/en-us/news/technology/as-nasa-prepares-ufo-study-are-we-seeing-a-new-space-race-for-aliens/ar-AAZBVMo
www.space.com/nasa-study-ufo-research-impact
Michael Masters – The Extratempestrial Model" (Full Circle Press 2022)
www.defense.gov/News/Releases/Release/Article/3100053/dod-announces-the-establishment-of-the-all-domain-anomaly-resolution-office/
https://exonews.org/carl-sagan-knew-ufos-are-real-confidant-reveals/
J. Allen Hynek – The UFO Experience (Ballantine Books 1977)
https://eurasiantimes.com/aliens-could-have-visited-earth-russian-space-chief/
https://n.tass.ru/kosmos/14887167

www.theverge.com/2022/7/15/23219955/russia-roscosmos-dmitry-rogozin-replaced-nasa-crew-swap
Zitat Nick Pope: www.msn.com/en-in/news/trendingtopics/according-to-a-ufo-expert-the-world-will-change-forever-if-there-is-an-alien-invasion/ar-AAVwMpR
Zitat Raymond Szymanski: www.thesun.co.uk/news/4368452/roswell-ufo-dead-aliens-living-secret-us-airforce-base/
Zitat Dr. Shirley Wright: https://thepulse.one/2021/10/21/einsteins-student-claims-both-were-taken-to-examine-roswell-craft-beings/
Zitate Dr. Shirley Wright: https://thepulse.one/2021/10/21/einsteins-student-claims-both-were-taken-to-examine-roswell-craft-beings/
www.youtube.com/watch?v=p09u7Y0oXhY
www.youtube.com/watch?v=fe_NwCqfz6c

Anhang

1 Athanasius Kircher – Mundus Subterraneus

Paula Findlen / Athanasius Kircher: The Last Man Who Knew Everything (Routledge 2004)
https://publicdomainreview.org/essay/athanasius-underground
Count de Buffon - Natural history: General and Particular (1707-1788)
Edward Topsell - The History of Four-Footed Beasts and Serpents (1658)

2 Geheime Unterwelt in Österreich

https://i0.wp.com/alien-ufo-sightings.com/wp-content/uploads/2017/01/vincaface.jpg?resize=264%2C334&ssl=1
https://i.pinimg.com/originals/1d/7a/15/1d7a154c76f8e6bd96eaf875526c63fc.jpg
Heinrich Kusch, Ingrid Kusch – Geheime Unterwelt: Auf den Spuren von Jahrtausende alten unterirdischen Völkern (Authal Verlag 2022)
Marija Gimbutas – The Gods and Goddesses of Old Europe 7000 – 3500 BC (Thames & Hudson Ltd 1974)
www.archaeomythology.org/wp-content/uploads/2012/01/2008-vol4-intro1.pdf
www.ancient-origins.de/nachrichten-menschliche-urspruenge-religionen/deutscher-ritter-007172
Olaus Magnus: Die Wunder des Nordens (Werksauswahl, mit einem Nachdruck der „Carta marina“ von 1539, Eichborn 2006)

3 Ein ehemaliger hochrangiger russischer General gibt bekannt, dass Außerirdische hier sind

www.metimeforthemind.com/the-boshich-space-wreckage-alien-tomb-or-disinformation.html
www.sciencedirect.com/science/article/abs/pii/0019103573900821 (Bagby's phantom moonlets)
https://panspermia.org/zhmur2.htm (Microorganisms from the Moon)
https://thepulse.one/2021/07/16/former-high-ranking-russian-military-general-says-extraterrestrials-are-here/

4 Ein ehemaliger CIA-Agent sagte aus, dass Aliens pro Jahr mehr als eine Million Menschen entführen

www.trendradars.com/latest/article-142187-ex-cia-agent-claimed-that-aliens-kidnap-more-than-one-million-people-every-year/
https://ufos.news/2021-08-05-former-agent-collection-devices-people-abducted-aliens.html
https://thealienhunter.com/derrels-c-v/
https://icestech.info/russian-ufo-researcher-explained-nhimbadao/
https://riafan.ru/1549278-ufolog-uvarov-obyasnil-kak-puteshestvuyut-nlo-na-samom-dele

5 Apollo-15: UFO auf der Mondoberfläche

https://unknownboundaries.com/nasa-fireman-witnessed-ufo-hovering-above-astronauts-on-moon/?fbclid=IwAR1B_x6rnNtV8ifl9UrMZH0GpP1w5uVjqlxhkDrAfQ Tqdfib-fEJV7VfGOWs
https://exopolitics.org/video-shows-ufo-watching-apollo-15-were-astronauts-warned-to-leave-the-moon/
UFO Filmed On Moon By Apollo 15 - www.youtube.com/watch?v=ykjKB-KxTHo
www.dailystar.co.uk/news/weird-news/nasa-apollo-15-footage-captured-20163911

6 Die leuchtenden Flugobjekte auf dem Mond sind elektromagnetische Raumschiffe

http://newsworld29.com/2022/10/08/these-glowing-objects-above-the-moon-are-electromagnetic-spaceships/
www.howandwhys.com/apollo-11-astronauts-saw-aliens-on-moon/?fbclid=IwAR1ksUDj9F8jti73kr-M_x1cVyXMIYKx7-YNmLZeCEFOqkb6gwJt6uq4cZw
Charles Fort - Charles Fort's Book of the Damned (John Brown Publishing 1995)
Zitat Mushgrave: www.howandwhys.com/story-musgrave-snake-shaped-ufos/
www.howandwhys.com/moon-trip-enforced-nasa-astronaut-edgar-mitchell-to-believe-in-ufos-aliens/
Quelle Zitat Mitchell: https://ascentmagazine.com/articles.aspx%3FarticleID=195&page=read&subpage=past&issueID=30.html
https://conexaoufo.com/en/apollo-15-astronaut-claims-extraterrestrials-created-the-human-race/?fbclid=IwAR2JF3BJsHJ-II0dXl-CjgKc8eH-iYlUZKZDsL27ADXCLjZks2M08Was_bQ
https://newspunch.com/nasa-moon-travel-technology/
https://welovetrump.com/2022/11/25/nasa-caught-again-using-fake-photoshopped-images-from-artemis-missio/
https://scienceinfo.net/van-allens-belt-and-evidence-that-the-apollo-11-mission-to-the-moon-was-myth.html
www.nasa.gov/feature/artemis-i-space-radiation-research-to-help-moon-mars-explorers
www.stolenhistory.org/articles/how-did-astronauts-get-through-the-van-allen-belts-in-1969.301/
www.nasa.gov/sites/default/files/thumbnails/image/em1-mission-map_update.jpg
https://thephaser.com/2022/11/nasa-artemis-moon-mission-exposed/

7 Sensationelle Fotografien von antiken atlantischen Ruinen in der Antarktis aus dem Jahr 1912

https://unshackledminds.com/ice-wall-expedition-61-photos-1912-cpt-robert-scott/
Never before seen photos of beyond the ice wall in Antarctica
www.bitchute.com/video/1122Y9h1Rqwh/
www.outsideonline.com/outdoor-adventure/exploration-survival/was-captain-scott-sabotaged-antarctica/
Charles Hapgood - Maps of the Ancient Sea Kings (Adventures Unlimited Press 1997)
www.dailymail.co.uk/news/article-2087811/Captain-Scott-s-pictures-harsh-Antarctic-revealed.html
Chris Turney - 1912: The Year the World Discovered Antarctica (Counterpoint 2013)
https://expeditions.fieldmuseum.org/antarctic-dinosaurs/antarctic-fossils
www.antarcticajournal.com/pyramids-spotted-in-antarctica-real-or-hoax/
www.scientificamerican.com/article/no-there-wasnt-an-advanced-civilization-12-000-years-ago/
www.science.org/content/article/what-killed-great-beasts-north-america
www.hurriyetdailynews.com/gobeklitepe-may-be-made-by-aliens-says-mayor-173262
www.cambridge.org/core/journals/cambridge-archaeological-journal/article/geometry-and-architectural-planning-at-gobekli-tepe-turkey/2CBAF416E33AFE6496B73710A2F42FF9
Northeastern North American Pleistocene megafauna chronologically overlapped minimally with Paleoindians – www.sciencedirect.com/science/article/abs/pii/S0277379113004678
https://archaeologynewsnetwork.com/2021/11/15/ancient-pyramid-discovered-in-antarctica/
www.livescience.com/57009-antarctica-pyramid-mountain-explained.html
http://scienceray.com/biology/man-made-ancient-pyramids-found-on-antarctica/
https://medium.com/the-weird-closet/the-strange-hollow-earth-case-of-admiral-richard-byrd-7469a62264fc
www.howandwhys.com/antarctica-pyramid-lost-civilization-of-atlantis-buried-beneath-icy-continent/
www.eyeofthepsychic.com/china_pyr
https://greekreporter.com/2022/11/06/tarim-mummies-china-native-americans/
www.forbes.com/sites/kristinakillgrove/2015/07/18/these-red-haired-chinese-mummies-come-from-all-over-eurasia-dna-reveals/
www.gaia.com/article/the-enigma-of-the-lost-chinese-pyramids-of-xian
https://egyptiangeographic.com/ar/news/show/632

8 Die satanischen Pläne zur Einführung einer Weltregierung und ihre Agenda der De-Population bis zum Jahr 2050

https://welovetrump.com/2022/04/15/georgia-guidestones-exposed-maintain-humanity-under-500-million-people/
www.youtube.com/watch?v=P4KfeEYHKsU
www.youtube.com/watch?v=Sc1NxfmtOTc

Nachwort Jan van Helsing

www.ufosightingsfootage.uk/2018/07/triangle-tr3b-ufo-real-spacecraft.html
https://patents.google.com/patent/US20060145019A1/en

Bildquellen

1. https://photos1.blogger.com/blogger/6956/659/1600/angers.jpg
   https://blog.tooveys.com/wp-content/uploads/2015/04/3134-f-Tooveys-1024x666.jpg
2. https://2.bp.blogspot.com/_FB8hNjiNySM/SNB-59Zwn_I/AAAAAAAAAZc/v3SnG3noaik/s320/cigar-ufo-real.jpg
   https://2.bp.blogspot.com/-h3LjaU2c7D8/Vbf9gjtPBdI/AAAAAAAAOUc/c8pelfr9Xp8/s1600/GungormezKilisesiPatlamasi.jpg
3. https://upload.wikimedia.org/wikipedia/commons/8/88/Conrad_Haas.jpg
   https://i.pinimg.com/736x/b5/d9/b8/b5d9b88c62da88c9cfb0c7eddc26f19f.jpg
   https://i.ytimg.com/vi/rXFRV10pU54/maxresdefault.jpg
4. https://i.pinimg.com/originals/c7/e7/d0/c7e7d00de90fed8ebe07c1a33f984f00.jpg
5. http://tall-white-aliens.com/wp-content/uploads/2018/11/buzau2.jpg
   https://turnulluibabel.files.wordpress.com/2014/04/uriasii-din-muntii-bucegi.jpg
6. https://i.ytimg.com/vi/Y1rzPIrcKns/maxresdefault.jpg
   https://2.bp.blogspot.com/-9zxuRLFc6X4/VTz4rr1o9aI/AAAAAAAAReA/ CvpjkpIEr-wA/s1600/1475bcb95eaa41fa95ec66b4c42c4a0e_932x621.jpg
7. https://upload.wikimedia.org/wikipedia/commons/f/f1/Himmelserscheinung_%C3%BCber_N%C3%BCrnberg_vom_14._April_1561.jpg
   https://img-fotki.yandex.ru/get/195990/14576209.3ab/0_1322f0_8504ca12_orig.jpg
8. www.pinterest.ru/pin/293719206938617860
   https://3.bp.blogspot.com/-Oo-vnLu2o5Q/W7ZEQrbajMI/AAAAAAAAIsY/jn7_TH-FVok1UbxBcuESW5N1Arv528nrACLcBGAs/s1600/3b.jpg
9. https://pbs.twimg.com/media/CiuaddqWYAAeuy_.jpg
   https://2.bp.blogspot.com/-bPDrQyHSE-s/U2ygrHfUWVI/AAAAAAAAA_I/LiLCcRuNMNU/s1600/020.jpg
10. https://4.bp.blogspot.com/-hcuHkPZ-I8Y/VCGnSS8EGII/AAAAAAAAdk4/RXXep2PKHnM/s1600/newspaper%2Blumley%2Bhistoric%2Bufo.jpg
    https://1.bp.blogspot.com/-IRk2ZrVge8E/UTN72wyG0EI/AAAAAAAAMLg/btFELcuF1LI/s320/mountwashington1870large.jpg
11. https://i.pinimg.com/736x/94/c5/2a/94c52afc4092386ceef6263a795771aa--sacramento-california-ancient-aliens.jpg
    https://upload.wikimedia.org/wikipedia/commons/0/05/Mystery_airship_SFCall_Nov_29_1896.jpg
    https://d3wo5wojvuv7l.cloudfront.net/t_facebook_share/images.spreaker.com/original/170b02a0b12050d14f99b96780471ebe.jpg
12. https://3.bp.blogspot.com/-JLuzczdB47k/VR2XuLqostI/AAAAAAAADso/JYM_EjrRyVY/s1600/OVNI+Aurora+Texas+1897.jpg
    http://files.abovetopsecret.com/files/img/lb4f33dcd9.jpg
13. https://3.bp.blogspot.com/-oeyRLFGOyis/Vo-UDvmaqdI/AAAAAAAAGBs/fuKHhFIqiTI/s1600/lost%2Bjournal3.JPG
    https://1.bp.blogspot.com/-z43HSVNsFu0/UtrAKX3NyeI/AAAAAAAAORg/kWoxE-STgRo/s1600/7.jpg
    http://i.pinimg.com/736x/d3/28/77/d3287771245af826a65201434fff1e60.jpg

14. https://ief-usfeu.ru/en/ekspediciya-blyumkina-v-tibet-sovetskie-alhimiki-tibetskie-lamy-i-mirovaya/
15. https://ief-usfeu.ru/en/ekspediciya-blyumkina-v-tibet-sovetskie-alhimiki-tibetskie-lamy-i-mirovaya/
16. https://timenote.info/en/Yakov-Blumkin
17. bis 21. http://atlanteangardens.blogspot.com/2015/09/top-secret-nazi-maps-and-documents.html
22. www.amazon.com/Alien-Discussions-Proceedings-Abduction-Conference/dp/0964491702
23. https://pbs.twimg.com/media/DZz0J7kV4AAJOei.jpg
24. https://do0bihdskp9dy.cloudfront.net/05-18-2022/t_87a4660a03e3475b949076a8aa406f28_name_ufo_phoenix.png
25. https://images.saymedia-content.com/.image/cs_srgb,dpr_1.0,q_80/MTYyNTE1NjEyMDcxODk2MjEy/10-ufos-over-washington-project-blue-book-finale.jpg
26. https://3.bp.blogspot.com/-OoskGUVKG04/VEl6PR3GPfI/AAAAAAAAekQ/jF_NoVMtj3w/s1600/roswell%2Bheadline1.jpg
27. www.ufobc.ca/Store/images/cd-images/wilbert_smith.jpg
28. https://3.bp.blogspot.com/-lrT93Nsd6bs/VMaB6XciqVI/AAAAAAAAF_w/v5U69X4wtB0/s1600/Screen%2BShot%2B2014-12-08%2Bat%2B11.23.26%2BAM.jpg
29. https://3.bp.blogspot.com/-au-s0LdHXL4/VoBCmB3mESI/AAAAAAA-Aef0/lPzStS9Qook/s400/Saucers%2BCover%2BCity%2B-%2BCincinnati%2BPost%252C%2BThe%2B10-11-1954.png
30. https://pixabay.com/photos/composing-universe-galaxy-space-5126949/
31. www.noufors.com/images/Maurice_Chatelain.jpg
32. https://cdn.quotesgram.com/img/37/75/1587797579-Astronaut_James_McDivitt_Filmed_a_UFO.jpg
https://4.bp.blogspot.com/-kRb_sy8cMdo/Ukz6GT5wbdI/AAAAAAAASOo/j92bICVNeSY/s400/UFO,+UFOS,+sighting,+sightings,+NASA,+top+secret,+mission,+Gemini,+James+McDdivitt,+1965,+alien,+aliens,+ET,+space,+orbit,+China,+Russia,+area+51,+paranormal,+ovni,+omni2.png
33. https://en.wikipedia.org/wiki/Gordon_Cooper
https://de.wikipedia.org/wiki/Edward_Higgins_White
34. https://3.bp.blogspot.com/-fO53K1vJ84k/WMEWpk6IGGI/AAAAAAAAEsI/8_pqgXofgC8wSg8g8mCh8x8f1pxVyEa7QCLcB/s320/BrawBlog_FlyingSaucers.jpg
https://2.bp.blogspot.com/-LxT_jt9w5iE/T_nZIwarmXI/AAAAAAAAAFM/SpIAEx-L9Bs/s320/InvasionOfTheSaucerMenHS.jpg
35. https://2.bp.blogspot.com/-fCbXDafiZSQ/WfRM6itaH_I/AAAAAAAAGD0/fU_oJAm3tlQJsi9RkEq3bC9xNJWd1UCnwCLcBGAs/s1600/1-SZnkr7Tn3r7QG869RCBp_w.png
36. Shuttle Fotos: www.youtube.com/watch?v=ujcSwuRBXRc

37. https://bloggersarena.com/facts/These-17-Mysterious-Photos-Have-No-Reason-To-Exist/104.jpeg
38. https://1.bp.blogspot.com/-ExrdN402cNs/UWBCNhkgWqI/AAAAAAABDaM/NHnv1d-D1WQ/s1600/Salyut7angelsL.jpg
https://1.bp.blogspot.com/-L8KId3Msx60/W5n55Gk9FfI/AAAAAAADo0o/V2hOf_fF_n8hqH1XM2nFcX3xDHN-IVpmACKgBGAs/s1600/Screenshot_20180913-053934.png
39. https://pixabay.com/illustrations/pyramids-egyptian-desert-spaceship-7548486/
40. www.flickr.com/photos/mrdanbeaumont/16223633006
www.pinterest.com/gamingfloor/wernher-von-braun-1912-1977/
41. https://bibliotecapleyades.net/imagenes_exopol/dean03_01.jpg
www.bibliotecapleyades.net/imagenes_exopol/dean03_03.jpg
https://bibliotecapleyades.net/imagenes_exopol/dean03_04.jpg
42. https://3.bp.blogspot.com/-9_hfKWX0ihY/WqlxI72OeJI/AAAAAAAALDQ/YD8ZceiFbgANbqLEMkFBiyVirKsIjn8wQCLcBGAs/s1600/UFO-Apollo-13.jpg
https://2.bp.blogspot.com/-ycIYzosrZco/WqlxmolcBLI/AAAAAAAALDc/VjjPAAB_iTwyx5zmomt7lHqVxp8QzTSkACLcBGAs/s1600/Apollo-13-UFO.jpg
43. https://3.bp.blogspot.com/-c2A9EZolYa0/U9hICt8hhzI/AAAAAAAAEW4/h2Q5HbqnD54/s1600/02a-Apollo+11+-+moon_aliens.jpg
44. https://i.pinimg.com/originals/8c/4a/bc/8c4abcde0621c655529d7d9b6c405881.jpg
https://i.ytimg.com/vi/d6S25602sUM/maxresdefault.jpg
https://3.bp.blogspot.com/-FlgNpRI96MM/T4yiZpM6-fI/AAAAAAAAUSE/Mq5hWrcgNT0/s1600/Lunar-pyramid.jpg
45. https://i2.wp.com/enkispeaks.com/wp-content/uploads/2018/04/Johnston.jpg
https://2.bp.blogspot.com/-xk13wlQDcf4/V3-GoqLZiMI/AAAAAAAAPOk/lX4yGFzuUHwOrUb9sYHNiocyTdeekXyCQCLcB/s1600/ufo%2Bnasa%2Bken%2Bjohnston.jpg
46. https://i.pinimg.com/originals/73/6e/ea/736eea6ccd69da31b8374cb1428ea862.jpg
https://2.bp.blogspot.com/-v0V9X38jzVg/V1Ec07M8hSI/AAAAAAAAABE/4tsmmJ5_Ny43ZUKXzyEoEOGo5EKFnqE6wCLcB/s1600/Dr%2BKen%2BJohnston%2BApollo%2BArchive%2BCollection_Page_487.jpg
https://3.bp.blogspot.com/-rAORf8EI7mk/VrJlXaR_mgI/AAAAAAAAB_Q/xstyCbmlWVU/s1600/moonsmudge.png
47. https://archive.org/download/KENSMOONLunarAnomalies
48. https://commons.wikimedia.org/wiki/File:UFO_photographed_by_Italian_pilot_Giancarlo_Cecconi,_1979.jpg
49. www.amarujala.com/photo-gallery/news-archives/astrology-archives/ufo-in-himalyan-range-konk-la-pass
50. www.science-photo.de/bilder/11590441-Schiaparelli-s-map-of-Mars-1877-1888
51. https://docplayer.pl/99484566-Kosmiczne-ujawnienie-ujawnienie-tajnej-technologii-z-heather-sartain.html
52. https://cdn.pixabay.com/photo/2012/10/26/02/38/asteroid-63125_960_720.jpg
53. www.bibliotecapleyades.net/imagenes_exopol/dean03_12.jpg

54. https://4.bp.blogspot.com/-_nHkW2-me8I/Vs1itl-eFJI/AAAAAAAAJeI/Gwj4Xvcmqkg/ s1600/10007441_725508920815197_7741359443545050576_n.jpg
55. https://icdn.2cda.pl/vid/oryginalne/8f7484975312f333c49f5f9767b30da1-01.jpg
56. https://mythology.stackexchange.com/questions/247/what-is-the-meaning-of-the-star-symbols-appearing-on-seal-va-243
57. https://1.bp.blogspot.com/_SmqSa90BDlc/TDXShxie0eI/AAAAAAAABGE/eip34O2eI28/s320/Athanasius_Kircher's_Atlantis.gif
58. https://2.bp.blogspot.com/-w3roYI6bHhc/VTwKu8hD08I/AAAAAAAABEZ8/tJa8tDSZ8aM/s1600/1931_Frankenstein_img39.JPG
59. https://farm2.staticflickr.com/1906/31597891278_dc04584b7d_b.jpg
60. https://mindreach.net/uploads/default/original/1X/0b1775ec 17877b5fc2c2d5299d6c56c691e2110c.jpeg
61. https://i.pinimg.com/564x/6e/42/3c/6e423c88d8cfcc33a493152e2c60ed69.jpg
62. https://planet-terre.ens-lyon.fr/planetterre/objets/Images/Img064/64-Kircher.jpg
63. https://i.pinimg.com/originals/6c/14/c6/6c14c6e14343493ec15d3576be07145a.jpg
https://i.pinimg.com/originals/6f/9f/5b/6f9f5b931f47eebc493fe3b93f1fd21a.jpg
https://i.pinimg.com/originals/7a/bb/7d/7abb7d4de88705f01514a67e34411f19.png
64. https://i.pinimg.com/originals/18/48/97/184897f12ae0fbf2e63fab8b592f5267.jpg
https://i.pinimg.com/474x/02/ab/a2/02aba2001e7063d307087360d1a4f9b6.jpg
65. https://upload.wikimedia.org/wikipedia/commons/c/c1/Olaus_Magnus_-_On_the_Service_of_Ghosts.jpg
66. https://upload.wikimedia.org/wikipedia/commons/e/ec/Olaus_Magnus_-_On_Rocik_Trolls.JPG
67. www.youtube.com/watch?v=ykjKB-KxTHo
https://youtu.be/F8DWn7wwYZk
68. www.bitchute.com/video/1122Y9h1Rqwh/
69. www.bitchute.com/video/1122Y9h1Rqwh/
70. www.bitchute.com/video/1122Y9h1Rqwh/
71. Committee of 300 – John Coleman http://rocknerd.co.uk/2016/10/13/theodor-adorno-of-the-frankfurt-school-wrote-all-the-beatles-songs-as-a-cultural-marxist-assault-on-america-possibly/c55c3-committee300/
72. https://3.bp.blogspot.com/-SAwoaspij0k/W1jrqY4hXiI/AAAAAAAAMoM/V4ZxQKLR7jY003l-HIpomuIIHDnjS6KhACLcBGAs/s400/US%2Bpatent%2Btr3b.png

WISSEN IST MACHT

Dr. Dinero Jan van Helsing

Wenn Dir Dein Leben nicht passt, dann glaub doch was anderes! *„Das würde ich ja gerne, aber ich kann es einfach nicht.“*, sagen viele. In diesem Buch erfahren Sie, wie Sie Ihren Glauben und Ihr Sein machtvoll verändern können. Zu wissen, wie man das macht, ist Macht. Das wissen auch die Mächtigen in Politik und Wirtschaft sowie in den Massenmedien, z.B. in Hollywood. Wer die Mechanismen kennt, kann sie anwenden – manipulativ oder befreiend. Man kann ganze Völker für einen Krieg begeistern, Menschen weltweit dazu bringen, sich „impfen“ zu lassen oder auf Grundbedürfnisse des täglichen Lebens zu verzichten. Ja, man kann sogar einem Jungen einreden, dass er ein Mädchen ist... Das ist wahre Macht! Dr. Dinero zeigt in diesem Buch, welches diese Mechanismen sind und erklärt, wie Sie selbst diese konstruktiv anwenden können – sei es in beruflichen Situationen, bei Partnerschaftsproblemen oder auch bei Geldangelegenheiten. Vor allem werden Sie verstehen, was zu tun ist, um frei zu sein, nicht mehr manipuliert zu werden und selbst bewusst zu entscheiden, wie Ihr Leben in Zukunft verlaufen soll.

ISBN 978-398562-888-9 • 25,00 Euro

BLACKOUT

Michael Morris

Regelmäßige Strom-Abschaltungen für einzelne Gebiete und Großstadt-Teile sind in mehreren europäischen Staaten bereits in Vorbereitung, sogenannte „Rollierende Blackouts“, bei denen Millionen von Haushalten für mehrere Stunden täglich der Strom abgestellt werden soll, um einen echten, flächendeckenden Blackout zu verhindern. Unabhängig davon befürchten viele Experten, dass ein großflächiger Ausfall des Stromnetzes – egal, ob durch Militär, Sonnensturm, Hackerangriff oder durch die Energiewende ausgelöst – kaum noch zu verhindern ist. Doch bereits ein Blackout von nur wenigen Tagen würde wochen- oder monatelange Versorgungsprobleme zur Folge haben, und so gut wie niemand ist darauf adäquat vorbereitet. Von staatlicher Seite ist keine Hilfe zu erwarten, also sollten wir dringend für unsere Liebsten und uns selbst vorsorgen. Dafür benötigen wir einen Plan, ein maßgeschneidertes Konzept, bei dem es viel zu berücksichtigen gibt, worüber wir uns normalerweise nie Gedanken gemacht haben. In diesem Buch wird aufgezeigt, wie man selbst mit geringem finanziellen Aufwand im Notfall auch weiterhin heizen und kochen kann, aber auch, welche stilvollen Lösungen es für die ansonsten dunklen und kalten Tage gibt.

ISBN 978-398562-003-6 • 15,00 Euro

MASSENMORD ODER NATÜRLICHE AUSLESE?

Valentino Bonsanto

Obwohl die allermeisten Ängste und Befürchtungen niemals eintreffen werden, sind überraschend viele Menschen regelrecht in Panik. Angeheizt durch die immer wieder neu aufbereiteten Schreckensmeldungen der Mainstream-Medien läuft ein großer Teil der Bevölkerung wie aufgeschreckte Hühner durch die Landschaft. Covid-19, weltweite Konflikte und der Krieg in der Ukraine stellen die Welt, so wie wir sie einmal kannten und liebten, auf den Kopf. Doch warum ist das so? Warum steckt die Menschheit in einer Sackgasse und steuert schnurstracks auf den Dritten Weltkrieg zu? Welche Verantwortung tragen die Massenmedien und die Politiker an diesem Dilemma? Gibt es doch einen Plan für die Versklavung und Reduzierung der Menschheit? Valentino Bonsanto hat aufgrund des „politisch unkorrekten“ Inhalts seines ersten Buches „Corona – Der große Intelligenztest“ seine Arbeitsstelle an einer deutschen Universität verloren. Dennoch hat er sich nicht davon abhalten lassen, seine Recherchen fortzusetzen, um mit diesem Buch weitere brisante sowie unbequeme Tatsachen ans Licht zu bringen.

ISBN 978-3-938656-79-2 • 24,00 Euro

KREBS UND ANDERE SCHWERE KRANKHEITEN...

Chris Patron

Mit den Informationen in diesem Buch halten Sie den Schlüssel für eine dauerhafte Gesundheit in Ihren Händen! Sie werden verstehen, warum Sie erkrankt sind und wie Sie ein für alle Mal wieder vollständig gesunden und gesund bleiben, gleich wie schwer Sie auch erkrankt sein mögen. Sie werden verstehen lernen, was die wirklichen Ursachen für Krankheit sind und dass Krankheit nicht Gott gegeben ist, sondern einzig und allein durch Sie, durch Ihr Verhalten oder Ihre Lebensumstände entsteht, begünstigt oder verursacht wird, mit der Ausnahme angeborener Schäden. Sie müssen verinnerlichen und akzeptieren, dass SIE allein die Ursache Ihres körperlichen Zustandes sind, niemand sonst!

Doch so brutal und direkt diese Feststellung auch sein mag, so POSITIV ist sie im Umkehrschluss, denn was nicht Gott gegeben ist (Gott kennt keine Krankheiten), sondern allein durch Sie verursacht ist, können auch SIE wieder korrigieren!!! Am Ende dieses Buches werden Sie erleichtert durchatmen, und ein befreiendes Glücksgefühl wird sich einstellen, denn aus der Hoffnung wird Gewissheit geworden sein, Sie haben wieder eine Zukunft. Jede auch noch so schwere Krankheit ist heilbar!

ISBN 978-398562-000-5 • 44,00 Euro

CORONA – DER GROSSE INTELLIGENZTEST

Valentino Bonsanto

SIND WIR ALLE VERRÜCKT GEWORDEN? Alles begann im Winter 2019/20 mit einem völlig „neuartigen" Virus. Die Welt, wie wir sie kannten, war mit einem Schlag auf den Kopf gestellt. Die Menschheit befand sich in kürzester Zeit in einer Pandemie, die so schrecklich eingestuft wurde, dass sie Millionen von Menschen ins Grab bringen sollte. Doch entspricht das wirklich der Wahrheit? Ist das Virus tatsächlich so tödlich, oder könnte es sein, dass all die Veränderungen schon viel früher begannen, von uns unbemerkt und von einer „Elite" von langer Hand geplant? Valentino Bonsanto hat in den tiefsten Tiefen gegraben, recherchiert und Informationen zusammengetragen, die selbst ihn an manchen Tagen an ein Limit brachten. Direkt und mit einer ordentlichen Prise Sarkasmus spricht er in diesem Buch Klartext: „Wenn wir heute nicht für unsere Freiheit einstehen, dann werden wir und die nächsten Generationen für lange Zeit keine mehr haben. Es wird kein Morgen mehr geben, so wie wir es uns wünschen und wie wir es einst geliebt haben, denn sie werden versuchen, uns alles zu nehmen." Es ist höchste Zeit, die Augen mutig zu öffnen und der Wahrheit ins Gesicht zu schauen. Denn es liegt an uns – den Menschen, dem Volk, den Bürgern –, wie unsere zukünftige Welt aussehen wird.

ISBN 978-3-938656-78-5 • 21,00 Euro

MEIN VATER WAR EIN MiB – Band 5

Jason Mason

Wir nähern uns dem Kern der größten Mysterien unserer Zeit! Band 5 der MiB-Reihe reiht sich nahtlos in die Serie ein und es gibt eine Unmenge an neuen Informationen zu entdecken. Jason Mason berichtet wieder von den Bucegi-Bergen in Rumänien und die dortigen Tunnelsysteme, die ins Zentrum der Erde führen. Die Botschafter innerirdischer Zivilisationen hüten Aufzeichnungen der wahren historischen Geschichte der Menschheit. Wieso versucht die „Weltelite", das zu verhindern? Erfahren Sie die aufregendsten Geheimnisse deutscher Wissenschaftler, die für das frühe amerikanische Weltraumprogramm aktiv waren. Wer steuert die unbekannten Flugobjekte, und wird die Welt gerade auf die Bekanntgabe von UFOs und Außerirdischen auf der Erde vorbereitet? Jason Mason präsentiert neue Whistleblower, die weitere Details über die Alien-Präsenz auf der Erde enthüllen. Weitere Themen: Enthüllungen von militärischen Whistleblowern über UFOs, unheimliche Begegnungen mit Reptiloiden, geheime Untergrundbasen und das Geheime Weltraumprogramm sowie die Rückkehr der Anunnaki.

ISBN 978-3938656860 • 33,00 Euro

ES IST KRIEG

Michael Morris

Die Superreichen gegen den Rest der Welt!

Wir befinden uns in jener Zeit, die künftig vielleicht als die Endschlacht um das Überleben der Menschheit in die Geschichtsbücher eingehen wird, und der Ausgang dieses Krieges ist ungewiss. • Die vermeintliche „Corona-Impfung" zerstört das Immunsystem der Geimpften und führt dazu, dass jeder Betroffene an seiner ganz individuellen Schwachstelle erkrankt oder daran verstirbt. • Die Regisseure dieser künstlich geschaffenen Krise kommen vorwiegend aus dem Bereich der IT, der Pharmaindustrie, des militärisch-industriellen Komplexes und der Geheimdienste. • Im Rahmen der Corona-Inszenierung sollen wir Menschen auf eine digitale Identität (QR-Code) reduziert werden, um uns uneingeschränkt kontrollieren zu können (Social Ranking System). • Die Lüge vom menschengemachten Klimawandel dient dem Zweck, die Bevölkerung in Angst zu halten und immer neue Steuern zu erheben und Verbote auszusprechen. • Die grassierende gewollte Inflation könnte schon bald zu einer Hyperinflation ausarten und in einer Währungsreform enden, um eine neue, rein digitale Weltwährung zu etablieren. All diese Themen sind eng miteinander verflochten und verfolgen dasselbe Ziel: den klassischen Menschen abzuschaffen und durch einen digital gesteuerten Sklaven zu ersetzen. Wissen ist Macht. Vorbereitung ist essentiell. Widerstand ist unsere letzte Hoffnung!

ISBN 978-3-938656-96-9 • 24,00 Euro

WENN DAS DIE MENSCHHEIT WÜSSTE...

Daniel Prinz

Wir stehen vor den größten Enthüllungen aller Zeiten!

Der neue Blockbuster von Daniel Prinz – 720 Seiten! Der Inhalt dieses Buches wird Sie aus den Schuhen hauen! Im Folgeband des Bestsellers „Wenn das die Deutschen wüssten..." hat Daniel Prinz im ersten Teil in aufwendiger Recherchearbeit brisante Hintergründe zu den beiden Weltkriegen aufgedeckt, die mit dem gefälschten Geschichtsbild der letzten 100 Jahre mit eisernem Besen gründlich aufräumen. In Teil 2 geht es um Chemtrails, die Dezimierung der Menschheit, Zensur und Gedankenpolizei, Impfungen und das Krebsgeschäft, und in Teil kommt die kosmische Variante mit ins Spiel: das geheime Weltraumprogramm!

ISBN 978-3-938656-89-1 • 33,00 Euro

WENN DAS DIE PATIENTEN WÜSSTEN

Jan van Helsing

Geld oder Gesundheit? Mensch oder Fallpauschale? Worum geht es in unserem Gesundheits-System? Warum sterben immer noch unendlich viele Menschen elend an Krebs, der Krankheit, deren konventionelle Behandlung horrende Summen verschlingt? Weil die wahren Ursachen das medizinische Establishment nur selten interessieren. Weil es bei der konventionellen Krebstherapie nicht um Heilung, sondern ums Geld geht, das ist die perfide Regel, nach der dieses System funktioniert. Bestimmte Dinge laufen nach dem immer gleichen Prinzip ab: Jemand entdeckt eine Krankheitsursache oder entwickelt eine vielversprechende Heilmethode, das Wissenschafts-Establishment will nichts davon wissen. Den Patienten bleibt nichts anderes übrig, als sich selbst auf die Suche zu machen nach wahren Ursachen und wahren Heilern. Sie finden sie oft in einer Welt jenseits des medizinischen Mainstreams, einer Welt, in der von Schulmedizinern aufgegebene Patienten die Chance auf ein zweites Leben bekommen.

Jan van Helsing: *„Es ist an der Zeit, dass wir die Macht über unseren Körper zurückerobern – vor allem, was die Impfthematik angeht. Ich bin alt genug, selbst zu entscheiden, was in meinen Körper reinkommt und was nicht. Und die Anordnungen der Regierung interessieren mich nicht, denn ich habe diese Regierung nicht gewählt."*

ISBN 978-3-938656-75-4 • 25,00 Euro

DIE RÜCKKEHR DER DRITTEN MACHT

Gilbert Sternhoff

Seit dem Ende des Zweiten Weltkrieges mehren sich die Anzeichen dafür, dass auf der Erde im Verborgenen eine Dritte Macht existiert. Entstanden in den letzten Tagen des großen Völkerringens hat sie sich in den folgenden Jahrzehnten mittels einer Absetzbewegung und fortschrittlicher Technologien, die den unseren weit überlegen sind, etabliert. Ihr Ziel besteht unverhüllt in der Übernahme der Welt. Der Zeitpunkt scheint nicht mehr fern, da für ihr „Projekt Zeitenwende" die letzte Phase eingeleitet wird. Seit dem Jahr 2017 ist auch das UFO-Phänomen aus seinem Schattendasein getreten und hat sich vor allem in den USA durch veröffentlichte und vom Militär für echt erklärte Sichtungen offizielle Anerkennung verschafft. Sogar eine UFO-Task-Force wurde von der US-Regierung eingerichtet. Die alles entscheidende Frage ist: Wer sind SIE? Der im Juni 2021 von den US-Geheimdiensten vorgelegte Bericht verschweigt der Öffentlichkeit die schockierende Wahrheit.

ISBN 978-3938656716 • 21,00 Euro

HANDBUCH FÜR GÖTTER

Jan van Helsing

Egal, was die Illuminaten vorhaben, was ist DEIN Plan?

In diesem Buch spricht Jan van Helsing, der bereits im August 2019 über den Corona-Plan informiert war, mit Johannes, einem Hellsichtigen, der sozusagen einen guten „Draht nach oben" hat. Beide gehen der Frage nach, wieso die Mächtigen dieser Welt – die Illuminaten –, die hinter all diesen Szenarien stecken, eine solche Angst haben, dass ihre Machenschaften auffliegen, dass sie deswegen Videos, Bücher sowie Menschen auf dem gesamten Globus zensieren. Wovor haben sie Angst? Die Illuminaten kennen ein Geheimnis, das sie ganz schnell ihrer eigenen Macht berauben würde – hätten die Menschen Kenntnis davon. Es ist etwas, das in jedem von uns verborgen ist, weshalb man uns durch eine gigantische Ablenkungsindustrie davon abhält, uns auf die Suche nach diesem Geheimnis zu machen. Das „Handbuch für Götter" zeigt Möglichkeiten auf, wie jeder Einzelne diese Kraft entdecken und im täglichen Leben zum Einsatz bringen kann.

ISBN 978-3-938656-64-8 • 21,00 Euro

WIR TÖTEN DIE HALBE MENSCHHEIT

Eileen DeRolf   Jan van Helsing

„China wird eine Erkältung bekommen. Diese Epidemie soll sich dann über die ganze Welt ausbreiten – entweder als Rache der Chinesen oder weil das Virus mutiert ist – und die Menschen generell dezimieren, um zirka 50 Prozent!" Das sagte ein britischer Hochgradfreimaurer im Gespräch mit Bill Ryan (Project Camelot) im Jahr 2010.

Über die Jahrzehnte haben verschiedene Autoren über die kommende Neue Weltordnung geschrieben und darüber, dass eine kleine Elite die Welt an sich reißen und alles privatisieren will. Die Corona-Epidemie ist ein geschickt genutztes Werkzeug, einen Finanzcrash zu tarnen, Bargeld zu entziehen, Zwangsimpfungen und möglicherweise auch ein Chippen von Menschen zu erwirken. Und es gibt einen Plan: Zum einen gibt es den für die Menschheit der Zukunft, die auf mindestens die Hälfte reduziert werden soll. Wie sie das machen werden und wen sie als erstes im Visier haben, erfahren Sie in diesem Buch. Die Neue Weltordnung selbst wird u.a. über die Agenda 21 und Agenda 2030 im links-grünen Gewand eingeführt. Dies schildert die Aktivistin Eileen DeRolf am Beispiel der USA in aller Ausführlichkeit. Um die 'Privatisierung der Welt' und die historischen Hintergründe derselben besser verstehen zu können, hat Jan van Helsing mit dem Insider Hannes Berger und dem Climate-Engineering-Spezialisten Andreas Ungerer ein langes Interview geführt.

ISBN 978-3-938656-53-2 • 21,00 Euro

KAMPF GEGEN GOTT

Alexander Kohlhaas

Mehr als ein Aussteigerbuch für Sekten- und Religionsgeplagte

Dieses Buch richtet sich nicht nur an Aussteiger aus Sekten oder Religionen, sondern auch an Angehörige von Menschen, die sich in sektenähnlichen Strukturen befinden. Es richtet den Spot auf den blinden Fleck der Gesellschaft, der sie nicht wahrhaben lässt, wie sehr Menschen durch die Beschneidung, als auch durch langanhaltende Religions- und Sektenzugehörigkeit geschädigt. Es zeigt auf:

- Wie Sekten und Religionen die Psyche der Menschen nachhaltig beschädigen.
- Weshalb Aussteiger oft Jahre nach dem Ausstieg noch den Mechanismen der Sekte ausgesetzt sind und weshalb sie das dort antrainierte Verhalten nicht überwinden können.
- Weshalb die Zeugen Jehovas in Russland verboten sind.
- Wie führende Politiker weltweit auf die Erfüllung der Prophezeiungen des AT hinarbeiten.

ISBN 978-3-938656-63-1 • 21,00 Euro

LÜGENMÄULER

Renato Stiefenhofer

Es wird Zeit, die Mäuler zu stopfen!

Der Schweizer Jumbo-Kapitän Renato Stiefenhofer fliegt seit Jahrzehnten überwiegend für asiatische Airlines. Als ehemaliger Airforce-One-Pilot der Vereinigten Arabischen Emirate und Privatjet-Chauffeur für europäische Milliardäre tanzt er auf verschiedenen Hochzeiten und auf verschiedenen Kontinenten. Die ihm anvertraute Informationsvielfalt – vom Scheich Sultan über David Beckham bis hin zum UNO-Generalsekretär – versucht er in diesem Buch einzuordnen.

Im Laufe der Zeit erkannte er, dass es mindestens zwei Parallelwelten geben muss: Die eine kennen wir alle, die andere ist ein sehr gefährliches Pflaster. Spätestens seit einem intensiven, privaten Gespräch mit einem US-Vier-Sterne-General in der First Class weiß er: Die brutale Realität und die Meinung, welche durch die tendenziöse Berichterstattung unserer Mainstream-Medien verbreitet wird, klaffen weit auseinander. Der US-General stellte in Frage, ob 9/11 so passiert ist, wie es uns die Geschichtsbücher und die Politik vorbeten. Dieses Gespräch wurde zum Beginn einer Odyssee, die Captain Stiefenhofer ein gigantisches Lügengebilde von Politik und Presse offenbarte. Gleichzeitig werden die EU, der deutsche Staat und die verwirrenden Covid-19-Maßnahmen akribisch untersucht und entlarvt.

ISBN 978-3-938656-68-6 • 21,00 Euro

ISS RICHTIG ODER STIRB!

Vera Wagner

Von der Wiege bis zum Pflegebett, von der Babymilch bis zum Menü im Heim: Big Food konditioniert unseren Geschmack. Macht uns krank mit Zucker, Salz und Fett. Vergiftet uns mit toxischen Zusätzen und in High-Tech-Laboren zusammengebrauten Aromen. Und bringt damit viele Menschen ins Grab. Die Nahrung ist für die meisten Todesopfer weltweit verantwortlich, sagt die WHO – und kollaboriert hinter den Kulissen mit den Food-Konzernen. Diejenigen, die Ernährung kontrollieren müssten, haben die Kontrolle abgegeben. Früher wäre es strafbar gewesen, Erdbeergeschmack aus Sägespänen herzustellen. Heute ist es legal.
Die Zeit des Umbruchs ist gekommen, auch beim Thema Ernährung. Ernährungswissenschaftler fordern: Der Grad der industriellen Verarbeitung sollte auf Produkten angegeben werden. Doch wie lange wird es dauern, bis das umgesetzt ist? Sie haben nur eine Chance: Sie müssen die Sache selbst in die Hand nehmen!

ISBN 978-3-938656-57-3 • 24,00 Euro

LOCKDOWN

Michael Morris

Der Ausnahmezustand ist die neue Norm!

- Wie kann man den längst überfälligen systemischen Crash der Weltwirtschaft organisieren, ohne dass es einen Schuldigen gibt?
- Wie kann man die Nutzung von Bargeld abschaffen, ohne Wider-stand aus der Bevölkerung zu erzeugen?
- Wie kann man problemlos die flächendeckende und lückenlose Überwachung aller Menschen etablieren?
- Wie kann man Versammlungs- und Demonstrationsverbote ohne Widerstand durchsetzen?
- Wie kann man die Menschen dazu bewegen, sich freiwillig impfen und chippen zu lassen?
- Wie kann man die Weltbevölkerung reduzieren, ohne dass irgendjemand Verdacht schöpft?

Dafür bräuchte es ein Ereignis, das so einschüchternd wirkt, dass die Menschen freiwillig auf ihre verfassungsmäßig garantierten Rechte verzichten und alle bisherigen Überzeugungen, Gewohnheiten und Ideale aufgeben. Dafür bräuchte es einen unsichtbaren Feind, der nie besiegt werden kann, weil er sich immer wieder verändert und immer wieder hinterhältig und erbarmungslos zuschlägt. Es bräuchte etwas, das uns alle betrifft, das niemand versteht, und das dennoch alle Menschen in Angst und Schrecken versetzt. Und genau das erleben wir jetzt!

ISBN 978-3-938656-19-8 • 21,00 Euro

NATIONALE SICHERHEIT – Die Verschwörung

Dan Davis

War es eine Freimaurer-Hinrichtung?

Etwa 2.800 bislang geheime Dokumente zum Mord an John F. Kennedy wurden von Präsident Donald Trump zur Veröffentlichung freigegeben. In diesem Buch werden die neuesten Erkenntnisse über den Mord an JFK am 22. November 1963 in Dallas, Texas, thematisiert und aufgelistet. Neben den brandaktuellen Fakten werden weitere offene Fragen erstmals beantwortet: Warum waren alle Entscheidungsträger, die mit der „Aufklärung" des Mordes zu tun hatten, Freimaurer? Welche von JFK geplanten Gesetzesänderungen verschwanden nach dem Attentat umgehend wieder? Warum kam es zu einem Massensterben von Augenzeugen? War es reiner „Zufall", dass Kennedys Sohn 1999 mit seinem Flugzeug abstürzte, wenige Tage vor einer geplanten Kandidatur zum US-Präsidenten?

ISBN 978-3-938656-52-5 • 21,00 Euro

GEHEIMGESELLSCHAFTEN 3

Jan van Helsing

Halten Sie es für möglich, dass ein paar mächtige Organisationen die Geschicke der Menschheit steuern? Jan van Helsing ist es nun gelungen, einen aktiven Hochgradfreimaurer zu einem Interview zu bewegen, in dem dieser detailliert über das verborgene Wirken der weltgrößten Geheimverbindung spricht – aus erster Hand! Dieser Insider informiert uns darüber: Was die Neue Weltordnung darstellt, wie sie aufgebaut wurde und seit wann sie etabliert ist – weshalb die Menschen einen Mikrochip implantiert bekommen – dass die Menschheit massiv dezimiert wird – welche Rolle Luzifer in der Freimaurerei spielt – dass der Mensch niemals vom Affen abstammen kann – welche Rolle die Blutlinie Jesu spielt – dass es eine Art Meuterei in der Freimaurerei gibt, und was aus Sicht der Freimaurer auf die Menschheit zukommt.

ISBN 978-3-938656-80-8 • 26,00 Euro

Alle hier aufgeführten Bücher erhalten Sie im Buchhandel oder bei:

ALDEBARAN-VERSAND

Tel: 0221 – 737 000 • Fax: 0221 – 737 001

Email: bestellung@buchversand-aldebaran.de

www.amadeus-verlag.de